U0876262

珍藏本
纪念版

汉译世界学术名著丛书

语言论

〔美〕布龙菲尔德 著

袁家骅 赵世开 甘世福 译

钱晋华 校

商务印书馆
SINCE1897 The Commercial Press

2017年·北京

Leonard Bloomfield
LANGUAGE
George Allen & Unwin Ltd
London 1955
根据伦敦乔治·艾伦与昂温公司1955 年版译出

汉译世界学术名著丛书
（120年纪念版·珍藏本）
出版说明

2017年2月11日，商务印书馆迎来120岁的生日。120年前，商务印书馆前贤怀揣文化救国的理想，抱持“昌明教育，开启民智”的使命，立足本土，放眼寰宇，以出版为津梁，沟通中西，为中国、为世界提供最富智慧的思想文化成果。无论世事白云苍狗，潮流左右激荡，甚至战火硝烟弥漫，始终践行学术报国之志，无改初心。

逐译世界各国学术名著，即其一端。早在20世纪初年便出版《原富》《天演论》等影响至今的代表性著作，1950年代后更致力于外国哲学和社会科学经典的译介，及至1980年代，辑为“汉译世界学术名著丛书”，汇涓为流，蔚为大观。丛书自1981年开始出版，历时三十余年，迄今已推出七百种，是我国现代出版史上规模最大、最为重要的学术翻译工程。

丛书所选之书，立场观点不囿于一派，学科领域不限于一门，皆为文明开启以来，各时代、各国家、各民族的思想与文化精粹，代表着人类已经到达过的精神境界。丛书系统译介世界学术经典，引领时代思想，为本土原创学术的发展提供丰富的文化滋养，为推动中国现代学术和现代化进程做出了突出的贡献。

为纪念商务印书馆成立120周年，我们整体推出“汉译世界学术名著丛书”120年纪念版的珍藏本，寄望既利于文化积累，又便于研读查考，同时向长期支持丛书出版的译者、编者和读者致以敬意。

两甲子后的今天，商务印书馆又站在了一个新的历史时间节点上。我们不仅要铭记先辈的身影和足迹，更须让我们的步伐充满新的时代精神。这是商务人代代相传的事业，更是与国家和民族的命运始终紧密相连的事业。我们责无旁贷，必须做好我们这代人的传承与创造，让我们的努力和成果不仅凝聚成民族文化的记忆，还能成为后来人可以接续的事业。唯此，才能不负前贤，无愧来者。

商务印书馆编辑部

2017年10月

译者的话

本书作者布龙菲尔德(Leonard Bloomfield)是近代语言学界结构主义的创始人,他自称是机械唯物主义者。在论述语言学的各种问题时,作者是从语言的实际出发,在公认的规范化的例证基础上,阐述了自己的独创见解。《语言论》(*Language*)一书,1914年在美国纽约以《语言学研究入门》(*Introduction to the Study of Language*)的名称出版,1933 年修订增补后改叫现在的《语言论》这个书名出版。一年以后在英国再版,这个版本在内容和体例方面作了少许改动。作者在本书里对传统语法体系中的某些安排,作了调整,侧重词在句子结构中的语法功用。在对词的处理上,有些观点接近奥托·叶斯柏森的观点,但着眼点高,显示了独创性的特点。

本书适于用作普通语言学教程的参考材料,也可供一般爱好语言学的读者阅读。本书于 1965 年完成汉语译文的初稿。本书一至十章以及十六章由中国社会科学院语言研究所赵世开同志翻译,十一至十五章由北大甘世福同志翻译,十七章至二十八章由袁家骅同志翻译。译稿于 1978 年由钱晋华同志重新校订一遍。1965 年译稿初成时曾蒙广州中山大学王宗炎同志以及人民大学梁达同志对译文提过宝贵的意见。本书交稿后又承商务印书馆外语编辑室同志补译了原序两篇并对全书专有名词作了统一和核对的工作。在此，对上述各位同志表示衷心的感谢。本书的译校工作，遗漏错误在所难免，这应由我负责，希望读者及时提出批评指正，以便再版时加以修正。

本书原文书末附有注释参考书目和索引等三部分附录，这次汉语译本中则予从略。

袁家骅

1979年5月10日

美国初版序言

本书是作者1914年问世的《语言学研究入门》一书（纽约亨利·霍尔特公司出版）的修订版。新版在篇幅上比旧版大得多。这一则是因为在旧版与新版前后相距的这个期间语言科学有了发展，二则是因为科学工作者和教育工作者目前对人类语言的理解给予了更大的重视。

和旧版一样，修订版也是适用一般读者以及将要从事研究工作的学生。没有这样的入门书，专门的著述是无法理解的。对于一般读者来说，循序渐进的探讨也许要比一种专题论著的讨论更富有趣味，因为这些论著如果不了解其背景是根本无法理解的。一个人一旦打开了对人类言语的奇异、美妙和作用的眼界，他就再也不会向奇闻轶事式的文章问津了。

关于我们每个人都极其关注的语言的一些源远流长的道理，甚至在异常先进的学科中，也往往都被忽略了。本书力求用简单的术语来讲述这些道理，并力求阐明它们对人类事务的影响。在1914年，我是把这个方面的阐述以当时被人们广泛接受的威廉·温德的心理体系为基础的。自从那时以来，心理学方面发生了翻天覆地的变化，我们总算了解到了三十年前我们的一位大师所感受的是什么，也就是说，我们不必引证任何一种心理学的论点也能够从事语言的研究了，而且，这样的研究可以保证我们取得成果，并能使这些成果对有关领域方面的工作者更加有所裨益。在这本书里，我力求避免这样的依赖性，我只用阐明事实的方法，在少数几个论点上，讲述了目前两种主要心理学倾向在解说方面的差异。心灵主义学派是想用一种心灵方面的说法来作为语言事实的补充。这种说法在各种不同的心灵主义心理学派中间有着各自的差异。机械论者的主张是，在阐述这些事实时不要作这种辅助因素的假定。我之所以力求适应这种主张，不仅仅因为我相信机械论的观点是科学探讨的必要形式，而且还因为我认为以自己的立足点为基础的论述，比起一种仰仗另外一个人的或变化无常的各种论点来，是要更为扎扎实实，更为易于掌握的。

我在本书各章里，力求表述一些公认的观点，哪怕是已经通用的规范化的例证也不予规避。在有争议的问题上，我力求陈述所要讨论的观点。不管是哪种情况，我在本书注释和参考书目中都有引用，这样就会让读者深入事物的内部，而且，如果愿意的话，还会让他们得出自己独到的见解。

谨向给我提供帮助和资料的许多学者致谢，向为本书的出版给予大力关怀的出版者、印刷工人和技术高超的排字工人致谢。

布龙菲尔德

1933 年 1 月，芝加哥

英国版序言

本版在两个方面有别于本书1933年的美国纽约版本：读音符号采用国际语音协会的标音方法，英语词语的标音遵从英国的规范体系（通用的或公立学校采用的体系）。

除此以外，对全书作了一些改动。这些改动由于印刷技术上的关系也受到了限制。美国版本的版面和行数仍须保持不变。因此，读者将会发现一些美国英语的特点（如以 -or 代替 -our 的拼写形式），有些章节的论证是美国英语的（如用 to photograph）。但是，改正或增补的材料，凡是显然带有实质性的特征，就把它们插进正文，如果不能这样做，就列成一表附在书末。这些改动，大部分由肯特（R. G. Kent）和琼斯（D. Jones）两位教授所作。琼斯教授的评论意见和他的已出版的著作，对我在英语读音方面提供了特别的方便，我对他们表示感谢。

布龙菲尔德

1934年8月，芝加哥

目　　录

第一章　语言的研究

1.1　语言在我们的生活里起着重大的作用。也许由于太平淡无奇了，我们对语言很少注意，把它只看成像呼吸或者走路那样理所当然的事。语言的功能很大，使人类区别于其他动物。可是在我们的教育计划或者哲学家的思考里，语言却没有地位。

然而，在某些情况下，受过传统教育的人也谈论语言问题。他偶尔也争辩什么才是“正确”的问题——例如英语说 It's I 或 It's me，哪一种说法“好一些”。他讨论这些问题，总离不开一些相当死板的规矩。假如可能的话，他们就引用文字传统来找答案——譬如，often（往往）或 soften（软化）这些词，t 要不要发音，就看文字怎么写。再不然，他就去求助于权威：他相信某种说法一贯是正确的，而另一种说法一贯是错误的，某些学高望重的人，特别是语法家和词典的编者，会告诉我们孰是孰非。可是在大多数情况下，他们并不向这些权威请教，而试图用一种哲学式的推理，来摆弄像“主语”、“宾语”、“谓语”这类术语，来解决问题。这是根据常识的办法来处理语言问题。这类常识，也像许多其他冒牌的常识一样，其实极为肤浅，而不外乎是古代和中世纪流传的哲学家们的玄想而已。

用科学的方法，仔细而详尽地观察研究语言，还只是近百年左右的事。有少数例外，我们等一会儿再谈。**语言学**，也就是语言研究,目前还在萌芽时期。语言学所获得的知识,还没有成为我们传统教育的一部分。我们学校里的"语法"和其他语言教学,只限于传授传统的概念。很多人在开始做语言研究时有困难,并不由于没有掌握方法或成果(这些都是很简单的),而由于普遍流行的经院式教条所强加于我们的成见不易摆脱。

1.2　古希腊人有一种善于对旁人认为当然的事,加以怀疑的才能。他们大胆地不断地推测语言的起源,语言的历史和语言的结构。我们关于语言的传说,多半是他们流传下来的。

赫罗多特斯(Herodotus)在公元前五世纪的著作里告诉我们:埃及的沙密梯克斯王(King Psammetichus)为了要找出人类最古老的民族,(且不管这意思是什么,)把两个刚生下来的婴儿隔离,住在一个花园里;当他们咿呀学语时,首先发出了 bekos 这个词,这恰巧就是佛里基亚语(Phrygian)[①]"面包"。

柏拉图(Plato 427—347 B. C.)在他的对话集《Cratylus 篇》里讨论了词的来源,特别提出事物及其名称之间是否是自然的和必然的关系,还仅仅是约定俗成的结果这个问题。这篇对话使我们第一次看到了"名实相应论者"(Analogists)和"名由人定论者"(Anomalists)之间长期的争论,前者认为语言是自然产生的,所以它本质上是有规则合乎逻辑的,后者却否认这种看法,他们指出了语言结构的不规则性。

名实相应论者认为,词的来源和真实意义可以根据词的形状追溯出来;他们把这种研究叫做词源学(Etymology)。我们可以用英语的例子来说明他们的理论。Blackbird(八哥)这个词显然

① 佛里基亚(Phrygia)是一个古国,国境在小亚细亚中部和西北部。——译者

是由 black(黑的)和 bird(鸟)组成:这种鸟是根据它的颜色命名的,blackbird 的确是鸟而且是黑的。同样,希腊人自然会认为 gooseberry(醋栗)和 goose(鹅)之间有某种内在的联系:发现这种联系正是词源学家的任务。[①] Mushroom(蘑菇)这个词就会提出一个更加困难的问题。[②] 词的组成成分又往往是变化的,譬如 Breakfast(早餐)这个词,不管语音上有什么差异,那意义显然是指一顿饭,这一顿饭,我们吃了就 break(打破)我们的 fast(斋戒)了[③];至于 manly(男子气)这个词,又是 manlike 的缩简形式。

正像英语一样,希腊语大多数词是不能用这类方法来分析的。譬如 early(早)同 manly 的词尾一样,但是这个词的剩余部分 ear-就不可解了;woman(女人)和 man(男人)有一部分相同,但是第一个音节 wo-是甚么呢?那么,还有一批简短、单纯的词,它们跟旁的词没有相同之处——如 man,boy(男孩子),good(好),bad(坏),eat(吃),run(跑)。遇到这种情况,希腊人和他们的学生——罗马人——就得依靠猜测了。例如,他们把希腊词 lithos(石头)说成是从短语 lian theein(跑得太多了)变来的,因为石头是不会跑的。拉丁语有这类的一个已经变成了谚语的例子:lucus a non lucendo“小丛林(lucus)所以有这个名称,是因为它没有亮光(lucendo)”。

① gooseberry 与 goose 无关。作者举此例是为了说明名实相应论者的见解是错误的。——译者

② mushroom 来自拉丁语 mussiriōne,不是由 mush(糊)+room(房间)合并而成的。——译者

③ break 念 [breik],fast 念 [fɑːst],但 breakfast 念 [ˈbrekfəst],语音改变了。——译者

不管怎么样，这些词源学的例子已经告诉我们，希腊人看出了时间推移，言语形式也随之起变化。现代学者由于系统地研究了这些变化，才找到语言学里许多问题的关键。古代却从没有人对于语言变化建立任何仔细的研究。

古希腊人除了自己的语言以外，并不研究其他语言；他们认为，希腊语的结构当然体现了人类思维的普遍形式或者还许体现了整个宇宙的秩序呢。因此，他们作出了语法研究，但是这些研究，只限于一种语言，并且是用哲学的形式来阐述的。他们发现了希腊语的词类和句法结构，特别是像主语和谓语，以及一些主要的屈折变化的范畴：诸如性、数、格、人称、时态和语态等。他们不是根据可以识辨的语言形式的名称来下定义，而是用抽象的名称，来说明语言分类的意义。这些学说最充分地表现在色拉克士（Dionysius Thrax 公元前二世纪）和地西库鲁士（Apollonius Dyscolus 公元二世纪）写的语法里。

希腊人还作了某些细节的研究，遗憾的是，这方面的工作对后代的影响较小。他们几乎奉为神圣经典的伟大史诗《伊利亚德》（*Iliad*）和《奥德赛》（*Odyssey*），是用一种古希腊语写成的，除此之外，还是没有人懂得希腊语言。为了理解原文并且做出正确的稿本，人们不得不研究这种语言。做这项工作的人，最著名的是亚理士塔库士（Aristarchus，约公元前 216—前 144）。希腊语其他文学作品是用好些地区的方言的固定形式写成的，因而希腊人有了比较本国语中好几种分歧形式的机会。到了公元四世纪的伟大雅典作家们的语言也变成古语以后，这又成为研究的专题了，因为这种语言代表了书面语言的理想形式。所有这类研究工作都要求在细节上一丝不苟。一些后起的语法学家，尤其是地西库鲁士的儿子海鲁地安（Herodian），荟集了关于某些问题的宝贵资料，例如古希腊语的屈折和重音的资料。

1.3　希腊人对语言的概括说明到了十八世纪才得到改进，这时候学者们不再把语言看成是上帝直接的恩赐，提出了关于语言起源的各种各样的理论。有人说语言是古代英雄所发明的，或者是神秘的“人民精神”的产物。有人说语言的起源是人们模仿各种音响“汪汪说”（The bow-wow theory），或者是人们天然的发音反应“叮咚说”（The ding-dong theory），也可能是由于大声喊叫和惊叹而产生的“呸呸说”（The pooh-pooh theory）[①]。

在言语形式的词源解释方面，并没有什么改进。据说伏尔泰（Voltaire）[②]曾经说过，词源学只是一门和元音无关，与辅音关系也很小的科学。

罗马人仿照希腊人的蓝本，编制了拉丁语法。其中最著名的有多纳徒斯（Donatus，公元四世纪）和普利斯基安（Priscian，公元六世纪）所写的语法，整个中世纪都用做教科书。中古时代，拉丁语已从古代的形式逐渐变成我们今天看到的诸罗曼语形式（如法语、意大利语、西班牙语等等）；可是书面语还尽可能保持拉丁语的古典形式。所以中古时期的学者，不论是拉丁语体系的国家里或

① “汪汪说”、“叮咚说”和“呸呸说”是人们给三种语言起源理论的滑稽名称。“汪汪说”认为词的来源是模仿各种音响，如模仿狗叫而有 bow-wow 这个词儿。“叮咚说”认为语言的声音与意义之间有神秘的一致性，人类从外界得到感受，自然发出相应的语音，正如钟一敲就发出叮叮咚咚的声音来。“呸呸说”认为语言的起源是情感激发时的自然喊叫，正如不高兴时发出 pooh-pooh（呸！呸！）的语音。——译者

② 伏尔泰（F. M. Arouet de Voltaire，1694—1778）法国作家及哲学家。——译者

者其他国家里,都只研究古典拉丁语。经院哲学家发现了拉丁语法的某些特征,例如名词和形容词之间的区别以及在一致关系、支配关系和同位关系之间的差异。他们的贡献,比起古人来可差得多了,因为古人对自己所研究的语言毕竟掌握了第一手材料。而中世纪的学者却把古典拉丁语看成是人类言语的合乎逻辑的标准形式。再过一些时候,这种教条就导致了普通语法的编写,并企图证明各种语言的结构,特别是拉丁语的结构,都体现着普遍有效的逻辑规则。这些著作中最出名的是1660年出版的波特雅尔修道院(the Convent of Port-Royal)编写的《唯理普通语法》(*Grammaire générale et raisonnée*)。这种教条直到十九世纪还保持不改;例如在一位古典学者赫尔曼(Gottfried Hermann)的著作《希腊语法法典》(*De emendanda ratione Graecae grammaticae*,1801年版)中还有这种教条出现。在我们的学校传统教育里,它仍然根深蒂固地保存着,老是想把逻辑标准应用在语言上。直到今天,哲学家们寻求宇宙的真理,有时并不根据什么,而只是依靠一两种语言的形式特点而已。

普通语法的观点不幸产生了这样一种信念,以为语法学家或词典编者有了推理的能力,就能确定语言的逻辑基础,规定人们应当如何说话。在十八世纪,教育的普及使得许多讲方言的人学习上层阶级的言语形式。这就给了那些自命为权威的人一个好机会:他们编写规范语法,在书里往往为了某些忆想出来的概念,而置实际语言的用法于不顾。无论是迷信"权威"或者迷信某些胡诌的规则(例如,关于英语 shall 和 will 的用法),在我们英美的学校里还同样畅行无阻。

对于中世纪的学者说来,所谓语言,就是书本里的古典拉丁语;对任何其他语言形式我们几乎找不出他们有研究的兴趣。到文艺复兴时期,视野才扩大了。到中世纪末期,希腊语的研究又时髦起来;不久还加上了希伯来语和阿拉伯语的研究。有一点更为重要,那就是各国有些学者开始注意了他们当代的语言了。

海外探险时期,人们对许多语言获得了一知半解的知识。旅行家带回了若干词语汇编,传教士把宗教书翻译成新发现的国家的语言。有些人甚至编写了外语语法和词典。西班牙的神父早在十六世纪就开始了这项工作;有些关于美洲和菲律宾的语言的著述,得归功于他们。这些著作用起来一定要很谨慎,因为作者在识辨外国语音方面没有受过训练,不可能作出准确的记录;而且他们只知道拉丁语法术语,硬套拉丁语法框框,对这些语言作了歪曲的解释。直到现代,没有受过语言学训练的人还编写着这一类的著作;这不仅是徒劳无功,而且很多资料也给损失了。

贸易和旅行的日益频繁,也促使人们编制一些近在眼前的各种语言的语法和词典。十八世纪末语言视野的扩展,可以从一个词汇表看出,这个表包含285个词儿,从欧亚两洲两百种语言选出来,是1786年派拉士(P. S. Pallas,1741—1811)奉俄国女皇卡特琳(Catharine)的命令编辑的。这本书1791年出第二版,增加了八十种语言,包括非洲和美洲的语言在内。1806—1817年间出了一部名为《米色雷达提斯》[①](*Mithridates*)的四卷著作,那是由阿

① 米色雷达提斯(Mithridates the Great,约公元前132—前63),是庞都斯(Pontus)的国王,据说懂二十二国语言,所以此书借用这个人名为书名。——译者

代龙(J. C. Adelung)和伐特尔(J. S. Vater)合编的,其中用了近五百种语言写成的主祷文。

文艺复兴使少数学者的兴趣转到本族语的早期记录。朱尼屋士 Franciscus Junius(1589?—1677)在研究英语古文献以及同英语关系密切的语言如弗里斯兰语(Frisian)[①]、荷兰语、德语、斯堪的那维亚语和哥特语古文献方面,完成了大量的工作。最后一种,哥特语——今天已不再有人说了——是朱尼屋士从当时刚发现不久的著名的《银装古抄本》(*Silver Codex*)中获得的;那个手抄本是六世纪的,其中包括一部分福音书的翻译。朱尼屋士把它的原文和《盎格鲁-撒克逊语福音书》(*The Anglo-Saxon Gospels*)编在一起出版。希克斯(George Hickes, 1642—1715)继续做这件工作,出版了哥特语和盎格鲁-撒克逊语的语法和一本《词库》,其中有关于英语及其姊妹语言的各种早期资料。

1.4 从上述的发展概况,我们可以知道十八世纪的学者有多少语言知识。他们用哲学术语来说明语言的语法特征,不考虑各种语言原有结构上的差别,硬套拉丁语法的框框,使得各种语言的结构差别全都模糊起来。他们没有观察语音,把语音和字母表中的书写符号混为一谈。他们不能区别什么是实际的口语,什么是文字的运用,所以他们对于语言历史的观点也是歪曲的。他们看到了中世纪和近代有良好教养的人会写(甚至会说)纯正的拉丁语,而教育较差或是粗心大意的抄写员却弄出很多错误;他们不了

① 弗里斯兰(Frisian)是欧洲北海与丹麦相邻,名叫弗里斯兰的语言的岛屿。现由西德、荷兰、丹麦三国分治。——译者

解写拉丁文是一种人为的、学院的训练，因此得出结论认为语言是由受过教育和细心的人保存下来，而庸俗粗鄙的人却使它败坏并变了样。关于像英语这样的一些现代语言，他们认为书本上的和上流社会保守派的语言形式代表较古和较纯粹的水平，而普通老百姓的“俗语”只是分离出来的‘腐朽语言’，是‘语言的退化’所产生的。因此，语法学家们觉得自己有权根据逻辑考虑去制定一套臆想的规则。

这些错误的观点阻碍了学者们去利用手头的资料：现代语言和方言，古代语言的记录，关于外国语言的报告，特别是同一语言前后各阶段的文献，例如盎格鲁-撒克逊语（古英语）和现代英语，或者拉丁语和现代罗曼诸语言。人们知道有些语言彼此相似，可是语言会退化的观点使人不能系统地研究这些关系，因为，譬如说，从拉丁语到现代法语经历过种种变化，却被看成是一些有意无意的衰退了。

把拉丁语看成永远不变地延续下来，与罗曼诸语言并存，这种错觉使得学者们认为年代相同的诸语言是彼此派生出来的。他们多半把希伯来语看成一切语言的始祖；不过也有人不以为然，如安特卫普的培卡努斯（Goropius Becanus of Antwerp）由于热爱祖国硬说一切语言都是从荷兰语派生出来的。

显然，欧洲人较为熟悉的语言，可以分成三个语族，因为每个语族的内部有着十分相似的地方，可以从以下各词看出来：

日耳曼语族	罗曼语族	斯拉夫语族
“手”		
英语 hand	法语 main	俄语 ruka

荷兰语 hand	意大利语 mano	波兰语 ręka
德语 hand	西班牙语 mano	波希米亚语 ruka
丹麦语 haand		塞尔维亚语 ruka
瑞典语 hand		

“脚”

英语 foot	法语 pied	俄语 noga
荷兰语 voet	意大利语 piede	波兰语 noga
德语 Fusz	西班牙语 pie	波希米亚语 noha
丹麦语 fod		塞尔维亚语 noga
瑞典语 fot		

“冬天”

英语 winter	法语 hiver	俄语 zima
荷兰语 winter	意大利语 inverno	波兰语 zima
德语 Winter	西班牙语 invierno	波希米亚语 zima
丹麦语 vinter		塞尔维亚语 zima
瑞典语 vinter		

“喝”

英语 drink	法语 boire	俄语 pit’
荷兰语 drinken	意大利语 bere	波兰语 pic’
德语 trinken	西班牙语 beber	波希米亚语 piti
丹麦语 drikke		塞尔维亚语 piti
瑞典语 dricka		

在上面各语族之间,显然也有一些不太明显的相似之处;而且这种语族间的相似之点还可以在一些别的语言找到,最显著的如

希腊语：

“母亲”：希腊语 mētēr，拉丁语 māter（这在罗曼诸语言有近代形式），俄语 mat'（属格是 materi-，其他斯拉夫语有相同形式），英语 mother（这在其他日耳曼语言中有类似的形式）；

“二”：希腊语 duo，拉丁语 duo，俄语 dva，英语 two；

“三”：希腊语 treis，拉丁语 trēs，俄语 tri，英语 three；

“是”：希腊语 esti，拉丁语 est，俄语 jest'，英语 is（德语 ist）。

1.5　除欧洲有语言研究的传统外，好些国家也发展了语言的学说，主要建立在考古学的基础上。阿拉伯人编成一套古典阿拉伯语语法，这种语言形式见于《可兰经》。回教国家中的犹太人仿照这种榜样，也编写了希伯来语语法。文艺复兴时期，欧洲学者渐渐懂得了这些语言学说；譬如‘词根’（root）这个术语，就是来自希伯来语法，用来标示词的中心部分的。在远东，中国人获得了很多古代语言的知识，特别是在词汇学方面为最著。日本人的语法学，则似乎是独创一格。

然而，使欧洲语言观点全部革新的，却是在印度产生的语言知识。婆罗门教把一些很古很古的赞美诗集当作神圣经典来加以维护；其中最古的是《梨俱吠陀》（*Rig-Veda*），据保守的估计，有一部分至少是公元前一千二百年写成的。当这些经文的语言已经不再通行以后，如何正确地诵读和解释就成为博学之士的任务了。好古者这样产生的对语言的兴趣又转移到一种更加实际的领域中去。在印度人中间，犹如在美国人中间一样，不同的社会阶层在语言上是不同的。显然有某种力量在起作用，它使得操上层阶级语言的人也采用下层阶级的言语形式。我们看到印度的语法学家把他们的兴趣从圣经扩大到上层阶级的语言,编写了许多关于语言形式的规则和表格来描写纯正的言语,那就是所谓梵语(Sanskrit)。随即,他们作出了一套关于语法和词汇的系统分类法。这项工作一定做了好几代,才能编出那部流传至今的最早的著作——巴尼尼(*Pānini*)语法。这部语法大约完成于公元前350—前250年间,是人类智慧的丰碑之一。它极其详细具体地描写了作者本族言语的每一个词的屈折变化、派生词和合成的规则以及每一种句法的应用。直到今天,还没有别的语言曾经得到这样完善的描写。也可能部分地由于有这部完善的语法法典,梵语终于成为所有信奉婆罗门教的印度人的官方语言和文学语言。远在它不再是任何人的本族语以后,它还一直是一切学术或宗教论著的人为交际工具(就好像古典拉丁语在欧洲那样)。

十六和十七世纪,有关梵语和印度语法的知识,有一部分通过传教士传到了欧洲。到了十八世纪,在印度的英国人作了更加准确的介绍;大约到十九世纪初左右,梵语知识已经成为欧洲学者必须具备的一部分修养了。

1.6 印度语法在欧洲人的心目中第一次提供了一种完整精确的语言描写法,这种描写法不是根据理论而是根据实际的观察。此外,梵语的发现也开拓了不同语言之间互作比较研究的可能性。

首先,欧洲诸主要语言竟然有个姊妹语言远在印度,这就有力地证实了亲属语言这个概念;例如上文所列举各词,梵语都有相当的词可供印证:

mātā(母亲),宾格 mātaram;

dvāu(二)

trayah（三）

asti（他是）。

更加重要的是，人们从这种精确而有系统的印度语法看清了语言的结构。直到那时候，人们还仅仅能看到各种语言之间有些模糊的、捉摸不定的相似之处，因为当时的语法是仿照希腊语法格式建立起来的，没有明确地区分各种语言的不同特征。印度语法教会了欧洲人分析言语形式；人们一懂得如何比较各组成部分，那么过去一直只能粗略地看出的相似之处，就可以肯定而且准确地加以说明了。

关于语言亲属关系的旧的糊涂观点，认为欧洲诸语言是从梵语派生出来的。这个观点有一个短时期还没有消除，不过很快就让位给显然是正确的解释了，这就是说，梵语、拉丁语、希腊语等等都是史前某一种语言后来分化出来的不同形式。这种解释大概首先是琼斯爵士（Sir William Jones，1746—1794）在1786年的一篇演说中提出来的，他是欧洲第一个伟大的梵语学者。他认为：梵语和希腊语以及拉丁语都有非常相似之处，这不可能是巧合，而应当说这三种语言"都是由某种也许目前已经死亡的语言蜕化出来"的，而且哥特语（也就是日耳曼语）和凯尔特语也可能都是这种古语的后裔。

为了做好这些语言比较工作，人们当然要有每一种语言的描写资料。然而，语言比较竟能揭示古代各种语言形式，各个种族的迁移过程以及各个民族与习俗的起源，这个前景是那么美妙动人，所以仿照梵语语法的样子来分析其他语言，这种枯燥无味的工作再也没有人愿干了。欧洲学者通晓拉丁语和希腊语；他们大多数还能够像说本族语那样说某种日耳曼语。看到了梵语语法的精确说明或者仔细分析过的词形，他们往往能从一些比较熟悉的语言里想起一些类似的特征。当然，这实际上是一种权宜的做法；进行比较的人在很多情况下要作个初步的调查才能确定事实，有的时候由于缺乏经过系统整理的材料，他们还会迷失道路。假若欧洲学者掌握的姊妹语言的描写性资料，能与印度人对梵语的描写媲美，那么印欧语（目前通用这个名称）的比较研究会进展得更快一些，更精确一些。然而尽管条件很差，可是由于语言学者的努力，印欧语的历史比较研究已成为十九世纪欧洲科学中主要工作之一，而且是最成功的工作之一了。

波斯语（即所谓伊朗语）和梵语是如此的相似，一开始便肯定二者有亲属关系。同样的亲属关系虽然不十分密切，也存在于波罗的语（立陶宛语、拉脱维亚语和古普鲁士语）斯拉夫语之间。琼斯（Jones）推测，日耳曼语和拉丁语、希腊语以及梵语是有亲属关系的，这很快就证实了，后来他又推测凯尔特语（爱尔兰语、威尔斯语、康瓦尔语、不列塔尼语以及古高卢语）也有亲属关系。这同样也很快就证实了。再往后，阿尔明尼亚（Armenian）语和阿尔巴尼亚语，以及几种只见于很少的文字记录的古代语言，也都证明是属于印欧语系的。

虽然在细节问题上还有一些争论，可是语言的历史比较研究的一般前提不久就明确了。语言在时间的过程中起了变化。有些语言似乎是例外，好比中世纪和现代都使用拉丁语，（在印度则使用梵语）其实这不过是人们经过长期训练学会了模仿古代著作的语言。这种善于模仿古语的行为，和父母通常把语言传给子女的做法是完全不同的。事实上，一切文字都是较近期所创造的，而且直到今天也只有少数幸运的人才有这种财富。对于真实的口语的形式和发展，文字的影响是非常小的。

假如一种语言在很大一个地区里使用，或者由于民族迁移在好几个互相隔离的地区使用，那么它在不同的地区将有不同的变化，结果便会出现一套亲属语言，如意大利语、法语、西班牙语、葡萄牙语、罗马尼亚语以及其他罗曼语诸方言。我们由此推想，其他一些亲属语族，如日耳曼语族（或斯拉夫语族或凯尔特语族），这些语族都具有相似之处，也是以同样的方式形成的。关于这些语族，历史上我们恰巧没有早期的文字记录，因而不知道语言分化以前是怎样说的。这些没有记录的母语，我们名之为原始日耳曼语（原始斯拉夫语、原始克勒特语等等）。[①] 同样用比较的方法，我们发现所有这些语言和语族（如梵语、伊朗语、亚美尼亚语、希腊语、阿尔巴尼亚语、拉丁语、凯尔特语、日耳曼语、波罗的语、斯拉夫语）并非仅仅由于巧合而彼此相似，因此我们把它们叫做印欧语系的语言。和琼斯一样，我们认为它们是从史前某一种语言分化出来的不同形式，这种史前的语言我们名之为原始印欧语。

比较的方法，也是一开始就弄清楚了的。一般说来，一切亲属语言或者其中某几种亲属语言共同具有某种特征，那么它们共同的原始阶段，也就是说在“母语”阶段，也一定已经出现了。因此，就上面所举的 mother（母亲）这个词的各种形式而论，我们可以知

① “原始”这个词用在这儿并不很好，只是表示我们碰巧没有早期语言的文字记载。德国学者用了一个比较好的前缀 ur-（前）来构成这样一些名称，如 urgermanisch（前日耳曼语），urslavisch（前斯拉夫语），urkeltisch（前克勒特语）。——原注

道，在原始印欧语里，这个词开头的音，必定是我们的文字中用 m 字母来标注的音。如果亲属语言中有不一致的，那么亲属语言中一定有几种或者全部语族发生了变化。由此我们也就知道，mother 这个词的第二个辅音在原始印欧语里是 t 音，而在英语里却是 th 音（还有从前存在于古英语形式 mōdor 中的 d 音）这一定是由于音变才产生的。

1.7 印欧语系语言的系统比较开始于 1816 年包普（Franz Bopp，1791—1867），所写的一部讨论梵语、希腊语、拉丁语、波斯语以及日耳曼语中动词的屈折词尾的书。1818 年，拉斯克（Rasmus Kristian Rask，1787—1832）指出，日耳曼诸语言的词，在语音方面和其他印欧语的词存在着有规律的形式关系。例如，凡是其他语言有 p 音的地方，日耳曼语便有 f 音，如 father（父亲）：拉丁语 pater；foot（脚）：拉丁语 pēs；five（五）：希腊语 pente；few（少）：拉丁语 paucā。[①] 1819 年，格里姆（Jakob Grimm，1787—1863）出版了《德语语法》（*Deutsche Grammatik*）第一卷，这本书并不像书名所说那样是什么德语语法，而是日耳曼语族诸语言（哥特语、斯堪的那维亚语、英语、弗里斯兰语、荷兰语和德语）的比较语法。1822 年这本书出第二版的时候，格利姆就日耳曼语和其他印欧语之间的辅音对应提出了一套系统的阐述。从此以后，这些对应关系，讲英语的学者便称之为“格里姆定律”（Grimm's law）。这些对应现象是语言历史事实上的细节问题，但意义却异常重大；因为由此证明，从整体来看，人类的行为并不完全是随随便便的，而是

① 这里拿英语和拉丁、希腊语比较。英语是日耳曼语的一种。——译者

按照规律进行的，甚至连贯的话语中的个别发音方式这样一件小事，也是如此。格里姆对日耳曼语的比较研究，直到今天也还没有人比得上。到1826，1831和1837年，此书又出了第二、三、四卷；原来准备在第五卷讲完句法，可是一直没有出版。

1833年，包普开始出版了一部印欧语比较语法的综合性论述。1833到1836年间，波特（August Friedrich Pott，1802—1887）的《词源探讨》（*Etymological Investigations*）第一版出世了。这里“词源”这个术语和现代的论述中一样是具有明确的定义的：某个言语形式的词源，只是这个形式的历史，要得到某个语言形式的词源，必得找到该语言里较古的形式，而且还要找到各亲属语言里的形式，这些亲属语言里的形式则是同一母语形式的变体。譬如，要谈英语 mother 这个词的词源，就要说明这个词是九世纪古英语 mōdor 的现代变体；还得说明它和古北欧语 mōðer，古弗里斯兰语 mōder，古撒克逊语 mōdar，古高德语 muoter 等形式有亲属关系（这一系列的形式是我们所有的各族语言的最早的记录），这就是说，所有这些形式都是从前日耳曼语的一个词分化出来的变体，那个原始形式我们用 *mōder 作为拟构的象征；还得说明这些日耳曼语的形式又转回来同梵语 mātā，阿维斯达语（古伊朗语）mātā，古亚美尼亚语 mair，古希腊语 mētēr，阿尔巴尼亚语 motrɛ（不过这词的意义是“姐妹”），拉丁语 māter，古爱尔兰语 māthir，立陶宛语 motē（这词的意义是“妻子”），古保加利亚语（斯拉夫语）mati 都有亲属关系（也就是“同源”关系），而且和以上所列举的各语族语言的其他相应形式也有亲属关系，从这个意义来说，所有这些形式都是从原始印欧语里一个词分化出来的较晚的形式，这个原始印欧语的词我们拟构一个符号*mātēr来作象征。这个例子可以说明，现代所谓词源，并不一定能告诉我们，某些词有什么较古的和较明确的意义。现代印欧语词源学，大部分要归功于波特的研究。

此后几十年里，进展是如此的迅速，不论是短篇论文或者是大部的手册都很快就变得过时了。较晚近的包普的巨著虽然出了几次新版，可是到1861年它的地位便被史莱海尔（August Schleicher，1823—1868）的《印欧语比较语法概论》（*Compendium of the comparative Grammar of the Indo-European Languages*）取代了。1886年勃鲁格曼（Karl Brugmann，1849—1919）和代尔伯吕克（Berthold Delbrück，1842—1922）第一次出版了他们的《印欧语比较语法纲要》（*Outline of the Comparative Grammar of the Indo-European Languages*），今天的印欧语法标准参考书是1897年到1916年间所出的第二版。

随着语言比较研究的发展，其他更为详尽的论著都仿照格里姆论日耳曼语的巨著那样，专门讨论印欧语系的个别语支。代兹（Friedrich Diez，1794—1876）在《罗曼语语法》（*Grammar of the Romance Languages*，1836—1844年版）一书中对罗曼语族开始作了深入的研究；柴乌士（Johann Kaspar Zeuss，1806—1856）在《凯尔特语语法》（*Grammatica Celtica*，1853年版）中开辟了凯尔特语研究的新领域；米克罗西许（Franz von Miklosich，1813—1891）写了一部《斯拉夫语比较语法》（*Comparative Grammar of the Slavic Languages*，1852—1875年版）。

1.8　上述的这些研究，必然有助于说明历史学和考古学许多方面的问题，不过它们直接引起的兴趣，还在于揭示了人类话语方面的问题。虽然印欧语系各语言来源相同，以后的发展却是各自独立的。学者们那时候已经掌握了关于人类言语变化的大量材料，这就有可能去总结这种变化的方式了。

要得出关于语言变化方式的结论，就要以科学归纳的结果来代替早期的推测。美国学者维特耐（William Dwight Whitney，1827—1894）写了《语言和语言研究》（*Language and the Study of Language*，1867）和《语言的生命和成长》（*The Life and Growth of Language*，1874）二书。这些著作翻译成了好几种欧洲语言；今天看起来，虽然似乎不够完善，但还不能说是它过时了，而仍然是语言研究的较好的入门书。1880 年出版了保罗（Hermann Paul，1846—1921）的《语言史原理》（*Principles of Linguistic History*），这本书接连出了好几版（第五版是 1920 年出版的），已成为历史语言学方法论的典范著作。

保罗这本《原理》，以丰富的例子说明了印欧语言研究所发现的语言变化过程。这本书虽然写得不如维特耐那样好，可是更为详尽、更有系统，对于语言研究起了很大的影响；晚近的学者忽视了这本书，未免是个损失。除了文章枯燥以外，保罗的《原理》一书还有一些缺点，今天看来似乎颇为明显，因为这些缺点正好说明十九世纪语言学的局限性。

保罗的错误之一在于忽视了描写性的语言研究。他承认语言的描写性研究是必要的，但实际上限于讨论语言变化的问题。这个缺点，他和与他同时的人都免不了。我们研究语言转变，只能把亲属语言，或某一语言的不同历史阶段加以比较。例如，我们观察到英语、弗里斯兰语、荷兰语、德语、斯堪的那维亚语和哥特语的异同，就可以得到一个较古语言的观念（所谓“原始日耳曼语”），这些语言是经过时间的历程分化出来的，然后我们又可以研究这些后起的每一种语言所发生的变化。再不然，我们也可以用古英语的文字记载（如阿尔弗雷德大帝“King Alfred”的著作）和现代英语加以比较，我们可以看出英语一千年来是怎样变化的。显然，我们有多大能力来作这种比较，要看我们对所比较的语言有多少知识。例如，我们对于某几种日耳曼语词的合成法（如 blackbird 或者 footsore（脚痛）这些词）①，是了解得十分不够的，因此我们在词的合成法这方面的比较研究，就不可能有很大的进展。词的合成法的研究应当能告诉我们，在原始日耳曼语中词是如何合成的，合成法的习用在每一种日耳曼语的历史阶段中又是怎样改变的。十九世纪语言史的研究者受到了这种局限，但是他们似乎并没有觉察出困难所在。

保罗的《原理》一书的另一个大弱点，是他极力主张“心理”的解释。他说明语言现象，是用说话人可能发生的心理过程来解释的。可是这些心理过程的唯一证据就是语言过程，所以心理过程并不能帮助说明甚么问题，反倒把问题弄糊涂了。保罗的著作（直到今天还有很多语言学著作）隐隐显出古希腊的哲学推测所遗留的不良影响。保罗以及同时代的大多数人只研究过印欧语，而且由于忽视语言描写的问题，他们就不肯去研究那些历史不明的语

① 英语 blackbird 由 black＋bird 构成，是欧美山林中普通的善鸣的鸟。类似我国的“八哥”。与黑色羽毛的鸟如乌鸦完全不同。footsore 由 foot＋sore 构成。——译者

言了。这种局限性使得他们无法知道其他类型的语法结构。而这种知识,会使他们放开眼界,看到即使是印欧语语法的基本特征,特别像词类系统之类,在人类言语中也绝不是普遍存在的。由于他们认为这些特征是普遍存在的,所以当他们处理各种基本问题的时候,就用哲学和心理学解释妄加说明。

1.9 跟历史研究这一主流同时发展的也还有一股小小的然而却是突飞猛进的流派,即普通语言学研究。印度的梵语语法还没有完全被人忘却;虽然有很多后辈一方面利用了梵语语法的成果,一方面却不晓得有梵语语法存在,但凡是知道语言科学前辈大师们,都懂得梵语语法的价值的。对于人们还不大熟悉的印欧语系的某些语言,不能不从事描写性研究。这显然不是偶然的,在斯拉夫语和波罗的语的领域里做出最优秀的描写研究的学者是雷思建(August Leskien,1840—1916)。他在奠定历史研究方法的基础方面,起了主要作用。

然而,大致说来,描写性研究并没有和历史研究的主流汇合。有些学者为印欧语系以外某些语言的结构特点所吸引,虽然这些语言的历史还不为人所知。另外有一些学者为了对人类语言作出哲学性的概括,也研究了好些不同的语言。实际上,很多早期的描写性著作今天几乎已经无法理解,因为其中充满了我们不再熟悉的哲学观点。

第一部关于普通语言学的巨著,是 1836 年出版的宏伯特(Wilhelm Von Humboldt,1767—1835)所写的关于各种人类言语的论述。司丹塔尔(H. Steinthal,1823—1899)除写了很多关于语言原理的一般性文章外,在 1861 年也出版了一部关于语言结构主要类型的著作。伽伯伦茨(G. Von der Gabelentz,1840—1893)从事语言科学的著述(1891年),哲学味儿就少多了。带有哲学意味的语言研究,到了哲学家兼心理学家冯特(Wilhelm Wundt,1832—1920)的一本论语言的巨著才达到了高峰,那是作为社会心理学论著的第一部分,在1900年出版的。冯特的语言心理学,以任何一切能够弄到手的语言描写资料为基础。今天读一读印欧语学家代尔伯吕克的批评,以及冯特的答辩,还是很有趣的,这件事发生在1901年。代尔伯吕克反对冯特使用历史不明的语言;对他来说,语言唯一值得研究的方面是在时间过程中的变化。可是冯特却坚持说,根据他的心理学体系来对语言作心理学的解释有其重要性。可是代尔伯吕克则认为语言学家不论选哪一种心理学体系,都是于事无补的。

就在这个时候,有些学者却越来越看清楚,描写性研究和历史研究之间本来就有关系。波特另克(Otto Böhtlingk,1815—1904)把巴尼尼语法制成现代欧洲出的版本,他在1851年将描写技术运用于一种结构完全不同的语言,即亚洲境内的俄国雅库特语(Yakut)。米勒尔(Friedrich Müller,1834—1898)出版了一本《语言科学纲要》(1876—1888年),包括了世界上各种语言,不管是否能用历史比较法来研究,都加以简短的概述。芬克(Franz Nikolaus Finck,1867—1910)在一篇理论性论文(1905年版)和一部小小著作(1910年版)里用描写方法分析了八种没有亲属关系的语言,他主张不论是历史研究或是哲学概括都应该以描写性研究为基础。索绪尔(Ferdinand de saussure,1857—1913)多年来在大学讲课,详细论述过这个问题;在他死后,他的讲义以书本的形式出版了(1915 年)。

在这方面,最有说服力的是印欧语系以外各种语系的历史研究。一方面,这里显然需要描写性资料作为比较研究的先决条件;另一方面,研究的结果表明不论语法结构如何不同,一切语言都同样有变化过程。芬兰·乌戈尔语系(芬兰语、拉普兰语、匈牙利语以及其他亲属语言)的比较研究早在 1799 年就开始了,如今又大为精密化了。宏伯特的巨著第二卷,建立了马来亚—玻利尼西亚语系的比较语法。现在我们又有了其他语系的比较研究,如闪语系以及非洲的班图语系。研究美洲诸语言的学者谁也不能自欺欺人地认为不缺少描写的资料:单就墨西哥以北一地而言,就有几十种完全没有亲属关系的语群,它们具有不同的结构类型。人们致力于记录完全陌生的言语形式后,很快便懂得先入为主的哲学理论只能成为工作的障碍。

历史比较研究和哲学描写研究这两股潮流汇合起来,就明确建立了一些原则,这些原则,是以保罗为代表的十九世纪印欧语学伟大学者们所不明了的。一切语言的历史研究都以比较两组或更多组的语言描写资料为基础的。它的准确程度和完整程度,只能以这些描写的资料的准确与完整为准绳。为了描写一种语言,人们根本不需要什么历史知识;实际上,凡是让历史知识影响他的描写工作的人,一定会歪曲他的资料。我们的描写工作必须不带偏见,才能成为比较研究的坚实基础。

对于语言,唯一有用的概括是归纳的概括。有些特征,我们认为应当是普遍存在的,但很可能在我们刚一接触到第二种语言时,就失其踪迹。有些特征,对于很多语言来说是共同的,例如动词和名词要分为两种不同的词类，可是有些其他语言却无此区别。不过不论怎样，有些特征倒是广泛存在的，这一事实值得注意，并且需要解释。等到我们已有很多语言的大量材料以后，我们就必须回到普通语法的问题上来解释为什么有这样的异同；不过，最后做这种研究的时候，将不是推论而是归纳。

至于语言变化问题，我们已有足够的事实可以证明，所有的语言都同样有变化过程，而且都倾向于同一方向。甚至很特殊的变化类型，在差别最大语言里也可以发生非常相同的变化，只不过是独立地进行而已。总有一天，我们的知识会更加广博，那时候这些现象便可以系统地通盘考虑，并得出卓有成效的概括了。

第二章 语言的用途

2.1 在语言研究中，最困难的一步就是第一步。过去的学者虽然一次又一次地接近了语言研究，然而并没有真正地进入这个领域。语言科学是从人们关心的一些比较实际的问题产生的，例如文字的使用，文学，特别是年代较古的文献的研究，以及优美的言辞的规则；可是人们尽管在这些事情上花了许多时间，仍然没有真正进入语言研究的领域。因为个别学者难免重复推迟历史的前进，我们不妨好好地把这些问题谈一谈，以便把我们研究的主题区别开来。

文字并不是语言，而只是利用看得见的符号来记录语言的一种方法。在某些国家，例如中国、埃及和美索不达米亚，几千年以前就使用文字了，但是今天人们说的语言，大多数是在不久以前才有文字，或者现在还没有文字。再说，在印刷术通行以前，识字只限于很少数的人。是在整个历史时期，一切语言几乎都是不会读书写字的人使用的；不会读书写字的民族的语言，和会读书识字的民族的语言同样地稳定、有规则和丰富。一种语言不论使用哪一种文字体系来记录，总还是那种语言，正如一个人不论怎样给他照相，总还是那样的一个人。日本人已有三套文字体系，如今正在发展第四套。土耳其人 1928 年采用了拉丁字母代替阿拉伯字母，可是他们仍旧像过去那样讲话。为了研究文字，我们必须懂得一些有关语言的知识，但是并非必须有关于文字的知识才能研究语言。固然，我们主要从文字记载知道过去语言的情况——为了这个原因，在另外有关问题上我们将研究文字的历史——但是我们发现要这样做也有一重障碍。我们必须十分小心地把文字符号译成实际的言语；可是我们往往做不到这一点，因而我们总是觉得有听得见的话语更好。

文学，不论是口语形式或是我们现在习用的书写形式，总是由优美的或者其他出色的话语构成。研究文学的人，细心研究某些人的话语（譬如说，像莎士比亚的），只关心其内容和异乎寻常的形式特点。语文学家的兴趣更广些，因为他所涉及的是他所阅读的材料的文化意义和背景。语言学家可不同，他一视同仁地研究所有人的语言。一个伟大作家的个人语言特点，有别于他同时同地的普通言语，这对语言学家来说，并不比任何个人的言语特点更饶兴趣；如果拿这和所有说话的人的共同特点相比，那兴趣就更少得多了。

优美的或“正确的”言语的区分，是一定社会条件的副产品，语言学家必须观察，和观察其他语言现象一样。把某些说话的人的言语形式标明为“好的”，“正确的”，有的标明为“坏的”，“不正确的”，这个事实往往是语言学家有关这个言语形式的一部分资料。不用说，语言学家不容忽视一部分资料或是把记录歪曲，语言学家应当毫无偏见地观察一切言语形式。语言学家的任务，有一部分就是查明在什么样的条件下说话的人们赞许或非难某个形式，而且对于每一个具体形式都要查明为什么会有人赞许或非难。比方说，为什么很多人说 ain’t（不是）是“坏的”，而 am not（不是）是“好的”。可是，这只是语言学的问题之一，而且并不是根本问题，所以只有在很多别的东西搞清楚之后才能研究。奇怪的是，没有语言学训练的人偏偏白费气力讨论这个题目，其实只有进一步研究语言本身才能找出解决问题的关键。

研究文字、文学、语文学或修辞正言的学者，假如他是坚持不懈、治学谨严的话，在浪费了一些气力之后，准会认识到他最好还是首先研究语言，然后再回到这些问题上来。我们只要转过头来观察一般言语，就能够不走这段弯路了。现在就让我们来看看在很简单的情况下发生的言语行为。

2.2　假设杰克和琪儿正沿着一条小路走去。琪儿饿了。她看到树上有个苹果。于是她用她的喉咙、舌头和嘴唇发出一个声音。杰克接着就跳过篱笆，爬上树，摘下苹果，把它带到琪儿那里，放在她的手里。琪儿就这样吃到了这个苹果。

这一连串的事项可以从很多方面来加以研究，但是我们这些研究语言的人，很自然地会把言语行为和其他事情区别开来，那些其他事情，我们叫做实际事项。假如按照这种方法来观察的话，那么根据时间的先后，这件事情包括三个部分：

A. 言语行为以前的实际事项；

B. 言语；

C. 言语行为以后的实际事项。

我们首先来考察一下实际事项 A 和 C。A 项主要是关于说话人琪儿的一些事。她饿了，也就是说，她的某些肌肉在收缩，有些液体，特别是胃液，分泌了出来。或许她还渴：她的舌头和喉咙是干的。光波从红色的苹果那儿反射到她的眼睛里。她看到杰克在她的身边。她和杰克过去的关系现在应当加以说明；我们假设这是某种一般的关系，如兄妹的关系或是夫妻的关系。所有这些在琪儿说话以前已经存在并且和她有关的事项，我们叫做**说话人的刺激**。

现在我们再来看看发生在琪儿说话以后的实际事项C。这些事项主要是关于听话人杰克，包括他去摘苹果，把苹果交给琪儿。这些在说话以后发生而且和听话人有关的实际事项，我们叫做**听话人的反应**。这些说话以后发生的事项也关系到琪儿，而且关系很大：**她把苹果拿到手里而且吃了**。

这里还可以看出，整个故事还决定于一些与AC有关但是隔了一层的条件。并不是每一个杰克和琪儿都会像我们所说的那样做。假如琪儿害羞，或者上过杰克的当，她可能虽然肚子饿了并且看到了苹果，可是什么也不说；假如杰克对她没有好感，就算琪儿求他，他也不一定会给她摘苹果。言语行为的发生（以及怎样措辞，这一点我们将要谈到），和行为发生以前和以后的全部实际事项的过程，都决定于说话人和听话人的全部生活史。在目前情况下，我们假定所有这些**决定性的因素**正好引起我们所讲的这个故事。假如是这样的话，那么我们就想知道言语（B）在这个故事里起着什么样的作用。

假如琪儿是单独一个人，她可能同样的饿了，渴了，而且看到了同一个苹果。假如她有足够的气力和本领去翻过篱笆爬上树，那么她就可以拿到苹果吃下去了；要不是这样，她就只好挨饿。这位没人陪伴的琪儿和不会说话的动物几乎处于同样的地位。假如动物饿了并且看到或是闻到食物，它就会向食物的方向移动；至于能否得到食物，要决定于它的力气和本领。饥饿的状态和看或闻到食物是一种刺激（我们用 S 来代表），朝向食物方面移动就是反应（我们用 R 来代表）。没人陪伴的琪儿和不会说话的动物的行为只有一种方式，这就是：

$$S \longrightarrow R$$

假如这样行之有效的话，他们就得到食物；假如不行——譬如说没有足够的力气和本领去采取行动 R 来拿食物——他们就只好挨饿。

当然，从琪儿的利益来说，拿到苹果是很重要的。在多数情况下，这还不是什么生死问题，虽然有的时候确实是生死问题；然而，从长远来看，琪儿（或者动物）如得到食物，便更有可能在地球上生存和繁殖。所以，任何增加琪儿获得苹果的机会的办法，对她都是有极大的价值的。在我们的故事里说话的琪儿正是利用了这样的办法。首先，她和没人陪伴的琪儿或者不会说话的动物同样有获得苹果的机会。然而，除此以外，说话的琪儿比其余二者还多了一个其他两个所没有的机会。她不用费劲去翻篱笆和爬树，只要在喉咙和嘴巴里作一些小动作，发出一点儿声音。她这么一来，杰克就为她作出反应，作了超出琪儿力气的动作，因此琪儿终于得到了苹果。语言可以在一个人受到刺激（S）时让另一个人去作出反应（R）。

理想的情况应该是，在彼此对话的一群人里，每一个人都可以随自己的意愿利用别人的力气和本领。这些人越是各有特殊本领，那么每个人所能利用的力量范围也就越大。爬树的能手只要一个，因为他可以给所有其他的人采果子；能干的渔夫也只要一个,因为他可以把鱼供给其他的人。劳动分工以及人类社会按分工原则进行活动,都依靠语言。

2.3 我们还必须考察我们这故事中的语言事项 B。作为语言研究者,我们主要关心的当然就在于此。在我们所有的工作中我们都在研究 B,A 和 C 之所以同我们有关,只是因为和 B 有联系。多亏有了生理学和物理学,我们才能够充分了解到这个言语事项原来一共包括三个部分:

(B1) 说话人琪儿使声带(在喉结内的两片小肌肉),下腭,舌头等等活动,让空气形成声波。说话人的这些活动是对于刺激 S 的一种反应。她不去作实际的(或者干活的)反应 R——也就是说,实际动手摘下苹果——而去作这些发音动作,即言语(speech)的反应(我们把它叫做替代性反应),这个反应我们用小写字母 r 来代表。所以总起来说,作为说话人的琪儿不光有一种而是有两种对刺激起反应的方式:

S ⟶ R(实际的反应)

S ⟶ r(语言的替代性反应)

在目前的情况下,她所作的是后一种反应。

(B2) 琪儿口腔里空气中的声波使周围的空气形成类似的波形振动。

(B3) 空气里的声波冲击杰克的耳膜,使它颤动,这样就对杰克的神经发生了作用:杰克听到了言语。这听到的话对于杰克就是一种刺激;我们看到他跑去摘苹果,把它放在琪儿的手里,就好像是琪儿所感到的饥饿与苹果的刺激作用于杰克本身一样。假如有谁从另外一个星球来这儿进行观察,并且不知道人类语言为何物，他一定会认为杰克身体的某部分有一种感觉器官告诉他说："琪儿饿了并且看到那上面有一个苹果了"。总之，杰克作为一个能说话的人，对两种刺激作出反应：大写字母 S 一类的实际刺激的反应（如饥饿和看见食物）和小写字母 s 所代表的言语（或叫替代性）刺激的反应，也就是耳膜的某种颤动。当我们看到杰克做某件事情（譬如说摘苹果）的时候，他的行为可能不只是像一个动物的动作那样，由于实际刺激（如胃部饥饿或者看到苹果），而且往往是由于言语的刺激。他的行为 R 可能不是一种刺激，而是两种刺激所引起的：

（实际刺激）S ⟶ R

（语言的替代性刺激）s ⟶ R

显然，在琪儿的语音活动（B1）和杰克的听话行为（B3）之间的联系，是不会有什么不确实，不稳定的毛病，因为这联系只是在空气中传送的声波（B2）。假如我们用虚线来表示这样一种联系，那么我们就可以用下面两种图式来表示人类回答刺激的两种方式：

无言语的反应：S ⟶ R

用言语作中介的反应：S ⟶ r…s ⟶ R

这两种类型之间的差别是明显的。无言语的反应总是发生在受到刺激的同一个人的身上；受到刺激的人是唯一能够作出反应的人。所以反应也仅仅限于接受刺激的人能作出任何行为。与此相反，用言语作中介以激起的反应可能发生在没有受过实际刺激的人的身上；受到刺激的人可以激起另外一个人的反应，而这另外一个人也许能够作出说话人本身所不能做的事情。在我们图式里的箭头代表在一个人身上的一系列事项——我们认为这些事项的发生是由于神经系统的某些属性。所以无言语的反应只能发生在受到过刺激的人的身上。另一方面,在用言语作中介的反应里,就有虚线所代表的联系,这就是空气中的声波:用言语作中介的反应可以发生在任何听到言语的人的身上;由于不同的听话人可能具有作出各式各样的行为的能力,所以反应的可能性也就大大地增加了。说话人和听话人身体之间原有一段距离——两个互不相连的神经系统——由声波作了桥梁。

从生物学看来,无论在无言语或有言语的情况下,S(肚子饿和看到食物)和R(取得食物的行为或者拿不到食物的行为)。都是同等重要的。这是事情的两个实际方面。语言行为 s…r 只是一种手段,使 S 和 R 在不同的人的身上发生。一般正常的人只对 S 和 R 有兴趣;虽然他运用言语而且获益不浅,但是他并不加以注意。说"苹果"这个词或者听到别人说这个词,都不能给任何人充饥。这个词和其他言语里的词,是获得伙伴帮助的唯一手段。然而作为研究语言的人,我们所关心的恰恰正是言语的事项(s…r)。它本身虽然没有价值,但却是达到某种巨大目的的手段。我们把语言即我们所研究的主题,与真实的或者实际的事项,即刺激和反应区别开来。当任何表面看来并不重要的事物,却和比较重要的事物密切地联系起来,我们便说,这里总是有"意义";也就是说,它"意味着"重要的事物。所以我们说,本身微小而不重要的话语也是重要的,因为它具有意义:这意义就在于言语(B)和重要的事情即实际事项(A 和 C)相联系。

2.4　有些动物在一定程度上也能因彼此刺激而起反应。很显然,一群蚂蚁或者蜜蜂能很好地合作,必定是由于有某种相互感应的方式。以声音来互相感应，是相当普遍的，例如蟋蟀用摩擦式，即用腿摩擦身体发出唧唧声，来呼唤其他的蟋蟀。有些动物，像人一样，用发音器官发出声音。鸟用肺部顶端一对芦笛似的器官即鸣管发出声波。较高级的哺乳动物有一个喉头，是在气管顶端由软骨构成的匣子似的东西（在男子就叫做喉头隆起）。在喉头里面，沿着左右两边喉壁各有两层肌肉；这两层肌肉即是声带，要是拉紧了，那呼出的气息就使它们有规则地颤动，由此产生声响。我们把这种声响叫做发音器官的声音。

人类的语言和动物做出的类似信号的活动不同，甚至和那些使用发音器官的动物也不同，因为人类语言的声音是很复杂的。譬如狗只能发出两种或者三种声音——吠声、咆哮声和嗥声：一只狗只可以用这几种不同的信号使另一只狗作某种行动。鹦鹉可以发出很多种不同的声音，但显然对不同的声音不能做不同的反应。人能发出很多种语音而且利用这些不同的语音。在一定类型的刺激下，他发出一定的语音，他的同伴听到了这些声音就做出相应的反应。简单地说，在人类的语言里，不同的声音具有不同的意义。研究一定的声音和一定意义如何配合，就是研究语言。

这种配合使得人们能够十分准确地相互感应。譬如有一所房子，某人从来没有看到过，我们把地址告诉他，这时，我们就是做着没有一个动物能做的事。不仅每个人可以使许多其他人发挥所长来为自己效劳，而且这种合作是十分准确的。协作规模的大小和准确程度的高低，是衡量我们社会组织成效大小的标准。社会或者社会机构这些术语，并不是一种隐喻。人类集体比起单个动物来，的确是高一级的单位，正好像多细胞动物比起单细胞动物来是高一级的单位一样。在多细胞动物身体里边，单细胞是靠着神经系统这样的组织来协作的；在人类社会里，各个人是靠声波来协作的。

我们从语言得到各种好处，这事儿是如此明显，这儿只要提几点就够了。我们可以传递消息。当有些农民或者做生意的人说："我们要求在这条小河上造一座桥"的时候，这消息就会传到市民大会、州议会、公路局、工程处以及承建商人办事处那里，这其间通过了许多说话人而且多次经过语言的传递；直到最后，由于对农民最初所作的刺激起了真正的（实际的）反应，一群工人架起桥来了。在性质上和语言传递密切相关的是语言的抽象性。在实际的刺激发出以后，实际的反应发生以前，那一连串的语言传递并没有直接的实际的效果。所以这一连串语言传递可以采取各种不同的形式，只要在作最后实际反应之前能正确地变成原有的刺激就行了。设计桥梁的工程师，并不一定真要去搬动大小钢梁，他仅仅和语言形式（如计算时所用的数字）打交道；假如他算错了，他并不要拆毁任何材料，只要在开始正式筑桥之前用一个正确的语言形式来代替那个错误的语言形式（一个错误的数字）就行了。自言自语或是思维的价值就在于此。我们小时候常对自己大声说话，但是因为长辈禁止，不久便学会抑制发声动作而代之以很轻微的听不到的声音：我们"用词来思维"。思维的用处可以用计算过程来加以说明。我们如不使用语言，计算数目的能力是十分有限的，这只要用眼睛扫视一下书架上的一排书，就可以知道。所谓两组东西"数目相同"，意思是这样：假如我们从第一组东西里拿出一件，放在第二组一个东西的旁边，而且依次放下去，每件东西只放一遍，那么，最后就不会有不配对的东西剩下来。然而，我们不可能永远这样做。这些东西也许太重了，搬不动，也许是在世界不同的地方，也许存在于不同的时间(譬如说在暴风雨之前和暴风雨之后的一群羊)。这时候语言就有用了。一、二、三、四这些数目字，只不过是我们学会顺序说出的一连串单词，用来代替上述的做法。我们可以用这些数目字来"计算"任何一组东西，让那些东西和数目字一对一(如数学家所说的)，譬如说，有一个东西就说一，到了另一个就说二，到下一个就说三，依此类推，要注意每件东西只用一次，直到东西全部点完。假如当我们数到十九的时候，再没有东西剩下了。以后，在任何时间或者任何地方，碰到一组新的东西，我们只要把它照此再计算一遍，就可以确定这一组新的东西是否和第一组东西数目相同。数学是语言最理想的运用，可是它只不过是把这样一种过程复杂化而已。数字的运用是自言自语发生作用最简单也最清楚的例证，此外，还有许许多多其他的情况。我们总是先思而后行。

2.5　在不同的人群里，对某些特殊的刺激所发出的特殊的语音是不同的；人类讲多种的语言。使用同一个语言符号系统的一群人，称一个语言社团。显然，语言之用处，就在于人们以同样的方式来使用它。每一个社会集团的成员必须在适当的场合发出适当的语音，而且当他听到另外一个人发出这样一些语音时，也必须作出适当的反应。他必需说得人家懂，而且也必须懂得别人说的是什么。甚至最不开化的社群，也是如此；不论在哪儿，只要看见有人，他们总是会说话的。

在各个集团里生出来的每一个小孩儿，从几岁起就学会了那个集团的言语习惯和反应。这无疑是我们每一个人都要学会的智力上最大的本领。小孩儿究竟怎么样学会讲话，还不很清楚；也许是这样一种过程吧：

(1) 在各种刺激下，小孩儿发出一些声音，以后又重复发出。这似乎是一种遗传下来的特性。假定他发出一个声音，我们姑且用 da 代表它，当然，他的实际动作和发出的相应的声音和任何正规使用的英语可能不同。当这孩子不断重复发音动作时，声波就冲击着他的鼓膜。这样就形成了一种习惯：每当一个类似的声音冲击他的鼓膜时，他往往做同样的口腔动作，再发出 da 这个音。这种无意义的发音动作教会他照样去发出冲击他的耳朵的声音。

(2) 有个人，譬如说母亲，在孩子面前发出了一种声音，和小孩儿咿呀学语的音节类似；例如，她说 doll(洋娃娃)。当这些声音冲击小孩儿的耳朵时，他的习惯(1)就起作用了，他发出了最接近 doll 的音节 da。在这个时候，我们说他开始"模仿"了。成年的人们似乎到处都看得到这种情况，因为每种语言都似乎有类似婴儿学语的一些词，如 mama(妈妈)，dada(爸爸)等等。毫无疑问，这些词儿广泛地流行，是因为小孩儿很容易学会。

(3) 在适当的刺激出现时，母亲自然得用她自己的词来说话。当她真的给婴儿看洋娃娃或者把洋娃娃给他时，她就说 doll。看到，拿到洋娃娃，和听到，说出 doll(也就是 da)这个词，多次一块儿出现，一直到这小孩儿形成了一种新的习惯：每当他看到并接触到洋娃娃时，他就会说出 da 来。这时候他就懂得一个词的用法了。成年人也许觉得，这个词听起来不像他们所用的任何一个词，但这仅仅是由于发音不正确。看来孩子们不会创造一个新词。

(4) 看到洋娃娃就说 da，这个习惯引起了另一个习惯。譬如说，每天在小孩儿洗完澡以后，接着就给他洋娃娃（而且小孩同时说 da，da，da）；那么他就有了一种在洗澡后说 da，da 的习惯；这就是说，假如有那么一天母亲忘了给他洋娃娃，他在洗完澡以后还是会喊 da，da 的。母亲说："他在要洋娃娃呢"。这话说得对，因为无疑地，成年人在"要求"或者"要"东西时，情况也是相同，只不过是形式更为复杂而已。小孩儿到这时候，已经会运用**抽象的或者转移的**（abstract or displaced）言语了：甚至当某个东西不在面前的时候，他也会说出那个东西的名称。

（5）小孩儿的言语，由获得效果而逐渐完善。假如他的 da，da 说得相当好，那么长辈就懂得他的意思，给他洋娃娃。在这种情况下，看到和摸到洋娃娃就成了一种附加的刺激，这小孩儿也就屡次地使用他这有效的变了音的词。另一方面，假如他的 da，da 说得不完全——也就是说，和成年人们惯用的形式 doll 有很大的差异——那么他的长辈就没受到刺激，也不给他洋娃娃了。当他没有得到看见与拿到洋娃娃这些附加的刺激，却受到了另外一种使他精神混乱的刺激，或者洗澡以后不像平时那样得到洋娃娃，他发脾气了，这就打乱了他最近的印象。总之，他在言语上比较成功的尝试，往往由于重复而加强。而他的失败往往就在精神混乱中被抹去了。这个过程一直不停止。再过好些时候，假如他说：Daddy bringed it（爸爸把它拿来了），他只能得到失望的回答，No！ You must say "Daddy brought it"（不！ 你得说"爸爸把它拿来了"）；可是假如他说'Daddy brought it'，他往往会再一次听到这个形式：Yes，Daddy brought it，这样他就得到了一个有利的实际的反应。

与此同时而且经过同样的过程，小孩儿也在学听话。当他拿着洋娃娃的时候，他听到自己说 da，da，而母亲说 doll。过了一个时期，听到了 doll 这个声音，就能使他去拿洋娃娃。当小孩儿自动向父亲招手，或者母亲举起他的手摇一摇的时候，母亲就会说：Wave your hand to Daddy（向爸爸招手）。小孩儿在听到别人说话时就养成了按约定俗成的方式行动起来的习惯。

言语习惯这种二重性变得越来越一致了，因为二者总是一块儿发生的。每当小孩儿学会了把 S ⟶ r 联系起来时（例如，当他看到他的洋娃娃时就说 doll），他也就学会把 S ⟶ R 联系起来（例如，当他听到 doll 这个词的时候，他的手就伸向洋娃娃或者把它拿起来）。在他学会了许多这样的双重联系以后，他就逐渐养成一种习惯，把某一类联系和另一类联系结合在一起：每当他学会说一个新词的时候，他就能在听到别人说这个词的时候作出反应；反过来也是如此，每当他学会如何对一个新词作出反应时，他通常也能在适当的场合把这词说出来。在二者当中，后一种转换似乎是比较困难些；在以后的生活中，我们会发现，一个说话人懂得很多的言语形式，那是他自己在言语里很少用它或者根本没有用过的。

2.6　在我们的图解中，用虚线代表的事情是相当好了解的。说话人的声带、舌头、嘴唇等阻碍着他吐出来的气流，用这方法来产生声波；这些声波通过空气传播而且冲击着听话人的鼓膜，鼓膜就相应地颤动起来。可是我们用箭头代表的事情是很不好了解的。我们并不了解使人们在一定的条件下说出一定的话的机制，也不了解语音冲击鼓膜时使人们作出适当的反应的机制。显然，这些机制是人体内对刺激作出反应的一般装置的一部分，不论那些刺激是语音或其他东西。这些机制是在生理学，特别是在心理学中进行研究的。研究这些机制和语言的特殊关系，就是研究与说话有关的心理，即语言心理学。在科学分工中，语言学家只管言语符号(r…s)，他没有能力去管生理学或者心理学的问题。研究语言符号的语言学家所发现的东西，如果没有为任何心理学方面先入之见所歪曲，那么对于心理学家就更有价值。我们曾经看到，许多老一辈的语言学家忽视了这一点；他们试图根据某些心理学原理来说明每一件事情，因而所写的报告质量降低或者潦草塞责。只要我们观察一些比较明显的语言心理事实，我们就一定会有把握避免这种错误。

主管言语的那个机制，必定是非常复杂而精细的。即使我们对于说话人以及他所受的直接刺激了解得很清楚，我们一般也无法预言他是否要说话或者要说甚么。刚才我们谈到的杰克和琪儿这个故事，是在事情发生以后才知道的事实。假如当时我们在场，我们也不可能预言，当琪儿看到苹果时，她是否要说什么，就算她真的要说话，也不能预言她将要说甚么话。甚至假定她要求摘苹果，我们也无法预言，她是否在提出请求之前先说 I'm hungry(我饿了)；或者她说 please(劳驾)；或者她说 I want that apple(我要那个苹果)，或是 get me that apple(给我去摘那个苹果)，或者说 I was just wishing I had an apple(我真希望有个苹果)等等。这类可能的说法几乎是无穷无尽的。这种无限大的可变性引起了有关人类行为，包括言语在内的两种理论。

心灵主义的理论是一种老早就陈旧了的理论，可是一般人的观点以及科学家中间还仍然流行。这种理论的设想是，人类行为之所以有可变性，是由于某种非物质因素的参与，也就是每一个人内在的精神，意志或者心理（希腊文 psyche，因此有 psychology '心理学'这个术语）的参与。根据心灵主义的观点，这种精神和物质的东西是完全不同的，因而它所遵循的是另外一种因果律，或者根本没有。琪儿是否要说话，她要说什么话，乃是决定于她的心灵或者意志的某种活动，而心灵或者意志并不遵循物质世界的程序（因果序列），所以我们无法预言她的行动。

唯物主义的（更恰当地说，机械主义的）理论的设想，认为人类行为，包括语言在内，之所以有可变性，是由于人体乃是一个非常复杂的体系。根据唯物主义的观点，人类行为是因果序列的一部分，恰恰就和我们在物理或化学研究中所观察到的一样。然而，人体是如此复杂的一个结构，哪怕是相当简单的变化，譬如说，来自红苹果的光波射到视网膜上，都能引起很复杂的连锁反应，而身体状态只要有一点点差异，就会对光波的反应大不相同。假如我们想要预言一个人的行动（例如，某个刺激是否将会使他说话，假如要说话，说的又是什么），我们就要知道当时他的身体结构，或者换句话说，知道在早期——譬如说在出生时或是出生前——他的机体结构是怎样的，然后还要有这个机体后来发生的每一个变化的记录，包括影响过这个机体的每一个刺激的记录。

人体中掌管这细微而易变的调节作用的器官，是神经系统。神经系统是一个很复杂的传导机构，它能够使身体某一部分所发生的变化（譬如说眼睛所受的一个刺激）引起其他部分发生变化（譬如说，伸出手臂或者使声带和舌头活动这一类的反应）。此外，我们也很清楚，神经系统由于本身传导的过程而引起暂时改变了，甚至永远地改变了：我们的反应很大一部分是决定于我们早期如何对待同样或类似的刺激。琪儿是否说话,主要决定于她对苹果的喜爱以及过去对杰克的经验。我们有记忆,于是养成了习惯,并有了经验。神经系统显然是一个开动机:很小的一点变化,可能像一根火柴那样,点燃了一大仓库的爆炸物。就拿我们感觉兴趣的那个例子来说吧,只有采取上述的观点,才能说明为什么像杰克摘苹果那样大规模的活动,因声波轻轻弹击一下鼓膜这样小小的变化而发动起来。

神经系统的活动,从外部是观察不到的,本人也没有感觉器官(像感觉自己手上肌肉活动那样的器官)来观察自己的神经如何活动,所以心理学家只有依靠间接的方法来研究。

2.7 有一种间接研究方法叫做实验法。心理学家把好些人放在最简单的情况下,予以事前经过周密安排的刺激,把他们的反应记录下来。他往往也要求这些人"内省"——就是要他们尽量描写受到刺激时自己身体内部的活动情况。在这儿,心理学家往往由于缺乏语言学的知识而迷失了道路。有人认为语言能够帮助一个人去观察他根本没有感觉器官去掌管的东西(例如他自己神经系统的活动),这是错误的。在说明内部活动时,被试者的唯一的长处是可以说出外人所觉察不到的刺激——譬如说,眼睛疼或者喉咙痒。就是在这方面,我们也绝不可忘记,语言来自训练和习惯,一个人可能只是因为言语习惯缺乏某种表达方式,便说不出某些刺激来;在我们做一些用处很少的尝试,例如叫人说出内部器官的小动作的时候,就是如此。人体结构本身往往就会使我们报告失实:我们告诉医生,什么地方感到疼痛,可是医生却发现伤处是在另一个地方,根据经验,他会在听到我们的错误的报告之后,立刻指出真正有病的地方来。在这方面，许多心理学家搞错了：他们真的训练被试者使用一套术语来描写不明确的刺激，接着就相信被试者如此使用这些术语是有意义的。

语无伦次这个不正常的情况，似乎反映出一般机体失调或者受伤，由此多少可以看出语言的具体机制来。有话说不出，多次重复第一个音素或一个音节可能是由于大脑两半球不完善的分工。正常的说话人的大脑左半球（或者是大脑右半球，假如他是"左撇子"的话[①]）控制比较细致的动作，如言语行为；可是害这种病的人，他的大脑左半球的专业化是不完善的。在语言器官并无缺陷的时候，如果有些具体语音发得不好（结结巴巴，发音不清楚），似乎也是因为同类的机体失调产生的。头部受伤，脑子因病受损，往往会引起失语症（aphasia），在以言语作反应和对言语起反应时会发生障碍。海德（Henry Head）医生曾经有过非常好的机会研究伤兵失语症，把它分为四个类型：

第一类：病人对别人的言语能很好地反应，一些较轻的病例，能把词用于适当的事物，但是发音发错了或者说得词语颠倒；严重的病例几乎只能说 yes（是）和 no（不是）。有一个病人曾经比较吃力地说过这样一段话："我知道这不是…正确的…发音…我常常不去…corret[②]（纠正）它…因为我得改正五六次…除非有人替我说出来。"有一个人病情比较严重，人家问他的名字，他回答说，Honus，因为说不出 Thomas，又把 first（第一）说成 erst，把 second

① "左撇子"指的是习惯于用左手做事的人。——译者

② 应该说 correct，但是病人只能说 corret。——译者

(第二)说成 hend。

第二类:病人听到简单的言语时反应得比较好,能说出适当的单词和短语,但不是按照正常的句子结构来说;他可能说出一种人家听不懂的话,但每个词都说得很正确。人家问:“你作了些什么游戏?”病人回答说:“做游戏,是的,作了一个,白天,花园”。接着说:“出去,躺下,去睡觉,有的时候走开。假如坐在厨房里,跑来跑去工作,使我越来越糟。”他又发表意见说:“怪事儿,这么糟,那类的事”。为了说明他的意思,他又写下了 as 和 at 这两个词。本书下文还要谈到,正常的语言结构要求我们把词汇方面和语法方面的话语习惯区别开来;可是这些病人的语法习惯被搞乱了。

第三类:病人对事物名称反应困难,对寻找适当的词,特别是事物的名称,也有困难。他们的发音以及词的配列是对的,不过,有些词找不到,不得不用些巧妙的转弯抹角的说法来代替。有一个病人把“剪刀”说成“你用它剪东西的那个玩意儿”;他说不出“黑”这个词,要说:“死了的人——其他的人不是死人,有这种颜色”。他可能错用词,把“扣子”说成“剪刀”。他记不得的那些词,主要是具体事物的名称。这种情况很像许多正常的人,特别是在出神、激动或者疲乏时想不起人的名字和事物的名称那样,但是严重得多。

第四类:病人往往对于他人的言语不能正确地反应;对单词发音没有困难,但是不能说一句连贯的话。有一点很重要,那就是这些病人都患有失动症(apraxia)[1];他们不会认路,如果把他带到马

① 失动症是动作能力(如使用操纵东西的能力)丧失或者受损,但不是瘫痪。——译者

路对面，他就搞糊涂了。有一个病人说："我好像没懂你说的什么，以后我又忘了我该做什么了"。另外一个病人说："当吃饭的时候，譬如说我想拿牛奶罐，我要很慢才能拿到手。我一下子看不清。…我什么都看得见，但是看不准什么东西放在什么地方。当我要盐、或者胡椒、或者匙子的时候，我便突然冲到跟前去。"言语机能失灵也表现在一个病人的回答里："喔，是的！我分辨得出护士和修道女，因为衣服有差别：修道女的衣服是蓝的，护士——哦！我弄糊涂了，就是一般护士的衣服，白的、蓝的…"。

自从1861年布洛卡(Broca)指出大脑左半球第三额回[①]受伤会引起失语症以来，就有人争论"布洛卡中心"和其他大脑皮层区是否专司言语活动的中枢。海德(Head)医生发现，大脑各处受伤和上述那四类失语症的每一类都有相互关系。大脑皮层区分各有功能，可以用实验来证明，这些功能总是和某些特殊器官有关的：大脑的某个区域受了伤，跟着右脚就瘫痪了；另一个区域受了伤，跟着左侧眼球网膜虽受到刺激也不起反应了；如此等等。可是，言语是一种非常复杂的活动，其中每一种刺激都导致喉咙和口腔十分专门的动作；而从生理学看来，喉咙和口腔并不是什么"言语器官"，从生物学来说，这些器官老早就对人和不会说话的动物都有用处。因此，虽然神经系统受了各种伤害都会妨碍言语，而且各种不同的伤害会造成各种不同的言语困难，但是大脑皮层的各部分和具有特殊社会意义的言语特点，例如词或者句法，二者之间确是

① "第三额回"是生理学名词，指大脑的一部，与脑神经控制语言机能有关，即大脑中的语言中枢区域。——译者

没有什么相互关系的。人们寻找各种“言语中枢”，结果是众说纷纭而且互相矛盾，这就可以证明我们的论点。如果生理学家研究大脑皮层的不同部分和言语引起的特殊生理活动，如某些肌肉的运动或者由喉头和舌头的神经末梢传来的运动刺激，其间有什么相互关系，我们是希望他有一较大的成果。可是用解剖的定义确定下来的神经系统某些部分，和用社会学定义确定下来的人类活动，要在这二者当中寻找什么相互关系，那是错误的，这只要看一下某些生理学家如何寻找专司读书写字的“文字视觉中枢”便可以知道。这种研究白费力气，正如想寻找专司打电报、开汽车或者使用某种现代新发明的工具的特殊大脑中枢一样。从生理学上来看，语言并不是一个机能单位，而是包括各式各样的活动的，这些活动之所以能够构成一个包罗万象的习惯的复合体，是由于人在幼年生活中屡次受到刺激才积累形成的。

2.8　另一种研究人类反应的方法，是在群众中进行视察。某些行为在个人是变化无常的，但是在一大群人中间却几乎是经常不变的。我们无法预言某一个未婚的成年人是否将要在一年内结婚，或者哪一个人将要自杀，或者谁将会关进监狱。但是在一个相当大的社群里，假如有了过去几年的数字（或者还有某些其他的材料，如有关经济条件的材料等），统计学家就可以预先估计结婚、自杀、犯罪的人数，等等。假如我们认为可能而且值得去记录一个大社群里的每一句话语，那么毫无疑问我们将能够预言，像“早安”、“我爱你”或者“橘子今天价钱多少?”等这类的话语，在若干天内会说多少次。这一类详尽的研究将会告诉我们很多东西，特别是每一种语言经常有的各种变化情况。

在群众中研究人类行为，另外还有一种比较简单的方法：习俗行为的研究。当我们到了一个陌生的国家时，我们很快就学到了许多常规行为方式，如币制、度量衡、交通规则(像美国和德国那样靠右走呢？还是像英国和瑞典那样靠左走?)、礼貌、用膳时间等等。旅行者并没有进行统计：只要观察几次就能找到门路，根据进一步的经验，他又可以把自己的观察加以肯定或者校正。在这个问题上，语言学家很幸运：在社群行为当中，没有什么东西能像语言形式那样有严格的标准。广大的人民都是从同一套词汇和语法结构中取材，组成自己所有的话语。所以语言学家不用统计学就可以描写出一个社群的言语习惯。自然啰，他必须一丝不苟地工作，尤其要记下他所能发现的每一个言语形式。他不能指望读者的常识来帮忙，或是借助于其他语言的结构，或者照搬某些心理学的理论，偷懒不干上述的工作；而最重要的是，他绝不可以根据自己的见解，认为说话人应该说什么，便把事实分别取舍或加以歪曲。这种切切实实，不带偏见的描写，除了在语言研究方面有其实质的价值，还可以作为心理学上十分重要的文献资料。这儿的危险在于心理学上心灵主义的观点，它可能引诱观察者不去报告事实而去信赖纯然是精神方面的标准。例如，有人说若干词合起来便"觉得"这些是复合词，只有一个强重音[①](例如 blackbird 与 black bird 对比)。这等于没有说明什么问题，因为我们没有办法决定说话人"觉得"的是什么：观察者的任务是根据某种具体切实

① 一般语法学家说：blackbird(八哥)是一个复合词，所以只有一个强重音，念[ˈblækbəd]；black bird(黑鸟)是一个词组，所以有两个强重音，念[ˈblæk ˈbəːd]。——译者

的标准，假如没有这种标准，就列出一个表，告诉我们那些词的组合在发音时只有一个强重音。一个接受了心理学上唯物主义假设的工作者是不会上当的；我们不妨说，所有观察人类某种特殊类型的行为的科学，和语言学一样，可以规定一条原则，那就是工作者必须完全像个采取唯物主义观点的人那样来进行工作。这种实际的效果，就是科学的唯物主义最强有力的论据之一。

进行群众性观察的人，可以给我们提供关于一个社群语言习惯的说明，但是不能告诉我们这个社群的语言经历了什么变化那些变化，只能在相当长的时期用真正的统计方法进行观察，才能看得出来。因为没有这样观察，那么我们对于有关语言变化的许多情况，便一无所知。然而就在这一方面，语言科学也是幸运的，因为采用比较语言学以及地理语言学的研究方法，再加上通过在群众中的观察，都提供了很多我们本来只能指望从统计获得的材料。在这些方面，语言学之所以幸运，是因为语言乃是我们的社会活动（也就是人类特有的活动）中最简单和最基本的活动。可是在另一方面，语言变化的研究却多亏发生了一种纯偶然的事情，就是过去的言语留下了文字记录。

2.9　引起言语的那些刺激，也可以引起其他的反应。这些反应有些是从外面看不到的，如肌肉和腺的活动；这些反应，对于说话人的同伴是没有直接重要性的。另外一些反应是重要的操作性反应，如自己走动或是移动物品。还有一些反应是看得见的，但没有直接重要性；这些反应并不改变事物原有的状态，但是和言语一起刺激着听者。这些行动是面部的表情，模仿动作，声音的调门（不在语言习惯所规定的范围内的），随便抚弄些什么东西（如玩玩橡皮带子)，可是最重要的是手势(gesture)。

手势伴随着一切言语;说话的人使用哪些手势，使用多少，人各不同，但是在很大程度上是受社会习惯的制约的。意大利人使用手势比说英语的人多一些;在我们文明社会里，上等人用手势最少。在一定程度上，个人的手势也按照社会习惯，不同的社会集团所用的手势各不相同。在告别的时候，我们摆手是手心向外;那不勒斯人(Neapolitans)[①]则手心向内。

大多数手势不过是指点和比画。美国平原地带或者森林地带的印第安部落，讲故事时使用各种不很明显的手势。我们虽不熟悉这些手势，但很容易理解。手放在眼睛下面，掌心朝内，大拇指竖起来，表示侦察;一拳打到掌心里，表示开枪;两个手指头模仿人走路，四个指头代表马跑。甚至当手势是象征性的时候，意义也可以一望而知，譬如指指背后，便表示这是过去的事。

有些社团有一种手势语，偶尔也用来代替言语。这种手势语，在那不勒斯人的下层社会中，在特拉比斯特教会(Trappist)的修道士中[②](他们发誓不说话)，在我们美国西部平原的印第安人中(当语言不同的部落彼此通商或交战的时候)，以及在一些聋哑人中，都已经观察到了。

这一点似乎可以肯定:上述各种手势语，只不过是由一般手势发展而成。不论是哪一种复杂的或者不能直接了解的手势，都是

① 那不勒斯人，是意大利南部的一个海港“那不勒斯市”(Naples)的居民。——译者

② Trappists 是天主教的一派，1660 年在诺曼底(Normandy，法国西北一个省份)的 La Trappe 寺院中创立，其教规极为严肃。——译者

建立在一般言语习惯的基础上的。甚至像指指背后表示过去这样一种明显的转化，也可能是由于“在后面”和“在过去”在语言习惯上是用同一个词表示的。不管语言和手势的起源是什么，手势久已在语言的支配之下，起着配角的作用，因而再也没有什么独立性的迹象了，据说有这么一些种族，他们的语言是如此贫乏，不得不用手势来弥补其不足，这是纯粹的神话。毫无疑问，动物用发音器官发出的声音，由此而产生了语言，这种发出声音发源于一种反应活动(例如横膈膜的收缩，喉咙的紧张)碰巧就产生了音响。然而，在有了进一步发展以后，语言总是跑在手势前头，这似乎是肯定的。

假如做手势的方式是移动某个东西，在另一个东西上面留下痕迹，这便是开始做**记号**和**图画**了。这种反应有个好处，它留下了经久不变的标记，可以屡次刺激别人，甚至于过了一段时间还能作为一种刺激，而且可以送到远处去刺激别人。无疑是由于这个原因，许多人以为图画除了有美学价值以外，还另有一种魔力。我们至今还认为图画有美学价值。

在世界上的某些地方，图画已经发展成为文字。这一过程的详情如何，下文再说；这儿我们所关心的是画图画这么一种行为，变成了语言的附庸：画出某些线条，变成了说出某个语言形式的附属品，或竟成为其代用品。

用某些看得见的记号来代表某些言语形式，这个办法大大地增加了语言的效用。说话的声音只能在短距离内，在一瞬间听到。文字记录却可以带到任何地方而且长期保存。在同一个时间内，我们能看到的东西，比能听到的要多些。而且我们比较善于处理可见的东西：标图、图解、算式以及类似的方法，使得我们能够处理一些很复杂的问题。远处的，特别是过去的人的言语刺激，可以通过文字传给我们。这就使得知识的积累成为可能。科学家（但一般业余者并不一定这样）综览前辈学者的成就，从他们的终点开始努力前进。科学并不是总是从头做起，而是日积月累地一步步往前，越走越快。有人曾经说过，我们最有天才最专门化的人的言语反应越来越多，保留下来的记录也越来越多，我们就接近了一种理想的境界，那时，整个世界过去、现在和将来的一切事物将会压缩成为只有一座大图书馆那么大的体积（这是任何读书人都一看就能明白的象征的说法）。怪不得印刷术的发明，使文字记录版本的数量可以随心所欲地、无限制地增加，在我们生活的各个方面都引起了革命，几百年来一直如此，目前仍然还在全盛时期。

我们没有必要详谈其他记录、传递和复制言语的手段的重要性，如电报、电话、留声机、收音机等等。这些在语言较简单的用法方面的重要性是显而易见的，如船只失事时使用无线电报。

归根到底，凡是增加语言生存能力的东西，都有一种虽非直接但是更为广泛的影响。甚至并不引起任何具体直接反应的言语行为，都可以改变听者的习性，使他作进一步的反应，例如一首美丽的诗便可以使听者对以后的刺激更加敏感。人类反应的普遍改善和加强，要求大量地用语言来相互作用。教育或者文化，或者不管它叫什么，都要依靠大量言语的复制和出版。

第三章　言语社团

3.1　依靠言语相互交往的一群人，叫做一个言语社团（§2.5）。所谓人类高级活动——我们人类特有的活动——全都来自人与人之间的密切协作，这协作我们称之为社会，而这协作却是以语言为基础；所以言语社群是社会集团中最重要的一种。其他方面的社会协调，诸如经济的、政治的或文化的集团，都和言语社团的组织有某种关系，但一般并不完全一致；特别是文化特征几乎是比任何语言都分布得更为广泛。在白种人到来以前，一个自有其语言的独立的印第安部落，既是一个言语社团，又是一个政治和经济的单位；然而在宗教和一般文化方面，这个部落却和邻近的部落相似。在更复杂的情况下，语言和其他方面的联系之间的相互关系就更少。所有说英语的人的言语社团，分为美国和英国两个政治社团，这两个政治社团再划分开；美国和加拿大，在经济上的联系比政治上的来得紧密；在文化上，我们都是以西欧为中心的一个大区域的一部分。另一方面，就拿这些社团中最狭隘的一个来说，如美国这个政治社团，就包括了不说英语的人：美洲印第安人，美国西南部说西班牙语的人，以及语言还没有同化的外国移民。殖民地的占领，例如菲律宾或者印度，使一个言语社团在政治和经济上从属于外国的言语社团。在某些国家里，居民分成好几个言语社团，这些言语社团同住一起，无地区之分。在波兰有一个城镇里有人说波兰语，也有人说德语；在宗教上，说波兰语的是天主教徒，说德语的是犹太教徒；直到最近，这两个集团，哪一个都很少有人懂得另一个的语言。

我还没有谈到生物学上的分群，因为这和其他分群不一样，并不依靠语言而存在。当然，大多数的配偶关系是在语言相同的人们之间发生的，所以言语社团一般是近亲集团；不过，例外也很多，例如言语不同的人结婚，其中一个人往往学会了另一个的语言；更重要的一种情况是一整群外国人被一个言语社团同化了，如迁入的外国侨民，被征服的民族或者俘虏等。这种例子是很多的，如果有记录存在的话，我们一定会发现，很少有人几代以前的祖先说的是同一种语言。不过，我们最关心的还是这样一种事实，即语言的特征并没有生物学上所谓遗传性。一个小孩在出生时哇哇大哭，过了一些时候还一定会咿咿呀呀地作儿语，可是他学的是哪一种语言，却完全由环境决定。一个被弃的婴儿或者被人收养的婴儿，受到一个集团的寄养，就跟本地父母所生的孩子一样学说这个集团的语言；在学话的过程中，他的语言不会显出亲生父母所说的那种语言的任何痕迹，不论父母说的是什么语言。正常人的喉头、口腔或唇部等等，不论在构造上有些什么遗传上的差别，绝不至于影响到他的语言行为，这一点是可以肯定的。小孩要学像周围的人那样说话。一个人首先学会什么语言，什么语言就是他的**本族语**；他就是**说这种语言的本地人**。

3.2　言语社团大小悬殊。美洲印第安部落，人数只有几百，而有自己的语言的不止一个。另一方面，甚至在现代通讯和交通设备出现以前，有些言语社团就已经是很大了：在公元头几个世纪，拉丁语和希腊语在地中海沿岸广大地区就有好几百万人使用。在现代条件下，有些言语社团的人数已经发展到非常之大，叶斯柏森(Jespersen)估计1600年和1912年说欧洲几种主要语言的人数如下(以百万为单位)：

	英语	德语	俄语	法语	西班牙语	意大利语
1600年	6	10	3	14	8.5	9.5
1912年	150	90	106	47	52	37

这样的一些数字，可靠程度不易确定，因为我们往往说不清哪些地方的人是一个言语社团。台思尼尔(Tesnière)在估计1920年左右说各种语言的人数时，把中国称为最大的言语社团，约有四亿人口，但是中国语言这个称号指的是一个包括许多彼此言语不通的汉语系。毫无疑问，其中之一的北方汉语方言，如今，说的人比说任何其他方言的人要多，不过，还没有人估计过说这种语言的有多少。汉语的另一种方言，粤语，或许也能算是一大言语社团。不论怎样，英语可以列为第二大的言语社团(仍然根据台思尼尔的数字)，大约有一亿七千万人从小便说这种语言。俄语第三，台思尼尔把说俄语的人分成大俄罗斯语(八千万)，小俄罗斯语(乌克兰语，三千四百万)，白俄罗斯语(六百五十万)，但是这几种语言是彼此能够听懂的变体，其差别大约与英国英语和美国英语相似。同样，台思尼尔把第四个大语言社团德语，分成了德语(八千万)和犹太德语(Judeo-German 七百五十万)，不过他所列的其他数字没有考虑方言的差别，叶斯柏森估计说德语有九千万，这数字也许更正确些。台思尼尔在其余的统计里，没有提到爪哇语，说这种话的人至少有二千万。这样修正以后，他的其余的统计数字是：西班牙

语六千五百万，日语五千五百万，孟加拉语[①](Bengali)五千万，法语四千五百万，意大利语四千一百万，突厥——鞑靼语(Turco-Tartar)三千九百万，西印地语[②](Western-Hindi)三千八百万，阿拉伯语三千七百万，比哈里语(Bihari)三千六百万，葡萄牙语三千六百万，东印地语(Eastern Hindi)二千五百万，泰卢固语(Telugu)二千四百万，波兰语二千三百万，爪哇语二千万，麻拉地语(Marathi)一千九百万，泰米尔语(Tamil)一千九百万，朝鲜语一千七百万，旁遮普语(Panjabi)一千六百万，越南语一千四百万，罗马尼亚语一千四百万，拉贾斯坦语(Rajasthani)一千三百万，荷兰语一千三百万，波希米亚-斯洛伐克语(Bohemian-Slovak)一千二百万，卡那拉语(Canarese)一千万，奥里萨语[③]一千万，匈牙利语一千万。

这样的一些数字不很确实的另一个原因，是言语社团内部还有差别。荷兰语和德语在言语形式上没有什么地区划分，从这一点看来，实际上它们只构成一个言语社团，不过最大的方言语型区别还是不能互通的，因而各政治集团（一边是操佛兰芒(Flemish)语的比利时和荷兰，另一边是德国、奥地利和操德语的瑞士）采用了彼此不懂的两种言语形式作为它们的官方语言，即标准的荷兰-佛兰芒语(Dutch-Flemish)和标准德语。另一方面，突厥-鞑靼语以及我们所列举的某些印度语言，内部可能也有同等

① 在印度境内的印欧语；我们也许应当加上鸠遮拉特语(Gujerati)，说这种语言的人约有一千万。——原注

② 在印度境内的德拉维语(Dravidian)。——原注

③ 奥里萨语(Oriya 亦名 Orissa)。奥里萨为印度一邦，在孟加拉湾。——译者

大的差别，虽然极端的差别可能是以地区的逐渐变化而联系起来。最后还有一种难以克服的困难，那就是人们对外语的采用。假如我们能够确定，一个人精通外语到什么样的程度，便能算是这个语言社团的成员，那么世界各地都有人学习英语，说英语的人数将会更多。台思尼尔估计，说马来语的本地人约有三百万，但是作为一种外语，特别是用在贸易上，大约有三千万人说这种语言。

3.3　要精密地确定哪些人属于同一个言语社团，在任何情况下都有困难或者根本不可能，这并不是偶然的，而是言语社团本身性质使然。假如我们十分细密地观察的话，我们就会发现，没有两个人的言语完全相同，甚至可以说没有一个人的言语，在不同的时间说得完全一致。当然，在言语相当一致的一群人里——譬如说，在美国中西部说英语的本地人里——言语习惯的一致性远远超过交际上的要求。关于这一点，我们可以在下述情况中得到证明：当一个外地人——譬如说一个美国南方人或者英国人或者懂英语的外国人——来到我们美国中西部人中间时，他的言语可能跟我们十分相似，因而交际上不会有丝毫困难，但仍然有些不重要的显而易见的差别，如“口音”不同，“习惯用语”不同。不过，甚至像美国中西部这样语言比较一致的本地人中间，也还存在着很大的差别，至于在整个言语社团中(如说英语的社团)，那差别就更大，正如我们刚才所说，这些差别在语言史上起着很重要的作用，所以语言学家不得不加以十分仔细的研究，虽然在某些工作中他只好暂时置之不顾。当他不考虑语言上这些差别的时候，他仅仅是运用抽象的方法，那是科学研究所不可少的一种方法，但是用这种方法获得的结果，用于进一步的研究工作之前，大都必须加以校正。

人们说话不一样，有一部分是生理构造问题，有一部分是纯粹个人习惯问题。听见隔壁或者电话里的声音，我们就听得出那是我们的朋友。有些人在言语方面比别人更有才能：他们记得更多的单词，更多的措辞方法，在具体运用时用得恰当些，在配合使用的风格上来得更巧妙些；运用语言本领最大的人，就是文学的天才。有的时候某些言语形式是某些人要照例使用的，譬如士兵，有良好训练的仆人以及在某些小学的学生，要学会对某些人称呼“先生”或者“太太”，而对方并不用这些词来回敬。有些感叹语如 Goodness gracious！“天哪！”或者 Dear me！“唷！”主要是妇女用的。在某些社团里，不同性别的人，习惯使用很不同的语言形式。这方面最典型的例子就是加利比印第安人（Carib Indians）所用的言语形式；最近获得的一个可靠的同类的例子，是加利福尼亚州北部雅那印第安人（Yana Indians）的语言。试举雅那语的单词为例：

	男人的语言	女人的语言
“火”	’auna	’auh
“我的火”	’aunija	’au’nich‘
“鹿”	bana	ba‘
“灰熊”	t‘en’nu	t‘et‘

雅那语的这两组形式之间的差别，可以用一系列相当复杂的规则加以说明。

3.4　在一个社团中，言语的最重要的差别是由于交际密度不同而产生的。婴儿学他周围的人那样说话，可是我们不能认为这种学习会在什么时候到达了终点：我们不能说，哪一个钟头或者哪一天，某人已经完成了学话的过程了；我们应该说，直到他生命结束，说话人始终不断地做着同一件事，即像幼儿那样学语言。在很多方面，我们可以把幼儿学习语言的样子（§2.5）把一般语言学习过程比做电影的慢镜头。每一个说话人的语言，那些个人因素我们暂且不论，都是由他所听到的别人的话综合而成的。

我们不妨这样设想：有一幅巨大的图，其中每一个圆点代表社团中的一个说话人，任何一个人说一句话就在图上画一个箭头，从他这个圆点射到听话人那个圆点去。过了一定时期，比方说七十年吧，这个图就会给我们指出，这个社团内的交际密度有多大。可以看出，有些说话人处于密切的交际之中：从一个人到另一个人中间，会有很多箭头，而且会有若干系列的箭头是通过一个、两个或者三个中介说话人才把原说话人和听话人联系起来的。在另一个极端，有些相隔很远的人，他们从来没有听过对方说话，只是用很长的箭头环节通过许多中介说话人彼此联系起来。如果我们想解释为什么在一个社团中，不同的说话人有相同和相异之处，或者预言任何两个说话人相似的程度，这也跟说明彼此异同的原因其实是一回事，我们第一步应当去计算和求出联系各圆点的那些箭头的数和箭头示列的值。待会儿我们就会看到，这只是第一步；例如本书的读者在重复他所听过的言语形式时，很可能不学他所听过的清道工人的言语形式，而常常重复他所听到的著名讲学者所用的。

我们所想象的那个图，是不可能画出来的。一个不可克服的困难，也就是最主要的困难，是时间的因素：我们从现在活着的人开始，必得给那声音曾让活人听到的每一个说话人画一个圆点，然后给上述的说话人曾听到的每一个说话人再画一个圆点，如此类推，一直回溯到阿尔弗雷德大帝(King Alfred the Great)时代以前[①]，甚至回到最早的历史以前；回到人类那个原始黎明时代：我们今天的言语，完全依靠过去的言语。

我们既然画不出这个图表，便不得不研究间接结果，而且不得不依靠假设。我们认为，在一个言语社团中，交际密度的差别不止是个人和个体的差别，而且一个社团还分成各式各样的小社团体系，小社团里的人彼此交谈的次数，大大地超过了跟小社团以外的人交谈的次数。如果把这些大批大批的箭头看成一个网式的体系，我们可以说，各小社团是由这个口头交际网中的稀疏线条隔开的。稀疏线条和由此产生的言语社团内部的语言差别，有地方性的——仅仅由于地理上的分隔——也有非地方性的，或者像我们通常所说，是社会性的。凡是新近才分布到或定居在某个国家的言语社团，地方性的差别便比较小，例如在美国(尤其美国西部)或者在俄国；同一言语社团如长期住在一个国家里，地方性的差别就大得多，例如在英国，那儿英语已经用了大约一千五百年了，或者在法国、那儿拉丁语(现在叫做法语)，已经用了两千年。

3.5　首先我们将考察比较简单的情况，如美国的情况。在美国人的语言中，最明显的分界线是社会阶级分界线。出生于特权家庭的孩子，由于有钱、有家教或者所受的教育，成为说所谓

① Alfred the Great(849—900?)，871—900? 年为西撒克逊国王(King of the West Saxons)。他打败了丹麦侵略者，使西撒克逊王朝危而复安，并且提倡教育，把许多拉丁语书籍译为英语，因此成为英语散文文学的鼻祖。——译者

"好"英语的本地人;语言学家喜欢给这种英语以一个客观一点的名称,叫做标准英语。出生寒微的孩子成为说"坏"英语或者"粗俗"英语的本地人,语言学家喜欢管这种英语叫非标准英语。例如 I have none(我一个也没有),I haven't any(我没有什么啦),I haven't got any(我没得到什么)是标准("好"的)英语,可是 I ain't got none(我还一个都没那)便是非标准("坏"的)英语。

美国英语这两种主要类型所受的待遇是完全不同的。标准形式用于学校、教会以及在跟整个社团有关的公共事务上的一切谈话,如在法庭上和行政议会里。我们所有的写作(除非故作诙谐)都是用的标准形式,这些形式被记载在语法和词典里,而且写在教科书里给那些想学美国英语的外国人学习。不论是说标准英语或者非标准英语的人,都把标准形式称为"好的"或者"正确的"英语,而把非标准形式称为"坏的"、"不正确的"、"粗俗的"英语,甚至认为"不是英语"。说标准英语的人不去费神学非标准形式,但是很多说非标准英语的人却要尽力运用标准形式。地位较低的集团里的人,一旦获得特权,比方说发了财,或是取得了政治地位,几乎一定学习标准的语言形式,学得越到家越好;事实上,语言形式的明显错误——哪怕是偶然说一句 I seen it(我看见了)或者 I done it(我干这事了)[①]——很可能就影响到他新近才获得的地位。

在标准英语内部,又有一些细微的差别。这里不同的形式也被人看成有高低之分。例如一个芝加哥人在说 laugh(笑),half(一半儿),bath(沐浴),dance(跳舞),can't(不能够)这些词时,如

① 这是非标准英语。标准英语是 I saw it,I did it。——译者

不用较常见的 man(人)这个字里的元音 a,而用 father(父亲)里的元音 ah,据说是“地位更高”的英语。不过,在这方面,人们的态度也不完全相同:有很多芝加哥人认为,这个 ah 音是可笑而且装模作样的。说标准英语的人往往争论哪一个形式更好:是 it's I 呢,还是 it's me? 是 forehead(额)呢,还是“forrid”。辩论的人既然不打算给什么叫做“更好”下个定义,因此这种争辩永远得不出任何结论。这个问题我们在下面还要谈到。

此外,在标准语内部,又有一些显然基于交际密度的差别:不同的经济阶层——比方说,豪富阶级以及所谓“中产阶级”分出的等级——在言语上也是不同的。再就是教育上的差别,也就是家庭传统和学校的教法两方面的不同。经济和教育的差别又和另一些不太重要的技术职业的分类相交错:如各种不同的名工巧匠、商人、工程师、律师、医生、科学家、艺术家,等等,他们在言语上也多少有些不同。各种体育运动以及业余嗜好又各有其词汇。至于年龄不同这个因素,我们将在后面谈到;这是一种巨大的力量,不过它的影响很难看出来,而且在目前所谈的标准语方面几乎没有什么表现,也许年轻人爱用俚语的风气要除外。

最稳定而明显的差别,即使在美国,甚至在我们美国标准语中,是有地区性的。在美国,标准语按地区分为三大类:新英格兰、中西部和南部。在这三大类中还有一些比较小的地域差别:在移民迁入较早的地区里,那说标准英语的人往往能分辨他的大同乡家住哪个小地方。特别是在发音方面,美国标准英语的范围是很大的:北卡罗来纳州和芝加哥市的发音差别很大,可是同样地被看成标准语。只有在舞台上我们才要求一致的发音,这儿演员说的是英国英语而不是美国英语。在英国也有与此类似的各种地区类型，不过并非大家地位相同。英国南部“公学”的英语在社会上被认为是最标准的。[①] 从这种标准英语起，到明显的地方标准语为止，其间有无数的等级类别。方言和这种最受重视的英语距离越大，地位便越低。一个来自苏格兰、约克郡或兰克郡的说标准英语的人，社会上给他的评价，有一部分要看他的发音和英国南部上层社会的英语接近到什么程度。在英国，标准英语是否带地方色彩，跟社会阶层的差别有密切关系，在美国却很难说是这样。

3.6　非标准语比起标准语来表现出更大的分歧。说非标准语的人的社会地位越高，他的话也就越接近标准语。这些人里边，地位最高的是用一种近乎标准的语言形式的过渡阶层，他们的话只用上个别的非标准形式，或者带有一些土气的鼻音。地位最低的是说村俗话或者无产阶级话的人，他们也不装腔作势用那种标准形式的英语。

除了这样因社会地位不同而语言逐步改变之外，说非标准语的各个集团还各有其言语形式。职业上的集团，如渔民，乳牛场工人，面包师傅，酿酒工人等等，都有他们自己的行话。尤其是有些小集团，他们总是和广大群众隔离，因此说一种显然有特色的言语。所以，水手往往说一套自己特有的非标准英语。流浪汉和某些匪徒也有许多他们自己的言语形式；马戏班和其他江湖卖艺的人也是这样。在说非标准德语的基督教徒和犹太人之间，在某些

① 英国的“公学”(public schools)是收费极贵的私立学校，专门培养贵族和富家子弟。——译者

地方的天主教徒和新教徒之间,语言形式有很大的差别。如果某个特殊集团跟所属的社团中其余的人不和,就会利用自己的言语特点作为暗语,好比说英语的吉普赛人就是如此。在许多国家里,犯罪的人都造出了许多这一类的暗语。

不过,非标准语最大的分歧还是地理上的。我们听人说美国标准语,会听出地理上的差别,可是听人说非标准语,就更容易听出来。在一些美国早期移民的偏僻地区里,发音上的地方特点最为明显,明显到我们可以把它叫做地区方言(Local dialect)。

在早期定居的言语社团里,典型的例子是说英语的法国侨区和来自英国本土的英语社团,这些地区的土语方言起着很大的作用。在这些社团里,非标准语显然可以大致正确地区分为次标准语和地区方言,不过并没有明晰的分界。次标准语虽然全国各地不一致,但是至少可以听得懂。地区方言可各地不同,以致住在相隔较远的人就彼此都不能相互了解。在这些区域里,次标准语属于"中下阶层"——自视较高的小商人,工匠,或者城市工人——地区方言则是农民和城市里最贫穷的人所说的。

地区方言对于语言学家是有头等重要性的,这不只是因为地区方言种类纷繁,使他有很多工作可做,而且还因为只有研究了地区方言,才能了解标准语和次标准语的来源和历史。特别是近几十年来,语言学家已经了解,方言地理学会给很多问题提出答案。

在像法国、意大利或者德国这样一些国家里——比起英国来,在这方面的研究,做得好些——每一个乡村,最多是合为一群的两个或者三个乡村,便有自己的地区方言。邻近的地区方言之间,差别一般都很小,可是能够听得出来。村民们能够指出,邻村的话和他们自己的不同在哪儿，而且往往取笑邻村的一些特点。从一处到另一处，差别是很小的，可是只要顺着随便一个方向一路走去，这差别就越来越大，一到同一国家的两个极端，人们说话便彼此都听不懂了，虽然在他们的住地连绵不断，其间并没有明确的语言分界线。任何言语逐步变化的地区，都叫做方言区(dialect area)。

在一个方言区里，我们可以在语言特征有任何差别的地方之间划上一条条的线。这些线就叫做同语线(isogloss)。如果某一个乡村言语上独具某种特点，根据这个特点所划的同语线便只围绕这乡村。另一方面，如果某种特点伸展到方言区内的大部分地方，这个特点的同语线就是一条长线，把方言区分为两部分。例如在德国，北部方言念 bite(咬)时用 t 音(就像英语的 t 音一样)，可是南部方言用 s 音(跟标准德语 beiszen 中的 s 音一样)；区分这两种形式的同语线便是一条很长而且很不规则的线，从东到西横贯整个德语区。在英国的北部和东北部，有个地区把 bring(携带)的过去时态用为 brang，可以单独划出来。[①] 方言地图集，也就是标出同语线的方言地区图的合订本，对于语言学家是一种很重要的工具。

在不同的国家里，说话人对待地区方言的态度多少有些不同。在英国，地区方言没有什么地位；上层人士根本不说它，说地区方言的本地人在社会地位提高以后也总想抛弃它，哪怕只不过改说某种次标准语也好。另一方面，近百年来，德国人可养成了一种对于地区方言的浪漫癖好。虽然社会地位还不稳定的中层人士不好

① 标准英语 bring 的过去时态用 brought，不用 brang。——译者

意思说地区方言，某些上层人士可非说他们的家乡的地区方言不可。在瑞士德语区，这情况更甚；甚至熟悉标准德语的上层瑞士人们跟家人或邻人说话也把家乡土语作为正常的交际手段。

3.7 在复杂的言语社团里，主要的言语类型大致可以分为以下几种：

(1) 书面标准语。用于最正式的交谈和写作中(例如：I have none)。

(2) 口头标准语。这是特权阶层的语言(例如：I haven't any 或者 I haven't got any——在英国，只有用南部"公学"的语音和语调来说才行)。

(3) 地方标准语。在美国可能和上述第(2)种话没有区别，是"中产"阶层的人说的，和(2)十分接近，但各地区略有出入(例如：I haven't any 或者 I haven't got any；在英国是用跟"公学"标准语不同的语音和语调说的)。

(4) 次标准语。跟(1)，(2)，(3)有明显的不同，在欧洲各国是"中下"阶层的人说的，在美国除了说上述(2)，(3)两种的人以外几乎都说这种话，因地区而不同，不过没有那种十分突出的地区差别(例如：I ain't got none)。

(5) 地区方言。这是社会上最没有地位的人说的；在美国很少见；在瑞士，其他阶层也用它作家庭的语言；几乎各个乡村都不一样；它的种类很复杂，往往彼此都不能理解，说(2)，(3)，(4)三种话的人更听不懂它(例如：a hae none)。

3.8 我们对言语社团内部的差别所做的综合观察告诉我们，一个言语社团的成员可能说话非常相似，谁都听得懂谁的话，也可能差别很大,住得略远的人就彼此听不懂。前者可以举一个只有数百人的印第安部落为例,后者可以举英语这种分布极广的言语社团为例;在英语社团里,一个美国人和一个说方言的约克郡人是彼此言语不通的。[①] 不过在这两种情况之间我们的确划不出一条界线,因为在听得懂和听不懂之间是有许多过渡阶段的。美国人和约克郡人彼此能否听得懂,可能决定于两人智力的高低,或者有无接触别的方言或语言的经验,或者愿不愿意细听对方的话,或者当时的环境是否很容易使对方了解语义,如此等等。此外,在地区言语和标准言语之间的差别,还有无数等级;两个人或其中的一个都可能作某些让步,以便双方了解,这些让步一般是向标准语靠拢。

所有这些因素,都使我们难以在许多言语社团的周围划一条清楚的界线。界线最明显的例子是两种互不相通的语言紧紧靠在一起,像英语和西班牙语在美国西南部就是如此。这儿每个人的本族语——如果为了简单起见,我们先不管印第安人和最近迁入的居民的语言——不是英语就是西班牙语,所以我们可以画一条假想的线,即语言界线(Language boundary)把说英语的人跟说西班牙语的区分开。这条语言界线当然不是一条简单而固定的线,把两个分地聚居的社团隔开。在一整片西班牙语地区中,会有些说英语的居民插入,构成言语孤岛(speech islands);反过来,也有西班牙语孤岛被英语社团包围的。双方都会有若干家庭和若干个人生活在另一个语言集团之中,因而不得不用我们的语言界线

① 约克郡(Yorkshire)在英国英格兰北部。——译者

画成一个小圈圈，把它包围起来。所以，我们的语言界线非但有很长的不规则线条，也有许多围绕言语孤岛的小圈圈，其中有些只包括一家人甚至一个人。可是，尽管语言界线像几何图形那样地复杂，并且天天改变，它到底还标出一种明显的区别。诚然，语言学者在英语和西班牙语之间曾发现很多相似之处，可以确实证明这两种语言是有亲属关系的，不过相似之处以及亲属关系相距都太远了，对我们这儿所谈的问题没有什么影响。

关于德语和丹麦语，我们也可以采取同样的说法：我们可以横过日德兰(Jutland)半岛，就在弗伦斯堡(Flensburg)城北，在德语和丹麦语之间画一条界线，这条界线表现出一些跟美国西南部英语和西班牙语的界线相同的特点，只是规模小些而已。不过这里德语和丹麦语非常相似，我们因此要注意一些别的可能有的情况。这两种语言彼此是不通的，不过二者之间非常近似，不需要作什么语言研究就能看出有亲属关系。如果人们真要比较一下的话，德语和丹麦语的差别，并不比史拉斯危克(Sleswick)[①]的德语地区方言和瑞士的德语地区方言之间的差别大。彼此接壤的德语和丹麦语所显示出的差别，也并不比一个自有其地区方言的言语社团可能有的差别大——只是在后一种情况下，地区与地区之间有许多过渡阶段，而在德语和丹麦语之间则找不到过渡性的方言。

语言和方言的区分，纯粹是相对的，这一点在别的例子里表现得更加清楚。我们说，法语和意大利语，瑞典语和挪威语，波兰语和波希米亚语，是截然各别的语言，因为这些言语社团在政治上各

① 史拉斯危克(Sleswick)在德国北部，接近丹麦。——译者

自独立而且使用不同的标准语，可是在两国边界的言语形式方面，全是相差无几，并不比各言语社团内部的差别大。到底毗邻的言语形式之间，要有多大的差别才说得上有语言边界呢？显然，我们不能完全准确地衡量这些差别。诚然，有些情况，我们习用的命名也不能用于语言学的例子上。地区的一些方言没有提供什么根据，要在所谓德语和所谓荷兰-佛兰芒语（Dutch-Flemish）之间画一条界线：荷兰-德语区域在语言学上是一个单位，它们的分界主要是政治上的划分；要是从语言学的划分来说，意思不过是：这两个政治单位各用不同的标准语而已。总之，**言语社团**这个术语只有相对的价值。集团之间甚至个人之间的交往，可以从零开始到极细微的相互协调。很明显，由这个极端到那个极端，有许多中间阶段，各阶段的交际对人类的福利和进步都是大有促进作用的。

3.9　人们会使用外语，这个很重要的因素增大了交际的可能性，并进一步模糊了言语社团的界线。绝非只是现代人才使用外语；在文化比较简单的民族中间，例如在某些美洲印第安部落中，教养好的人往往能说不止一种邻近部落的语言。什么叫做会说外语，这个因素本身是难以衡量的，因为懂外语有懂得多的，也有懂得少的，最少少到几乎没有什么实际用处。如果学外语学到能够交际，那么，就可以算是个**会说某种外语的人**了。我们已经看到，有些语言，如英语或者马来亚（Malay）语，它之所以有用，一部分是由于外国人经常要用这种语言。如在印度受过教育的阶层中，英语往往作为各有本族语但彼此听不懂的人的交际工具。

有些人完全放弃了本族语言，改用一种外语。这种情况常常在迁入美国的侨民当中发生。假如迁入者不住在同乡聚居的地区，特别是如果他和外族的人结了婚，他可能根本没有机会运用本族语。受教育少的人，似乎尤其易于过了一些时候便把本族语全部忘光了。这类人偶尔听到有人说本族语时还能了解，但是自己已经说得不流畅了，或者甚至叫人听不懂了。他们已经改换了语言，现在他们唯一的交际工具就是英语，英语对于他们虽不是本族语，可是已经是改用的语言了。有时候，这些人还没有完全掌握英语，因而甚么语言也说不好。

改换语言更普遍的情况发生在迁入者的孩子身上。往往他们的父母在家里还说自己的本族语，这也便成为孩子的本族语，可是一到外面去玩或者上学了，孩子就不愿意说家里的语言，因而逐渐忘记，只会咕噜几个字，他们现在只会说英语了。对他们说来，英语变成了我们所谓的成人的语言。一般地说，他们的英语说得很好——这就是说，说得跟周围的本地人一模一样——不过也有人从自己本族语带来了一些英语所无的特点。这种人本族语说得很不好，或者根本不会说，不过当听到本族语时，了解的能力还比较好些。在威尔士也有类似的情况。父母说威尔士语，孩子改说英语。有人作过研究，据说这种语言的改变会妨碍儿童的发展。

3.10 学习外语学得最好的人，外语说得如此流利，跟他周围的本地人简直分不出来了。这种情况，成年人改换语言间或也会发生，可是上述那种童年改换语言更常常如此。如果学外语学得跟本地人一样，同时又没忘掉本族语，这就产生了双语现象（bilingualism），即同时掌握两种语言，熟练程度和本地人一样。一过了童年，便很少有人的肌肉和神经还能那么灵活，或者还有那么多的机会和空闲，能把外语学得到家；可是这种双语现象却比人们所料想的要普遍，在迁居美国的人如此，旅行、留学外国，或者类似接触，结果也往往如此。当然，人们很难确定，精通外语到什么程度，才算是会说双语，其区别也是相对的。

并用两种语言的人往往早在童年就掌握了第二种语言。这种情况常常发生在靠近语言边界的社团里，或者发生在语言孤岛上的家庭里，或者由于父母各属于不同的语言。许多比较富裕的欧洲家庭，雇用了外国保姆或是女教师，使得孩子能说两种语言。受过教育的瑞士籍日耳曼人是说两种语言的，他既说本族方言又说与此大不相同的标准德语。在美国，教育较好的外国移民往往会使他们的儿女成为并用两种语言的人；这种变化跟社会地位较低的集团的成员改用英语正好相反。凡是操双语的人，两种语言在本人的生活中所起的作用显然有些不同。通常一种语言是家庭语言，而另一种语言应用的范围较广，不过其他情况也是有的。人们在艺术家和科学家中往往会碰到很多说两种语言的人，这种情况表明并用两种语言可能有利于儿童的一般发展；另一方面，这也可能只因为童年环境好，便产生了两种语言并用现象。

第四章　世界上的语言

4.1　今天人们所用的许许多多语言里，只有很少数算是科学家已经有了相当知识的。有好些语言我们所知不多，另有一些语言根本就不知道。关于某些现代语言的古代面貌，还有某些现在已经不用的语言，我们是通过书面文献才知道的。然而这些文献告诉我们的古代言语形式却微乎其微的一小部分。某些消失了的语言是从极少的记录里知道的，例如一些专有名词，才为人所知；有更多的语言只是通过说这种语言的民族的名称才知道的；而且毫无疑问，有比此更多得多的语言已经消失得无影无踪了。现在人们所用的语言，特别是非洲和南美洲的，不止一种将要失传，而不会留下任何记录。

由于我们的知识不足，就无法确定许多语言之间可能存在什么样的亲属关系。一般说来，研究冷僻的语言的学者有个毛病，他们往往证据还不充分就要建立亲属关系。所谓语言亲属关系，指的当然是彼此有某些共同点，以此来假定它们都是某一个较古的语言分支形式并加以说明。这些共同点表现在像第一章所列举的那些语音对应上，要确定这些语音对应，必须有全面而准确的资料。一种语言资料越不全，学者越不内行，那么凭空建立亲属关系的危险性也就越大。甚至最肯定的判断，在经过审查以后，也往往会发现论据不足。

4.2　从小说英语的人比说其他任何语言的人要多，也许汉语北方话要除外；如果我们把外国人也说英语这个重要因素也算在内，那么英语是流行最广的一种语言。从小说英语的人数，1920年估计大约是一亿七千万人（参看§3.2.）。几乎所有这些人都使用标准英语或者次标准英语；地区方言的范围很小，大部分彼此都可以听得懂。

英语跟其他日耳曼诸语言肯定是有亲属关系的，但同时同其他各语言显然不同。历史告诉我们，英语是作为侵略者的语言来到不列颠岛的：盎格鲁人（Angles）、撒克逊人（Saxons）和日德兰人（Jutes）公元五世纪征服了这个岛。英语跟欧洲大陆北海沿岸的日耳曼诸语言有显著的不同，这是由于彼此相隔了一千五百年了。英语最古的八至九世纪之间的书面文献证实了这一点，因为这些文献的言语跟大陆日耳曼语年代大致相同的最古文献里边的言语十分相近。英语由母体分离出来，这是方言区由于移民而分化的典型例子。

英语和佛里斯兰（Friesland）诸方言最接近，说这些方言的是北海沿岸和沿海岛屿的约三十五万居民。这些语言的共同点突出地表现在最古的佛里斯兰语文献中，那是十三世纪后半叶的。因此我们认为英语是盎格鲁-佛里斯兰（Anglo-Friesland），或者叫做英格文尼（Ingweonic）方言的一个分支，这个方言区在移民到不列颠以前一定是相当广阔的。

除了佛里斯兰语外，欧洲大陆上说日耳曼语的区域没有截然中断的地方，只有斯堪的那维亚除外。最接近中断现象的，是从东到西，横贯德国，有一大束同语线：线北的人有 p,t,k 音，如在 hope,bite,make 这些词里;线南的人把这些音发成 f,s,kh,如标准德语里的 hoffen,beiszen,machen。北方式的言语叫做低德语,南方式的叫做高德语;由于各同语线并不是完全一致的,如果要把界线明确划出,就只好随便找一个标准。南北德语有此差别,早已见于我们最古的文献,那些文献的年代大致跟古英语文献的年代相同。有各种证据说明,南部德语这样分化出来,是由于公元五至六世纪在南部产生了一些变化。以上这些大陆西日耳曼语诸方言(这是跟盎格鲁-佛里斯兰语相对的名称)在中世纪向东大力扩展;大陆西日耳曼语主要地区之东和东南,有许多语言孤岛,特别是高德语的孤岛,如波兰和俄国的犹太德语(Yiddish)。今天有一亿以上的人用大陆西日耳曼语,它已经发展成两大支标准语,即荷兰-佛兰德语(Dutch-Flemish)和新高德语(New High German)。前者用于比利时和荷兰,建立在西部海岸低德语方言的基础上;后者则建立在中欧东部方言的基础上,中欧东部方言区的形成,是由于日耳曼语在中古时代的扩展。

盎格鲁-佛里斯兰语和大陆西日耳曼语彼此十分相像,可以看成一个单位,即西日耳曼语族,跟较小的斯堪的那维亚语族(或者叫做北日耳曼语族)相对比。在北日耳曼语族里,冰岛语(Icelandic)跟其他的语言有显著的不同,因为自从挪威西部的人殖民到冰岛以后,与本土隔绝了上千年。今天说冰岛语的人约有十万人。法罗士群岛语(Faroese Islands)[①]很接近冰岛语,说这种语言的人

① 法罗士群岛在英国之北,冰岛之南。——译者

大约有二万三千人。北日耳曼语区其余的部分，包括丹麦、挪威、瑞典、哥特兰（Gotland）[①]，以及芬兰沿海的部分地区，其间没有显著的语言分界线；说这种语言的人数大约是一千五百万。北日耳曼语最古的文献是一些铭文，其中有些可以一直推到公元四世纪；最古的手稿是十二世纪的，其中所用的词语，特别是某些冰岛文学的词语，可能还要早几百年的。目前这个地区的标准语是冰岛语、丹麦语、丹挪语（Dano-Norwegian）、挪威式国语（Norwegian Landsmaal）[②]和瑞典语。

我们对于已经失传的日耳曼诸语言也有一些了解，如哥特人（Goths）、梵代尔人（Vandals）、柏根第人（Burgundians）和伦巴第人（Lombards）的语言[③]。乌尔菲拉氏（Ulfila）主教在四世纪用维西哥特人（Visigoths）的哥特语（Gothic）翻译了一部分圣经，其六世纪抄本一直保存到今天，最著名的是《银装古抄本》（*The Silver Codex*）。伦巴第人的语言似乎属于西日耳曼语类型，其他民族语，包括哥特语，接近斯堪的那维亚语，通常把它们另外划归东日耳曼语群。一直到十八世纪，操东日耳曼语的移民在克里米亚（Crimea）和黑海某些地方似乎还保持着他们的语言。

以上所说的各种语言彼此十分相像，跟其他所有的语言相对立，

① 哥特兰在今瑞典南部。——译者

② 挪威式国语是挪威书面语，以口语为基础，1850年由 Ivar Aasem 编出了词典和语法，要用做挪威国语，以别于丹麦式国语（Riksmal）即丹挪语。——译者

③ 哥特人属日耳曼族，三至五世纪入侵并定居于罗马帝国。凡达尔人也是日耳曼族，五世纪骚扰高卢和西班牙，定居于非洲，455年大掠罗马城。布根第人来自布根第（Burgundy），在法国东南部，从前是一个王国。伦巴第人来自伦巴第（Lombardy），在意大利北端，从前也是一个王国。——译者

因而构成了日耳曼语族;它们是从史前一种语言分化出来的现代语言形式。那个史前的语言,我们管它叫原始日耳曼语(请参看§1.6)。

4.3 把日耳曼语族作为一个整体来看,它跟欧洲和亚洲某些其他语言和语族的亲属关系并不是表面上明显的,而是经过十九世纪的研究,完整地建立起来的;所有这些语言,整个儿组成了印欧语系(请参看§1.6)。

在日耳曼语之西,今天我们发现凯尔特语族的残余。根据公元八世纪传下来的手写文献,我们知道爱尔兰语(Irish);还有些石刻铭文也许年代更早些。说爱尔兰语的现今大约有四十万人,它的分支苏格兰盖立语(Scotch Gaelic)大约有十五万人使用;马恩岛语(Manx)作为家庭用语跟英语一道是曼岛人的语言,说这种语言的只有几百人[①]。凯尔特语族的另一支是由威尔斯语和不列颠语组成的,说这两种语言的人现在各有一百万,我们通过八世纪传下来的书面文献知道当时有这种语言。不列颠语是法国西北部沿海一带说的,这种语言也许早在四世纪就从不列颠传过去了。这一支的另一种语言是康沃尔语(Cornish),它最早的文献是九世纪的,大约在1800年间绝灭了[②]。历史和有些地名可以证明,凯尔特语早期散布在欧洲的广大地区,其中包括现在的波希米亚、奥地利、德国的南部、意大利的北部以及法国。由于罗马人征服了这些地区,凯尔特语的地位被拉丁语排挤掉了;又由于公元头几个世

① 马恩岛语是马恩岛(The Isle of Man)人的语言,这个岛在爱尔兰海中,在英格兰的坎伯兰(Cumberland)州之西。——译者

② 康沃尔语(Cornish)是英格兰西南角康沃尔半岛(Cornwall)人的语言。——译者

纪的民族大迁移,凯尔特语又被日耳曼诸语言代替了。我们现在还有很少的铭文是用高卢的古凯尔特语写的,时间大约在公元前一百年左右。

在日耳曼语区的东北,是波罗的语族(Baltic family)。这个语族今天存留下的还有两种语言,一种是立陶宛语(Lithuanican),说这种语言的约有二百五十万人,一种是拉脱维亚语(Lettish),说这种语言的约有一百五十万人;两种语言都有从十六世纪传下来的书面文献;多亏立陶宛和拉脱维亚在政治上独立了,这两个方言群才产生了富有生命力的标准语。[①] 波罗的语族的第三种语言是古普鲁士语(Old Prussian),我们是通过十五、十六世纪的少数书面文献才知道有这种语言的;到了十七世纪,就没有人说它了。

在波罗的语区之南,日耳曼语区之东和东南,我们看到了很大的斯拉夫语族(Slavic family)。中世纪时日耳曼语向东扩展,把西斯拉夫语支的某些语言淹没了。其中的卢塞西亚语(Lusatian)即汶德语(Wendish)或索布语(Sorbian),作为语言孤岛在上撒克逊(Upper Saxony)保存下来,说这种语言的约有三万人;[②]另一种坡拉布语(Polabian)一直传到十八世纪,至今还留下了少数书面文献;[③]至于其他的语言则都已灭亡,只是在德语化的地名中留下

① 立陶宛和拉脱维亚都在前苏联境内。——译者

② 卢塞西亚语是卢塞西亚(Lusatia)地方的语言,在易北河(The Elbe)和奥得河(The Oder)之间。汶德语从汶德人(Wends)得名,这是六世纪入侵波罗的海沿岸的斯拉夫蛮族。索布语(Sorbian)从索布人(Sorbs)得名,他们居住在撒克森和布朗登堡(Brandenberg)之间的地区。——译者

③ 坡拉布语是坡拉布人(Polabs or Polabians)的语言,原住在易北河盆地和波罗的海的沿岸。——译者

一些痕迹。由于斗争的结果，西斯拉夫语留下的两大方言区具有特殊地形；波兰语从主要地区起，有一连串的言语孤岛朝北沿着维斯杜拉河(The Vistula)伸展到但泽市(Danzig)，另一支波希米亚语好像一个半岛那样向西突出，一直插入德语区。说波兰语的人有二千万以上，从十四世纪起便有文献。波希米亚语根据不同的标准语分为捷克语(Czech)和斯洛伐克语(Slovak)，说这两种语言的约一千二百万人；最早的文献始于十三世纪。东斯拉夫语支只有一个广阔的方言区即俄语区，至少有一亿一千万人说这种语言，它的书面文献可以追溯到十二世纪。南斯拉夫语支(The South Slavic branch)由于中间插进了一个无语言亲属关系的匈牙利人侵者而跟其他斯拉夫语支隔开了，南斯拉夫语支由保加利亚语(Bulgarian)、塞尔维亚-克罗西亚语(Serbo-Croatian)以及斯洛文尼亚语(Slovene)组成。[①] 说保加利亚语的人约有五百万，说塞尔维亚-克罗西亚语的约有一千万，说斯洛文尼亚语的约有一百五十万。现有的斯拉夫语最早的书面文献是九世纪的古保加利亚语的文献，所保存的抄写手稿至少还要晚一世纪。此外还有极少的古斯洛文尼亚语的十世纪的文献。有些学者在波罗的语族和斯拉夫语族之间发现了颇为接近的相似之处，并把它们归并为印欧语系里的波罗的-斯拉夫(Balto-Slavic)次语族。

在日耳曼语区之南，是说罗曼诸语言的：葡萄牙-西班牙-加泰隆尼亚语(Portuguese-Spanish-Catalan)区(这个区域有用这三种

① 塞尔维亚(Serbia)在南斯拉夫中部东边，克罗西亚(Croatia)在中部西边，斯洛文尼亚(Slovenia)在西北部。——译者

名称的标准语),[①]说这些语言有一亿人。法语区有四千五百万人,意大利语区有四千万人以上,瑞士的拉旦语区(Ladin)即利提亚-罗曼语区(Rhaeto-Romanic)有大约一万六千人。[②] 另一个语族,即达尔马西亚(Dalmatian)语族,已经灭亡了:其中有一种拉古沙方言(Ragusan)在十五世纪就灭亡了;另一种维利奥特方言(Veliote)到十九世纪也消亡了。[③] 在东面的黑海上,罗马尼亚语(Roumanian)区因有南斯拉夫语支侵入,把它同西罗曼语区分隔了,说罗马尼亚语的估计有一千四百万人。当然,所有的罗曼诸语言都是现代形式的拉丁语。拉丁语是古代罗马城的方言,其最古文献的年代约为公元前三百年。在中古和近代,拉丁语曾为写作和学术讨论的人为交际工具。从古代的铭文可以看出,在意大利还有一些拉丁语的姐妹语言,最著名的是奥斯干语(Oscan)和乌布利亚语(Umbrian);[④]这两种和另外一些语言跟拉丁语都属于意大利语族,那些语言在罗马人扩张时期都被拉丁语代替了。有些学者认为意大利语族和凯尔特语族有一些特殊的共同点,可以联系起来,在印欧语系中组成意大利-凯尔特(Italo-Celtic)次语族。

① 加泰隆尼亚语是加泰隆尼亚(Catalonia)地方的语言,在西班牙东北部,约有二百九十万居民。——译者

② "拉旦语"(Ladin)一词由"拉丁语"(Latin)演变而成。利提亚·罗曼语是利提亚(Rhaetia)的语言,那是古罗马帝国的一个省,包括今瑞士东部和瑞士之东的提罗尔(the Tyrol)的一部分。——译者

③ 达尔马西亚(Dalmatia)是南斯拉夫西部亚得利亚海(the Adriatic Sea)沿岸地区。拉古沙(Ragusa)是南斯拉夫西南部的一个海港。——译者

④ 奥斯干人(Oscans)原住在意大利西南部坎帕亚(Campagnas),乌布利亚人(Umbrians)原住在意大利中部乌布利亚(Umbria)。——译者

在亚得利亚海(The Adriatic)之东,塞尔维亚-克罗西亚语区之南,是阿尔巴尼亚语(Albanian)区。阿尔巴尼亚语只从十七世纪才有文献,说这种语言的人口有一百五十万。虽然阿尔巴尼亚语有很多来自四围各种语言的借词,可是本身的核心词汇显示出它是印欧语系一个单独的分支。

希腊语(Greek)有许多地区方言,它的标准语流行范围很广,说这种语言的今天大约有七百万人。现代的希腊方言几乎全是一种标准语(所谓克伊内语 Koiné)的后裔,这种标准语在公元一世纪的时候流传很广,取代了古代的各种地区的和省市的方言。我们之所以能知道古代希腊方言,是根据公元前七世纪以来的许多铭文,公元前四世纪起写在芦叶纸上的片段文章,以及大量的文学(显然,流传下来的抄本,年代要较晚一些),其中最古的《荷马史诗》至少是公元前八百年的作品。

在小亚细亚,我们发现印欧语系的另一支语言,即阿尔明尼亚语,今天说这种语言的有三四百万人;阿尔明尼亚语最古的书面文献可以追溯到公元五世纪。

印欧语系在亚洲有一个大分支,叫做印度-伊朗(Indo-Iranian)语族。它由两个次语族组成,即伊朗语族和印度语族,或称印度-阿利安(Indo-Aryan)语族。这两个语族直到今天差别很大,可是从最早的文献看来,它们的形式如此相近,使我们可以肯定地把它们看成是原始印度-伊朗母语的后代。

现在伊朗语的主要方言区有波斯语(Persian 有势力很大的标准语,说波斯语的人也许有七八百万),里海(The Caspian)语族和库尔德语(Kurdish);再朝东去,就有帕米尔(Pamir)诸方言,阿富汗语(Afghan 或者叫普什图语 Pushto),说这种语言的约有四百万人,以及俾路支语(Baluchi);在西面很远的地方有一个孤立的分支,即高加索的奥塞提语(Ossete),说这种语言的约有二十二万五千人。[①] 伊朗语最古的文献是在岩石上的用古波斯语刻的铭文,那是达留士王一世(King Darius the Great)及其继承者的遗物(时代是公元前六至四世纪)。还有用阿维斯坦语(Avestan)写的袄教(the Zoroastrian 或称巴尔西 Parsi 教)圣经,其中最古的一部分可能早在公元前六百年写成,不过现有的抄本年代较晚,而且经文在拼写法上已经作了很大的修改。[②] 至于伊朗语中间的各阶段的情况,不太有人知道,只有波斯语(Persian 即巴略维语 Pehlevi)不在此列。[③] 可是二十世纪初期在中国新疆发现了零星手稿,这使我们知道还有其他一些中世纪的伊朗语言,已经鉴定为安息语(Parthian),粟特语(Sogdian)以及塞卡语(Sakian)。[④]

印度—伊朗语族的另一个大支是印度语(Indic),总共有二亿三千万以上的人说这种语言。印度语分布在一些方言区里,

① 库尔德语是土耳其南部库尔德斯坦(Kurdistan)及附近各地的语言。俾路支语是俾路支(Baluchistan)的语言,现在是巴基斯坦的一省,首府是基达(Quetta)。奥塞提亚语(Ossete)是苏联高加索(Caucasia)的奥塞提亚(Ossetia)的语言,地近土耳其。——译者

② 袄教圣经是《阿维斯达》(*Avesta*),即"智慧书"的意思。"巴尔西"(Parsi 或 Parsee)一词是"波斯"的意思。——译者

③ 巴略维语(Pehlevi 或 Pahlavi)是公元三至十世纪袄教圣经所用的语言,用闪族(Semitic)文字写成。——译者

④ 安息(Parthia)是里海东南的一个古国,国境在今伊朗东北部。粟特那(Sogdiana)是古波斯帝国的一省,首府是今苏联亚洲境内的撒马尔罕(Samarkand),在阿富汗之北。塞卡语(Sakian)是萨卡人(Sakas)的语言,那是伊朗高原的游牧民族。——译者

包括印度的大部分地区，其中有以下这些人数众多的语言：马拉蒂语（Marathi）一千九百万人，鸠遮拉特语（Gujerati）一千万人，旁遮普语（Panjabi）一千六百万人，拉贾斯坦语（Rajasthani）一千三百万人，西印地语（Western Hindi）三千八百万人，东印地语二千五百万人，奥里萨语（Oriya）一千万人，比哈里语（Bihari）三千六百万人，孟加拉语（Bengali）五千万人。[①] 吉普赛人的语言罗曼尼语（Romani）是印度西北部派沙溪语（Paiçachi）区一支移民的语言。印度语最古的书面文献是公元前三世纪阿育王（Açoka）的铭文，这些铭文使我们看到了所谓帕拉克利特语（Prakrit）时期（或者中古印度语时期）一些印度语的方言；[②] 我们也从后期的一些铭文以及手抄的经文知道帕拉克利特语时期的印度语言；其中最晚的是巴利语（Pali）是写佛经的语言。奇怪的是我们根据比这年代更晚的文献知道了有更古时期的印度语，即古梵语时期（或称古印度语时期）。这个时期最古的经文是用吠陀梵语写的一些赞美诗集；其中最古的部分《梨俱吠陀》（*Rig-Veda*）估计至少是公元前一千二百年的作品。这些赞美诗构成了婆罗门教经典的基本部分。根据婆罗门教的散文经文《婆罗曼那》（*Brahmana*）和 Pānini 所著的语法（参看 §1.5）以及同类的著作，我们知道了第二种略为不同的古

① 马拉蒂人（Marathas）住在印度中部和西部；鸠遮拉特（Gujerat）是印度西部的纳巴达河（The Narbada river）北的平原区；旁遮普（Panjab）是印度西北部的一邦；拉贾斯坦邦（Rajasthana）在其西南；奥里萨（Orissa）在印度东部，比哈尔（Bihar）在其北，孟加拉（Bengal）在其东。——译者

② Prakrit 是平民语或俗语的意思。——译者

印度语。这种语言就是梵语。[1] 大约在公元前四世纪的时候，印度西北部某些地方的上层社会说的就是这种语言。由于梵语在当时是标准方言，以后又是文学和学术的语言，它逐渐地变成了全部印度婆罗门教区的官方语言；在铭文中梵语大约是在公元前一百五十年初次出现，几世纪以后它完全压倒了帕拉克利特类型诸方言；从那个时候起一直到现在，梵语是按照 Pānini 的语法规则书写的，成为大量艺术性和学术性著作的语言。

原始印欧语除了以上所说的各个分支今天都有活的语言作为代表以外，在各个不同的时期一定还有许多其他分支，其中有些跟今天还存在的分支有着密切的关系，有些只有间接的关系，也许还有一些关系很疏远的。这里面有些语言，我们还知道一点。在亚得里亚海的周围，古时候说的是伊里利亚（Illyrian）诸语言：伊里利亚语只剩下一些专有名词，维尼西亚语（Venetic）只从公元前四世纪到二世纪的铭文才知道，意大利南部有美沙庇亚语（Messapian），其铭文的年代自公元前四百五十年开始，直到公元前一百五十年。[2] 关于在巴尔干半岛西部的色雷斯语（Thracian），我们只有一些人名、单词和一块铭文（公元前四百年左右的）；它似乎跟小亚细亚的菲立基亚语（Phrygian）有密切的关系。[3] 我们根据两组年代先后不同的碑文知道了菲立基亚语：一组是早在公元前八世

---

① 梵语（Sanskrit）是"雅语"的意思。Sanskritit 比 Sanskrit 更古，所以译为"古梵语"。——译者

② 伊里利亚（Illyria）是一个大国，年代不详。威尼提人（Venetis）是意大利东北部的古民族，和罗马人结成联盟。——译者

③ 色雷斯（Thrace），古地名，后来是罗马帝国的一省，现在分属保加利亚、土耳其和希腊菲立基亚（Phrygia），古国名，在今小亚细亚中部和西南部。——译者

纪的,另一组是公元一世纪的。马其顿语(Macedonian)跟希腊语似乎有十分密切的关系。利古里亚语(Ligurian 在现代的里维埃拉'Riviera'附近)和西西里岛上的西西里亚语(Sicilian)可能跟意大利语的关系很密切。[①] 根据在中国新疆发现的六世纪的残断手稿,我们知道中亚细亚还有吐火罗语(Tocharian)。[②]

回头再看看原始印欧语,一定也跟其他一些语言有亲属关系;不过那些语言不是灭亡了就是变得很厉害,看不出什么亲属关系了。其中只有一个例外,这就是赫梯语(Hittite),[③]它是小亚细亚的古代语言,我们是根据大约始于公元前一千四百年的楔形文字铭文知道这种语言的。这种亲属关系虽然疏远,却使我们能够推想原始印欧语史前的某些情况,并假定原始印度-赫梯(Indo-Hittite)母语的某些特征。

4.4 印欧语系的各种语言四处扩展,一直到占领目前这样广阔的地区,中间一定消灭了许多没有亲属关系的语言。其中有一种还有一些残余,就是巴斯克语(Basgue),今天在比利牛斯山区(The Pyrenees)的西部约有五十万人说这种语言。[④] 巴斯克语最古的文献的日期是十六世纪。它是古代伊比利亚语(Iberian)唯

① 马其顿(Macedonia),古国名,在古希腊之北。利古里亚(Liguria)在意大利西北部。——译者

② 吐火罗人是文化程度很高的民族,在中亚细亚,在公元一千年左右为维吾尔族所败,以后便消失了。——译者

③ 赫梯人(Hittites)是势力很大,文化程度相当高的古民族,公元前 1900—前 2000 年住在小亚细亚和附近地区。——译者

④ 比利牛斯山在法国西南部和西班牙交界的地方,山区西部在西班牙境内。——译者

一留存下来的语言形式。伊比利亚语一度是法国南部和西班牙人所说的语言，我们是根据一些铭文和地名知道这种语言的。

至于其他一些现在已经灭亡了的语言，我们只有一鳞半爪的知识。在意大利，有一支跟印欧语毫无亲属关系的伊特鲁利亚语(Etruscan)，[①]这种语言曾给拉丁民族很大的影响，它留给我们大量的铭文，最早的是公元前六世纪的。铭文是用希腊字母写的，可以读得出来，可是意思却不懂。古利提亚语(Rhaetian)有些铭文，证明这种语言是伊特鲁利亚语的一个分支。[②] 在利姆诺斯岛(Lemnos)上有一块大约是公元前六百年的铭文，在别处又有许多纪元前四至三世纪的铭文，大多数来自小亚细亚的萨底斯(Sardis)，证明了伊特鲁利亚语跟利姆诺斯语(Lemnian)和利底亚语(Lydian)是有亲属关系的；其中只有利底亚语的碑文已被人们释读出来了。[③]

在古克里特岛上(Crete)我们有几块铭文，是用希腊字母写的，不过语言不明，其中有两块是公元前四世纪的，有一块(在普拉索斯镇 Praisos 发现的)还要早些。[④] 我们还有更古的(公元前一千五百年左右)克里特语铭文，一部分是用图画文字写的，一部分是用图画文字的简化形式写的。

① 伊特鲁利亚语是西意大利伊特鲁利亚(Etruria)古国的语言，中心在阿尔诺河(The Arno)和台伯河(The Tiber)之间。——译者

② 利提亚(Rhaetia)是古罗马帝国的一个省，包括今瑞士东部和蒂罗尔(The Tyrol)的一部分。——译者

③ 利姆诺斯岛在爱琴海(The Aegean Sea)东北部，属希腊。萨底斯是小亚细亚西部的古城，是古代利底亚(Lydia)国的首都。——译者

④ 克里特岛属希腊，在地中海里，希腊的东南方。——译者

在小亚细亚，我们发现了大量的利西亚语(Lycian)公元前五至四世纪的铭文，以及较少的卡里亚语(Carian)公元前七世纪的铭文。[①] 利西亚语的铭文是用希腊字母写的，一部分被人们读懂了；卡里亚语铭文的文字可能是同类的，不过还没有人了解。在叙利亚和毗邻小亚细亚的地区有大量的铭文是公元前一千年到五百五十年左右用图画文字写的，人们把它算作希太特语，可是我们没有理由认为这些未经辨认的铭文跟希太特语楔形文字记录(参看§4.3)是同一民族的作品。

根据在近东发现的刻在岩石上和黏土上的楔形文字，我们知道了更古的现已灭亡的语言。这就是：始于公元前四千年的美索不达米亚(Mesopotamia)的苏美尔语(Sumerian)；[②]始于公元前两千年的波斯境内的伊拉姆语(Elamitic)；[③]始于公元前一千六百年的美索不达米亚以东的珂赛特(Cossean)语(有少数文献)；[④]始于公元前一千四百年左右的美索不达米亚东部的米达尼语(Mitanni)；[⑤]始于公元前九至八世纪的凡湖语(Van)靠近凡湖(Lake Van)；[⑥]以及小亚细亚希太特帝国境内的好几种未曾辨认的语言。

① 利西亚(Lycia)是小亚细亚西南部的一个大国。卡里亚(Caria)是小亚细亚南部的一个地区。——译者

② 苏美尔(Sumer)是古巴比伦国南部的一个地区，在幼发拉底河(The Euphrates)上，近波斯湾，今属伊拉克。——译者

③ 伊拉姆(Elam)是一个古国，在苏美尔东南，近波斯湾。——译者

④ 珂赛特语是珂赛特人(Kassites 或 Cassites)的语言，原住在伊朗高原里海以南的地区，公元前1600—1200年曾统治巴比伦。——译者

⑤ 米达尼人立国于美索不达米亚北部，公元十五世纪末叶至十四世纪中叶称霸于美索不达米亚和叙利亚北部。——译者

⑥ 凡湖在今土耳其东部。——译者

关于其他用楔形文字记录下来的语言，我们已经提到了古波斯语和希太特语（参看§4.3），马上还要读到闪语中的巴比伦-亚述语（Babylonian-Assyrian）。

4.5　在跟印欧语系邻近的现代各语系中，有一种或不止一种语言可能跟它是远亲；闪含语系（The Semitic-Hamitic family）和芬兰-乌格尔语系（The Finno-Ugrian family）似乎跟印欧语系有某些相似的地方，不过，尽管作了许多努力，还没有找到任何确实的证据。

闪含语系由四个语族组成，彼此相似之处不很明显，这就是：闪语族（Semitic）、埃及语族（Egyptian）、贝贝尔语族（Berber）以及库希特语族（Cushite）。

闪语族（Semitic）有两个分支。东支已经不存在了，叫做巴比伦-亚述语[①]（Babylonian-Assyrian），我们根据大约公元前二千五百年以后刻在石头和黏土上的楔形文字知道有这支语言；它在公元开始时期就被阿拉米语（Aramaic）征服了。[②] 闪语族的西支又分成南北两支。北部那一支见于伽南语（Canaanite）的语词汇释中，原文是楔形文字，在塔尔拉马那（Tel-el-Amarna）地方发现，为公元前一千四百年左右的泥板，也见于公元前九世纪著名的美沙

① 巴比伦国（Babylonia）是亚洲西南部的古帝国，国都巴比伦城（Babylon）在今伊拉克巴格达（Bagdad）西南方。亚述（Assyria）也是亚洲西南部的古帝国，它在公元前八世纪征服了巴比伦国，都城尼尼微（Nineveh）在今伊拉克北部。阿拉姆（Aram）是希伯来人给古代叙利亚的名称，阿拉姆语在公元前三百年流行于叙利亚，巴勒斯坦和美索不达米亚。——译者

② Bloomfield 在本书勘误表里说，现在一般用阿喀底亚语（Accadian）来代替“巴比伦-亚述语”这个名称。——译者

王(King Mesha)的摩阿布语(Moabite)铭文中。[①] 腓尼基语(Phoenician)是我们最初从纪元前九世纪的碑文知道的，这种语言不仅是用于腓尼基(Phoenicia)本土，也用于他们的迦太基(Carthage)殖民地。[②] 腓尼基本土的腓尼基语在公元前就灭亡了，迦太基的腓尼基语可多生存了几个世纪。希伯来语是从纪元前九世纪的铭文以及旧约圣经手抄本(其中最早的一部分可能是公元前一千年写的)知道的。公元前二世纪，希伯来语就被阿拉米语征服了，不过在书面上一直用到中世纪末；近来又有人打算人为地把希伯来语恢复为口语。最后，要提到阿拉米语(Aramaic)，这是由一群方言组成的，最初是从公元前八世纪的铭文知道这种语言的。公元前几个世纪，阿拉米语势如潮涌，扩展到整个叙利亚以及亚洲的广大地区，跟希腊语竞争，而且取代了希伯来语，亚述语和许多其他语言。大约有一千年之久(从公元前三百年左右到公元六百五十年左右)，阿拉米语在近东是主要的官方语言和书面语；其书面语对亚洲的各种文字系统有很大的影响。可是它自己又由于阿拉伯语的扩张而被排挤了，今天只是存在于若干孤立的小地区里，约有二十万人说这种语言。闪语族西支的南部语群，由好几种现代还在活跃的语言作代表。南阿拉伯语(South Arabic)现仍流行于阿拉伯半岛的南部沿岸以及索科特拉

① 古代迦南(Canaan)地区在地中海之西，死海(The Dead Sea)和约旦河(The Jordan)之东。古代摩阿布国(Moab)在死海之东，今外约旦(Trans-Jordan)地方。——译者

② 古代腓尼基国在地中海东岸，傍黎巴嫩山(Mount Lebanon)。迦太基(Carthage)在北非，和今突尼斯城(Tunis)相近。——译者

(Sokotra)岛上,有好几种不同的方言。我们有其公元前八百年到公元六世纪的铭文。[①] 阿拉伯语最早的文献是公元三百二十八年的铭文。从公元七世纪以来,由于信伊斯兰教的阿拉伯人征服各地,阿拉伯语得到了很大的扩展。今天说这种语言的人约有三千七百万。此外,很多世纪以来阿拉伯语还一直作为各伊斯兰教国家的宗教的、文学的以及官方的语言。在非洲东岸(即阿比西尼亚 Abyssinia)有埃塞俄比亚(Ethiopian)语族。我们最早知道这种语言是根据公元四世纪的铭文。目前属于这个语群的语言有提格列语(Tigre),提格里那语(Tigriña)以及安巴尔语(Ambaric)。

闪-含语系中的埃及语、贝贝尔语以及库希特语三支,合起来叫做含语族(The Hamitic Languages)。

埃及语给我们留下来的记录是自公元前四千年起用象形文字写的铭文;埃及语的后期形式叫做科伯特语(Coptic),它出现在公元后的手抄文献中。十七世纪,埃及语灭亡了,代替它的是阿拉伯语。

闪-含语系的分支贝贝尔语之为人所知,是由其古代公元前四世纪用利比亚语(Libyan)写的铭文;今天它有好几种语言作为代表,例如特哇力语(Tuareg)和卡比尔语(Kabyle),这两种语言在非洲北部抵挡住了阿拉伯语的进攻而延续下来,据说总共约有六七百万人说这种语言。[②]

---

① 索科特拉岛在阿拉伯半岛之南。——译者

② 贝贝尔语(Berber)是布巴利地区(Barbary)和撒哈拉沙漠(The Sahara Desert)的语言。布巴利地区包括北非的摩洛哥、阿尔及尔、突尼斯和的黎波里。特哇力语(Tuareg)是撒哈拉沙漠游牧部落的语言。卡比尔语是卡比尔人(Kabyles)的语言,住在阿尔及利亚和突尼斯两国。利比亚语(Libyan)是古代利比亚地区(Libya)即北非洲埃及以西一带的语言。——译者

闪-含语系的第四个分支是埃及以南的库希特语(Cushite),它包括好些语言,其中有索马里语(somali)和加拉语(Galla),说加拉语的约有八百万人。[①]

4.6 在北非阿拉伯语和贝贝尔语区以南,有一条由许多语言组成的宽广地带,东起埃塞俄比亚语和库希特语区,西至几内亚湾,横贯整个大陆。这条宽广地带的语言,人们了解得极少,说这些语言的人估计约有五千万人。有些学者凭着很少的证据,认为这些语言彼此全都有亲属关系;另外有些学者把其中某些语言跟含语联系起来,另一些语言跟班图语(Bantu)联系起来。在这个区域的语言里,人们提得比较多的有塞内加尔(Senegal)的沃洛夫语(Wolof)和富尔语(Ful);几内亚沿海的格列泊语(Grebo),埃维语(Ewe)以及约鲁巴语(Yoruba);中非的豪萨语(Haussa);东非喀土穆(Khartoum)周围广大地区里的努巴语(Nuba),由此往南的丁卡语(Dinka)和再往南的玛赛语(Masai)。

从几内亚到苏丹的这条地带的南面,有一大群班图语(Bantu)系的语言。在欧洲人入侵以前,这个语系的语言分布在非洲其余各地区,只有西南区除外。班图语系的语言为数众多,说这些语言的总共约有五千万人;其中比较为人熟悉的有卢干达语(Luganda),斯瓦希里语(Swahili),加菲尔语(Kaffir),祖鲁语(Zulu),铁别列语(Tebele),苏比亚语(Subiya)和赫列罗语(Herero)。

非洲西南部,在欧洲人来到以前,非班图语系语言属于两种彼

① 索马里语用于东非索马里兰(Somaliland)和附近地区,加拉语用于前英属东非(今肯尼亚、坦桑尼亚、乌干达各国)和埃塞俄比亚西南部。——译者

此无亲属关系的语言：布施曼语（Bushman）区约有五万人，霍登托语（Hottentot）区约有二十五万人。

4.7　再回顾欧亚大陆，我们发现在印欧语系诸语区之东，并且在地形上跟这些语言相交错的，有个芬兰-乌戈尔语的大语系（The Finno-Ugrian family）。这个语系由六个主要分支组成。第一支是芬兰-拉普兰语族（Finnish-Lapponic）。在挪威、瑞典和芬兰的北部约有三万人说拉普兰语。[①] 芬兰-拉普兰语族的其他语言形成了一个比较密切的语群，即芬兰（Finnish）或称波罗的-芬兰（Baltic-Finnish）语群。这个语群中最大的语支是芬兰语，早在十三世纪就有一些片段的记录，从公元1544年开始有印刷的书籍；约有三百万人以芬兰语作为本族语。爱沙尼亚语（Esthonian）最早的记录跟芬兰语的年代大略相同，约有一百万人说这种语言。芬兰语和爱沙尼亚语各有其标准语，是芬兰共和国和爱沙尼亚（Esthonia）共和国的官方语言。[②] 波罗的语支还包括其他一些语言：喀列里语（Carelian），奥伦涅青语（Olonetsian），路底亚语（Ludian），威泊西亚语（Vepsian），利窝尼亚语（Livonian），因格里亚语（Ingrian）以及伏提亚语（Votian）。这些语言都很小，其中有些已接近消亡。芬兰-乌格尔语系的其他四个分支斑斑点点地分布在苏联的欧洲和亚洲境内若干地区；这四个分支是：摩尔达维语族（Mordvine）有一百万人；彻尔米斯语族（Cheremiss）三十七万五千人；由伏提雅语（Votyak）（四十二万人）和齐里亚语（Zyrian）（二十八万五千人）这两

① 拉普兰地区（Lapland）包括拉普人（Lapps）在挪威北部、瑞典北部、芬兰北部和苏联可拉半岛（The Kola Peninsula）所住的地方。——译者

② 爱沙尼亚现在是苏联境内的一个共和国。——译者

支语言组成了帕米亚语族(Permian),其中齐里亚语有从十四世纪开始的书面文献;还有奥斯提雅语(Ostyak)一万八千人和沃古列语(Vogule)(五千人)组成的鄂毕-乌格尔语族(Ob-Ugrian)。芬兰-乌格尔语系的第六个分支是匈牙利语,这个分支在九世纪末由侵略者带到了欧洲中部。除了散见于拉丁语文献中的匈牙利语个别词外,匈牙利语最古的书面文献始于十三世纪。说流行标准语和匈牙利地区方言的人一共约有一千万。

在奥斯提雅语区之东,叶尼塞(The Yenisei River)河沿岸,约有一万八千人说萨莫耶德(Samoyede)语系诸语言。这些语言散布在很广的区域,各地有很大的分歧。有些研究者认为萨莫耶德语系跟芬兰-乌格尔语系有亲属关系。

4.8　突厥语系(或称突厥-鞑靼"Turco-Tartar"语系,也称阿尔泰"Altaic"语系),分布在广大地区,从中世纪末被鄂图曼土耳其人(Ottoman Turks)征服的小亚细亚直到叶尼塞河上游。诸语言之间只有很小的差别,说这类语言的约有三千九百万人;其中我们比较熟悉的语言名称是土耳其语、鞑靼语、柯尔克孜语(Kirghiz)、乌兹别克语(Uzbeg)、阿塞拜疆语(Azerbaidjani)。[①] 最古的文献是一些由八世纪以来的西伯利亚铭文,一个是十一世纪的土耳其-阿拉伯语词汇,一个是十四世纪的拉丁-波斯-土耳其语的词汇。跟这个语系的其他语言在地理上隔开的是雅库特语,不过和它们的差别不大,在西伯利亚的最北部有二十万以上的人说这

① 鞑靼人在苏联欧洲和西亚中亚境内和其他民族杂居。柯尔克孜和我国新疆接壤,乌兹别克在其西,阿塞拜疆在里海之西。——译者

种语言。有些学者认为突厥-鞑靼语系跟蒙古语系以及满洲语系有亲属关系;另外一些学者以更不充分的证据,宣称所有这些语言同芬兰-乌格尔语系和萨莫耶德语系都有亲属关系(他们所谓的乌拉尔-阿尔泰 Ural-Altaic 语系)。

蒙古语大部分分布在突厥-鞑靼语区以东的蒙古地区,可是,由于蒙古部落从前有游牧和掠夺的风俗,一些分出来的社团现在散居在亚洲各地,甚至在苏联欧洲境内各地也有。说蒙古语的总数估计有三百万人。我们知道的最古的蒙古语书面文献是十三世纪成吉思汗时代的铭文。

通古斯-满洲语系(The Tungus-Manchu family)处在蒙古语区的北方,把雅库特语区从突厥-鞑靼语系其余的地区隔开了。有七万说通古斯语(Tunguse)的人住在西伯利亚比较大的一片土地上。说满洲语的实际人数不能确定,因为中国境内的所谓满洲人多数只说汉语;据丹尼(Deny)估计说这种语言的人数至多不到一百万人。作为一种文学语言和官方语言,满洲语从公元 1647 年以来就有印刷品了;至于手抄的文献,年代还更早些。

印-中(Indo-Chinese)[①]语系,或称汉-藏(Sino-Tibetan)语系,很大,由三大分支组成。第一支是汉语族,约有四亿人说它;汉语族实际是个极大的方言区,包括一部分彼此都听不懂的许多方言或称语言。这些方言分成四大群:官话(Mandarin)群(其中有华北方言,包括北京话;华中方言,包括南京话;四川华西方言),中部

① 关于汉语方言问题,这里讨论的颇不确切。读者可参阅文字改革出版社出版的《汉语方言概要》。——译者

沿海方言群(上海话,宁波话,汉口话),江西方言群以及华南方言群(福州话;厦门-汕头话;广州-客家话)。汉语最古的文献是一些甲骨文,其中有些起源于公元前两千年,可是由于汉语的词各用一个汉字为代表,汉字标音又不清楚,所以古汉语的情况,甚至可以看懂的文献也给我们说明得很少,甚或竟然没有什么有关语言的材料。因此,我们关于汉语言语的知识,不超过公元六百年。汉-藏语系的第二个分支是泰语族(The Tai family),包括暹罗语(Siamese),约有七百万人说这种语言;最古的文献是公元 1293 年的铭文。第三个分支是藏-缅(Tibeto-Burman)语族,有四个语群:由西藏一词得名的藏语(Tibetan)群中最重要的是藏语,它的文献溯源于公元九世纪;在缅语群里,缅甸语(Burmese)是最重要的,说这种语言的约有八百万人:另外两个语群是波多-拿加-克钦(Bodo-Naga-Kachin)语群和倮倮(Lo-lo)语群,由较少的方言组成。

在亚洲最东北的角落里有北极(Hyperborean)语系,它由察克齐语(Chukchee)(说这种语言的约有一万人),科利雅语(Koryak)(也有一万人)以及堪察加语(Kamchadal)(一千人)组成。

沿着叶尼塞河有叶尼塞-奥斯提雅语(Yenisei-Ostyak)约有一千语民,还有科特语(Cottian),可能现已绝灭。这两种语言构成一个独立的语族。

在亚洲东部还有其他几种语言,没有发现彼此有什么亲属关系。几尔雅语(Gilyak)是萨哈林(sakhalin)岛北部和黑龙江(The Amur)入海河口附近的一种语言。虾夷语(Ainu)在日本也约有两万人说这种语言。说日本语的有五千六百万人;它的书面文献始于八世纪。说朝鲜语(Korean)的有一千七百万人。

4.9　我们再转向欧洲东南，我们发现在高加索(Caucasus)地区有大量的语种。除了有一种是属于伊朗语族的奥塞提亚语(参看§4.3)以外，这些语言一般分为两个语系：北高加索语系和南高加索语系，各有一百万到二百万人说这些语言。其中最著名的是属于南高加索语系的乔治亚语(Georgian)；它的书面文献最早始于公元十世纪。

在印度-雅利安(Indo-Aryan)语区以南的印度境内，有庞大的达罗毗荼(Dravidian)语系，其中除了许多较小的语区外，还有一些广大的语区(并且有标准书面语)，如泰米尔语(Tamil)(一千八百万人)，马来雅兰语(Malayalam)[1](六百万人)，卡拿拉语(Canarese)(一千万人，最古的铭文始于公元五世纪)，和泰卢固语(Telugu)(二千四百万人)。[2] 有一种孤零零的达罗毗荼语叫做婆罗灰语(Brahui)，有十七万四千人，在俾路支山区，远离其他语言；这似乎是在印度-雅利安语和伊朗语入侵以前，达罗毗荼语占地很广时留下来的残余。

扪达(Munda)语系诸语言在印度两个不相连的地区，有三百万人使用，这两大地区是喜马拉雅山的南坡和印度中部乔塔纳格普尔(Chota Nagpur)高原附近。

---

①　马来雅兰语是印度西南沿海地区语言亦称马拉巴尔(Malabar)，与马来亚不能混淆。——译者

②　泰米尔语用于南印度和锡兰；马来语用于印度最西南地区；卡拿拉语用于印度西部沿海孟买(Bombay)地区的卡拿拉(Kanara)；泰卢固语用于印度东南沿海马德拉斯(Madras)以北的地区。——译者

孟-高棉(Mon-Khmer)语系散布在亚洲东南部零零星星的地区里,其中包括尼科巴(Nicobar)群岛以及马来半岛的某些地区。[①] 这个语系最古的文献是柬埔寨语(Cambogian)的铭文,始于公元七世纪。目前这个语系包括一大支文化程度很高的语言即安南语,说这种语言的有一千四百万人。有些学者认为扪达语系和孟-高棉语系都跟马来亚-玻里尼西亚(Malayo-Polynesian)语系有亲属关系,形成所谓奥斯特里(Austric)语系。[②]

马来亚-玻里尼西亚语系或称澳斯特罗尼西亚(Austronesian)语系,从马来半岛越过太平洋直到复活节(Easter)岛,由四个分支组成。[③] 第一支是马来亚(或称印度尼西亚)语支,包括马来语,有三百万人说这种语言,而且作为一种贸易和文化的语言在许多地方使用;此外,它还包括东方许多大岛的语言,如台湾语(Formosan),爪哇语(Javanese)(二千万人),巽他语(Sundanese)(六百五十万人),马都拉语(Maduran)(三百万人),巴厘语(Balinese)(一百万人)以及许多菲律宾语言(Philippine),其中有比萨亚语(Bisaya)(二百七十五万人)和他加禄语(Tagalog)(一百五十万人);此外还有一个遥远的分支叫做马尔加什语(Malagasy),是马达加斯加岛(Madagascar)的语言,说这语言的约有三百万人。[④] 马来亚-波利尼西亚语系的第二支是密兰尼西亚(Melanesian)语

① 尼科巴群岛在苏门答腊(Sumatra)西北。——译者

② 奥斯特里语系是"南方语系"的意思。——译者

③ 复活节岛在南美洲智利之西,属智利。——译者

④ 大巽他群岛(Sunda Islands)包括苏门答腊和爪哇,小巽他群岛(The Lesser Sunda Islands)在其东。马都拉岛(Madura)在爪哇东北,巴厘岛(Bali)在爪哇东南。——译者

支，包括许多比较小的群岛的语言，如所罗门群岛语（Solomon）和斐济岛语（Fijian）。另一支是密克罗尼西亚（Micronesian）语支，包括较小的地区的语言，如吉尔伯特（Gilbert）群岛语，马绍尔（Marshall）群岛语，加罗林（Caroline）群岛语以及马利安群岛和雅浦（Yap）岛语。第四支是波利尼西亚（Polynesian）语支，包括新西兰本地的毛里语（Maori）以及太平洋中更靠东的一些岛屿的语言，如萨摩亚群岛语（Samoan）、塔希提岛语（Tahitian）、夏威夷语（Hawaiian）以及复活节岛语。[①]

世界上这一部分地区的其他语系，如新几内亚（New Guinea）[②]和附近小岛上的巴布亚（Papuan）语系，以及澳大利亚诸语言，都还没怎么研究。

4.10　这就只剩下美洲大陆了。

人们估计，墨西哥以北的地区，在白人到来以前，约有一百五十万印第安人住在那儿；由于英语日益加快地侵入，这块土地上说美洲原有语言的人数已经不到二十五万了。由于这些语言还没有充分的研究，只能姑且归并为若干语系。在墨西哥以北地区，彼此完全没有亲属关系的语系，估计在二十五种到五十种之间。这个地区的多数地方分布着一些大语系，可是有些地区，特别是普吉特海峡[③]（Puget Sound）附近和加利福尼亚州（California）沿海地区，

① 澳斯特罗尼西亚语系是“南岛语系”的意思。印度尼西亚语族意为“印度岛语族”，密兰尼西亚语族意为“里岛语族”，密克罗尼西亚语系意为“小岛语族”，波利尼西亚语族意为“群岛语族”。——译者

② 新几内亚即伊里安。——译者

③ 普吉特海峡在美国西北部，华盛顿州西南部。——译者

布满了小小的没有亲属关系的语言社团。至少有六个语系已经灭亡了。在目前还存在的语系中,我们可以举出几个最大的。在最北部,爱斯基摩(Eskimo)语系从格陵兰岛(Greenland)横越巴芬岛(Baffinland)和阿拉斯加半岛(Alaska)直到阿留申群岛(Aleutian Islands),形成了密切交织的方言群。阿尔贡金(Algonquian)语系分布在大陆的东北部,包括加拿大东部和中部诸语言〔密克马克语(Micmac)、蒙塔内斯语(Montagnais)、克利语(Cree)〕,新英格兰(New England)诸语言〔(潘诺斯科语 Penobscot)、马萨诸塞语(Massachusetts)、纳提克语(Natick)、拿拉干塞语(Narraganset)、莫希甘语(Mohican),等等,包括特拉华语(Delaware 往南)〕,以及大湖区(The Great Lakes region)诸语言〔奥积瓦语(Ojibwa)、坡塔哇托米语(Potawatom)、梅诺米尼语(Menomini)、骚克语(Sauk)、福克斯语(Fox)、奇喀浦语(Kiekapoo)、佩奥利亚语(Peoria)、伊利诺语(Illinois)、迈阿密语(Miami)等等〕,还有西部少数自成部落的语言:黑脚语(Blackfoot)、水彦语(Cheyenne)和阿拉伯荷语(Arapaho)。阿沙巴斯甘(Athabascan)语系分布在整个加拿大,除了西北部沿海边区〔齐皮瓦语(Chipewyan)、海獭语(Beaver)、多格里语(Dogrib)、沙西语(Sarsi)等等〕,还有加利福尼亚州的一些孤立的语群〔例如胡帕语(Hupa)和马托尔语(Matole)〕,在南部的第三个大区,即阿帕齐语(Apache)和拿瓦荷语区(Navajo)。伊洛魁(Iroquoian)语系处于被阿尔贡金语系包围的区域之内;它包括休伦语(Huron 或称怀安多语 Wyandot),以及伊洛魁语类型诸语言〔摩荷克(Mohawk)、奥内达语(Oneida)、奥农达加语(Onondaga)、喀乌加语

(Cayuga)、塞内喀语(Seneca)、塔斯喀洛拉语(Tuscarora)〕;在南部一个孤立的区域有切洛奇语(Cherokee)。穆斯科基(Muskogean)语系包括卓克拖语(Choctaw)、齐喀梭语(Chickasaw)、克里克语(Creek)和塞明诺尔语(Seminole)等等。休(Siouan)语系包括许多语言,例如达科塔语(Dakota)、铁顿语(Teton)、奥格拉拉语(Oglala)、阿西尼本语(Assiniboine)、堪萨语(Kansa)、奥马哈语(Omaha)、奥塞基语(Osage)、衣阿华语(Iowa)、密苏里语(Missouri)、文内巴哥语(Winnebago)、曼丹语(Mandan)和克罗语(Crow)。有人根据可能有的亲属关系提出了乌托-阿斯特克(Uto-Aztecan)语系,包括三个分支:皮马(Piman)语族(在加利福尼亚湾以东),疏雄(Shoshonean)语族〔在加利福尼亚州南部以东,包括犹特语(Ute)、白犹特语(Paiute)、疏雄语(Shoshone)、科曼奇语(Comanche)、河比语(Hopi)〕,以及在墨西哥的庞大的拿哇特尔(Nahuatlan)语族,包括阿斯特克语(Aztec)这个有古老文化的语言。

美洲其余部分,说美洲原有语言的人数不太确定。最近的估计数字如下:墨西哥一国有四百五十万人,秘鲁和巴西各有三百万人,墨西哥和中美洲总共有六百万人以上,南美洲总共有八百五十万人以上。这些语言的数目和彼此之间的亲属关系是不十分清楚的;墨西哥和中美洲已经确定约有二十个独立的语系,南美洲约有八十个左右。在墨西哥和中美洲除拿哇特尔语外,我们把尤卡坦半岛(Yucatan)的玛雅(Mayan)语系作为古代文化的承担者。在南美洲,我们注意到以下这些主要的语系:西北部的阿拉瓦克(Arawak)语系和卡里博(Carib)语系,它们一度流行于西印度群岛

(The West Indies);巴西沿海的图皮-瓜拉尼(Tupi-Guarani)语系,智利的阿劳坎尼(Araucanian)语系以及表现出印卡族(Inca)文化的克权语(Kechuan)。阿斯特克语和玛雅语都有自己的文字系统;由于这些文字大部分是象形的,而且只有一部分能够辨读,这些文字记录并不能告诉我们这两种语言古代的面貌。

第五章 音位

5.1 在第二章里,我们已经把言语行为分成了三件连续发生的事情:A,说话人的情境;B,他所发出的语音和语音对听话人的耳膜的冲击;C,听话人的反应。在这三件事情里,A 和 C 包括了会叫人说话的一切情境和听话人在反应时会作出的一切行动;总而言之,A 加上 C 便构成了我们生活在其中的世界。另一方面,B(语音)只不过是一种手段,它的作用在于使我们对情境作出反应,否则,我们会无动于衷,或者使我们对情境作出的反应更准确,否则,我们就会发出不太有用的反应。从原则上讲,研究语言的人只管实际的言语(B);要是研究清楚说话人的情境和听话人的反应(A 和 C),那便相当于人类知识的总和了。如果我们当真能确知每一个说话人的情境和每一个听话人的反应——这样我们便几乎无所不知了,——我们只消把这两件东西记下来,就可以作为任何一段话语(B)的意义(A－C),从而把我们的研究跟其他知识领域清清楚楚地分开来了。在说话人的情境和听话人的反应,话语本身往往也是个因素,这一事实可能使许多事情纠缠不清,不过这个困难不会很严重。语言学就将在这样一个理想的平面上,包括两项主要的研究:一是语音学,这里我们考查说话人的发音动作,声波和听话人的耳膜活动,我们研究的是言语事实,根本不管它的意义。二是语义学,这里我们研究某种语音在什么情境里发出,使得听话人作出什么反应,指出发音、声波、耳膜活动这些语言要素跟意义要素的关系。

事实上,对于我们生活于其中的世界,我们的知识太不完全,很难准确地说出言语形式的意义。引起说话的情境(A)和听话人的反应(C)包括许多问题,科学还没有把它研究清楚。即使我们对外界的知识比现在增加了很多,我们还必得考虑说话人和听话人的性情。我们无法预言,某人在一定的情境里是否要说话,假如说话,他要选用哪些词语;我们也不可能预言,对于某些言语他会作出甚么样的反应。

诚然,我们所关心的主要不是个人,而是整个社团。我们并不去深究,某人在说 apple"苹果"这个词的时候,有什么细微的神经活动,我们只想肯定,对整个社团说来,apple 这个词指的是某种水果。不过,一旦我们想弄清楚这个问题,却又发现,在社团之中,人们也不完全一致,每个人运用言语形式,都有其特殊方式。

5.2 只有在我们不管所说的话有什么意义的时候,语言研究才能不用什么特殊的假设来进行工作。这方面的语言研究叫做语音学(实验语音学或者实验室语音学)。语音学家既能研究说话人的发音动作(生理语音学),也能研究发出的声波(物理语音学或者音响语音学);至于听话人的耳膜活动,我们至今还没有办法研究。

生理语音学从观察入手。例如喉镜是一种反映镜的装置,可以使观察者看到另一个人的(或者自己的)声带。跟其他同类的器械一样,喉镜会妨碍正常的言语活动,所以观察的范围很有限。X光用处很好,它的局限性也能克服;例如舌位可以用 X 光拍照,只要在舌头表面放一块薄薄的金属片或者链条就行了。其他的器械提供一种移位的记录。例如把涂上颜色的假腭放到口腔里，让说话人发一个声音，看颜色在什么地方擦掉，便知道舌头接触了上腭什么部位。这一类记录语音的仪器里，还有一种把一个球形物装在说话人的发音器官某部分上，比方说装在喉结上；喉结的颤动由器械传导给上下移动的笔尖，同一张纸条相接触。这张纸条以均衡的速度移动，于是笔尖上下移动，就在纸上画出一条线波。这种记录语音的仪器就叫做浪纹计。在音响语音学里，人们取得了声波的印迹。留声机唱片，是我们都很熟悉的一种记录。这类记录的特征，大多数还没有由语音学家分析出来。

我们对于语音的知识，大部分是用刚才所说的那些方法得来的。不过，实验语音学并不能让我们把语音跟意义联系起来。它只把语音当作肌肉活动或者空气振动来研究，而不考虑在交际中有什么作用。从交际方面看，语音是十分复杂和千变万化的。

哪怕是很短的一段言语，也是连续不断的：它包括一连串动作和声波。我们为了细致的研究，把记录下来的语音不管截成多少前后相继的部分，要把这些部分再细分还是可以的。一段话语就是数学家所谓的连续体(continuum)。其中前后相继的部分，可以说是要分多少就能分多少。

话语是变化无穷的。日常生活经验告诉我们，各人说话的方式是不同的，因为我们能根据声音来判断是谁在说话。语音学家发现，没有两段话语是完全一样的。

显然，语言之所以能起作用，是由于在前后相继的话语之间有相似的地方。我们在日常生活里有些话语，大家认为包含‘相同’

的言语形式，——譬如，把 I'm hungry（我饿了）这句连说几遍，——这里显然包含某些固定不变的声波特征。这句包含“相同”的言语形式的话语，每说一遍都有这些特征。只有假定这样，我们才能说明我们通常如何运用语言。不过，如果语音学家不管所说的话语有什么意义，他就无法肯定这些固定不变的特征。假设一段话语有几个记录，我们都承认它是代表 man 这个音节的，用两种不同的声调说出来，如果说这音节的语言是英语，那么我们就知道，这两种声调不同的话语都是相同的一个言语形式，即 man（男人）这个词。可是，如果说的是汉语，那么这两种记录可能代表两个不同的言语形式，因为在汉语里，不同的声调是跟不同的意义相联系的：升调的 man“瞒”指的是“欺骗”，而降调的 man“慢”指的是“迟缓”。要是我们不注意意义，就不能决定这两个语言形式是“相同的”还是“不相同的”。语音学家不能告诉我们，哪些特征对于交际是有意义的，哪些特征是无关紧要的。在某些语言或者方言里有意义的特征，在别的语言里可能是毫无意义。

5.3　用不同的声调发出 man 这个音节的两段话语在英语里是“相同的”言语形式，可是在汉语里却是“不同的”言语形式，这个事实告诉我们：语言之所以能发生作用，是由于我们在习惯上和传统上只区别某些语音特征，却不管所有其他语音特征。任何一段话语里的语音特征，如同实验室里记录下来的那样，乃是它的**总声响特征**（The gross acoustic features）。其中一部分特征是无关紧要的（**非区别性的**），只有一部分跟意义相联系，因而对于交际才是必要的（**区别性的**）。语音有区别性特征和非区别性特征的差别，这完全在于说话人的习惯。在某种语言里是区别性的特征，在另一种语言里可能是非区别性的。

只有在我们知道意义是什么的时候，我们才能认识一段话语的区别性特征，在纯粹语音学的平面上，我们是无法识别这些东西的。我们之所以知道英语 man（男人，单数）跟 men（男人，复数）这两个形式之间的差别是区别性的，是因为我们从日常生活知道，这两个形式用于不同的场合。也可能除语言学外还有什么科学，能精确地说明二者的差别，甚至在我们用 man 来表示一个以上的人的时候（例如 man wants but little here below“人在世上需要的东西并不多”），也能说明 man 和 men 有什么区别。可是要依靠纯粹语音学研究来辨识这种差别，无论如何是不可能的，因为 man 和 men 的元音之间的差别，在某些语言里并非是区别性的。

为了认识一种语言的区别性特征，我们必须离开纯粹语音学的立场，而假设科学已经大有进展，所有构成言语形式的意义的环境和反应，科学都已经能识别了，这样来进行工作才行。在分析自己的语言的时候，我们依靠平日的常识来告诉我们，什么言语形式是“相同的”或是“不同的”。例如，我们发现，不论用什么声调说出来的 man 这个词，在英语里都是“相同的”词，有同一的意义，可是 man 和 men（或者 pan（盘子）和 pen（笔））却是“不同的”词，有不同的意义。要是分析陌生的语言，那么我们就只有依靠“试试看，错了再改”的办法，或者向懂得这种语言的人学习，找出那不同的意义。

研究**有意义**的语音的是**音位学**或者**实用语音学**。音位学必须考虑意义。言语形式的意义，只有在一切科学部门，特别包括心理学和生理学，都接近完善的时候，才有可能科学地加以确定。在这以前，音位学以及语言研究的整个语义部分，都不能不建立在一条假设，即语言学的基本假设之上，这就是：在每一个语言社团里，有些话语在形式上和意义上都是相同的。

5.4 只要做一些实验就可以看出，言语形式的有意义的特征，数目有限。在这方面，意义的特征跟总音响特征相反，正如我们已经谈到过的，总音响特征构成一个连续的整体，我们可以任意把它割成若干我们所需要的部分。为了识别本族语的形式里的区别性特征，我们只需要确定，哪些语音特征是为了交际的目的，而"区分的"。例如我们可以从 pin"别针"这个词为出发点：只要大声说出一些词来试验一下，就能看出这些相同和不同的地方：

(1) pin 跟 fin(鳍)，sin(罪恶)，tin(锡)以相同的声音收尾，可是开始的声音不同；我们作诗习惯用韵，所以什么地方相同是熟悉的。

(2) pin 含有 in 这个音，不过在开头加了一点儿东西。

(3) pin 跟 man，sun(太阳)，hen(母鸡)以相同的声音收尾，不过这里的共同点比(1)和(2)里的范围小些。

(4) pin 跟 pig(猪)，pill(药丸)，pit(坑)以相同的声音开始，不过收尾不同。

(5) pin 跟 pat(轻拍)，push(推)，peg(木钉)以相同的声音开始，不过共同点比(4)里的范围小些。

(6) pin 跟 pen(笔)，pan(盘子)，pun(双关语)的开头和收尾都相同，不过中间部分不相同。

(7) pin 跟 dig(挖)，fish(鱼)，mill(磨房)的开头和收尾都不同，不过中间部分是相同的。

一个词有三部分,我们就是这样改变其中任何部分,找到那些跟 pin 部分相同的形式。三个部分当中,可以先改变一个,然后再改变另一个,这样仍然有部分相同的地方:如果我们先改变第一部分,接着改变第二部分,就得到 pin-tin-tan 这样一个系列;如果我们先改变第一部分,接着改变第三部分,就得到 pin-tin-tick 这样一个系列;如果我们先改变第二部分,接着改变第三部分,我们就得到 pin-pan-pack 这样一个系列;可是,如果我们把三部分全改变了,那么得出的就像 pin-tin-tan-tack 那样一个系列,头一个词跟末后一个词再没有什么共同之点了。

进一步做试验就看不出 pin 这个词还有什么可以替换的部分,所以我们断定,pin 的全部区别性特征就是三个不可分的单位。这三个单位当中,每一个都会在别的组合中出现,可是不能用部分相同的方法把这些单位作进一步细分了。这就是说,三者之中的每一个,都是区别性语音特征的最小单位,这就叫做一个音位。因此我们说 pin 这个词包含三个音位:第一个也出现在 pet(爱物),pack(捆扎),push(推)以及许多别的词里;第二个也出现在 fig(无花果),hit(击中),miss(失去)以及许多别的词里;第三个也出现在 tan(黄褐色),run(跑),hen(母鸡)以及许多别的词里。在 pin 这个例子里,我们用字母拼写的文字 p,i,n 这三个字母来代表三个音位;可是我们传统的书写法是不可靠的,例如在 thick(厚)这个词里,我们的文字把 th 这两个字母合起来代表第一个音位,又把 ck 这两个字母合起来代表第三个音位。

即使一个音位在词的不同部分出现,如 p 在 pin,apple,mop'拖布'里出现,研究者只要作一些训练,就能够辨认出来。不过有的时候在我们的一些词里并不容易看出语音有哪些相同和不同的地方。例如，then（于是）这个词显然由三个音位组成，可是我们可能要问（特别是由于书写法的影响），这个词的第一个音位跟 thick 的第一个音位是否相同；不过我们一碰到 thigh（大腿）和 thy（你的）或者 mouth（嘴）和 mouthe（用演说腔调讲话）这样成双的词，我们就看出 then 和 thick 的第一个音位是不同的了。[①]

5.5　那么，在任何话语的总音响特征里，有一些特征是区别性的，它们在连续的话语里反复出现时，具有可以识别和较为固定的形状。这些区别性特征出现的时候，或者是成堆的或者是成群的。其中每一个特征就叫做一个音位。说话的人都受过这种发音动作的训练，所以能使音位特征显现在声波里，他也训练过只对这些音位特征作出反应，而对其他传入耳朵的总音响中其余的音响群不加理会。

要想努力避免带有非区别性的特征，只发出纯粹的区别性特征的语音，是无需的。例如在一个英语词，本身是没有区别性声调的，也就是说声调特征在任何一个话语里都是非区别性的。不过我们在说出 man 这样一个词的时候，当然不可能不带有声调。我们一开口说 man，就有某种调式——平调、升调、降调、高调、中调、低调等等。一种语言的音位并不是声音，而只是声音的特征。说话的人由于经过训练，能在一连串的实际语音中发出并且识别这些特征，就像汽车司机由于经过训练，一看见红色信号就停车一

① 英语 mouth（嘴，名词）念[mauθ]，mouthe（用演说腔调说话，动词）念[mauð]。mouthe 这个写法一般不用，也不见于词典，似是 Bloomfield 所独创，其目的大概是指出 mouth 作动词时收尾用[ð]。——译者

样，不管那信号是闪光，是灯，是旗子，或者是别的什么东西，虽然并没有单独存在而不附着于具体信号的红色。

实际上，如果我们仔细观察，特别是观察陌生的语言的话，我们往往会发现，非区别性特征的范围很广，而区别性特征也不完全一致。美诺米尼族的印第安人在说“水”这词时，这儿我把它拼写成 nipēw，那中间的辅音听来有时好像是 p，有时好像是 b。在他们的语言里，这个音位特征（也就是基本特征）仅仅是把嘴唇闭起来，不让空气从鼻孔里出去。其他任何特征，包括英语区别 p、b 的那些特征在内，都是非区别性的。另一方面，只要在辅音前略微吐一点气，或者喉咙稍微收缩一下，（这两种特征不论哪一种，英语的听者大概都分辨不出，）在美诺米尼语里就是两个完全不同的音位，每一个都跟 p-b 音位相对立。

同样，如果事先不告诉一个中国人，英语的词不管调式如何，意义总是相同的（是“同一个词”），那么他在研究英语时，也得费很多神才能把这一点搞清楚。

对于非区别性特征，大家多半有一个几乎习以为常的看法。如果外国人学我们的话，模仿我们的音位价值，把意思说得明白，但是没有按照我们的习惯来安排非区别性特征，那么我们就说，学话学得相当好，只不过带些外国“口音”。例如英语发出像 pin、tin（锡）、kick（踢）这些词开首的那个音位，总是在口腔除阻后吐出一阵轻微的气；可是，如果前面有 s，如 spin（纺纱），stick（手杖），skin（皮肤）这些词，一般就不吐气。因为这个差别不是区别性的，所以外国人虽然学不像还是可以听得懂，不过他的话听起来有些怪味儿。这个音法国人往往发不好，因为法语跟我们的 p，t，k 相似的音位总是不吐气的。另一方面,说法语说得让人懂的英国人或者美国人,由于 p,t,k 后面总是吐气,听他的话的人也往往感到不舒服。

非区别性特征的配列,花样很多。在美国英语的多数语型里,像 water(水)或者 butter(牛油)这些词里的 t 音位往往发音很轻,只用舌尖碰一下上齿龈后面就行了。依我们的习惯,这样发出来的声音算是 t 音位了。在英国有这个变体是不懂的,可能把它当作 d 音位的变体,所以美国人会发现,他向英国人要 water,人家却听不懂。

在一般情况下,非区别性特征的变异总有个限度,因为一个音位必须和这语言的其他音位区别开来。比方,我们可以用各种各样的方式发出 pen 里那个元音,可是无论如何不会弄得像 pin 里那个元音或者 pan 里那个元音一样,因为这三个类型是严格区分的。

5.6 当我们听或者学一种外语或者方言的时候,有两种事实最为明显:第一,有些语音差别在某种语言或方言是音位差别,可是在别的语言或方言却是无关紧要的;第二,各音位之间的界线,在不同的语言和方言里是不同的。我们刚才举了个例子,说明美国英语在英国如何会被误会。美国英语 fob(表袋),bomb(炸弹),hot(热)这些词里的元音比英国英语 far(远),balm(香油),pa(爸爸)这些词里的元音,闭口得多;在有些美国英语里,这两组词的元音实际上是相同的。此外,英国南部的人把 far 这样的词里的那个 r 音给丢掉了。有一次,我要一个伦敦的马车夫把我送到 Comedy Theatre(喜剧院)去,他竟听不懂我的话,因为我忘记了身在英国，comedy 里的第一个元音我说的是美国音，英国人可把这个音当作像 car（车子）这个词的元音音位，所以我问的实际上听来是 Carmody Theatre，当然，伦敦并没有这个戏院。

当我们学外语或方言时，我们往往用自己的语言或方言里最熟悉的音位代替人家的音位。有时，我们本族语的音位跟外语的音位碰巧重合，因而有时我们所发的音是正确的，有时却超出了外语语音的范围之外。比方，一个美国人用英语 ma'm（夫人）这个词的元音来念法语 même（相同的）这个词，他的发音适合法语音位习惯要求场合是不多的，可是跟法国人所惯听的元音显然不同的时候就多了。

然而，虽然在这种情况下，难关也能渡过，那是因为本族人审音不精，发音的缺陷藉此弥补过去。当我们听到外国味儿的语音时，我们并不苛求，就把它当作具备了本族语里音响相似的那个音位的特点，从而作出反应。我们也觉得语音不同有点儿不妙，所以说外国人说话不清楚或者有些"怪音"，但是我们并不知道差别究竟在甚么地方。在上面所举的例子里，法国人多半会懂得美国人所发的 même 这个音，即使那里头的元音从来不出现在法国人自己的发音，然而，如果我们所发的音距离外语某一音位太远，特别是如果这个音跟外语另一音位接近，那么我们的话就会被人误解；所以，美国人用某些变调的 ma'm 来代替法语的 même，人家就听不懂，因为法国人把它们当是另一音位，例如，像法语 lame（刀口）这样的词里的那个音位。

当外语有两个或者三个音位跟我们语言的一个音位相似时，混淆程度就更加严重了。我们从小学习语言已养成了这样一种习惯:语音的差别要是在我们语言里不是音位的差别,我们就不管了。所以,美诺米尼语 a'käh“是的,的确是的”,ahkäh“水壶”以及akähsemen“梅子”的第一部分,究竟有什么差别,说英语的人是听不出的。第一个形式里,那跟我们的 k 相似的音位前面,喉头轻轻地紧缩了一下(喉塞音),这儿我用一个省略标号来表示;在第二个形式里,k 的前面吐了一下气(送气),我们用 h 来代表它;在第三个形式里,这两个特征都没有。说英语的人从小就知道,听见辅音前面喉头收缩一下或者嗓子不大清亮,不必理会;所以如果一个人偶尔发出这种声音,我们是不会去注意它的。

至于美诺米尼人,可又听不出像我们语言里 t 和 d 那样的差别。bad(坏)和 bat(球棒)这两个词,在他们听来都是一样的。例如,美诺米尼人误以为 Swede(瑞典人)是 sweet(甜),于是把 Swede 译成 sayēwenet“甜的人”。说美诺米尼语的人确乎常常把这个音位的变体发成像我们的 t 音位,可是有时候又把它发成像我们的 d 音位。这里面有差别,可是他们从小养成习惯,认为不必分辨。

在上述情况下,如果我们学说外语,就用我们语言的一个音位来顶替外语的几个音位。而说外语的人听到了,却把我们的音位就当作他们的一个音位。比方,德国人听不出在 tin(锡)和 thin(瘦)的两个词首音位之间有甚么差别,因为这两个音位跟德语的一个音位相似。当他说英语的时候,他就用这个德语音位。我们听到他说话,只把那当作我们的 t 音位;不管怎么样,我们说德国人不区分 tin 和 thin,这是正确的判断。同样,说英语的人听德语时,也会把德语两个不同的音位当作跟英语 cat(猫)开首那个音位相同，结果，德语有些用法很不相同的词，英国人就无法区别。

还有另一种情况：我们用来代替好几个外语音位的那个本族语音位，在音响上是介乎几个外语音位之间，这样说外语的人听来，就像我们恰好把语音调了个个儿。例如，许多德国人（如阿尔萨斯人）只有一个音值介乎英语的 p、b 两个音位之间的音位。当他们说英语的时候，就用这个音位来代替英语的 p 和 b。他们说 pie“带馅的糕饼”这样的词，我们像是听到 b 的变体，就把它当作 buy“买”；另一方面，他们说 buy 这样的词，那个中间音值的音位听来又像是 p 的变体，似乎他说的是 pie。这样，在我们（或者法国人）看来，德国人能发 p 音也能发 b 音，可就是把它们胡乱调换，太别扭。

要是某些特征在我们语言里不起作用，在另一种语言里却是有意义的，那么最大的困难便发生了。说英语的人听汉语（以及好些别的语言）会听不懂，说汉语也会说得没人懂，除非他发现了汉语每一个音节的声调都很重要，必须听会并模仿。起初，音节声调的差别是不会引起他的反应的，因为他幼年时候就知道，像 man 这个词连续出现，哪怕声调不同，也无须注意；可是另一方面，中国的小孩儿却懂得，声调如果不同，就该作出不同反应。

如果我们语言有好几个音位，而在外语全都归入同一音响类型的音位里，那么我们听来就仿佛是外国人在用不同的语音不加以合理的区别。比方，美诺米尼语或者阿尔萨斯区德语的 p-b 音位，本来只是一个，可是我们听起来有的时候好像是 p，有的时候又好像是 b。

有些人善于辨别和模仿外国语音，我们说这些人会模仿，或者

“耳朵很好”。至于其他的人，大多数迟早也能学会听外语或者说外语，要是听得多，或者好好教他们的话。实用语音学家有时候会学到很高强的本领，能区别和发出各种奇特的语音。当然，这样一来，语言学的工作也会隐藏着一些危险。语音学家学会了区别各式各样的语音之后，就可能拿某种新的或者熟悉的语言做实验，凡是他学会区别的语音特点，都硬要记下来，哪怕在这个语言里那些特点是非区别性的，并不具有任何意义。比方在研究汉语时，语音学家学会了分辨送气的 p，t，k（如我们通常在 pin，tin，kick 这些词里听到的）跟不吐气的 p，t，k（如法国人所说的或者我们通常在 spin，stick，skin 这些词里所听到的）之间的差别，他在记英语语音时，就可能一听到送气音就记下来，把记录弄得十分烦琐，因为实际上，送气不送气，跟听说的话的意义毫无关系。这种做法的不妥之处，主要是缺乏一致性。语音学家的记音本领因人而异，带有偶然性；他分辨出的音响特征，只是他所研究的那些语言里有区别性的特征。即使他记录得十分“准确”，也必需略去无数非区别性的语音特征；挑出那含有偶然的和个人的因素的并记下来的特征。语言学家要描写他听得出来的一切音响特征，这无须反对，可是不要把这些音响特征跟音位特征混淆起来。他应当记住，非区别性特征，他能听出多少，这决定于他个人恰巧具有的辨音本领，即使他做了最精密的记录，也还远远不如机器录音那样有价值。

语言记录只有两种在科学上是有用的。一种是总音响特征的机器记录，如语音实验室里的录音。另一种是根据音位作出来的记录，这种记录把语言里那些非区别性特征撇开不管。除非我们的音响学知识比目前的大大进了一步，语言研究如需要考虑所说的话的意义，就只有利用音位记录。

事实上，由于有其他方面的材料，实验语音学家一般都知道，他所研究的语音本来有音位性质；他提出问题，通常不是根据纯粹音响性质提出的，而是借助于实用语音学。

5.7　为了把我们所观察到的东西记录下来，需要有个书写符号系统。我们记录的那个语言里每一个音位，都要有一个符号。这样的一套符号就是音标(phonetic alphabet)，而用这些符号记录下来的言语就是音标记录(phonetic transcription)。

一个音位用一个符号这个原则，和我们的传统拼写法很接近，但是我们的传统写法并不够用，因而不能满足语言研究的要求。我们把 sun(太阳)和 son(儿子)写得不一样，可是它们的音位是相同的；我们把 lead(铅)和 lead(领导)写成一样，可是它们的音位是不同的。Oh!(噢!)，owe(欠)，so(如此)，sew(缝)，sow(播种)，hoe(锹)，beau(花花公子)，though(虽然)这些词，都以相同的音位收尾，但是拼写法却各式各样；though，bough(树枝)，through(通过)，cough(咳嗽)，tough(坚硬的)，hiccough(打嗝儿)这些词，以不同的音位收尾，但是却都用-ough 这几个字母写出来。英语字母 x 是多余的，因为它们代表的是和 ks(如在 tax(税)里)或者 gz(如在 examine(考试)里)相同的音位；c 也是多余的，因为它所代表的是 k(在 cat(猫)里)或者 s(在 cent(分钱)里)相同的音位。虽然在 jam(果酱)里我们用 j 这个字母代表词首的音位，但是又用 g 代表这同一个音位(如在 gem(宝石)里)。标准英语(如芝加哥所说的)共有三十二个单纯的主音位，可是我们的整个字母表只有二十六个字母，记录语音太不够用了。有些音位我们用两个字母合起来表示(两个字母代表一个音),如 thin(瘦)用 th,chin(下巴)用 ch,shin(外胫)用 sh 等,来代表开头那个音位,而 sing(唱歌)则用 ng 来表示末尾那个音位。这样一来,拼写法就更加不一致了:在 then 里 th 表示另一个不同的音位,在 hothouse(温室)里 th 表示两个音位(通常各用单独的字母 t 和 h 来表示);在 Thomas(汤麦士——人名)里,th 的音值就是通常用 t 代表的那个音位。在 singer(歌唱家)里,我们用 ng 代表一个音位,跟在 sing 里一样;但是在 finger(手指)里,ng 这两个字母所代表的除上面所说的那个音位之外,还加上一般用 g(如在 go 里)来代表的音位。传统的拼写法只在少数语言里是准确的,如西班牙语、捷克语、波兰语和芬兰语。这些语言是已经有人把它的音位系统研究过,才制成文字或加以修订的。

5.8　由于传统拼写法不完善,我们的字母表(即"拉丁字母表")里的字母又不够用,所以学者们设计过许多种标音字母。

标音字母方案,有些是完全脱离传统的拼写习惯的。贝尔(Bell)的"见字知音"(Visible Speech)是其中最著名的一种,主要因为斯威特(Henry Sweet, 1845—1912)用过。这个方案的符号是发出各种音位时的发音器官的位置的图形,加以简化和定型化。"见字知音"很难书写,印刷起来花钱很多。

叶斯柏森(Jespersen)的"非字母标音法"(Analphabetic Notation)也是脱离历史传统的一种方案。这里每一个音位是用一组符号来表示的,其中包括希腊字母和阿拉伯数字,而以拉丁字母作为语音指标。希腊字母代表发音器官,数字则表示口腔开闭程度;比如,a 代表双唇,O 表示闭唇,所以 aO 这个公式里可以代表发音时双唇紧闭的任何音位，如英语的 p，b 和 m 音位。表示英语 man 里的 m 音位的公式是 aO δ2 ϵ1，其中 δ2 表示硬腭后部低垂，ϵ1 表示声带颤动。这个标音法的好处是很明显的，可是，它的目的显然不是记录整个的话语。

大多数的标音字母是把传统字母加工改造的结果。除一般常见字母外，还添上这么一些东西：小型的大写字母，希腊字母，把常用字母改形，还有字母上加小记号，即附加辨音符号（diacritical marks 如 ā 和 ä）。这一类方案有很多种，如用于非洲语言的莱泼西屋士（Lepsius）方案，用于瑞典语方言的龙代尔（Lundell）方案，用于德语方言的伯来梅尔（Bremer）方案，用于美洲印第安语言的美国人类学协会（The American Anthropological Association）方案。本书所用的是国际语音协会（The International Phonetic Association）的方案，即国际音标，这是由艾利思（Ellis）、斯威特、巴西（Passy）和琼斯（Daniel Jones）等人设计的。国际音标的简略形式，可以在大多数词典里的“发音指南”中看到。在某些语言的传统拼写法里，也用上了类似的方法，如德文在元音字母上加两点（ä，ö，ü），捷克文有附加辨音符号（č代表英语的 ch，š 代表英语的 sh），俄文和塞尔维亚文则用一些其他的字母来补充希腊字母。

从原则上讲，一个标音方案比起另一个标音方案都好不了多少；因为我们所需要的不过是几十个符号，只要够我们记录任何语言，都能用一个符号代表一个音位就行了。可是用起来的时候，一切标音方案都有严重的缺点。当初在制订这些方案的时候，人们对音位学原理还没有清楚认识。制订者想把方案定得完备而又灵活，任何语言里听得到的音，都有一个相当的符号来标出。今天看来，这样的记录显然跟用机器记录声波差不多，那样一来，没有两句话语会是完全相同的。可是在实践中，人们倒不知不觉地用上了音位学原理：通常都用一个符号来代表一个音位，不过为了要标明“准确的”音值，音标还加上了各种各样的辨音符号。用这种方法来加以区分的音，只不过是语音学家偶尔注意到的东西。斯威特除“见字知音”外，他又在拉丁字母的基础上设计了一个比较简单的方案与之并用，他称之为罗米克标音法(Romic)。[①] 在他懂得了音位学原理以后，他知道“罗米克标音法”如果大大简化，也还够用，因此又搞了一套简化的方案，一个符号代表一个音位，叫作“宽式罗米克标音法”；不过，他还是认为那比较复杂的“严式罗米克标音法”来得“精密些”，在科学上更为适用。

国际音标是从斯威特的“罗米克标音法”发展出来的，这也是用拉丁字母，再加上一些新造的字母和辨音符号。本书把国际音标略加修改，并按照一般的习惯，凡是用标音符号来印刷，都放在方括号内。

5.9　国际音标所根据的原则是尽量利用习见字母来代表欧洲主要语言原有音值相近的音值，可是如某一类型的音位的数目超过了常见字母的数目，就补充一些新造的符号，或者用一些附加辨音符号。比方，某种语言有个属于英语 t 音总类型的音位，我们就用常见字母［t］来代表它，不管在音响上是否跟英语或者法语的 t 音相像；可是如果在这个语言里，这个总类型有两个音位，我们便不能不用［t］来代表一个，用大写的［T］或者斜体的［*t*］或

① Romic 是“准罗马字”或“准拉丁字母”的意思。——译者

者其他类似的方法来代表另一个。如果在某种语言里，英语 pen 的 e 音这个总类型有两个音位，我们就用字母［e］代表一个，而用补充的符号［ɛ］代表另一个，如 pan 的写法是［pɛn］。

国际语音协会早在 1912 年就制订了这些原则，可是甚至自己的会员都把它忽视了；大多数学者尚未能摆脱音位学被承认前的老一套。因此，我们发现大多数作者用了一些特殊的符号来代表英语的音位，因为人们认识到英语音位跟大多数与同一类型的法语音位不一样。例如：法语 eau［o］"水"已经预先占有了［o］为其音位符号，那么作者就不再用它来记录英语 son"儿子"里的元音了，因为英语的这一音位同法语的音位是迥然不同的。本书在这一版里凡是举英国发音做例子的，我都沿用一般的记音法，例如 top［tɔp］。

凡论述几种语言或者几种方言，每一种语言或方言都必须根据各自的音位来记录；如果我们能说出这些语言或方言的音位的差别，不妨用文字来描写它，但是绝不允许打乱我们的符号。纵使语音学家自以为能够准确地描写芝加哥和伦敦两地的标准英语的音位之间的差别，他要是把这两组音位用古怪的符号来代表其中的一组，也不会给他的论述增加任何价值，因为他知道普通字母已经用来记录其他语言里多少有些差异的音位，如果再用些奇特的符号来记录这两组音位，那就更增加麻烦了。

如果不会引起误会的话，一个音位用一个符号的原则改动一下，也不会有甚么害处，只要不引起似是而非的后果就行。为了减少一些读起来麻烦，印刷也很浪费的额外符号，似乎不必严守这条原则。在某些语言里，像英语［p，t，k］这样后面微微送气的音，与法语不送气的［p,t,k］音是有区别的；如果这种语言没有用［h］表示的音位，或者虽然有这个音位，可是从来不出现在［p,t,k］后面，那么用［ph,th,kh］这些复合符号来表示送气的［p,t,k］，是稳妥而又经济的。

5.10　记录语言这一问题变得复杂不仅由于有好几套标音符号存在，使用符号的办法不一致，而且同音标一起还常常兼用其他两种方案。

第一种方案是引用传统正字法的原文形式。如果所注的某一语言用的是拉丁字母，便常这样使用。作者要么认为读者已经知道如何发音，要么处理古代语言时，他可以不必去猜想怎样发音。引用原文往往是有帮助的；不过，标一下音就更好了，例如法语 eau［o］"水"。即使是研究古代语言，猜一下怎么发音往往也是有用的，例如古英语 geoc［jok］"轭"。只有对待像波希米亚语或者芬兰语等，有了完全能代表语音的文字传统，才不必标音。处理拉丁语时，在长元音上加一个短横就行了（例如 amāre'爱'），因为据我们所知，拉丁文除了显不出长短元音的区别以外，是合乎拼音原则的。

不用拉丁字母书写的语言，引用原文的情况较少。希腊语一般习用原文，俄语比较少引原文，不过各方面总是有缺陷的。有些讲究的书刊甚至还引用了希伯来文，阿拉伯文以及梵文来记录他们的语言。唯一合理的例外是引用汉语和古埃及语的文字形式，它们的符号，我们将在下面谈到，都具有意义价值，不能用拼音法来表示。

对于那些不用拉丁字母书写的语言，往往不用注音，而用音译法(transliteration)。音译法把一个拉丁字母(或者几个拉丁字母或者某些新造的符号)配置于原来的一个字母,按传统的正字法把原文用拉丁字母转写出来。不幸的是不同的语言各有不同的音译法。因此,在音译梵语的时候,用拉丁字母 c 来代表梵文的一个字母,它所标示的音位很像英语 chin(下巴)开首的音位;可是在音译斯拉夫语时,又用 c 来代表一个斯拉夫字母,它所标示的音位很像英语 hats(帽子)里的 ts。对于一般语言学研究,最好还是用国际音标。

5.11 要编出一种语言的音位表,并不困难(甚至没有我们的用字母书写的文字的帮助也不难)。我们只要像上面分析 pin 这个词那样,拿不多的词来分析,就会把所有音位通通找出来了。在各种语言里,单纯的主音位的数目,大约从十五到五十个。芝加哥人所说的标准英语有三十二个音位。复合音位(compound phonemes)是单纯音位的组合,就意义和词的结构而论,复合音位的作用等于一个单位。比方,像 buy(买)这样一个词里的复合元音,可以看成如 far(远)当中的元音跟 yes(是的)开首的音位的组合。这样的音位组合,标准英语有十二个。

要识别次音位(secondary phonemes),多少有点儿困难。次音位并不是把某一简单的有意义的语言形式分割出的一部分,而只有到了两个或者更多的语言形式组成较大的形式,或者几个语言形式按某些方式运用起来(特别是作为句子)的时候,次音位才出现。比方在英语里,当我们把好几个简单的言语成分组成一个词,其中有两个或两个以上的音节的时候,我们一定使用重音(accent)这个次音位。重音就是把一个音节念得比其他音节响些:在

foretell(预言)这个词里,我们把 tell 念得比 fore 响些,可是在 foresight(预见)里,我们把 fore 念得比 sight 响一些。contest(比赛)这个名词的重音在第一个音节上,contest(争夺)这个动词的重音在第二个音节上。音高(pitch)这个特征,在英语里作为次音位主要出现在句末,把问话(at four o'clock?(在四点钟?))和答话(at four o'clock(在四点钟))对比便可以看出。值得注意的是,汉语以及许多其他的语言把音高特征作为主音位。次音位不像主音位那么容易看出,因为只在语音组合中或者简单形式的特殊用法中才出现(拿 John? 跟 John 对比便知)。

看过以上所说的原则,每一个熟悉文字使用法的人大概已经能够搞出一套办法来标自己语言的语音了。本书所举英语例子,除另加说明的以外,一般都是根据英国南部受过教育的人的发音来标音的。这种标音法需要三十二个符号代表主音位,八个符号代表次音位;不过,为了遵照常用的标音法,我们还要用几个附加的符号。

主 音 位

[ɑː]	half	[hɑːf]	(一半)
[ʌ]	up	[ʌp]	(起来)
[b]	big	[big]	(大)
[d]	dig	[dig]	(挖)
[dʒ]	jam	[dʒɛm]	(果酱)①
[ð]	then	[ðen]	(于是)
[e]	egg	[eg]	(蛋)

① 原书的标音是[dʒem],这显然是笔误。——译者

[ɛ]	add	[ɛd]	（加上）
[ə]	better	[ˈbetə]	（较好）
[əː]	bird	[bəːd]	（鸟）
[f]	fat	[fɛt]	（肥胖）
[g]	give	[giv]	（给）
[h]	hut	[hʌt]	（茅屋）
[i]	inn	[in]	（旅馆）
[j]	yes	[jes]	（是的）
[k]	cut	[kʌt]	（切）
[l]	lamb	[lɛm]	（小羊）
[m]	met	[met]	（遇见）
[n]	net	[net]	（网）
[ŋ]	sing	[siŋ]	（歌唱）
[ɔ]	odd	[ɔd]	（奇特的）
[ɔː]	ought	[ɔːt]	（应该）
[p]	pick	[pik]	（捡起）
[r]	red	[red]	（红）
[s]	set	[set]	（一套）
[ʃ]	shop	[ʃɔp]	（商店）
[t]	tip	[tip]	（尖端）
[tʃ]	chin	[tʃin]	（下巴）
[θ]	thin	[θin]	（瘦）
[u]	put	[put]	（放）
[v]	van	[vɛn]	（大车）

[w]	wet	[wet]	（湿）
[z]	zip	[zip]	（子弹射过或者撕破布帛的嗞嗞声）
[ʒ]	rouge	[ruwʒ]	（胭脂）

复合主音位

[aj]	buy	[baj]	（买）
[cj]	bay	[bej]	（海湾）
[ij]	bee	[bij]	（蜜蜂）
[ɔj]	boy	[bɔj]	（男孩儿）
[aw]	cow	[kaw]	（母牛）
[ow]	low	[low]	（低）
[uw]	do	[duw]	（做）
[juw]	few	[fjuw]	（少许）
[ɛə]	care	[kɛə]	（小心）
[iə]	fear	[fiə]	（恐惧）
[ɔə]	door	[dɔə]	（门）
[uə]	sure	[ʃuə]	（确实的）

次 音 位

[ˈˈ]，放在主音位符号之前，表示最强的重音，如 That's mine! [ðɛts ˈˈmajn!]（那是我的）。

[ˈ]，放在主音位符号之前，表示一般的重音，如 examine [igˈzɛmin]（检查），I've seen it. [aj v ˈsijn it.]（我看到了它）。

[ˌ]，放在主音位符号之前，表示次重音，如 milkman [ˈmilkˌmɛn]

（送牛奶的人），Keep it up [ˌkijp it ˈʌp]（干下去）。

[ˌ]，放在主音位符号 [l] 或者 [n] 的下面，表示轻重音。有了这轻重音，主音位 [l] 或 [n] 便比前面的和后面的音位响一些，如 brittler [ˈbritl̩ə]（较脆），buttoning [ˈbʌtn̩iŋ]（扣扣子）。

[.]，放在主音位符号的后面，表示陈述句末的降调，如 I've seen it [aj vˈsijn it.][1]（我看到了它）。

[?]，放在主音位符号的后面，表示问是或不是的句尾的升调，如 Have you seen it? [hav ju ˈsijn it?]（你看见了吗?）

[!]，放在主音位符号的后面，表示感叹句句调的急转直下，如 It's on fire! [it s ɔn ˈfajə!][2]（失火了!），Seven o'clock?! [ˈsevn əˈklɔk?!]（七点钟了吗?!）

[,]，放在主音位符号的中间，表示停顿，往往前面有升调，表示句子没说完，如 John，the older boy，is away at school. [ˈdʒɔn, ðij ˈowldə ˈboj, iz əˈwej ət ˈskuwl.]（约翰，那大一点的男孩儿已经上学去了）。

① 原书作 [aj v ˈsijn it]，漏掉 [.]。——译者

② 原书作 [it s ɔn ˈfaiə]，漏掉 [!]。——译者

第六章　音位的类型

6.1　在上一章里我们论述了一般原则，这些原则虽然有助于一个研究者去分析他自己语言里的语音结构，可是这些原则对于了解一种陌生的语言在开始的时候却很少帮助。研究者听到一种陌生语言会注意到某些总音响特征，这些特征代表了他自己语言中的音位，或者他所学过的其他语言中的音位，可是他没有办法知道这些特征在他所研究的语言中是否重要。而且也不会去注意在他自己的语言中或是在他学过的其他语言中不重要的音响特征，而在这种新的语言里却是重要的。在第一次记音的时候，他记下了一些不关紧要的区别，可是却没有能指出主要的区别。即使是机器记音在这一阶段也没有甚么帮助，因为它只记下一些总音响特征，而不能说明哪些特征是重要的。只有找到哪些话语在意义上是相同的，哪些话语不同，研究者才能识别音位的区别。只要意义的分析还处于科学的能力所不能及，分析语言和记录语言就只能是一种技术或者实际的技能。

经验表明，如果事先提醒研究者在不同语言中有区别性的各类语音——虽然事实上任何一种新的语言都会表现出某种事先完全不能预见的区别，那么他就能更容易掌握这种技术。作这种区别的报道时，如果先把发音器官动作大致地描写出来就极容易办到了。这种大致的描写就是一般所说的实用语音学(practical phonetics)。在研究者找出了一个语言的总音响特征哪些是重要的以后,他对于重要的特征的描写就可以由机械的录音体现出来。

6.2　我们并没有专门用来说话的器官;语音是靠作为呼吸和吃饭的器官发出来的。大多数的语音是用阻碍送的呼气发出来的。在这方面的例外是吸气音(suction-sounds)或是咂舌音(click)。作为一种表示惊讶的惋惜的非语言的信号(也可以作为赶马的信号),我们有的时候发出咂舌音——小说家用 tut,tut! 来代表这个音——发这个音是用舌头抵住上齿后面的齿龈。在非洲的某些语言里,以口腔的不同部分形成的各种咂舌音也用来作为语音。

6.3　呼出来的气流首先碰到的干扰是在喉腔(larynx)。喉腔是在气管上端由软骨组成的一个空腔,从外部可以看到的是喉结。在喉腔里,左右两边有两条像隔片似的突出的肌肉,就是声带(vocal cords)。声带之间的空隙就叫做声门(glottis),气流就从这中间流出来。在通常呼吸的时候,声带是松弛的,因此气流可以自由地通过声门。在喉腔的后部,声带连着可以活动的两片环状软骨(arytenoids)。多亏细微的肌肉的调节活动,无论声带和软骨都能调节成好些不同的位置。有两个极端的位置,一个是通常呼吸时大开的位置,另一个是当嘴巴张大了把呼吸紧紧闭住时的位置。不同的语言运用声门的各种不同的位置。

一种位置就是为了发浊声(voicing)的位置。在发浊音时,声带拉紧成互靠得很近的位置,以至于气流只能一点一点地透出来。在透出来的时候,气流使声带颤动;颤动的频率从每秒钟大约八十次到一千次。这种颤动通过外部空气的传递一直传到我们的耳朵，这就是乐音(musical sound)，我们管它叫浊音(voice)[①]。浊音并不是在所有的言语的语音中都起作用的：我们区别了浊音和清(breathed)音。如果我们把手指放在喉结上，或者为了考察得更清楚些，我们把手掌紧紧地贴在耳朵上，然后发出一个浊音，如[v]或[z]，我们就会感到这种声音像是一种颤动或振动，而清音，如[f]或[s]就没有这种附带的嗡嗡的声音。在每一种语言里似乎至少有一些音位在它们固定的特征里没有这浊声。在发大多数清音时，声门就像在一般呼吸时一样大大地张开。

不同的调节活动可以使我们改变浊音的响度和音高，也可以改变共鸣的性质。共鸣变化如"头音声域"、"胸音声域"、"闷音"、"金属音"等等在生理学方面还没有作过分析。

介乎清和浊的发音之间还有一些中间的位置，有几个是值得提一提的。如果声带分开到使有声的音听起来不那么清楚，可是气流通过声门时带有摩擦音，我们就发出了私语音(murmur)。在英语里，非重读的元音往往不是用有声的音而是用含糊语音发出来的。含糊语音在波希米亚语里是作为音位出现的。在波希米亚语里，这个音按照传统的拼写法用[h]这个符号来转写的。如果声门再开得大一些这种声音就停止了，只剩下了摩擦音(friction sound)。这种摩擦音就是英语里的音位[h]，如hand[hɛnd](手)中的[h]。另一个介乎中间的位置是耳语音(whisper)。在这个位置上，只有声门-软骨——也就是在环形软骨之间的空隙——是开的，可是声带却紧靠在一起。在我们通常所谓"耳语"，

① 汉语把有声的音叫做"浊音"，与无声的音"清音"相对立。——译者

是把有声的语音用耳语代替了，而无声的语音却和一般的语音一样地发出来。

在发有声的音时，由于声带的颤动发出来的声波在到达外界的空气以前要通过一个过道，这个过道的形状和弹性可以改变这些声波。如果我们把声带比作管乐器的簧片，我们就可以把口腔，甚至从声带到嘴唇的整个空间，有时候还包括鼻腔，看成是共鸣腔(resonance-chamber)。由于把口腔摆成不同的位置，或者由于挡住了通过口腔或者鼻腔的出口，或者由于收紧或者放松这个区域的肌肉，我们可以改变外流的声波的形状。

跟乐音相对立的是噪音(noises)，它是由不规则的声波组合而成的。噪音可以用声门，舌头和嘴唇发出来。某些有声的语音，如 [a,m,l] 是纯粹的乐音(purely musical)，也就是说比较少地受噪音干扰，而另外一些有声的语音，如 [v,z] 是由噪音加上有声的乐音组成的。无声的音用噪音组成的，例如 [p,f,s]。

6.4　在通常呼吸的时候，当气流离开了喉腔，它就从鼻孔里流出去。不过我们在说话的时候，大多数情况是抬高软腭(velum)，把通向鼻孔的出口隔断。软腭是在硬腭后面柔软而且可以活动的部分；在它的尾部是小舌(uvula)。我们可以看到小舌是吊在口腔中间的小肉球。如果我们站在一面镜子的前面，轻轻地通过鼻腔和口腔呼吸，然后发清楚的 [a] 音，我们就能看到软腭抬高，特别是如果注意看小舌的话。在软腭抬高的时候，它的边缘抵住了气流通道的后壁，隔断了气流通向鼻腔的出口。多数的语音是纯粹口腔的(oral)；也就是软腭完全抬起来，气流不从鼻孔流出去。如果软腭没有完全抬起来，一部分气流从鼻孔流了出去，这种语音有一种特殊的共鸣，这种音就叫鼻化(nasalized)音。在英语里，纯粹的口腔音和鼻化音之间是没有区别作用的；我们往往把音位 [m，n，ŋ] 的前后元音鼻化，当我们疲倦或者放松的时候，我们比平时鼻化得更多一些。不过在某些语言里，鼻化音(最通常的是元音)是不同的音位，跟不带鼻化的相同的音有区别。通常表示鼻化的符号是在字母下面加一个小钩(这是在波兰语的传统拼写法中所用的)，或者在字母的上面加一个～(这是葡萄牙语的拼写法及国际语音协会的符号)。法语有四个作为音位的鼻化元音，这些鼻化元音跟相应的纯粹口腔元音有区别：bas [bɑ]"袜子"，可是 banc [bɑ̃] 却是"椅子"；mot [mo]"词"，可是 mont [mõ] 却是"山"。

如果软腭没有抬起来而气流通向口腔的出口在某种情况下被隔断了，于是就像在通常呼吸时那样，所有的气流全从鼻孔里流了出去。属于这种情况的音位是鼻音(nasal)。在英语里，我们有三个鼻音：[m]，发这个音时嘴唇是闭住的；[n]，发这个音的时候舌头紧贴在齿龈上；[ŋ] 如在 sing [siŋ] 中，发这个音的时候舌头的后部紧贴住硬腭。这些是纯粹的乐音，它们以不同的共鸣作为特征，由口腔和鼻腔的不同形状构成的共鸣赋予了这些有声的音以乐音。不过有些语言有作为音位的无声的鼻音；这些音能够听得见主要不是由于气流的很轻微的摩擦噪音，而是由于跟前后的语音对立以及由于在发音器官改变位置的时候发出来的夹在鼻音和前后音之间的非区别性的滑音。

试验鼻化最好的方法是平拿着一张卡片将卡片的纸边贴住上唇，另一边抵住一块冷玻璃板，如果我们发一个纯粹的口腔音

[ɑː],那么卡片下面的玻璃上就会有一层薄雾,如果我们发一个鼻化音 [ɑ̃],那么卡片上下两面的玻璃板上都会有湿雾出现;如果我们发一个纯粹的鼻音 [m],那么只有卡片上面的玻璃有雾气。

6.5　我们移动下巴、舌头和嘴唇的位置来改变各种不同的**口腔**(oral cavity)的形状,我们使喉头和嘴的肌肉松弛和紧张来影响共鸣。每一种语言都用这样一些方法来发出一套作为音位的**乐音**,如英语 palm [pɑːm](手心)中的 [ɑː], pin [pin] 中的 [i], put [put](放)中的 [u],rubber [ˈrʌbə](橡皮)中的 [r],等等。发其中的某些音时,舌头完全抵住了口腔的顶部,可是在舌的一边或两边留出足够的空隙,使气流不带强烈的摩擦噪音而流出;这样发出的音是**边音**(laterals),如英语 little [ˈlitl̩] 中 [l] 这类音。在威尔斯和许多美洲语言中的无声的边音,气流的摩擦噪音比在无声的鼻音更容易听出来。

我们在口腔里用舌头和嘴唇的动作发出噪音。如果我们使这些发音器官(或者声门)只留下很窄的过道,流出来的气流就发出一种摩擦的噪音:以这种噪音为特点的音位是**摩擦音**(spirants)或**擦音**(fricatives)。它们可能是无声的,如英语的 [f] 和 [s],也可能是有声的,如英语的 [v] 和 [z]。由于摩擦的程度可大可小,摩擦音和乐音(如 [i] 或者 [l])之间没有甚么真正的界限;尤其是有声的摩擦音在不同的语言中可以有不同程度的开合。

如果我们用舌头或者嘴唇(或者声门)把气流的出口封住,使得气流积存在封闭的后面,然后突然放开封闭,气流将带着轻微的破裂音或者爆发音流了出去;这样形成的音是**闭塞音**(破裂音或称爆发音),如英语无声的 [p,t,k] 以及有声的 [b,d,g]。闭塞音的一般特征是有爆发，不过在封闭时(内破裂)或者甚至在封闭时的那一小段时间就足以代表这个音位的特点；例如，在英语里我们有的时候不使词尾的[p,t,k]爆发。这些变体的音之所以听得出来是跟前后的音对比(例如突然收住音，或者有一会儿静默)，或者通过舌头或者嘴唇在活动时造成的过渡音；此外，当有声的闭塞音封闭的时候，我们可以听到这种含糊的有声的音。

由于嘴唇，舌头和小舌是有弹性的，所以在开合交替的时候气流可以使它们颤动，这种颤音出现在很多语言里；英国英语在 red(红)或者 horrid(讨厌的)中的'卷舌 r'就是一个例子。

我们把音位的主要类型按以下的次序排列出来：

噪音：

闭塞音，

颤音，

摩擦音；

乐音：

鼻音，

边音，

元音。

6.6　闭塞音作为音位几乎出现在每一种语言里。英语按发音的位置区分了三种塞音：唇音(labial，更确切些说是双唇音 bilabial)，发这种音的时候双唇形成封闭，如[p,b]；齿音，更确切些说是齿槽音，更好的说法是齿龈音。发这种音的时候舌尖抵住上齿龈后面的边缘形成封闭，如[t,d]；软腭音(在早期的著作里，把它误称为喉音)，发这种音的时候，舌头的后部抵住软腭，如[k,g]。

由于舌头的灵活性,最后两种闭塞音有很多变体。接触可以用舌尖(舌尖的发音),或者用挨近舌尖比较大的舌位,即舌叶(blade),舌冠的发音(coronal articulation);舌头可以抵住上齿的边缘(齿间(interdental)的位置),抵住上齿的背面(齿后(postdental)的位置),抵住上齿背后的边缘(齿龈 gingival 的位置),或者抵住硬腭更高的部位(脑音(cerebral)或者翘舌音(cacuminal)的位置,或者更好叫作倒置(inverted)或上腭(domal)的位置)。例如,在硬腭位置上的舌尖发音(舌尖几乎抵住口腔顶部的最高点)在美国英语里是属于齿龈音 [t,d] 的非区别性的变体。在法语里,最接近英语的 [t,d] 的音不是用齿龈而是齿后发出来的(舌尖或者舌叶抵住齿后)。在梵语和印度的许多现代语言中,齿后音 [t,d] 和硬腭音(一般标音时是在字母的下面加一点,或者用斜体字表示,或者像本书一样,用小的大写字母,如 [T,D])是区别性的音位。

同样地,舌头后部的各个部分(舌后"dorsal"的发音)可以抬起来接触硬腭的不同部分;通常人们区分了前部或称硬腭的位置和后部的或称软腭的位置,还有更靠后的部分,即小舌的位置。在英语里,软腭音 [k,g] 在某些音的前面闭得靠前些,如在 kin(亲属),give(给)中,在某些音的前面封闭得靠后些,如在 cook(烹调),good(好)中——这两类音都跟 calm(平静),guard(警卫)相对立——不过这些变体并不是区别性的。在某些语言里,例如匈牙利语,有硬腭和软腭两类不同的音位,在标音时,我们用 [c] 表示硬腭音,用 [k] 代表软腭无声的闭塞音,以此区别这两类音。在阿拉伯语里,软腭无声的闭塞音 [k] 和小舌无声的闭塞音 [q]

是不同的音位。

喉塞音是把声带互靠拉紧,然后在气流的压力下突然分开而发出来的音。有的时候,当我们用力说话的时候,在开首有重音的元音前发出这个声音;喉塞音作为一个音位出现在许多语言中,例如在丹麦语里,在 hun [hun]“她”跟 hund [hunˀ]“狗”之间有区别性的差别。

除了清和浊的差别以外,在形成封闭的方式上,气流压力的大小和嘴唇或舌头的活动的力强可以分成不同的等级:压力和活动程度小的是弱音,大的是强音;开口比较慢以至于减弱了爆发程度的是缓解发音。在清塞音的后面可以有吐出的无声的气流(送气音),在前面也可以有这种气流(前送气音);同样地,在浊塞音的前后也可以有无声的气流或者耳语音。封闭也可以同时在两个部位上形成,如某些非洲语言的 [gb] 闭塞音;许多语言有声门化的口腔闭塞音,也就是恰好在 [p,t,k] 开口的前或后或同时出现声门的闭塞。在英语里,清塞音是送气的强音,不过其他的类型是作为非区别性的变体出现的,特别是在 [s] 后面不送气的弱音,如在 spin(纺织),stone(石头),skin(皮肤)中的闭塞音。英语里浊塞音都是弱音;在词首或者词尾,它们在整个过程中都不是有声的。在法语里,清塞音 [p,t,k] 是强音,作为非区别性的变体,这些音可以伴随有同时的声门闭塞音,不过从来不送气;有声的 [b,d,g] 是弱音,它们比英语的有声的音更浊。在汉语的北方地区方言里,送气的和不送气的清塞音是不同的音位;例如 [pha] 对 [pa],有声的闭塞音只是作为 [p] 的非区别性的变体而出现的。许多德国南部的方言区别无声的不送气的强音和无声的不送气的弱音,我们分别用［p,t,k］和［b,d,g］来标写这两类音；有声的变体是非区别性的。梵语里有四类这样的闭塞音：无声不送气的［p］，无声送气的［ph］，有声不送气的［b］，有声送气的［bh］。

6.7　最普通的颤音是舌尖颤音，发这种音的时候舌尖抵住齿龈，很快地颤动几下；这就是英国英语、意大利语、俄语和其他许多语言中的“卷舌”的 r。波希米亚语把这类音分成了两个音位，其中之一附带有强烈的摩擦音。发小舌颤音的时候，小舌抵住抬高了的舌头后部而颤动，这种音出现在丹麦语里，也出现在法语，德语和荷兰语常用的发音中，也出现在英语的方言中（即诺森伯利郡方言的“Northumbria”的喉音）；在这些语言里以及在挪威语和瑞典语里，小舌颤音和舌尖颤音是同一个音位的地方变体。颤音的语音符号是［r］；如果一种语言有一个以上的颤音音位，［R］是一个方便的字母。

如果让舌尖很快地接触一下齿龈或者接触硬腭，而且仅仅颤动一次，我们就得到了舌闪音。在美国英语的中西部方言里有声的齿龈舌闪音在 water（水），butter（牛油），at all（究竟）这些形式中是［t］的非区别性的变体；不同类型的舌闪音出现在挪威语和瑞典语的方言中。

6.8　在英语里形成的擦音的位置跟闭塞音的位置不同。在唇齿音［f,v］这一对音里，气流被迫在上齿和下唇之间通过。在例如 thin［θin］（瘦）和 then［ðen］（那么）中的齿音［θ,ð］里，舌叶接触上齿。英语的齿龈擦音［s,z］是咝音：也就是把舌头往后缩，让舌头的两边鼓起来，只在中间留出一条狭窄的过道，气流被迫冲击齿龈和牙齿，因而发出一种咝音或者嘶嘶的声音。如果我们把舌头放在略微不同于这个位置上——在英语里我们把它往后收——气流就不那么有力地冲击齿龈和牙齿，在找到出口前似乎在那儿旋转：在英语里，这些嘘声或者不正常的咝音是不同的音位，如在 shin [ʃin]（胫骨）和 vision [ˈviʒn]（视力）中的[ʃ,ʒ]。在每一个这些位置上，我们都有一对浊音和清音。还有其他一些变体，如双唇擦音，发这种音时，窄缝是在两唇之间（在日语里有清音的变体，在西班牙语里有浊音的变体）。在法语里，咝音是在齿后形成的；在我们听起来，法国人似乎有一些轻微的大舌头的音。德语没有 [ʒ]，为了发 [ʃ] 就把嘴唇撮起来，这样就加强了回旋的清擦音。瑞典语有一个开口很宽的 [ʃ]，这个音在英国人听起来很奇怪。

英语没有舌背擦音，可是它出现在许多其他语言里，位置各有不同，包括边音这类音。德语有无声的硬腭擦音，发这种音的时候，舌头的中部抬高抵住硬腭的最高部分；作为这种音的非区别性的变体，德语还有软腭类型的音，这相当于英语 [k,g,ŋ] 位置上无声的擦音。德语习惯上用两个符号标写这种音，[ç]代表 ich [iç]'我'里的硬腭擦音，[x] 代表 ach [ax]"噢"里的软腭擦音，可是只需要一个符号，因为不同的变体是以前面的音位而定。在这个位置上的有声的擦音[ɣ] 作为闭塞音 [g] 的变体出现在德语的某些类型的发音中。在荷兰语和现代希腊语里这种音算是单独音位。小舌擦音在丹麦语里是作为小舌颤音的变体而出现的。在别的语言里算是单独的音位。

在英语里我们有一个声门擦音，如在 hit [hit]（击中），when [hwen]（当），hew [hjuw]（砍）中的 [h]，发这种音的时候，摩擦是由于气流通过略微张开的声门中产生的。波希米亚语也有类似的音，发这种音的时候，摩擦还附带有有声的颤动（私语音）。另外一对声门擦音出现在阿拉伯语里，即清的（“粗声的 h”）和有声的（“ayin”）声门擦音；它们的特征被认为是喉头肌肉的收紧。

按发音方法来说，擦音的变体比闭塞音也许少一些。在区分两种发音方法的语言里，法语里浊的 [v，z，ʒ] 比英语的发音的有声程度更充分些。某些语言有声门化擦音（同时在前面，或者后面有个声门塞音）。

6.9　**鼻音**的位置跟塞音的位置很相像；在英语里，发 [m，n，ŋ] 的位置跟发塞音的三个位置相同：[m] 跟 [p，b] 一样是双唇的，[n] 跟 [t，d] 一样是齿龈的，在 sing [siŋ]“唱歌”，sink [siŋk]“下沉”，singer [ˈsiŋə]“唱歌的人”，finger [ˈfiŋgə]“手指”里的 [ŋ] 跟发 [k，g] 的方法一样，是软腭塞音。同样的原理，法国人发 [n] 跟 [t，d] 一样，是在舌后的位置上发出来的。另一方面，法语没有软腭鼻音，只有硬腭鼻音，发这种音的时候，我们抬高舌头的中部抵住硬腭的最高的部分，这样就造成了封闭，如在发 signe [siɲ]“符号”时就是这样的。至于在塞音中，梵语和现代印度诸语言区分了齿音的 [n] 和翘舌[1]的 [N]。

6.10　在英语里边音 [l] 是用舌尖在齿龈的位置上发出来的；在词的末尾，我们用的是一种非区别性的变体，发这种音的时候，舌头的中部放得格外的低；我们可以用 less（少）跟 well（好）作对比。在德语和法语里，发 [l] 这个音是把舌面抬得更高；音响的

[1] 翘舌音（domal 或 cacuminal），发音时，以舌尖后翘使触硬腭。——译者

印象是很不同的；此外，在法语里，接触是在齿后。意大利语有一种硬腭的边音，它跟齿龈的边音是不同的，发这种音是用舌头的后部接触硬腭的最高点，而在一边或两边留出气流的自由通道：figlio [ˈfiʎo] “儿子”。某些美洲的语言有一系列的边音，它们有不同的位置，声门化或者鼻化。无声的边音具有摩擦的性质，特别是如果接触面广的话；浊边音跟元音并在一起了，特别是如果接触点很小；例如在波兰语的两个边音音位中，其中有一个在我们听起来几乎跟 [w] 一样。另一方面，中西部美国英语的元音 [r]，如在 red [red]（红），fur [fṛ]（皮毛），far [far]（远）中的 [r] 十分接近边音：舌尖翘到上腭（舌头倒转过来）位置，但并不真正与之接触。在标音的时候，我们用同一个符号 [r] 代表别的语言的颤音；这样做是方便的，因为我们的 [r] 跟英国英语在 red 中的颤音是同一个音位的地域变体。

6.11　**元音**(Vowels)是以浊音作出各种变异，而没有封闭，摩擦，以及舌头或嘴唇的接触。元音通常都是有声的浊音；不过有些语言区分了不同的有声的性质，如**闷住的**(muffled)元音，有使声带缓慢地颤动的，**私语式**的元音，或者**耳语式**的元音，发这种音的时候，盃状软骨之间的摩擦代替了声带的颤动[①]。

每一种语言至少区分出好几种不同的元音音位。这些音位之

① 跟元音相对立的其他的音（塞音、颤音、擦音、鼻音、边音）有时被称作辅音(consonants)。我们的学校语法使用“元音”和“辅音”这两个术语时常是不一致的，它们不是指的语音而是指的字母。在描写个别语言时，可以以别的方式来运用这些术语，而且用**浊音**或者**半元音**来补充这些术语，这后两个术语的运用比较方便，我们将在下一章谈到。——原注

间的差别似乎大部分是舌位的差别，而且在音响上是由陪音(overtones)分布上的差别组成的。甚至这些原则也是有争论的；下面我将按照一般都接受的图表来叙述舌位。它具有这样一个优点：它同许多语言的语音和语法系统中呈现的元音关系是一致的。其他参与元音音位差别的因素是舌头和其他肌肉的紧张和松弛，嘴唇的不同位置，如向前撮或往后收。

中西部的美国英语区分了九种元音音位。其中之一的[r]在上面已经谈过了，它的特点在于舌头是卷起来的。其他八个形式我们可以称为二四系统。按位置说，它们是成对出现的，每一对都由前元音和后元音组成，前者是抬高舌头的中部抵向硬腭的最高的部分形成的，后者是抬高舌头的后部抵向软腭形成的。这四对音在舌头接近的硬腭的程度上不同；如我们有四种抬高的程度：高，高中，低中和低。有些作者用闭和开而不用高和低这两个术语。这样就得出了以下的图表：

	前	后
高	i	u
高中	e	o
低中	ɛ	ɔ
低	a	ɑ

例如：in [in]（在内），inn [in]（旅店），egg [eg]（鸡蛋），add [ɛd]（增加），alms [amz]（捐款），put [put]（放），up [op]（向上），ought [ɔt]（应该），odd [ɑd]（奇特的）。这些音位包括了好些非区别性的变体，其中有些决定于前后的音位，以后我们还将谈到。

南部英国英语有一个大致相同的元音系统，不过后元音音位的分布不同，其中像在 up 和 odd 词中的元音的合口程度跟我们的正好相反：odd [ɔd] 中的元音是高中，up [ɑp] 中的元音是低。不过，标写英国英语另有一套习惯的符号，不是跟本书引用的“国际语音协会”字母表的原则相一致的，而是用一套奇怪的符号，这套符号为的是提醒读者注意英语的元音音位和毫不相干的法语元音音位之间的差别：

	按照国际语音协会的原则标写的芝加哥的发音	按照国际语音协会的原则标写英国英语的发音	英国英语的实际发音
inn	in	in	in
egg	eg	eg	eg
add	ɛd	ɛd	ɛd
alms	amz	amz	ɑːmz
put	put	put	put
odd	ɑd	od	ɔd
ought	ɔt	ɔt	ɔːt
up	op	ɑp	ʌp

第九个元音音位，也就是我们用 [r] 标写在中西部美国英语中如 bird [br̩d]（鸟）中的元音，在南部英国英语，新西兰英语或者南部美国英语里没有完全相对应的音。在元音的前面，英国英语有一个舌尖颤音，我们用 [r] 来标写这个音，如在 red [red] 中；中西部美国英语的元音后面有 [r] 的地方，英国英语只是对元音作些变异（在有些情况下，把元音加长），这种变异是用冒号（colon）[ː] 来表示的，如在 part [pɑːt]（部分），form [fɔːm]（形式）中；凡

是在中西部美国英语中［r］前后没有元音，英国英语用处于前元音和后元音位置之间的混合元音（mixed vowel），我们用［əː］或者［ə］来标写这个音，如在 bird［bəːd］或者 bitter［'bitə］中。

6.12　某些中西部的美国英语没有［a］和［ɑ］的区别。说这种英语的人的低元音不论在 alms 和 odd（奇特）中在我听起来就像是［a］；不过在它们的音位系统里，这个音的位置既不“前”也不“后”，而是中间的，因为这种语音只有一个低元音音位。意大利语也有一个类似的系统，它也没有这个不寻常的［r］元音。我们可以把它称作七元音系统。

	前	中间	后
高	i		u
高中	e		o
低中	ɛ		ɔ
低		a	

意大利语的例子如下：si［si］“是的”，pesca［'peska］“钓鱼”，pesca［'pɛska］“桃子”，tu［tu］“你”，pollo［'pollo］“鸡”，olla［'ɔlla］“罐子”，ama［'ama］“爱——第三人称单数”。

某些语言的系统比较简单，如西班牙语或俄语的五元音系统：

	前	中间	后
高	i		u
中	e		o
低		a	

西班牙语的例子如下：si［si］“是的”，pesca［'peska］“钓鱼”，tu［tu］“你”，pomo［'pomo］“苹果”，ama［'ama］“爱——第三人称单数”。

更简单的是三元音系统，它出现在某些语言中，如塔加洛语：

	前	中间	后
高	i		u
低		a	

在元音系统中音位越少，每个音位的非区别性的变体的范围也就越大。例如在西班牙语里，在我们听起来它的中元音在高中和低中之间变动，它跟意大利语里的高中和低中元音的音质很相像，可是这种差别在意大利语里是不同的音位。俄语的元音有很大的变异的范围，它主要决定于前后所跟的元音音位；尤其是高前元音的一个变体，如在［sin］“儿子”中，在我们听起来很奇怪，因为发这个变体的音时，舌头往后收得比发英语高，前元音的任何一个变体的音都要后。最后，塔加洛语的三元音系统允许每一个音位变异的范围在我们听起来似乎太广了。在上面表中用［i］和［u］代表的塔加洛语的音位的变体的范围一直从我们高元音的位置到我们的低中元音的位置。

6.13　嘴唇的不同位置在美国英语的元音中不起作用，只有我们在下面将谈到的一个不重要的事实除外。不过在很多语言里，唇位加强了不同的元音的音质：前元音是靠嘴唇的后收（把嘴角往后收）发出来的，后元音是靠嘴唇的前伸或圆形发出来的。一般说来，越是高元音，唇的发音动作越明显。这些特征出现在多数的欧洲的语言里，而且构成了欧洲的别的语言的元音跟英语的元音之间的差别。就在唇位上我们发现了重要的差别，斯堪的那维亚诸语言的后元音的唇形，特别是瑞典语，比其他欧洲诸语言的后元音的唇形更圆：瑞典语在 bo［boː］“居住”中的［o］的舌位跟德语如 so [zoː]“于是”中的 [o] 或者法语如 beau [bo]“美丽的”中的 [o] 大致相当,不过它的唇形十分圆,跟德语和法语的高元音 [u] 一样,如德语的 du [duː]“你”或者法语的 bout [bu]“结尾”;在我们听起来,它像是介乎 [o] 和 [u] 之间的一种音。

上述的诸语言还利用唇位来区别音位。这类音中最常见的差别是在一般前元音(用向后收的唇位发音)和圆唇前元音(用相当于后元音的唇位发音)之间的差别。比方法语,除了八个跟美国英语的分布相同的元音音位以外,还有三个圆唇的前元音:

	前		后
	非圆唇	圆唇	(圆唇)
高	i	y	u
高中	e	ø	o
低中	ɛ	œ	ɔ
低	a		ɑ

例子如下:

fini [fini]“完毕”, été [ete]“夏天”, lait [lɛ]“牛奶”, bat [ba]“鼓声”。

rue [ry]“街”, feu [fø]“火”, peuple [pœpl]“人民”,

roue [ru]“车轮”, eau [o]“水”, homme [ɔm]“男人”, bas [bɑ]“低”。

在这些音位之上,还可以加四个鼻化元音(参看上面的 § 6.4),它们是不同的音位: pain [pɛ̃]“面包”, bon [bõ]“好”, un [œ̃]“一”, banc [bɑ̃]“板凳”。此外,法语还有一个比较短的 [œ],我们用 [ə] 来标写这个音,如在 cheval [ʃəral]“马”中。

[y,ø] 这两个符号是取自丹麦语的传统拼写法;德语(和芬兰

语)的拼写法用 ü 和 ö 这两个符号。

人们要学习发圆唇前元音可以在镜子的前面练习唇位:在学会了把嘴角往后收发出前元音 [i,e,ε],再学会把嘴唇往前伸并撮圆来发出后圆音 [u,o,ɔ],然后发 [i] 音,而尽量保持舌位不变,同时把唇撮圆就像发 [u] 音时那样,这样发出来的音就是 [y]。用同样的方法,我们可以从 [e] 变到 [ø],从 [ε] 变到 [œ]。

再有一个差别是由于用非圆唇的后元音而构成的,它跟圆唇的后元音相对立。这个附加的因素就在土耳其语里产生了三度向(Three-dimensional)的元音系统:每一个元音音位非前即后,非高即低,非圆唇即圆唇:

	前		后	
	非圆唇	圆唇	非圆唇	圆唇
高	i	y	ï	u
低	e	ø	a	o

6.14 在发元音的时候另一个因素是肌肉的紧或松的位置:在我们听起来,紧元音更清楚而且也许格外的准确,因为英语的元音全是松的。有些作者不用紧和松而用窄和宽。在我们听起来,法语元音最显著的特点是它们紧的性质。意大利语的元音跟英语的元音很不同也正是因为比较紧,再加上了唇的动作,虽然这两种语言的音位差别的数目是相同的。

紧和松在德语和荷兰语里是用来区别音位的。在德语里,紧元音还比松元音延续的时间长一些(这个因素在下文还要谈到),在荷兰语里也是一样,不过差别小些。如果我们用符号后面加个冒号来代表紧而较长的元音,我们就得到了这两种语言的以下的系统，在每个位置上有一对音位：

	前		中立	后
	非圆唇	圆唇		（圆唇）
高	iː i	yː y		uː u
中	eː e	øː ø		oː o
低			aː a	

德语的例子：

ihn [iːn] "他—宾格"，in [in] "在内"，Beet [beːt] "花床"，Bett [bet] "床"。

Tür [tyːr] "门"，hübsch [hypʃ] "美丽的"，König [ˈkøːnik] "国王"，zwölf [tsvølf] "十二"。

Fusz [fuːs] "脚"，Flusz [flus] "河"，hoch [hoːx] "高"，Loch [lox] "洞"，kam [kaːm] "来"，Kamm [kam] "梳子"。

不同语言的元音音位之间的差别还了解得很不够。此外在同一个语言里的某一个音位往往可以用很不同的发音器官的动作发出来，可是具有相同的音响效果，在说这种语言的本地人听起来是一样的：人们设想在这种情况下，某个器官的变异（譬如说，不同的舌位）是用其他某些器官的不同的活动（如喉头的不同的动作）来补偿的。

第七章　音位的变异

7.1　上一章所描写的发音器官的动作的各种类型可以看成是一种基础，在这个基础上还可以加上各种各样的变化。这些变化包括：声音在时间上延续的长度；发音的响度；发音时声音的乐音音高；跟基本动作没有直接关系的器官的位置；发音器官从某一个基本位置移到另一个位置的活动方式。基本语音跟变异之间的区别对于我们说明语音是便利的，不过，在有些语言的语音系统中并没有这种区别；在很多语言里某些变异的特征跟基本语音的音位处于几乎相等的地位。例如我们发现在汉语里音调特征被用来作为主要的音位，在德语里音长延续的特征可以区别主要的音位。另一方面，多数语言确是有区别的，那就是把某些变异的特征用作次音位——这些音位不是最单纯的语言形式的一部分，它们只不过标示这些形式的组合或者特殊的用法。

7.2　音延（或者叫做音量）是时间的相对长度，发音器官便在这一时间内保持在某个位置上。有些语言区分了两种或者两种以上的语音的持续。例如，我们知道（参看 § 6.14）在德语里紧元音比松元音长；这种长度的差别比松紧程度更加明显。长元音的符号是在代表某个音的符号后面加一个冒号，如德语的 Beet [beːt] “花床”，它跟 Bett [bet] “床”相对立。如果要标示更长的长度，还可以用一个逗点或者别的符号。另一个标示长音量的方法是把符号写两次；芬兰语的拼写法就是这样做的，例如 Kaappi“碗柜”有长 [a] 和长 [p]。

在美国英语里，元音音量不是区别性的。如在 pan（平底锅），palm（手掌），pod（豆荚），pawn（典当）中的低元音和低中元音都比在 pin（针），pen（钢笔），pun（双关语），pull（拖）中的元音长。此外，我们所有的元音在浊音前都比在清音前长；例如，在 pan，pad“衬垫”中的 [ɛ] 比在 pat（轻轻地拍），pack（行李）中的元音长，pin（针），bid（吩咐）中的 [i] 比在 pit（坑），bit（一点儿）中的元音长。当然，这些差别不是区别性的，因为它们都由元音舌位的高度及跟在后面的音位决定的。

在处理音量的时候，我们暂且规定一个相对时间延续的单位，即音长单位（mora）。比方，如果我们说一个短元音有一个音长单位的长度，那么我们就可以说同一个语言里的长元音有一个半音长单位的长度，或者两个音长单位的长度。

在法语里，长元音和短元音之间的区别有一种特殊的表现方式。长元音只出现在词尾辅音或辅音群之前：在法语里只要出现一个长元音就表示后面的辅音或辅音群是词的收尾。此外，元音在这个位置上的长度大部分是完全决定于这些音位本身的性质。鼻化元音 [ã，ɛ̃，õ，œ̃] 以及元音 [o，ø] 在这个位置上总是长的：tante [tãt]“伯母”，faute [foːt]“错误”。如果最后的辅音是 [j，r，v，vr，z，ʒ]，前面的元音总是长的，如在 cave [kaːv]“地窖”，vert [vɛːr]“绿色的”中的元音就是这样。只有不包括在这两条规则的情况下时，元音音量才是区别性的，如 bête [bɛːt]“走兽”对 bette [bɛt]“甜菜根”。

英语里的长辅音出现在短语和复合词里，如 pen-knife [ˈpenˌnajf]（小刀）或者 eat two [ˈijt ˈtuw]（吃两个）；在单个词里 [nn] 在某些形式有不同发音，如 meanness（卑鄙），除了发音如 [ˈmijnis] 外，也发 [ˈmijnnis] 音。在意大利语里，单个儿词里的两种辅音音量的差别是有区别性的，如 fatto [ˈfatto] 是“做了”，可是 fato [ˈfato] 是“命运”，在芬兰语和许多其他语言里也是这样。在瑞典语和挪威语里，辅音总是长音而且总是在有重音的短元音后面；因此辅音音量的差别是非区别性的。在荷兰语里没有长辅音，即使相同的辅音一并出现在一个短语里，也只发一个单位长度的辅音，所以由 dat [dat]“那个”和 tal [tal]“数目”组成的短语发成 [ˈda ˈtal]。

7.3 重音(stress)——也就是音强或者音响——在于声波的幅度比较大，而且是用比较有力的动作发出来的，例如送出更多的气，为了发浊音把声带靠得更近些，为了发出一串语音使肌肉更加用力。在英语里，我们有三种由加强的重音组成的次音位，它们跟我们所说的非重音的音位相对立。英语的最强重音的形式以 [ˈˈ] 为标示，通常处于对立或对比中的强调形式；英语的强重音或者一般重音 [ˈ] 一般出现在每一个词里的某一个音节上；英语的弱重音或者次强重音 [ˌ] 出现在复合词和长词的某一个或某几个音节上。在短语里，某些词的强重音被弱重音代替或者完全省掉。例子如下：

This is *my* birthday present [ˈðis iz ˈˈmaj ˈbəːθdej ˌpreznt]。

（这是我的生日的礼物。）

It *isn't my* fault, and it *is your* fault [it ''iz nt ''maj 'fɔːlt, an it ''iz ''jɔː 'fɔːlt]。(这不是我的过错,这是你的过错。)

I'm going out [aj mˌgowiŋ 'awt]。 (我就出去。)

Let's go back ['lets ˌgow 'bɛk]。 (咱们回去吧。)

business man ['biznis ˌmɛn] (商人)

gentleman ['dʒentlmən] (绅士)

dominating ['dɔmiˌnejtiŋ] (支配)

domination [ˌdɔmi'nejʃn] (统治)

这个系统在所有日耳曼语言以及许多其他的语言中,如意大利语、西班牙语、斯拉夫诸语言和汉语,都是类似的。在这样运用重音的一些语言里,重音标示了语言形成组合的特点;典型的情况是在短语里每一个词上用一个强重音,有些不带重音或者带弱重音的词是例外。不过在这一类语言中,有些语言包含有一个以上音节组成的简单的语言形式(如一些不可分析的词),因而也就可以依靠重音的位置加以区别;例如俄语 ['gorot]"城市"和 [mo'ros]"严寒"都是没有前缀或后缀的简单词;可见,这里重音的位置具有主要音位的价值。

其他语言利用响度作为非区别性特征。在美诺米尼语里,一个句子里的重音的高低听起来很像英语的句子,不过这些高低重音完全决定于主要的音位而且跟意义没有任何关系。在法语里,重音的分布只是作为一种表情手段:通常短语的末了比其余部分响一些;有的时候,在强调的言语里,某个其他的音节特别的响;更多的情况是,人们听到一长串音节很少有重音的波动。

7.4　有重音的语言里,在运用重音的方式上有些不同。在英语里有一种非区别性的变异，非重读的词和音节通过这种变异变成了“弱化”的形式：它们比较短而且是用比较松弛的肌肉形成的，声音有时候减弱得成私语音，舌位倾向于同一的位置，差不多接近中高的位置。弱化的程度在各个不同的话语里是不同的，在英语的不同地域方言和社会方言里也有很大的不同。在重音最轻的音节中的元音十分短而且松；这些元音有很松弛的［i］，如 landed［'lɛndid］（登陆），glasses［'glɑːsiz］（眼镜），heavy［'hevi］（重的）中的［i］；有一个跟［əː］很相像的，我们用［ə］来标写的很松的央元音，不过非常短，如 bitter［'bitə］（苦的），bottom［'bɔtəm］（底），parrot［'pɛrat］（鹦鹉）等；此外，还有自成音节的［l］和［n］，如在 bottle［'bɔtl］（瓶子），button［'bʌtn］（扣子）。凡是相同的形式，在某些组合中有重音而在另一些组合中没有重音，这样就形成了明显的对比。例如：

con-［'kɔn-］：convict，名词［'kɔnvikt］（罪人）：

［kən-］：convict，动词［kən'vikt］（定罪）．

re-［'rij-］：reflex［'rijfleks］（反射作用），［'re-］：refuse，［'refjuws］（垃圾）名词：

［ri-］：reflect［ri'flekt］（反映），refuse，［ri'fjuws］（拒绝），动词．

pro-［'prow-］：protest，名词［'prowtest］（抗议），［'prɔ-］：progress，名词［'prɔgres］或［'prowgres］（进步）．

［prə-］：protest，动词［prə'test］（抗议），progress，动词［prə'gres］（前进）．

vac-［'vejk］：vacant［'vejkənt］（空的）：

[vək-]：vacation [vəˈkejʃn]（假期）．

-bel [-ˈbel]：rebel，动词 [riˈbel]（反叛）：

[-bl]：rebel，名词 [ˈrebl]（叛逆者）．

-tom [-ˈtɔm]：atomic [əˈtɔmik]（原子的）：

[-tɛm]：atom [ˈɛtəm]（原子）．

-tain [-ˈtejn]：maintain [mənˈtejn，mejnˈtejn]（维持）：

[-tin]：maintenance [ˈmejntinəns]（维持费）．

像以上的情况，不同程度的弱化是并存的，由于话语的快慢的不同以及语气的不同（正式的、随便的等等）运用不同程度的弱化。此外还有地域和社会的不同。美国英语是 dictionary [ˈdikʃn̩ˌejrij]（字典），secretary [ˈsekreˌtejrij]（秘书）（试比较 secretarial [ˌsekreˈtejrijl̩]）；英国英语用比较弱的形式，如 [ˈdikʃn̩ri，ˈsekrətri]。另一方面，像 Latin [ˈlɛtn̩]（拉丁），Martin [ˈmartn̩]（马丁）这种弱化在英国肯定是不标准的，在英国标准的形式是 [ˈlɛtin，ˈmɑːtin]。

并不是所有把重音作为区别性特征的语言都把非重音的元音弱化。除了英语以外的日耳曼诸语言把非重音音节中的元音发得跟重音音节中的元音差不多。德语里非重音元音 Monat [ˈmoːnat]"月"，Kleinod [ˈklajnoːt]"宝石"，Armut [ˈarmuːt]"贫穷"跟 hat [hat]"有"，Not [noːt]"痛苦"，Mut [muːt]"勇气"中的重元音就差不多。在这些语言里只有一个元音，即短 [e]，在非重音的情况下有弱化的变体。例如，德语里的 hatte [ˈhate]"有过去时"或者 gebadet [geˈbaːdet]"洗澡，过去分词"，其中的 [e] 元音比在 Bett [bet]"床"的 [e] 短一些，舌头抬得低一些，更靠前一些，在如 baden [ˈbaːden] "洗澡，动词"这个词里，第二个音节在音响上跟英语像 sodden [ˈsɔdn] "浸湿的"这个词的第二个音节很相像，而跟德语的 denn [den] "于是"却很不同。语音学家为了标示这种弱化往往用 [ə] 这个音标表示 [e] 的非重音的形式，如 hatte [ˈhatə]，baden [ˈbaːdən] 或 [ˈbaːdn̩]，不过这是不必要的，因为有了重音符号就足以表示这种弱化了。

其他运用重音的语言，如意大利语、西班牙语、波希米亚语、波兰语对于任何非重音的元音不运用特殊的变体；试把英语的 restitution [ˌrestiˈtuwšn̩]（赔偿）跟意大利语的 restituzione [restitutsiˈone] 比较一下。在波希米亚语里，像 Kozel [ˈkozel] "山羊"这个词的 [e] 发得跟在 zelenec [ˈzelenets] "常绿树"里的 [e] 一样完整。

7.5 运用重音的诸语言之间的另一个差别在于响度增强的起点。在英语里，如果某个词的第一个音节有重音，响度的增强恰恰在词首开始。因此，在以下各对词之间就有了差别：

a name [əˈnejm]（一个名字）

an aim [ən ˈejm]（一个目的）

that sod [ˈðɛt ˈsɔd]（那块草地）

that's odd [ˈðɛt s ˈɔd]（那是奇怪的）

that stuff [ˈðɛt ˈstʌf]（那个东西）

that's tough [ˈðɛt sˈtʌf]（那是硬的）.

这种同样的习惯也流行在德语和斯堪的那维亚语里；事实上，德语把标志的重音一开始就十分有力，以至于在有重音词的元音前或者在一个词以元音开始的前面，形成一个喉塞音（非区别性的)，如在 ein Arm [ajn 'arm]“手臂”或 Verein [fer-'ajn]“联合”中，ver-在后一个词里是没有重音的前缀。

另一方面，在许多运用重音的语言里，重音的起点完全由主音位的性质规定。例如在荷兰语里，如果在重音音节的元音前面有一个单个的辅音，这个辅音总分享响度，不管词的界限或者其他意义的因素如何：een aam“一个安姆”(四十加仑的容量)和 een naam“一个名字”都是 [e'naːm]，而像 het ander oog“另一只眼睛”这样的短语也是 [e'tande'roːx]。这种习惯也同样适用于意大利语、西班牙语和斯拉夫诸语言。

7.6　不同的音高(pitch)，也就是浊音的乐音颤动频率，在英语或者大多数的语言里用作次要的音位。实际音响的形式变化是很大的，而且还有一些地方的变异。英国人在 Thank you!(谢谢你!)里上升的音高以及在某些陈述语句里的上升的音高在美国人听起来好像是在问一个是-非问句一样。此外，我们使用音高的特征用来表示语气，例如我们说话有时粗鲁、讥讽、急躁、亲昵、高兴等等。在英语和欧洲一般的语言里，音高是音响特征，虽非区别性的，可是与语气变化一样在交际上起的作用，也很近似真正的语言差别。对有社会影响的，然而却是非区别性的言语模式的研究，几乎还没有开展，其本身也就不外乎音高的研究。由于这一原因，像在英语里音高的特征据说是有真正次音位的地位，还很不容易加以确定。

在句末(这个术语我们在下面还要加以界说的)总是用一些特殊的音高的分布来标志，这是很明显的。我们可以把 It's ten o'clock, I have to go home(现在是十点钟，我非得回家了)说成一句，在句子的末尾有一个句尾音高(final pitch)；也可以把它说成两个句子，也就是在 clock 上有一个句尾音高，而在全句末了再有一个句尾音高：It's ten o'clock.（十点钟了。）I have to go home(我非得回家了)。在句尾音高的后面，我们可以少许停一段时间，或者停止不说了。

在句尾音高的音域里面，我们还可以区分好几种音位的差别。作为陈述的 It's ten o'clock 跟作为问句的 It's ten o'clock? 不同，后者不是用降调而是用升调收尾的。在问句之间，如 It's ten o'clock?（十点钟了吗?）或者 Did you see the show?（你看了展览吗?）这样一些是非疑问句跟像 What time is it?（什么时间了?）或者 Who saw the show?（谁看了这展览了?）这样一些补充疑问句之间在句尾音高格式上是有不同的。后一种疑问句在回答时要求用一些特殊的词或短语来说明问题。它在末尾用的升调要低一些。在标音的时候，我们用一个倒过来的问号［¿］来标示后一种疑问句。这种区别在补充疑问句跟询问是否要回答这个补充疑问句的是非问句之间的对立时表现得最清楚：Who saw the show?［'huw 'sɔː ðə 'ʃow¿］问的是谁，而［'huw ' sɔː ðə 'ʃow?］意思是"你要问的是这个吗?"

这三种类型的句尾音高在下面的例子中是并列存在的。如果某人说 I'm the man who-who-"我是那个人，他——，他——"。他的对话人可以用陈述句的句尾音高帮他说出来 Who took the money［huw 'tuk ðə'mʌni］"他拿了钱"。这种陈述句跟 Who took the money?［'huw 'tuk ðə 'mʌni¿］"谁拿了钱?"的补充问句相对立，对于这样一句问话，对话人想肯定这是一句问话，或者想用它作为一个正式的起点，可以用一个是非句来回答，Who took the money? ['huw 'tuk ðə 'mʌni?]“他拿了钱了？”(I'll tell you who took it …“我来告诉你谁拿了这钱……”)。

此外，所有这三种类型的句子不仅可以改变音高，而且当说话人对强烈的刺激反应时也可以改变重音。毫无疑问，我们完全有理由把它认作是一个感叹音高的单独的次音位，以 [!] 这个符号代表，并认为这一类音高范围里的变体，如表示愤怒、惊讶、呼喊、嘲笑等等的语调是非区别性的语气式的变体。感叹音位跟上述三种句尾音高音位有联系。把 John 作为问题的回答，跟 John! 作为听者，招呼他到面前来或者要他注意来比较；同样，作为简单问题(Is that John? (是约翰吗?))的 John? ['dʒɔn?] 跟带有感叹音高的相同疑问句 John?! ['dʒɔn?!] (It isn't John, I hope! (这不是约翰吧，我希望!))相比较；最后还可以比较一下 Who was watching the door [¿] (谁在看门)跟用急迫或灾难时感叹语气的 Who was watching the door [¿!] (谁在看门¿!)。

在英语里，第五种音高次音位是停息音高或者暂停音高 [,]，它是由句子停顿以前，用上升的音高组成的。跟句尾音高相对，用来表示句子还没有到终了，不然的话，在暂停的那一点上就会使得短语的形式可能成为句子的终点了：I was waiting there [,] when in came the man. (我正等在那儿，这时候进来了这个人)。John [,] the idiot [,] missed us. (约翰，这个笨蛋，没碰上我们)。(对比一下：John the Baptist was preaching(施洗礼者约翰正在讲道))。The man [,] who was carrying a bag [,] came up to our door(这个人，背了个口袋，来到了我们的门前)。在这里只讲一个人的事；试对比：The man who was carrying a bag came up to our door(背着口袋的那个人来到了我们的门前)，这儿意味着在这件事里牵连着好几个人。

7.7　可见，在英语里重音和音高都只是用作次音位，不过在这二者的功能之间也有一些不同。重音音位只有在两个或者两个以上的言语单位联成一个形式的时候才出现：像John这样一个单词并不包含甚么有区别作用的重音特征；如果听到有区别作用的重音特征，我们就知道这一定是一个短语或者一个复合词，或至少是包含两个或者两个以上部分的词，如contest(比赛)。另一方面，音高音位出现在每一段话语里，即使说一个单词也会出现，如John! John? John. 此外，英语里的音高音位在原则上不固定于某些词或短语上，而是把原来相同的形式为了不同的意义而改变了。

很多语言跟英语不同，它们在包含一个以上单位的词和短语中运用音高次音位，正如我们运用重音次音位一样。在瑞典语和挪威语里，如果由两个音节构成的词，其中的一个音节上总有一个一般的高重音，这跟英语一样，不过除了重音以外，加重的音节还用两种不同的音高格式区别开。重音可能附带有升调，给予人的音响印象跟英语的高重音一样，如挪威语的[ˈbøner]“农民”和[ˈaksel]“肩”，有的时候也可以附带有降调，这种差别是有区别意义作用的，如[ˇbøner]“豆子”和[ˇaksel]“轴”。这种有区别意义作用的词的音高是特别显著的，因为瑞典语和挪威语在运用音高和重音的次音位的其他各方面都跟英语非常相像。

据说日语区分了两种相对的音高，即一般的和较高的，例如[hana]“鼻子”在两个音节上都有一般的音高，[ˈhana]“开始”在

第一个音节上有较高的音高，而［ha'na］“花儿”在第二个音节上有较高的音高；日语似乎没有词重音这个次音位。

还有一些别的语言里，音高特征被用作主要的音位。汉语的北方话有四种不同的音高声调，我们可以用数目字来代表：

［^{1}］高平调：［ma^1］“妈”

［^{2}］高升调：［ma^2］“麻”

［^{3}］低升调：［ma^3］“马”

［^{4}］低降调：［ma^4］“骂”。

粤语据说有六种这样的调子。实际上，作为主要音位的音高出现在很多语言里，有的只有几种简单的调形，像立陶宛语、塞尔维亚语和古希腊语，有的在我们看来简直是不可思议的繁多，像某些非洲语言里的调形。

值得注意的是在美国英语里，重音的元音上我们有一种非区别性的音高变化：像在 map（地图）或者 mat（席子）里的清音前面的音高的格式是简单的，可是在像 mad（疯）或者 man（人）里，浊音前面通常有一个升降的音高，在有响重音的情况下更加清楚。

7.8　一旦我们有了音位是如何形成的概念以后，就可以根据发音方式研究各种变异。例如英语的音位［k，g］是用舌后抵住软腭形成封闭发出来的：如果我们仔细地观察就会发现，当后面的音位是前元音，这种封闭比较靠前，如 kin［kin］（亲族），keen［kijn］（锐利的），give［giv］（给），gear［giə］（滑车），在后元音的前面比较靠后，如 cook［kuk］（厨师），coop［kuwp］（鸡舍），good［gud］（好），goose［guws］（鹅），这些位置跟我们称作标准的位置相对立，如 car［kɑː］（小汽车），cry［kraj］（喊叫），guard［gɑːd］

(警卫)。英语的音位［h］跟后面的元音的口腔位置有关。这些变体不是区别性的,因为它们完全受后面的元音的支配。在这些差别是区别性的语言里,我们确实不能把它们叫做“变异”,因为在这些语言里,它们是音位的主要特征。在有些语言里,这类的差别如果是区别性的,我们可以说是在产生噪音时,不管是有动作的或无动作的一种“变异”,如在发元音的时候有无鼻化,唇圆或不圆等。不过,对于某些语言里比较不熟悉的特征,虽然有音位的作用,把它看成是一种变异,还是方便的。

在变异中最重要的一种就是**腭化**:在发辅音的时候,舌头和嘴唇提升到像前元音［i］或者［e］的位置,不过还不成其为音位的主要特征。比方,我们可以说英语的［k］和［g］在前元音的前面属于非区别性的腭化。作为区别性的腭化主要出现在某些斯拉夫的语言里。例如,在俄语里多数的辅音音位是成对的,每一对分别为平常的与腭化的。为了标写腭化,用了各种方式,如在符号上加一点,加一个曲线或者省略脱字的∧符号,或者在符号的后面写一个 *i* 或者一个重音符号,或者用斜体字。我们用的是最后一种方法,因为在印刷上最方便。在俄语里,像发［*p*a*t*］“五”这个词的两个辅音时,嘴角往后收而舌头抬高到前元音的位置上。这意味着发［t］时的情况是当舌尖和舌叶抵住上齿的后部而形成封闭时,舌面向硬腭隆起;同样［'*d*a*d*a］“伯父”或者［'*n*a*n*a］“阿姨”。这种区别性的差别也出现在以下的词里,如［bit］“存在的方式”,［bi*t*］“是”,［*b*i*t*］“打”。

某些语言区分**软腭化**的辅音,发这种音的时候舌头后收就好像发后元音一样。在发辅音的时候,如果嘴唇是圆形的,这种辅音就是唇化的。这两种变异一同出现在双唇软腭化的辅音里。

7.9　发音器官从静止状态到构成一个音位的动作，或者从构成某个音位转到另一个音位的动作，或者从构成一个音位到静止状态的动作，这些动作有各种不同的方式，我们管它们叫做音渡[①]。如果这些差别是非区别性的，这个术语是相当恰当的，可是如果它们是区别性的，我们的确就没有权利把某些音位的主要特征描写成基本的，而把其他的特征描写成属于音渡的。

从静止状态到发浊塞音，如 bay（海湾），day（日子），gay（快乐），我们是逐渐地发出有声的音的，而从这些音转到静止状态时，如 ebb“退潮”，add（增加），egg（鸡蛋），我们是逐渐地减弱发有声的音的。这跟法语的发音方式相对立，法语里这些位置上的闭塞音从一开始直到末了完全是有声的。从静止状态到发有重音的元音，我们一般是逐渐地开始发有声的音，而北部德语在开始的时候先把声门闭起来，然后突然发出完全有声的音，以至于发出（非区别性的）喉音。有的时候，作为一种非区别性的变体，我们用德语的方式开始，而德语却用我们的方式开始。在法语和不太标准的南部英语里，还有第三种开始的方式也是非区别性的，这种方式是声门经过［h］的位置。在标准英语和德语里，这种变体是区别性的，如英语里的 heart［hɑːt］（心）对比 art［ɑːt］（艺术）。从元音到静止状态，以上所讲的几种语言用一种缓慢停止的过渡期，而其他的语言通过［h］位置或者突然以喉塞音终止，还有一些语言

① 原文是 Transition。目前在美国描写语言学里，比较流行的术语是 Juncture。二者所指的语音现象基本上是相同的。因此我们把 Transition 也译成“音渡”（按：Juncture 已有人译成音渡）。——译者

里，这些差别是有音位作用的。从浊塞音到发浊音，特别是发元音，我们可以从破裂的一开始就发有声的音，或者有声的动作拖长一会儿；在这两种情况下，有声的动作都可以缓慢地开始或者带有喉塞音；这些差别在某些语言里有音位作用，这在§6.6里讨论过了。在硬腭化的辅音前面或后面可以有一个类似前元音的过渡音；同样地，软腭化的辅音也可以附带有后元音的过渡音。

在一连串的辅音里，主要的音渡的特征似乎是在闭音渡和开音渡之间的差别。在英语里，我们用闭音渡。当我们从一个闭塞音过渡到另一个闭塞音的时候，在第一个闭塞音除阻之前就构成了第二个封闭：比方，在 actor [ˈɛktə]（演员）这个词里，在为了[k] 的除阻从软腭移开以前，发 [t] 音的舌尖就已经抵到齿龈上了。法语用的是开音渡：如在 acteur [aktœːr]“演员”这个词里，舌尖为了发 [t] 而抵住牙齿以前，[k] 就除开了。同样地，在英语里，闭塞音加上擦音的组合有闭音渡，如在 Betsy（贝特西），cupful（一满杯），it shall（将要）里：在闭塞音除开以前，发音器官早就尽量放到跟在后面的擦音的位置上，因此闭塞音的破裂就不完全了。这跟法语的开音渡相对立，在法语里，在擦音开始以前闭塞音已经完全破裂了，如在以下一些词里：cette scéne [sɛt sɛːn]“这个景色”，étappe facile [etap fasil]“容易的阶段”，cette chaise [sɛt ʃɛːz]“这张椅子”。这种差别也出现在所谓双重辅音里，这种组合是同一个音位成分重复出现两次。在英语里，在 grab-bag [ˈgrɛb ˌbɛg]（摸彩袋），hot time [ˈhɔt ˈtajm]（旺季），pen-knife [ˈpen ˌnajf]（小刀）[bb，tt，nn] 这些辅音群都只有一次封闭；这种封闭只不过比单个辅音的封闭延长一些罢了。双重辅音也可以用内破裂的重音（在我们的例子里是弱重音）跟外破裂的重音（在我们的例子里是强重音）之间的差别来标示。在法语里，同样的音群，像在 cette table [sɛt tabl]“这张桌子”里，通常有两个破裂，两个辅音单位中的每一个辅音各自有一个内破裂或外破裂。

如果在某一种语言里同时有这两种音渡，这种差别可以用作音位的区别。比方，波兰语中多数是跟法语一样的开音渡，如在 trzy [tʃi]“三”，不过 [t] 和 [ʃ] 的组合也有以闭音渡出现的，整个儿作为一个单独的音位，我们可以用 [tʃ] 来标示，如在 czy [tʃi]“是否”中。还有一种腭化的变体，它也是一个单独的音位，如在 ci [tʃi]“给你”中。

最后这个例子告诉了我们一种复合音位——也就是说，好像是这个语言里一连串两个或者更多的音位组成的音，不过跟这种一连串的音有某些不同，是作为不同的音位使用的。很多复合音位跟我们例子里的一样是由闭塞音加上擦音或者其他开辅音组成；这一类音位叫做塞擦音（affricates）。在英语里，所有的辅音群都是闭音渡，这是不能作为音位特征的。不过，英语却有两个塞擦音音位，如 church [tʃəːtʃ]（教堂）里的 [tʃ] 和 judge [dʒʌdʒ]（裁判）里的 [dʒ]。这些塞擦音总是腭化的，正是由于腭化的特征把这些塞擦音跟 beet-sugar [ˈbijt ˌʃugə]（甜菜制的糖），it shall [it ˈʃɛl]（将要）里的 [t] 加 [ʃ] 以及 did Jeanne [did ˈʒɑːn]“夏恩做了”里的 [d] 加 [ʒ] 区分开来。

7.10　对于一连串的元音以及主要是乐音的语音的处理可以大不相同，有很多类型的音渡在某些语言里是区别性的。

在任何一连串的语音里，有些音听起来比另外一些音更强：响度的不同在元音和类似元音的语音的音渡效果上起着很大的作用。比方，其他一切都是相等的（特别是重音），可是像［a］这样一个低元音就比［i］这样一个高元音更响；任何一个元音都比辅音更响；鼻音，颤音或者边音都比闭塞音或者摩擦音响；气流集中在狭窄过道的咝音［s，z］比另一个摩擦音响；摩擦音比闭塞音响；浊音比清音响。所以，在任何一连串的音位里总是响度有高有低。像在［tatatata］这一串音里，［a］的响度比［t］的响度大。在下面的例子里，我们用数目字区分了四种响度：

Jack caught a red bird “杰克抓到了一只红鸟”

［dʒɛk kɔːt ə red bəːd］

314 414 1 213 313

显然，有些音位比紧跟在它们前后的音位（或者无声）更响。在我们的例子里用1标示的音位就是这样的，又如在egg［eg］（鸡蛋）里的［e］和saw［sɔː］“看见”里的［ɔː］也是这样的。凡是比前面的音位（或者无声）响，同时又比后面的音位（或者无声）响的音位就是响度的高峰，或者叫做成音节的音‘syllabic 领音’；其他的音位是不成音节的音‘非领音’。比方，在red里的［e］和bird里的［əː］是成音节的音，而在red里的［r］和在red以及bird里的［d］就是不成音节的音。在一句话里有多少领音的音就有多少音节（或者叫做自然音节）。音节组合中的高高低低在一切语言的语音结构中起着重要的作用。

在每一种语言里，只有某些音位可以作为成音节的音，不过在原则上任何音都可以比它周围的音更响一些。为了叫人安静的感叹词pst！［pst！］和sh！［ʃ！］里的［s］和［ʃ］用作成音节的音，这跟英语一般词里的用法不同。实际上，任何语言里的多数音位是只用作不成音节的音的，如英语里的［p,t,k］；我们管这些音叫辅音。其他的音位在数目上少一些，只用作领音，像英语里的［e,ʌ,a］；我们管这些音叫元音。在多数语言里还有介乎辅音和元音之间的第三种浊音[①]，这些音位既出现在成音节的位置上也出现在不成音节的位置上；例如，在美国中西部的英语里，［r］在 bird［brd］里是成音节的音，而在 red［red］里是不成音节的音。

在一个词里的浊音究竟是领音还是非领音，在不同的语言里是以不同的方式决定的。如果浊音的成音节或者不成音节的性质完全决定于前后的音位（如在 bird 和 red 的相对），那么这种差别就不是区别性的，以标音而论，我们只要用一个符号就行了。不过，在很多情况下，浊音的领音或者非领音的性质是任意决定的，而且构成音位的差别。例如，在 stirring［ˈstr̩iŋ］（活跃的）里的［r］是领音的，可是在 string［string］（线）里却是非领音的；在 pattern［ˈpɛtr̩n］（模式）的第二音节里，［r］是领音的，而［n］是非领音的，可是在 patron［ˈpejtrn̩］（保护人）的第二个音节里，［r］是非领音的，而［n］是领音。在这种情况下，我们需要用不同的符号来代表这两个音位。不幸的是，我们在这方面的标音的习惯既不统一也不是前后一致的。在有些情况下，我们运用不同的符号：［i,u,y］一般用来代表领音的音值，而［j,w,ɥ］分别代表相应的非领音的音值；不过，很多标音者也用前一套符号代表某些非领

① 原文是 sonant，在一般的语音学书里，管有声的音叫浊音（voiced sound），跟这儿讲的浊音是一回事儿。——译者

音的音位。另一种方法是在［i,u,y,e,o,a］这些符号的上面或下面加上一个小弧线来表示非领音的功能。另一方面，一般在［r,l,m,n］这些符号的下面加上一点，一个圈儿或者直线表示领音的功能。

当浊音的领音功能或者非领音的功能由前后的音位（或者无声）决定，其分布就是自然的。比方在标准德语里，如果［i,u］音位的前面或者后面跟的是元音，它们就是非[①]领音的，而在其他所有的位置上就是领音的。非领音的［u］只出现在［a］的后面，如Haus［haws］"房子"；非领音的［i］出现在［a］的后面，如Ei［aj］"鸡蛋"，在［o］（或者［ø］）的后面，如neu［noj,nøj］"新"，以及在元音和［u］的前面，如ja［jaː］"是的"，jung［juŋ］"年青"。在元音后面的变体肯定是降低的，在领音的前面的非领音的［i］口合得很紧，以至于发出明显的摩擦音，不过这种差别是非区别性的，标音的人用［i,u］代表前一种音，而用［j］代表后一种音。

在很多情况下，浊音是否是领音不是用自然的分布来决定的，而是以其他的方式来决定的。有些语言用略微加强重音的办法使浊音变为领音，这种办法是用于自然的响度不足的时候。例如，在某些英语的发音里，像bottling（装瓶子），brittler（脆的东西），buttoning（扣扣子）这样一些形式是用三个音节来说的：在［l］或者［n］上略微加强重音就能使这个音更加突出。我们把它们标成bottling［ˈbɔtˌliŋ］，brittler［ˈbritˌlə］，buttoning［ˈbʌtˌniŋ］。其中领音的重音起着次音位的作用；它是用［ˌ］这个记号来表示的。在中西部的美国英语里，这种成音节的重音起着重要的作用；它产生了以下的一些对比：stirring［ˈstˌriŋ］对string［striŋ］，mackerel ['mɛkr̩l̩]（海青鱼）对 minstrel ['minstrl̩]（吟游诗人），battery ['bɛtr̩ij]（炮台）对 pantry ['pentrij]（餐具室），apron ['ejprn̩]（围裙）对 pattern ['pɛtr̩n]（模式）；而且可能构成以下这些形式：bearer ['bejr̩r]（承担者），error ['er̩r]（错误），stirrer ['str̩r̩]（搅拌器）。可见，在英语的这些形式里，领音的重音有区别性的特征，是次音位。

在英国英语和某些美国英语里，我们还有元音跟 [ə] 的组合，其中主要的成员是领音，有更大的重音：在 fear [fiə]（恐惧）中的 [iə]，在 sure [ʃuə]（确实）中的 [uə]，在 fair（美丽的），fare（运费）[fɛə] 中的 [ɛə]，在 coarse（粗糙），course（课程）[kɔəs] 中的 [ɔə]。对于用于非领音的 [r-əː] 音位不需要特殊的符号，因为前面元音的符号指明了它的性质。以上所说的主要成员跟元音 [i, u, ɛ, ɔ] 的独立形式很不相同；根据同样的理由，它们也不需要单独的符号。在美国有些方言的发音里，在 [r] 前变化很大的元音和复元音的形式也是这种情况：fear [fijr]，fair 和 fare [fejr]，fire [fajr]（火），sure [ʃuwr]，coarse 和 course [kowrs]，Mary ['mejrij]（玛丽），merry ['merij]（快活），marry ['mɛrij]（结婚），hoarse [howrs]（喑哑的），horse [hors]（马），war [wɔr]（战争），sorry ['sɑrij]（抱歉）。在这些组合里，美国英语中不同的方言在一般的元音和复元音方面有不同的变异。

由于运用了领音重音，有些语言颠倒了自然响度的关系；例如，南部德语方言里 [liab] ‘亲爱的’，[guat] ‘好’，[gryan] ‘绿色’等形式中，[i, u, y] 是领音，[a] 是非领音。

另一种分布的类型是运用音响的差别来抵消浊音的领音和非

领音的功能。一般地说，这在于用比领音更封闭的位置来构成非领音。在英语里，浊音［i］和［u］在元音的前面和后面作为非领音的音出现；如果用［j］和［w］代表这些非领音，那么英语里的 yes［jes］（是的），say［sej］（说），buy［baj］（买），boy［bɔj］（男孩）里有［j］，在 well［wel］（好），go［gow］（走），now［naw］（现在）里有［w］。在这些例子里，［j，w］的非领音的功能完全是由自然的音响决定的，因为在它的前面有开口度较大的元音。所以，在构成这些音的方式中的实际变体是非区别性的：在元音后面的［j，w］，特别是在［aj，ɔj，aw］这些类型的组合中是很开的，而［a］跟一般的［a］也很不同；在元音前面，像在 yes，well 里，［j］的舌位比领音［i］的舌位更高而且更靠前些，而［w］的舌位领音的［u］也更高些，在形成这个音的时候，嘴唇略微后收。如今，后面这些差别在英语里作为音位的差别：即使这种功能不是由自然的响度决定的，我们把开口度较小的非领音节的［j，w］看成是单独的音位，跟开口度比较大的领音［i，u］区别开来。例如，我们把 ooze［uwz］（软泥）里的［uw］跟 wood［wud］（木头）里的［wu］区别开，也把 ease［ijz］（简便）里的［ij］跟像在俚语中的 yip［jip］（吠叫）里比较少见的［ji］区别开，在英语里我们甚至还有像 yeast［jijst］（酵母），woo［wuw］（求爱）里的［jij，wuw］这样一些音群。如果在［i，u，r］这一组音里有两个不同的成员一起出现在一个有重音的音节里，第一个成员是非领音的音：如 you［juw］（你），yearn［jəːn］（渴望），win［win］，work［wəːk］（工作），rid［rid］（免除），room［rum］（房间）。这就使我们有可能把领音的浊音或者元音前面的［j］和［w］发得比在非领音的音的前面(bit)或者在收尾的位置上(say)更响。由于有一些变异,非领音的浊音跟相应的领音的浊音在音位上有区别,非领音的浊音就叫做半元音。

同样,法语里的高元音[i,u,y]如果是非领音的,那么发音的时候比较闭而且比较紧,如在以下的词里:hier [jɛːr]“昨天”,oie [wa]“鹅”,ail [aːj]“大蒜”,huile [ɥil]“油”,而且把这一类音写作单独的半元音音位,例如,区别 oui [wi]“是的”和 houille [uɔj]“无烟煤”,而在 fille [fiːj]“女儿”里用[ij]这个序列。

7.11　元音同浊音组合成复合的音位就是复合元音(diphthongs),或者如果有三个成分就是三合元音。一连串音位究竟是否看成复合的音位完全决定于这种语言的语音结构。在英语里,像 yes 里的[je]或者 well 里的[we]这样两个连续的音当作两个音位,就像任何一个辅音加元音的序列一样,可是元音加半元音的组合是当作复合的音位的。我们有七个这样的组合,还有一个“半元音-元音-半元音”的三合元音:

see [sij](看见)	seeing [ˈsijiŋ]
say [sej](说)	saying [ˈsejiŋ]
buy [baj](买)	buying [ˈbajiŋ]
boy [bɔj](男孩)	boyish [ˈbɔjiʃ]
do [duw](做)	doing [ˈduwiŋ]
go [gow](去)	going [ˈgowiŋ]
bow [baw](弯腰)	bowing [ˈbawiŋ]
hew [hjuw](砍)	hewing [ˈhjuwiŋ]

在下一章里我们将会了解,在我们言语形式的语音结构中,这

些音群跟简单的元音音位起着相同的作用。我们在上面谈到的有些成分的特殊的非区别性的变异,特别是[a,j,w],往往出现在复合元音里,不过它们是次要的,主要的特征是特殊的结构排列。另一个特点是[ij]和[uw]的紧度:舌头和嘴唇的肌肉比发简单的元音[i,u]收得更紧。很多语音学家把这些音归成紧的长元音,把它们标写成[iː]和[uː]。

还有一组四个复合元音,是由元音加非领音的[ə]组成的:

fear [fiə](恐惧)	sure [ʃuə](确信)
fair [fɛə](良好的)	shore [ʃɔə](岸)

在某些地方的发音中,这些变异的音跟任何一个简单的元音不同,我们用中西部的美国英语可以证明:

Mary [ˈmejrij](玛丽)	wore [wowr](穿衣)
	hoarse [howrs](嘶哑的)
merry [ˈmerij](快活)	horse [hors](马)
marry [ˈmɛrij](结婚)	war [wɔr](战争)

不过,有许多地方的发音类型里,有些缺乏其中某些差别,有的全无差别;在这些地方的语型里,在[r]前面有的没有复合元音,有的没有简单的元音。

有些语言不把领音的元音和非领音的元音当作单独的音位,但也出现复合元音。在德语里,一些组合在语言结构上是作为单独的音位的:如 Eis [ajs]"冰"中的[aj],neu [noj]"新"中的[oj]以及 Haus [haws]"房子"中的[aw],都是一个音位单位。至于英语里,这些成分跟它们的一般形式有很大的不同:非领音的音具有央元音而不是高元音的性质,特别是[oj]有好些种变体,在某些地方的发音里，很像是圆唇的前元音的组合，如［øɥ］。

像英语和德语里的复合元音有两种：前面有领音的叫做下降的复合元音，它跟上升的复合元音相对立，在上升的复元音里非领音的部分在前。例如，在法语里，像在 fier［fjɛːr］“骄傲”中的［jɛ］和在 moi［mwa］“我”中的［wa］在结构上当作单个的音位；在意大利语里，［jɛ，wɔ］这种组合被当作复合元音；西班牙语里的［je，we］也是复合元音。

某些语言有由领音的元音和非领音的辅音组成的复合音位。在立陶宛语里，［l，r，m，n］这些音位从来不是领音，可是像［al，ar，am，an］这些组合在结构上和重音方面被当作复合元音，它们跟［aj］或者［aw］很相像。

7.12　由于构成音节是音位的相对响度的问题，所以重音的调整可以更加强或者取消音节的构成。这种加强音节的运用可能在大多数语言里都是经常的。在法语里重音是非区别性的，任何一个音节在领音上都用稍微强一些的重音来加强；如果在领音前只有一个非领音的音，那么重音的加强就在这个非领音的音上开始；如果有两个非领音的音，那么不同的音群在处理上就不同：如 pertinacité［pɛr-ti-na-si-te］“顽固的”，patronnesse［pa-trɔ-nɛs］“女保护人”。重音略微上升或下降的分布是非区别性的，因为它完全由主要音位的性质决定。在我们听起来，它给人一种快速的，吧哒吧哒或者像擂鼓一样的声音。这种习惯在许多运用重音的语言里也很流行，如意大利语、西班牙语、波兰语、波希米亚语，甚至俄语也如此，俄语不仅有区别性的重音，而且还减弱没有重音的元音。例如，在意大利语的 pertinacia［per-ti-ˈna-tʃa］“顽固的”或者 patronessa [pa-tro-'nes-sa]“女保护人”里，音节是按重音的高低划分的，在有重音的音节里很明显，在别的音节里不太显著。

英语和其他日耳曼诸语言并不用重音的高低来划分没有重音的音节。像在 dimity ['dimiti]“粗斜纹布”或者 patroness ['pejtrənis]“女保护人”这样的词里，重音在第一个音节的最高点，后面就没有了。显然这类词有三个音节，因为它们有三个自然响度的高峰，然而我们却说不出一个音节在哪儿结尾而另一个音节在哪儿开始。像在 pertinacity [ˌpəːti'nɛsiti]（顽固的）或者 procrastination [prəˌkrɛsti'nejʃn]（耽搁）这样的形式里，有重音音节的开始显然是用重音的开始来标示的，可是其他音节的界限却没有用任何方法标出来。

重音的分布可以造成一些响度的高峰，它跟音位的自然响度无关。我们知道在英语里 [l, n] 音位比周围的音位响，所以它们是领音的音，这就是因为它们有略微的加强的重音。

重音的分布甚至可以压倒自然响度的关系。在 [dzd] 这样的组合里，[z] 比 [d] 的响度响，在 [kst] 里，[s] 比闭塞音更响，可是在英语里，adzed [ɛdzd]（用手斧劈），text [tekst]（正文），step [step]“脚步”这些形式上一个高重音是这样的响，以至于掩盖了这些响度上的细小的差别。某些运用重音的语言在这种情况下甚至掩盖了主要的乐音的响度：例如，由于重音的缘故，俄语把以下的词发成是一个音节的词：[lba]“前额的”，[rta]“嘴巴的”；同样地，像波兰语的 trwa [trva]“延续”，msza [mʃa]“群众”也是如此。

第八章　语音结构

8.1　像上两章那样的语音描写只不过是靠偶然的观察得到的。这些描写是按照说话人的发音动作作出来的:进一步精确的生理描写会发现其中有些描写是错误的。尤其严重的是,有些观察到的差别和变体,比方在法语和英语的清塞音[p,t,k]之间的差别,并不是用甚么固定的原则得出来的(例如有朝一日声学语音学可能会提供的原则),而是偶然碰上有那么一个机会:某个耳朵很灵的记音的人听到过这两种语言。这情况正好像研究了南部德语诸方言或者美洲的一些印第安语言就能添加了一些清塞音的变体,那些变体本来在标准英语或者标准法语里也能收集到的,因此几乎对任何一种新的方言的研究,都会在语音学家所能听到的差别方面增添一些新项目。这种观察的范围是偶然的,准确性值得怀疑,报告的内容是空泛的。实用语音学是一种技术,对于研究语言的人来说,往往是一种很有用的技术,可是它却没有多大的科学价值。

由于这个原因,分析某种语言的一般的音响效果就超出了我们的能力范围。我们能够解释某些表面的音响效果:(在英国人听起来)意大利语"劈里拍拉"的节奏是由于划分音节的缘故;荷兰语的"喉音"(按我们的感觉)是由于用小舌的颤音(参看§6.7)和软腭摩擦音(参看 §6.8)所产生的。不过,一般说来,这种"发音基础"的观察肯定是不清楚的。英语(比方,跟法语或者德语相反)把下巴往后收;美国中部和西部的英语有把舌尖抬高的趋势。德语和法语(跟英语相反)把下巴往前伸而且比较用力地使用肌肉活动——德语用大幅度一扫而过的活动,法语的动作小一些而且比较精确,特别是在口腔的前部。丹麦语把肌肉朝中间收缩。为了了解或者模仿一种发音,这种观察往往是有用的,不过它们很模糊而且不准确。我们还得等待实验语音学给予我们准确而可靠的说明。

无论如何,一种语言中重要的不是发音的方式。说话人的动作,空气的震动以及听者耳膜的颤动(参看 §2.2 里的 B)本身是无关紧要的。语言中重要的是在联系说话人的刺激(§2.2 里的 A)跟听者的反应(§2.2 里的 C)中所起的作用。正如前面已经说过的(参看 §5.4),这种联系只是依靠音响形式中的少数特征,也就是依靠我们称作音位的特征。对于语言的功能说来,最需要的是每一个音位跟所有其他的音位都毫不含糊地区分开。除了这种音位的区分以外,它的变体的范围以及音响的特征是无关紧要的。任何一种语言都可以用任何一个截然不同的符号系统来代替它全部主要的音值,只要这个语言里的每一个音位都有一个符号来代替就行了。这样的替换就能做出正确的语音转写——这种转写是用一个符号而且只用一个符号标示一个音位,这样才能达到准确和恰当的目的与要求。从实用的目的来看,这种替换正是传统地用字母来拼写文字,虽然不完善可是还适用。可见,音位的重要性并不在于它的声波的实际形状,而仅仅在于这种波形跟同一语言里所有其他音位波形之间的差别。

根据这个理由，即使有完备的音响学的知识，而光凭这种知识还不能告诉我们一种语言的语音结构。我们始终得要知道哪些总的音响特征按照意义来看，对于说话的人是“相同的”或者是“不同的”。在这方面唯一的依据是说话人的情境和听者的反应。凡是没有把区别性特征跟非区别性特征区别开来的描写很少告诉我们或者根本就不能告诉我们某一语言结构的情况。在这方面，机械的记录至少有不歪曲音响事实的好处。热心的语音学家随手所作的“准确”的记录往往坚持一些无关紧要的音响差别，那些差别之所以记下来，只因为观察者善于对这些差别作出反应。在这个基础上，我们可以发现在完全不同的音位结构的语言里有同一套“语音”。比方，两种语言都有七个类似的元音型的“语音”，可是在 B 语言里，这些音可能是七个不同的音位，而在 A 语言里，[ɛ] 和 [ɔ] 可能是 [a] 的非区别性的变体，[e，o] 分别是 [i，u] 的变体。这两种语言里可能都有两种元音的长度，可是这两种长度在 A 语言里（像在德语里）可能是音位的，而在 B 语言里可能是非区别性的变体。这两种语言都可以有不送气的清塞音和吐气的清塞音，可是在 A 语言里它们是不同的音位，而在 B 语言里只不过是非区别性的变体。这两种语言都可以有一系列浊擦音，可是这些音在 B 语言里可能是区别性的，而在 A 语言里，它们只不过作为闭塞音在元音之间的变体而已。

只有语言里的音位对于这种语言的结构是有关的——也就是对这种语言的功能有关。对于非区别性特征的描写也可能是很有意义的，不过关于这方面的描写应该比目前所作的任何描写都要更完全一些、更充实一些才行。

8.2 所以一张语言的音位单子或者音位表应当不管一切非区别性的特征。这种音位单子或者音位表一般是根据实用语音学的分类作出来的,例如:

标准英语

闭塞音,清	p		t		k
浊	b		d		g
塞擦音,清				tʃ	
浊				dʒ	
摩擦音,清	f	θ	s	ʃ	h
浊	v	ð	z	ʒ	
鼻音	m		n		ŋ
边音			l		
颤音			r		
半元音				j	w
元音,高元音				i	u
高中元音				eə:əɔ:	
低中元音				ε	ɔ
低元音				ʌ	ɑ:

次音位:

重音 '' ' ˌ

成音节重音

音高 .¿ ? !,

像这样的音位表,即使把非区别性特征排除在外,对语言的结构也还是无关的,因为这种音位表是按照语言学家对于音位的生理性质的了解，而不是根据在语言功能中好些音位所起的作用归类的。举例来说，我们的音位表并不能表明，有的时候［l，n］作为非重音音节中自成领音的音（§7.10）。它也不表明哪些元音是半元音［j］和［w］的自成领音的相对的音，也不表明把半元音作为单独音位的发音特点，由于这种特点才把半元音列为不同的音位，同比较简单分布的［əː］及其相对的［r］对比。它也不告诉我们哪些元音和半元音组合成复合的音位。为了表明这些结构上的事实，我们需要一张这样补充的表：

I. 主音位：

A. 辅音，经常是或者有时候是非领音性的：

1. 哑音，总是非领音的：［p t k b d g tʃ dʒ f θ s ʃ h v ð z ʒ m ŋ］

2. 浊音，有的时候自成领音：

a. 近辅音，领音的性质部分地由领音的重音所决定；不构成复合音：［n，l］

b. 近元音，构成复合元音：

（1）半辅音，全部由环境决定其领音节的性质：［r-əː］

（2）半元音，也由发音方式决定其领音的性质：

（a）非自成音节的：［j w］

（b）自成音节的：［i u］

B. 元音，总是领音：

1. 复合元音和三合元音，复合的音位：［ij uw ej ow aj aw ɔj juw iə uə ɛə ɔə］

2. 单元音：［e ɛ ʌ ɔ ɔː ɑː］

II. 次音位：

A. 领音重音，用于半辅音：[ˌ]

B. 形式重音，用于具有意义的形式：[ˈˈ ˈ ˌ]

C. 音高，跟话语的末尾有关：

1. 中间的：[,]

2. 末尾的：[.¿ ? !]

8.3 英语的音位在英语结构中所起的作用实际上比这张表远为复杂；事实上，我们很容易指出没有两个音位起着完全相同的作用。

由于每一句话语按照定义至少包含一个领音的音位，所以描写一个语言的语音结构的最简单的方法是说明哪些非领音的音位或者非领音的音位群（音丛）出现在三个可能出现的位置上：词首（initial），在话语的第一个领音的前面；词尾（final），在话语的最后一个领音的后面；中间（medial），在领音与领音之间。

在这方面，复合元音和三合元音在英语里起着跟单元音一样的作用；正是由于这个事实迫使我们把它们类归于复合的音位而不仅仅是音位的连续。

为了方便起见，我将在每一个音位或者音位群的前面标一个数目字来表示它们在结构功能上的特点。

首先举一些词首的非领音性的音，一开始我们就发现有两个音位从来不作为话语的开头；它们是(1) [ŋ, ʒ]。我们不管外语的形式，如法语的人名 Jeanne [ʒan]。

进一步看，出现在词首位置上有六个非领音性的音，从来不作为词首的音丛成员出现：(2) [v, ð, z, tʃ, dʒ, j]。

所有的词首音丛都以以下的任何一个非领音性的音开始：(3) [p,t,k,b,d,g,f,θ,s,ʃ,h]。这儿我们发现在结构的分类和我们的生理描写之间有一致的地方，因为我们的结构分类(3)正好包括了闭塞音和清擦音的生理的分类。

如果音丛的第一个辅音是(4) [s]，它后面可以跟着一个(5)组 [p,t,k,f,m,n] 的音，如：spin(纺织)，stay(停留)，sky(天空)，sphere(天体)，small(小)，snail(蜗牛)。

所有音群以(3)为词首音以及以(4) [s] 与(6) [p,t,k] 的组合后面可以跟(7)组音 [w,r,l] 中的一个音，不过有以下的限制：

(8) [w] 从来不在(9) [p,b,f,ʃ] 之后出现，而且从来不在(4) [s] 跟(10) [t] 的组合之后出现。实际出现的音丛可以用以下一些词作为例子来说明：twin(双胞胎)，quick(快)，dwell(居住)，Gwynne(昆(人名))，thwart(阻碍)，swim(游泳)，when [hwen](当)，squall(尖叫)。

(11) [r] 从来不在(12) [s,h] 之后出现。所以，在词首的音丛有：pray(请求)，tray(盘子)，crow(乌鸦)，bray(驴叫声)，dray(载重马车)，gray(灰色的)，fray(骚扰)，three(三)，shrink(收缩)，spray(浪花)，stray(迷路)，scratch(搔)。

(13) [l] 从来不出现在(14) [t,d,θ,ʃ,h] 的后面，而且从来不出现在(4) [s] 跟(15) [k] 的组合之后。所以，只有出现在以下一些词里的音丛：play(游玩)，clay(泥土)，blue(蓝色)，glue(胶)，flew(飞)，slew(砍死)，split(劈开)。

8.4　现在我们来看看词尾的音丛。这些音丛都服从这样一条普遍的规则，即相同的音位绝不出现在两个相邻的位置上：没有像［ss］或者［tt］这样的词尾音群。这条规则同样适用于词首音丛，这些已经包含在我们的描写里了，可是，我们在下面将谈到，这条规则不适用于中间的音丛。

我们已经说过把元音加［j］或者［w］看成是复合的音位（复合元音），因此不能把这些组合中的半元音算作词尾的非领音性的音或者音丛的部分。所以，如果我们把这些情况排除在外（例如 say［sej］（说），go［gow］（走）），我们就会发现（16）［h，j，w］不作为末尾非领音性的音或者词尾音丛的成员出现。其余所有的非领音性的音可以在这两种情况下出现。

英语的词尾音丛可以包括两个、三个或者四个非领音性的音。在描写这种组合时，最简便的办法是认为每个音丛包括一个主要的词尾（main final）辅音，它的前面可以有一个词尾前（pre-final）辅音，这个辅音前又可以有词尾前第二个辅音；另外，主要的词尾辅音后面可以跟一个词尾后（post-final）辅音。这样就有了六种可能性：

	不带词尾后辅音	带词尾后辅音
单有主要的词尾辅音	bet［-t］	bets［-ts］
词尾前辅音加主要的词尾辅音	test［-st］	tests［-sts］
词尾前第二个辅音加词尾前辅音加主要的词尾辅音	text［-kst］	texts［-ksts］

作为词尾后的辅音有（17）［t，d，s，z］。在 test（试验）或者 text（课本）这样的形式里，我们管［-t］叫主要的词尾辅音，因为还

有这样一些形式如 tests，texts，在这些形式里，另外加上了一个辅音（词尾后辅音），可是在 wished［wiʃt］（希望）这样的形式里，我们管［-t］叫词尾后辅音，因为没有另外还加上一个辅音的音丛跟音丛［-ʃt］相配：没有这样的词尾音丛，如［-ʃts］。

词尾后辅音的出现有以下三个重要的限制。词尾后辅音（18）［t，s］是出现在主要的词尾辅音（19）［p，t，k，tʃ，f，θ，s，ʃ］后面的仅有的两个音；这两个词尾后辅音绝不出现在任何其他音的后面；词尾后辅音（20）［t，d］是出现在主要的词尾辅音（21）［tʃ，dʒ，s，z，ʃ，ʒ］后面的仅有的两个音。值得注意的是，第（19）组的音除了缺少［h］这个音，正好跟按生理分类的清音一致，第（21）组的音包括了按生理分类的塞擦音和咝音。这些限制把主要的词尾音归成了六类：

（19）组里的音后面可以跟［t，s］，像 help，helped，helps（帮助）里的［p］，可是（21）组里的音不行。

无论（19）或者（21）里的音后面都不能跟［d，z］，像 grab，grabbed，grabs（抓住）里的［b］。

（19）和（21）里的音后面只能跟［t］，像 reach，reached（到达）里的［tʃ］。

（21）里的音后面只能跟［d］，（19）里的音不行，像在 urge，urged（推进）里的［dʒ］。

（19）里的［t］后面只能跟［s］，像在 wait，waits（等待）里的［t］，由于不允许重复的规则，（21）里的音后面不能再跟［s］。

根据不允许重复的规则，在（19）和（21）里都没有的［d］后面只能跟［z］，像在 fold，folds（一卷）里的［d］。

现在我们来看看词尾前辅音。主要的辅音(22) [g,ð,ʒ,ŋ,r] 从来不带词尾前辅音,而辅音(23) [b,g,tʃ,dʒ,v,ʃ,r] 从来不作为词尾前辅音出现。剩下的一些组合还要受到以下的一些限制:

词尾前辅音(24) [l,r] 不出现在主要词尾辅音(25) [z] 的前面。因此,它们的组合就只有像以下一些例子里的组合:harp(竖琴),barb(倒钩),heart(心),hard(硬),hark(听),march(进行曲),barge(大平底船),scarf(围巾),carve(雕刻),hearth(炉),farce(闹剧),harsh(粗糙的),arm(手臂),barn(谷仓),help(帮助),bulb(灯泡),belt(带子),held(握),milk(牛奶),filch(偷),bilge(舱底),pelf(钱),delve(挖掘),wealth(财富),else(此外),Welsh(威尔斯语),elm(榆树),kiln(烤箱)。

词尾前辅音(25) [n] 只在主要词尾辅音(27) [t,d,tʃ,dʒ,θ,s,z] 前出现,如在下列词中:ant(蚁),sand(沙),pinch(捏),range(花圈),month(月),once(一次),bronze(青铜)。

词尾前辅音(28) [m] 只在主要词尾辅音(29) [p,t,f,θ] 前出现,如在下列词中:camp(营帐),dreamt(做梦),nymph(美丽的女神);它跟(30) [θ] 的组合同词尾前第二个辅音(11) [r] 一同出现:warmth(温暖)。

词尾前辅音(31)[ŋ]只在(32) [k,θ] 前出现,如在 link(链环),length(长度)中。

词尾前辅音(4) [s] 只出现在(6) [p,t,k] 之前,如:wasp(黄蜂),test(测验),ask(问)。在(10) [t] 前可以有词尾前第二个辅音(15) [k],如 text(文本)。

词尾前辅音(33) [ð,z] 只在主要词尾辅音(28) [m] 前出现,如 rhythm(节律),chasm(深谷)。

词尾前辅音(10) [t] 只在主要词尾辅音(34) [θ,s] 前出现,如 eighth [ejtθ] (第八),Ritz(李兹——人名)(试比较:加上词尾后辅音 [t] 的俚语 ritzed [ritst] (豪华的))。它跟主要词尾音(4) [s] 的组合也同词尾前第二个辅音(11) [r] 一同出现,如在 quartz(石英)中。

词尾前辅音(35) [d] 只出现在(36) [θ,z] 前,如 width(宽度),adze(扁斧)。

词尾前辅音(37) [p,k] 只在主要的词尾辅音(18) [t,s] 前出现,如:crypt(土窖),lapse(失误),act(行为),tax(税)。这二者之一的词尾前辅音(15) [k],当它处于主要词尾辅音(4) [s] 前时,也跟词尾前第二个辅音(31) [ŋ]一同出现,如 minx(泼辣女子)(试比较,加上了词尾后辅音 [t] 的俚语 jinxed [dʒiŋkst] (倒霉));另一个词尾前辅音 [p] 跟词尾前第二个辅音(28) [m] 一同出现:glimpse(一瞥),tempt(引诱)。

词尾前辅音(38) [f] 只在(10) [t] 前出现,如 lift(举)。

英语的中间非领音性的音包括所有的词尾辅音加上词首辅音的组合,它可以停顿(也就是夹以间歇),如 saw it [ˈsɔːit],到 glimpsed strips"瞥见了飞机跑道"[-mpst str-] 这样的音丛,其中还有一些音位重复的情况,如 that time [-t t-] (那时候)或者 ten nights [-n n-] (十夜)。

8.5 观察了这 38 个非领音性的功能组合以后,我们可以看到这种分类足以确定英语里每一个非领音性的音位了。用同样的方法,大多数或者可能所有英语领音的音位也可以按照它们在语言结构中所起的作用加以说明。由于不同类型的标准英语在领音的音位的分布上各有不同,我只提出少数类型的特征。

作为领音的半元音[u]不在词首或者词尾出现;而是作为中间的音,它只在[t,k,d,s,ʃ,m,l]的前面出现,如在下列词中:put(安放),took(拿),wood(木头),puss(小猫),push(推),room(房间),pull(拉)。在元音里,只有[ɑː],[ɔː],和非领音的[ə]和[i]出现在词尾。在南部英语和某些类型的美国英语里,元音以及复合元音在词尾的位置或者辅音前跟它后面的[r]合成一种特殊类型的发音(参看§6.11):[ij-r]成为[iə]:如fear,feared(恐惧),[uw-r]成为[uə]:如cure,cured(医治),[ej-r]成为[ɛə]:如care,cared(留心),[ow-r]成为[ɔə]或者[ɔː]:如bore,bored(穿孔),[ɑː-r]成为[ɑː]:如spar,sparred(殴打)。从结构上看,我们既可以建立这些等式(就像在§8.4里所作的那样,把[r]作为词尾前辅音和词尾前第二个辅音),也可以简单地说,领音的音[ɑː,iə,uə,ɛə,ɔə,əː]在领音的音前加上[r]是特殊的(stirring(活跃的),fearing(恐惧),curing(医治),caring(留心),sparring(殴打),boring(穿孔))。无论是上述的哪一种情况,我们都会发现词尾辅音不是[d],如[iəd,ɛəd]是很少见的:weird(鬼怪似的),laird(地主)在结构上是特殊的词;带[ɛən]的cairn(石堆)也是很少见的。虽然[i,e,ɛ,ɔ,ʌ]出现在[r]前,像在下列词中:spirit(精神),merit(优点),carry(携带),sorry(抱歉),curry(咖喱),它们并不在相当于词尾的[r],或者在辅音前的[r]前面出现。

元音[ɔː]不在[g]前出现,而元音[ɑː]不在词首的非领音的浊音[w]的后面出现。在词尾辅音前的[l]前面允许出现的复合元音仅仅有［ij，aj，ow］，其中前两个复合元音只有在后面有［d］的时候才出现：如 field（田野），mild（温和的），old（老），colt（小驹）。在词尾辅音前的［n］的前面只有［aj，aw］可以自由出现，像 pint（品脱），mount（登），bind（捆），bound（跳跃）；如果后面有［t］就可以出现［ɔj，ej］，如 paint（颜料），point（点）。在［ŋ］的前面不出现复合元音。

三合元音［juw］跟一般的［j］加元音或者复合元音的组合（如（yank（使劲拉），year（年），Yale（耶鲁——地名，人名））不同在于它可以在词首辅音之后出现，如 pew（教堂中一排排的长椅），cue（台球的球杆），beauty（美人），gules（红色），few（少数），hew（砍伐），view（景色），muse（沉思），还能出现在音丛［sp，st，sk］之后，如 spew（呕吐），stew（焖煮），skew（斜的）。在齿音的后面，尤其是在［θ，s，z，l］的后面，有些人用［juw］，有些人用［uw］：thews（肌肉），sue（控告），presume（假定），lute（七弦琴）；在［t，d，n］的后面也一样，不过［juw］用得更多一些，如在下列词中：tune（调子），dew（露水），new（新）。三合元音不在词首［tʃ，dʒ，ʃ，ð，r］和辅音加［l］的后面出现。

我们将会了解一种语言的语法结构包括音位的分组，这种组合在一系列音位连续的基础上补充了组合的定义。（参看 § 13.6）

8.6　结构的模式在不同的语言里有很大的差别，而且使我们能够识别不同类型的复合音位。比方，德语从整个儿看来有一个跟英语很相像的结构格式，不过也有一些明显的差别。浊塞音和浊擦音［b，d，g，v，z］从来不在词尾的位置出现。只有用塞擦音的组合［pf，ts］作为复合音位才能单纯地描写为词首的音群，例如下列的词中：Pfund [pfunt] ‘磅’，zehn [tseːn] ‘十’，zwei [tsvaj] ‘二’。仅有的复合元音是 [aj，aw，oj]；由于这方面结构的单纯，语音学家不妨把它们写成 [ai，au，oi]，而不至于产生模糊不清。法语的音位系统不仅在特殊的音群上不同，而且在总的格式上也不同。复合元音是上升的，如 [jɛ，wa]。最大的差别在于元音音位 [ə] 的用法上，它的出现主要受到语音模式的支配，因此与其说它起着主要音位的作用，不如说起着次要音位的作用。音位 [ə] 出现在凡是没有 [ə] 的地方，就会有不适当的辅音群。比方，它出现在 le chat [lə ʃa] “猫”中，因为 [lʃ] 不该作为词首音丛，可是不在 l’homme [l ɔm] “男人”中出现，因为那儿不会产生辅音音丛。它出现在 cheval [ʃəval] “马”中，因为在词首不允许有音丛 [ʃv]，可是由于在中间的位置上允许有这个音丛，人们可以说 un cheval [œ̃ʃval] “一匹马”。在中间位置的辅音丛多数限于两个辅音，例如 [rt] 可以作为词尾的音丛，像在 porte [pɔrt] “携带”中，可是如果后面跟着一个词首辅音，那么中间就得插入一个 [ə]，像在 porte bien [pɔrtə bjɛ̃] “带得好”中。像在普兰克利族 (Plains Cree)[①]这样的语言里有一个完全不同的系统。在这个语言结构里，音位被归成五组：(1) 元音 [a，aː，eː，i，iː，u，oː]；这些音位是仅有的领音的音位；(2) 四种不同类型的辅音：闭塞音 [p，t，k]，包括塞擦音 [tʃ]；擦音 [s，h]；鼻音 [m，n]；半元音 [j，w]。可能有的词首音是：没有辅音；任何一个辅音；闭塞音，擦音，或者鼻

① 美国东北沿赫德生海湾到加拿大阿尔伯塔北一带的印第安部落，属于阿尔贡金族。——译者

音加半元音。可能有的中间音是：任何一个辅音；闭塞音，擦音或者鼻音加半元音；擦音加闭塞音；擦音加闭塞音加半元音。唯一可能有的词尾音是一个辅音。福克斯（Fox）[①]语有一个比较相似的模式，不允许有词尾的辅音：每一段话语都以短元音结尾。

英语的辅音音丛特别丰富，我们也很容易发现其他语言的辅音音丛，像德语的词首音 [pf-，pfl-，pfr-，ts-，tsv-，ʃv-，kn-，gn-]，例如 Pflaume [ˈpflawme]“李子”，schwer [ʃveːr]“重”，Knie [kniː]“膝盖”，或者像俄语里的辅音音丛，[tku]“我织”，[mnu]“我挤”，[ʃtʃi]“卷心菜汤”，[lʃtʃu]“我谄媚”。有些词尾辅音丛对于英语是陌生的，例如德语的 Herbst [herpst]“秋天”，俄语的 [borʃtʃ]“甜菜汤”。

8.7　一旦我们把音位确定为在意义上作出区别的最小的单位，我们一般就可以根据音位在言语形式的结构模式中所起的作用来确定每一个音位。我们特别观察到，结构模式使我们也能识别复合音位，复合音位好像其他一些音位的连续，可是起着一个单独音位的作用，我们还观察到很细微的音响的差别能够提供不同的音位，比方在英语里，在 [l，n] 上有领音性的重音，或者比领音的 [i，u] 有更大强度的 [j，w]，都形成了不同的音位。

这样规定的音位是信号的单位；一种语言里的意义形式可以描写为主要音位和次要音位的排列。如果我们取出大量的言语素材，我们就能计算出音位以及音位组合的相对的频率。这项工作

① 福克斯是由原来的 Wagosh 一词译意，即红狐部落，也是北美属于阿尔贡金族的一个印第安部落。此处指其语言。——译者

被语言学家忽视了，而非专业的人做得又非常不全面，它们把音位跟印刷的字母混淆了。从素材中取出全部音位作百分比，最近对英语的统计表示出辅音音位频率的比例：

n	7.24	ð	3.43	p	2.04	g	.74
t	7.13	z	2.97	f	1.84	j	.60
r	6.88	m	2.78	b	1.81	tʃ	.52
s	4.55	k	2.71	h	1.81	dʒ	.44
d	4.31	v	2.28	ŋ	.96	θ	.37
l	3.74	w	2.08	ʃ	.82	ʒ	.05

［r,l,m,n］的数字是包括出现在领音功能中的一些音位；［j］和［w］的数字则不包括作为复合音或者三合音的一部分的两个音位。元音音位的计算太繁复了，以至于不能直截了当地弄清楚。显然，［e］用得最多，它的频率是百分之八以上；其次是［ij］，频率是百分之六以上；再就是［ɛ］，频率是百分之3.5。表示音位群的数字没有用处。根据这一统计和类似的统计可以看出，一种语言的音位从频率上看，起着很不同的作用。此外，在不同语言之间似乎有某些相似的地方；比方，在运用两种类型的闭塞音的语言里，如英语的［p,t,k］与相对的［b,d,g］，在每一对里清塞音比它成对的浊塞音用得多——例如，［t］比［d］用得多。有关这方面的问题有待于作更深入的研究。

8.8　我们已经谈过三种研究语音的方法。语音学严格地说——也就是实验语音学——给我们提供了纯粹音响的或者生理的描写。它只提供音响特征的总轮廓。在实践上，实验语音学家为了研究往往挑出某些特征，就他那点门外汉的知识，便认为是音位的特征了。实用语音学是一种技术或者技能，不是科学；实用语音学家公开接受他的日常生活承认的音位单位，而且试图说明说话人如何发这些音。音位学这个名称有的时候是同语音学的两种形式相对比的：音位学是不管音位的音响性质的，不过把这些音响性质看作是有区别性的单位。音位学根据在言语形式结构中的作用来确定每一个音位。记住这一点是重要的，那就是实用语音学和音位学都得以意义的知识为前提：没有这种知识，我们就不能肯定音位的特征。

所以，一种语言的描写是以音位学开始的，音位学确定每一个音位而且说明有哪些音位的组合。在语言中出现的任何音位的组合都是在这个语言里能发音的，那就是语音形式。例如，[mnu] 的组合在英语里是不能发音的，可是 [men] 的组合是能发音的，因而是个语音形式。

当一种语言的音位学建立以后，剩下的任务是说明甚么意义附着在不同的语音形式上。这方面的描写就是语义学（semantics）。这样的描写通常分为两部分：语法（grammar）和词汇（lexicon）。

具有意义的语音形式是语言形式（linguistic form）。比方，任何英语的句子，短语或者词都是语言形式，具有意义的音节也是语言形式，例如 maltreat（虐待）中的 [mɛl]，或者 Monday（星期一）中的 [mʌn]；有意义的形式甚至可以由一个音位组成，例如 [s]，它的意思是“比一个多”的复数形式，如 hats（帽子，礼帽），caps（便帽），books（书）。在以下的几章里，我们将谈到意义是怎样跟语言形式连结在一起的。

第九章　意义

9.1　对于意义不加考虑的语音研究是一种抽象的研究：从实际的使用来说，语音是作为信号说出来的。我们曾经给语言形式的意义(meaning)下的定义是：说话人发出语言形式时所处的情境和这个形式在听话人那儿所引起的反应。说话人的处境和听话人的反应是相互紧密地配合，这是因为我们每一个人既会做一个说话的人，又会做一个听话的人。在下面的因果序列中：

说话人的处境——→言语——→听话人的反应，

作为最先提出命题的说话人的处境，通常比听话人的反应呈现的情况要单纯一些；所以我们一般都根据说话人的刺激来讨论和确定意义。

引起人们说话的情境包括人类世界中的每一件客观事物和发生的情况。为了给每个语言形式的意义下一个科学的准确的定义，我们对于说话人的世界里每一件事物都必得有科学的精确知识。人类的知识跟这种要求比较起来，实际的范围太小了。只有当某个言语形式的意义在我们所掌握的科学知识范围以内，我们才能准确地确定它的意义。比方，我们可以根据化学和矿物学来给矿物的名称下定义，正如我们说“盐”这个词的一般的意义是“氯化钠(NaCl)”，我们也可以用植物学或者动物学的术语来给植物或者动物的名称下定义，可是我们没有一种准确的方法来给像“爱”或者“恨”这样一些词下定义，这样一些词涉及好些还没有准确地加以分类的环境——而这些难以确定意义的词在词汇里占了绝大多数。

此外，即使我们有一些科学的（也就是普遍被承认的而又准确的）分类，我们也还往往发现语言里的意义跟这种分类并不一致。德语里把鲸鱼叫做一种“鱼”：（Walfisch [ˈval-ˌfiʃ]），而把蝙蝠叫“小耗子”：（Fledermaus [ˈfleːder-ˌmaws]）。物理学家把光谱看成是不同长度的光波的连续阶程，即从$\frac{4}{10000}$m. m. 到$\frac{7.2}{10000}$m. m.；可是许多语言却相当任意地划分了这阶程的不同部分而且没有确切的界限。在像**紫罗兰色**、**蓝色**、**绿色**、**黄色**、**橙色**、**红色**这样一些颜色名称的意义里以及在不同语言的颜色名称里并不包含相等的级差。人们的亲属关系看来是件简单的事，可是在不同语言里所用的亲属称呼却极难分析。

所以在语言研究中对“意义”的说明是一个薄弱环节，这种情况一直要持续到人类的知识远远超过目前的状况为止。在实践上，凡是在我们能够确定语言形式的意义的地方，总是根据某种其他科学来做的。如果不可能找到这种依据，我们就采用一种权宜的方法。一种是**指示法**（demonstration）。如果某人不知道“苹果”这个词的意义，我们可以拿一个苹果给他，或者指给他看一个苹果，要是他还会弄错，我们就连续不断地给他苹果，或者指着苹果给他看，一直到他能够按照一般的习惯使用这个词为止。这实质上是小孩子学习运用言语形式的过程。如果提问的人懂得我们的语言，我们就可以用**婉转法**（circumlocution）给他讲解“苹果”这个词——也就是像词典那样,用适合于"苹果"这个词的相同情景的迂回说法,比方说它是"大家都熟悉的,有坚实的肉、光滑的皮、是蔷薇科落叶树(Malus)的果实,圆形或者长椭圆形像梨似的水果,在大小、形状、颜色和酸度上可以很不相同"。不然的话,如果我们充分了解提问人的语言,就可以用翻译法(translation)来回答他——也就是用他的语言里大致相等的形式说给他听;例如,如果他是一个法国人,我们可以用 pomme [pɔm] 作为苹果的意义。双语词典里就是用的这种方法下定义的。

9.2 引起我们说任何一个语言形式的环境是十分不同的;哲学家告诉我们,事实上没有两个环境是完全一样的。我们每个人在短短的几个月里,就会把"苹果"这个词用在很多个在大小、形状、颜色、气味、味道等各方面不同的这种水果上。在比较有利的情况下,比方像"苹果"这个词的情况,言语社团的所有成员从小孩儿起就学会了运用这个言语形式,只要这个环境(在这个例子里,指的是这个实物)具有某些比较能够确定的特征。即使在这样的情况下,我们的用法也还不是完全一致的,何况大多数言语形式还没有这么明确的意义。无论如何,有一点是非常明显的,那就是我们必须区别环境的非区别性特征和区别性特征,或称语言的意义(即语义特征)。比方像任何一个苹果的大小、形状、颜色等等是非区别性特征,而区别性特征指的是引起说出某个语言形式的一切环境都共有的某些特征,比方像说英语的人用 apple 这个词来表达的所有这种水果所共有的一些特征。

由于我们的研究通常只涉及形式和意义的区别性特征,我在下文里就省掉"语言的"或者"区别性的"这类修饰语,干脆就只说形式和意义，就不管非区别性特征的存在了。一个形式往往把它说成是表达意义的。

9.3　即使我们语言的每个形式上都附带着意义的准确定义，我们仍然会碰到另一种困难。每一种环境的一个很重要的部分就是说话人的身体的状况。这当然包括他的神经系统的素质，这种素质的形成是由说话人在说话以前的所有经验——包括语言的和其他方面的——所形成的，当然也包括遗传的和出生前的因素。即使我们使外界环境保持像理想的那样一致，而把不同的说话人放到这样的环境里，我们还是没有能力来衡量每一个说话人所具备的有关条件，因此也就不能够预言他会说出什么样的言语形式来，或者在这上面他究竟要不要说些什么。

即使我们真有完全的定义，我们还会发现在说话的时候，说话的人完全不是在我们下了定义的那种环境里。人们常常在根本没有什么苹果在眼前的情况下说出像苹果这个词来。我们可以把它叫做转换言语（displaced speech）。转换言语在使用上的频率以及重要性是很明显的。我们还记得婴儿"要求"他的洋娃娃（§2.5）的情况。转告式的言语体现了语言的一个很重要的用途：说话人A看到一些苹果然后转告给并没有看到苹果的说话人B，说话人B又把这个消息转告给C，C转告给D，D给E，一直传下去，很可能在后面的这些人中间没有一个人看见过苹果，一直到最后说话人X却走过去把苹果吃了。也有的时候，没有典型的刺激，我们也会说出语言的形式。站在门口的一个饥饿的乞丐说："我肚子饿了"，这家主妇就给他吃的东西：我们说，这件事情体现了"我肚子饿了"这个言语形式的基本的或者词典的意义。到该睡觉的时候，爱淘气的孩子说："我肚子饿了"，懂得他的花招的母亲就用抱他上床去睡的办法来回答他。这是转换言语的一个例子。但值得注意的是，如果一个学这种语言的外国人问"我肚子饿了"这个形式的意义，在大多数情况下，不论母亲和小孩一定还是根据词典的意义给他解释。撒谎，反讥，开玩笑，诗歌，叙述体的小说等等，可能跟语言一样古老，而且也确实是一样地广泛传播。只要我们一旦知道一个形式的词典里的意思，我们就完全能够用于转换言语；我们的外语词典或手册只需告诉我们词典上的意思就行了。言语的转换用法是在与基本意义相当一致的方式下演化出来的，这一点无需作专门的论述；然而，这种用法却使我们不能断定，某个说话人在某种环境下会用什么形式（如果他真要说话的话）。

9.4　心灵主义心理学的信徒们相信他们可以避免确定意义的困难，因为他们认为在一种语言形式说出来之前，说话的人身体内部就产生了一种非物质性的过程：一个思维、概念、印象、感觉，行为的意志之类的；而听话的人在接受声波时，同样也经过一种等同的或者相应的心理过程。所以，心灵主义者能够把语言形式的意义确定为一种独特的心理活动，这种活动发生在说这话语或者听到这一语言形式有关的说话人和听话人那儿。发出"苹果"这个词的说话人先前就有了个苹果的内心形象，这个词在听话人的心里也引起相同的形象。在心灵主义者看来，语言就是概念、感觉或意志的表达。

机械主义者并不接受这种解释。他认为内心的形象、感觉和类似的东西只不过是人体各种活动的一般通行的术语，它们既然牵涉到语言，那就可以把它们分成三种类型：

（1）表达不同的人们中间大致相同的，范围广大的活动，具有某种社会的重要性，例如，我饿了（生气了，吓着了，对不起，高兴，我的头疼，等等）；这是约定俗成的言语形式。

（2）隐约而又高度变易的肌肉收缩和小规模的内分泌活动，这是人与人各不相同的，也不具有直接的社会意义，这就不用约定俗成的言语形式来表达。

（3）发音器官的无声动作，代替了言语活动，但是别人意识不到（即“用词语来思维”，§2.4）。

机械主义者把（1）项的活动仅仅看成是说话的人能够比其他任何人了解得更清楚的事物；意义上的各种问题，比如转换言语的意义问题（调皮的孩子说“我饿了”），这样的问题在这里和其他问题等量齐观了。机械主义者认为（2）项的活动是作为教育和其他经验循环累积的痕迹形成的个人习惯；说话的人把它们当作印象、感觉等等说出来，这种活动不仅在每一个说话的人不同，而且每一次言语也都不一样。说话的人如果说“我有一个苹果的内心印象”，也就等于说“我是在对某种隐约的内部刺激作出反应，这类刺激跟过去某一次对苹果的刺激相联系”。在机械主义者看来，（3）项的无声言语只不过是实际言语习惯的演变；如果有人使我们相信，某人进行了无声的言语活动（即“用词语思维”），那么我们面临的问题跟这个人把他出声地说出的这一言语形式的问题就是一样的了。所以，总起来说，“心理活动”在机械主义者看来只不过是给人体活动所作的传统名称，这种活动是（1）从意义的定义范围内发生了说话人环境；或者是（2）说话人环境成为无足轻重的因素，对所说的话语关联较远；或者（3）单纯是话语的重复体现。

虽然这种意见的分歧在我们对语言的基本观点上也和对于人类其他的活动的观点一样起着决定性的作用，而且，虽然心理主义者们在一切讨论意义的场合顽固地坚持他们的一套术语，其实这种争论跟语言意义的问题实际上并没有多大关系。许多事例在心理主义者称之为心理的活动而机械主义者又归之于另一类性质的活动，这在任何情况下所涉及的都只是一个人：这些活动如果发生在我们每个人身上，我们对这些活动就作出反应，但是这些活动如果发生在另外一个人的身上，我们就没法作出反应了。我们所以能知道旁人的内心活动或身体内部的活动只有是通过话语或者其他可以观察到的动作。由于我们所有的人都得凭借话语和可以观察到的动作，所以心理主义者在确定意义的实际做法上跟机械主义者还是一样的，他们都是依据实际的环境来确定的；心理主义者并不把“苹果”确定为“大家都熟悉的、有坚实的肉……如此这般的水果的形象”，而是跟机械主义者一样把这句话的最后三个字[①]给略掉了，而且事实上心理主义者除了本人以外，认为形象的呈现是由于说话的人都只认为形象是在下述两种情况下出现的，一种情况是说话的人用了“苹果”这个词，另一种情况是说话人的某些更明确的话语（“我心灵上有一个苹果的形象”）。所以，实际上，所有的语言学家包括心理主义的和机械主义的都是根据说话人的环境确定意义的，如果要加上一点儿甚么的话，那就是听话人的反应。

9.5　语言的意义比非语言的动作的意义更加明确。在人类的相互合作中有很大一部分不是通过语言，而是用手势（比如指着

① 即“……的形象”三字。——译者

某样东西),移动某些物件(把一个物件放在某人的手里,把一个物件摔在地上),接触(用臂肘轻推,爱抚),非语言的声音,包括非语音的(用两个手指头摩擦发出拍的一声,拍手喝彩)和语音的(笑声,哭声)如此等等。在非语言的声音中,我们特别要提到语音的非语言(非区别性)的特征,比方悲哀的、发怒的、命令的、拖长"声调"的特征;的确,言语的方式仅次于言语本身,是我们最有效的发信号的方法。可是,语言形式比起用非语言的方法所能得到的相互了解,在大多数的情况下更为精确、具体和细致;要了解这一点,只要听一听下面这几段随便引用的话:"四英尺三英寸半。——如果你在八点钟听不到我的回话,只管自己走好了。——那一小瓶氨水在哪儿?"像复杂的手势系统、聋哑人的语言、表示信号的密码、文字的运用、电报等等,似乎是明显的例外,可是仔细研究一下,不难看出它们只不过是语言的派生物。

由于我们没有办法确定大多数的意义和证明意义的稳定性,我们只好把语言的特殊性和稳定性作为语言研究的前提,好像我们日常和人交往中预先就有了这样的默契。我们无妨把这个命题说成是语言学的基本假设,也就是说:

在一定的社团(言语社团)里,某些话语在形式和意义上是相同的。

言语形式的这个优点是牺牲了理性换取来的。非语言的交际方式直接基于我们肉体的构造上,或者直接来自于简单的社会环境,可是语言形式跟意义的联系完全是任意的。我们叫做 horse(马)的动物,德国人管它叫 Pferd [pfeːrt],法国人叫它 cheval [ʃəval],克利族印第安人叫它 [misatim],如此等等;无论哪一组声音跟任何另一组声音都一样，是没有甚么理由可说的。

我们的基本假设意味着每一个语言形式有一个固定的和特殊的意义。如果有些形式在语音上不同，我们就假定它们的意义也是不同的——比方，在 quick，fast，swift，rapid，speedy[①] 这一组形式里，其中每一个形式同其他所有的形式在某些固定的和常用的意义特征上是不同的。简单地说，我们认为没有真正的同义词。另一方面，我们的假设也意味着，如果某些形式在语义上是不同的（也就是说，语言的意义是不同的），它们就不是“同一个”形式，即使它们在语音形式上可能相似。比方在英语里，[bɛə] 这个语音形式以三种不同的意义出现：bear（背负；分娩），bear（熊）和 bare（光秃秃的）。同样，[pɛə] 代表两个名词（pear（梨）和 pair（一对））和一个动词（pare（削皮）），读者还会想起许多别的例子。凡是具有相同的语音形式（而只是意义不同）的不同的语言形式就叫做同音异义词（homonyms）。由于我们没有把握来确定意义，所以我们往往不能决定用于不同场合的某个语音形式是否总具有相同的意义或者代表一组同音异义词。例如，英语的动词 bear 在 bear a burden（负重担），bear troubles（受累），bear fruit（结果实），bear offspring（生孩子）这些中间可以看成是同一个形式或者是两个或者甚至两个以上的同音异义词。同样，在 charge the cannon with grapeshot（给加农炮装上葡萄弹），charge the man with larceny（控告那个人犯了盗窃罪），charge the gloves to me（买手套把款子记在我的账上），charge him a stiff price（向他讨

① 这些词的基本意义都是“快”，但习惯用法和修辞色彩各不相同。——译者

高价)，这里的 charge 也可以有好几种不同的看法；the infantry will charge the fort“步兵将进攻堡垒”似乎又有所不同。表示性质的 sloth(懒惰)和动物名称 sloth(懒猴)[①]在某些说话的人看来也许是一对同音异义词，而对另外一些人可能是同一个意义。当然，这一切表明我们的基本假设只在一定的范围内才是对的，虽然它的一般的真实性不仅在语言研究中，而且也在我们实际使用语言的一切场合，不言而喻地为人所公认。

9.6 虽然语言学家没有能力确定意义，无奈只好求教其他科学的学者或者一般的常识，然而在很多情况下，一旦获得了某些形式的定义之后，他就可以根据这些形式的意义来确定其他形式的意义。比方，数学家在担任语言学家的任务时，他设法确定一和加这样一些术语，不过，如果我们给这些词下定义以后，他就可以确定二(“一加一”)，三(“一加二”)，如此等等，直到无穷。我们在意义十分精确的数学语言里所清楚看到的情况，也同样出现在许多日常言语形式里。如果英语的过去时和 go(去)这个词的意义被确定了，语言学家就可以把 went 确定为“go 的过去时”。如果语言学家明确了 male(雄的)：female(雌的)的区别以后，他就可以确切地告诉我们在 he(他)：she(她)，lion(雄狮子)：lioness(母狮子)，gander(公鹅)：goose(母鹅)，ram(公羊)：ewe(母羊)之间的差别了。语言学家在很多情况下有这样的把握，即根据某些可以识别的语音特征或者语法特征，把这个语言里的一些形式归并成不同的形类(form-classes)：在任何一个形类里，每一个形式都包

① (懒猴)是一种哺乳动物，产于南美，常栖于树上，行动迟钝。——译者

含一个成分,即类义(class-meaning),它对于这个形类的所有的形式都是相同的。比方,所有英语的名词都属于一个形类,每一个英语的名词也就都有一个意义,这个意义一旦被我们承认了以后(比方说,作为“事物”),我们就可以把这个定义安置到这语言的每一个名词形式上去。英语的名词进一步再分为单数和复数两类,如果给这两类的意义作了规定以后,我们就把其中的一个意义加在每一个名词上。

我们在每一种语言里,都发现一些代替形式,其意义大部分或全部是由类义构成的。在英语里,代名词是最大的一群代替形式。我们可以看到代名词在意义的组合上是很有趣的。主要的特征是类义;比方,somebody(某人),someone(有人)有名词、单数、人称的类义;he(他)有名词、单数、人称、阳性的类义;it(它)有名词、单数、非人称的类义;they(他们)有名词和复数的类义。其次,代名词可能含有一个意义成分,这个成分使这代名词代表这个语言里某个特殊的名词形式。比方,代词 some(某些(个))和 none(没有一个)告诉了我们所代表的具体名词是刚提到的一个名词(Here are apples:take some(这儿是苹果:拿一些吧));跟这类代词相反,something(某个东西),somebody(某人),someone(有人),nothing(没有甚么),nobody(没人),no one(没有一个人)根本不指明所代表的具体的人和物。第三,有些代名词可能含有一个意义成分,这个成分告诉我们所指的是种类(species)中哪些个具体的对象。比方,he,she,it,they 不仅说明了它们所代表的种类(比方说,policeman(警察)),而且还说明了这种类里的具体对象(比方说,Officer Smith(警官史密斯),或者 the one at this corner(在角落里的那一位))。这种意义的特征一经确定以后,还可以在英语的其他各种形式中找到;比方,显然毫不含混地作为冠词 the 的意义出现,因为这个小小的词告诉我们它后面的那个名词是标示一个种类中已经确定了的个体。

所以,总括起来,我们可以说某些意义一旦被指出定义以后,可以认为在整个一系列形式里会重复出现的。特别是最后提到的那类意义,这类意义用选择、类归、排除或者计数的方法,可以辨认种类中的个别事物,这类意义在不同的人们那儿引起十分一致的反应,而且也比较一致地出现在不同的语言里;因此这一类意义就形成我们称之为数学式的特别精确的言语形式。

9.7 声腔作为交际中较差的一种方式,不仅出现在言语之外,例如不清楚的喊叫声,而且也跟言语形式组合起来一同出现,也就是属于语音中的非区别特征之类(例如"声调")。事实上,某些惯常用的言语形式似乎处于交界线上;比方,我们看到在英语里用来要求人家安静的招呼声 pst [pst] 和 sh [ʃ],运用了音响较弱的音位 [s,ʃ]作为成音节的音,是违反语音模式的。还有也比较不大明显地脱离语音模式的是一些词义类似用手指指点的词。在英语里,词首音位 [ð] 只出现在表示指示和有关的意义的词里,例如 this(这个),that(那个),the(这),then(于是),there(那儿),though(虽然);在俄语里,音位 [e] 不在任何词首出现,而只在指示词的词首出现,例如 [ˈeto]"这"。

非音位的、类似手势的特征也许比较固定。在普兰克利(Plains Cree)语里,[eː]"是的"这个词的发音通常在元音部分带有复元音性的滑音,还带有末尾的喉塞音,有点儿像 [ɛeːʔ],虽然这两个特征在这个语言里都是非音位的。在英语的俚俗谈话里，某些特殊的调式有时候固定地表示某种意义；近年来，Yeah?（阿?）和 Is that so?（是那样吗?）加上了问话音高的特殊变调以后，用来表示不相信似的一种开玩笑的俗话。

后面一句话还有一种说法 Is zat so? 这显示了另一种不常见的语言特征的，即诙谐的错误的发音。比方，说 Please，oxcuse me[①]（请原谅我）是神情厌倦的机智形式。这些畸形之所以具有价值是因为跟别的语言形式相似（比方，在上述的例子里，跟 ox（公牛）这个词相似），或者跟外国人、说次标准语的人和儿童的言语形式相似，如在 bird 这个词里用［ɔj］代替［r］的可笑的用法（这是模仿纽约城的次标准语）[②]，或者像在娃娃话里的用法（Atta boy! "娃娃哥!"，Atta dirl![③] "娃娃妹!"）。

某些词语还有含糊不清和缩短的形式，把正常的语音模式丢掉了；这些缩简形式是社交中通用的公式，像问候和打招呼。例如，How do you do?（你好吗?）竟任意缩减到简直没法用英语的音位来记录，只好勉强用［dʒ'duw］或者［d'duw］的简写形式来表示；How are you?（您好?）有点像是［hwaj，hai］；madam（大娘）在 Yes'm（是的，大娘）中是［m̩］。这些缩减形式只在日常谈话公式中出现；比方在问 How do you do it?［'haw dʒu 'duw it］（你怎么做的?）时，我们就不用这种过分含糊的形式。这些缩减的形式出现于各种语言；它们跟正常的言语的关系是模糊的，不过显

① oxcuse 的正常发音是 excuse。——译者

② 这是纽约东部长岛一部分贫民窟的土语语音。——译者

③ dirl 的正常发音是 girl。——译者

然它们代表了一种次语言的交际，在这种交际里这些形式的通常的意义不起作用。

我们可以利用口腔的声音来勉强模仿任何声音，比方我们讲述动物的叫声，或者报道引擎的声响。用这种方式，我们也可以描述语音；比方，谈到一个用大舌头说话的人，有人可以说，"我讨厌他那没完没了的 yeth，yeth"①。最普通的例子是原本的转述（hypostasis），也就是描摹语音上正常的言语形式，比方我们说，"那只是一个 if"，"假使"，或者"老是有个 but（但是）"，或者我们讲到"normalcy（常态）这个词"，"Smith 这个名字"。人们甚至还可以谈到词的某些部分，就是我这本书里将谈到"boyish（'孩子气'）一词中的后缀-ish"。转述跟引述（quotation），也就是言语的重复，有很密切的联系。

9.8　前一小段论述的形式的特点在于脱离了语音形式跟词典意义的正常联系。如果没有这种歧异，而且认为只有一个正常的语音形式跟词典意义需要加以考虑，那么词典意义仍然会显示高度的纷繁复杂。我们在上面已经谈到，目前的知识还不足以解析意义的复杂性，不过言语形式的词典意义有两个主要特征，要求我们作出可能的解释。

很多语言形式用于一种以上的典型环境。在英语里，人们可以说 the *head* of an army（军队的首脑），the *head* of a procession（行列的领头），the *head* of a household（一家之主），或者 the *head* of a river（河流的源头），以及 a *head* of cabbage（一棵

① 正常读音是 yes（是的）。——译者

卷心菜);可以说 the *mouth* of a bottle (瓶嘴), the *mouth* of a cannon (炮口),或者 the *mouth* of a river (河口);可以说 the *eye* of a needle (针眼), the *eye* of hooks (钩眼),或者 the *eyes* on a dress (衣服上的眼子);可以说 the *teeth* of a saw (锯齿);也可以说 the *tongue* of a shoe (皮鞋的舌片),或者 the *tongue* of a wagon (大车的辕杆);可以说 the *neck* of a bottle (瓶颈),和 the *neck* of the woods (丛林中的居留地带);可以说 the *arms*, *legs*, 和 *back* of a chair(椅子的臂、腿和背);可以说 the *foot* of a mountain (山脚);也可以说 the *hearts* of celery (芹菜心)。男人可以说成是 a fox (狐狸), an ass (笨驴), a dirty dog (脏狗);女人可以说成是 a peach (桃子(妩媚可爱)), a lemon(柠檬(酸得不可爱)), a cat(猫儿(阴险狠毒)),或 goose (鹅(呆笨));按人们的聪明伶俐程度来说,可以有 sharp(敏锐)和 keen(尖刻)或 dull(迟钝),也可以说 bright(有才华)或 foggy(蒙昧);性情可以说 warm (温暖)或者 cold(冷淡,冷酷);行为可以说 crooked(不正直)或者 straight(爽直);一个人可以 up in the air(扶摇直上), at sea(在海上茫然不知所措), off the handle(不能自制), off his base(站不住脚了),甚至 beside himself (过分得不能自主了),虽然实际上他并没有离开他所在的立足点。读者实际上可以无限地再添些例子;没有再比统计"隐喻"并加以分类更麻烦的事了。

有关这样意义上变化多端的问题,有个值得指出的事是,我们肯定而且一致承认其中的一个意义是正常的(或者中心的)意义,而另外一些是边缘的(隐喻的或者转移的)意义。我们之所以重视中心意义是因为我们按中心意义来了解一个形式的(也就是说,对它引起的反应），除非实际环境的某种特征迫使我们去寻找转移意义。如果我们听到某人说 There goes a fox!（那儿走过一只狐狸！）我们就当真去找一只狐狸，如果满不是那么回事，我们就很可能把这段话语当作转换言语（比方，是假装的狐狸或者讲童话里的一段）。只有在某种环境的特征迫使我们这么去理解——比方说，如果说话的人指着一个人——我们才会按转移意义来了解这形式。即使我们听到某人说 The fox promised to help her（这个狐狸答应了帮助她），我们还是会想到童话里的狐狸，而不把它当作"狡猾而机灵的人"。有的时候，实际的特征迫使我们按转移的意义去了解一个形式，像这样一句话：Old Mr. Smith is a fox（老史密斯先生是一只狐狸）必得按转移的意义来理解，因为我们不会把真的狐狸称"先生"，或者给它们加上姓。He married a lemon（他娶了个柠檬）也迫使我们只能按转移的意义来理解，因为我们知道人们是不会跟一个水果去举办婚礼的。另一方面，特殊的实际环境可以改变所有的这一切。跟 Fox Indians（福克斯族印第安人）住得很近的人不需要甚么特殊的限制条件，就会把我们例子里的 fox 按转移的意义"福克斯族的成员"来理解。

有些例子说明，转移的意义在语言学上是由伴随的形式决定的。当 cat 这个词附带有后缀-kin 的时候，它一定有一个转义（catkin（葇荑花序）），当 pussy（小猫儿）跟 willow（柳树）复合的时候，也有一个转义（pussy-willow（絮柳））；同样，当 eye'眼睛'这个词有后缀-let 时也是如此（eyelet（小孔））。当 dog（狗），monkey（猴子），beard（胡子）这些词跟动词的转变标志（比方，前置的 to）一同出现时，它们总是具有转义，如 to dog someone's footsteps

(跟踪某人的脚印);don't monkey with that(别和那家伙耍猴啦);to beard a lion in his den(入狮穴捋狮须)[①]。这些语言特征也会是纯粹消极的:不带宾语的 give out 常有转义,为消耗殆尽,如 his money gave out(他的钱花光了);our horses gave out(我们的马疲乏极了)。在这些情况下,转义是靠语言结构来识别的。甚至一位并不打算确定意义的语言学家也许不得不明确指出,不及物的 give out 跟及物的 give out(he gave out tickets(他分发钱票))具有不同的意义。

在很多情况下,我们往往犹豫,究竟是把一个形式看成是带有好几种意义的形式呢,还是看成是一套同音异义词。这一类的例子如:air(空气,大气;调子,乐曲;风度)(最后这个意义包括 airs(拿架子)),key(用于开关的工具,钥匙;音乐里的音调),charge(攻击;装置;谴责;使负债),sloth(一种动物的名字;懒惰)。

我们往往会错误地认为我们语言里的转义是人类言语里自然的,甚至是必然的现象——特别是由于它们也出现在欧洲的其他语言里。可是,这后一种情况只不过是欧洲共同的文化传统所产生的结果;虽然所有的语言里都有转义,但是具体的意义的转移在不同的语言里绝不可以随便乱套。无论在法语或者德语里都不能说 The *eye* of a needle(针眼)或者 an *ear* of grain(谷子的耳朵(谷穗))。所谓 The *foot* of a mountain(山脚)在任何欧洲语言里都很自然,可是在美诺米尼语里,而且无疑在其他许多语言里,却是荒谬的。另一方面,在美诺米尼语里[unaːʔnɛw]"他把他放在

① 直译"入狮穴捋狮须",意谓"藐视那凶猛的野兽"。——译者

适当的位置上”也有“他从他身上捉虱子”的转义。在俄语里，[no'ga]“腿”不用于椅子或桌子的腿；这个转义只在指小的词['noʃka]“小腿；椅子或桌子的腿”的时候才出现。因此，当语言学家打算说明意义时，他完全可以不管转换言语的用法，可是他最好尽量把转义的一切实例都记录下来。

所有这一切也适用于另一类型的变义，即狭义的意义，所不同的是，我们更容易懂得狭义意义的形式。实际的环境使我们很快就能分辨car（车）在下列句子中的不同的狭义的意义：The diner is the second car forward“餐车在前面第二节车厢里”（指铁路车厢），Does the car stop at this corner？（电车是不是停在这个角上？）（指市内电车），Bring the car close to the curb（把车放在马路沟旁）（指汽车）。当我们听到call a doctor（请大夫）的命令时，我们立刻知道指的是“医生”①。burner（燃烧者）主要是指点火烧东西的人或者工具，可是按狭义的意义，一般指的是用来发出某种火焰的煤气嘴子。bulb（鳞茎，球根；灯泡）在园艺家是一回事，而在电气工程师又是一回事。glass通常是酒杯或者镜子，glasses一般是指眼镜。狭义小的意义是很难确定的，因为每一次出现的形式总是由某种实际环境引起的，而环境并不说明会出现甚么样的意义：apple一会儿是绿的，一会儿是红的，诸如此类。

根据形式特征，语言本身在一定组合中显示了狭义的意义。比方，blackbird并不是什么“黑色的鸟”：在这个组合里，black

① Doctor还有“博士”学位的意思。——译者

“黑”的意义大大地缩减了；同样还有 blueberry“越橘的一种”，whitefish“一种鲑鱼或鳕鱼”，等等。

广义的(widened)意义不那么普遍。一般说来，cat 是家畜，可是有的时候，我们也用这个词包括狮子，老虎，等等；可是，dog 却不能用来包括狼和狐狸。另一方面，hound(猎狗)在诗歌里和玩笑时用来指任何一种狗。广义的意义通常是在语言结构里被认出来的，而且总有某些形式伴随着一同出现。比方，meat(肉)是可以吃的肉，可是在 meat and drink(吃的和喝的)和 sweetmeats(甜品)里，它就是一般的食品；fowl(家禽)是一种可以吃的鸟类，可是在 fish，flesh，or fowl(鱼，肉，鸡)或者 the fowl of the air(空中的鸟，飞鸟)就是任何一种飞禽。

操同一种语言的人往往不区分中心意义和边缘意义，在这些例子里外人也许能够按照具体的环境区分两种不同的义值；比方，day 在英语里意味着二十四小时的时间(相当于瑞典语的 dygn [dyŋn]“一天”)或者这个期间的白天部分(昼，跟 night“夜”相对而言；相当于瑞典语的 dag [daːg]“白天”)。

9.9 使意义不固定的第二个重要的因素是出现补充的义值，这种义值我们称之为内涵意义(connotations)[①]。对于任何一个说话的人，一种形式的意义只不过是他在某些环境里听到这个形式所得结果。如果这个形式他听得很少，或者如果他是在使用这种形式的异乎寻常的情况下听到的，那么他对于这个形式的运用

① “内涵意义”(connotation)即附带的，或隐含的意义，与“指示意义”(denotation)相对立，后者逻辑术语称“外延”。——译者

就可能跟一般的习惯不同。为了防止这种个人的偏差，我们就给意义规定明确的定义；这就是词典的主要用途。至于科学术语，我们总是想方设法使意义尽量摆脱附带意义的因素，虽然在这方面我们也许还是不很成功的；例如，十三这个数目字对很多人说来就具有强烈的附带的意义[①]。

最重要的附带意义产生于使用这种形式的说话人的社会地位。社会地位比较低的人所使用的形式往往使人觉得很粗野，难听和庸俗。在说标准英语的人听到，I ain't got none（我甚么也没有得到），I seen it（我看见了），I done it（我做好了）这些话都很刺耳。可是也有某些特殊的因素可以抵消这种缺点：流浪汉或者罪犯的言语形式可以有特别无所顾忌的俏皮的附带意义，那些乡村质朴的形式虽然听起来很土气却有诗意。社会地位比较高的人们所用的形式听起来过分正式或者矫揉造作和装模作样。大多数操中西部美国英语的人在以下的发音中就感到这种附带的色彩：在 laugh（笑），bath（洗澡），can't（不能）中用［ɑː］代替［ɛ］，在 tune（调子），sue（起诉），stupid（愚蠢）中用［juw］代替［uw］。

地方土话的附带意义跟上述情况很近似；苏格兰或爱尔兰的土话有它自己的腔调；同样，在美洲，某些真正的或者被认为是“英国风”的说法也有自己的特色，比方 luggage（行李）（代替 baggage），或者用作招呼的 old chap（老兄），old dear（老伙计）。

① 十三这个数字在欧美国家里有一种民间认为是不吉利的数字的迷信意义。——译者

甚至在没有文字的社团里,某些形式被(正确地或者错误地)认为是古风(archaisms);在有文字记录的社团里,这些形式就作为古风形式的附加的来源。在英语里的例子有:老式的第二人称单数形式(thou hast(您有)),用-th 的第三人称形式(he hath(他有)),老式的现在时虚拟语气(if this be treason(假如这是个阴谋)),代名词 ye(你们),以及像 eve(傍晚),e'en(甚至),e'er(曾经),morn(早晨),anent(关于)等等许多形式。有的时候十分流行的说法可能成为某些特殊的格言体形式(aphoristic);比方,一种古老的句子结构保留在少数格言里,如 First come,first served(先来的先招待),或者 Old saint,young sinner(老来圣徒,少时罪人)。

术语形式(technical forms)的附带意义是从贸易或技艺中所处的地位获得它的色彩的。航海术语听起来简便、正直和泼辣:abaft(在船尾),aloft(桅上),the cut of his jib(他的模样儿),stand by(准备(别离岗位的意思));法律术语听起来准确而又巧妙:without let or hindrance(毫无障碍),in the premises(在前述项目中),heirs and assigns(继承人和让受人);犯人的术语粗鲁但直截了当:a stickup(抢劫),a shot(of whiskey)(来一杯(威士忌)),get pinched(被抓住)。

学究形式的附带意义比较空洞不过很常见:几乎任何一个口语形式都有相应的附带学究意味的形式。

正常的	学究的
He came too soon.(他来得太早了。)	He arrived prematurely."他过早地驾临"。

It's too bad.（太糟糕了。）	It is regrettable."遗憾得很"。
Where're you going?（你上哪儿去?）	What is your destination?（何处是你的目的地?）
now（现在）	at present（此刻）
if he comes（要是他来的话）	in case(in case that,in the event that,in the contingency that) he comes;should he come,...（如果(若是,假若,倘若)他来;若是他来,……）
so (that) you don't lose it.（那你就不把它搞丢了。）	in order that you may not lose it,lest you lose it.（为了让你不至于遗失起见,免得你遗失。）

正如这些例子所表明的,学究的、文雅的和仿古的附带意义混杂在好些形式里。在正式的言语里和书面上,我们往往采用学究的形式,可是也有一定的限度:凡是学究形式用得过多的人,就成了矫揉造作的说话人或者是令人厌倦的作者。

外来的(foreign)言语形式自有它特殊的附带意义,反映了我们对于外国人的态度。外来的形式特征表现在语音或者语音模式的特点上:garage(汽车库),mirage(幻想),rouge(口红),a je ne sais quoi"而我不知如何是好"[1];olla podrida"杂烩",chile con carne"红辣椒肉"[2];dolce far niente"安逸",fortissimo"用最强

① 来自法语。——译者

② 来自西班牙语。——译者

音"①;Zeitgeist"时代精神",Wanderlust"旅行癖"②;intelligentsia"知识分子"③。另外有一些例子,外来的特征表现在结构上,比如法语派的 marriage of convenience(联姻,由利害关系促成的结婚)和 that goes without saying(不言而喻)。这种色彩还转到了模仿外来形式的滑稽的用法上,比方 nix come erouse(模仿德语),ish gabibble("这跟我无关",可能是犹太—德语)。学生运用模仿拉丁词语,例如以下一些荒唐的形式:quid sidi quidit,或者古今混杂滑稽体诗句:Boyibus kissibus priti girlorum,girlibus likibus,wanti somorum,"男孩儿吻漂亮女郎,女郎愿意,还想吻几次"。

某些语言,最明显的或许是英语,包括大量半外来的或者外来-学究的形式——这类形式具有独特的模式和派生变形。在英语修辞学的教科书里区分了这样一些形式,作为英语词汇的一部分,如"拉丁-法语"形式不同于"本族的"或"盎格鲁-撒克逊语"形式。不过,附带意义并不是依靠形式的实际来源。比方,chair"椅子"这个词的来源是拉丁-法语,可是在英语词汇中不属于外来-学究的部分。英语外来-学究的形式的主要形式特征也许是运用某些读重音的后缀以及后缀的组合,如 ability(能力)中的 [-iti];education(教育)中的 [-'ejʃn]。另一个特征是运用某些语音的交替形式,如 receive(接受)中是 [sijv],可是在 reception(接待)中是 [sep],而在 receipt(接收,收据)中是 [sij],又如在 provide(供给)

① 来自意大利语。——译者

② 来自德语。——译者

③ 来自俄语。——译者

中是［vajd］,而在 provident(精明的)中是［vid］,在 visible(看得见的)中是［viz］,而在 provision(贮备)中是［viʒ］。这些特点足以标志某些词或者词的组成部分是外来-学究的,特别是某些前缀(ab-,ad-,con-,de-,dis-,ex-,in-,per-,pre-,pro-,re-,trans-);这些前缀本身部分地表现出特殊的语音交替,如 con-tain(包含)跟 collect(收集)和 correct(正确的)的交替,又如 ab-jure(誓绝,放弃),跟 abs-tain(戒除)的交替。从语义上看,英语外来-学究的形式在一些组合中那飘忽无定的和十分专门化的意义,也是特殊的;比方,在下列词中要给［sijv］这个成分多少是一致的意义似乎是不可能的:conceive(意想),deceive(欺骗),perceive(看见),receive(收到),又如在下列词中的［tend］也是如此:attend(出席),contend(争论),distend(伸展),pretend(假装);下列词中的［d(j)uws］亦然:adduce(引证),conduce(导致),deduce(推论),induce(劝诱),produce(产生),reduce(减缩)。这些形式的附带意义的色彩在于学识的深浅:说话人运用这些形式的能力可以衡量他的教育程度。使用中的错误(词的可笑的误用)说明了说话人的教育不足。这些形式中有很多是教育较少的人所不了解的,所以在这方面被隔绝于某类交际之外;他可能采取报复手段,使用一些假学究的形式,比方 absquatulate(开小差),discombo - bulate(捣乱),rambunctious(无法无天的),scrumptious(第一流的)。很多语言都含有一批这种外来-学究的词:罗曼诸语言有拉丁语型的,大部分跟英语可以互认;俄语除了星星点点有些拉丁语型外,有来自古保加利亚语的学究的形式;土耳其语有一部分波斯语和阿拉伯语的词,波斯语也有一部分阿拉伯语的词;印度诸语言同样地使用梵语的形式。

俚语 slang 的附带意义跟外来-学究的附带意义相反，它是诙谐的而且不受拘束：使用俚语形式的人有年青人、运动员、赌棍、流氓、犯人，另外还有很多人在随便无所顾忌的情况下也使用俚语。熟悉的例子很多，比方指称"男人"的有 guy（家伙），gink（傻瓜），gazebo（坏蛋），gazook（莽汉），bloke（小子）和 bird（好脾气的人），表示"手枪"的有 rod（小棍儿）或 gat（小机关枪）[①]，如此等等；俚语形式也可能同时是外来的，如来自西班牙语的 loco（疯疯癫癫），sabby（懂得），vamoose（走开）。俚语大多是开玩笑的；一个俚语形式要是用得时间过久，很可能被一个新的俏皮话所代替。

9.10 内涵意义的种类是无数的而且很难规定，总的看来，内涵的附带意义（隐义）跟指示意义（显义）并不能清楚地区别开来。按照上面的分析，每一个言语形式都有自己的附带意义的色彩，这种色彩对于整个的言语社团是一样的，可是反过来，这种色彩在每一个说话人却被他个人的附带意义所修改或者甚至走形了，这样个人的附带意义是通过他个人特殊经验所获得的。不过，还有两种附加意义可以简单地谈一谈，这两种附带意义至少表现了相对的明确性。

在很多言语社团里，某些不合适的言语形式只在限定的情况下才能说；凡是在限定的场合以外说这些形式的人会被人看不起或者受到处分。这种禁忌的严格性有很大的伸缩范围，从是否合

① gat 是 Gatling 的缩减形式，系美国内战期间 R. J. Gatling（1818—1903）所发明，是一种连发手枪。——译者

乎时宜的一般规矩直到严厉的禁忌。大多数不合适的形式属于一定的意义范围，不过在这些形式之外往往同时还有旁的形式可以表示相同的指示意义却没有不适当的附带意义，例如在不适当的形式 whore（婊子）之外还有 prostitute（娼妓）。

有些不适当的形式指的是不应该随便提名或者根本不该提说的人或物。在英语里，宗教上的好些术语，像 God（上帝），devil（魔鬼），heaven（天堂），hell（地狱），Christ（基督），Jesus（耶稣），damn（使入地狱），只是在庄严的言语里才是合适的。破坏了这个规则会使说话人受到谴责或者嫌弃；另一方面，在某些集团里或者在某种情况下，这种打破常规带有矫健有力和放纵不羁的意味。在很多社团里，人的名字在有些情况下或者对某些人是禁忌的。比方，男性的克利族印第安人不叫他姐妹的名字，也不叫其他某些女性亲戚的名字；对于这种回避，他的解释是，“我太尊敬她了。”

另一种认为有碍体面的态度是对于所谓猥亵形式的禁忌。在英语里，对于某些意义涉及排泄功能的形式以及一些与生殖有关的言语形式，有着严格的禁忌。

第三种不适当的附带意义在我们中间不怎么普遍；回避某些不吉利的言语形式，这些形式提到一些痛苦的或者危险的事物。人们回避说 die（死）和 death（死亡）这样的词（换一种说法：if anything should happen to me（万一我有个三长两短）），也回避一些疾病的名称。有些人避免说左手或者雷雨。

在有些社团里，人们不论在打猎或者比较一般的情况下都回避说狩猎的动物名称。在特殊的情况下（比方在备战或出征时），很多言语形式可能要回避，或者还得使用反话，也就是说意义相反的话。

9.11　在这儿值得指出来的第二种更为特殊的附带意义是强调(intensity)。最典型的强调形式是感叹。像这一类形式在英语里不仅有特殊的次音位［!］,而且还有一些特殊的言语形式,即感叹词,如 oh! ah! ouch! 这些形式都是反映一种强烈的刺激,可是在附带意义上这些形式跟一般的陈述不同:在一般的陈述里,说话人只说明他正经受一种强烈的刺激。

有些言语形式有一种接近感叹的生动的色彩,例如,把某些副词提到第一位:Away ran John(跑掉了约翰),Away he ran(他跑掉了)。在连贯的叙述里,类似的色彩也出现在变动不太大的换位里:yesterday he came(and said...)(昨天他来了(而且说……))比 He came yesterday...(他昨天来了……)要生动些。在英语里,在叙述历史事件时所用的历史现在时,如果用于戏剧或故事的摘要里是很优美的,如果用于日常的言语中就略嫌粗俗:Then he comes back and says to me...(后来,他走回来跟我说……)。

另一种强调形式,即象征(symbolic)形式,在英语里特别丰富。象征形式比起一般言语形式来有比较直接的描绘意义的附带色彩。对这种现象的解释是语法结构的问题,我们在下面还会谈到;在说话人看来,某些语音似乎特别适合于某种意义。例如,flip(用指头弹),flap(拍击),flop(鼓翼,摇拍),flitter(翩翩地飞来飞去),flimmer(摇闪),flicker(闪烁),flutter(飘动),flash(闪光),flush(脸红),flare(火光),glare(炫耀,睁大眼看),glitter(闪耀),glow(发红光,白热),gloat(凝视,幸灾乐祸地冷看),glimmer

(微亮),bang(砰地关上门),bump(碰撞),lump(整块,使成一团),thump(重打,猛跳),thwack(扑打,抨击),whack(搞,用力打),sniff(用鼻子吸气作声),sniffle(发鼻音),snuff (嗅鼻子),sizzle(咝咝作声(如油锅煎沸时)),wheeze(喘息出声)。具有象征形式的那些语言表现了一致的共同点,不过用哪些语音跟哪些意义相联系却显得很不一致。有一种特殊类型的象征形式,流行在很多语言里,这就是语音上略带变化的形式的重复,比如英语snip-snap(针锋相对,机敏),zig-zag(扭曲作蛇行),riff-raff(渣屑,暴徒), jim-jams(发酒疯),fiddle-faddle(闲聊,胡闹),teeny-tiny(小不点儿),ship-shape(井井有条),hodge-podge(杂烩),hugger-mugger(杂乱),honky-tonk(低级娱乐场所)。

同上述形式十分接近的还有模拟的 imitative 或拟声的 onomatopoetic 强调形式,这种形式指示一种声音或者能发出一种声音的东西:模拟的言语形式跟原来的声音很相像:cock-a-doodle-doo(公鸡喔喔喔啼),meeow(咪咪猫叫),moo(哞哞牛叫),baa(咩咩羊叫)。很多鸟的名称就属于这种类型:cuckoo(杜鹃),bob-white(北美鹑鸽鸟),whip-poor-will(怪鸱(产于北美))。重叠形式是很普通的:bow-wow(汪汪),ding-dong(叮咚),pee-wee(一种鸟叫),choo-choo(火车声),chug-chug(咋咋)。这些形式各个语言不同:法语把狗的叫声比作 gnaf-gnaf [ɲaf ɲaf];德语把钟声比作 bim-bam。

上面所引的重叠形式里头,某些形式带有幼儿的意味;它们是幼儿园形式。我们最熟悉的是 papa(爸爸)和 mama(妈妈)。在英语里,几乎任何意义的任何重叠音节都可以用作幼儿的词;每个家庭都发展了它自己所需要的这类形式，如［ˈdijdi，ˈdajdaj，ˈdajdi，ˈmijmi，ˈwaːwaː］。这种习惯使得婴儿比较容易地发出言语形式，而且它帮助成年人把婴儿的话语转变成习用的信号。

爱称（pet-name）或表示亲爱（hypochoristic）的附带意义大都跟幼儿的附带意义交织在一起。在英语里，比较少的爱称，如 Lulu，是重叠的幼儿形式；在法语里，这种类型比较普遍，如 Mimi，Nana，等等。英语里爱称的结构不太一致：Tom，Will，Ed，Pat，Dan，Mike 在结构上可以看成是全名的简称①；下列的情况却不然：Bob 代表 Robert（罗伯特），Ned 代表 Edward（爱德华），Bill 代表 William（威廉），Dick 代表 Richard（理查），Jack 代表 John（约翰）。有些爱称带有指小的后缀［-i］，如 Peggy，Maggie 代表 Margaret（玛格里），Fanny 代表 Frances（弗兰西斯），还有 Johnny，Willie，Billy。

在荒谬形式的附带意义中也有某种强调的色彩。其中某些形式虽然是约定俗成的，却甚么也不指示，比方 tra-la-la，hey-diddle-diddle，tarara-boom-de-ay；还有些荒谬形式所表示的也很空洞，比方，fol-de-rol（琐屑，无所谓），gadget（零件，圈套），conniption fits（脾气发作）。任何一个说话人都可以自由地创造些荒谬形式；实际上，他独自创造的任何形式都是荒谬形式，除非他能成功地使说这种语言的其他人也承认这种形式是表示某种意义的信号，不过这件事几乎是毫无希望的。

① 这些简称就是通常所说的小称或爱称，全名是：Tom—Thomas，Will—William，Ed—Edmund，Edward，Edwin，Pat—Patrick，Dan—Daniel，Mike—Michael。——译者

第十章　语法形式

10.1　以上的论述多少说明了每一种语言都包含一定数量的信号，也就是语言形式。每一个语言形式都是一些信号单位，即音位的固定组合。在每一种语言里，音位的数目和实际出现的音位组合的数目是有严格限制的。说话的人用语言形式来说话，引起听话的人对客观环境作出反应；这个环境和对环境作出的反应就是这个形式的语言的意义。我们假定每个语言形式都有一个固定的和明确的意义，这个意义跟同一种语言中任何其他的语言形式的意义都不同。比方，好几次听到某一个语言形式，如 I'm hungry（我饿了），我们假设：(1)声音上的某些差别是无关紧要的（非语音的），(2)好些个说话人的环境包含某些共同的特征，而这些环境之间的差别是无关紧要的（非语义的），以及(3)这个语言意义同这语言中的任何其他形式的意义是不同的。我们已经看到这种假设是无法证实的，因为说话人的环境和听话人的反应可以包括几乎整个世界的任何东西，而特别是大部分决定于说话人和听话人当时神经系统的状态。此外，当我们处理语言的历史变化时，我们将会碰到我们的假设不能应用的事实。不过大致说来，说话的人们靠着语言信号以很精密的方式相互合作，单凭这个事实就可以承认我们的假设了。在描写一种语言的时候，我们的主要任务是说明在某一个时期里某一个社团如何利用语言信号进行这种合作，而不去管它偶然失败，没有发生作用或者在它历史过程中的变化。因此，语言学的描写工作在于对语言形式作出比较严格的分析，同时假定这些语言形式具有稳固的和可以确定的意义（§9.5）。

不过，我们的基本假设从一开始就得用另一种方式来加以修正。在我们记录一种语言里的相当数量的语言形式以后，我们总会发现在我们以上的叙述中一直忽视了的一个特征，即语言形式的部分相似。假定我们听到一个说话人说：John ran（约翰跑了），而过一会儿又听到他或另一个说话人说 John fell（约翰摔倒了）。我们立刻看出来 John ran 和 John fell 这两个形式在语音上有一部分相似，因为这二者都含有一个共同的成分 John [dʒɔn]，而我们的实际知识说明这二者的意义也相应地有一种相似之处：只要一个形式含有 [dʒɔn] 这个语音成分，这个意义就指的是在这个社团里的某个男人或者某个男孩。事实上，假如我们运气好的话，我们可能听到某个人说出这样的形式：John！这个形式是单独出现的，并不伴随任何其他的成分。

在观察了这样一些情况以后，我们不得不把我们语言学的基本假设改成这样：在一个语言社团里，某些话语在语音和意义上是相似的或者部分地相似。

部分相似的话语的共同部分（如我们所举的例子中的 John），是一个带有稳定意义的语音形式：所以它符合语言形式的定义。在这个部分相似的话语中那些不同的部分（在我们所举的例子有一个话语里是 ran、另一个是 fell）也可以同样说成是语言形式。在听到了 John ran 这个形式以后，我们也可能又听到 Bill ran（比尔跑了)这个形式,甚至(比方说在回答一个问题的时候)还可能是一个单独的形式 Ran。同样的情况也会发生在 John fell 中 fell 这个成分上:我们可能听到 Dan fell(丹尼摔倒了)这样的形式或者甚至一个单独的形式 fell。

在另一些情况下,我们可能看不到单独的形式。知道了 John,Bill 和 Dan 这些形式以后,我们可能又听到 Johnny,Billy 和 Danny 这些形式,而希望听到一个带有某种类似“小”的意义的单独形式-y[-i],可是这回我们就得失望了。同样,我们熟悉了 play(游玩)和 dance(跳舞)这些形式,又可能听到 playing(“游玩”的现在分词)和 dancing(“跳舞”的现在分词)这些形式,于是又陡然地希望听到一个孤立的-ing[-iŋ],也许以为能进一步告诉我们这个音节的多少有点空泛的意义。尽管某些成分并不单独出现,而只作为较大形式的一部分,可是我们还是管这些成分叫作语言形式,因为它们是带有稳固意义的语音形式,如 [i] 或者 [iŋ]。不能单说的语言形式叫作黏附形式(bound form);其他所有的形式(例如 John ran 或 John 或 ran 或者 running)都是自由形式(free forms)。

在另一种情况下,我们甚至白费力气想找到某个形式作为其他某个形式的一部分出现的情况。例如,听到了 cranberry(蔓越橘)这个形式以后,我们很快会发现在其他形式里有 berry 这个成分,比方 blackberry(黑莓),甚至能听到把它单说,但是对于 cranberry 的另一个成分,我们却没有这样的机会。我们不仅听不到单说的*cran,而且即使我们留神倾听,我们也总不会在 cranberry 这一个组合以外听到这个成分,我们不能从人们说的话里找出任何含有 cran-这个成分的别的形式。实际上,在实地调查研究语言时,我们立刻发现想抽引出这样的形式是不明智的;我们的问题会把说话人弄糊涂了,他们可能用一种虚假的承认来应付我们,比方说"噢,是的!我猜想 cran 大概是红色的意思"。如果我们要避免这个诱惑,我们就得做出如下的结论:cran-这成分只出现在 cranberry 的组合中。不过,由于它有一个固定的语音形式,而且它的意义也是固定的,cranberry 既然是某种特定的 berry,跟所有其他浆果不同,我们也就认为 cran-是一个语言形式了。经验指示我们可以把这种例子概括为独一无二的成分(unique elements),只出现在某一个组合中,也是一种语言形式。

有的时候,我们也许无法决定在语音上相同的形式在意义上是不是也一致。strawberry(草莓)中的 straw-同单说的 straw"草秆"和 strawflower(黄铃兰?)中的 straw-在语音上是一样的,可是在意义上是不是"相同",我们就没法说了。如果我们问问说话的人,他们的回答有的时候是这么说,有的时候又那么说;他们并不比我们更能够说明白。这个困难是语义学里面普遍存在的困难:现实的世界并不是一个划分得清清楚楚的世界。

10.2 我们从此看出有些语言形式跟别的形式在语音-语义上有部分是相似的;例如 John ran, John fell, Bill ran, Bill fell; Johnny, Billy; playing, dancing; blackberry, cranberry; strawberry, strawflower。凡是跟别的语言形式在语音-语义上有部分相似的语言形式是复合形式(complex form)。

任何(两个或者两个以上)复合形式的共同部分都是语言形式;它是这些复合形式的成分(constituent),(或成员"component")。这个成分是包含在(包括在或是进入)复合形式里的。如果一个复合形式除了共同部分以外还包括一个剩余部分，比方 cranberry 中的 cran-，它在任何其他复合形式中都不出现，那么这个剩余部分也是语言形式；这是这个复合形式中独一无二的成分（unique constituent）。在我们以上所举的例子里属于复合形式的成分有：John，ran，Bill，fell，play，dance，black，berry，straw，flower，cran-（cranberry 中独一无二的成分），-y（在 Johnny，Billy 中算是黏着形式的成分），-ing（在 playing，dancing 中算是黏着形式的成分）。在任何一个复合的形式里，每一个成分都附带有别的成分。

跟别的任何一个形式在语音-语义上没有任何部分相似的语言形式是一个简单形式（simple form）或者叫做语素（morpheme）。比方 bird，play，dance，cran-，-y，-ing 都是语素。语素之间也可能有部分语音的相似，比方 bird'鸟'和 burr'滚音'就是这样，不过这种相似是纯粹语音上的，在意义上并不互相对应。

从这一切看来，每一个复合形式单就它语音上可确定的成分而言，完全是由语素组成的。这些最终成分（ultimate constituents）的数目可能很大。Poor John ran away（可怜的约翰跑掉了），这个形式含有五个语素：poor，John，ran，a-（比方 aground（搁浅），ashore（靠岸），aloft（高举），around（围绕）中重复出现的黏着形式）和 way。不过，复合形式的结构绝不都是这样简单；如果我们把所有的复合形式都只划分成它们的最终成分，我们是无法了解一种语言的各种形式的。任何一个说英语的人，如果他有意来分析语言形式，他会肯定地告诉我们：Poor John ran away 的直接成分 immediate constituents 是 poor John 和 ran away 这两个形式；而这两个形式又各自是一个复合形式；ran away 的直接成分是语素 ran 和复合形式 away，后者的成分是语素 a-和 way；poor John 的直接成分是语素 poor 和 John。只有用这种方法分析，才能得出最终的语素成分的正确分析（就是把意义也考虑在内）。关于这一点的理由，我们在下面还会谈到。

10.3 语素是可以用语音来描写的，因为它总是包含一个或者一个以上的音位，可是它的意义却不能在语言学的范围以内加以分析。例如我们知道 pin 这个词的语素跟别的一些词的语素在语音上有相似之处，比方 pig（猪），pen（笔），tin（锡），ten（十），而根据这些语音上的相似，我们可以用三个音位来分析和描写 pin 这个语素（§5.4），但是，这些语音上的相似并不和意义上的相似有联系，所以我们没法确定这些音位的任何意义，而且在语言学的范围以内也没法分析这个语素的意义。语素的意义叫做**义素**（sememe）。语言学家假设每一个义素是一个稳定的和明确的意义单位，每一义素同该语言中所有其他的意义（包括所有其他的义素在内）都不同，语言学家的假设也就到此为止。在 wolf（狼），fox（狐狸）和 dog（狗）这样一些语素的结构里，并没有什么东西告诉我们它们的意义之间有什么关系；这是属于动物学家的问题。我们是欢迎动物学家对这些意义所下的定义，作为我们的实际的帮助，可是从语言学的立场来说，这个定义既不能肯定什么也不能否定什么。

一个使用有效的信号系统，比方语言，只能包括数目很少的信号单位，可是这些信号所标示的事物——对我们来说是现实世界的全部内容——可能是无穷无尽的。因此，信号（即语言形式，以语素作为最小的信号)包括信号单位(音位)的不同组合,而每一个这样的组合都是任意地用来标示现实世界的某个特征(义素)。信号是可以分析的,可是它所标示的事物却是没法分析的。

这种情况更加肯定了这样一个原则:语言研究必须从语音形式开始而不是从意义开始。语音形式——比方我们说,一个语言里的全部语素——可以根据音位以及音位的排列加以描写,而在这个基础上,可以用某种简便的方式分类或列表,例如按字母顺序的方法,意义——就我们的例子说,就是一个语言的义素——只有无所不知的通才才能分析或者加以系统地排列。

10.4　由于每一个复合形式整个儿是由语素组成的,一份完整的语素表就得考虑一种语言的全部语音形式。一种语言里的全部语素就是它的**词汇**(lexicon)。不过,即使我们能够知道一种语言的整个词汇,而且也相当准确地了解每一个义素,我们可能仍然不了解这个语言的各种形式。每一段话语都包含了词汇所概括不了的某些重要的特征。比方,我们看到 John,poor,ran,way,a-这五个语素组成了 Poor John ran away 这样一个形式,可是这五个语素并不能完全说明这段话语的意义。这段话语的一部分意义决定于这五个词素在这个复合形式中的配列——比方,决定于先后次序。每一种语言都用形式的**配列**(arrangement)来表示一部分意义。比如在英语里,John hit Bill(约翰打中了比尔)和 Bill hit John(比尔打中了约翰)在意义上的不同全靠说出这些语素时的两种不同的先后次序。

在每一种语言里,各种形式的有意义的配列构成了这种语言的语法。一般说来,语言形式似乎有四种配列的方式:

(1) 词序(order):指的是复合形式的成分说出来的先后次序。词序的重要性在 John hit Bill 和 Bill hit John 的对比中表现得最突出。另一种情况,*Bill John hit 就不是英语的形式,因为英语不把这些成分按照这样的次序安排的;同样,play-ing 是一个形式,可是*ing-play 就不是了。有的时候词序的不同具有附带意义的义值,比方 Away ran John 比 John ran away 更生动一些。

(2) 变调(抑扬顿挫和轻重缓急)(modulation):这是次音位的运用。我们回想一下(§3.11.),次音位是不出现在任何语素中的音位,而只出现在语素的语法配列中。像 John [dʒɔn] 或者 run [rʌn] 这样的语素实际上是抽象的,因为在任何实际的话语里,语素总附带有某种含有语法意义的次音位。英语里一个语素要是单独说出来,就附带有一种音高的次音位(§7.6):要不是 John! 就是 John? 或者 John [.]——最后这个语素带有下降的收尾音高,例如用于回答问题时——没有一个中立的或是抽象的形式,其中的语素是不带有收尾的音高的。在英语的复合形式里,某些成分总带有重音的次音位(§7.3);比方,由于重音的位置不同就能区别名词 convict(罪人)和动词 convict(证明有罪)。[①]

(3) 变音(即语音的变换,Phonetic modification):这指的是形式中主音位的变化。例如,把 do [duw] 和 not [nɔt] 这两个形式组成一个复合的形式,do 的 [uw] 一般用 [ow] 来代替,而每当这种情况发生时,那么 not 就失去它的元音,这个组合形式就成了 don't [downt]。在这个例子里,语音的变换是自由选择的,同时

① 名词 [ˈkɔnvikt],动词 [kənˈvikt]。——译者

我们还有不变换的形式 do not，具有不同的附带意义。在另外的一些情况下，我们就不能任意选择。比方，在 count-ess（伯爵夫人）里有“阴性”意义的后缀-ess，这个后缀也可以加在 duke [d(j)uwk]（公爵）上，但是在这个组合里，duke 的形式就得变换成 duch- [dʌtʃ-]，因为这个词是 duchess [ˈdʌtʃis]（公爵夫人）。

严格地说，在这种情形下的语素有两种（有的时候或者更多）不同的语音形式，比方 not [nɔt] 和 [nt]，do [duw] 和 [dow]，duke 和 duch-，其中每一个交替形式（alternant）在一定的条件下出现。不过在我们的例子里，两个交替形式中有一个用得比另一个多，因而是基本的交替形式。在另外一些情况下，各个交替形式用得比较平均。比方 run 和 ran，任何一个交替形式的出现都不受任何伴随形式的约束，因此我们在挑选基本的交替形式时就会犹豫不决了。不过，在 keep:kep-t（保持）这样的例子里，我们发现过去时的形式里有一个交替形式（kep-），它总跟（-t）这个形式一同出现；因此，为了使叙述尽可能一致起见，我们把不定式（keep，run）当作基本的，而把在过去时中出现的交替形式（kep-，ran）当作语音上变换的形式。我们将看到旁的更难挑选的情况；当然，在选择基本的交替形式时，我们尽量设法能最终得到最简单的事实描写。

（4）形式的选择（selection of forms）：这也提供了意义的因素，因为在其他语法配列上都相同而在选择上不同的形式也会产生不同的意义。比方，某些带有感叹收尾音高的语素是呼唤人来或者要叫人注意（John！Boy！（服务员！）），而同样词尾音高的另一些词素却是命令（Run！（跑！）Jump！（跳！）），这种差别也引申到一些复合形式(比方 Mr. Smith! Teacher!(史密斯先生!老师!)同 Run away!(跑开!),Backwater!(回水!)之间的差别)。当在说一些形式的时候具有感叹的词尾音高,那么这个形式就有呼唤的意义,我们根据这个事实,就可以说这些形式构成英语的一个形类(form-class),我们可以管它叫“指人名称表达词语”形类。同样,具有感叹的词尾音高的形式,带有命令的意义的,根据这个事实,就构成英语“不定式词语”的形类。某个感叹词究竟是呼唤还是命令,就看你在这两类中选择这一类或那一类形式了。

复合形式的意义部分地决定于选择哪些形式作为它的成分。比方,drink milk(喝牛奶)和 watch John(看守住约翰)叙述的是动作,正如我们刚才所谈到的这些形式是“不定式动词词语”,可是 fresh milk(新鲜牛奶)和 poor John(可怜的约翰)叙述的是事物,这些形式是“名词性词语”。第二个成分 milk 和 John 都是一样的,差别在于对第一个成分的选择。根据这个差别,drink 和 watch 这两个形式属于英语的一个形类(即“及物动词”的形类),而 fresh 和 poor 这两个形式属于另一个形类(即“形容词”形类)。

由于把形类再细加分类,选择的特征一般是很复杂的。在英语里,如果我们把 John 或者 the boys“孩子们”这样的形式(“主格名词性词语”形类)同 ran 或者 went home“回家了”这样的形式(“定式动词词语”形类)组合在一起,这样得出的复合形式就意味着这个人物“执行”这个动作(John ran,The boys ran,John went home,The boys went home)。不过,这些选择的特征还得加上一种习惯的用法:我们说 John runs fast(约翰跑得快),可是却说 The boys run fast(孩子们跑得快),我们绝不会调换过来,把 John

同 run fast 组合在一起，或者把 the boys 和 runs fast 组合在一起。主格词语的形类被分成两个小类（“单数”和“复数”）而定式动词词语的形类也同样被分成两个小类（“单数”和“复数”），这样一来，在表示某个事物执行某个动作的复合形式里，其中两个成分在“单数”和“复数”这两个小类上是一致的。在拉丁语里，pater filium amat（或者 filium pater amat）的意思是“父亲爱儿子”，而 patrem filius amat（或者 filius patrem amat）意思是“儿子爱父亲”；pater“父亲”和 filius“儿子”同属于一个形类（“主格”），这类形式同 amat“他爱”这个动词组合在一起指的是动作的执行者；patrem“父亲”和 filium“儿子”这两个形式同属于另一个形类（“宾格”），这类形式同 amat 这个动词组合在一起表示动作的“承担者”（“受事”或“目的”）。

选择特征往往是十分任意和奇怪的。我们在 princess（公主），authoress（女作家），sculptress（女雕刻师）这些词里，我们把 prince，author，sculptor 同后缀-ess 组合在一起（在 sculptress 里有［ə］变［r］的语音变换），可是不把 king（国王），singer（歌唱家），painter（画家）跟-ess 组合在一起。根据这个习惯，前一组词所属的形类把后一组词排除在外了。

10.5　语法配列的诸特征出现在各种组合中，不过通常都可以单独地提出分别加以描写。语法配列的简单特征就是**语法特征**或者叫做**语法单位**（grammatical feature 或 taxeme）。语法单位在语法中正如音位在词汇中一样——都是形式的最小单位。一个语法单位同一个音位一样，如果把它单独地抽出来，是不具意义的。正如一组音位或者较少出现的单个音位，作为实际词汇的信号(语音形式)那样,一组语法单位或者单独的语法单位,这是较为常见的,也是作为常用的语法配列出现,即所谓**结构形式**(tactic forms)。一个语音形式加上它的意义就构成**语言形式**;结构形式加上它的意义就构成**语法形式**(grammatical form)。如果在某个场合,我们把语言形式的纯粹词汇特点跟它所属的语法配列的习惯形成对比,我们就把词汇的特点叫**词汇形式**(lexical form)。在词汇形式里,我们把最小的有意义的单位规定为语素,而把语素的意义规定为义素;按同样的方式,我们管语法形式的最小的意义单位叫作**语法元素**(tagmemes),语法元素的意义叫作**语法元素意义**(episememes)。

比方 Run! 这段话语包含两个语法特征(语法单位),就是感叹收尾音高的变调和运用不定式动词的选择特征,(例如与运用名词的方式 John! 相对比)。英语里,这二者中的每一个语法单位恰就是一个结构形式,因为每一个单位都经常被用来作为信号的单位。把每一个单位加上它的意义,我们就把它叫做语法形式的单位(语法元素)。感叹收尾音高这个语法元素同任何词汇形式凑在一起,使它有了语法意义(一个语法元素意义),这样我们也许可以把这个语法元素大致描写为"强烈的刺激"。用语法元素的选择把不定形式归成一个形类,于是语法元素就具有某种语法意义(语法元素意义),我们把这个意义叫做**类义**(class-meaning),而且大致可以规定为"动作"。

一个语法元素可以包括一个以上的语法单位。例如,在 John ran; poor John ran away; The boys are here(孩子们在这儿);I know(我知道)这样一些形式里,我们找出许多语法单位。每一个形式都有一个成分属于主格词语的形类(John,poor John,boys,I)。另一个成分属于定式动词词语的形类(ran,ran away are here,know)。再进一步做出选择的语法单位,把某些定式动词词语同某些主格词语联合在一起;比方在 I am,John is,you are 这三个例子,它们彼此之间的成分是不能互相调换的。再就是一种属于次序的语法单位,把主格词语放在定式动词之前:我们不说* ran John。另外一些属于次序的语法单位的是把基本的次序作部分的颠倒,这些语法单位出现在以下的例子里:did John run?(约翰跑了吗?)away ran John(跑掉了约翰);will John?(约翰要吗?)。变调的语法单位只出现在一些特殊的情况中,比方主格词语不带重音时,如 I know [aj'now](我知道)。语音变换的语法单位也出现在其他一些特殊的情况中,比方 John's here(约翰在这儿),这儿用 [z] 代替 is,又如 I'd go(我要走了)用 [d] 代替 would(要)。这么看来,任何一个语法单位如果单独取出,就没有任何意义,可是如果把这些语法单位放在一起,却组成了一个语法形式,也就是一个语法元素,它的意义是:某一个成分(主格词语),执行另一个成分(定式动词词语)的事。

如果我们用感叹音高说 John ran! 这就是由三个语法元素组成的一个复杂的语法形式。其一是“强刺激”,其二是“(人物)在做(动作)”,其三是具有“完全的和新的”话语的语法元素意义,而在形式上使用一个“施事-动作”短语作为一个句子的选择特征。

10.6　任何一段话语都可以根据词汇形式或者语法形式作出完全的描写;不过我们得记住,意义单凭语言科学是无法加以明确的界说的。

任何一个语素都可以全部描写为某个配列中一个或者一个以上的音位组合(不管它的意义)。比方,duke这个语素包括简单的和复合的音位并且按照[d],[juw],[k]这个次序安排的;而-ess这个语素按[i],[s]这两个音位顺序排列的。任何一个复合形式(抽掉它的意义)都可以全部描写为一组直接成分的形式和语法特征(语法单位),而直接成分是由语法特征来加以配列。例如,duchess['dʌtʃis]这个复合形式是由直接成分duke[djuwk]和-ess[is]组成的,它按以下的方式进行配列:

选择(selection):duke这个成分属于英语形式中特殊的一个形类,它跟-ess这个形式组合在一起。这个形类包括了诸如count,prince(王子),lion(狮子),tiger(老虎),author(作者),waiter(侍者)这样一些形式,可是不包括man,boy,dog,singer等形式;这个形类是较大的阳性人称名词的形类的次类。-ess这个形式本身构成一个小的形类,因为它(而且只有它)只跟刚才提出的那个形类中的一些形式组合在一起。所有这些实例综合起来,可以看成是一个单独的选择的语法单位。

次序(order):-ess这个形式跟在和它一同出现的形式的后头。

变调(modulation):-ess这个形式说的时候不加重音;同它一起出现的形式却有一个高重音。

语音变换(Phonetic modification):duke的[iuw]变换为[ʌ],[k]变换为[tʃ]。

以duke和-ess这两个形式为例,这四种语法特征的说明就全部描写了duchess这个复合形式了。

任何实际的话语都可以根据词汇形式和附带的语法特征作出完整的描写。比方，Duchess！这段话语包括词汇形式 duchess 和感叹收尾音高以及名词性词语的选择这两个语法单位。

如果某种科学能给我们这儿所谈到的各种单位的意义提供界说，给我们确定两个语素（duke 和-ess）的意义（亦即义素）以及三个语法单位（duke 和-ess 的配列，感叹收尾音高的运用，名词性词语的选择）的意义（即语法元素意义），那么对 Duchess！这段话语的意义就可以作出完满的分析和定义了。

10.7　任何一种语言的意义只能附着于某些形式特征上：即说话的人只能用信号来标示。这样一条必要的原则——严格地说，我们应当把它叫做假设——对语法形式也不例外。可是这条原则，由于语法的形式特征不是我们能够说得出来或者加以标写的音位和音位的组合，而仅仅是语音形式的配列，使许多研究语言的人在这个问题上被引入歧途了。这件事，主要得怪我们的传统教育。如果不是由于这样的传统，对于有些事实也许就不会感到有什么困难了；例如，英语 John hit Bill 和 Bill hit John 标示两种不同的情境；把 convict（罪人）重音放在第一个音节上和放在第二个音节上的 convict（判罪）在意义上不同；John！和 John？和 John 之间，在意义上也不同。

抽象地提出 John 或者 run 这样的形式，如果没有任何词尾音高的区别，那么确切地说，这个形式并不是真正的语言形式，而只不过是词汇形式；真正说出来的语言形式总含有一个语法形式。不管我们所采用的形式是如何简单以及我们如何说它，我们总是作出了某种选择，根据这个选择，这段话语就不仅具有词汇内容并且还表达一种语法意义；我们还运用了某种音调格式，这种格式至少在英语里给这段话语加上“陈述句”，“是非问句”，“补充问句”或者“感叹句”的语法意义。

一种语言的语法形式可以归纳成以下三个大类：

(1) 如果单说某个形式（也就是说，不是作为更大的形式中的一个组成成分），它总表现为某种句型，比方，在英语里，运用次音位［!］就成为感叹的句型，而运用名词性词语，就得出招呼(John!)的句型。

(2) 凡是两个（或者两个以上，不过这种情况很少有）形式组合在一起作为一个复合形式的成分，联结这些形式的语法特征就构成了一个结构(construction)。比方，把 duke 和-ess 合成 duchess 这个形式的语法特征构成了一个结构，或者把 poor John 和 ran away 连合成 poor John ran away 这个形式的语法特征也构成了一个结构。

(3) 如果一个形式经常用来代替属于整个其他一类的任何形式，在这种情况下就很有必要建立第三个语法形式的大类。比方，在英语里 he 这个形式经常用来替代另一个整类的形式，例如 John, poor John, a policeman（警察），the man I saw yesterday（我昨天看见的那个人），whoever did this（任何一个做这件事的人）等等（根据这种使用的习惯，这些形式组成了“单数阳性名词词语”的形类），这种经常使用的替代的选择特征毫无疑问应当看作第三类语法形式。对于这一类语法形式，我们可以给它一个名称叫做替代(substitutions)。

第十一章　句子类型

11.1　在任何话语中，一个语言形式总是作为某个较大形式的一个成分出现，如在 John ran away 这个话语里的 John，作为一个不包括在任何较大的（复合的）语言形式中作为独立形式出现，例如，在 John! 这个感叹句里的 John。当一个语言形式作为一个较大的形式的一部分出现时，我们就说它是处于内部位置（included position）；否则就说它是处于绝对位置（absolute position），自成一个句子（sentence）。

在一个话语中作为句子出现的形式，在另一个话语中可能处于内部位置。在刚才引用的感叹句里，John 是一个句子，但是在 Poor John! 这个感叹句里，John 这个形式则处于内部位置。在后面这个感叹句里，poor John 是个句子，但是在 Poor John ran away 这个话语里，它却又是处于内部位置上了。再如，在刚才提到的这个话语里，poor John ran away 是个句子，但是在 When the dog barked, poor John ran away（当狗叫的时候，可怜的约翰逃跑了）这个话语里，它又处在内部位置上了。

一个言语片段可以由一个以上的句子组成。这就是说当这个话语片段包含几个语言形式的时候，这些语言形式不是用任何有意义的、习惯的语法配列（即任何结构）组合成为一个较大的形式的，例如 How are you? It’s a fine day. Are you going to play tennis this afternoon?（你好吗？今天天气好。今天下午你去打网球吗?）不管这三个形式之间可能有什么实际的联系，可是没有一种语法配列把它们联成一个较大的形式：因此，这个话语是由三个句子组成的。

可见任何一个句子都是个独立的语言形式，不用任何语法结构包括到任何较大的语言形式里去，单凭这个事实就可以把任何言语里的句子划分出来了。然而，在大多数语言里，或许在所有的语言里，以多种多样的语法单位用来划分句子，并且还能区别不同的句子类型。

在英语以及许多别的语言里，句子是凭藉变调即以次音位的使用来区分。英语里，音调这个次音位标示句子的结尾，并且能区分三种主要的句子类型：John ran away [.] John ran away [?] Who ran away [¿] 此外，在这些句型的每一句上，可以加添感叹式的句调的变异，这样我们总起来就有了如 § 7.6 中所描写的六种类型。

采用次音位来标志句子结尾的这种方法能使一种结构成为可能，这就是通常所说的罗列结构（parataxis）。在罗列结构里，就是不用别的结构来联结起两个形式，而只用一个句调把它们联结起来。譬如我们说 It’s ten o’clock [.] I have to go home [.]（十点钟了 [。] 我该回家了 [。]），在 o’clock 上带着一个陈述句的收尾降调，那么我们就连说了两个句子。但是假设我们略过这个收尾的降调（代之以顿调“pause-pitch”），这两个形式就藉着罗列结构而联结成为一个单独的句子了：It’s ten o’clock [,] I have to go home [.]（十点钟了 [,] 我该回家了 [。]）。

在英语以及许多别的语言里，句子的变调的另一特征就是利用一个次音位来标志句子里的着重部分。在英语里，这个特点是利用最强的重音来表示的。（“Now its *my* turn”，“现在这回轮到我了，”§7.3）。在英语里，着重部分也可以利用特殊的结构（It was *John* who did that（那是约翰干的事））和词序（*Away* he ran（他逃喽））来标志；在有些语言里，重音没有什么重要性，这样一些方法就占优势了，如法语中 C'est Jean qui l'a fait [s ɛ ʒɑ̃ ki l a fɛ]“是约翰做了那事”。某些语言用一些特殊的词放在着重部分的前面或后面；如塔加罗语的［ikaw 'ŋɑʔ aŋ nag'saːbi nijan］（你（着重小品词）这一位—他—说了那件事）（即你，你自己这样说过的）；美诺米尼语的［'joːhpeh 'niw，kan'wenah 'waːpah］“今天（着重小品词），非（着重小品词）明天”。英语的强重音甚至能加在那些正常不读重音的形式上：*of*，*for*，and *by* the people（民有、民享和民治）；*im*migration and *em*igration“移进和移出”。[①]

11.2　除了语调变化的一些特征以外，选择特征也可以用来区分不同的句子类型。这就是上面刚才举出的一部分例子的情况，即用一种特殊结构，或用一个特殊小品词来标志一个着重成分。在英语里，补充疑问句不仅凭藉特殊的音高音位［¿］而且也凭藉一个选择性语法单位来区别：当作补充疑问句所采用的形式，可由我们称之为疑问代替形式（interrogative substitute）的特殊类型的词或短语构成，或者只用一个这样的词或短语来构成：如 Who?（谁?），With whom?（跟谁?），Who ran away?（谁逃跑了?），With whom was he talking?（他跟谁说话来着?）

① 指外国侨民迁移进来和本国侨民迁移出去。——译者

也许所有的语言都区分两个大的句子类型,我们可以称之为完整句(full sentences)和小型句(minor sentences)。两者的区别在于语法单位的选择:某些形式是惯用的句子形式(favorite sentence-forms);当一个惯用的句子形式用来作为一个句子时,这就是个完整句,而当任何其他的形式用来作为句子时,这就是小型句。英语里有两种惯用的句子形式。一种是由施事-动作(actor-action)短语组成的,这种短语的构造就是施事-动作结构:John ran away. Who ran away? Did John run away? 另一种是由命令式(command)组成的——即一个不定式动词带有或者不带有修饰语:Come!(来!),Be good!(乖点!)。第二种类型总是用感叹式的句调讲出来的;不定式动词可以伴有 you 这个词作为施事者:You be good!(你得乖点!)。正如这些例子所表明的,完整句的句子类型仿佛具有"完整而新提出的话语"的意义——也就是说,说话人含意表示他所说的是一件完整的事情或指示,并且多少要改变听话人的情况。言语越是深思熟虑的,句子就越会是完整的类型。完整句的语法元素意义的性质曾经引起许多哲学上的争论;对于这个(或任何别的)意义给以确切的界说是超越语言学的范围的。试图用这个意义(或任何别的意义)而不用形式特征作为语言学讨论的出发点,是一个严重的错误。

现代的印欧系语言中,许多语言在使用施事-动作形式作为一种惯用的句子类型是与英语一致的。有些语言,例如其他的一些日耳曼语言和法语也都符合这样的情况,即施事-动作形式总是一个短语,而把施事者和动作都作为分开来的词或短语。然而,在有些印欧语言——例如意大利语和西班牙语以及斯拉夫诸语言——

施事和动作却构成一个单词的黏附形式：意大利语的 canto [ˈkant-o]“我唱”，canti [ˈkant-i]“你唱”，canta [ˈkant-a]“他(她，它)唱”，等等。一个词含有该语言的一个惯用的句子形式，就是句词(sentenceword)。

有些语言具有不同的惯用的句子类型。俄语，像意大利语一样，具有一种定式动词的句词的施事-动作类型：[poˈju](我唱)，[poˈjoʃ](你唱)，[poˈjot](他(她，它)唱)，等等。除此以外，俄语还具有另一种完整句的类型：[iˈvan duˈrak](伊凡(是个)傻瓜)，[solˈdat ˈxrabr](这个兵(是)勇敢)，[oˈtets ˈdoma](父亲(是)在家里)。在这第二种类型里，先讲出来的成分是个名词；另一个形式是跟第一个形式相对等的名词，或是一个形容词(形容词在这种用法上有特殊的形式)，或是一个副词性形式。

当一个语言具有不止一种完整句类型时，这些类型都分成两部分的结构。这种由两部分构成的惯用句型的普通名称就是谓语型(predications)。在一个谓语型句里，那个比较像事物一类的成分叫作主语，另一成分就叫作谓语。俄语的两种类型中，前者称为叙述式(narrative)谓语型句，后者称为等同式(equational)谓语型句。像英语或意大利语这样的语言，只有一种由两部分构成的句子类型，用这些术语则是多余的，但是往往也把：John ran 算是一种谓语型句，其中施事(John)是主语，动作(ran)是谓语。

拉丁语具有跟俄语一样的完整句的类型，但是叙述式类型体现了两种变体：一种是施事-动作结构：cantat“他(她、它)唱”，amat“他(她、它)爱”另一种是受事-动作(goal-action)结构：cantātur“它被唱”，amātur“他(她、它)被爱”。等同式类型不及俄语里那样普遍：beātus ille“快乐的(是)他”。

塔加洛语有五种谓语式类型的句子，都有一种共同特征：有的是把主语放在前面而以一个小品词[aj](在元音后面则为[j])插在中间，或者是利用颠倒次序而不带小品词。

首先是有一种等同式的类型：[aŋ 'ba:ta j maba'it]“这小孩儿(是)好”，再一种是颠倒次序，[maba'it aŋ 'ba:taʔ]“好(是)这小孩儿”。然后，还有四种叙述式类型，其中谓语是个**暂词**(transient words)，用来表示跟动作涉及事物的四种不同关系。暂词表示的四种类型是：

施事：[pu'mu:tul]“砍者”

受事：[pi'nu:tul]“被砍的东西”

工具：[ipi'nu:tul]“用以砍的东西”

地点：[pinu 'tu:lan]“在或从……上面砍”

这些暂词绝不跟我们的动词一样局限于谓语的位置；同样也能出现在例如等同式的句子里：[aŋ pu'mu:tul aj si 'hwan]“过去砍(东西)的那个人是约翰”，但是处在谓语的位置上，它们却产生四种类型的叙述式谓语型句：

施事-动作：[sja j pu'mu:tul naŋ'ka:huj]“他砍了一些木柴”

受事-动作：[pi'nu:tul nja aŋ'ka:huj]“被砍了　被他　这木柴”，即“他砍了这木柴”

工具-动作：[ipi'nu:tul nja aŋ 'gu:luk]“用以砍了的　被他这波罗刀(bolo-knife)”，即“他用这波罗刀砍了”[①]

① 波罗刀源于菲律宾群岛的西班牙语，单刃砍刀。——译者

地点-动作：[pinu'tu:lan nja aŋ 'ka:huj]"从上面被砍了被他

这　木柴"，即"他从这木柴上砍下了（一块）"。

乔治亚语（Georgian）把动作类型（action-type）如['v-tsˀer]"我-写"跟感觉类型（sensation-type）如['m-e-smi-s]"我-声-音-是"即"我听见"区别开来。这种区别从来就没有科学的一贯性；乔治亚语把视觉归到动作类型里去了：['v-naxav]"我-看见"。

不是所有的惯用的句子形式都具有两部的结构：英语中的命令句仅仅是由一个不定式形式组成的（come；be good），只是偶尔包括施事者在内（You be good）。在德语里，除了一种近似英语施事-动作那种惯用句型以外，还有一种**非人称的**（impersonal）变体，其区别是不含有任何施事者：mir ist kalt [mi:r ist 'kalt]"对我　是　冷"即"我觉得冷"；hier wird getanzt ['hi:r virt ge-'tantst]"这儿跳起舞来了"即"这儿有跳舞"。俄语有一种非人称的类型，它跟等同式谓语型的区别是没有主语：['nuʒno]"有必要"。

11.3　英语有一种完整句的次类型，我们可以管它叫**重点-动作**（explicit-action）类型；在这种类型里，动作是以动词 do，does，did 为中心的。这个语法单位的选择显示在，比方说，I heard him（我听见他了）和 I did hear him（我的确听见他了）两者的对比上。这种重点-动作类型有好几种用法。当动词是一个重点成分（用最高重音讲出来）时，正常的类型是加强动词的词汇含义（义素），如"I *heard* him"(but did not see him)（我**听见**他了（但是没有看见他）），或"*Run* home!"(don't walk)（**跑**回家去！（不要走回去））；重点-动作类型强调动作的发生（跟事件的未发生对立）或动作的时间(现在或过去),如"I *did* hear him"(我的确听见他了),或"*Do* run home!"(就跑回家去!)。其次,在动词被not来修饰的场合,我们总是使用重点-动作类型,如I didn't hear him(我没有听见他)或Don't run away(别逃跑);这样,英语凭藉一种选择语法单位,可以区别完整句的否定类型。

此外,在重点-动作类型中,还可以分出一个次类型,在这个次类型里动词do,does,did放在施事的前面。这种颠倒的类型出现在正式的是非问句里,并带有问句音调;比较:Did John run away? Didn't John run away? 和非颠倒的(非正式的)类型:John ran away? John didn't run away?

刚才所讨论的一些特征,作为英语完整句的较普遍的特点,并不同样广泛地存在于其他语言。比方,在德语里,否定副词却不跟一个特殊句子类型连结在一起:Er kommt nicht [e:r 'komt 'nixt]"他来不"(他不来)是跟Er kommt bald [e:r 'komt 'bait]"他马上来"一样的。然而,另外有些语言,像英语一样,使用具有否定意义的特殊句子类型。芬兰语里,否定句有特殊的结构:动词(跟意大利语一样,把施事和动作包含在一个句词里)是一个特殊的否定动词,它可以被另一个动词的像不定式类型的动词形式所修饰:

luen"我读"	en lue"我-不读"
luet"你读"	et lue"你-不读"
lukee"他读"	ei lue"他-不读"

美诺米尼语有三种完整句的主要类型,等同式的、叙述式的、和否定式的:

叙述式:[pi:w]"他-来"

等同式：　［enuʔ pajiat］“他-来的这个人”，即“正在来的是他”

否定式：［kan upianan］“不 他-来（否定式）”，即“他不来”在否定式类型里，句子的这两部分一方面是否定词［kan］的不同屈折形式，而另一方面，这个句子的其余部分，是利用特殊的动词形式标志出来的。

完整句的特殊类型用在正式的问句上更为广泛些。德语采用施事-动作形式，而把动词放在施事的前面：Kommt er？［'komt eːr？］“来他？”（他来吗？）跟 Er kommt［eːr 'komt］“他来”可作对比。法语也使用特殊的疑问式结构：“约翰来吗？”翻成法语或是 Jean vient-il？［ʒɑ̃ vjɛ̃t i？］“约翰　来　他？”（约翰，他来吗？）或是 Est-ce que Jean vient［ɛ s kə ʒɑ̃ vjɛ̃？］“约翰来，是吗？”。美诺米尼语里，完整句的三种主要类型各有一个疑问式的次类：

叙述式：［piːʔ？］“他来吗？”

等同式：［enut pajiat？］“他（疑问式）来的这个人？”即“是他来吗？”

否定式：［kanɛːʔ upianan？］“不（疑问式）他-来（否定式）？”即“他不来吗？”。

另外有些语言在正式的是非问句上不用特殊的句子类型，但是也有些语言却使用特殊的疑问词，如拉丁语的 venitne？［we' nit ne？］“他来吗？”和 num venit？“你的意思不是说他会来吧？”（预期一个否定的回答）——可跟 venit？“他来吗？”作对比。这种使用特殊的短词（小品词）来标志正式的是非问句的方法，出现在许多语言里，如俄语、汉语、塔加洛语、克利语（Cree）。

在使用一些特殊词来标示补充问句的方法上，大多数语言是跟英语一致的，但是细微的差别还是有的：比方，在塔加洛语和美诺米尼语里，补充问句总是一个等同式的句子，如美诺米尼语的［awɛːˀ pajiat¿］"谁 来的-这-一位？"即"谁来了？"。

英语的命令句是和感叹语的例子一样，用一种特殊句型。其他语言在某些感叹语上也有特殊的完整句类型。在美诺米尼语里，有两种这样的语型，一种是惊奇，即在发生新奇或意外的事件的时候，一种是失望，即在某项预期的事件没有发生的时候：

惊奇

叙述式：［piasah！］"居然他来了！"

等同式：［enusaˀ pajiat！］"居然是他来了！"

否定式：［kasaˀ upianan！］"居然他不来了！"

失望

叙述式：［piapah！］"但是他来了！"

等同式：［enupaˀ pajiat！］"但是他就是来了的那个人！"

否定式：［kapaˀ upianan！］"但是他不来了！"

11.4 一个句子若不是由惯用的句子形式组成的，就是小型句。有些形式主要地作为小型句出现，除并列结构以外几乎不参加任何其他结构；这样的形式就是感叹词语(interjections)。感叹词语要么就是一些特殊的词，例如 ouch(哎唷)！oh(哦)！sh(嘘)！gosh(天哪)！ hello(喂)！ sir(先生)！ ma'm(大娘)！ yes(是)！要么就是一些往往带有特殊结构的短语(次要的感叹词语)，例如 dear me(乖乖)，goodness me (好家伙)，goodness gracious(真了不得)，goodness sakes alive(真要命)，oh dear(哎呀)，

by golly(天哪),you angel（好宝贝）,please(请),thank you（谢谢你）,good-bye(再见)。

一般说来,小型句似乎具有两种类型,或是完整式的(completive),或是感叹式的(exclamatoty)。完整式类型仅仅是补充说明一种情景的形式——即前一段句中的言语、姿态,或仅仅是一件事物,如:This one‘这一个’。Tomorrow morning(明天早晨)。Gladly,if I can(行,要是我能的话)。Whenever you're ready(等你准备好了,什么时候都行)。Here(这儿)。When(什么时候)?With whom(跟谁)? Mr.Brown:Mr.Smith(这位布朗先生:这位史密斯先生)(在介绍人们的场合)。Drugs(药品)。State Street(大街)。小型句特别是用作问话的回答;在这种用法上,英语有特殊的完整式的感叹词,yes(是)和 no(不)。即使在这方面,各种语言也有不同的情况:法语里讲 si(是)的时候,是回答否定式的问话,如“他不来吗?”,但是用 oui [wi]（是)去回答另外一些问话,如“他来吗?”。有些语言没有这样的感叹词。波兰语是用普通的副词来回答的,肯定式用 tak“如此地、这样地”,否定式是用 nie [ne]“不那样”。芬兰语用一个普通的形式来作肯定的回答,例如 Tulette-ko kaupungista? ——Tulemme.“你们是从城里来吗?”——“我们来”,而用否定动词来作否定的回答:Tunnette-ko herra Lehdon? ——En(或 En tunne)“你认识雷顿先生吗?”——“我不”(或“我不认识”)。

感叹式的小型句是在强烈的刺激下出现的。这类句子是由感叹词或不属于惯用句型的正常形式所组成的,并且往往以并列结构句型表示出来:Ouch,damn it!（哎唷,该死!)This way,please

(打这边走,请!)。英语使用一种称呼听者的名词形式以表示要他来或要他注意:John! Little boy!(小孩!)You with the glasses!(你带着眼镜的人!)。使用并列结构:Hello,John! Come here,little boy!(到这儿来,小孩!)。特别是感叹词 sir 和 ma'am 是一贯这样使用的;俄语以同样的方式使用一个感叹词[s],如[da-s]"是,先生;是,大娘",没有性的区别。许多语言在这种用法上有一些特殊的呼格(vocative)形式,例如拉丁语的 Balbus(男人的名字),呼格是 Balbe,或福克斯语的[iʃkwɛːwa]"女人",呼格是[iʃkwe],和[iʃkwɛːwak]"女人们",呼格是[iʃkwɛːtike]。美诺米尼语表示亲属关系的名称具有特殊的、极不规则的呼格形式:[nɛʔnɛh]"我的哥哥",呼格是[nanɛːʔ],或[nekiːjah]"我的母亲",呼格是[neʔɛːh]。其他的词作为呼格讲出来则有用短元音来替换长元音的:[mɛtɛːmuh]"女人",呼格是[mɛtɛmuh]。梵语里,呼格形式是读轻音的。

偶尔我们遇见格言式类型的小型句(§9.9),使用起来跟完整句具有大致相同的价值;英语的例子是:The more you have,the more you want.(你越有,你越要。)The more;the merrier.(越多,越快活。)First come,first served. Old saint,young sinner.

11.5 在大多数语言中,句子的特性也利用比我们以上所讨论的更为普遍的选择特征标志出来:我们称为黏附形式(§10.1)的某些语言形式,绝不能当作句子使用。英语的例子是 countess,lioness,duchess 等词中的-ess[is],或 boyish(男孩子气),childish(小孩子气),greenish(带点绿色的)等词中的-ish[iʃ],或 hats(帽子——复数),books(书——复数),cups(杯子——复数)等词中的-s [s]。这些都是地道的语言形式，而且表达一种意义，但是它们只在一个较大的结构形式中作为其中的一部分出现。能够作为句子出现的形式，就是自由形式(free forms)。不是任何语言都使用黏附形式：比方，现代汉语似乎就没有。[1]

一个自由形式全部由两个或两个以上的较小的自由形式所组成，就叫短语(phrase)，例如 poor John 或 John ran away 或 yes, sir 等等都是一个短语。自由形式若不是一个短语，就是一个词。所以词(word)是一个自由形式，但不是全部由(两个或两个以上的)较小的自由形式所组成的；扼要地说，词就是一个最小的自由形式(minimum free form)。

既然只有自由形式能在实际的言语中分离出来而存在，那么词作为自由形式最小单位，就在我们对待语言的态度上起了非常重要的作用。为了日常生活的目的，词就成了言语的最小单位。我们的词典是把一种语言的词搜集起来加以编排；除了对语言作系统的研究以外，从其他所有的目的看来，这种工作程序无疑是比搜集和排列词素要有用得多。把语言形式分析为词，这对我们是熟悉的，因为在我们书写和印刷的习惯中，我们向来就是在词与词之间留下空隙的。如果碰巧有个还没有学会念书和写字的人，我们要求他来划分词与词之间的界限，那他就会有些困难。这个困难在英语中比在其他一些语言，例如法语里，要小一些。可是，词与词之间留个空隙已经成为我们书写传统的重要部分，这一事实

[1] 现代汉语如表示人称复数的"们"，儿化韵里的儿尾，显然都是黏附形式。——译者

就可表明把词认作言语单位对说话的人来讲是不足为奇的;除了对某些含糊不清的情形以外,人们确实能够很容易学会进行这种分析。

在学校的传统教学里,我们有时把 book,books 或 do,does,did,done 这些形式说成是"一个词的不同形式"。当然,这种说法是不确切的,因为在这一套的成分之间,都有形式和意义的差别:刚才所举的这些形式都是不同的语言形式,所以是不同的词。

在另外一些情况下,我们书写习惯上的不一致会使得我们捉摸不定。我们写 John's,在 John's ready(约翰准备好了)中,它是两个词(John 和 [z] —— [z] 是 is 的一个变体),而在 John's hat(约翰的帽子)中,John's 却是一个词(是 John 和黏附形式属格 [-z] ——所组成)。我们写出的 the boy's(这男孩子的),好像有两三个词,但是,严格地讲,那只是一个词,因为直接成分是 the boy 和属格 [-z],后者是一个黏附形式;这种情况在 the king of England's (英国国王的)或 the man I saw yesterday's (我昨天看见的那个人的)一类的例子中显得更清楚,其意义表明 [-z] 是跟它前面的整个短语结合在一起的,因此这两部分就联成为一个长的单词。

11.6 然而,从许多语言的情况看来,一方面在短语和词之间的区别,另一方面在词和黏附形式之间的区别,都不可能贯彻一致地截然加以分清。语言学家不能无限期地等待着机会去听取某一个形式能当作一个句子来使用——即单独讲出来的形式。有些形式是很少这样用的。询问或试探可以引起听者的各种很不相同的反应。像英语的 *the*、*a*、*is*、*and* 等形式有单独讲出来的时候吗？我们可以想象一段对话：Is？——No；was（是吗？——不；过去是）。Because（因为）这个词据说是妇女在回答时所爱用的。一个不耐烦的听者讲 And？（后来呢？）。我们可以想象一个吞吞吐吐的讲话人口里说 The...‘这……’而能为他的听者所了解。除了这样一些勉强引证出来的情况以外，给一种语言的一般结构作某一种分类要比作另一种分类，更便于达到我们的目的。虽然 the 这个形式很少单独讲出来，但是它在英语中跟作为句子自由出现的形式 this（这）和 that（那）起着差不多相同的作用；下面这个并列的公式导致我们把 the 作为一个词来归类：

this thing（这个东西）：that thing（那个东西）：the thing（这东西）

this　（这个）　：that　（那个）　：（the）

在另外一些情况下，语音变换的特征也造成了困难。John's ready 中的［z］、I'm hungry 中的［m］或 Don't！“不行！”中的［nt］，在英语里都是不能单说的，但是我们必须把它们作为词来归类，因为它们都是能够单说的形式 is，am，not 的变体。在法语里，我们甚至有一个音位表示两个词的例子：在 au roi［o rwa］“对这国王”这个短语里，au［o］是由于 à［a］“对于”和 le［lə］“这”两个词起了语音变换而产生的；这个［o］跟 eau“水”和 haut“高的”是同音的。

另外有些情况，如某些模糊不定的形式宁可说它不是属于语音变换的单位而是属于语法选择的单位，不过，从它们各自的语言的整个结构来看，也最好是作为词来归类。再举法语为例，其中就有好几个这类的形式。像 moi［mwa］“我——主格，宾格”和 lui [lɥi]“他——主格，宾格”这样的绝对形式，在某些结构里被一些比较短的形式所代替，这些短的形式通常不能独立使用，如 je [ʒə]“我——主格”、me [mə]“我——宾格”、il [il]“他——主格”、le [lə]“他——宾格”；例如 je le connais [ʒə l kɔnɛ]“我认识他”，il me connaît [i m kɔnɛ]“他认识我”。用这些连合(conjunct)形式来代替绝对形式应该作为一种选择特征而不是作为一种语音变换特征来描写：这些连合形式多半跟绝对形式是平行的，所以仍然具有词的资格。

次要的边缘现象就是在转述(hypostasis § 9.7)中使用黏附形式，例如当我们谈到一个十几岁的少女时，我们用 *teens* 还提出各种各样的 isms(主义)和 ologies(学科)。

另外一种相反的例子，我们发现介乎词和短语之间的形式。像 blackbird 这样一个形式类似两个词构成的短语(black bird)；但是我们会发觉：如果要给英语作一个前后一致的描写，就必须把这个形式作为一个单词(复合词)来归类。就这个例子讲，便有一个明晰的差别，因为在 blackbird 中第二个词(bird)带有较弱的重音而不带有正常的高重音，这一差别在英语里是音位性的，而且这个形式的差别跟 blackbird 和 black bird 之间的语义差别是相互联系的。这种区分不一定老是那么清楚：ice-cream [ˈajs ˌkrijm](冰淇淋)，只用一个高重音讲出来，可以当作一个词(复合词)来归类，然而带着两个高重音的一种异读 ice cream [ˈajsˈkrijm](冻奶油)，那就得当作一个包含两个词的短语来归类。类似的异读也存在于 messenger boy(信差)、lady friend(女朋友)这样一些类型之中。

在 devil-may-care（满不在乎的）（如 a devil-may-care manner“满不在乎的态度”）或 jack-in-the-pulpit（“天南星草”是一种植物的名称）这样一些形式里，重音的准则会叫我们没办法。前者假如是 devil-may-care-ish，那我们就毫不犹豫把它作为一个词来归类，因为在直接成分中有一个黏附形式-ish。devil-may-care 这种类型的一些形式是当作词（短语词 phrase-words）来归类的，因为它们具有英语结构体系里的某些特征使它们跟别的词处于同等的地位。这些特征之一就是这些形式的独特的功能；作为一个短语，devil-may-care 就会是一个施事-动作形式，但是作为一个短语词，它就占有一个形容词的地位。另一特征就是它们的不可分割性：jack-in-the-pulpit 这个植物名称，不能把 little‘小的’这个词放在 pulpit[①] 的前面来修饰它，但是跟这相当的短语却容许这样的修饰并且做其他的扩展。

后面的这一个原则，即一个词不能被其他形式隔开的原则，几乎适用于一切语言。比方，说 black——I should say, bluish-black——birds（一些黑色的——或得说，带点蓝黑色的——鸟），但是我们却不能以同样的方式隔开复合词 blackbirds。这个原则的例外情况是稀罕得跟胡闹似的了。哥特语有一个黏附形式[ga-] 特别作为附加在动词的词首上：['se:hwi]“他应该看见”，[ga'se:hwi]“他应该能够看见”。可是，偶尔我们发觉在这个[ga-] 和动词的主体之间插进了一些词，例如在马可福音 8 章 23 节的译文中：['frah ina ga- u hwa 'se:hwi]“他问过他是否 [u] 看

① pulpit 这个单词的原意为“讲道坛，说教坛”。——译者

见了什么[hwa]”。

这些准则没有一条是能够不折不扣地加以应用的;许多形式是处在黏附形式与词之间或词与短语之间的边界线上;不可能把哪些形式可以放在绝对位置上来说,或哪些形式不可以,加以硬性的区别。

11.7 词基本上并不是一个语音单位:我们并不是凭藉停顿或其他的语音特征来划分我们言语中能够单独来讲的那些音段。然而,不同的语言以不同的方式给予词单位(word-units)以语音上的识别标记:有些语言如法语就非常少,而另一些语言如英语就很多。

作为一个自由形式,词是能够处在绝对位置上讲出来的;因此,它受该语言的语音模式的支配。它一定得包含至少一个正常地构成音节用的音位;感叹词——如英语的 sh [ʃ](嘘!)和 pst [pst](咄,咄!)——偶然破坏了这个原则。词里起首的和收尾的辅音和辅音群必须是那些能够在言语的开头和末尾出现的;因此,没有一个英语的词是以[ŋ]或[mb]开头的,也没有一个以[h]或[mb]来收尾[①]。

除此以外,许多语言在词的语音结构上还加些旁的限制。我们可以发觉有些能说的中间的辅音群(medial clusters)都不出现

① 英语里偶然也遇见极少数的雅词或术语以[-mb]收尾,如诗律中的 iamb(由一短一长或一轻一重的两个音节构成的一格),可以读[aiˈæmb],又读[aiˈæm]。

英语里[h-]只出现于词首,[-ŋ]只出现于词尾,美国描写语言学派有一部分人根据互补分布的原则把二者归并为同一音位,但是二者的语音性质是截然不同的。——译者

于一个单词本身的内部；在英语里，能说的辅音群如在 rash child（鲁莽的小孩），give ten（给十个），it's very cold（天很冷），least strong"最不强壮的"中的［ʃtʃ，vt，tsv，ststr］和叠辅音如在 ten nights（十夜），that time（那个时候），nab Bill（捉住比尔）中的［nn，tt，bb］都不在单词内部出现。另一方面，法语带有插入的［a］音，还有像福克斯语或萨摩亚语，不使用收尾辅音也不容许在一个短语里比在一个词里有更多的辅音群。

有些语言具有一种特殊的限制，即所谓的元音和谐（vowel-harmony），只容许某些元音组合在一个词的相连音节中存在。所以，在土耳其语里，一个词的元音要么都是前元音［i，y，e，ø］，如在［sevildirememek］"不能使人爱"中，要么都是后元音［ï，u，a，o］，如在［jazïldïramamak］"不能使人写"。

在汉语里，我们就有结构式的标词手段的极端情况；每个词是由一个音节再加两三个主音位组成的：一个不成音节的单纯音位或复合音位作为起首音（即"声母"①），一个成音节的单纯音位或复合音位作为收尾音（即"韵母"②）；再加一个调型（§7.7）；不成音节的起首音可以没有；这个语言没有黏附形式。

在英语以及许多其他的语言中，每个词标明一个而且只有一个高重音（forgiving（宽恕的）；convict（证明有罪），动词；convict（罪犯），名词）。在这样一些语言里，有的语言由于词重音的位置在词首或在词尾有固定的关系，词单位就更加清楚地被标示出来

① 本段中括弧里的注释都是译者添加的。——译者
② 本段中括弧里的注释都是译者添加的。——译者

了：波希米亚语和冰岛语里重音在第一音节，克利语里重音在倒数第三音节（叫做 antepenult），波兰语里重音在倒数第二音节（叫做 penult）。在拉丁语里，倒数第二音节是读重音的，如 amamus [a' ma:mus]"我们爱"，除非这个音节有一个短元音而短元音后面跟随的辅音不超过一个，如果是这样，那么倒数第三音节就读重音，如 capimus ['kapimus]（我们拿）。在这样的一些语言里，重音就是一种词标（word-marker），它能标示词的开头或结尾，但是，由于它的位置是固定的，它不能区别不同的词。在意大利语，西班牙语和现代希腊语里，重音总是落在一个词的最后三个音节中的一个音节上。在古希腊语里，一个词要么就是有一个单纯重音[①]落在最后三个音节中的一个音节上，要么就是有一个复合重音[②]落在最后两个音节的一个音节上，另外根据这些音节里的主音位的性质再附加一些限制。

在使用重音的语言中，有些语言如英语，在第一音节读重音的词一开始就得重读。如 a name（一个名字）对比 an aim（一个目的）或 that scold（那个泼妇）对比 that's cold（那是冷的）它们之间的差别可以作为证明（§7.5）。另外一些语言，如荷兰语、意大利语、西班牙语，以及斯拉夫诸语言，纯粹根据语音习惯来调整重音的起点——重音在位于重读元音前面的辅音上就开始，即使这个辅音属于另一个词，如意大利语的 un altro [u'n altro]"另一个"。像法语是一个不使用重音音位的语言，就不能采用这个方式来标

① 升调或降调。——译者

② 升降调。——译者

示它的词的单位。

上述情况中词单位的语音标记主要受到两个因素的干扰。词在其全部组合成分中包含两个以上的自由形式的，一般都具有短语的语音特点。在英语中，复合词跟短语一样也含有音节间的辅音群：stove-top [vt]（火炉顶）、chest-strap [ststr]（捆箱子的皮带）、pen-knife [nn]（铅笔刀）、grab-bag [bb]（摸彩袋）；短语派生词（phrase-derivatives）甚至可以有一个以上的高重音：old-maidish [ˈowld ˈmejdjʃ]（老处女似的）、jack-in-the-pulpit [ˈdʒɛk in ðə ˈpulpit]（天南星草）。

另一方面，处在内含位置上的词会受到语音的变调和变音，因而消除了那些作为标词手段的语音特点。因此在 don't [ˈdow nt]"不"，这个短语中的 not"不"的高重音和音节都消失了；试比较 lock it（锁上它）跟 locket（小金盒）、feed her [ˈfijd ə]（喂她）跟 feeder（饲养员）等等类似的情况。英语的非重读词从语音上看就像附加的音节。在 at all [eˈt ɔːl]（全然）正常发出的音中，重音在 at 的 [t] 上面开始。这些内含的变体，即一个词在失去其绝对位置上所特有的语音特征的变体，将留在下一章来讨论。然而，目前有关这方面值得注意的是：这些发生变音的短语仍然还会稍微含有一些词单位的语音标记，因为它们所含的语音序列并不在单词中出现。比方，[ownt] 这个收尾的序列在英语里是许可的，但是只在 don't"不"和 won't"将不"这些短语里出现，并不是作为任何一个单词出现。在德语南部方言里，有些起首的辅音群如 [tn，tʃt]，由于开头的第一个词发生语音变化的结果，在短语里出现，如在 [t naxt]"这晚上"、[t ʃtaːʃt]"你站着"中，但是不在任何一个单词里出现。在汉语北方话里，一个短语能以成音节的音加[r]①来收尾，如[çjaw^3 ˈma r^3]“小马儿”，但这是两个词——在我们这个例子中就是[ma^3]“马”和[r^2]“儿”（“儿子、小孩、小的”）——发生音变的结果。

在少数不使用黏附形式的语言里，词具有双重的重要性，因为它不仅是自由形式的最小单位而且也是一般语言形式的最小单位。在使用黏附形式的语言里，词具有很大的结构上的重要性，因为自由形式在短语中出现的结构跟自由形式或黏附形式在词中出现的结构是截然不同的。因此，这些语言的语法就包括所谓**句法**(syntax)和**词法**(morphology)两部分。然而，复合词和在某种限度内的短语派生词的结构则处在介乎两者之间的位置上。

① 即儿化音。——译者

第十二章　句法

12.1　依照传统的方式，大多数语言的语法都在**句法**(syntax)和**词法**(morphology)两个标题下进行讨论。上一章里我们所探讨的句子类型是在前一个标题下进行的，对于(将要在第十五章考虑的)替代类型也是这样，可是对我们现在要考虑的语法**结构**(constructions,)，将部分地放在词法的标题之下讨论。关于这种分界的用途以及关于这两个标题的范围，曾经有过很多的争论。在具有黏附形式的那些语言里，黏附形式在结构上起着作用的和在结构上一切直接成分都是自由形式的，两者有根本的区别。因此，我们就把前者单独地放在词法的标题下。困难的地方是：某些形式上的关系，如 he(他——主格)和 him(他——宾格)的关系，包括在黏附形式的用法里，而这些形式的语义上的差别却能依句法结构来规定；例如，he 充当施事者(he ran)，him 则充当受事者(hit him)。然而，传统的划分还是有道理的：恰巧在这些例子上，词法结构中所牵涉到的意义是能依据句法来规定的，而不能只依据实际生活来规定。所以，**句法**结构中没有一个直接成分是黏附形式的结构。介乎词法和句法之间的情形主要出现在复合词和短语词的范围以内。

12.2　一个语言的自由形式(词和短语)在较大的自由形式(短语)里出现，是按变调、变音、选择和语序这些语法单位来安排的。任何有意义的、重复出现的这些成套的语法单位(简称'法位')就是句法结构(syntactic construction)。例如,英语的施事-动作结构在如下的一些短语中出现:

John ran(约翰跑了)　　Bill fell(比尔跌下了)

John fell(约翰跌下了)　　Our horses ran away(我们的马儿跑了)

Bill ran(比尔跑了)

在这些例子里我们看见选择法位。其中一个成为(John, Bill, our horses)是一大类的形式,我们管它叫主格词语(nominative expressions);像 ran 或 very good 这一种形式就不能这样使用。另一个成分(ran, fell, ran away)是另外一大类的形式,我们管它叫定式动词词语(finite verb expressions);像 John 或 very good 这一种形式就不能这样使用。其次,我们还看见语序法位:主格词语在定式动词词语的前面。在这儿我们暂且不用去考察这种结构的那些能显示不同的或附加的法位的、多种多样的其他类型和次类型。这个结构的意义大致是这样:任何一个被称为体词词语(substantive expression)的就是一个施事者,他执行被称为定式动词词语的动作。英语施事-动作结构的两个直接成分是不能互换的:我们就说这个结构有两个位置(positions),我们可以称之为施事位置和动作位置。某些英语的词和短语能在施事位置上出现,另外一些能在动作位置上出现。一个形式能出现的一些位置就是它的多种功能(function),或作为总体来讲就是它的功能。所有能占据某一特定位置的形式因而就构成一个形类(form-class)。因此,所有英语的词和短语,能在施事-动作结构中占据施事位置的,都构成一个大的形类,我们把它们称为主格词语;同样,所有英语的词和短语，能在施事-动作结构中占据动作位置的，都构成另一个大的形类，我们把它们称为定式动词词语。

12.3　既然短语的各个成分都是自由形式，那么说话人就可以利用停顿(pauses)把它们分开。停顿大都是非区别性的；停顿主要出现在这些成分是较长的一些短语后面；在英语里，停顿以前通常会出现一个停顿音调。

我们在前面(§11.1)曾经看到：不藉别的结构联结起来的自由形式可以利用并列结构(parataxis)——仅仅缺少一个语音性质的句尾——联结起来，例如 It's ten o'clock [,] I have to go home [.]（十点钟了 [,] 我该回家了 [.]）。在平常的英语并列结构里，一个停顿音调出现于成分与成分之间，但是我们也有另外一种紧接并列结构(close parataxis)不带停顿音调，如 please come(请来吧！)或 yes sir(是啊先生！)。

一种特殊的并列结构就是使用半绝对形式(semi-absolute forms)，这种形式在语法上和意义上都是重复跟它联结而成为罗列结构的那个形式的某一部分，如 John, he ran away. 在法语里，这一类型是正规地用于几种问句中，如 Jean quand est-il venu? [ʒã kãt ɛt i vny?]“约翰他什么时候来？”。

插语(parenthesis)是以某一形式打断另一形式的一种罗列结构；在英语里，插语形式的前后通常都有一个停顿音调：I saw the boy [,] I mean Smith's boy [,] running across the street [.]（我看见了那个男孩 [,] 我是说史密斯的男孩 [,] 跑过街道 [.]）。在像 Won't you please come?（你愿意来不）？这一形式中，这个 please(愿意，请，劳驾)是一个紧接插语，不带停顿音调。

同位语这名词是指称那些用罗列结构形式联结起来的形式，它们在语法上，而不是在意义上，是等同的，例如 John [,] the poor boy [,] ran away [.]（约翰 [,] 这可怜的男孩 [,] 逃跑了 [.]）。在英语里，我们还有一种紧接同位语，不带停顿音调，如 King John（约翰王）、John Brown（约翰·布朗）、John the Baptist（施洗约翰）、Mr. Brown（布朗先生）、Mount Everest（埃佛勒斯峰）。

有些非语言的因素跟结构相抵触，倒也是常见的；说话人所说的仍然是有意义的，如果他已经讲出来了一个自由形式。在顿绝语（aposiopesis）里，说话人是突然中止或是被打断：I thought he—。（我曾以为他—。）在错格语（anacoluthon）里，说话人是重新开始：It's high time we—oh, well, I guess it won't matter.（这正是时候我们该—嗳，算啦，我想这没有关系。）当说话人犹豫不决时，英语和某些别的语言提供一些特殊的插语式的犹豫形式（hesitation-form,），如在 Mr.—ah—Sniffen（斯—啊—斯尼芬先生）中的 [a] 或 [ε]，或 Mr.—what you may call him—Sniffen（斯—你怎么称呼他的—斯尼芬先生），或 that —thing-amajig — transmitter"那个—那个什么—发报机"。

12.4　变调和变音的特征在许多句法结构中起很大的作用，就是通常所说的连读变音（sandhi）[①]。一个词或短语的形式，要是单独讲出来，就是该词或短语的绝对形式（absolute form）；出现在

① 这个术语，跟许多语言学的专门名词一样，来自古印度的语法学家们。照字面讲，它的意义是"放在一起"。——原注

内含位置中的形式就是它的连读变音形式(sandhi forms)。这样,在英语里,不定冠词的绝对形式是 a [ˈej]。这个形式出现在内含位置上时,仅仅是当这个冠词是个着重成分,并且下一个词是以辅音开始的时候,如"not *a* house, but *the* house."(不是一所房子,而是这所房子)。如果下一个词是以元音开始,那么我们就有一个连读变音形式 an [ˈɛn] 取而代之,如"not *an* uncle, but her uncle."(不是一个叔父,而是她的叔父)。

变调特征出现时,如 a, an 不是一个着重成分,而是作为非重读的音节讲出来的,a house [əˈhaws](一所房子)、an arm [ən ˈɑːm](一只胳膊),这里便出现了变调特征。在英语里,一个绝对形式的词都有高重音;因此我们可以说,一个连读变音形式词,若没有高重音,讲出来就好像它是另一个词的一部分。各种语言都使用这种连读变音形式;这就是通常所称的非重读(atonic)形式。这个名词不是十分恰当的,因为其特点不一定是缺乏重音。在法语的 l'homme [l ɔm]"这个人"这个短语里,冠词 le [lə] 是非重读的,因为它的连读变音形式由于语音模式(缺少一个元音)而不能单独讲出来。在波兰语的 [ˈdo nuk]"到脚"这个短语里,前置词 do"到"是非重读的,但是它有重音,正因为在这个语言里,重音是放在每个词的倒数第二音节上,而重音落在 do 上仅仅是因为这个词当作下一个词的一部分来对待的。

一个非重读形式当作下面一个词的一部分来对待时——这就是我们上述的一些例子的情形——就是前倚音词(proclitic)。一个非重读形式当作好像它是前一个词的一部分来对待的就是后倚音词(enclitic);因此,在 I saw him [aj ˈsɔː im](我瞅见了他)中,这个［aj］是前倚音词，而这个［im］则是后倚音词。

以 an 来代替 a 的这种连读变音以及这个词和其他一些词在短语结合中不读重音的那种连读变音，都是强制性连读变音(compulsory sandhi)的例子。英语别的连读变音习惯却是任意性的(optional)，因为通常都有正式的或文雅的意义的不变体可以平行并用；例如，［h］在 him 里丢失了，可是这情况不在比较文雅的不变体 I saw him ［aj ˈsɔː him］（我看见了他）里发生。除了 did you?［ˈdidʒuwʔ］（你那样做了么？）、won't you ［ˈwowntʃuwʔ］（（你）行不行，愿不愿意？）、at all ［əˈtɔːl ］（罢了）（这些是美国英语带有［t］的舌尖浊闪音变体）之外，我们还有比较文雅的变体［ˈdid juwʔ ˈwownt juwʔ ət ˈɔːl］。

连读变音形式，单独提出来时，也许不能读出音来；许多英语例子就是这样的：

绝对形式	连读变音形式
is ［ˈiz］（是）	［z］John's ready.（约翰准备好了。）
	［s］Dick's ready.（狄克准备好了。）
has ［ˈhɛz］（已经）	［z］John's got it.（约翰已经得到它了。）
am ［ˈɛm］（是）	［m］I'm ready.（我准备好了。）
are ［ˈɑː］（是）	［ə］We're waiting.（我们正在等待。）
have ［ˈhɛv］（已经）	［v］I've got it.（我已经得到它了。）
had ［ˈhɛd］（曾经）	［d］He'd seen it.（他曾看见过它。）
would ［ˈwud］（会）	［d］He'd see it.（他会看见它。）
will ［ˈwil］（将，要）	［l］I'll go.（我要走了。）
	［l̩］That'll do.（那就行了。）

them ['ðem]（他们） [am] Watch'em.（监视他们。）

not ['nɔt]（不） [n̩t] It isn't.（(这)不是的。）

[nt] I won't.（我不要。）

[t] I can't.（我不能。）

and ['ɛnd]（和） [n̩] bread and butter.（面包和黄油即黄油面包。）

法语有很多连读变音。比方，冠词 la [la]"这"(阴性)在元音或复合元音前面就丢掉这个 [a]：la femme [la fam]"这女人"，但 l'encre [l ɑ̃ kr]"这墨水"、l'oie [l wa]"这鹅"。形容词 ce [sə]"这个"(阳性)在同样的那些音前面要加 [t]：ce couteau [sə kuto]"这把刀"，但 cet homme [sət ɔm]"这个人"。复数代词在一个动词的起首元音的前面就加 [z]：vous faites [vu fɛt]"你们做"，但 vous êtes [vuz ɛːt]（你们是）。复数的名词修饰语也采取同样的方式：les femmes [le fam]"这些女人"，但 les hommes [lez ɔm]（这些男人）。在某些动词，起首为元音的，第一人称或第二人称动词前加 [z]，第三人称动词加 [t]：va [va]"你去！"，但 vas-y [vaz i]"你到那儿去"；elle est [ɛl ɛ]（她是），但 est-elle? [ɛt ɛl?]（是她?）。少数的阳性形容词在元音前面加连读的辅音(sandhi-consonants)：un grand garçon [œ̃ grɑ̃ garsõ]"一个大男孩"，但 un grand homme [œ̃ grɑ̃ t ɔm]"一个大人物"。

在词有声调区别的语言里，变调在连读变音中占有重要地位。比方，在汉语里，除了这个绝对形式 ['i¹]"一"以外，还有 [ˌi⁴ phi² 'ma³]"一匹马"和 [i² kə 'ʒ ən²]"一个人"里的连读变音形式。

词的起首音位发生连读变化(sandhi-modification)不及收尾

音位那样普遍;但这出现在凯尔特(Celtic)诸语言中,如现代爱尔兰语:

绝对形式	连读变音形式
[ˈboː]“母牛”	[an ˈvoː]“这母牛”
	[ar ˈmoː]“我们的母牛”
[ˈuv]“蛋”	[an ˈtuv]“这蛋”
	[na ˈnuv]“这些蛋的”
	[a ˈhuv]“她的蛋”
[ˈbaːn]“白的”	[ˈboː ˈvaːn]“白的母牛”
[ˈbog]“软的”	[ˈroːˈvog]“很软的”
[ˈbriʃ]“打破”	[do ˈvriʃ]“真打破了”

12.5 到目前为止,我们的例子只说明了某些形式和结构的特殊的或不规则的连读变音情形。通常的或规则的连读变音则适用于短的(紧密结合的)短语中所有的任何一个词上。在英语的某些形式,例如新英格兰方言和英国南部方言,处在绝对位置上有词尾元音的词,在一个词首元音前面要加[r]:water [ˈwɔːtə](水),但 the water is [ðə ˈwɔːtər iz](这水是);idea [ajˈdiə](意思),但 the idea is [ðij ajˈdiər iz](这意思是)。在法语里,当三个辅音碰在一起的时候,词尾上就增添[ə];例如:porte [pɔrt]“带”和 bien [bjɛ̃](好)出现在 porte bien [pɔrtə bjɛ̃](带得好)这样的短语里。一个词,处在绝对形式中其第一音节包含有[ə],要是这个词没有其他的成音节的音,在短语里就得丢掉这个[ə],要不的话这个词就得以一个不许可的辅音丛(§8.6)开始,因为一个短语里不会产生一个不许可的辅音丛的:le [lə](这),但 l'homme [l ɔm];

cheval [ʃəval] (马), 但 un cheval[œʃval] "一匹马"; je [ʒə] "我", ne [nə] "不", le [lə] "它", demande [dəmɑ̃d] "需求", 但 je ne le demande pas [ʒə n lə dmɑ̃d pɑ] "我不需求它"和 si je ne le demande pas [si ʒ nə l dəmɑ̃d pɑ] "如果我不需要它"。

梵语里有很多通常的连读变音; 例如, 绝对形式的收尾音 [ah] 出现在下列的连读变音的异体中: 绝对形式 [deːˈvah] (一个神), 连读变音形式: [deː ˈvas ˈtatra] "这神那儿", [deː ˈvaç cara-ti] "这神游荡", [deːˈva eːti] "这神走去", [deːˈvoː dadaːti] "这神给予", 而且在 [ˈatra] "这儿"一词前面还带有一个词首音的变化: [deːˈvoː tra] "这神这儿"。然而, 某些词又采取不同的方式; 比方, [ˈpunah] "再一次"变成 [ˈpunar dadaːti] "再一次是他给", [ˈpunar ˈatra] "又一次在这儿"。这些异形的词可以藉某种结构特征来区别。比方, 在荷兰语的某些读音中, 绝对形式 heb [ˈhep] (有) 和 stop [stop] (停止) 采取不同的连读变音方式: heb ik? [ˈheb ek?] (我有么?) 但 stop ik? [ˈstop ek?] "我停止么?"。那些在连读变音中有浊辅音的形式者, 只要这个辅音不是出现在词的词尾上, 就仍然保持浊辅音的性质, 如 hebben [ˈhebe] "有——不定式", 可与 stoppen [ˈstope] "停止——不定式"对比。像这些以形态特征为根据的连读变音的区别, 可以称为追忆性的连读变音(reminiscent sandhi)。

连读变音不仅可以限制短语里的词尾音, 甚至超过一个语言对词的中部的一般限制的范围。比方, [ta] 这个音序, 在梵语的词的当中是许可的, 如 [ˈpatati] "他跌下", 但词的尾巴上的 [t], 在紧密结合的短语里处在一个元音的前面, 就被 [d] 所代替: 绝

对形式 ['tat] "那",但 ['tad asti] "那是"。

12.6 选择法在大多数语言的句法中占有重要的地位;句法主要在于对这些法位下定义——例如说明在什么环境下(带有些什么伴随形式,或者,假使伴随形式都一样,又带有什么意义上的差别)各种形类(比方说,如直陈式和假定式动词,或与格和宾格名词,等等)出现于不同句法结构中。我们已经看到选择法位给一些形类划出了界限。在使用最多的选择语法单位的语言里,其类别也最繁多。一个语言的句法结构把自由形式分成一些大类,例如英语中的主格词语或定式动词词语。既然不同的语言有不同的结构,那么它们的形类也就各不相同。我们将会看到一个语言的大的形类最容易用词类(word-classes 如传统的所谓词类"parts of speech")来描写,因为一个短语的形类通常是由该短语中出现的一个或多个词来决定的。

在广泛使用选择语法单位的语言里,大的形类可以再分为一些较小的形类。例如,英语的施事-动作结构,除了一般的选择语法单位以外,还可以显示同一类的某些比较特殊化的语法单位。我们能把主格词语 John 或 that horse(那匹马)跟定式动词词语 runs fast(跑得快)连在一起,但不能跟定式动词词语 run fast(复数)连在一起;至于主格词语 John and Bill 或 horses(一些马),我们就得进行相反的选择。因此,我们认为在这两种形类中每类都可以再分成两个次类,我们称之为单数和复数,这样,单数的主格词语就只能跟单数的定式动词词语连在一起,而复数的主格词语就只能跟复数的定式动词词语连在一起。从意义上来为这些次类下定义是行不通的——如 wheat grows(小麦生长)但 oats grow

(燕麦生长)这样的例子就是明证。进一步的考察能给我们指出选择的几种花样:(1)有好些定式动词词语,如 can,had,went,能跟任何施事者一道出现;(2)有许多,例如 run:runs,具有刚才所描写的那种双重选择;(3)有一个,即 was:were,具有跟上述情况不一致的双重选择;(4)最后,还有一个,即 am:is:are,具有三重选择,带着一个伴随施事 I(我)的特殊形式,这正是跟(2)和(3)不一致的施事形式:

	(1)	(2)	(3)	(4)
A	I can	I run	I was	I am
B	the boy can	the boy runs	the boy was	the boy is
C	the boys can	the boys run	the boys were	the boys are
	A = B = C′	A = C	A = B	

这样,由于选择语法单位,我们在主格词语和定式动词词语当中就找出一个三重的再分法;在主格词语当中,次类 A 只包含 I 这个形式,次类 B 包含那些跟定式动词词语如 runs、was、is 连在一起的形式,而次类 C 包含那些跟定式动词词语如 run、were、are 连在一起的形式。事实上,我们能依据这三个定式动词形式 am:is:are 的选择来对这三个次类下定义。相反,我们也可以指出这些动词词语跟哪些主格词语(比方说,I:the boy:the boys)出现在一起而对定式动词词语的次类下定义。

像上述这一类情况的较狭小的选择类型,从原则上讲,跟我们语言中用以区分如主格词语和定式动词词语这些大的形类的包罗较广的类型并没有什么不同,然而也有些细微的差别。较狭小的选择类型,即能把大的形类再分为一些选择类型的,叫做**一致关系**

(agreement)。我们大致能区分三种一致关系的普通类型，但并没有真正的分界线。

12.7 在我们上述的例子中，那一致关系是最简单的一种，通常我们叫作谐和关系(concord)或协调关系(congruence)：如果施事是次类A的一个形式，那么动作就必定是次类A的一个形式，依此类推。有时某一种再分法也可在语言的结构中用别的方式认辨出来；比方，在我们的例子中，主格词语的B类和C类也能在英语中用别的方式来下定义；即在B类上使用修饰语this(这个)，that(那个)，而在C类上使用these(这些)、those(那些)：我们说this boy(这男孩)、this wheat(这小麦)，但these boys(这些男孩)、these oats(这些燕麦)。因此，我们认为把主格词语再分为单数和复数两个次类比把定式动词词语这样来分类更为基本，并且后者对前者取得一致的或相互协调的关系。以同样理由，我们说this、that、these、those这些形式跟伴随的名词形式是相互协调的。协调关系在许多语言里占有很重要的地位；例如大多数印欧系语言中形容词的屈折变化跟名词的各个次类(数、性、格)相协调的现象就是明证：德语的der Knabe [der 'kna:be]"这男孩"，ich sehe den Knaben [ix 'ze:e den 'kna:ben]"我看见这男孩"，die Knaben [di: 'knɑ:ben]"这些男孩"，其中der、den、die的选择跟名词的次类(单数和复数，主格和宾格)是一致的；在das Haus [das 'haws]"这房子"中，选择das作为跟der相对立的形式，是符合于德语中名词分成的所谓性类(gender-classes)的。这些性别都是任意性的分类，每一类都在某种伴随词中要求不同的协调形式。德语有三个性类；关于每一类，我举些短语例子来说明它跟定冠词和跟形容词 kalt“冷”的协调关系：

“阳性”：der Hut [der ˈhuːt]“这帽子”，kalter wein [ˌkalter ˈvajn]“冷酒”；

“阴性”：die Uhr [diː ˈuːr]“这种”，kalte Milch [ˌkalte ˈmilx]“冷牛奶”；

“中性”：das：Haus [das ˈhaws]“这房子”，kaltes Wasser [ˌkaltes ˈvaser]“冷水”。

法语有两个性：“阳性”，le couteau [lə kuto]“这刀”，和“阴性”，la fourchette [la furʃɛt]“这叉”。有些属于班图语系的语言能分出多至二十个的名词性类。

12.8　在另外一些情况下，有一种辅助的选择语法单位，同形式所处的句法位置有关系。譬如，我们说 I know（我知道）但 watch me（注意我），beside me（在我旁边）。在 I（he，she，they，we）和 me（him，her，them，us）两种形式之间进行选择，是依据形式的位置而定的：这个 I 类出现在施事位置上，这个 me 类出现在动作-受事（action-goal）结构（watch me）中的受事位置上和在轴心-关系（relation-axis）结构（beside me）的轴心位置上。这种选择类型就叫做支配关系（government）；这就是说伴随形式（know，watch，beside）去支配（（govern）或要求（demand）或采纳（take））被选择的形式（I 或 me）。支配关系，跟协调关系一样，在包括印欧语系在内的许多语言中占有很重要的地位。比方，在拉丁语里，不同的动词支配名词受事中的不同的格形式（case-forms）：videt bovem“他看见这公牛”，nocet bovī“他伤害这公牛”,ūtitur bove“他使用这公牛”,meminit bovis“他记得这公牛”[①]。同样,不同的主要分句可以支配从属动词的不同形式,如法语中的 je pense qu'il vient [ʒə pɑ̃s k i vjɛ̃] “我相信他正来着呢”,但 je ne pense pas qu'il vienne [ʒə n pɑ̃s pɑ k i vjɛn] “我不相信他正来着”。

事物的同一体和非同一体在许多语言里是利用类似支配关系的选择特征来区分的。在英语里,当施事和受事不是同一人时,我们说 he washed him(他给他洗了澡),但当他们是同一个时,我们就说 he washed himself(他自己洗了澡)(一个反身 reflexive 形式)。瑞典语是这样区分同一个和非同一个施事者和所有者的:han tog sin hatt [han 'to:g si:n 'hat] “他拿了他(自己)的帽子”和 han tog hans hatt [hans 'hat] “他拿了他的(另外一个人的)帽子”。阿尔共金诸语言使用不同的形式来表示上下文中非同一的有生性复数第三人称。在克利语里,假使我们谈到一个人,然后附带地又谈到另一个人,那么我们就把头一个说成 ['na:pe:w] “人”,而把第二个用所谓的另指式(obviative)说成 ['na:pe:wa]。因此这语言可以区分下列一些情形,我们以 A 来表示主要的人称,以 B 来表示其次的(另指式的)人称:

['utinam u'tastutin] “他(A)拿了他的(A 的)帽子”

['utinam utastu'tinijiw] “他(A)拿了他的(B 的)帽子”

[utina'mijiwa u'tastutin] “他(B)拿了他的(A 的)帽子”

---

① 在拉丁语中,bōs“公牛”为阳性名词,属于第三种名词变格:其主格是 bōs,宾格是 bovem,与格是 bovī,离格是 bove,属格是 bovìs,呼格也是 bōs。——译者

［utina 'mijiwa utastu'tinijiw］“他（B）拿了他的（B 的）帽子”。

12.9　在一致关系的第三种类型——即互证关系（cross-reference）——中，各种次类包括连用在一起的诸形式的实际陈述。这种陈述是以一种类似英语代词的替代形式来进行的。在非标准英语里，如在 John his knife（约翰他的刀子）或 John he ran away（约翰他逃跑了）这一类的形式中就出现这种情况；在这儿，his knife 这形式事实上已说明了一个男性的所有者，在 John 这个伴随着的半绝对形式中叙述得更为明确；同样，在 he ran away 中的 he 是叙述 John 这个施事者——可跟 Mary her knife（玛丽她的刀子）和 Mary she ran away（玛丽她逃跑了）作对比。在法语里，互证关系出现在标准语中，特别是在某些类型的问句里，例如 Jean où est-il?［ʒãu ɛt i?］“约翰他在哪儿?”即“约翰在哪儿?”（§12.3）。一个拉丁语的定式动词如 cantat“他（她，它）唱”本身就包含施事者的代词形式。在互证关系中它是跟一个明确提到施事者的名词词语连在一起，如 puella cantat“（这）女孩她-唱”。在许多语言里，动词形式本身就包含施事者和受事者两方面的代词（代名词）形式，例如，克利语［'wa:pame:w］他看见了他或“她”；因此，在互证关系中就对施事者和受事者两方面都叙述得更加明确：［'wa:pame:w 'atimwa a'wa na:pe:w］“他-看见了-他（除外式）一只-狗（除外式）那个男人”，即“这男人看见了一只狗”。同样，在许多语言里，表示所有物的名词本身就包含所有者的代词形式，例如，在克利语里，［'astutin］（帽子），但［ni'tastutin］（我的帽子），［ki'tastutin］（你的帽子），［u'tastutin］“他的，她的，它的帽子”；

因此，当所有者在另一词或短语中被提到的时候，我们就有互证关系，如［ˈtʃaːn uˈtastutin］“约翰　他的-帽子”，即“约翰的帽子”。

12.10　每个句法结构都使我们看到两个（或者有时更多的）自由形式结合成一个短语，我们可以称之为合成（resultant）短语。合成短语可能属于一个与任何成分的形类都不同的形类。譬如，John ran既不是一个主格词语（如John），也不是一个定式动词词语（如ran）。所以我们说英语的施事-动作结构是离心的（exocentric）：这个合成短语不属于直接成分的形类。另一方面，合成短语可能和一个（或多个）成分一样属于同一个形类。譬如，poor John是一个专有名词词语，John这个成分也是这样；John和poor John这两个形式，从整体来看，具有同样的功能。因此，我们说英语的特性-实体（character-substance）结构（如poor John，fresh milk，等等）是一个向心（endocentric）结构。

任何语言中的离心结构是不多的。在英语里，除了施事-动作结构以外，我们还有一种关系-轴心结构，如beside John（在约翰旁边），with me（和我一起），in the house（在房子里边），by running away（由于逃跑）；这些成分都是一个前置词词语（prepositional expression）和一个宾格词语（accusative expression），但是这个合成短语却具有一个跟两者都不相同的功能，出现在完全不同的句法位置上（例如，作为动词的修饰语：sit beside John（坐在约翰旁边），或作为名词的修饰语：the boy beside John（在约翰旁边的那个男孩））。英语的另一种离心结构就是从属结构（subordination）。一种类型（分句从属结构clause-subordination）中的成分是一个从属词语(subordinating expression)和一个施事-动作短语,如在 if John ran away(如果约翰逃跑了)中;这个合成短语具有两个成分都没有的功能,但可以作为一个修饰语(从属分句)用。另一种类型(短语从属结构 phrase-subordination)中的成分是一个从属词语和一个任何别的形式特别是一个体词:as I“像我”,than John“比约翰”,而合成短语却具有一个修饰语的功能(as big as I(像我一样大),bigger than John(比约翰大))。虽然离心结构中的合成短语的功能不同于任何成分的功能,然而其中一个成分通常是这结构所特有的,并且用它来表现合成短语的特性;因此,在英语里,定式动词、前置词、和从属连接词正规地出现在上述的一些离心结构中,并且足以表现它们的特性。

向心结构分成两类:并列的(co-ordinative 或系列的 serial)和从属的(subordinative 或修饰的 attributive)。在前一类中,合成短语以两个或两个以上的成分都属于同一个形类。比方,boys and girls(男孩和女孩)这短语跟 boys、girls 这样的成分都属于同一个形类;这些成分是并列的成员,而另外的那个成分则是并列连词(co-ordinator)。有时没有一个并列连词者:books, papers, pens, pencils, blotters (were all lying...)(一些书、纸、钢笔、铅笔、吸墨纸(曾都摊在……));有时每个成员都有一个并列连词,如 both Bill and John(既是比尔又是约翰),either Bill or John(不是比尔就是约翰)。合成短语和成员的形类可以有细微的差别;譬如 Bill and John 是复数,而每个成员却是单数。

在从属的向心结构中,合成短语和某一个直接成分属于同一个形类,我们管这个成分叫中心词(head):比方,poor John 和

John 属于同一个形类，因此我们就把 John 叫做中心词；另一个成员——我们例子中的 poor——就是修饰语(attribute)。修饰语本身也可能是一个从属短语：在 very fresh milk(很新鲜的牛奶)中，直接成分是中心词 milk 和修饰语 very fresh，而 very fresh 这个短语本身又是由中心词 fresh 和修饰语 very 组成的。按照这个方法分析，从属结构的位置就可以分几级(ranks)；在 very fresh milk 中有三级：(1)milk，(2)fresh，(3)very。按照同样的方式，中心词也可以表现为一个修饰结构：this fresh milk"这新鲜的牛奶"这个短语是由修饰语 this 和中心词 fresh milk 组成的，而 fresh milk 这个短语本身又是由修饰语 fresh 和中心词 milk 组成的。

12.11　如果所有组成一个短语的句法结构都是向心的，那么这短语的最终成分中就会有某个词(或某些词——并列的成员)，其形类跟短语的一样。这个词就是短语的中心语(center)。在 all this fresh milk(所有这新鲜的牛奶)这短语中，milk 这个词是中心语，而在 au this fresh bread and sweet butter(所有这新鲜的面包和美味的黄油)这短语中，bread 和 butter 两个词都是中心语。既然任何语言中大多数的结构都是向心的，那么大多数的短语就有一个中心语：一个短语的形类通常是跟包含在短语中的某个词的形类相同。例外的情况就是离心结构的短语，而我们已经看到这也能根据词类来下定义。因此，短语的句法形类能够由词的句法形类而得来：也就是句法的形类最容易根据词类来描写。比方，在英语里，一个体词词语要么是一个属于这个形类(体词)的词(如 John)，要么就是其中心语为体词的短语(如 poor John)；而英语的一个定式动词词语要么是一个属于这个形类(定式动词)的词

(如 ran),要么就是其中心语为定式动词的短语(如 ran away)。英语的施事-动作短语(如 John ran 或 poor John ran away)不跟任何词同属于一个形类,因为它的结构是离心的,然而施事-动作短语的形类可以根据短语的结构来下定义:它是由一个主格词语和一个定式动词词语组成的(用某种一定的方式配列的),而这样做,结果又回到词类的术语上去了。

词类(parts of speech)这个术语传统上是作为一个语言的最概括和最基本的词类来应用的,因此,依照上述的原则,一些句法形类就以其出现于其中的词类来描写。然而,要想设计一个完全没有矛盾的词类表是不可能的,因为词类是部分重叠的和彼此交叉的。

在谈到形类时,我们用词语(expression)这个名词来包括词和短语两类:比方,John 是一个体词(substantive),poor John 是一个体词短语(substantive phrase),而这两个形式都是体词词语(substantive expressions)。

在含有词和(由于向心结构的缘故)大量的短语结合体的大的形类里,由于短语结构存在着细微的差别,可以再分出一些次类。譬如,当一个像 fresh、good 或 sweet 这样的修饰语跟中心词 milk 连在一起时,如 fresh milk,这个合成短语还能跟其他的修饰语连在一起,如 good,sweet,fresh milk(好的、甜的、新鲜的牛奶):这个短语具有跟它的中心语(亦是中心词)milk 这个词完全相同的功能。然而,假使我们把 milk 或 fresh milk 这样的一个形式跟修饰语 this 连在一起,那么合成短语 this milk 或 this fresh milk 的功能和中心词就有点不一样,因为合成短语不能跟 good、sweet 这样一些修饰语连在一起：this milk 或 this fresh milk 的结构是部分地封闭了的（partially closed）。事实上，前面只有加修饰语 all“所有的”才有可能性，如 all this milk（所有这（些）牛奶）或 all this fresh milk（所有这（些）新鲜牛奶）。在修饰语 all 加上去以后，这个结构就是封闭了的（closed）：不能再有这种类型的修饰语（形容词）加上去。

12.12　在英语的施事-动作结构的正规类型如 John ran 中，施事形式位于动作形式之前的这种排列就是语序（order）法位的一个例子。在采用高度繁复的选择法位的语言里，语序大都是非区别性的和含有附带意义的；在一个拉丁语的句子，如 pater amat fīlium“父亲爱儿子”中，句法关系完全是选择性的（互证关系和支配关系），而各个词可在一切可能的语序出现（pater fīlium amat，fīlium pater amat，等等），只是在语气的强调和生动性上有些差别。在英语里，次序法位出现在施事-动作和动作-受事的区别上，如 John ran 和 catch John（捉住约翰）；John hit Bill 和 Bill hit John 的区别完全是在语序上。然而，一般讲来，英语中的语序法位是跟选择法位一道出现的。在这方面以及在一般的句法构造上有些语言类似英语，但就语序法位而论可能还有些大的差别。比方，标准德语有一点不同于英语的是只容许一个动词修饰语（词或短语）放在定式动词的前面：heute spielen wir Ball [ˈhojte ʃpiːlen viːr ˈbal]“今天、玩、我们、球”（今天我们打球）。此外，它把下列几种成分放在句子的最后：如某些副词，如 ich stehe um sieben Uhr auf [ix ˌˈʃteːe um ˈziːben ˈuːr ˈawf]“我、站、在、七、点钟、起来”（我七点钟起床）；分词，如 ich habe ihn heute gesehen [ix

ˌha:be i:n ˈhojte geˈze:n]“我、已、他、今天、看见”(我今天已经看见了他);不定式,如 ich werde ihn heute sehen [ix ˌverde i:n ˈhojte ˈze:n]“我、将、他,今天、看见”(我今天会看见他);附属分句的动词:wenn ich ihn heute sehe [ven ix i:n ˈhojte ˈze:e]“如果、我、他、今天、看见”(如果我今天看见他)。

法语动词的某些替代的(“联结式的”“conjunct”)伴随成分在语序排列上具有一种复杂而严格的体系。在通常的(非疑问式的)句型中,它把这种放在定式动词前面的成分分成七个位置:

(1) 施事者,例如 je [ʒə],il [il],ils [il](他们),on [õ](人们),ce [sə](它、那)

(2) 否定副词 ne [nə]“不”

(3) 第一人称和第二人称代词作为远指宾语(farther goals)①,如 me [mə]‘给我’,vous [vu]‘给你’,以及反身代词的远指宾语 se [sə](给他自己、她自己、他们自己)

(4) 近指宾语(nearer goals)②,例如 me [mə](我),vous[vu](你),se [sə](他自己、她自己、他们自己,le [lə]“他、它”,les [le]“他们”

(5) 第三人称代词的远指宾语:lui [lɥi]“给他、她”,leur [lœ:r]“给他们”

(6) 副词 y [i]“那儿、到那儿、它(与格),它们(与格)”

(7) 副词 en [ɑ̃]“从那儿、它的、它们的”。

---

① 即与格。——译者

② 即宾格。——译者

举例：(1—2—3—4)il ne me le donne pas [i n mə l dɔn pɑ]（他不把那给我）

(1—3—6—7)il m'y en donne [i m j ɑ̃ dɔn]（他在那儿给我一点那个(东西)）

(1—4—5)on le lui donne [õ lə lɥi dɔn]（人们把那给他）

(1—2—6—7)il n'y en a pas [i n j ɑ̃n a pɑ]（没有任何东西），逐字对译是："(它)没有它们的(什么东西)在那儿"。

有时候语序用于较细微的区别上。在法语里，大部分的形容词放在名词的后面：une maison blanche [yn mezõ blɑ̃ʃ]（一所白色的房子）；有少数的放在名词前面：une belle maison [yn bel mezõ]（一所美丽的房子）；另外一些放在名词前面的只是带有转义或带点强调的或加强的含义：une barbe noire [yn barbə nwaːr]（一根黑胡子）：une noire trahison [yn nwaːr traizõ] "一种阴险的背叛"；un livre excellent [œ̃ liːvr eksɛlɑ̃]（一本极好的书）：un excellent livre（一本好极了的书！）。只有少数几个形容词有较大的意义上的差别：un livre cher [œ̃ liːvrə ʃɛːr]（一本昂贵的书）：un cher ami [œ̃ʃɛːr ami]（一个亲爱的朋友），sa propre main [sa prɔprə mɛ̃]（他自己的手）：une main propre [yn mɛ̃ prɔpr]（一只干净的手）。

从经济的观点来看，使用语序法位是有利的，因为语言形式必需用某一系列的语序来说；然而，很少有语言只单独用语序特征的：一般只不过是补充选择法位。

12.13 印欧语系诸语言独特地具有许多词类；不管我们的分类设计是根据什么结构，像英语这样的一个语言至少有半打以上的词类，如体词、动词、形容词、副词、前置词、并列连词和从属连词，以及感叹词。大多数的语言没有这么多的种类。分成三种类型的是常见的（闪语，阿尔贡金语）；通常是一种类似英语的体词，一种类似英语的动词。认为像英语的词类体系可以代表全人类词语的普遍特征，是错误的。如果像物体、动作和属性这样一些类别是不依赖于我们的语言而存在的，作为物理的或人类心理的现实，那么，当然在全世界各个地方它们都是存在的，但是很多语言缺少相应的词类，那还是真实的。

在词类少的语言里，句法的形类乃是以短语形式体现的。往往一个短语的类型是利用某个特殊的词——**标词**（marker）——来标示的；严格地说，标词和它伴随的形式连在一起形成一个离心结构，就决定了语句的类别。除了这个选择特征以外，许多结构大致都可以根据词序来区分。

典型的例子就是汉语。词类分为**实词**（full words）和**虚词**（particles，即标词）。主要的结构有三类：

（1）通用的句子结构就是**主语**加**谓语**的结构①，很像英语的施事-动作结构；主语位于谓语的前面：[tha^{1} 'xaw^{3}]（他好），[tha^{1} 'laj^{2}]（他来）。在某些情况下，由于形类的不同，谓语的开头有虚词 [ʃə^{4}]（是）作为标记：[tha^{1} ʃə^{4} 'xaw^{3} ˌʒən^{2}]（他是好人）。

（2）有一种向心结构是**修饰语**（attribute）位于**首要语**（head）的前面②；在意义上很像英语中同样的结构：['xaw^{3} ˌʒən^{2}]（好

① 汉语语法所谓“主谓结构”。——译者

② 汉语语法所谓“偏正结构”。——译者

人），[ˈman^4 ˌtsow^3]（慢走）。在某些情况下，修饰语的末尾有虚词 [tə]“的”作为标记：[ˈtiŋ^3 ˌxaw^3 tə ˈʒən^2]（顶好的人）；[ˌwo^3 tə ˈfu^4 ˈtʃhin^1]“我的父亲”；[ˈtso^4 tʃo^2 tə ˌʒən^2]（坐着的人）；[ˈwo^3 ˈçje^3 ˌtsə^4 tə ˈpi^3]（我写字的笔）——在这个例子里修饰语是主谓结构短语；[ˈmaj^3 tə ˈʃu^1]“买的书”。

(3) 第二种向心结构是修饰语位在中心词的后面，这有点类似英语的动作-受事结构和关系-轴心结构：[ˌkwan^1 ˈmən^2]（关门），[ˌ tsaj^4 ˈtʃuŋ^1 kwo]（在中国）。我们可以不太确切地把这一种叫做动作-受事(action-goal)结构，以便于跟第(2)类有所区别。

选择法位大致包括在这样划分的一个形类里，即在第(1)类中用作主语，第(2)类中用作中心词，而在第(3)类中用作宾语，这一形类类似英语的体词词语。对这种形类来讲(我们可以称它为物体词语 object expression)，仅仅只有少数几个词可以说是具有它们自身的权利；这就是 [tha^1]（他、她）或 [wo^3]（我）这一类的替代词(substitute-words)。其他的物体词语都是带有各种标词的短语。最普通的标词就是某些像第(2)类中作为修饰语放在名词前面的虚词，例如 [tʃə^4]（这），[na^4]（那），[na^3]（哪?）。比方，[ˈtʃə^4 ko^4]“这个”即“这一件东西”之意。在大多数的情况下，这些标词不是直接跟实词连结起来的；而只是跟某些如上面例子中的 [ko^4]“个”可以构成数量词(numeratives)的形类相连；加上数量词的标词短语在第(2)类的结构中就是跟普通的实词连结起来的，如 [tʃə^4 kə ˈʒən^2]（这个人），[ˌwu^3 ˌliaŋ^4 tʃhə^1]“五辆车”一样。另外一种物体词语的特点是有虚词 [tə]“的”跟在它的后面：[ˌmaj^4 ˈʃu^1 tə]“卖书的”即“卖书的人”之意。

复合的语句就是这样构成的：[tha¹ ˈtaw⁴ ˈthjen² li³ ˈtʃhy⁴]“他到田里去”；这儿第一个词是主语，句子的其余部分是谓语；在这个谓语中，最后一个词是中心词，其余的三个是修饰语；这个修饰语是由动作 [taw⁴]“到”和宾语 [ˈthjen² li³]（田里）组成的，而在宾语中，第一个词是第二个词的修饰语。在 [ni³ ˈmej² pa³ ˈmaj³ ˈmej² tə ˌtʃhjen² ˈkej³ wo³]（你没把买煤的钱给我）这个句子中，第一个词是主语，其余是谓语；这个谓语是由一个修饰语 [mej²]（没）和一个中心词组成的；在这个中心词中，头五个词又是一个修饰语，而最后两个词 [ˈkej³ wo³]（给我）又是一个中心词，这个中心词是动宾结构。在 [pa³ ˌmaj³ ˈmej² ti ˌtʃhjen²]“把买煤的钱”这五个词组成的修饰语中，头一个词是动作，其余的词是宾语；这个宾语是由中心词 [tʃhjen²]“钱”和修饰语 [ˌmaj³ ˈmej² tə]“买煤的”组成的，这个修饰语是以虚词 [tə]“的”附加在 [ˌmaj³ ˈmej²]“买煤”这个动宾结构短语上来作为标记的。那么，这句话的意思是“你不拿买-煤-钱给我”，也就是“你没有给我钱去买煤”。

在塔加洛语里，词类也是分为实词和虚词，但是这儿实词可以再分为两类：我们可以称之为静词（statjc）和暂词（transient）。后一类类似英语的动词，因为它能构成一种特殊的谓语（叙述式的类型，带有四种次类型，§11.2）并且能表示时（tense）和情态（mode）的形态区别，但是它跟英语动词也不尽相同，因为，一方面，它并不限制在谓语的功能上，而另一方面，还有非叙述式的谓语存在。主要的结构包括主语和谓语，其特征是利用语序（谓语放在主语前面的）或利用如在 §11.2 中所阐明的带有虚词 [aj] 的语序(主语放在开头有 [aj] 作为标记的谓语前面),两者随意采用。主语和等同式谓语的特征是选择性的:占据这些位置的形类类似英语的体词词语,或者更加类似汉语的物体词语。只有少数几个代词如 [a'ku] "我"和 [si'ja] "他、她",可以根据它们自己的身份来归入这一类;所有其他的物体词语都是短语,其特征是带有某些修饰语,如 [isa ŋ 'ba:taʔ] (一个小孩),或是带有某些虚词:主要是 [si] 用在名称前面,如 [si 'hwan] (约翰),和 [aŋ] 用在其他的形式前面,如 [aŋ 'ba:taʔ] (这小孩、一个小孩),[aŋ pu'la] "这红的"即"这红色",[aŋ 'pu:tul] (这砍法),或者用来表明暂词的形式:[aŋ pu'mu:tul] (砍者),[aŋ pi'nu:tul] "被砍了的东西",[aŋ ipi'nu:tul] (用以砍的东西),[aŋ pinu'tu:lan] (从那儿可以砍下东西来的)。有四种修饰结构。在第一种结构里,中心词和修饰语之间插入一个虚词 [na],在元音后面就变为 [ŋ],如 [aŋ 'ba:ta ŋ sumu:'su:lat] 或 [aŋ sumu:'su:lat na 'ba:taʔ] (写字的小孩),两种次序都行;[aŋ pu'la ŋ pan'ju] "这红色的手帕",[aŋ pan'ju ŋ i'tu] "这块手帕"。另一种是范围较窄的修饰结构,这种结构没有虚词,如 [hin'di: a'ku] (非我),[hin'di: maba'it] "不好"。在第三种修饰结构里,修饰语是一个具有特殊形式的物体词语:比方,[a'ku] "我"被 [ku] 代替,[si'ja] (他、她)被 [ni'ja] 代替,虚词 [si] 被 [ni] 代替,虚词 [aŋ] 被 [naŋ] 代替:[aŋ pu'la naŋ pan'ju aj matiŋ'kad] "手帕的红色是鲜明的";[aŋ 'ba:ta j ku'ma:in naŋ 'ka:nin] (这小孩吃了(一些)饭)(施事-动作);[ki'na:in naŋ 'ba:taʔ aŋ 'ka:nin] "这饭已被这小孩吃了"(受事-动作);也可参看 §11.2 中的一些例子。在第四种修饰结构里,修饰语也是一个物体词语：[si] 被 [kaj] 代替，[aŋ]被 [sa] 代替；修饰语指的是一个地方：[aŋ 'ba:ta j na'na:ug sa 'ba:haj]（这小孩从这房子里，或从一所房子里出来了）。

12.14 句法的详细情节往往是复杂而难于描写的。在这一点上，一个语言如英语、德语，拉丁语或法语的任何相当完整的语法要比一种抽象的讨论更富有启发性。然而，在大多数的论文中，由于对结构和形类采用哲学的定义而不采用形式的定义，句法就被弄得模糊不清了。下面我们把现代(标准口语的)英语中的一种结构—这种结构我们可以称作特性-实体(character-substance)如 fresh milk—的主要特征当作比较复杂的句法习惯中的一个实例来作一番考察。

这种结构是修饰结构，其中心词总是一个名词词语(noun-expression)——即一个名词或一个以名词或向心式短语作为中心词语。名词是一个词类；它跟一切形类一样，是根据语法特征来下定义的，事实上，有些语法特征从以它后面的语法特征显示出来。当它的定义明确了以后，它就会有一个类义表现出来，这个类义可以大致作为“某一种属(species)的事物”[①]来讲；boy(男孩)，stone(石头)，water(水)，kindness(仁慈)就是例证。结构中的修饰语总是一个形容词词语(adjective expression)——即一个形容词或

① 作者采用自然科学术语 species 作为一个语法或语义术语，这儿为了称述方便，勉强译作“种属”。种(genus)和属(species)原来是两个不同的概念：“种”包括若干“属”，“属”包括所有具备共同的基本属性或特征的个体(标本或样品)，各个体之间还可能有细微的次要差别。(试比较“门类”、“纲目”，细分则有“门”、“类”、“纲”、“目”等。)——译者

一个以形容词作为中心语的向心式短语。英语里形容词是一个词类(即词类),恰好可以根据它在我们现在就要讨论的特性-实体结构中的功能来对它下定义;它的类义在我们的讨论中大致可以被解释为"事物种属的标本的特性(character)";big(大的),red(红的),this(这个),some(某(些))就是明证。除了这些选择特征以外,特性-实体结构还包含一个语序特征:形容词词语放在名词词语之前:poor John,fresh milk。

形容词分为两类:描写的(descriptive)和限制的(limiting),遇着有两类形容词出现在一个短语中的情形,限制形容词放在前面,并且修饰描写形容词加上名词这个结合体。比方,在 this fresh milk 这样的一个形式中,直接成分是限定形容词 this 和名词短语 fresh milk,而这个名词短语本身,又是由描写形容词 fresh 和名词 milk 组成的。由于这种区别,我们就可以把特性-实体结构再分为两个次类:性质-实体(quality-substance)结构,其修饰语是一个描写形容词词语,和限制-实体(limitation-substance)结构,其修饰语是一个限定形容词。

性质-实体结构和描写形容词形类,两者都可以根据语序特征分成几种类型。譬如,我们说 big black sheep(大黑羊),而从来不说 * black big sheep(黑大羊),我们说 kind old man(仁慈的老人),而从来不说 * old kind man(老的仁慈人),如此等等。我们不打算在这儿详细考察这些次类。描写形容词的形类的意义大致是"标本的品质(qualitative)特性"。

限制形容词的形类比描写形容词的要小得多,而事实上,它就是我们随后要规定为一种不规则的(irregular)形类的组成部分——不规则的形类就是一种必须利用列表的方式来描写的形类；然而，限制形容词和描写形容词之间的界限是不能完全明确规定的。限定形容词的类义将会从我们下面的讨论中出现，大致可以被解释为“标本的可变(variable)特性”。

英语限制形容词分成规定词(determiners)[1]和数量词（numeratives)[2]两个次类。这两个次类又可以再分成几个小类，而且，它们跟其他几种分类系统是交叉的。

某些类型的名词词语（例如 house 或 big house)总是有一个规定词来陪伴的（如 this house，a big house)——这个事实就给规定词下了定义。规定词的类义大致是“标本的识别(identificational)特性”。使用某些名词词语总是带着一个规定词——这种习惯是某些语言如现代日耳曼族和罗曼族诸语言所特有的。很多语言就没有这种习惯；譬如，拉丁语中的 domus（房子），不要求任何修饰语，我们说 the house 或 a house 在拉丁语里没有什么区别。

规定词可以根据某些特征再分为两类：确定的(definite)和不定的(indefinite)。在这些特征中，我们将只提出一种：一个确定的规定词前面能放一个数量词 all（所有的），如 all the water（所有的水），但是一个不定规定词，如 some water（一些儿水）中的 some

---

① 作者所称为的“规定词”(determiners)包括传统英语语法中的“指示形容词”(demonstra-adjectives)、“冠词”(articles)、“物主形容词”(possessive adjectives)、“分配形容词”(distributive adjectives)、“疑问形容词”(interrogative adjectives)等。——译者

② 作者所称为的“数量词”(numeratives)包括传统英语语法中的“指数形容词”(numeral adjectives 如 many，few，one 等）和“指量形容词”(quantitative adjectives 如 much，little 等）。——译者

的前面就不能这样做。

确定规定词是：任何物主形容词（如 John's book，my house）和 this(these)，that(those)，the 这些词。物主形容词的类可以根据形态来对它下定义。值得注意的是意大利语有一种特性-实体结构，跟英语的很相似，但不把物主形容词当作规定词用：il mio amico [il mio a'miko]“这个我的朋友”（即“我的朋友”），试比较 un [un] mio amico（一个我的朋友）。确定规定词的类义是“被识别了的(identified)标本”。至于要确切地说明标本是怎样被识别的，这是超越语言学家的控制以外的一个实际问题；识别的含义是：由某人所占有的东西(John's book)，对说话人的空间关系(this house)，由某个伴随的语言形式所作的描写(the house I saw（我看到的房子）)，或者纯粹是情景方面的特征(the sky（天空），the chairman（主席）)，其中还包含在言语中先已提到的事物（“I saw a man，but *the man* did not see me.”（我看见了一个人，但这个人没看见我。））。在确定规定词中，this：these 和 that：those 特别能表示跟名词的数类(number-class)的协调关系(this house：these houses)。

不定规定词是 a(an)（一个），any（任何），each（每个），either（二者中之任何一个），every（各个），neither（两者都不），no（没有），one（一个），some（某（些）），what（什么），whatever（无论什么），which（哪一个），whichever（无论哪一个）这样一些词以及 many a（许多个），such a（这样的一个），what a（多么）这样一些短语式结合体。其类义是：“未被识别的(unidentified)标本”。

a 这个词特别有一个连读变音形式 an，用在元音的前面。

one 这个词不仅作为一个不定规定词(one man)出现，而且也在完全不同的功能中出现(如 a big one(一个大的(东西))，if one only knew(只要有人知道的话))；这种现象可以叫做跨类(class-cleavage)。各种不定规定词的意义可以根据比我们现在的论题范围更广的语法特征或多或少地来从语言学上下定义。譬如，what 和 which 是引导补充问句的疑问词，它促使听话人补充一个言语形式(what man?（什么人?），which man?（哪个人?）)。whatever 和 whichever 是关系词，用以表示它们的名词是从属分句的一部分(whatever book you take，...（无论你拿什么书，……))。No 和 neither 是排除一切标本的否定词。Each，which 和 whichever 暗示一个限定了的选择范围：即有关的标本属于该种属的被识别的部分(或被识别的整体)(which book?（哪本书?），which parent?（双亲中的哪一个?))；either 和 neither 更进一步地把范围限制在两个标本上。

有些规定词是不念重音的(当然，当作着重成分用的情况除外)：my，our，your，his，her，its，their，the，a；其他一些只是有时不用重音或用次重音。

那些总离不开规定词的名词词语类型，当没有其他的特殊规定词在一起的时候，总有确定冠词[①] the 和不定冠词 a 在它前面，确定冠词和不定冠词的意义就是它们各自的形类的类义。一种语法分类法——例如确定的和不定的，如果总是带有某种语法特征

① definite article：在汉语中一般译为“定冠词”，在这儿由于要跟本段后半部和下一段中的论点取得一致，所以暂译为“确定冠词”。——译者

(这儿就指那些需要规定词的名词词语类型),就叫做范畴的(categoric)分类法。事实上,确定范畴和不定范畴可以说是包括了英语名词词语的整个类,因为连那些经常不需要规定词的名词词语类型,也能按照确定的和不定的来分类:譬如,John 就是确定的,kindness 就是不定的。

根据使用和不使用规定词的习惯,英语名词词语可以分成几个有趣的次类:

I. 名称(names)(专有名词 proper nouns)只在单数中出现,不用规定词,总是确定的:John,Chicago(芝加哥)。其类义是"事物种属里只包含一个标本"。在这儿以及在下文,因为限于篇幅,我们不能论述详细的枝节,例如由于一个名称也能作为一个普通名词出现而产生的跨类现象,就像同音现象似的(two Johns(两个约翰),this John(这个约翰));同样我们也不能对某些次类进行探讨,例如前面总带有 the 的一些江河名称(the Mississippi(密西西比河))。

II. 普通名词(common nouns)在确定的和不定的两个范畴内都出现。其类义是'事物种属出现在一个以上的标本中'。复数普通名词需要一个规定词来表明确定范畴(the houses),但对不定范畴来讲,就没有这个需要(houses,相当于单数形式 a house)。

A. 受限名词(bounded nouns)的单数需要一个规定词(the house,a house)。其类义是事物种属出现在一个以上的标本中,而这样的标本是不能再分或合并的。

B. 不受限名词(unbounded nouns)需要一个只为表明确定范畴的规定词(the milk:milk)。其类义是事物种属出现在一个以上的标本中,而这样的标本是能够再分或合并的。

1. 质量名词(mass nouns)从来不需要规定词 a,也没有复数(the milk:milk)。其类义就是上面 B 的类义加上这个附加条件:标本“是独立存在的”。

2. 抽象名词(abstract nouns)用作不定的单数时,不带有规定词,它包括所有的标本(1ife is short(生命是短暂的));如果带有一个规定词和用作复数时,那么标本都是各别的(a useful life(一个有用的生命);nine lives(九条生命))。其类义就是上面 B 的类义加上这个附带条件:标本“只作为其他事物的征象(品质,动作,关系)而存在”。

在第 II 类的几个次类中,经常出现有趣的跨类现象,例如 an egg(一个鸡蛋),eggs(一些鸡蛋)(A),但“he got *egg* on his necktie”(他把鸡蛋弄到他的领带上去了)(B 1);coffee(咖啡)(B1),但 an expensive coffee(一种价贵的咖啡)(A)。

另一类的限制形容词——数量词,可以分成各种不同的次类,我们只提少数几个。其中有两个,即 all 和 both,是放在规定词前面的(all the apples(所有这些苹果));其余的都放在后面(the other apples(另外一些苹果))。可是,有两个在作为规定词的短语中却放在 a 的前面:many a,such a。数量词 few,hundred,thousand 以及那些由后缀-ion(million 等等)构成的数量词,放在 a 的后面可以构成一个作为数量词用的短语来修饰复数名词(a hundred years(一百年))。数量词 same,very,one——最后的一个由于跨类的缘故不同于规定词 one——只能跟确定名词一道用(this same book(该书),the very day(就在那天),my one hope

(我唯一的希望));数量词 much,more,less 只能跟不定名词一道用(much water(很多水));数量词 all 跟两类的名词都可以一道用,但只能跟确定规定词在一起(all the milk:all milk(所有这些牛奶:所有的牛奶))。有些,如 both,few,many,以及较大的数字[①],只能跟复数名词一道用;另外一些,如 one,much,little,只能跟单数名词用在一起。有些数量词也可以用在别的句法位置上,例如 many 和 few 作为谓语形容词(predicate adjective)[②]用(they were many(他们人很多)),all 和 both 作为半谓语的修饰语(semi-predicative attribute)用(the boys were both there(两个男孩都曾在那儿))。英语数量词中的另外一些有趣的分类系统将留在第十五章讨论名词词语的代词替换时再谈。

① “较大的数字”是指 2 以上的一切数字。——译者

② 作者所谓的“谓语形容词”(predicate adjective),即传统英语语法中的“subjective complement”或“predicate complement”(都可以译为“表语”)。——译者

第十三章　词法

13.1　我们所谓一种语言的词法(morphology),意思就是黏附形式出现于组成成分中的结构。从定义上讲,这种合成形式也许是黏附形式也许是词,但绝不是短语。因此,我们可以说,词法包含词和词的一部分的结构,而句法包含短语的结构。短语词(jack-in-the-pulpit(天南星草))和有些复合词(blackbird)可以当作边缘地带,因为它们的直接成分里没有黏附形式,然而在某些方面所显示的,与其说是句法的不如说是词法的结构类型。

一般讲来,词法结构比句法结构更为繁琐。变音和变调的特征更是层出不穷,而且往往是不规则的——即只限于特殊的成分或结合体。组成成分的次序大致都是十分固定的,不容许有如 John ran away:Away ran John 这样一些含义上有所不同的变体。选择特征对可以组成复合形式的成分常加以细微的和变幻莫测的限制。

因此,各种语言的区别,在词法上比在句法上更大。由于语言的种类繁多,所以,就词法而论,还找不到一个简单的语言分类法。一种分类法是把很少使用黏附形式的分析(analytic)语跟大量使用黏附形式的综合(synthetic)语区别开来。一个极端,是完全的分析语,如现代汉语。在这样的语言中,每个词是一个单音节词素或是一个复合词或短语词;另一个极端,就是高度的综合语,如爱斯基摩语，这样的语言把长串的黏附形式联成单词，例如［a:wlisa-ut-issʔar-si-niarpu-ŋa］（我正在找点合适的东西来做一个钓鱼绳）。然而，除了前述的那一极端的一些例子以外，这种区别是相对的；任何一种语言在某些方面也许比其他的语言更具有分析性，而在另一些方面也许更具有综合性。另一种分类法是把语言分成四种词法类型：孤立的（isolating）、黏附的（agglutinative）、多形综合的（polysynthetic）和屈折的（inflecting）。孤立语是那些像汉语一样的语言，不使用黏附形式；在黏附语中，被认为是把黏附形式一个随着一个地加上去，土耳其语就是一个现成的例子；多形综合语利用黏附形式来表示语义上的重要成分如动词性的宾语（verbal goals），爱斯基摩语就是这种情况；屈折语把语义上的不同特征或是体现在一个单一的黏附形式中或是合并在多个紧密结合的黏附形式中，例如拉丁语的一个形式如 amō“我爱”中的后缀-ō，可以表达几种意义：如“说话人作为施事者”，“只有一个施事者”，“现在的动作”，“真实的（不只是可能发生的或假定的）动作”。这些区别不是相互并列的，而且后三类的定义的界限从来就是不明确的。

13.2　既然说话人不能用单独讲出黏附形式的方式来把它分离开来，所以他通常不能把词的结构加以描写。对形态作一番叙述需要系统的研究。古代的希腊人在这方面有些成就，但是，我们的技术大体上是由过去的印度的一些语法学家发展起来的。我们的方法无论多么精密，难于捉摸的意义的本质总会造成一些困难，尤其是含糊的意义关系又伴有形式上的不规则变化。在 goose（雌鹅）、gosling（小鹅）、gooseberry（醋栗、鹅莓）、gander（雄鹅）这个系列中，我们或许会同意头两个形式在意义上是有形态的关系的：即 gosling 中的［gɔz-］是 goose 的变音，但 gooseberry 中的［guz-］就跟这个意义不相称了。在另一方面，goose 和 gander 在形式上的相似点［g-］仅仅是这么一点儿，以致人们会怀疑是不是这么一点儿相似点就真能使实际的意义关系体现为语言形式。最后提到的这种难以对付的问题也出现在 duck（母鸭）：drake（公鸭）这一对词中，因为都有［d...k］。我们很快就会知道：我们不能指望说话人给我们解答，因为他们没有受过词法分析的训练；如果我们拿这样一些问题来麻烦他们，他们就会给一些自相矛盾或可笑的回答。如果我们了解了一种语言的历史，我们往往发觉这种含糊情况并不存在于该语言的较古阶段——例如几世纪以前"goose-berry"原是 * grose-berry[①] 而跟 goose 毫无关系——但是这一类的事实并不能明确地告诉我们这种语言现阶段的活动情况是怎么回事。

为了要描写出现于句法中的变调和变音，我们自然而然地会把一个词或短语的绝对形式当作我们的出发点，但是对待一个出现于几种形状中的黏附形式，我们就会根据怎样选择一个**基础交替形式**（basic alternant）而采取几种截然不同的描写方式。譬如，英语名词的复数后缀通常以三种形状出现：［-iz］glasses（玻璃杯），［-z］cards（卡片）、［-s］books（书）；如果把这三种形状当中的每一种依次序拿来作为我们的出发点，我们就会得到三种截然不同的事实的描述。

① gooseberry 中的 goose-，原来的形式应为 * grose-，古法语有 grosele、groisele（醋栗），苏格兰语有 grossart（醋栗）。有人（如英国语言学家 Skeat）认为 * grose- 来源于中古高德语 krus（卷的、卷曲的；比较德语的 kraus"卷曲的"）。——译者

往往还有另外一些困难情况。有时一种语法特征如语音变换——用来表达通常利用一种语言形式来表达的意义，如 man：men，这儿元音的变换代替了复数后缀。在另一些情况下，连什么语法特征也没有：一个单一的语音形式，以同音形式来表示通常利用语言形式来区别意义，如在 sheep(grazes)：sheep(graze)[①]中的单数和复数名词。关于这点，印度人曾想到一个表面上是虚构的而实际上显然很有用的所谓零成分(zero element)的方法：在 sheep：sheep 中，复数后缀被零式——即被不存在的任何东西——所代替。

13.3 由于这些和另一些困难情况，任何不合理的工作程序都可能在词法的描述上造成混乱。最重要的是，我们必须遵守直接成分(§10.2)的原则。这个原则引导我们在一开头就可根据直接成分(immediate constituents)来区分词的分类：

A. 次要词(secondary words)[②]，包含自由形式：

1. 复合词(compound words)，包含一个以上的自由形式：door-knob(门上捏手)，wild-animal-tamer(野兽驯养者)。这些内含的自由形式是复合词的成员(members)：在我们的例子中，成员是 door、knob、tamer 这些词和 wild animal 这个短语。

2. 派生次要词(derived secondary words)，包含一个自由形

① graze(吃草)是英语动词，放在这儿以表示它前面的主语 sheep"绵羊"是单数还是复数，主语是单数，动词就应该加-s(grazes)，是复数，动词就没有-s(graze)。——译者

② secondary 译为"次要"，下面的 primary 译为"基本"，并不恰当，也可以勉强改译为"再生"(经过构词手段而产生的)和"原始"(原来如此，说话人不能或不易加以分析的)。——译者

式：boyish（孩子气的），old-maidish（老处女似的）。内含的自由形式叫做基础形式（underlying form）：在我们的例子中，基础形式是 boy 这个词和 old maid（老处女）这个短语。

B. 基本词（primary words），不包含自由形式：

1. 派生基本词（derived primary words），包含一个以上的黏附形式：re-ceive（收到），de-ceive（欺骗），con-ceive（想象），re-tain（保留），de-tain（扣留），con-tain（包含）。

2. 语素词（morpheme-words），只含有一个单一的（自由）词素：man，boy，cut，run，red，big。

直接成分的原则会引导我们把一个形式加以类归，比方说，把 gentlemanly（绅士风度的）这样一个形式不作为一个复合词而作为一个派生次要词来归类，因为直接成分是黏附形式-ly 和基础词 gentleman（绅士）；于是 gentlemanly 这个词便是一个次要派生词（所谓再复合词 de-compound）[①]，它的基础形式碰巧是个复合词。同样，door-knobs（门上捏手——复数）不是一个复合词，而是由黏附形式［-z］和基础词 door-knob 组成的再复合词。

直接成分的原则引导我们观察组成成分的结构次序。组成成分的结构次序跟它们的实际序列（actual sequence）是不同的；比方，ungentlemanly（非绅士风度的）由 un-和 gentlemanly 组成，把黏附形式加在开头，但 gentlemanly 是由 gentleman 和-ly 组成的，把黏附形式加在末尾。

① decompound 可以理解为由复合词再派生而来的词，或者说以复合词为基础的派生词。——译者

13.4 作为比较简单的词法配列的例子，我们可以把出现在英语复数名词（glass-es（玻璃杯））和过去时动词（land-ed 登陆了）中的次要派生结构拿来加以阐述。

就选择而论，黏附形式在两种情况下都是独特的，但基础形式属于两个大的形类：复数名词是由单数名词派生而来的（如 glasses 来自 glass），而过去时动词是由不定式动词派生而来的（如 landed 来自 land）。其他一些附属的选择法位留在以后再讨论。

就次序而论，黏附形式在上两种情况下都是在基础形式以后讲出来的。

按照几乎所有的英语形态结构所共有的重音变易[①]特征来讲，基础形式保留它的重音，而黏附形式没有重音。

变音法位更为繁复些，我们将看到由此而产生的一些特点出现在许多语言的形态里。

首先，一个黏附形式出现了几个交替形式（alternants）这样的例子是几个不同的词形意味着变音特征：

glass（单数）：glasses [-iz]（复数）

pen（单数）：pens [-z]（复数）

book（单数）：books [-s]（复数）

如果我们把这些例子集中起来看，我们立刻就会发觉：黏附形式的形状是由伴随形式的最后一个音位规定的：[-iz] 出现在嘶擦音（sibilants）和塞擦音后面（glasses，roses（玫瑰花），dishes（盘

① modulation，有时是指音调（词调或语调）的变化，有时是指音重（重音、次重音或非重音等）的变化，但有时又是兼指音调和音重的变化。在这儿显然是指重音的变化。参看 § 10.4 和下文 § 13.10 脚注。——译者

子),garages(汽车库),churches(教堂),bridges(桥));[-z] 出现在所有其他的浊音音位后面(saws(锯子),boys,ribs(肋骨),sleeves(袖子),pens,hills(小山),cars(车));[-s] 出现在所有其他的清音位后面(books,cliffs(悬崖))。既然这三个交替形式 [-iz,-z,-s] 之间的区别能根据语音变换来描写,我们就可说它们是语音交替形式(phonetic alternants)。既然这三个交替形式的分布是依照伴随形式在语言上可以认出的特征而规定的,我们就可说这种交替是规则的。最后,既然伴随形式的决定特征是音位性的(即最后一个音位的识别),我们就可说这种交替是自动的。

规则的交替在大多数语言的形态中占有很重要的地位。不是所有的规则交替都是语音的或自动的。比方,在德语里,单数名词根据某些句法特征分成三种通常称为性属的形类(§12.7);那么,德语的复数名词就是利用附加一些黏附形式的方法从单数形式派生而来的,这些黏附形式是依基础单数形式的性而各有不同:

阳性名词加[-e],带有某些元音变化:der Hut [huːt]“帽子(单数)”:Hüte ['hyːte]“帽子(复数)”;der Sohn [zoːn]“儿子(单数)”:Söhne ['zøːne]“儿子(复数)”;der Baum [bawm]“树(单数)”:Bäume ['bojme]“树(复数)”。

中性名词加 [-e],不带有元音变化:das Jahr [jaːr]“年(单数)”:Jahre ['jaːre]“年(复数)”;das Boot [boːt]“船(单数)”:Boote ['boːte]“船(复数)”;das Tier [tiːr]“动物(单数)”:Tiere ['tiːre]“动物(复数)”。

阴性名词加 [-en]:die Uhr [uːr]“钟、表(单数)”:Uhren ['uːren]“钟,表(复数)”;die Last [last]“负担(单数)”:Lasten

[ˈlasten]“负担(复数)”;die Frau [fraw]“女人(单数)”:Frauen [ˈfrawen]“女人(复数)”。

这种交替(除了那些我们不需要考虑的特殊的特征以外)是规则的,但它不是语音性的,因为在带有元音变化的[-e]、[-e]和[-en]这三个交替形式中,最后的一个跟头两个在该语言的系统中没有语音上的联系;因此这种交替不是自动的,而是语法的(grammatical),因为它不是因基础形式的语音特征而是因基础形式的语法(在这个例子上,即句法)特征而定的。

13.5 我们还没有根据语音变换来描写出现于英语复数名词中的黏附形式的三个交替形式[-iz,-z,-s]的亲属关系。很明显,三种截然不同的描述方法都是可能的,这要依据我们选择这三个形式中的某一个或另一个作为我们的出发点而定。我们的目的归根到底还是采取尽可能简单的一套描述方法来描写英语中的事实。带着我们心目中的这个目的去把各种可能的不同公式来一一试探,往往是需要付出极大的劳力。在目前的这个例子上,我们的麻烦不大,因为在英语的句法中有跟我们所谈的交替完全平行的东西:绝对形式为 is [ˈiz] 的后倚轻音词(enclitic word)产生交替的情形完全跟我们的复数后缀一样:

Bess's ready [iz,əz][1]	(贝斯是准备了)
John's ready [z]	(约翰是准备了)
Dick's ready [s]	(狄克是准备了)

① 这种区分处于非重读位置上的[ə]和[i]的英语发音的类型,在黏附形式(glasses)和词(Bess's)两者之中都采用[i]。——原注

既然在这个情况下绝对形式 *is* 必然要用作描写的出发点，如果我们也把 [-iz] 作为黏附形式的基础交替形式（basic alternant)，那么我们就得出最简单的公式。因此我们可以说，在英语里，任何非重音形式 [iz，əz] 的词素，在除了嘶擦音和塞擦音以外的一切音位后面就会失掉它的元音，而在清音后面就会以 [s] 来代替 [z]。这种处理方法也适用于第三人称现在时动词后缀的交替如 misses（丢失，怀念）：runs（赛跑）：breaks（打碎），以及领属形容词后缀的交替如 Bess's，John's，Dick's。此外，就动词的过去时后缀而论，它可引导我们采用类似的公式。这个后缀出现于三种相似的交替形式中：

land（“登陆”，现在时）：landed [-id] （过去时）
live（“生活”，现在时）：lived [-d] （过去时）
dance（“跳舞”，现在时）：danced [-t] （过去时）

这样我们可以不必犹豫，就拿[-id] 作为我们描写的基础形式，并且说：这个形式在除了舌尖塞音以外的一切音位后面会丢掉它的元音，而在一切清音后面会以[t] 来代替 [d]。

13.6 对于英语复数名词作一番调查以后立刻可以说明我们所进行的描述对许许多多无穷无尽的形式是适用的，但对一定限度的某些例外却不适用。

有某些例子，复数的组成形式跟基础单数名词具有语音上的差别：

knife [najf]（刀，单数）：knives [najv-z]（刀，复数）
mouth [mawθ]（口，单数）：mouths [mawð-z]（口，复数）
house [haws]（房屋，单数）：houses [ˈhawz-iz]（房屋，复数）

我们可以这样来描写这些复数的特点：基础单数形式的收尾音［f，θ，s］，在黏附形式加上去以前，就被［v，ð，z］代替了。在这个描述中所采用的“在……以前”这些字眼，意味着黏附形式的交替形式是一个跟被代替的声音相适应的交替形式；比方，knife的复数不加［-s］，而加［-z］：“首先”这个［-f］是被［-v］代替了，“然后”相适应的交替形式［-z］才加上去。在这一类描述中所采用的字眼“在……以前，在……以后，首先，然后”等等，都是指明描写的次序的。组成成分的实际序列以及它们的结构次序（§13.3）是语言的一部分，但语法特征的描写次序却是虚构的，是由我们描写这些形式的方法而产生的；比方，这当然是不用说的，说话人讲“knives”时，并不是“首先”用［v］来代替［f］，“然后”再加上［-z］，而只是讲出一个形式（knives），这个形式在某些特征上跟另外一个形式（即knife）相似，而在某些特征上又跟它相异。

如果英语复数名词在基础形式中呈现收尾擦音的浊音化情况，并具有区别于其他名词的任何共同的语音或语法特征，那么我们可以把这个特点当作一个规则的交替形式来描写。然而，事实似乎不是这样；我们也有一些像cliffs（悬崖），myths（神话），creases（摺缝）这样的复数，其基础形式中的［f，θ，s］是不变的。我们可以作出一般的叙述来概括一组情况，可是也得为那些不归入一般的叙述中的情况提供一个清单。一套形式，不包括在一般的叙述中，而必须用一个清单表示出来的，就可说是不规则的。当然，我们要竭力调整我们的描写，使得许多形式尽可能地都包括在一般的叙述中。我们的抉择往往是由这种情况来决定的：一组形式具有无限大的领域，因而能适从一般的叙述，而不适从一个清单。

就以[-s] 收尾的英语名词而说，我们显然就遇到这个情形，因为house:houses 是仅有的一个例子，其中复数形式的 [-s] 是被 [-z] 来代替的，而无穷数目的复数名词都保留基础形式中的[-s] (glasses，creases，curses，dances，等等)。在这个情况下，我们的清单只包括一个形式——houses——一个唯一的不规则变化。基础形式中以 [ð]来代替[-θ] 的复数清单也是不大的，只包括这些形式 baths，paths，cloths，mouths(以及在有些说话人也包括 laths，oaths，truths，youths)；另一方面，我们发觉许多通行的形式如 months，widths，drouths，myths，hearths，以及更为明确的那种在复数形式上保留[-θ] 的习惯，而这些复数形式并不是习惯上原有的，也许是由一个向来没有听见这些复数形式的人自己造出来的：the McGraths(马克格拉家人)，naprapaths(矫正疗法医生)，monoliths(独石)。就 [-f] 而论，它的清单要大一些：knives(刀)，wives(妻子)，lives(生命)，calves(小牛)，halves(半个)，thieves (贼)，leaves(叶子)，sheaves(捆)，beeves(牛肉)，loaves(面包)，elves(小鬼)，shelves(木板格架)(以及在某些说话人也包括 hooves(兽蹄)，rooves(屋顶)，scarves(头巾)，dwarves(侏儒)，wharves(码头))；我们决定把这些都称为不规则的形式，这不仅是由于相反的例子如 cliffs(峭壁)，toughs(暴徒)，reefs(暗礁)，oafs(笨人)的缘故，而且也由于不太普遍或偶然出现的形式如 (some good) laughs(消遣)，(general) staffs(参谋总部成员)，monographs(专论)的缘故。

在两种处理方法并列出现的场合下，如 laths [lɑːθs] 或 [lɑːðz]，roofs 或 rooves，通常在变体的含义上总有一些细微的差别。名词 beef(牛肉),作为一个质量名词来讲,平常是没有复数的;复数 beeves(肉牛)是一个特殊化的派生词,因为它由本义而转为"公牛,肉牛",带有古老的诗意。

我们还可以顺便说明一下:我们所讨论的语法特征,是按照对嘶擦音——塞擦音(sibilant-affricate)、舌尖塞音、浊音、清音这些音组下定义并按照建立 [f,θ,s] 对 [v,ð,z] 以及 [t] 对 [d] 的关系,来决定语音模式的特征的(§8.5)。

我们可以把"词尾擦音浊化加后缀 [-iz,-z,(-s)]"作为规则的复数后缀 [-iz,-z,-s] 的一个不规则的交替形式来描写;这个不规则现象是在于基础形式的语音变换。在唯一的不规则的 staff ("棍",单数):staves("棍",复数)[①]中,同样的语音变换还伴有音节领音的变换。在 cloth [klɔ:θ](布):clothes [klowz](衣服)中,我们还有一个带有特殊化意义"衣件,衣服"的唯一的不规则复数,而同时还存在着带有正规意义的不规则复数 cloths [klɔ:ðz](布)。

在 do [duw]:does [dʌz],say [sej]:says [sez],have [hɛv]:has [hɛz][②]中,动词的第三人称现在时同音后缀伴有基础形式的语音变换。

过去时后缀 [-id,-d,-t] 在下面这些不规则的形式中伴有语音变换——say:said,flee:fled,hear [hiə]:heard [hə:d],keep:kept(以及类似的 crept,slept,swept,wept;leaped 和 leapt 也是

---

① staff("棍、杖",单数)的读音是 [stɑ:f],而复数 staves 的读音却是 [steivz];这个词的单数和复数的领音是不相同的。——译者

② 这里的基础形式的音变是 [v] 的丢失。——译者

变体)，do：did，sell：sold(以及类似的 tell：told)[①]，make：made，have：had。

13.7　有些例子，黏附形式以一个非常的形状出现。在 die(骰子，单数)：dice(骰子，复数)中，交替形式[-s] 的出现是违背一般的习惯的；在 penny(便士，[②]单数)：pence(便士，复数)中，同样的特征还伴有基础形式中的语音变化([-i] 的脱落)，跟正规的变体 pennies(便士，复数：指钱币个数)比较，带有特殊化的意义。在动词过去时中，从 burnt，learnt 这些带有古老风味的变体里，我们可以发现[-t] 代替了[-d]。假使我们说在英语中不许可的词尾辅音群[-dt] 是被[-t] 代替了，那么我们可以在这儿用[-t] 来代替[-id]，把 bent，lent，sent，spent，built 这些形式归为一类。

在 feel(感觉，现在时)：felt(感觉，过去时)中，两个组成成分都有不规则的语音变换，同样的情形还有 dealt，knelt，dreamt，meant。假使我们说不许可的词尾辅音群 [-vt，-zt] 是被 [-ft，-st] 代替了，那么我们也可以在这儿把 leave(“离开”，现在时)：left(“离开”，过去时)和 lose(“失掉”，现在时)：lost(“失掉”，过去时)归为一类。在 seek [sijk] (寻找，现在时)：sought [sɔːt] (寻找，过去时)中，黏附形式出现为 [-t] 而不是[-d] 的交替形式，同时基础形式以 [ɔː] 代替了音节元音和后面跟随的音，同样的情形出现的

① 这里 tell 与 told 的对比中 tell 原文遗漏。——译者

② penny 是英国币制的最小单位，相当于我国的“分”。按英币旧制，十二便士是一个先令(shilling)，二十个先令等于一英镑(pound)。另外还有一个特殊的单位叫几尼(guinea)，相当于二十一个先令，是英国在殖民几内亚时以几内亚的黄金所铸的金币。——译者

有 bought,brought,caught,taught,thought。

另有一种极端的情况是,一个交替形式跟其他的一些交替形式没有任何相似之处。在 ox("公牛",单数):oxen("公牛",复数)中,加在复数上的黏附形式是[-n] 而不是 [-iz,-z,-s]。如果这个语言不具有类似的情况足以保证我们根据语音变化来描写这个越轨的形式,那么像这一类的交替形式可以说是异干互补的(suppletive);比方,oxen 的 [-n] 就是 [-iz,-z,-s] 的一个异干互补的交替形式,因为英语语法里没有从[-iz] 转为 [-n] 的语音变换。在另一些实例中,发生异干互补现象的是基础形式。除了 kind(仁慈的):kinder(更仁慈),warm(温暖的):warmer(更温暖)等等这种正常的派生法以外,我们有 good(好的):better(更好),这儿基础词 good 被一个完全不同的形式 bet-所代替,因此我们便把 bet-作为 good 的异干互补的交替形式来描写。同样,不定式 be 凭借 [i-] 呈现出异干互补现象,第三人称现在时形式是 is [iz]。在 child(儿童,单数):children(儿童,复数)中,黏附形式的异干互补交替形式 [-rən] 还伴有基础词的语音变换。

另一极端情况是零式交替形式(zero-alternant)(§13.2),其中完全没有什么组成成分,如 sheep(绵羊),deer(鹿),moose(麋),fish(鱼)等的复数形式。这些复数形式是不规则的,因为虽然它们当中有些(例如,像 perch(鲈),bass(鳖),pickerel(小梭鱼)这样一些鱼类,大得足够作为单独的一个种类来被人烹食,并且不必按照其他的物体来命名)能够根据纯实际的意义特征来分类,然而却没有那种能使我们替它们下定义的形式特征。动词的过去时后缀在下列词中也显示出一种零式交替形式:bet,let,set,wet,hit slit，split，cut，shut，put，beat，cast，cost，burst，shed，spread，wed[①]。在 can，shall，will，must，may 中以及在 need，dare 的某些结构(例如，带有修饰语 not)中，第三人称现在时后缀就具有一个零式交替形式；这是一种规则的语法交替，因为这些动词可以根据它们带上一个不定式修饰语而不需要前置词 to 的句法功能来下定义。英语物主形容词后缀［-iz，-z，-s］在一种情况下具有零式交替形式，这就是在以复数后缀［-iz，-z，-s］收尾的基础形式后面，如 the-boys'。

零式交替形式也可以跟伴随形式的语音变换一道产生。比方，复数名词 geese（鹅），teeth（牙齿），feet（脚），mice（小耗子），lice（虱子），men，women［'wimən］，不是把黏附形式加在单数上，而是用一个不同的领音(即音节元音)。在这些复数中，一种语法特征，语音变换，表达一个意义(即词素意义“一个以上的物体”，而这个意义正常是以一个语言形式(即词素［-iz，-z，-s］)来表达的。我们可以说在 geese，teeth，feet 中“［ij］的替换”(替换了基础形式的重读音节)，在 mice，lice 中是“［aj］的换”，在 men 中是“［e］的替换”，在 women 中是“［i］的替换”，都是正常复数后缀的交替形式——替换交替形式(substitution-alternants)或替换形式(substitution-forms)。在过去时动词中，我们可以发现各种不同的领音取代了［-id，-d，-t］的位置，如：

［ɔ］got，shot，trod

① wed“嫁娶”一词的现代英语不是一个用零式交替形式来标志过去时的。通常是 wed，wedded［'wedid］。——译者

[ɛ] drank, sank, shrank, rang, sang, sprang, began, ran, swam, sat, spat

[e] bled, fed, led, read, met, held, fell

[i] bit, lit, hid, slid

[ɔ] saw, fought

[ʌ] clung, flung, hung, slung, swung, spun, won, dug, stuck, struck

[u] shook, took

[ej] ate, gave, came, lay

[aw] bound, found, ground, wound

[ow] clove, drove, wove, bore, swore, tore, wore, broke, spoke, woke, chose, froze, rose, smote, wrote, rode, stole, shone;

还有 dove 作为规则的 dived 平行并用的变体 [(j)uw]: knew, blew, flew, slew, drew, grew, threw。

在 stand:stood 中，我们有一种较复杂的情况，这个交替形式可以被描写为"[u] 的替换和 [n] 的脱落"。

还有一种情况是：一个零式交替形式替换了黏附形式，而同时一个异干互补交替形式又替换了基础形式，如 be:was; go:went; I:my; we:our; she:her; bad:worse。

在 have [hɛv]:had [hɛ-d] 或 make [mejk]:made [mej-d] 这类例子中，有一个组成成分，由于一个音位的脱落，发生了变化。这种脱落可以描写为减削特征(minus-feature)；跟零式特征或替换特征一样，减削特征也可以独立出现。譬如，法语形容词，规则的类型只有一种形式，不管这形容词究竟是伴随一个阳性或是阴性名词，例如，rouge [ruːʒ]（红的）：un livre rouge [œ̃ liːvrə ruːʒ]（一本红的书），阳性，而 une plume rouge [yn plym ruːʒ]（一支红的羽毛或笔），阴性。然而，有一个相当大的不规则类型，其中阳性和阴性形式是不同的：un livre vert [vɛːr]（一本绿的书），但 une plume verte [vɛrt]（一支绿的羽毛或笔）。比方：

阳性	阴性
plat [pla]（平的）	platte [plat]
laid [lɛ]（丑的）	laide [lɛd]
distinct [distɛ̃]（清楚的）	distincte [distɛ̃kt]
long [lõ]（长的）	longue [lõg]
bas [bɑ]（矮的）	basse [bɑːs]
gris [gri]（灰色的）	grise [griːz]
frais [frɛ]（新鲜的）	fraîche [frɛːʃ]
gentil [ʒɑ̃ti]（温和的）	gentille [ʒɑ̃tiːj]
léger [leʒe]（轻的）	légère [leʒɛːr]
soul [su]（醉的）	soule [sul]
plein [piɛ̃]（充满的）	pleine [plɛːn]

很明显，两种描写方式在这儿都是可能的。我们可以把阳性形式作为基础，来说明在每个例子上什么样的辅音是加在阴性形式上，这样做自然就会产生相当繁复的描述。另一方面，如果我们把阴性形式作为我们的基础，我们就能这样简单地描写这个不规则的类型：阳性形式是凭藉一种减削形式特征从阴性派生而来的，即收尾辅音和复辅音[-kt] 的脱落。再者，假使我们采取后一种

程序，我们就会发觉：两个形式之间的其他一切差异，如元音音长和鼻化（如在我们最后的一个例子上），在法语词法的别的方面也会出现，可是大部分可归之于语音模式。

我们讨论的最后一部分给我们指出：一个词可以具有一个次要派生词的特性，而仍然只由一个词素组成，这一个词素伴有零式特征（作为复数的 sheep；作为过去时的 cut），或有替换特征（men，sang），或异干互补（went，worse），或减削特征（法语的 vert，阳性）。我们把这些词作为次要派生词来归类，并且管它们叫次要词素词（secondary morpheme-words）藉以识别它们的特点。

13.8 在次要派生结构中那些附加在基础形式上的黏附形式就是词缀（affixes）。在基础形式之前的词缀是前缀（prefixes）如 be-head（砍头）中的 be-；在基础形式之后的词缀叫做后缀（suffixes），如 glasses 的 [-iz] 或 boyish（孩子似的）的-ish。词缀加在基础形式中间的称为中缀（infixes）；比方，塔加洛语采用好几个中缀加在基础形式的第一个元音前面：从 ['su:lat]（写作，作品）派生出 [su'mu:lat]（作者），其中带有中缀 [-um-]，和 [si'nu:lat]（写出来的东西），其中带有中缀 [-in-]。重叠（reduplication）是由基础形式的重复部分组成的词缀，如塔加洛语的 [su:-'su:lat]（将要写的人），['ga:mit]（用的东西）：[ga:-'ga:mit]（将要使用的人）。重叠可以具有各种不同的限度：福克斯语的 [wa:-pamɛ:wa] ‘他注视他’：[wa:-wa:pamɛ:wa]（他观察他），[wa:pa-wa:pamɛ:wa]（他不断地注视他）。重叠根据某种惯例可以跟基础词有些语音上的差别：古希腊语 ['phajnej]（它发光，它出现）：[pam-'phajnej]（它明亮地发光）；梵语 ['bharti]（他负担，支持，忍耐）：['bi-bharti]（他能支撑，忍耐得住），['bhari-bharti]（他猛然撑住，突然倾斜）。

13.9 我们已经看到当形式部分地相似时，就可能产生一个问题：我们最好采取哪一个形式作为基础形式；我们也看到语言的结构可能为我们解决这个问题，因为照某一种方式处理，我们会作出一个非常不必要的复杂的描述，而照另一种方式处理，就会得到一个比较简单的描述。这样来考虑问题往往导致我们去**建立**一个人为的基础形式。例如，在德语里，（浊辅音 [b，d，g，v，z]）是些不可能的词尾，并且在末尾的位置上总是被相应的清音所代替。因此，我们就有了如下的几组：

基础词	派生词
Gras [graːs]（草）	grasen ['graːz-en]（吃草）
Haus [haws]（房屋）	hausen ['hawz-en]（主持家务，经营）
Spasz [ʃpaːs]（笑话）	spaszen ['ʃpaːs-en]（讲笑话）
aus [aws]（外面）	auszen ['aws-en]（在外面）

很明显，如果我们把基础词按其原形来当作我们的基础形式，那么我们就必须列出一个长表来说明哪些是出现在带有 [z] 而不带有 [s] 的派生词中。另一方面，如果我们从带有 [-z] 的人为的基础形式出发，如 [grɑːz-，hawz-]，可跟 [ʃpɑːs，aws] 作对比，我们就不需列表，只消说明实际上出现于独立形式中的词尾 [-s]，是根据被许可的词尾音的统一规定。关于其他一些浊辅音，也是同样的情形，如：

rund [runt] “圆的”　　　runde ['rund-e] “圆的东西”（复数）

bunt [bunt] “杂色的”　　　bunte ['bunt-e] “杂色的东西”（复数），

这儿我们建立一个理论上的基础形式 [rund-]，可跟 [bunt] 作对比。我们已经见到，在某些语言中这些理论上的形式由于追忆性的连读变音（§12.5）也出现于短语中。

同样，有些语言不容许有收尾的辅音群，然而在内含的自由形式中却带有辅音群。试比较下列美诺米尼语的名词形式：

单数（后缀：零形式）	复数（后缀：[-AN]）
[nenɛːh] “我的手”	[nenɛːhkan] “我的手（复数）”
[metɛːh] “一个心”	[metɛːhjan] “心（复数）”
['wiːkiːh] “桦树皮”	[wiːkiːhsan] “一些桦树皮”
[nekɛːʔtʃenɛh] “我的拇指”	[nekɛːʔtʃenɛːhtʃjan] “我的拇指（复数）”
[peːhtʃekunaːh] “医药包”	[peːhtʃekunaːhtjan] “医药包（复数）”

很明显，把单数形式当作基础所进行的描写，必定要用许多详细的表来说明哪些辅音如 [k, j, s, tʃj, tj] 是加在后缀的前面的；简单而自然的描写方法就是把自由形式作为出发点，这个自由形式不是它的绝对形状，而是出现于后缀前面的形式，如 [wiːkiːhs-] 等等。

萨莫亚语（Samoan）提供了另一种实例，这个语言绝对不容许任何词尾辅音的存在，因此就有下列的几组形式：

不带有后缀　　　　带有后缀 [-ia]

[tani]（哭）　　　　[tanisia]（哭了）

[inu]（喝）　　　　[inumia]（喝了）

[ulu]（进来）　　　　[ulufia]（进来了）

很清楚，在这儿，一种有用的描写就会根据理论所给的词状建立基础形式，如 [tanis-，inum-，uluf-]。

13.10　次音位的变化往往在形态结构上占有重要地位。英语里，词缀正常是不读重音的，如 be-wail-ing，friend-li-ness，等等。在英语外来雅词的重音向词缀上转移，在许多次要派生词中是一个法位。比方，有些后缀带有位于后缀前的重音（pre-suffixal stress）：重音是在后缀的前一音节上，不管这个音节的性质是什么；如，-ity 在 able（能）：ability（能力），formal（正式的）：formality（正式），major（主要的）：majority（占多数）中；[-jn] 在 music（音乐）：musician（音乐家），audit（查账）：audition（听觉），educate（教育）：education（教育）之中；[-ik] 在 demon（恶鬼）：demonic（恶鬼似的），anarchist（无政府主义者）：anarchistic（无政府的），angel（天仙）：angelic（天仙般的）之中。在有些由外来语动词转为名词和形容词的派生结构中，重音落在前缀上：从动词 insert [in'səːt]（插入）派生出名词 insert ['insəːt]；同样，还有 contract（紧缩），convict（证明有罪），convert（转变），converse（交谈），discourse（谈话），protest（抗议），project（设计），rebel（反叛），transfer（移交）。在另外一些例子上，这种变化跟后缀一道出现：conceive（构思）：concept（观念），perceive（观看）：percept（知觉），portend（预示）：portent（预兆）；在有些例子上，基础动词不得不从理论上建立起来，如 precept（告诫）。

在有些语言中，变调具有较大的范围。在梵语中，带有后缀的派生形式保留基础形式的重音：

[ˈkeːça-]（头发）：[ˈkeːça-vant-]（有长头发）

[puˈtra-]（儿子）：[puˈtra-vant-]（有一个儿子）。

另外也有重音转移到第一音节上去的情形：

[ˈpuruʃa-]（男人）：[ˈpaːwruʃ-eːja-]（来自男人）

[vaˈsti-]（气泡）：[ˈvaːst-eːja-]（气泡的）。

另外一些有位于后缀前的重音：

[ˈpuruʃa-]（男人）：[puruˈʃa-taː-]（人性）

[deːˈva-]（神）：[deːˈva-taː-]（神性）。

另外有些后缀本身有重音：

[ˈrʃi-]"哲人"：[aːrʃ-eːˈja]"一个哲人的后代"

[saˈramaː-]（专有名词）：[saːram-eːˈja-]"从 Sarama 传下来的"。

另外一些派生形式需要有跟基础词的重音转到对立方面：

[ˈatithi-]（客人）：[aːtiˈth-ja-]（好客，款待）（名词）

[paliˈta-]（灰色的）：[ˈpaːlit-ja-]（灰色）。

塔加洛语利用重音和元音延长两者作为辅助音位；[-an] 这个形式的三种后缀在变调（modulations）①的处理上有所不同。

后缀 [-an]¹ 的特点是表现重音在后缀前一位，也表现在基础形式的第一音节为长元音：

① modulations 不但是指音高和音重的变化，这儿涉及 Tagalog 语，也用来指音长的变化。可见，modulations 这一个词可指音重、音高、音长三者之中任何一种或两种变化，或泛指三种变化。这儿指的是音重和音长两种的变化。参看上文 § 13. 4 脚注。——译者

[ˈibig]（爱）：[iːˈbiːgan]（爱情）

[iˈnum]（饮）：[iːˈnuːman]（酒会）。

意义是“由一个以上的施事者所进行的（往往是相互的或集体的）行为”。

后缀 [-an][2] 是有重音的，如果基础词的重音是在第一音节上；否则跟 [-an][1] 一样处理：

[ˈtuːlug]“睡”：[tuluˈgan]“睡的地方”

[kuˈluŋ]“围绕”：[kuːˈluːŋan]“监禁的地方”。

这儿意义是“经常由一个以上的施事者所进行的行为或重复的行为的地点”。

后缀 [-an][3] 具有位于后缀前的重音，如果基础词的重音是落在第一音节上的；这个后缀是读重音的，如果基础词的重音落在最后音节上；超越了语音模式所要求的范围就没有元音延长的现象：

(a) [ˈsaːgiŋ]“香蕉”：[saˈgiːŋan]“香蕉丛林”

[kuˈluŋ]“围绕”：[kuluˈŋan]“笼子，篓子”

(b) [ˈpuːtul]（砍）：[puˈtuːlan]“可以从上面砍下的东西”

[laˈkas]（力量）：[lakaˈsan]“力量可以消耗在上面的东西”。

这儿意义是(a)“一个物体可以当作基础物体，行为等等的地点用”，(b)“可以在上面进行某种行为的东西”。

在带有音高作为辅助音位的语言里，这种辅助音位可以在词法上起作用。比方，在瑞典语里，施事名词的后缀-er 可以显示合成形式中多音节（§7.7）的正规的复合词调（compound word-pitch）：由动词词干 [leːs-]“读”形成的 läser [ˇleːser]“读者”；但是现在时的-er 只要求在合成形式中具有单纯词调（simple word-pitch):(han)läser ['le:ser](他)"读"。

13.11 对词的结构进行一切观察时,非常重要的是要遵守直接成分的原则。在塔加洛语里,基础形式 ['ta:wa]"一笑"重叠时变成派生词 [ta:'ta:wa]"将要笑的人"中;这个形式又可以作为一个带有中缀 [-um-] 的派生词的基础,即 [tuma:'ta:wa](正在笑的人)。另一方面,['pi:lit](努力)这个形式首先插入一个中缀 [-um-],产生 [pu'mi:lit](曾强迫行动的人),然后加以重叠,产生 [-pu:pu'mi:lit] 作为 [nag-pu:pu'mi:lit](尽极大努力的人)的基础。密切注意遵守这个原则更有必要的是,因为我们时常遇见一些形式在直接成分上彼此迁就。塔加洛语有一个前缀 [paŋ-],如 [a'tip]"盖屋顶":[paŋ-a'tip]"盖屋顶用的东西,盖屋板"。这个前缀的 [ŋ]和一个伴随形式的某些词首辅音易于发生一种语音变化——我们可以管它叫形态连读变音(morphologic sandhi)——譬如,由于这种语音变化,我们的前缀跟 ['pu:tul]"切一片,砍一下"连在一起,就产生派生词 [pa-'mu:tul]"砍或切东西用的工具",其中 [m] 代替了 [-ŋ]加 [p-] 的结合体。然而,在有些形式上,我们发觉结构次序上不一致的情况;比方,[pa-mu-'mn:tul](成批或大量地砍切)这个形式,根据组成部分的实际序列来看,意味着在前缀加上去"以前"就进行了重叠,但是就重叠和主要形式中都是 [m] 代替了 [p] 的出现情况来看,它同时也意味着在进行重叠"以前",前缀就已经加上去了。安排得不细心的描写一定不能成功地把上面这一形式的特点显示出来。

13.12 在具有复杂形态的语言中,我们可以这样去观察形态的层序(ranking):一个合成词可以被描写为恰好是各种不同的复合成分、附加成分、变化成分等等依照一定的次序加在基础形式上那样。比方，英语 actresses（女演员们）这个词，首先，是由 actress 和［-iz］组成的，正如 lasses（小姑娘们）是由 lass 和［-iz］组成的一样；actress 本身又是由 actor（演员）和-ess 组成的，正如 count-ess 是由 count 和-ess 组成的一样；最后，actor 是由 act（表演，动作）和［-ə］组成的。绝没有一条平行线可以把 act-resses 分成比方说 actor 和-esses 两部分。因此，在这一种类型的语言里，我们可以把形态结构区分成好几层等级（ranks）。

在许多语言中，这些等级可以分为若干类：一个合成词的结构，若以其更为直接的成分而论，首先显露的是外层的屈折（in-flec-tional）结构[①]，然后才是里层的构词法（word-formation）结构。在我们上一个例子中，屈折的外层是由 actress 带［-iz］这个结构来表示的，而构词的里层是由剩下的这两种结构即 actor 带-ess和 act 带［-ə］来表示的。

上面的这种区别不是总能够贯彻到底的。它需要根据好几种特征而定。屈折的结构经常可以造成封闭或局部封闭（§12.11），所以一个包含有屈折结构的词（一个屈折词）不能在任何形态结构中作为组成成分，或者只能在某些屈折结构中作为组成成分。譬如，英语的 actresses 这个形式只能进入一种形态结构，即物主形容词 actresses'（带有［-iz，-z，-s］的零交替成分，§13.7）的派生

① inflectional constructions，照字面应译为“屈折的结构”，照含义可译为“构形法结构”。另外，如本章后部分的 inflected form 或 inflectional form（屈折形式），word-in-flection（词的屈折）等等，照含义都可译为“构形法形式”、“词的构形法”等等。——译者

结构。这后一种形式本身再不能进入任何形态结构，它已有了完全的封闭。

屈折法的另一特点，跟构词法对比，就是基础形式和合成形式的严格的平行性。比方，几乎所有英语的单数名词都是派生的复数名词的基础，反过来说，几乎所有英语的复数名词都是由单数名词派生而来的。因此绝大部分的英语名词都出现于平行的成对的组合：一个单数名词（hat）和一个由前者派生而来的复数名词（hats）。只要说话人知道其中的一个，就能经常说出另外的一个。每一组这样的形式称为**词形变化组**（paradigmatic set）或**词形变化表**（paradigm），而一组中的每个形式称为**屈折形式**（inflected form）或**屈折**。有些语言具有较大的词形变化表，包括许多屈折形式。譬如，在拉丁语里，动词出现大约 125 个屈折形式，例如 amāre“爱（不定式）”amō“我爱”，amās“你爱”，amat“他爱”，amāmus“我们爱”，amem“我可能爱”，amor“我被爱”，等等；一个形式的出现经常保证所有其他形式的出现。屈折形式的这种平行性，迫使我们去分别对待一个单独的语音形式，如像作为一组同音形式的 sheep（绵羊），单数名词 sheep（跟 lamb（羔羊）相对）和复数名词 sheep（跟 lambs 相对）。也正由于这种平行性，导致了我们去观察截然不同的语音形式，作为形态上互相关联的（凭藉异干互补作用），如 go：went，go 作为不定式（比方说，跟 show 是平行）而 went 作为过去时形式（这就跟 showed 平行）。

的确，这种平行性有时是不完备的。**变化不全的词形表**（defective paradigms）就缺乏某些屈折形式；比方，can，may，shall，will，must 没有不定式，must 没有过去时，scissors 没有单数。如果在这些情况下遇到实际存在形式的基础恰巧是欠缺的形式，那末我们最好建立一个理论上的基础形式，例如一个不存在的不定式*can或单数*scissor-。另一方面，有些不规则的词形变化表是超差异的(over-differentiated)。比方，跟一个普通的词形变化表的单一形式如play(to play，I play，we play)相对应，be的词形变化表就有三个形式(to be，I am，we are)；另外，跟played这个单一的形式相对应，就有(I) was，(we)were，been这些形式。即使只有一个超差异的词形变化表的存在，也能暗示规则的词形变化表中的同音现象。

屈折形式的平行性跟另一特征有连带关系：不同的屈折形式在句法功能上也是不同的。如果我们说the boys chauffe(孩子们开汽车)，而当the boy是施事者的时候，句法上协调关系(§12.7)的习惯要求我们也提供chauffes这个形式。至于英语动词的现在时和过去时的屈折形式，情况就不是这样：plays：played的平行性不是英语句法的任何习惯所要求的，然而仍须严格地执行。

如果屈折有好几个等级，那么我们就会有复合的词形变化表；譬如，英语名词的屈折形式包括一个外层结构即物主形容词的派生和一个里层结构即复数的派生形式：

	单数	复数
主格——宾格	man	men
物主形容词	man's	men's

在拉丁语的动词里，我们遇见极为复杂的复合词形变化表：一个外层用来表示不同的施事者或受事者，因人称(说话人，听话人，第三者)，数(单数，复数)，和语态(施事，受事)而有所区别，一个里

层用来表示不同的时态(现在、过去、将来)和语式(真实的,假设的,非真实的),还有一个最里层用来表示动作的完成与否的区别(未完成的,完成的)。

13.13 最后,我们来讨论跟我们上面已经提到的有关屈折法的一个重要特征,即词形变化表的派生统一体(derivational unity)。一个词形变化表的屈折形式并不是每个都参与复合结构和派生结构,但是作为一个整体的词形变化表是由某一个形式作为代表的。在英语里,一个名词词形变化表的形式是由单数来作代表,如 man-slaughter(杀戮),mannish(男子似的),而动词词形变化表的形式由不定式来代表,如在 playground(运动场),player(游戏的人)中。一个英语的词形变化表包括一个基础词(它本身也是这词形变化表的一个成员)和某些含有这个基础词的次要派生词;作为进一步的派生结构和复合结构的组成成分,这个词形变化表整个又由基础形式来代表;因此,英语可以说是具有词的屈折(word-inflection),词的派生(word-derivation)和词的复合(word-composition)。

许多语言,特别是那些具有较复杂的形态的语言,词形变化表里没有一个形式能够适当地被认为是其他形式的基础。比方,德语动词的规则词形变化表包含一个跟任何屈折形式都不相等的共同成分。譬如,lachen ['lax-en](笑(不定式)),(ich)lache ['lax-e]((我)笑),(er) lacht [lax-t]((他)笑),(er)lachte((他)曾笑),gelacht [ge-'lax-t](笑(过去分词)),等等,这些形式所代表的词形变化表具有一个共同成分 lach- [lax-] 存在于所有的屈折形式中,但是这些屈折形式里头没有一个是仅仅包含 lach-这个成分而不带词缀的。在次要派生结构和复合结构中，词形变化表也是以这个同样的形式来代表的，如在 Lacher [ˈlax-er]（笑者）和 Lach-krampf [ˈlax-ˌkrampf]（一阵阵的发笑）中。严格地讲，这个 lach-是一个黏附形式；我们管它叫词形变化表的词核（kernel）或词干（stem）。德语的动词是词干屈折（stem-inflection）、词干派生（stem-derivation）和词干复合（stem-composition）的一个实例。在我们的描写中，我们通常把这个词干当作好像是个自由形式来看待的。

在属于这种类型的某些语言里，词形变化表的共同成分不同于派生词和复合词的词形变化表的代表词干。比方，古希腊语的名词词形变化表具有词干屈折。它包含一个共同成分——词核，很像德语的动词词干，例如 [hipp-]“马”：

	单数	复数
主格	[ˈhipp-os]	[ˈhipp-oj]
呼格	[ˈhipp-e]	[ˈhipp-oj]
宾格	[ˈhipp-on]	[ˈhipp-ows]
与格	[ˈhipp-oːj]	[ˈhipp-ojs]
属格	[ˈhipp-ow]	[ˈhipp-oːn]

然而，在次要派生结构中，这个词形变化表不是以 [hipp-] 这个共同成分来代表的，而是以一个特殊的派生形式（deriving-form）来代表的，如 [hipˈpo-teːs]（骑马的人）中的 [hipp-o-]，或由于语音变化而丢了 [o] 的 [hipp-iˈkos]（属于马的）。同样，作为复合词的成员之一，这个词形变化表是以一个特殊的复合形式（com-pounding-form）即上述的同音形式来代表的，如 [hippo-

ˈkantharos]"马蝇"。这样,我们可以把实际上(但在原则上需要受语音变化的制约)出现于一切形式中的**词核**[hipp-]跟作为进一步的派生词的基础的**词干**[hipp-o-]区别开来。

词形变化表的统一体原则的某些例外只不过是表面现象。英语复合词中的物主形容词形式如 bull's-eye(靶心;牛眼窗)或 longlegs(盲蜘蛛,大蚊)的复数形式,应归入这些复合词的短语结构,这点我们以后还要谈到。然而,真正的例外的确也会出现。德语有一个后缀-chen [-xen]"小",它构成来自名词的次要派生词,如 Tisch [tiʃ](桌子):Tischchen [ˈtiʃ-xen](小桌子)。在德语形态系统里,这是一个构词法结构,但在某些少数的例子中,这个后缀[-xen]是加在已经具有复数屈折形式的名词上:除了 Kind [kint]"孩子":Kindchen [ˈkint-xen]"小孩子"以外,复数屈折形式 Kinder [ˈkinder](孩子们)是派生词 Kinderchen [ˈkinder-xen]"小孩子们"的基础。假使一个语言包含这一类的例子太多了,我们干脆应该说:该语言并不区分那些利用屈折法和构词法这些术语来表示的词法的层次。

第十四章　形态类型

14.1　根据组成成分的性质可以区分三种形态结构类型——即复合结构、次要派生结构和主要派生结构(§13.3)——其中以复合词的结构最像句法结构。

复合词在其直接成分中有两个(或两个以上)自由形式(doorknob"门上捏手")。依据直接成分的原则,各种语言通常能把复合词跟短语派生词(如 old-maidish(老处女似的),含有基础短语 old maid(老处女)的次要派生词)和再复合词(如 gentlemanly(绅士风的)含有基础复合词 gentleman(绅士)的次要派生词)区别开来。在复合词的范围内,上述原则通常包含一定的结构次序;比方说,复合词 wild-animal-house(野兽房)不是由 wild,animal 和 house 三个成员,也不是由 wild 和 animal′-house 两个成员组成的,而是由 wild animal(一个短语)和 house 这两个成员组成的;同样,复合词 doorknob-wiper (门上捏手揩布)明显地是由 doorknob 和 wiper 这两个成员组成的,而不是——比方说——由 door 和 knob-wiper 组成的。

那些导致我们认识复合词的语法特征,在不同的语言是有所不同的,有些语言毫无疑义地是没有这一类的形式的。在词和短语之间可以分成很多层次;却往往不能定出严格的区别。那些被我们归入复合词的形式,具有某些在该语言中表明是单词而异于短语的特征。

在意义上，复合词通常比短语更有所特指；例如，blackbird 指的是一种特殊的鸟，它比指同一颜色的鸟所用的短语 black bird（黑色的鸟）较为特殊。试图利用这种差别作为区分的标准是一个非常普遍的错误。我们不能十分精确地给意义作出归纳；再者，许多短语在意义上跟任何复合词一样特殊化；在短语 a queer bird（一个怪癖的人）和 meat and drink“酒食”中，bird 和 meat 这些词完全跟它们在复合词 jailbird（囚徒）和 sweetmeats（糖果）中一样特殊化了。

14.2 在每个词上只采用一个高重音的语言里，这种特征可以把复合词跟短语区别开来。在英语里，高重音通常是落在第一个成员上；而在另一成员上只有次重音，如 door-knob [ˈdɔəˌnɔb]，upkeep [ˈʌpˌkijp]（维持费）。某些复合词具有让第二个成员无重音的这个不规则性，如 gentleman [ˈdʒentl̩mən]，Frenchman [ˈfrentʃmən]（法国人）；试比较：milkman [ˈmilk-ˌmɛn]（送牛奶的人）。某些类型的复合词，主要是那些由副词和前置词作为组成成员的，把重音落在第二个成员上：without（没有），upon（在……上）。因此，凡是我们遇见次重音或非重音落在一个词上，而这个词处在短语中时总是有高重音的，那么我们就可以把这个词当作复合词成员来描写：ice-cream [ˈajsˌkrijm]（冰淇淋）是个复合词，而 ice cream [ˈajs ˈkrijm] 是个短语，尽管两者之间并没有含义上的差异。然而，一个短语作为复合词中的头一个成员，就保留它所有的高重音：wild-animal-house [ˈwajld-ˈɛniml̩-ˌhaws] 的重音可以使我们确信 house 是个复合词成员；这结构的其余部分是以另一些标准来表示的。

就语音模式而论，复合词通常是跟短语一样对待的：在英语里，像 shrovetide（忏悔节）里的［vt］或 pen-knife 里的［nn］这样一些辅音群，不在单词中出现。类似连读变音的语音变化可以是复合词作为一个单词的标志，如果它与该语言中句法的连读变音有所不同。比方，gooseberry［'guzbri］具有复合词的标志，因为英语句法中是不会以［z］来代替［s］的，而只在形态中出现，如 gosling［'gɔzliŋ］。同样，在法语里，pied-à-terre［pjet-a-tɛːr］（暂时的寓所）（逐字直译为“脚—在—地上”）如与 pied［pje］“脚”相比，或 pot-au-feu［pɔt-o-fø］“肉汤”（逐字直译为“锅—在—火上”）如与 pot［po］“锅”相比，或 vinaigre［vin-ɛgr］“醋”（逐字直译为“酸—酒”）如与 vin［vɛ̃］“酒”相比，都显示了复合词的标志，因为法语名词在短语中是没有这些类型的连读变音的，只有在词的结构中才有这种情况，例如 pieter［pjete］“以脚趾踏线（在赛跑出发以前）”，potage［pɔtaːʒ］“浓汤”，vinaire［vinɛːr］“属于酒的”；试比较例如 vin aigre［vɛ̃ ɛgr］“酸的酒”这个短语。

特别显著的语音变化可标志一个复合词；比方，在下列的例子中，头一个成员比它处在该语言的任何短语中受到较大的语音变化：holy［'howli］（神圣的）：holiday［'hɔlidej］（假期），moon（月亮）：Monday（星期一），two［tuw］（二）：twopence［'tʌpn̩s］（两便士）；古英语［'feːower］“四”：［'fiðer-ˌfeːte］（四支脚的）；梵语中的第二个成员［naːwh］（船）：［ati-'nuh］（从船上去的）；古希腊语［pa-'teːr］（父亲）：［ew-'patoːr］（善尽父职的）；哥特语 dags（日，天）：fidurdōgs（四天（的年龄））；英语中的前后两个成员 breakfast［'brekfəst］，blackguard［'blɛgəːd］（流氓），boatswain［'bowsn̩］

(水手长),forecastle ['fowksl](前甲板);在有些情况下也有一种没有语音变化的变体形式,如 forehead ['fɔrid](额),waistcoat ['weskət](背心)[①]。当然,在极端的情况下,一个形式也许跟独立的词极不相似,以致我们会犹豫不决,不知该叫它复合词成员好还是叫它词缀好:像 fortnight ['fɔːt-ˌnajt](两星期)这一形式是处在复合词和简单词的边缘上的。

一个复合词中成员的次序是固定的,而短语中的次序是自由的,如 bread-and-butter ['bred-n-ˌbʌtə](擦了黄油的面包片),试比较短语如 she bought bread and butter(她买了面包和黄油),she bought butter and bread(她买了黄油和面包)。然而,这个准则可能会受到破坏,因为短语中的次序也可以是固定的:我们也有一个特殊化的短语['bred n 'bʌtə],其次序和意义都跟复合词一样。相反的次序是比较有把握的标记:法语的 blanc-bee [blɑ̃-bɛk](乳臭未干的年轻人)(逐字直译为"白—嘴")可以认为具有复合词的特征,因为像 blanc 这样的形容词,在短语中总是跟在名词后面的:bec blanc"白色的嘴"。英语例子如 to housekeep(主持家务),to backslide(堕落),to undergo(忍受)等,因为在短语中像 house 这样的名词宾语和 back,under 这种类型的副词必定是跟在动词的后面的(keep house(主持家务),slide back(溜回来)。

14.3 导致我们区别复合词和短语的特征中,最普遍而且也是最多样化和最难于遵守的,就是语法上的选择特征。

① forehead ['fɔrid] 或 [-red],较少见的发音是 ['fɔːhed] 或 ['fɔəhed]。waistcoat 有几种读音:['weistkowt,'weiskowt;老式 'weskət]。——译者

最明显的对照是语言中含有词干复合(stem-composition)的语言(§13.13)。像德语的 lach-这样一个词干,可以代表德语复合词如 Lachkrampf [ˈlax-ˌkrampf] “一阵阵的发笑”中的整个动词词形变化表,但实际上不作为一个独立的词出现,这样一个词干就使得复合词跟任何短语明显地区别开来了。更加明显的是:一个用于复合的词干例如古希腊语的 [hippo-](马),在形式上可以区别于它的词形变化表的所有屈折形式,在任何情况下凭藉它的不变性可以表示一个复合词的特征;比方,[hippo-] 可以跟某些其他的词干连在一起如 [ˈkantharo-] “蝇虫”而构成一个复合词干 [hippo-ˈkantharo-] “马蝇”,但在这个复合词的一切屈折形式中它却保持原形不变:主格 [hippoˈkantharo-s],宾格 [hippoˈkantharo-n],等等。

甚至当复合词成员在形式上是和某个词等同的时候,它也可以表示复合词的特性。在古希腊语里,名词词干是利用后缀来进行屈折的。因此,一个复合名词词干的第一个成员在词形变化表的全部形式中会保持原状不变。比方,下面这个短语“新城”可以显示两个词形变化表的各种不同的屈折形式:

主格　[neˈaː ˈpolis]

宾格　[neˈaːn ˈpolin]

属格　[neˈaːs ˈpoleoːs],

等等,但是复合词干 [neˈaː-poli-] 那不勒斯[1],它的第一个成员是主格单数形式,它在所有屈折形式中显示出这第一个成员是不变

[1] 意大利南部的一个城市名。——译者

的：

主格 [ne'aːpolis]

宾格 [ne'aːpolin]

属格 [neaː'poleoːs]。

在德语里，形容词具有词的屈折；基础形式是作动词的补语来用的如：Das ist rot [das ist 'roːt] "那是红的"，派生的屈折形式是作为名词的修饰语而出现的如：roter Wein ['roːter 'vajn] "红色的酒"。因此，屈折的后缀的缺少就可表示 Rotwein ['roːt-ˌvajn] "红酒（一种葡萄酒）"这样一个形式中成为复合词成员的特性。

前缀和后缀的使用可以使我们决定一个词或词干的开始是什么，收尾是什么。德语动词的过去分词是以前缀 [ge-] 和后缀 [-t] 加在词干上而形成的，如 gelacht [ge-'lax-t] "笑"。因此，这些词缀的位置就为我们指出：像 geliebkost [ge-'liːpˌkoːs-t] "抚爱"这样一个形式是由复合词干派生而来的词，但是像 liebgehabt ['liːp-ge-ˌhap-t] "喜欢"却是由两个词组成的短语。这点给我们提供了一个标准来对其他屈折形式如不定式 liebkosen ['liːp-ˌkoːzen] "抚爱"和 liebhaben ['liːpˌhaːben] "喜欢"进行分类。

有时复合词成员很像一个屈折形式，但那样的形式是绝不可能在短语中出现的。附在 bondsman（奴隶），kinsman（亲戚），landsman（陆居者），marksman（射手）这些词的头一个成员上的 [-z，-s]，很像物主形容词后缀，但物主形容词如 bond's（契约的），land's（陆地的）等等，却不能这样用于短语中。在法语里，如 une grande maison [yn grɑ̃d mezõ] "一所大房子"中的 grande [grɑ̃d]（大）这个形容词，需要丢掉收尾的辅音（§13.7.）来构成跟阳性名词一道用的屈折形式：un grand garçon [œ̃ grɑ̃ garsõ] "一个大男孩"；但是，作为一个复合词成员，后一种形式也可跟阴性名词一起出现：grand'mère [grɑ̃-mɛːr]（祖母），grand'porte [grɑ̃-pɔrt]（总门，主要入口）。这一类型的复合词成员在德语中尤其普遍：Sonnenschein ['zonen-ˌʃajn] "日光"含有 Sonne 作为头一个成员，这一形式如在短语中当作一个单独的词来用只能是复数；在 Geburtstag [ge'burts-ˌtaːk] "生日"中，[-s] 是属格词尾，但在一个独立的词中，就不可以加在像 die Geburt "诞生"这样的阴性名词上。

一个复合词成员的特性可以凭借某种构词法特征来表示，而这种构词法特征是跟那种出现于独立的词中的构词法特征有区别的。古希腊语有一种非常不规则的动词词形变化表，包含着这样一些形式如 [da'maoː] "我驯养"，[e'dmeːtheː] "他曾被驯养"，等等，语法学家们根据词干形式 [dameː-] 来对这些形式进行适当的描写。从这个词形变化表，一方面派生出独立的施事名词 [dmeː'teːr] "驯养者"，而另一方面又派生出带有一个不同后缀的施事名词[-damo-]，只能用作复合词的第二个成员，如 [hip'po-damo-s] "驯养马的人"。带有特殊的构词法特征的复合词通称为综合式复合词（synthetic compounds）。综合式复合词特别出现于印欧语的较古时期，但这种习惯至今也没有完全消失。在英语里，to black（涂黑）这个动词是 blacker（涂黑者）（如 a blacker of boots（擦皮靴的人））这个独立的施事名词的基础，但是也可构成带有成分的施事名词-black，这个-black 出现于复合词 boot-black（擦皮靴的人）；同样，to sweep（打扫）可以构成 sweeper（扫除机）和 chimney-sweep（扫烟囱的人）的第二个成员。甚至像 long-tailed（长尾巴的)或 red-bearded(红胡子的)这样一些形式也不宜于作为包含 tailed,bearded 如 tailed monkeys(有尾巴的猴子),bearded lady(有胡子的妇人)这些词来描写;宁可把短语 long tail 或 red beard 作为自然的出发点,上面那些形式由于有了后缀-ed 就不同于这样的短语。这样说也是一样:我们使用 long-tailed,red-bearded 这种类型的复合词,不必理会 tailed,bearded 这一类的词存在或不存在:如 blue-eyed(蓝眼睛的),four-footed(四只脚的),snub-nosed(翘鼻子的)这些形式就是明证。现代英语中 three-master(三桅船),thousand-legger(多足动物)是另一个综合式类型。

在英语里,我们可以随意地构成 meat-eater(食肉者)和 meat-eating(吃肉的)这类复合词,但不能构成 *to meat-eat 这样的复合动词;这只有少数不规则的例子,如 to housekeep(主持家务),to bootlick(巴结)。的确,像 eater 和 eating 这些词当然是挨着复合词并存的;综合式特征仅在于这种限制,就是像 eat meat(吃肉)这样的短语,只有把-er 或-ing 同时加上去,才可以跟复合词取得平行的地位。我们可以把 meat-eating 和 meat-eater 这样一些类型称为**半综合式**(semi-synthetic)复合词。

14.4 我们当作复合词来归类的形式具有近似单词的一些特征,其中不可分割性(§11.6.)这一特征是经常出现的:我们能说 black——I should say, bluish-black——birds(黑的——应该说是,略带蓝色的黑的——鸟儿);但我们不能以同样的中断方式来使用复合词 blackbird。在福克斯语里,像[ne-pjɛːtʃi-waːpam-aː-pena]"我们已经来看了他(她,他们)"这样一个形式应该看作一个复合词,因为屈折的前缀[ne-]"我(而不是你)"和屈折的后缀

[-aː-]“他，她，他们”以及[-pena]“第一人称复数”明明白白地标出了一个词的起首和末尾（§14.3.）。这个复合词的成员就是小品词［pjɛːtʃi］“（来）到这儿”和动词词干［ˈwaːpam-］（看（一个有生的物体））。然而，福克斯语有时也在这类复合词的成员中间插进一些词，甚至插入一些短语，如［ne-pjɛːtʃi-ketaːnesawaːpam-aː-pe-na］（我们已经来看了她，您的女儿）。在德语里，复合词成员能够连续地结合起来；Singrögel［ˈziŋ-ˌføːgel］“鸣鸟”，Raubvögel［ˈrawp-ˌføːgel］“食肉鸟”，Sing-oder Raubvögel［ˈziŋ-oːder-ˈrawp-ˌføːgel］“鸣鸟或食肉鸟”。

一般地说，一个复合词成员不能像短语中的一个词那样作为句法结构中的一个成分来使用。短语 black birds（黑的鸟）中的 black 这个词能够被 very（very black birds（很黑的鸟））来修饰，但 blackbirds 中的复合词成员 black，就不能这样办。这个特征可以用来把某些法语的形式归类为复合词：比方，sage-femme［saːʒ-fam］“助产士”应作为一个复合词来归类，而跟一个意义为“聪明的女人”的同音的短语是不同的，因为只有在后一个形式上组成成分 sage“聪明的”才能伴有修饰语：très sage femme［trɛ saːʒ fam］“很聪明的女人”。这种限制，跟前一种一样，有时不存在于那些可以凭藉其他特征而定为复合词的形式中。在梵语里，凡是词干复合法明显地标志复合词的头一个成员的地方，这个成员偶尔也伴有一个修饰词，如［citta-pramaˈthiniːˌdeːˈvaːnaːm ˈapi］（心思——搅扰　神的　甚至）即（搅扰甚至神的心思），其中属格复数名词［deːˈvaːnaːm］（神的）是复合词成员［citˈta-］（心思）的一个句法式的修饰语。

14.5　一种语言的结构导致我们去把某些形式描写为复合词，这些形式的描述和分类要依靠那种语言固有的特征。语言学家们往往错误地把他们自己语言中现有的无论哪种复合词类型当作是普遍存在的。的确，各种语言中复合词的一些主要类型是多少有些相似的，但这种相似却值得重视；再者，有些细微末节，特别是一些限制，在不同的语言里是各不相同的。这些相当巨大的区别就阻止我们去制定任何可以适合于一切语言的分类计划，不过有两种分类方法往往有用处。

两种分类方法中的一种就是涉及各成员之间的关系。一方面，我们有句法式的(syntactic)复合词，其成员以短语中词与词的同样语法关系彼此相处；比方，在英语中，复合词 blackbird 和 whitecap(浪头白沫)(这两个复合词的区别留在后面再讨论)的成员具有形容词加名词这种跟短语 black bird 和 white cap(白的帽子)中的词同样的结构。另一方面，我们有非句法式的(asyn-tactic)复合词如 door-knob，其成员彼此相处的位置跟该种语言的句法结构上没有平行的结构——因为英语没有 *door knob 这样的短语类型。

句法式复合词和短语不同的地方仅仅在于那些(在该种语言中)能把复合词跟短语区别开来的主要特征上——在英语里，主要就靠只有一个高重音。句法式复合词在词汇上跟相应的短语不同，例如 dreadnaught(无所畏惧的人)；相应的短语 dread naught(无所畏惧)具有陈词古义色彩，而正常的短语却是 fear nothing(什么也不怕)。我们可以根据那些跟复合词成员并列的句法结构把句法式复合词分出一些次类，如英语里的形容词带名词(blackbird，whitecap，bull's-eye)，动词带宾语名词(lickspittle(奉承者)，dread-naught)，动词带副词(gadabout"游荡者")，过去分词带副词(cast-away(流离失所者))，等等。

许多复合词是处在句法式的和非句法式的两极之间：成员的关系跟某种句法结构相同，但复合词还跟短语有些细微的差别。譬如，复合动词 to housekeep 之不同于短语 keep house，仅在于词序这一个特征上。这一类的情况，我们可以谈到各种各样的半句法式的(semi-syntactic)复合词。词序的不同也体现在 upkeep(维持费)和 keep up(保持)的对比中和法语 blanc-bec"乳臭未干的年轻人"和 bec blanc"白嘴"(§14.2)的对比中。在 turnkey(狱吏)和 turn the key 或 turn keys(转动钥匙)的对比中，其区别是在于使用冠词或数的范畴与否。甚至像 blue-eyed(蓝眼睛的)，three-master(三桅船)，meat-eater(食肉者)这些形式，作为综合式复合词来看，可以说跟 blue eyes(蓝眼睛)，three masts(三根桅)，eat meat(吃肉)相对应，而跟这些短语在一些简单的形式特征上，包括黏附形式 -ed，-er 加在第二个成员上，又有不同之处。法语里，boîte-à-lettres [bwaːt-a-lɛtr] 直译为"盛信的箱子"和 boîte-aux-lettres [bwaːt-o-lɛtr] 直译为"这些信的箱子"两者的意义都是"信箱、邮箱"，但在前置词的选择上和冠词的使用上跟正常的短语类型却不相同，而正常的短语类型就会是 boîte pour des lettres [bwaːt puːr de lɛtr] "为信而设的箱子"；使用 à 和某些别的前置词来代替较为特殊的前置词以及使用不同的冠词(特别是使用零形式来代替以 des 这个形式表示的短语冠词)都是法语中极为明显的特征，这些明显的特征足以使我们标出半句法式复合词这一类来。

在半句法式复合词能以明确规定的场合，我们能把它按照句法复合词那样进行再分类：比方，半句法式的 blue-eyed 的成员具有跟句法式的 blackbird 同样的结构，three-master 的结构跟 three-day 一样，housekeep，turnkey 的结构跟 lickspittle 的相似，upkeep 的结构跟 gadabout 相似。

非句法式复合词(asyntactic compounds)的成员不是以该语言的句法结构结合在一起的。比方，在 door-knob，horsefly（马蝇），bedroom（卧室），salt-cellar（盐瓶），tomcat（雄猫）中，我们看出两个名词所组成的结构不出现于英语的句法。英语复合词的另一些非句法式类型可以拿下面的例子来说明：fly-blown（产蝇卵的），frost-bitten（受霜害的）——crestfallen（垂头丧气的），foot-sore（脚痛），fire-proof（防火的），foolhardy（愚勇的）——by-law（附则），by-path（小路），ever-glade（沼泽地）——dining-room（餐室），swimming-hole（天然游泳池）——bindweed（旋花），cry-baby（爱哭的人），drive-way（汽车小道），playground（运动场），blow-pipe（鼓风机）——broadcast（广播），dry-clean（干洗），foretell（预言）——somewhere（某处），everywhere（到处），nowhere（无处）。有些复合词含有不明出处的成员如 smokestack（烟囱），mush-room（蘑菇），或是含有独特的成员如 cranberry（蔓越橘），huckle-berry 越橘类，zigzag（曲曲折折的），choo-choo（火车"儿语"），这些当然都应该归属于非句法式的一类。

尽管非句法式复合词的成员之间的关系必然是含糊的，然而我们有时候还是能引申句法式和半句法式的主要分类以便把非句法式的这一类也包括进去。譬如，英语里，我们在一个半句法式复合词如 bittersweet（苦中带甜的），试比较短语 bitter and sweet（又苦又甜）中所看出的并列或联结式的关系，也能在非句法式复合词如 zigzag，fuzzy-wuzzy（苏丹共和国的黑人），choo-choo 中看出来。大部分的非句法式复合词似乎都有一种修饰加中心结构（attribute-and-head construction）：door-knob，bulldog（一种斗犬），cranberry。为了在可能限度内充分进行这种比较，我们可以把并列（copulative）复合词（梵语称为 dvandva）和限定（determinative或修饰 attributive 或主从 subordinative）复合词（梵语称为 tatpurusha）区别开来；这样一些分类就跟句法式、半句法式和非句法式复合词的分类交叉起来了。我们甚至可能再区分一些更小的类型。印度语法学家们从并列复合词中曾经又分出一个带有成员相同的特殊次类——重叠式（repetitive，梵语为 amredita）复合词，如 choo-choo，bye-bye（再见），goody-goody（伪善的，唯唯否否的）。在英语里，我们也能把成员间只带有某些略带语音差别的分为另外一类，如 zigzag，flimflam（胡言乱语），pell-mell（匆匆忙忙），fuzzy-wuzzy。印度人曾经觉得从规定复合词中宜于再分出一个特殊的类——句法式的修饰-中心复合词（syntactic attribute-and-head compounds；梵语为 karmadharaya），例如 blackbird。

14.6　另一种常用的分类方法着眼于作为一个整体的复合词跟它的成员的关系。我们往往能把在句法中所遇到的向心和离心结构的区别（§12.10）应用到复合词上去。既然 blackbird 是一种 bird，而 door-knob 也是一种 knob，我们就不妨说这些复合词和它们的中心成员具有同样的功能;它们是向心的。另一方面,gadabout 和 turnkey 中的首要成员是不定式动词,但复合词本身是名词;这些复合词就是离心的(梵语为 bahuvrihi)。拿一个并列类型为例,形容词 bittersweet 同时又苦又甜的是向心的,因为这个复合词跟它的并列成员 bitter(苦的)和 sweet(甜的)一样都具有形容词的功能,但植物名称 bittersweet(白英)却是离心的,因为,作为一个名词来讲,它在语法功能上是跟两个形容词成员不同的。英语离心复合词的另一个类型是由形容词和名词中心词组成的:two-pound(两磅的),five-cent(五分的),half-mile(半英里的),(in)apple-pie(order)"整整齐齐的"。

形类的区别也许不是那么基本的,但从语言的系统中仍然认得出来。在英语里,名词 longlegs(盲蜘蛛),bright-eyes(矢车菊),butterfingers(丢三落四的人)都是离心的,因为它们可以作为单数,也可以作为带有零式词缀和复数出现 that longlegs(那个盲蜘蛛),those longlegs(那些盲蜘蛛)。法语名词 rouge-gorge [ruːʒ-gɔrʒ]"知更鸟"(直译为"红的喉咙")是离心的,因为它属于阳性类(le rouge-gorge"这知更鸟"),而中心成员却属于阴性(la gorge"这喉咙")。在英语 sure-footed(脚步稳定的),blue-eyed,straight-backed(直背的)这个类型中,综合后缀[-id,-d,-t]跟离心价值(形容词带有名词中心)完全一致;然而,我们也许会犹豫,不知怎样来归类,因为 -footed、-eyed、-backed 也可以当作形容词看待(试比较 horned(有角的),bearded(有胡子的))。像 clambake(烤蛤蜊)、upkeep(维持费)这些类型,在英语语法中最好是作为向心的来描写,因为中心成员 -bake 和 -keep 可以当作从动词派生而来的带有零式特征的行为名词来看待；假设英语没有在派生结构中使用许多零式特征，同时也不构成许多类型的行为名词，那么我们就得把这些复合词作为离心的来归类了。同样，如果我们把 bootblack（擦皮靴的人），chimney-sweep（扫烟囱的人）作为向心的来归类，把 -black 和 -sweep 当作施事名词看待，那么这样描写也许是最为妥善。

在另一方面，英语复合词的一个大类，例如 whitecap（浪头白沫），longnose（欧洲的一种长咀硬鳞鱼），swallow-tail（燕尾服），blue-coat（警察），blue-stocking（女学者），red-head（红头公水鸭），short-horn（短角牛），具有名词功能，同时又有一个名词作为中心成员，可是不得不归入离心的一类，因为这个结构正意味着这个事物不是中心成员所属同一种属：这些复合词的意义是事物是具有某种特征（第一个成员）的某种事物（第二个成员）。下列事实说明了这种情况：即数的范畴（longlegs）和人称-非人称的范畴（nose ... it; longnose ... he, she）并不总是一致的。在 three-master，thousand-legger 中，综合性后缀跟这种离心关系是分不开的。然而，有介乎边缘上的，不容易分清楚的两可的例子。复合词 blue-bottle“青蝇”可以是向心的，如果我们把这个昆虫当作“像一个瓶子”似的东西来看待，但它也可以是离心的，如果我们认为“瓶子”只不过是这个昆虫身体上的一部分。

印度人从离心复合词中曾经分出了两个特殊的次类，即数量词（numeratives，梵语为 dvigu）——带有一个数字作为头一个成员的名词，如英语中的 sixpence（六便士），twelvemonth（十二个月，一年），fortnight（十四日，两星期），和疏状词（adverbials，梵语为 avyayibhava)——带有名词中心的副词，如 bareback（无鞍），barefoot（赤脚），hotfoot（急忙），或带有名词从属语的副词如 uphill（上坡），downstream，（顺流而下），indoors（室内），overseas（海外）。

14.7 在次要派生词（secondary derivative words）中，我们可以找出作为直接成分的一个自由形式，一个短语（如 old-maidish（老处女似的））或一个词（如 mannish（男子气的））；在后一种情况下，基础词可以是一个复合词（如 gentlemanly（绅士风度的），或者就它本身讲，也可以是一个派生词（如 actresses（女演员们），其中基础词 actress 本身是由基础词 actor 变来的次要派生词）。然而，我们已经看到，为了对某些语言进行描写，我们宜于建立一些理论上的基础形式（theoretical underlying forms）即词干（stems），使我们能把某些形式归为次要派生词，尽管，严格地说，它们并不含有自由形式（§13.13）。同样的措施也需要用来描写像英语的 scissors（剪子），oats（燕麦）这些形式，在这儿我们可以建立理论上的 scissor-，oat-作为基础形式，正如我们把 cranberry（蔓越橘），oatmeal（燕麦片），scissor-bill（没知识的人）作为复合词来归类一样。

基础自由形式，实有的也好，理论的也好，都是伴有一个词缀，或是如我们在第十三章所见到的，伴有一个语法特征。

在许多语言里，次要派生词首先可以分为屈折形式和构词形式（§13.12），但我们应该回想起这一类的语言往往还含一些两可之间的形式，例如英语的 beeves（肥牛）或 clothes（衣服），从主要方面看很像屈折类型，但是也表现了形式——语义上的差距。同样，learned [ˈlə:nid]（有学问的），drunken（喝醉了的），laden（装着货的），sodden（浸透了的），molten（铸造的）以及俚语 broke（缺钱），都离开了严格屈折的过去分词 learned [lə:nd]（学习），drunk（喝酒），loaded（装载），seethed（煮滚），melted（熔化），broken（打破）。

屈折形式相对来说比较容易描写，因为它们成组地并列出现在词形变化表中；我们所熟悉的一些语言的传统语法就给我们列出了它们的屈折系统。然而，值得注意的是，我们的传统语法缺乏科学的严密性，因为它把出现于不同的词形变化类型中的同一特性反反复复地加以论述。比方，在一本拉丁语的语法书里，我们可以找到主格单数标志-s 分别替下列的每一种类型作说明：amīcus（朋友），lapis（石头），dux（领袖），tussis（咳嗽），manus（手），faciēs（脸），其实只消作一次说明，用一句完整的话来叙述它用在哪儿和不用在哪儿，也就够了。

构词法本身带来的困难要大得多，而且大部分在我们的传统语法里是被忽视了的。主要的困难在于决定哪些结合体是存在的。在许许多多的情况下，我们只好把一种结构称为不规则的，将许多形式列出一个清单来。譬如，只有一张清单才能告诉我们从哪些英语的阳性名词利用后缀-ess 可以派生出阴性名词如 countess，lioness，并且也许需要一个附表来说明在哪些派生词中一个词尾的 [ə] 是被非音节的 [r] 所代替，如 waiter（招待员）：waitress（女招待员），tiger（老虎）：tigress（母老虎）——因为不带有这种变化的那个类型如 author（作家）：authoress（女作家）也许才算是规则的。特殊的例子如 duke：duchess，master（主人）：mistress

(女主人),thief(贼):thievess(女贼)[①]就需要分别交代。

一旦建立了这种结构以后,我们也许就能确定一个典型的意义,然后,就能跟屈折形式的情况一样,寻找平行的例子。譬如,英语后缀-ess具有确定的语言意义,不仅因为所有这些成对的词儿如count:countess,lion:lioness具有平行的特性,而且也因为英语语法凭藉he:she的区别承认这些带-ess的派生形式的意义。因此,我们能够判断,正如在屈折形式的情况下一样,究竟某一对形式如man:woman能不能表示同样的关系。这可以使我们像对词形变化表的描写一样,作出一些补充叙述,来指出某种语法上规定的语义单位的各种形式面貌。比方,我们找出词素意义"某一个阳性的阴性形式"不但可以由后缀-ess来表示,而且也可以由复合方式来表示如elephant-cow(母象),she-elephant(母象),nanny-goat(母山羊),还可以由异干互补方式来表示如ram(公羊):ewe(母羊),boar(公猪):sow(母猪);某些这样成对的形式具有相反的派生关系,阳性由阴性派生而来,如goose:gander,duck:drake。

同样,我们也许需要一个完全的清单来指出哪些英语形容词是kinder(较仁慈),shorter(较短),longer(较长),这种以-er词尾类型为比较形式的基础,有了这个表或清单以后,我们就能认识语义上等同的一些成对的形式,例如good(好):better(更好),much(多):more(更多),little(少):less(更少),bad(坏):worse(更坏)。

① thievess并不见于现代英语, 虽然按照英语构词法系统也许是一个可能的杜撰形式。——译者

在另外有几组词，语义关系不能从语法上来确定。比方，我们利用包括零成分在内的各种变化方式可以派生出大量的动词，但是这些派生动词的意义跟基础名词的关系是多方面的：to man（配备、布置人员），to dog（追猎），to beard（拔胡子），to nose（闻，嗅），to milk（挤奶），to tree（穷追），to table（放在桌上），to skin（剥皮），to bottle（装瓶子），to father（做父亲），to fish（捕鱼），to clown（扮小丑），等等。此外，我们也从形容词派生出动词来，带有几种不同的意义："变成这么这么样"和"使（受事宾语）这么这么样"，利用各种各样的形式手段：

零形式：to smoothe（弄光滑）

零形式，来自比较级：to lower（降低）

零形式，来自性质名词：old（老的）：to age（变老）

元音变换：full（满的）：to fill（装满）

异干互补：dead（死的）：to kill（杀死）

前缀：enable（使能），embitter（使难受），refresh（使爽快），
　　assure（使安心），insure（保险），belittle（缩小）

后缀-en：brighten（使发亮）

后缀-en，来自性质名词：long（长的）：lengthen（变长）。

在这个表里我们还得加上大批外来雅语类型，例如 equal（相等的）：equalize（使相等），archaic（古老的）：archaize（仿古），English（英语的）：anglicize（使……英语化），simple（简单的）：simplify（使简化），vile（卑鄙的）：vilify（诽谤），liquid（液体的）：liquefy（使化为液体），valid（有效的）：validate（使生效），long（长的）：elongate（拉长），different（不同的）：differentiate（使分化），debile（虚

弱的):debilitate(使虚弱),public(公众的):publish(使公开)。

派生形式要是利用语法特征造成的话,例如语音变换(man:men;mouth:to mouthe)或变调(convict(定罪,动词):convict(囚犯,名词))或异干互补(go(去,现在时):went(去,过去时));或零成分(cut(砍,不定式):cut(过去时);sheep(绵羊,单数):sheep(绵羊,复数);man: to man(配备布置人员),那么我们也许很难判断一组里头哪一个形式最宜于作为我们描写的基础形式。在英语里,如果我们把不规则的词形变化表(例如 man:men 或 run:ran)作为基础形式,而把规则词形变化表(例如 to man"布置人员"或 a run"一次航程")作为派生的,我们就会作出一个较为简单的描述。在大多数的情况下,这个准则是不存在的;比方,在 play(游戏),push(推),jump(跳),dance(跳舞)这一类例子,我们将难于判断究竟是把名词或是动词作为基础形式。不管我们怎样判断,派生词(例如 to man 是从名词 man 派生而来,或 a run 是从动词 to run 派生而来)往往是不含有后缀的,这样的派生词可以作为次要根词(secondary root-word)来描写(其理由见下文)。

同样,短语派生词例如由短语 old maid 派生而来的 old-maid-ish,不造成任何特殊的困难,只要它们包含一个派生词缀如-ish,但是当短语只伴有一个零形式特征如 jack-in-the-pulpit 或 devil-may-care"满不在乎的",那么我们就有了一种麻烦的短语词(phrase-words)的类型。这些短语词之不可中断的和句法上不能扩展的特性以及它们之离心的价值,都跟短语不同。

14.8 基本词(primary words)的直接成分不包含自由形式。它们可以是复杂的,由两个或更多的黏附形式所组成,如 per-ceive

(发觉),per-tain(附属),de-ceive(欺骗),de-tain(扣留),或者它们也可以是简单的,如 boy,run,red,and,in,ouch“哎唷!”。

那些构成复杂基本词的黏附形式,正如上面所引用的例子所显示的,当然是由部分相似的特征来决定的。在许多语言中,基本词跟次要词具有结构上的相似点。比方,在英语里,基本词 hammer(铁锤),rudder(舵),spider(蜘蛛)跟次要词 dance-r(舞蹈家),lead-er(领袖),ride-r(骑马的人)相似。基本词中那个跟次要词的派生词缀相似的部分(在上举例子中就是-er)可以当作首位词缀(primary affix)来描写。这样,基本词 hammer,rudder,spider 可以说是包含有一个首位词缀-er。基本词中的其余部分——在我们的例子中就是 hammer 中的［hɛm-］这个音节,rudder 中的［rʌd-］,spider 中的［spajd-］——叫做词根(root)。词根在基本词中所占的地位跟基础形式(例如 dance“跳舞”,lead“领导”,ride“骑马”)在次要词(dancer,leader,rider)中所占的地位一样。

首位词缀和词根的区别是符合下面的事实的:即首位词缀的数目较少、意义含混,而词根的数目众多,因之意义也较明确。[1]

为了要跟这套术语取得一致,凡首要词不包含任何像词缀似的成分(例如 boy,run,red)的,可以认为是基本根词(primary

① 早年的语言学者们把描写跟探索历史起源的那个截然不同的(并且困难得多的)问题混淆起来了,他们不知道怎样得出了这个概念:词根具有神秘的性质,特别是关于年代的问题。我们还时常听见这种主张:即我们所建立的词根,从前一定是曾经作为独立的词儿讲出来的。读者不用旁人告诉就知道这是完全没有根据的;词根,跟一切黏附形式一样,只不过是词与词之间部分相似的单位。关于我们正在进行分析的语言,较早阶段的情况,我们的分析不作任何保证。——原注

root-words)。在基本根词中出现的词根就是自由词根;试对照只跟首位词缀一起出现的黏附词根,如 spider 中的词根[spajd-]。

首位词缀可能在意义上极为含糊,只能作词根的伴随成分(规定成分 determinative)而不能自由活动。在英语中,最普通的首位词缀甚至不能说明词类;比方,英语有带-er 的 spider(蜘蛛),bitter(苦的),linger(徘徊),ever(始终;究竟),under(在……下面);带-le 的 bottle(瓶子),little(小的),hustle(乱挤);带-ow 的 furrow(畦;车辙),yellow(黄的),borrow(借)。在另一些例子里,意义比较容易捉摸;比方,在 hummock(小丘,圆丘),mattock(鹤嘴锄),hassock(跪垫)等词中的-ock,构成一些表示体积不太大的物体名词,它在 hillock(小丘),bullock(阉牛)这些词中当作一个次要后缀(跨类现象)来用,就很容易识别出来了。英语中外来的前缀通过像 con-tain(包含),de-tain(扣留),per-tain(附属),re-tain(保留)这些词的对比可以得到虽然含糊但可认辨的意义。然而,在有些语言中,首位词缀带有比较具体的意义。阿尔贡金语系诸语言利用首位后缀专指事物的状态(像木头似的固体,像石头似的固体,液体,像绳子似的东西,圆的东西),各种工具,身体的各部分,各种动物,女人,小孩(但成年的男性却显然地不在此例)。比方,美诺米尼语动词形式[kepa:hkwaham]"他把一个盖子放在它上面"有一个词干[kepa:hkwah-],这个词干包含词根[kep-]"掩盖开口的东西"和首位后缀[-a:hkw-]"木头或其他同样坚固的固体"以及[-ah-]"利用工具在无生物上面进行动作"。同样,美诺米尼语[akuapi:nam]"他把它从水里拿出来",其动词词干是由词根[akua-]"从一个中间体中移出"和后缀[-epi:-]"液体"以及

[-en-]“用手在一个物体上进行动作”所组成的；又如［niːsunak］“两个独木舟”是由词根［niːsw-］“两个”和首位后缀[-unak]“独木舟”所组成的小品词。这些词缀也用在次要派生结构中。它们当中有些是由独立的词或词干派生而来的；比方，在福克斯语里，[pjɛːtehkwɛː-wɛːwa]“他带来一个女人或好多女人”是一个不及物动词(即不能跟受事宾语一道用——英语的说法就成了这样：* he woman-brings)，它包含一个由名词［ihkwɛːwa］“女人”派生而来的首位后缀［-ehkwɛːwɛː-］“女人”。在美诺米尼语里，[-ekkiwɛː-]这个同源词，正如在［piːtehkiwɛːw］(意义相同)中一样，不跟任何名词保持这个关系，因为当作“女人”讲的旧名词在这儿已经不用了，而实际使用的词是［metɛːmuh］“女人”。在有些语言里，由名词派生而来的首位词缀使用起来所包括的语义范围，跟英语动词带受事宾语的句法结构大致相当。这种习惯通称为编插法(incorporation)；典型的例子就是拿哇特尔语即阿斯特克人的语言，在这个语言里，像［naka-tl］“肉”这样一个名词是由［ni-naka-kwa］(“我——肉——吃”即“我吃肉”)这样的动词形式中的一个前缀来表示的。

一个词根只能在一个首要词中出现，正如最通常的英语词根的情况，例如 man，boy，cut，red，nast-(在 nasty“讨厌的”中)，ham-(在 hammer“铁锤”中)，或者它也可能以一整套的首要词出现，正如英语中许多外来词根的情况，例如 deceive(欺骗)，conceive(想象)，perceive(发觉)，receive(领受)中的［-sjiv］。在任何一种情况下，基本词都可以作为一整套的次要派生词的基础；比方，man 可以作为下列形式的基础：men，man's，men's，mannish， manly，(to)man(mans(to man 的动词第三人称单数现在时)，manned(to man 的过去时或过去分词)，manning(to man 的现在分词或动名词))；deceive 可以作为下列形式的基础：deceiver(骗子)，deceit(欺骗)，deception(欺骗手段)，deceptive(骗人的)；conceive 可以作为下列形式的基础：conceivable(想得到的)，conceit(狂想；自负)，concept(概念)，conception(怀孕；概念)，conceptual(概念的)；perceive(发觉)可以作为下列形式的基础：perceiver(发觉的人)，percept(知觉，表象)，perceptive(知觉的)，perception(知觉)，perceptible(知觉得到的)，perceptual(知觉性的)；receive 可以作为下列形式的基础：receiver(领受人)，receipt(收条)，reception(接见；欢迎会)，receptive(有接受力的)，receptacle(容器)。再者，在基本词不存在的情况下，这一类的次要派生词依然可以存在；比方，英语没有 * preceive 这样的一个基本词，但我们有 precept(格言；教训)，preceptor"教训者"这些词，这些词最好是作为一个理论上的基础形式 * pre-ceive 的次要派生词来描写。

一种语言的词根给该语言构成数量极多的整批形态形式，因而给该语言带来极多样化的和极特殊的意义。这种情况在那些以自由形式为词根的语言里最为明显，例如英语里的 boy，man，cut，run，red，blue，green，brown，white，black。明确的意义也能在黏附形式中找到，例如 yellow(黄色的)中的-yell，purple(紫色的)中的 purp-，nasty(讨厌的)中的 nast-，等等。然而，在大多数的语言里，也有些词根带着很含糊的意义，例如，英语中-ceive，-tain，-fer(conceive(想象)，contain(包含)，confer(给予)等等)这种类型的外来词根。这种情况特别存在于那些首位词缀在意义上相当多样化和特殊化的语言里。

我们一旦建立了一个词根以后，我们就面临着它的变化的可能性。当词根在一个次要派生词中作为最终成分出现时，这种可能性是很明显的：比方，在次要派生词 duchess 中，基础词 duke 的变化同时就是词根 duke 的变化，在次要派生词 sang（sing 的过去时），sung（sing 的过去分词），song 中，基础词 sing 的变化必然就是词根 sing 的变化。有些语言中词根的交替形式变化多端，以致描写者在选择一个基础形式上竟会犹豫不决。在古希腊语里，我们发现交替形式 [dameː-，dmeː- dmoː-，dama-，dam-] 出现了下面一些形式：[e-'dameː]（他曾养驯），[e-'dmeː-theː]（他曾被养驯），['dmoː-s]（奴隶），[da'ma-oː]（我养驯），[hip'po-dam-o-s]（驯养马的人）。我们给希腊语形态所作的全部描写，甚至把派生词分成首要和次要两种类型，要看我们最先怎样选择一个作为这一类词根的基础形式而定。在日耳曼诸语言中，词根的变化，不管有没有词缀似的规定成分，都出现在带有形象色彩的词里，例如 flap（平打，拍击），flip（轻打，用指头弹），flop（重摇，重跌）。假设我们把 flap 作为这个词根的基础形式，我们就会把 flip，flop 当作派生词来描写，派生词是利用 [i]（较小，较灵巧）的代替和 [ɔ]“较大，较呆笨”的代替所构成的。类似的情况有以 [i] 代替的：snap（突然折断）：snip（剪断），snatch（抢，突然带走）：snitch（偷，告密），snuff（牲口等喷鼻子）：sniff（用鼻吸），bang（重打声）：bing（轻打声），yap（叫声咬，大声叫）：yip（狗咬，叫喊）；以 [ij] 代替的 squall（狂叫）：squeal（尖声呼叫），squawk（鸭等的叫声）：squeak（鼠等的叫声)，crack(爆破声)：creak(碾轧声)，gloom(幽暗)：gleam(闪光)，tiny(小的)：teeny(小小的)；以［ʌ］代替的：mash(捣烂，磨碎)：mush(切，刻)，flash(发闪光)：flush(放红光)，crash(粉碎)：crush(压碎)。乍一看起来，我们应当把这些形式作为次要派生词来描写，因为 flap 这个词可以说是 flip，flop 这些词的基础，但是如果我们把 flip，flop 这样一些词看作"词根 flap-"的首要变化而不把它们作为从 flap 这个实际的词派生而来的，那么对英语形态所能进行的详细描写也许更方便些。

一种语言的许许多多词根，在结构上通常都是相当整齐划一的。在英语里，它们都是单音节成分，例如 man，cut，red；其中有许多是作为根词而出现的自由形式，但也有许多，例如 spider 中的［spajd-］，hammer 中的［hɛm-］，而特别像 conceive，perceive 中的［-sjiv］这一类外来词根，是黏附形式。有些黏附词根的收尾辅音群不在词尾上出现，如 lumber(木材)中的［lʌmb-］或 linger(闲荡)中的［liŋg-］。在俄语里，词根都是单音节，除了某些带有［l］或［r］处在［e，o］元音之间的以外，如［'golod-］"饥饿"，［'gorod-］"城市"。在古希腊语里我们已经看到词根的可变性的例子；就这个语言来说，显然对原始印欧语来说也是一样，我们也许需要建立几个不同式样的词根，单音节的，例如［doː-］(给)，和双音节的，例如［dameː-］(养驯)。在汉语北方话里，所有的词根都是单音节的自由形式，这些单音节从语音上看，是由一个起首辅音或辅音群(也可以没有任何起首音)、一个收尾音节音(包括带有非音节音［j，w，n，ŋ］的复元音式类型)再加一个调型组成的。马来亚诸语言具有双音节的词根，重音落在其中的一个音节上，如塔加洛语的根词［'ba:haj］（房屋）和［ka'maj］（手）。在闪语系诸语言中，词根是由三个辅音所支起的不能发音的骨架组成的；因此，每个基本词都是把成系列的元音作为词法成分加到这个词根上去。比方，在现代埃及阿拉伯语里，一个词根如［k-t-b］“写”，就有下列这些词：［katab］“他写过”，［ka:tib］“写（的人）”，［kita:b］“书”，以及带前缀的［ma-ka:tib］“写东西的一些地方，一些书斋”，［ma-ktab］“写东西、读书的地方”，［je-ktub］“他正在写”；同样，［g-l-s］“坐”这个词根出现于［galas］“他曾坐”，［ga:lis］“坐着的人”，［ma-ga:lis］“议会（复数）”，［ma-glas］“议会”。

有少数一些语言，例如汉语，词根的结构是绝对整齐划一的；我们发现另外有些语言，词根比正规的类型要短些。值得注意的是：这些较短的词根大都属于一个语法的或一个语义的范围，这样一个范围根据英语语法可以作为代词，连词和前置词的范围来描写。在德语中，有跟英语一样的词根结构，定冠词包含一个词根［d-］，因为在 der，dem，den 等形式中，词的其余部分（-er，-em，-en 等）在每种情况下都是个正规的屈折词尾，并且也出现于形容词的屈折形式中，如（红的）：rot-er，rot-em，rot-en。同样这也适用于 wer，wem，wen 这类形式的疑问代词“谁？”中。在马来亚语和闪语中，许多属于这种语义范围的词只有一个音节，如塔加洛语中的［at］（和）或句法小品词［aŋ］（宾语词语的标志），［aj］（谓语标志），［na］（定语标志）。这种语义范围大致跟英语使用非重读词的范围相同。

14.9　也许在绝大多数的语言里，绝大部分的词根都是词素。

甚至在像英语 sing:sang:sung:song 或 flap: flip: flop 这些例子上,一个恰当中肯的描写将会把其中某一个形式当作基础来看待,而把其余的一些当作次要派生词或当作带有词根语音变换的首次派生词来看待。然而,在另一些情况下,在我们所认为是不同词根的成分中间,我们可以发现显而易见的语音语义相似处。英语的代词或许最宜于被描写为包含彼此相似的——特别是在起首为辅音的——单音节词根:

[ð-]: the,this,that,then,there,thith-er,thus

[hw-]:what, when, where, whith-er, which, why;在 who, how 中,[hw-] 变成了 [h-]

[s-]:so,such

[n-]: no,not,none,nor,nev-er,neith-er

就英语中形象性的词来说,词根的复杂形态结构更加明显;在这些词中,我们能够——以不同的清晰程度并在两可的边缘地带会遇见一些可疑的例子——分辨出含义模糊的由起首音和收尾音构成词根的词素(root-forming morphemes)所组成的体系。很明显,强烈的、形象性的含义是和这种结构有联系的。比方,我们可以找出反复出现的一些起首音:

[fl-](闪动的光):flash(发闪光),flare(火焰闪闪发光),flame(火焰),flick-er(闪烁),flimm-er(发微光)

[fl-](在空中的动作):fly(飞),flap(振翅),flit(倏地飞),flutt-er(飞扑)

[gl-](不动的光):glow(发白热光),glare(发眩光),gloat(虎视眈眈),gloom(变黑暗),gleam(发微光),gloam-ing(黄昏微

光），glimm-er（发微光），glint（闪耀）

［sl-］（平滑潮湿的）：slime（粘泥；变粘滑），slush（烂泥，滑油），slop（弄湿了的地方），slobb-er（淌口水），slip（滑倒），slide（滑，溜）

［kr-］（嘈杂的撞击）：crash（撞坏），crack（砸碎），creak（碾轧声），crunch（嘎扎嘎扎的响）

［skr-］（令人烦躁的撞击或声音）：scratch（抓伤；搔声），scrape（发出刮擦声），scream（尖声叫）

［sn-］（鼻出气声）：sniff（用鼻吸；snuff，牲口等喷鼻子），snore（打鼾），snort（牲口等鼻息），snot（鼻涕）

［sn-］（迅速的分开或动作）：snap（突然折断；snip，剪断），snatch（抢；snitch，偷）

［sn-］（爬行）：snake（蛇），snail（蜗牛），sneak（偷偷溜走），snoop（偷偷地走来走去）

［dʒ-］（上下的动作）：jump（跳），jounce（震动），jig（跳跃；jog，轻摇；jugg-le，变戏法），jangle（乱摇，乱响；jingle，铃的玎玲声）

［b-］（沉闷的撞击）：bang（碰击，关碰），bash（猛击），bounce（（球）弹回），biff（痛击），bump（冲撞），bat（拍打）

以同样不很明确的方式，我们能够区分一些收尾音：

［-ɛʃ］（激烈的动作）：bash（猛击），clash（猛撞），crash（撞坏），dash（猛冲），flash（（电光等）一闪），gash（深深砍伤），mash（捣烂，压碎），gnash（切齿），slash（抽打），splash（泼，溅）

［-ɛə］（大的光或声音）：blare（高声叫），flare（光焰闪闪发光），glare（发眩光），slāre（盯着看）

[-awns]（迅速的动作）：bounce（弹跳），jounce（震动），pounce（猛扑），trounce（痛打）

[-im]，大多数带有规定成分[-ə]（小的光或声音）：dim（暗淡的），flimmer（发微光），glimmer（发微光），simmer（慢慢烧滚），shimmer（微微发亮）

[ʌmp]（拙笨的）：bump（撞），clump（重踏着步走），chump（笨蛋），dump（短桩），frump（乖戾守旧的女人），hump（驼背），lump（大堆，大块头），rump（鸟兽等等尾端），stump（残肢），slump（陷入，掉下），thump（脚步沉重地走）

[-ɛt]，带有规定成分[-ə]，（细碎的动作）：batter（敲碎），clatter（噼啪声；喧闹谈话声），chatter（喋喋不休），spatter（泼，溅），shatter（粉碎），scatter（撒播），rattle（哒哒声），prattle（咿呀学话）

在最后这个例子里，我们看出一个足以证实我们分类法的形式特点。在英语形态中，对于作为后缀的[-ə]或[-l̩]的出现，没有一般的限制，特别是，它们不会由于词本身含有[r，l]而受到排斥：像brother（兄弟），rather（宁可），river（江河），reader（读者），reaper（收割者）或little（小的），ladle（勺子），label（标签）这样一些形式是十分普通的。然而，含有[r]的形象性词根，词尾从来没有规定的后缀[-ə]，而以[-l̩]取而代之，相反地含有[l]的形象性词根，从来没有[-l̩]跟在它后面，而只能跟[-ə]：brabble（吵嘴，争论）和blabber（多嘴的人）作为英语的形象性类型都是可能的，但*brabber或*blabble却不可能。

对于那些极细微的特征如构成词根的词素所进行的分析，必然是不可靠的和不完备的，因为一个语音上的相似点，比方说box

（拳击）；beat（打），bang（敲）中的这个［b-］，要是代表一个语言形式，就非得伴有语义上的相似点，而关于后面这一点，它属于现实世界的领域，我们还没有衡量的标准。

第十五章　替代法

15.1　以上概括地叙述了句子类型(第十一章)和各种结构(第十二、十三、十四章),现在让我们来谈谈第三种有意义的语法配列手段,**替代法**(substitution)(§10.7)。

替代是一种语言形式或语法特征,在一定的习惯环境下用来替代任何一个类型语言形式。比如在英语里,代词 I 替代任何一个单数实体词语,假使这个实体词语在所说的话里是表示说话人本人。

替代法的语法特点在于选择特征:代词只替代某一类的形式,我们不妨称之为代词的**领域**;比如 I 的领域是英语实体词语的形类。这个代词不同于寻常的语言形式,如 thing(东西),person(人),object(对象),物象,因为它的领域是可以从语法上加以规定或说明的。一个寻常的形式,即使包含的意义极其广泛,例如 thing 这个词,能不能用于这个或那个现实环境,这是意义的实际问题;代词的等价物则不然,是根据语法来判定的。例如,不管我们对着谁或对着什么说话,我们可以提到这个实在的或假设的听者,按一个实体词语的形式利用代词 *you*——在这方面我们面对着我们正在打交道的听者,不管是人,还是动物,还是东西,还是抽象性质,都不需要对它具备什么实际的知识。

在很多情况下,代词还标志着其他的特点:它们往往很短,在许多语言里都读轻音;它们往往有不规则的曲折变化和派生形式(英语 I:me:my)和特殊的句法构造。在许多语言里,代词是黏附形式,因而具有形态特征,如在结构次序中处于一定的位置。

15.2　每一个代词的意义里都有一个因素,就是作为该代词领域的形类的类义(class-meaning)。例如英语代词 you 的类义就是英语实体词语的类义;I 的类义就是单数实体词语的类义,代词 they 和 we 的类义就是复数实体词语的类义。

有些代词还有并不出现在形类里的较特殊的意义,但是即使在这些情况下,一连串好几个代词仍然系统地代表整个领域。这样,英语 who 和 what 共同概括了英语实体词语的类义。同样,he,she 和 it 共同概括了单数实体词语的类义;在这一组词儿里头,he 和 she 概括了跟 who 同样的次领域,it 概括了跟 what 同样的次领域,但是 he 和 she 之间的差别包含进一步的独立的再度区分。所以,代词的选择把英语的实体词语分成两个次类,人称的(personal 用 who 和 he-she 代替)和非人称的(用 what 和 it 代替),这种选择再把人称的单数分为两个次类,阳性的(用 he 代替)和阴性的(用 she 代替)。

除类义以外,每一个代词还含有一种意义因素,就是替代类型(substitution-type),包括在使用替代法时的习惯环境里。比如,I 代替任何单数实体词语(这个领域给了 I 的类义),假使这个实体词语表示说者,就在所说的话里使用了 I:这就是 I 的替代类型。使用替代法时的环境是现实环境,语言学家就他的职能说要给下精确的定义是无能为力的。这些环境的详细情况在不同的语言里有很大的差别;我们说一种外国语时,在使用适当的代词形式上就会有很大的困难。

15.3 虽然如此,我们还是值得暂时离开语言学的立场,来考察一下社会学者或心理学者在这里所面临的问题。我们即时能发现各种替代类型代表着说话行为的最基本环境。I,we 和 you 里的替代类型是建立在说者—听者的关系上的。this,here,now 和 that,there,then 的类型代表着距离说者或说者和听者的远近关系。who,what,where,when 的疑问类型刺激听者提供一个言语形式。否定类型如 nobody(没有谁),nothing“没有什么”,nowhere“哪儿也没有”,never“从来没有”,排除了一个言语形式的可能性。这些类型在世界各地的语言里是异常广泛和一致的(除非在细微的枝节上);其中我们发现一些实际关系使人类所起的反应比任何旁的关系都显得更加一致——计数的和识别的关系,例如肯定-否定词 all(全部,一切,所有的),some(有些个),any(任何一个),same(同样),other(其他的),特别是数词,one,two,three,等等。这些是科学语言借以建立关系的;表示这些关系的言语形式构成了数学词汇。这些替代类型有许多牵涉到类种和个体:它们从一个类种里头挑选或者辨别个体(all,some,any,each,every,none 等等)。每一个语言大概都有表示事物或对象的词语所构成的形类,其类义大致是“体现在各个样品上的类种”。因此,替代物象词语的代词,名物代词(pronominals),常常显示出极其分歧的替代类型。英语里表示物象的词语是一个特殊词类,名词,名词的替代者也构成一个词类,代名词;这两类合起来组成一个更大的词类,体词。代名词有一点不同于名词,就是不能伴有形容词修饰语(§12.14)。

在很大的限度以内，有些替代类型还有一个特点，就是应用替代法来表达的形式在说话的过程里是刚出现过的。比如，如果我们说 Ask，that policeman，and he will tell you(问问那个警察，他会告诉你的)，代词 he 意味着，在一切事物中，被 he 所替代的是刚刚才说过的那个。单数阳性实体词语含有这层意味的代词是复指的或依附的代词(anaphoric or dependent substitute)，而刚才说过的被替代的形式叫作先行词者(或先行语)(antecedent)。可是这个特点似乎并不是处处都能充分体现的：我们常常发现，通常是依附性的代词可以有独立的用法，如 it's raining(下雨了)中的 it。独立代词没有先行词：这些代替只说明形类，甚至可以有很难于指认或计数的替代类型——例如 somebody(某某(人))，nobody——但是它们并不指明所代替的是哪一类里的形式(例如哪个特殊名词)。

所以，从整体上看，替代类型处于说话环境中具有最简单的基本特征。这些特征是如此简单，以致极大部分都能用手势来表示：I，you，this，that，none(一个也没有)，one，two，all 等等。特别是"这"和"那"类型的代词在意义上接近非语言的反应形式；这些代词同感叹词一样，偶尔会脱离所属语言的语音模式(§9.7)。因为替代类型除类义以外还代表一个代词的全部意义，我们能够可靠地说代词的意义一方面是更加概括和抽象，而另一方面，如果同寻常的语言形式的意义相比则更加简单和稳定。从类义上看，代词比起寻常的形式来距离现实世界更远了一步，因为代词并不表示实在事物，而是代表语法的形类；代词可以说是第二度的语言形式。另一方面，就替代类型而论，代词比寻常的语言形式更为原始,因为代词是表示说话进程的直接环境的简单特征。

替代法的实际用途是显而易见的。代词比起它的领域内的任何一个形式来都用得更频繁;因此,它更容易说出和认出。并且,代词往往形式短小,如在英语里往往读轻音,或者像法语那样用其他方式适于快速和流利的陈述。尽管这样简易轻便,代词的作用比起特殊形式来却更可靠和精确。例如英语问句 Would you like some fine, fresh cantaloupes?(你喜欢来几个挺好的,新鲜的哈密瓜么?)要是回答说 How much are cantaloupes?(哈密瓜要多少钱?)或许会引起反应的迟疑或迷惑(“误解”),倒不如说 How much are they?(这些怎么卖的?)这种情况特别体现在某些代词上,如 I 含义是一清二楚的,因为如果直接提出说话人的名字来,反而会使许多听者莫明其妙的。

15.4 回到语言学的立场上来,由于我们刚才在漫谈中所看到的情形,我们叙述代词的意义不妨稍微大胆一些。我们也注意到,在许多语言里代词的意义也出现于旁的形式,如英语的限制形容词(§12.14)。

英语代词 you 可以描述如下:

A. 类义:跟实体词语的形类的类义相同,对象或诸对象;

B. 替代类型:“听者”。

代词 he 的意义可以叙述如下:

A. 类义:

1. 依据形类加以规定:

(a)跟单数实体词语的形类的类义相同,可以说是‘一个对象’;

(b) 跟代词 who,someone 所规定的形类的类义相同,可以说是“人称的”;

2. 制定一个在别的方面尚未建立的形类:he 只用于某些单数人称对象(其余的要另用 she 来替换),因此构成一个次类具有类义“阳性”;

B. 替代类型:

1. 依附性:几乎在所有的应用场合,he 暗示一个体词表示阳性人称对象的种属,刚才已经说过了,he 就是这个种属的一个个体;就是“刚才提到过的”;

2. 限制性:he 暗示这个个体是从上述种属的所有个体中可以识别的;这个意义因素跟确定名词(§12.14)的句法范畴的意义相同,可以说成是“识别了的。”

15.5　有些代词的替代类型除依附性以外别无所有,这些代词是(单纯的)依附性代词:除开它们的类义(当然,按照不同语言的语法形类而有不同),它们只说明被替代了的特殊形式(先行者)是刚刚提过的。英语里,定式动词词语按依附方式被 do,does,did 所替代,例如:Bill will misbehave just as John did、(比尔会胡闹,就像约翰干过的一样)。这儿的先行词是 misbehave(胡闹,行为不检点);因此,被替代的形式是 misbehaved。英语有少数几个动词及其变形,如 be,have,will,shall,can,may,must 是不包括在这种替代的领域以内的:Bill will be bad just as John was、(不用 did)(比尔会不学好样儿就像约翰似的)。英语名词假使伴有形容词描写语,便按依附方式代以 one,复数 ones:I prefer a hard pencil to a soft one,hard pencils to soft ones、(比起软的来,我更喜欢硬铅笔）。one 这样用作依附性代名词，由于跨类而不同于 one 这个词的好几种描写性用法（§12.14），特别是可以变成复数形式 ones。这种依附性的替代法我们随后再细谈（§15.8—10）。

英语里用 as（如像）或 than（比，较）所引起的从属分句，还有第二种替代定式动词词语的依附形式：比如既可以说 Mary dances better than Jane does、（玛丽跳舞比珍妮跳得好），也可以说 Mary dances better than Jane、（玛丽跳舞比珍妮好）。我们管后一种类型（在 as 和 than 后面）叫做施事（Jane）作为依附性的替代式相当于施事—动作词语（Jane dances），或者也可以说，（在 as 和 than 后面）一个**零特征**（zero-feature）作为依附性代词相当于一个定式动词词语伴随着一个施事词语。英语里另外还有一种依附性的零特征例子，就是在介词 to 后面的不定式词语被替代了（如 I haven't seen it, but hope to、（我没有看见它，但是希望会（看见）），或者在定式动词后面接着一个不带有 to 的不定式动词（如 I'll come if I can、（我要来的，假使我能够））。同样，在 be 和 have 的各种变形后面有代替分词的零依附式，如 You were running faster than I was、（你（当时正）跑得比我快）；I haven't seen it, but Bill has、（我没有看见它，可是比尔已经（看见了））。有形容词伴随的名词在英语里自由地出现为零依附式，但只限于容积名词（mass noun），如 I like sour milk better than fresh、（比起（新）鲜的来我更喜欢酸牛奶）。别的名词要用 one，ones，除了在某些限制形容词后面。

有些简单的依附性替代形式似乎任何语言里都有，可是详细情节却有很大的差别。one，ones 的用法是英语特有的；结构近似的有关语言很自由地应用零依附式替代形容词后面的名词，例如德语 grosze Hunde und kleine [ˈgroːse ˈhunde unt ˈklajne]“大的狗和小的”，译成英语应该是 big dogs and little ones（一些大狗和一些小的）；法语 des grandes pommes et des petites [de grɑ̃d pɔm e de ptit]（大的苹果和小的），译成英语应该是 big apples and small ones（一些大的苹果和一些小的）。在某些语言里，完整句型里头的主语可以被零依附式替代；汉语就是这样，比方，听到“我用一块布”[wo³ ˈjuŋ⁴ i² khwaj ˈpu⁴] 这句话，反应可以是“用一匹么？”[ˈjuŋ⁴ i⁴ phi¹ məʔ]。塔格洛语在从属分句里也有这个现象，如这样的句子 [aŋ ˈpuːnuʔ aj tumuːbuʔ haŋˈgaŋ sa magˈ-buːŋa]“这树（谓语小品词）成-长-了直-到（描写语小品词）结-了-果”（“这棵树长大了，开始结果了。”）。

15.6 大约一切语言都使用名物代词（pronominal substitutes）把依附形式跟一定的对认的词结合起来：被替代的形式就是先行词所指称的类种里一个能对认出来的样品。我们已经看到，英语 Ask a policeman, and he will tell you（问问一位警察，他会告诉你的）这句话里代名词 he 就有这样的价值。这一类的代词往往被叫作“依附性的”，但是很容易引起误解；不如叫作**指定的**（definite）倒要好些。在大多数语言里，包括英语在内，如果先行词是说者或听者或二者都包括在内，就不用确定代词；因此，确定代词往往是说的**第三人称**代词。这些代词跟那些指称听者和说者的代词相比，经常具备各种共同特点。

英语指定的或第三人称代名词，he，she，it，they，因所替代的形式的单复数而有区别，单数又因先行词是**人称的**或**非人称的**而有不同:人称的 he,she,与非人称的 it 对比。我们曾经看到英语在旁的方面也认出有单数和复数的区别(例如名词的曲折变形:boy,boys,我们将同样看到人称和非人称的区别。可是,在人称的类别里,he 用于代替阳性先行词而 she 用于代替阴性先行词,这种区别在英语旁的方面却并不完全的对(如在后缀-ess 的用法上,§14.7)。这么一来,代名词形式 he 和 she 之间的区别就把英语人称名词划分为两类,即阳性的(规定为可以用代词 he 的那些名词)和阴性的(同样规定为可以用代词 she 的)。从意义上看,这个分类大体上符合动物学上雌雄性的划分。

名词有性别的语言里(§12.7),第三人称代名词经常按照先行词的性别而加以区分。这样,在德语里,阳性名词如 der Mann [der 'man]"男人",der Hut [hu:t]"帽子",适用第三人称代词 er [e:r],比如说 er ist grosz [e:r ist 'gro:s]"他,它是大的",可以指一个男人或一顶帽子或任何旁的先行词语属于共同"阳性"类属的。

阴性名词如 die Frau [di: 'fraw](妇女),die Uhr [u:r](时钟),适用第三人称代词 sie [zi:],比如说 sie ist grosz(她,它是大的)。

中性名词如 das Haus [das 'haws](房子),或 das Weib [vajp](女子),适用第三人称代词 es [es],比如说 es ist grosz。

这个区别,和英语里的 he 和 she 不同,同名词的修饰成分的区别却符合一致(即 der:die:das,相当于英语的 the)。

指定对认的意义——就是这个个体实例怎样从先行词所指称的类属里加以对认——对各个不同的语言而各有不同,或许很难给予界说。可是,重要的是应该注意到,凡是名词有一“指定的”描写语范畴的语言,(如英语 the,this,that,my,John’s 等等,§12.14)其指定代名词借以识别个体的方式,和一个确定描写语借以识别它的首要名词的方式是相同的;比如,先行词 policeman 后面的 he 在所指称的外延上等于短语 the policeman,所不同的是使用一个代词来代替短语 the policeman 时所含有的特殊价值。我们只需要提几个广泛的特点,例如英语里有一种并不很普通的情形,就是定代词出现在它的先行词语的前面:He is foolish who says so(他是愚笨的,这样说的人(这样说的人是愚笨的))。假使先行词语是一个动词 to be 的变化形式后面的叙述补语,那么定代词按照常规是 it,不管是什么数,性,人称或格:it was a two-storey house(这是一所两层楼的房子);it’s he(这是他);it’s me(I)(这是我),it’s the boys(这是男孩子们)。用不定式短语作为施事(to scold the boys was foolish(责骂孩子是愚笨的)),倒不如用 it 更为普通,把不定式短语按紧密的罗列法(§12.2)跟在后面:it was foolish to scold the boys(这是愚笨的,责骂孩子)。施事-动作短语,如 you can’t come(你不能来),不能作施事用;但是用 it 作为施事可以出现在紧密的罗列式里:it’s too bad you can’t come(你不能来,这未免太遗憾了)。定代词的这种先行代词(anticipatory)的用法,在德语里几乎任何施事形式都能适应,限制条件是代名词必须首先出现;比如,既可以说 ein Mann kam in den Garten [ajn 'man 'ka:m in den'garten] “一个男子来到了花园里”,另外还有这样的形式:es kam ein Mann in den Garten,其中 es 的用法很像英语副词 there。假使紧连的名词是复数,这个德语 es 就得随伴一个复数动词:在 zwei Männer kamen in den Garten [tsvaj 'mener 'ka:men] "两个男子来到了花园里"以外,还有这样的形式:es kamen zwei Männer in den Garten.

法语里定代词(le)可以替代形容词:êtes-vous heureux? —je le suis [ε:t vu œrø? —ʒə l sɥi·](你快乐么?——我是(快乐)的)。再进一步,我们发现定代词不需要任何先行词的边缘用法,如英语俚俗的 beat it(逃跑),cheese it(留神),he hot-footed it home(他奔回家去了),let'er go(让她去吧)。英语还用 they 作为施事代表一般的人:they say Smith is doing very well(他们(人们)说斯密司干得很不错)。最普通的这一种用法就是在经常爱用施事-动作结构的语言里,把定代词当作纯形式的施事,不妨叫作拟似非人称的(pseudo-impersonal)用法:it's raining(下雨了);it's a shame(可耻,真不害臊)。与此并行,也可以有地道的非人称的结构(§11.2)。比如,在德语里,一面是地道的非人称的 mir war kalt [mi:r va:r 'kalt](对我是冷;我觉得冷),hier wird getanzt['hi:r virt ge'tantst](这儿跳起舞来了),这里定代词 es 也可以作为施事,假使出现在语句的开头:es war mir kalt;es wird hier getanzt。芬兰语里,非人称式和拟似非人称式用来表示不同的意义:puhutaan((有人)在谈话)是地道的非人称式,但是 sadaa(下雨了,下着雨呢)却包含一个定代词施事"他,她,它",就好像 puhuu(他,她,它说着话呢)一样。

15.7 大多数语言不用定代词,如果被替代的形式是指说者或听者或二者都包括在内的群体;在这种情况下用的是一种不同类型的人称代词。第一人称代词 I 代替说者的自称,第二人称代词 thou 代替听者。这些都是独立代词，不需要被替代形式的预先出现。

在“我”和“你”代词以外，大多数语言也用代替群体的形式，包括说者或听者或兼有二者。比如英语，表示说者在内的一群人，代词是 we；假使不包括说者而只包括听者，代词是 ye。许多语言区别所有的三种可能性，例如塔加洛语在［aˈku］（我）和［iˈkaw］（你）以外还有些近似复数的形式：

只包括说者（第一人称复数排除式）：［kaˈmi］“我们”；

包括说者和听者（第一人称复数包括式）［ˈtaːju］“咱们”；

只包括听者（第二人称复数）：［kaˈju］“你们”。

同样，凡是区别双数的语言可以有五种结合形式，例如萨摩亚语：“我-和-他”，“我-和-你”，“你们俩”，“我-和-他们”，“我-和-你-和-他（-或-他们）”，“你-和-他们”。少数语言在人称代名词上还区别三数（“三个人”）。

当然，英语形式 thou，ye 是陈旧了的古词；现代英语都用同样的形式 you，既表示听者，也表示包括听者在内的一群体。

许多语言按照说者和听者不同的社会关系使用不同的第二人称代词。比如，法语用 vous［vu］（你，你们，您）很像英语 you，兼指单数和复数，但是假使听者是近亲，好友，儿童或鬼神，便用一个特殊的亲密的单数形式 toi［twa］。德语用第三人称复数代名词“他们”代替单数和复数第二人称：Sie spaszen［ziːˈʃpaːsen］既是“他们在开玩笑”，又是“你、你们在开玩笑”，但是亲密形式用起来跟法语的很相像，区别单数和复数：du spaszest［duː ʃpaːsest］（您在开玩笑），ihr spaszt［iːr ʃpaːst］（您们在开玩笑）。

有些语言在向对方表示尊敬的言辞里避免使用第二人称代词，这样便使第二人称代词的意义受到限制；在这种场合，听者是另用尊称来表示的（如英语 your Honor（阁下），your Excellency（殿下），your Majesty（陛下））。在瑞典语或波兰语里，如果有人说“母亲感觉怎样？”或“先生明天来么？”那么下面加点儿的词是表示听者。有些语言，例如日本语和马来语，按照说者和听者之间的尊卑关系给第一人称和第二人称区别好几种代词。

在许多语言里，人称代词和定（“第三人称”）代词由于共同的特征集合为一种人称定代词的严密系统。英语里，he，she，it，they 和 I，we，you（thou，ye），这两套在语句里都读轻音；其中大部分有宾格形式（me，us，him，her，them，thee）；大部分还派生出不规则的领主形容词（my，our，your，his，her，their，thy），这些形容词有些具备特殊的零依附形式（mine 等等，§15.5）。法语里，人称定代词作为施事或受事时有特殊的（连结“conjunct”）形式（§12.12）；这些形式处在不同的位置上要有变格，这在法语旁的体词上却是看不到的；并且，它们还能作为领主形容词的基础，如 moi［mwa］‘我’，mon chapeau［mõ ʃapo］（我的帽子），可是旁的体词并不如此：le chapeau de Jean［lə ʃapo d ʒɑ̃］（约翰的帽子）（比较英语 the hat of John；John's hat）。很寻常的是，人称-定代词有特殊的句法构造。比如在英语、德语和法语，不同的人称作为施事时定式动词有特殊的相应形式：英语 I am（我是）：thou art（你是）：he is（他是）；法语 nous savons［nu savõ］（我们知道），vous savez［vu save］（你们知道），elles savent［ɛl saːv］（她们知道），ils savent［i saːv］（他们知道）。

人称-定代词甚至可以有相当系统的结构。比如在阿尔贡金语系诸语言，在包括听者的形式里出现冠首词素 [ke-]；假使听者不包括在内，[ne-] 表示说者；假使二者都不包括在内，冠首便是 [we-]，例如美诺米尼语：

[kenah]（你）　[kenaʔ]（咱们）（包括式）　[kenuaʔ]（您们）
[nenah]（我）　[nenaʔ]（我们）（排除式）
[wenah]（他）　　　　　　　　　　　　　[wenuaʔ]（他们）。

萨摩亚语区别双数和复数，有以下形式：

[aʔu]（我）[imaːua]（我们俩）（排除式）[imaːtou]（我们）（排除式）
　　　　　[itaːua]（咱们俩）（包括式）[itaːtou]（咱们）（包括式）
[ʔoe]（您）[ʔoulua]（您们俩）　　　　[ʔoutou]（您们）
[ia]（他）[ilaːua]（他们俩）　　　　　[ilaːtou]（他们）。

安那汤姆岛 Annatom 的语言（一种美拉尼西亚语）出现双-三-复数的区别：

[ainjak]（我），[aijumrau]（我们俩），[aijumtai]（我们仨），[aijama]（我们）（以上排除式），

[akaijau]（咱们俩），[akataij]（咱们仨），[akaija]（咱们）（以上包括式），

[aiek]（你），[aijaurau]（你们俩），[aijautaij]（你们仨），[aijaua]（你们），

[aien]（他），[arau]（他们俩），[ahtaij]（他们仨），[ara]（他们）。

在许多语言里，人称-定代词出现为黏附形式。比如，拉丁语的指定-人称作为施事或受事都包含在动词内的曲折形式：

amō(我爱),*amās*(你爱),*amat*(他(她,它)爱),*amāmus*(我们爱),*amātis*(你们爱),*amant*(他们爱),

amor(我被爱),*amāris*(你被爱),*amātur*(他(她,它)被爱),*amāmur*(我们被爱),*amāminī*(你们被爱),*amantur*(他们被爱)。

按同样方式,有些语言把施事和受事包括在一起,如克利语:[nisa:kiha:w](我爱他),[nisa:kiha:wak](我爱他们),[kisa:kiha:w](您爱他),[nisa:kihik](他爱我),[nisa:kihikuna:n](他爱我们)(排除式),[kisa:kihitina:n](我们爱您),[kisa:kihitin](我爱您),等等,可以列成一个很大的表格。

同样,在克利语里,物主出现在黏附形式里:[nitastutin](我的帽子),[kitastutin](你的帽子),[utastutin](他的帽子),等等。以上列举的例子里,第三人称黏附形式都可以同先行的名词处于相互参照的关系:拉丁语 pater amat(父亲 他-爱;父亲爱)(§12.9)。

人称-指定系统还可以细分为同一体和非同一体,如英语 me(我(受事))和 myself(我自己)的分别,后一形式意味着和施事同属一体(I washed myself(我洗我自己,我把自己洗了),§12.8),或者像斯干的那维亚语 hans(他的)和 sin(他(自己)的)。这些分别也能出现在黏附形式里,如阿尔贡金语的转移式(§12.8);同样,古希腊语除去寻常的黏附的施事,如['elowse](他洗了),另外还有一种中动(middle-voice)形式,表示施事同时受到动作的支配:[e'lowsato](他洗了他自己)或(他给他自己洗了)。

此外的专职分化就不很普通了;比如克利语,除了动词本身可以包含施事和受事，像［ninituma:w］（我问起他，叫他），［ninitute:n］（我问起它），和同一形式包含一个施事和两个受事［ninitutamawa:w］（我向他问起它），另外还有一种形式包含施事、受事和有关者［ninitutamwa:n］“我问起它跟他有关的”，意思就是（于他有用）或为了他）。

15.8　**指示**或**直指**（demonstrative 或 deictic）替代类型是根据在跟说者或听者的相对远近的问题。英语有两种这样的类型，表示近指和远指；它们跟限制形容词 this 和 that 的价值（§12.14）符合一致。指示代词可以是依附性的（就是说，按回指方式指示一个先行的称述种属的言语形式），也可以是独立性的。可是，不管是哪一种情况，指示代词总是从（提名的或未提名的）种属里头对认出个体的对象。英语里，指示代词的替代法是利用代词 this（these），that（those）——它们不同于限制形容词是由于跨类，或者利用这些限制形容词加复指性的 one 组成短语（§15.5）。这些形式寻常不用来代替人称名词——因为在 This is my brother（这是我的兄弟）；these are my brothers（这些是我的兄弟们）这类语句里预想的用法不能当作人称的。复指性的代词单数是 this one（这（一）个），that one（那（一）个），独立性的是 this，that；因此英语有这样的区别，比方一面可以说 of these books，I like this one better than that one（这些书里，这一本比起那一本来我更喜欢些），而另一方面也可以指称未经提名的对象，I like this better than that（比起那（个）来我更喜欢这（个））。可是作为复数时，these 和 those 无论用在哪一种情况下都不带有依附的 ones。

我们能在法语里看到分别得更细致的系统。指示的限制和替代有三种类型：一个普通类型，从中分化为两个特殊类型，加上副词 ci [si] 表示较近的位置和副词 là [la] 表示较远的位置。限制形容词，依附代名词，和独立代名词的形式是很分明的：

	形容词	依附代名词	独立代名词
单数			ce [sə]
阳性	ce [sə]	celui [səlɥi]	
阴性	cette [sɛt]	celle [sɛl]	
复数			
阳性	ces [se]	ceux [sø]	
阴性	ces [se]	celles [sɛl]	

例如：cette plume-ci [sɛt plym si]（这支笔），de ces deux plumes，je préfère celle-ci à celle-là [də se dø plym，ʒə prefɛːr sɛl si a sɛl la]（这两支笔里头，这一支比起那一支来我更喜欢些）；但是，所指的对象如果未经提名，je préfère ceci à cela [sə si a sə la]（这个比起那个来我更喜欢些）。不带有 ci 和 là 的代名词只限于某些构造：de ces deux plumes，je préfère celle que vous avez [sɛl kə vuz ave]（这两支笔里头，我更喜欢你有的那一支）；独立的：c'est assez [s ɛt ase]（那就够了）。

指示的替代类型并不是永远跟指定词分别得清清楚楚的，同样，指示的限制描写词语可以跟指定的标志"the"的类型汇合在一起。德语里，不止一种方言只有一个单独用作冠词指定的词表，这个冠词是读前附轻音的，der Mann [der 'man]（人，男人），用作指示限制形容词时应该重读，der Mann ['deːr 'man]（那个(男)人），还能用作代名词，der ['deːr]（那(一)个）。最后的这个用法，在德语里跟指定代名词 er [eːr]（他）只有很微小的区别；主要的差异也许就是在两个并列的完整句里，der（不是 er）要用于第二句：es war einmal ein Mann，der hatte drei Söhne [es 'vaːr ajnˌmaːl ajn 'man，deːr ˌhate ˌdraj 'zøːne]（从前有一个（男）人，他（直译“那个人”）有三个儿子）。

许多语言区分较多的指示替代类型；比如，有些英语方言在 this 和 that 的区别以外，加上 yon 表示最远的事物。拉丁语用 hic 指示最靠近说者的事物，用 iste 指示最靠近听者的事物；ille 则表示最远的事物。克瓦基屋特尔语[①]（Kwakiutl）语也作同样的区别，但是还分出“看得见”和“看不见”的来，这就使数目增加了一倍。克利语有 [awa]“这”，[ana]“那”，和[oːja]“刚才还在可是现在看不见了的那（个）”。爱斯基摩语有一整套：[manna]（这一个），[anna]（北面的那一个），[qanna]（南面的那一个），[panna]（东面的那一个），[kanna]（下面的那一个），[sanna]（海里的那一个），[iŋŋa]（那一个），等等。

英语除代名词以外还有副词性的形式 here：there，hither：thither，hence：thence，now：then；可是 th-形式跟简单的依附性的用法汇合在一起了，例如 Going to the circus? I'm going there too（看马戏去么？我也去）。同样，so（还有 thus 的陈旧用法）既是指示性的，而更通常的用法是依附性的（I hope to do so（我希望这么做））。有些形式如（do it）this way（这么（做）），this sort（of

① 克瓦基屋特尔语是英领哥伦比亚的一种印第安部族的语言，属阿尔贡金语系。——译者

thing)(这种(东西)),this kind(of thing)(这类(东西))处于代词和普通语言形式之间的边缘地带。

15.9 疑问代词促使听者补充一些类种或被识别了的个体;因此,英语里疑问代词只出现在补充疑问句里。代名词里头有独立的 who?(宾格 whom?)表示人称,和 what? 表示非人称;这些词所问的包括类种和个体。关于非人称的还有独立的 which?(哪个? 哪些个?)所问的是有限范围内的个别对象,但不问类种。依附代词,所问的是有限范围以内被识别的个体,如 which one(哪一个)? which ones(哪些个)?

代名词以外,英语还有疑问代词 where? whither? whence? when? how? why? 有些语言里出现疑问动词性代词,如美诺米尼语[wɛʔseːkew¿](他是什么样的?)。

疑问形式限于用在特定的句法位置上,倒是很普通的。我们常常发现它们限定在两部句型的谓语位置上。在 who are they(他们是谁)? what are those things(那些东西是什么)? 这类句子里的词序和复数动词形式便是这一类的特征。在今天的法语里,非人称的 quoi?[kwa¿](什么?)极少用作施事或受事,反而形成个谓语补充成分,出现在结合形式 que[kə]里,例如 qu'est-ce que c'est[k ɛ s kə s ɛ¿]"什么是这、那这是? 这是什么?"和 qu'est-ce qu'il a vu?[k ɛ s k il a vy¿]"什么是这、那他看见了的? 他看见了什么?"在某些语言里,疑问代词永远是等同句的谓语,例如塔加洛语['siːnu aŋ nagbi'gaj sa i'ju¿](谁这-位-他-给-了你的? 谁给了你这个? 这是谁给你的?)或美诺米尼语[awɛːʔ pɛːmuhnɛt¿](谁 那-位-走-过-去的? 谁走过那儿?)

15.10　各色各样的代词形式，特别是代名词，代表了从一个类种里头选择个别对象的各种不同的可能性。英语里，属于这一类的几乎所有的形式都包括限制形容词带有依附性的 one，ones（§15.5）或者同样的这些词由于跨类而产生的体词性用法。依附性的和独立性的替代式之间，以及后者的人称类和非人称类之间，有着许多区别，虽然不见得总会得到严格的体现。各种限制形容词在处理上有所不同；这些不同之点给它们增加了另一条分类线（§12.14）。

（1）有些限制形容词，同寻常的形容词一样，后面跟随 one，ones 构成依附代词。我们已经看到这种情形出现于单数的 this，that 和在一定条件下的 which？ what?。同样情形也见于 each，every，whatever，whichever，和短语组合词语 many a（许多个），such a（这样的一个），what a（什么样的一个，何等的……）。我们这样说：he was pleased with the children and gave each one a penny（他很喜欢孩子们，给了每人一个便士）。作为独立代词，this，that，which，what，whichever，whatever 只用于非人称类；跟 every 对应的有人称的 everybody，everyone 和非人称的 everything；each 没有独立形式。

（2）英语里有用作单纯的代名词或者同依附性的 ones，one 连合在一起，如 either，former，latter，last，neither，other，such，另外还有序数词 first（第一），second（第二），等等。变异形式主要是在含义上的差别。比方说 Here are the books；take either (one)（书在这儿；随便拿（哪）一本吧）。other 这个词由于有复数形式 others，便构成一个特殊的次类：You keep this book and I'll take the others(the other ones)(你留下这本书,我拿其余的(那些))。这些词独立用时,主要是当作非人称代词。

(3) 其余的限制形容词有一个特点,就是不能带有依附性的one,ones。比方说:Here are the books; take one(two, three, any, both, all, a few, some, 等等)(这儿是这些书;请拿一本(两本,三本,随便哪一本,两本都……,全都……,少数几本,几本,等等))。独立代词表现丰富多样。比如,all是作非人称用的:All is not lost(全部并未损失;That's all(这就是所有的一切,这就完了))。另一方面,one读轻音是人称代词:One hardly knows what to say((叫)人简直不知道该说什么)。好些构成复合词作为独立使用,如人称的somebody, someone, anybody, anyone,和非人称的something, anything。

(4) 好些个限制形容词显示了离奇的处理。冠词the同依附性的one,ones结合便构成依附代词,假使还有些旁的修饰词语跟在后面:the one(s) on the table(桌上的那(些)个);否则它就没有名物代词的用途,而需另用指定代名词。冠词a同另一个形容词相连并不影响后者的处理:many a one(许多个);another(one)(另一个)。此外,冠词a随伴着依附性的one只见于强调形式not a one(一个也不(没有))。所有其他一切(名物代词用法使我们看到one可以替代a:如to take an apple(拿一个苹果))和有名物代词的用法take one(拿一个)相对应。与限定词no平行的有依附代词none,但是寻常总用not同any相连来替代(I didn't see any(我一个也没有看见));独立的代替词是些复合词nobody, no one, nothing(旧式的naught)。

这些替代类型的否定式在所有的语言里当然都有代表，并且往往显示一些独有的特点；英语里非名物代词 nowhere（无处），never（从未），和次标准的 nohow（绝非，毫不）也属于这一类。许多语言，如次标准英语的大多数形式里，这些代词都有普通的否定副词相随伴：I can't see nothing（我（无论）什么都看不见）。计数类型（all，one，two，three，等等）似乎也是普遍的。可是关于选择类型，可以有很大的出入；旁的有些语言有些替代类型不能在英语里找到确切相应的形式。比如俄语［'*n*e-xto］"某人"（英语 someone）意味着说者能够（可是并不）辨别出那个个体（someone told me the other day that…（不久前的一天某人告诉我……）），同时［xto-*n*i-'bu*t*］却没有这种性能（there's someone at the door（门口有人））。还有一个类型，［'koj-xto］，意味着在不同场合选择一个不同的个体（now and then someone tries（不时总有人尝试））。[①]

15.11　代词常常同特殊的造句功能分不开；比如，我们看到英语和许多旁的语言里疑问代词总限制在句子里的一定位置上。有些语言具有特殊的代名词作谓语用。比如美诺米尼语，有［ne-nah］（我），［enuh］（那个（有生命的）），［eneh］（那（无生命的））这些形式，除此以外，还有平行的形式只作为谓语出现；正常的代词见于［kɛhke:nam eneh］（他-知道-它那（东西）；他知道那个），但是谓语形式却见于［eneʔ kɛ:hkenah］（那（东西）那-他-所-知道的；那是他所知道的），或［enuʔ kɛ:hkenah］（那（人）那个-他-知道-

① 三个俄语例字是 некто，кто-нибудь，кое-кто。——译者

它的；那就是知道它的那位）。这些谓语形式的曲折变化和动词的曲折变化范畴差不多一样了。例如疑问式［enet kɛ:hkenah?］（这就是他所知道的么？这就是他所知道的东西么?）或者是现在惊叹式［enesaʔ kɛ:hkenah!］（原来那就是他所知道的!）等等。

英语关系（relative）代词是属于相当广泛的但绝非普遍的类型：这种代词表示它参与构成的短语是内含的（或补足的）形式。英语里这种短语具有通常的完整句式的结构（施事-动作构造），而关系代词标志着这个短语并不构成一个独立完整的句子。英语关系代词 who（宾格 whom），which，where，when，that 由于跨类而不同于旁的代词。它们，或由它们直接构成的短语，总是出现在分句的开头。首先是复指类型 that，人称的 who，非人称的 which 如：the boy who（that）ran away（逃跑了的男孩子），the book which（that）he read（他读过的书）；the house in which we lived（我们在里面住过的房子）。假使关系代词在分句里所充当的位置是动词的目的，介词的轴心，或谓语的补充成分，在这些场合也会遇见零代词：the man I saw（我看见了的男人），the house we lived in（我们住过的房子），the hero he was（他那样的英雄）。在寻常的言语里，英语关系代词构成的分句要与先行的个体对认；在更正式的风格里，也有不加辨别的关系代词分句带着并列式的句调：the man，who was carrying a big bag，came up to the gate（一位男子，携带着一个大口袋，来到了栅栏门口）。

有变格形式的语言，关系代名词的曲折变化在正常情况下由它所在分句里的形式而定：I saw the boy who ran away（我看见了那个男孩子他跑了的，我看见了那个跑了的男孩子）；the boy whom I saw ran away(那个男孩(被)我看见的跑了,被我看见的那个男孩子逃跑了)。拉丁语里,正常形式应该是 in hāc vītā quam nunc ego dēgō(在这个生涯我现在所过活的,在我现在过着的这一生),其中先行词 vītā 是夺格(介词 in 的轴心),而关系他名词 quam'那种(生活)'作为动词 dēgō 的受事则是宾格。然而在曲折变化很复杂的语言里不时发生把关系代词被吸引与它的先行词所属的屈折变化形式成为一致的情况:如拉丁语形式 vītā in hāc quā nunc ego dēgō,基本意义同上面的正常形式一样,可是关系代名词 quā 却是夺格,同先行词取得一致,尽管按照它在分句里的位置应该是宾格。

独立关系代词没有先行词,使得分句替代了类种的所属:take what(ever) you want(你需要什么就拿(什么));ask whom(ever) you like (你爱问谁就问(谁)),whoever say so is mistaken(无论谁这么说总是错的,说这话的人是错了的)。英语里这样的分句也用作完全句的并列式修饰语:whatever he says, I don't believe him(不管他说什么,我都不相信他)。依赖性的和独立性的用法之间的同样差别也出现在副词性代词里:依附性的 the time (when) he did it(他做它的时候);the house where we lived(我们住过的房子);独立性的 we'll see him when he gets here(我们将看见他当他来到这儿(的时候));we visit them whenever we can (我们一有工夫就去访问他们);we take them where(ver) we find them(我们(无论)在哪儿碰见他(它)们就抓住他(它)们)。

第十六章 形类和词汇

16.1 语言信号中有意义的特征有两类：由音位组成的词汇形式和由语法单位（配列特征，§10.5.）组成的语法形式。如果我们用词汇的（lexical）这个术语概括所有可以用音位来说明的形式，甚至包括那些已经含有某些语法特征的形式（例如 poor John（可怜的约翰）或 duchess（公爵夫人）或 ran（跑）），那么，词汇特征和语法特征的对比关系就可以用以下的一套术语来表示：

（1）语言信号中没有意义的最小单位：语位（phememe）。

（a）词汇的：音位（phoneme）。

（b）语法的：法位（taxeme，即语法单位）。

（2）语言信号中有意义的最小单位：义位（glosseme）；义位的意义是义素（noeme）。

（a）词汇的：词素[①]（morpheme）；词素的意义是词素意义（sememe）。

（b）语法的：法素（即语法元素）（tagmeme）；语法元素的意义是语法元素意义（episememe）。

① morpheme 也可以译作“语素”。根据不同的上下文，我们在本书中有时译作“词素”，有时译作“语素”。——译者

(3) 语言信号中有意义的或复杂的单位：语言形式(linguistic form)；语言形式的意义是语言意义(linguistic meaning 或简称语义)。

(a) 词汇的：词汇形式(lexical form)；词汇形式的意义是词汇意义(lexical meaning)。

(b) 语法的：语法形式(grammatical form)；语法形式的意义是语法意义(grammatical meaning)。

每一个词汇形式都在两个方面同语法形式相联系。一方面，词汇形式即使抽象地取其本身，也表现出有意义的语法结构(structure)。如果它是一个复杂形式，它表现出某种词法的或者句法的结构(duchess, poor John)；如果它是一个词素，它也可以表现出词法上的特征(变换了的词素，例如 men 或者 ran，§13.7)；在没有变换的词素里(man, run)，我们也可以把没有语法的构造作为积极的特征。另一方面，在任何一段实际的话语里的词汇形式，作为一个具体的语言形式，总是伴有某种语法形式的：它在某种功能中出现，而这些出现的特权整个儿组成了这个词汇形式的语法功能(grammatical function)。词汇形式在一定的句型中出现，或者，如果它是黏附形式，那就不在任何句型中出现；它在某种句法构造的某一位置上出现，或者，如果它是感叹词，那就在极少的句法构造位置上或不在任何句法构造的位置上出现；它在某种替代方式中是作为被代替的形式，或者，如果它是一个代词，那它就作为某种替代方式中的替代形式。词汇形式的功能决定于选择的语法单位，这些语法单位共同组成了语法形式。具有任何共同功能的词汇形式属于同一个形类(form class)。

词汇形式的功能是一种很复杂的系统。有些功能对于许许多多形式是共同的，并可规定为一个大的形类；例如，规定为英语体词性词语形类的功能（用在招呼的句型中，占据带有动词的施事位置，占据带有动词的目的或受事位置，占据跟前置词在一起的轴心位置；作为物主或领属形容词的基础，等等），对于几乎无限数目的词和短语是共同的。不同的功能也许形成了一些形类的相互重叠；比方，占据施事位置的功能是体词性词语和用 to 标示的不定式短语（如 to scold the boys would be foolish（骂孩子是愚蠢的））所共有的。另外有些功能也许只限于很少的一些词汇形式，甚至仅仅只有某一个形式；比方，以名词 way（方式）为中心的短语似乎是唯一作为方式副词的体词性词语，它跟疑问代词 how？相呼应（this way（这个方式，这样），The way I do（我这样做法），等等）。

某些词汇形式可能由于**跨类**（§12.14）表现出不寻常的功能组合。比方，egg“蛋”在英语里是一个受限的名词（the egg，an egg），不过也作为物质名词出现（he spilled egg on his necktie（他把鸡蛋弄在他的领带上了））。Salt（盐）是一个物质名词，因此只在表示“类种”的特殊意义时才有复数，可是由于跨类，它也有复数的 salts（如 Epsom salts（泻盐））带有“由颗粒组成”的意义，它同 oats“燕麦”，grits（（去壳的）麦粒）同属一类。Man 是（受限的，人称的）阳性名词（a man，the man...he），可是由于跨类也当作专有名词，这一点同 God（上帝）相当，譬如 man wants but little（人所需要的只不过很少），man is a mammal（人是哺乳动物）。One 这个词由于复杂的跨类现象而分属于五个形类：作为一个限定词（§12.14）它合乎这么一种要求，就是在单数受限的名词前面可以加上一个这一类的修饰语(one house(一所房子),one mile(一英里));作为一般的数词,它的前面可以带上一个指定的定词(the one man(这一个人),this one book(这一本书),my one friend(我的一个朋友));如果没有其他的修饰语,它可以代替有 *a* 的复指的名词(§15.10,Here are some apples;take one(这儿有些苹果;请拿一个));它也作为独立的代名词用来表示"泛指的任何一个人",用于这种情况时它总读轻音而且是派生词 one's 和 oneself 的基础(one can't help oneself(叫人情不自禁));最后,它还可以在形容词的后面代替前面的同一个名词,在这个用法上它还可以构成复数 ones(些个)(the big box and the small one(这个大盒子和这个小的),these boxes and the ones in the kitchen(这些盒子和厨房里的一些)§15.5)。

16.2　可见,一种语言的语法包括一套很复杂的习惯(选择的语法单位),根据这些习惯每一个词汇形式只能用于某些约定俗成的功能;每一个词汇形式总是属于常见的形类的。为了描写一种语言的语法,我们必须说明每一个词汇形式的形类,而且要确定是哪些特点使得说话的人把它归于这样一些形类的。

对于这个问题的传统回答可以看看我们的学校语法,它想用类义来指定形类——也就是根据某个形类中所有的词汇形式共同具有的意义特征来指定形类。例如,学校语法告诉我们,名词是"人,地方或事物的名称"。这个定义得先有比人类所能掌握的更多的哲学和科学知识作为前提,此外,还意味着语言里的形类得同哲学家或者科学家所作的分类一致。例如,fire(火)是一件事物吗?差不多有一个多世纪,物理学家曾经认为它是一种行动或者过程,而不是事物:从这个观点看来 burn(燃烧)这个动词比 fire

这个名词更加恰当一些。物理学家所认为的物体中粒子(分子)的运动,在英语里把它分成了形容词 hot(热的),名词 heat(热)以及动词 to heat(加热)。同样,学校语法根据“一个以上(人,地方或事物)”的意义来指定复数名词的类别,可是谁能够从这个定义推断出 oats(燕麦)是复数而 wheat(小麦)是单数呢？和所有其他的意义一样,类义处于语言学家下定义的能力之外,而且一般说来,类义同严格规定的术语所标志的意义并不一致。如果不从形式方面来识别形类,而采取意义的定义,这种定义最多也不过是权宜之计,这就等于放弃了科学的论述。

类义只不过是伴同形式一块儿出现的语法意义的综合,或者说是最大的共同因素。要说明类义也就是要找到某种公式,这种公式包括形式在其中出现的语法意义。英语的定式动词词语(runs,ran away,is very kind(很和气),scolded the boys(骂孩子们)等等)只出现在一种结构的一定位置上,也就是在“施事-动作”结构里的动作位置上(John ran away)。即使在单独使用的情况下,也就是只作为完成的句子出现,在这个句子里也得预先假定有一个施事的成分。所以我们可以很粗略地把“施事-动作”的结构说成是“A 作 B”,其中 A 是主格词语(John),而 B 是定式动词词语(ran away)。这种说明给我们规定了两个位置的意义,施事位置的意义是“B 的作者”,而动作位置的意义是“被 A 所作”。所以,由于英语定式动词词语只出现而且常常出现在后一个位置上,它们的类义同它们所占据的位置的意义相同,也就是“被某个人物所作”。如果我们把更大的动词的形类的类义确定为“动作”,那么英语定式动词词语的类义就是“被施事者所作的(动作)”。

如果某个形类不止一种功能，它的类义就较难以说明，不过它仍然只不过是出现在语法意义里而由之派生出来的形式。例如，英语体词词语出现在“施事-动作”结构(John ran)的施事位置上，它的位置意义就是“动作的作者”。它们若出现在“动作-受事”(或目的)，结构(hit John)中的受事位置上，它的位置意义就是“动作的承受者”。它还出现在“关系-轴心”结构的轴心位置上(beside John)，那么含有的位置意义可以说是“一种关系借以建立的轴心关系”。它们也出现在带有领属格后缀的形态结构中(John's(约翰的))，其含有的位置意义是“领属者”。不用列出英语体词词语所有其他的功能，我们可以说形类中一切词汇形式共同具有的类义是“可以是动作的作者，动作的承担者，一种借以维系关系的轴心，事物的领属者”等等。我们能否把这些意义归成比较简短的公式，决定于我们术语的制定；例如，我们可以把刚才所说的那些类义用“事物”这个术语来概括。

以上的例子足以表明，类义如果作为我们分析语言结构的基础是一些不能明确规定的单位，而只是笼统含混的情境特征，这些特征单凭语言科学是不能规定的。凡是说英语的、把体词性词语用在这些可接受的功能中的人，并不是根据每个词汇形式是否标志事物(或对象)来运用这类形式的。同其他的语言现象一样，形类不能根据意义来加以规定，而只能根据语言的(也就是词汇的或者语法的)特征来加以规定。

16.3　说话的人是根据形式的结构和成分，根据某个特殊成分(标记)，或者用识别形式本身的方法，来确定词汇形式的形类的(对一种语言进行有效的分析和描写自然也是如此)。

(1) 复杂形式一般是根据它的结构和成分归入某一形类的。例如向心短语 fresh milk 同它的中心成分或者中心语属于同一个形类(§12.10)。离心短语如 in the house(在房子里)含有某种特殊的成分(在我们的例子里是前置词 in(在……里)),这个成分决定了这个短语的形类。所以,归根到底,短语的形类一般决定于它所包含的一个或者一个以上的词的形类。根据这层理由,说话的人(以及语法学家)不需要另外再分别处理每一个短语;如果我们知道短语里词的句法结构以及它们的形类,那么几乎任何一个短语的形类也都可以知道了。所以词的形类对于句法是基本的。我们的学校语法认识到这一点;显然,它用了错误的方法,试图确定词的形类,特别是那种形类中最概括的一些"词类"(parts of speech),来指明短语是如何构成的。

(2) 有的时候,短语的功能是由某种特殊的成分,也就是标记来决定的。例如在英语里,由前置词 to 和不定式动词词语组成的短语属于被标记的不定式短语的特殊形类,它的功能跟无标记的不定式动词词语的功能是不同的,因为这个形类可以作为施事(to scold the boys was foolish)以及作为名词,动词和形容词的定语(a chance to go(去的机会),he hopes to go(他希望去),glad to go(高兴去))。限定形容词构成以封闭作为特征的名词短语;this fresh milk 不能像 fresh milk 或者 milk 那样可以加上形容式的修饰语(§12.10)。凡是一个小的形类能决定短语里的特殊功能,我们就把它的形式看成是标记。比方,英语的限定形容词、前置词、并列连接词以及从属连接词,都可以看成是标记;它们是小的形类,凡是它们之中的任何一个形式在短语中出现就能决定有关这个短语的形类的某些因素。其他如汉语或者塔加洛语的小品词也是标记的例子（§12.13）。

（3）最后，词汇形式可能是任意地或者不规则地属于一个形类，这个形类既不用结构也没有标记来表示。例如，in case（假使）这个短语是前置词加体词的结构，可是却作为从属连接词用 in case he isn't there, don't wait for him（假使他不在那儿就不要等他）。短语 this way（这个方式），that way（那个方式），the other way（另一种方式），the same way（同一方式）是体词性结构，但是用来作为动词修饰语中的一个特殊的小类（方式），这个小类可以回答疑问代词 how？同样，英语有几个名词和名词短语属于回答 when？这一类的动词修饰语，可以单用也可以组成短语：Sunday（星期日），last winter（去年冬天），tomorrow morning（明天早晨）。英语的词的形类大部分是任意的：没有任何标志可以告诉我们 man，boy，lad（小伙子），son（儿子），father（父亲）都是阳性名词；run，bother（打扰）是动词，sad（悲伤），red（红的），green（绿的）是形容词，如此等等。当然，特别是，每一个词素的形类是任意地决定的。全面地描写一种语言需要把每一个形式列表，它的功能既不是由结构也不是由标记符号所决定的；因而，这个语言的描写要包括一个词汇表，或者词素的清单，这张单子要标明每一个词素的形类，并且还得列出所有复杂的形式，它们的功能怎么说都是不规则的。

16.4　形类并不是互相排斥的，而是彼此交叉和重叠，还可以一个包括在另一个里面，如此等等。比方在英语里，主格词语（作为施事）包括体词和有标志的不定式动词词语（to scold the boys would be foolish)。另一方面,在体词中有一些代名词形式,要是过细地区分起来,并不做施事用:me,us,him,her,them,whom。有一类体词,也就是动名词(gerund;如 scolding),同不定式动词及其他的动词形式归为一个形类当作某类型的修饰语的首要语(如 scolding the boys)。由于这个原因,像英语这样一种语言的词类系统,是不可能令人完全满意的:英语词类表应该根据哪些功能我们认为是最重要的。

不过,人们往往能够像以上所说的一些大的形类同一些琐小的形类如 foot,goose,tooth,或者 ox(以及它们的不规则的复数形式)加以区分。有些大的形类把整个词汇或者把某个重要形类划分成为大致相等的一些形类,这样的一些大形类就叫做范畴(categories)。比方,英语的词类(体词、动词、形容词,等等)就是英语的一些范畴。单数和复数体词也是英语的范畴,因为这两个差不多同等大小的形类把体词这个形类完全一分为二了。一般说来,屈折形式也就是在每一个词形变化表中出现的位置相当的形式,就是代表范畴的,例如,动词变形表的种种形式,包括有定式动词协调一致的形式如(am:is:are"是-现在时"或 was:were,"是-过去时"),以及与此交叉的有定式动词的时和式(he is:he was:he were(他假如是))。

不过,并不是所有的范畴都是有屈折形式的。代名词 he 对 she 的选择把英语的人称名词分成了阳性和阴性两个范畴;可是并没有屈折或者规则的变体来区别它们,只不过偶尔用一些标记(count:countess,Paul(保罗):Pauline(波琳),Albert(阿尔伯特):Alberta(阿尔伯塔)),或者用完全不规则的变体(duck:drake, goose：gander），也有用合成构词法的（如 he-goat，（公羊），billy-goat（公山羊），bull-buffalo（公水牛）），或者用异干互补形式（son（儿子）：daughter（女儿），ram（公羊）：ewe（母羊）），或者单纯地用跨类的办法（a teacher...he（一个教员……他）；a teacher...she（一个教员……她）；Francis（弗朗西斯）：Frances（弗朗西丝）。

再说，还有一些是句法的范畴，这些范畴不是在屈折变化中出现而是在短语（或词组）中出现。例如不指定名词和指定名词的范畴（a book：the book），又如，在英语动词有体（wrote（过去写）：was writing（过去正在写），完成体如 wrote（过去写时）：had written（过去已经写完了）），或者语态（wrote（过去主动地写）：was written"过去被写过"）。

语言中的某些范畴——特别是那些影响词法的范畴（book（单数）：books（复数），he：she），是那样地普遍，以至于任何人只要只一想到他的语言，就肯定会注意到的。在一般情况下，凡是只知道本民族语言，也许还知道一些跟本族语十分接近的语言的人，会错误地把他本族语的范畴当作普遍的言语形式，或者当作"人类的思维形式"，甚或是宇宙本身的形式。这就是为什么那么多人滥用"逻辑"或者"形而上学"的范畴，却只不过是不恰当地以哲学家的语言来套用主要的范畴而已。将来语言学家的一项任务就是要把不同语言的范畴加以比较，看看哪些特征是普遍的或者至少是广泛使用的。比方，几乎任何语言都有相当于英语体词词语像"物象"之类的形类，不过，在很多语言里它并不像英语体词词类那样是一个不十分严格的分类，而是大都依靠标上一些标记，如马来亚语或者汉语（§12.13）。

16.5　我们对现实世界的知识可能说明某些语言范畴同实际事物的类别是一致的。例如，我们的非语言的现实世界所包括的事物、动作、性质、方式和关系可能相当于我们语言中的名词、动词、形容词、副词和前置词。可是，即使在这种情况下，其他许多语言在它们的词类系统中并没有这样的一些分类。何况，我们还不应当根据现实世界的各个方面来对应地规定英语的词类，而只能根据它们在英语句法中的功能来确定。

这在下述的情况显得很明显，那就是凡词类系统分得很详细的语言总包含一些抽象形式，同时这些语言还有相当的形式具有同样的词汇意义，然而却用于不同的句法位置。比方，英语 run 这个动词或者 smooth（平滑）这个形容词不能用作施事，但是我们有抽象名词形式 run（如在 the run will warm you up（跑步会使你暖和起来））以及 smoothness 这样的形式可以用于施事功能。如果认为像这些抽象形式只出现在有悠久文化的民族的语言里，那是错误的；它们出现在所有的语言里，所有的语言都把不同的形类限制在不同的句法位置上。

所以语言范畴不能用哲学的术语来加以规定；用形式的特征确定了这些范畴以后，在描写它们的意义时，我们还会有很大的困难。为了说明这一点，我们只需要看一下某些比较熟悉的范畴就行了。

数（number）：例如体现在英语的单数和复数，这个范畴似乎很接近人类反应的某种普遍的特征，不过，像 oats 对 wheat 或者 Epsom Salts 对 table salt“食盐”这样一些例子似乎很难找到语言以外的根据。

英语里性(gender)的范畴接近我们对人物和性别的非语言性区别,可是即使就这个范畴而论,我们对待某些动物(the bull... he 或者... it)和其他一些事物(the good ship... she(这条好船……她)或者...it)在处理上还是有所不同。大多数印欧语系语言的性范畴,譬如法语有两个性,德语则有三个性(§12.7.),同现实世界中任何东西并不一致,而这种类别大都是这样的。在阿尔贡金诸语言里,所有的人和动物都属于一个范畴,也就是'有生'性,但是还有一些事物也属于这个范畴,如像 raspberry(树莓),kettle(水壶),和 knee(膝盖);其他所有的事物(包括如 strawberry(草莓),bowl(碗),elbow(手肘)等)属于另一个范畴,也就是'无生'性。某些班图语的这种性的类别竟有二十种之多,不过数的区别和性的分类则混合在一起。

格(case)的范畴:算来从英语的两个格(he:him)到芬兰语的二十个左右的格,这些范畴同现实世界的各种情境很相似,但绝没有任何一致性。比方在德语里,动词的受事是用宾格,(accusative case)如 er bat mich [eːrˈbaːt mix](他问我(某件事)),可是有些动词的受事却用与格(dative case),如 er dankte mir [eːr ˈdaŋkte miːr]"他谢了我";试比较§12.8 中拉丁语的例子。

时(tense)的范畴表面上看起来像是合理的,特别像拉丁语这样的语言,它区分了现在时(cantat(他唱歌)),过去时(cantāvit 他唱过歌了)),和未来时(cantābit(他将要唱歌)),可是即使就这些范畴而论,人们很快就会发现这些范畴和我们的非语言的分析不是一致的:在拉丁语里,和在英语里一样,叙述过去的事件可以用"历史现在时",而且拉丁语的时式的意义同相对时间以外的因素混在一起。

英语体(aspect)的范畴区分了"一时截止的"动作(有些语法学家叫作"完成体")——被看成是一种单位(he wrote the letter(他写了这封信)),和"持续的"动作(有些人叫作"未完成体"),在这个动作进行的一段时间里可以发生旁的事儿(he was writing the letter(他曾在写着信))。这种区别,在现实世界里是很难确定的,而在英语里更显得难于处理;例如有些动词总是出现为一时截止的形式(I think he is there(我想他在那儿);he is funny(他很滑稽)),而只是在特殊的结构里或者特殊的意义里才是持续的(I am thinking of him(我正想着他);he is being funny(他正在扮演一副滑稽相))。在俄语里,也有同英语很相同的体,某些动词如"吃"和"喝"总是用持续形式的。

反复(iteration)是一种普通的动词范畴,却是英语所没有的,这个范畴把只发生一次的动作同重复发生的动作区分开来,譬如,俄语里[on *b*eˈʒal doˈmoj](他正跑回家)(指某一次)和[on ˈ*b*e-gal doˈmoj]"他总是跑回家;他总是正往家跑"(重复的动作,比方说每天如此)①。

完成体(perfection)把同时间内"未完成的"动作跟实际上同

① 在英语里,动词形式中"反复"不起作用:he played tennis every day(他每天打网球)(按时的)和 he was playing tennis every day(他每天都在打网球)(持续的),同 he played a set of tennis(他打了一局网球)(定时的)和 he was playing a set of tennis(他曾在打一局网球)(持续的)是一样的。在拉丁语、法语和现代希腊语里,反复的动作和持续的动作是混在一类里的:法语 il écrivait [il ekrivɛ] 既表示"他曾在写"也表示"他曾写"(反复的);他常写。在俄语里,反复的动作属于持续体,但是在持续体这一类里,至少对某些动词来说,又和一次动作有所区别。——原注

一期间内已“完成的”动作互相对立起来：he writes（他写）对 he has written（他已经写了）；he is writing（他正在写着）对 he has been writing（他已在写着）；he wrote（他写过了）对 he had written（他已经写过了）；he was writing（他（那时）在写着）对 he had been writing（他（那时）已经在写着）。这种区别根据实际的情景是很难确定的，而且不同的语言显示了不同的分布情况。

英语有很多语气（modes），区分了动作实际发生时的各种情态。在词法上，英语区分了“真实的”（he is here（他在这儿））和“非真实的”（if he were here（如果他在这儿的话））；在句法上，用一些不规则动词（助动词）后面跟着不加 to 的不定式动词的特点区分了一整套的系列：he will write（他将写），shall write（一定会写），can write（能写），must write（必须写），may write（也许要写）。我们可以看到，在这些组合中不定式动词几乎总是一时的，只偶尔是持续的（I shall be writing（我将在写））；在俄语的将来时，大致相当于英语的 shall 和 will 短语，就像区分现在时和过去时一样明确地区分了体。在很多语言里，不同的语气的运用，跟不同的句法位置和一致关系紧密结合。例如在英语里，非真实的语气只出现在用 if（如果）或者 though（虽然）作引导的分句里，或者用在表示情态的词语组合的形式（he would help us（他也许会帮助我们）是 he will help us（他将帮助我们）的非真实的语态）。其他语言也有类似的错综复杂的语态的运用，如法语，je pense qu'il vient [ʒə pɑ̃s k i vjɛ̃]（我认为他正在来），其中分句的动词用“直陈”（实际的）语气，可是 je ne pense pas qu'il vienne [ʒə n pɑ̃s pɑ k i vjɛn]（我并不认为他正在来），其中分句的动词却用“虚拟”（可能)语气。

16.6　在§16.3中我们看到某些形式的功能决定于它们的成分或者结构。凡是这样决定的功能都是规则的,不是这样决定的功能都是不规则的。比方,如果我们知道fox和ox这两个词是摇摆于非人称和阳性人称之间的单数普通名词,那么我们就可以说fox具有规则的功能,能同复数后缀[-iz]组合成foxes这个形式(因为这个功能为绝大多数单数名词所共有的),但是ox却具有个不规则的功能,要同复数后缀[-n̩]组合在一起。语言学家通常把规则的和不规则的这两个术语用于形式本身,比方说,fox这个名词是规则的,而ox这个名词是不规则的;当然,我们必须指明这两个术语能适用的那种功能,因为在其他的功能上,fox和ox这两个名词是十分相像的。把这两个术语另外加以层次推广,语言学家也把它们应用于最后总结出的形式,在这些形式里说明了这些功能,比方说,foxes这复数名词是规则的而oxen这复数名词是不规则的。

说话的人会使用规则功能中的形式,即使他从来没有听到过这种总结出来的形式:例如,他可能说出像foxes这个形式,即使他从来没有听到过这个特殊的复数。可是,只有在他听到过不规则功能中的形式以后,他才会使用:只有听到过别人说过oxen的人才会说出这个形式。因此,在描写一种语言的时候,整个形类有规则的功能只要作总的说明就行了:为了说明英语名词的规则的“复数组合”,我们不必列出这个语言里所有的名词。可是,另一方面,要说明不规则的功能,我们却非得列出某一类里所有的形式才行:我们必须指出ox这个名词在复数里是用-en的,而foot, tooth,goose 这些名词在复数里要用[ij] 的替代形式,如此等等。

如果我们认定这样一种区别,我们就可以说,凡是说话的人没有听到过就会说的形式,按它的直接成分说是规则的,它的成分有着规则的功能;凡是说话的人从别的说话人那儿听到过以后才会说的形式都是不规则的。那么,严格地说,一种语言的每一个词素都是不规则的总体,因为说话人只有在听过它的用法以后才会用它,而读语言描写的人只有看到那个词列出来以后才知道有它的存在。词汇实际上是语法的附录,也就是不规则的基础形式的清单。如果把意义也考虑在内,那么这个事实就更明显了,因为每一个词素的意义都是根据传统任意地加上去的。像英语这样的语言,其中每一个词素都是任意地归入某个语法的分类里,这种特征也是不规则的:说话的人必须根据经验才懂得,而描写的人也必须把一个个列出实例,比方 pin(针)是名词,spin(纺织)是动词,thin(薄、瘦)是形容词,in(在……内)是前置词,等等。这项任务通常是属于词汇部门的;语法部门只列出并不是语言中所有词素里都出现的、各种不规则的变化,所谓规则的和不规则的这两个术语只用于出现在语法里的那些特征。

如果我们作出这样的区别,那么绝大多数的言语形式显然是规则的,这意味着:凡是知道组合成分和语法模式的人不用听到过这些形式就能够说了;此外,描写语言的人也不可能把它们都列出来,因为它们组合的可能性实际上是无限的。例如,英语里主格词语和定式动词词语的形类数量很大,以至有很多"施事-动作"形式——比方说,a red-headed plumber bought five oranges(红头发的管工买了五个橘子)——这句话可能以前从来没有人说过;不过，根据同样的论据，我们并不敢肯定，我们可能碰巧听到的任何具体的组合都是以前未曾听见过的。语法模式（句型，结构，或者替代）往往叫做类推（analogy）。规则的类推可以使说话人说出一个他没有听到过的言语形式；我们便认为，他是根据他所听到过的类似的形式加以类推而说出这些形式的。

另一方面，不规则的类推也可能概括一些形式，可是说话人很少根据他所听到过的这些形式类推出一个新的形式来。例如，at least（至少），at most（至多），at best（最好），at worst（最坏），at first（首先），at last（最后）这些短语都是按照同一个模式构造的（at 加上以-st 收尾的形容词），可是这种类推仅限于很少几个形式。在 at all（究竟，全然）（其中形容词并不是以-st 收尾，而且语丛音变是不规则的）或者 don't（别，不要）的组合里，我们有一种独特的类推。在使用了 automobile（汽车）这个形式以后，某个说话人同另一个说话人一样都能够根据 cab-driver（出租（汽）马车夫），truck-driver（卡车驾驶员）等等组合类推出 automobile-driver（汽车司机）这个复合词；另一方面，cranberry（蔓越橘）这个复合词的第一个成分是独一无二的，这个词只有听到别人说过才说得出来。如果我们把意义也考虑在内，那么我们也可以同样认为说话的人是不能按类推使用 blackbird 这个名称的，它通常专指鸟类的一种，因为这个复合词由于任意性的传统承担了它的这种意义。像 charlestoner（跳查尔斯顿舞的人）这个形式是根据 dancer（跳舞的人），waltzer（跳华尔兹舞的人），two-stepper（跳两步舞的人）形式类推而来的；可是 duchess 这个形式（§10.6）却是独一无二的。在类推的边界上我们有收尾为-ess 的阴性例子大体上它是只限于传统的形式：我们说 poetess(女诗人)，sculptress“女雕刻家”而不说 *paintress(女画家)；不过，偶尔也有人扩展了这种类推，说出像 profiteeress(女投机商)，swindleress(女骗子)这样一些形式。甚至我们的词根词素(§14.9)也有一些灵活性；在听到像 squelch 这个形式时，意思是“在湿地上踏得砇吃地响”，我们没法知道是否说话人过去听到过这个形式还是利用类推，根据 squirt(喷冲)，squash(挤轧声)中的[skw-]和 crunch(嘎扎声)中的[-ʌntʃ]所作出的类推。

语言中规则的类推也就是替代的习惯。例如，假定一个说话的人从来没有听到过 give Annie the orange(把这个橘子给安妮)这个形式，可是他听到过或者说过像下面的这一套形式：

Baby is hungry.(娃娃饿了。)
Papa is hungry.(爸爸饿了。)
Bill is hungry.(比尔饿了。)
Annie is hungry.(安妮饿了。)
Poor Baby!(可怜的娃娃!)
Poor Papa!(可怜的爸爸!)
Poor Bill!(可怜的比尔!)
Poor Annie!(可怜的安妮!)
Baby's orange.(娃娃的橘子。)
Papa's orange.(爸爸的橘子。)
Bill's orange.(比尔的橘子。)
Annie's orange.(安妮的橘子。)
Give Baby the orange!(把这个橘子给娃娃!)

Give Papa the orange!（把这个橘子给爸爸！）

Give Bill the orange!（把这个橘子给比尔！）

…………

那么，现在他就有了这个习惯——类推法——把 Annie 用在像 Baby，Papa，Bill 的同样位置上，因而，在适当的情境中，他就会说出 Give Annie the orange! 这个新的形式。如果说话人说出一个复杂形式，在大多数的情况下，我们没法肯定他是否以前曾经听到过这个形式或者根据其他形式类推出这个形式。根据其他形式的类推说出一个形式就好像解答一个等式方程式，这个方程式的左面的比例数却是无限大的：

Baby is hungry：Annie is hungry
Poor baby：poor Annie
Baby's orange：Annie's orange
} =Give baby the orange：x

或者

dog（狗—单数）：dogs（狗—复数）
pickle（泡菜—单数）：pickles（泡菜—复数）
potato（土豆—单数）：potatoes（土豆—复数）
piano（钢琴—单数）：pianos（钢琴—复数）
} =radio（无线电，单数）：x

16.7　一种语言的力量或说财富，就在于它的词素和语法元素（句型、结构和替代）。任何语言里的词素和语法元素的数目差不多都达到成千上万个。此外，在每一种语言里，许多复杂形式都引出了特殊的意义，这些意义不可能在纯粹的语言描写中一一指出，但实际上却是十分重要的。例如，语言学家能够确定 blackbird，bluebird（蓝知更鸟），whitefish‘鲑鱼’这一类英语复合词的专门意义，也能够确定 give out（宣告、分发、缺乏），fall out（吵架），throw up（呕吐、辞(职)、举起(手、眼……)）这一类短语的专门意义，可是他没法明确地估计这些意义，虽然在实际生活里这些意义完全同任何词素意义一样重要。

一般认为，语言的丰富是依靠它所用的不同词的数目，不过这个数目是不定的，因为词可以按照形态结构的类推方式自由地构造。例如，在统计了 play，player 和 dance 以后，我们要不要把 dancer 算作第四个词呢，虽然它并不含有其他的语素。如果算的话，那么，任何语言的词的数目实际上是无限的。当我们听说莎士比亚在他的著作里用了 20 000 个不同的词，而弥尔顿[①]在他的诗歌里用了大约 8 000 个词，我们就错误地推想口才较差的说话人使用的词要少得多。莎士比亚在他的著作中所包含的那么小的言语总量里就用了这么多不同的词，被认为是他的天才的表现，可是这份言语总量即使同一个沉默寡言的人在一年时间里所说的话的总数比起来也还是很少的。认为农民、工人或者没文化的人只使用几百个词的这种神奇的说法，事实上是没有根据的；以人们所能统计的词而论（不管，比方说，像我们这种语言的屈折形式），每一个成年人至少使用大约是 20 000 到 30 000 个词；如果他受过教育的——也就是说，如果他懂得一些专门术语和古雅的词语——他用的词还要多得多。此外，每一个人知道的词要比他所运用的也要多。

语言中各种词汇的和语法的单位（词素和语法元素）使用的相

① 弥尔顿(John Milton)英国十七世纪著名诗人。——译者

对频率是可以探讨的，只要我们掌握正常话语的丰富记录。在下面的几章里，我们将看到这种记录资料的缺乏成了语言历史研究的障碍之一——因为语素使用频率的变动在每一种语言所经历的变化中都起着重要的作用。

大多数词汇形式的使用频率，按照实际情境的不同，无疑地会发生许多表面上的波动。比方，像 thimble（顶针）或者 stove（火炉）这样的词在长篇大段的言语里也许根本不会出现；可是像这样的一些形式遇到适当的时机，每一个人都会得使用的。另一方面，最常出现的形式，其中包括词汇的形式，特别是语法的形式，经常是由于语言结构的要求而使用的。过去所作的这种统计仅限于词。我们可以发现，最普通的词（the，to，is，等等）在所说的话里所占百分比总是最大的。

16.8　在不同的语言里能表达些什么，这样的一个实际问题往往同词义问题和范畴问题相混了。某个语言里使用短语的地方在另一个语言里只是使用一个单词，而在第三种语言里还可能是使用一个黏附形式。在某个语言里构成范畴的意义（例如英语里事物的复数），在另一种语言可能只在具体的实际刺激下才出现。至于词的外延意义，某个语言里能说的无疑在任何其他语言里也能说的：其间的差别只不过是形式的结构和形式的内涵意义。在某个语言里用单个的词素就能表达的，在另一种语言里也许要用一个长的短语才能表达；在某个语言里用一个词说的在另一种语言里可能用一个短语或者一个附加成分（词缀）来表示。某些意义元素出现在一种语言里因为它属于某一范畴，尽管与实际情况毫不相干，可是在别的语言里这类意义却根本不存在。在英语里，我们用现在时的动词说 Pike's Peak is high（派克斯峰是高的）[①]；在汉语或俄语里像这样一句报道里却没有现在时的成分。

不同语言的信号的最小单位，也就是语素，实际价值可以有很大的悬殊，这是很明显的事实。即使在系属上很亲近的语言也是如此。德国人用 reiten [ˈrajten] 表示骑在动物上，而用 fahren [ˈfaːren] 表示骑在其他东西上，如乘车，而英语只用一个词 ride（骑，乘）来表示。在英语用 on（在……上）的地方，德国人也要用两个词来表示，凡是地心吸力有助于接触时说 auf，譬如说“在桌子上”，不然就用 an，譬如说“在墙上”。英语的 morning（早晨）同法语的 matin [matɛ̃] 相当，除非早晨被看成是一小段时间，在这段时间里可能发生旁的事情，比方说 I slept all morning（我睡了整个早晨），或者 during the morning（在早晨这段时间内），在这种情况下，法国人用 matinée [matine] 这个派生词。甚至很容易确定和分类的事物，在不同的语言里也会有十分不同的处理。再没有什么比表示人与人之间简单的生物学上的关系的称谓更确定的了。可是，除了相当于英语 brother（兄弟）和 sister（姐妹）这两个词以外，德语还有包括这两性的复数词 Geschwister [geˈʃvister]，比方在 Wieviele Geschwister haben Sie [viːˈfiːle geˈʃvister ˈhɑːben ziː?]（你有多少兄弟姐妹？）这句话里。有些语言在这儿不管性别只用一个词表示，譬如塔加洛语的 [kapaˈtid]；英语的 brother 相

① 派克斯峰（或译“矛峰”）是落基山脉的一个高峰，海拔 14 110 英尺，在美国科罗拉多州。——译者

当于塔加洛语的短语［kapa'tid na la'la:ki］，其中最后一个词指的是“阳性”，而英语 sister 相当于［kapa'tid na ba'ba:ji］，其中有一个表示“阴性”的定语。另一方面，有些语言还区分了不同的年龄：汉语的［'ko^{1} ko^{1}］（哥哥），［'tʃjuŋ' ti^{4}］（兄弟），［'tʃje^{3} tʃje^{3}］（姐姐），［'mej^{4} mej^{4}］（妹妹）。美诺米尼语的亲属称呼甚至更加复杂，我们只要举 sibling“同胞”来表示兄弟姐妹这个名称为例就能很好地说明了。在美诺米尼语里，有这样一些称谓：［nɛʔnɛh］（我的哥哥），［neme:h］（我的姐姐），［nɛhse:h］（我的年幼的同胞），［neko:ʔsemaw］（同我性别相反的同胞）（也就是如果是一个妇女说时指的是“我的兄弟”，如果是一个男人说时指的是“我的姐妹”），［ne:hkah］（我的兄弟）（男人说），［ne:-tɛkɛh］（我的姐妹）（妇女说）。一般的称呼［ni:tɛsjanak］（我的同胞）用于复数，指的是兄弟姐妹，包括两个性别都在内而且不完全比本人年纪小。

亲属关系的称呼不仅像上面所举的那些例子那样很不相同，而且也用于人们无法确定的情境里。美诺米尼语表示“兄弟”和“姐妹”的称呼也用来表示表兄弟或表姐妹，如果双方的父母属于同一性别：一个男人称呼他父亲的兄弟的儿子［ne:hkah］，等等。此外，这些称呼以及其他某些称呼是继承的：我父亲的兄弟的儿子的儿子也是［ne:hkah］。结果，决定意义的关键实际上在于这些亲属关系能够前后贯彻一致地为人们所记忆和承认。

同样，例如植物的名称也许没有一处用得同植物学家的分类是一致的——姑且不论那些含混笼统的名称，如 tree（树），shrub（灌木），bush（丛林），herb（草本），reed（芦苇），grass（草）。

甚至像在数目字这样的范围里，不同的语言也表现出很多歧异的地方。在我们十进位的系统里（twenty-two（二十二）；thirty-five（三十五），等等）也还保留了十二进法或者十二系统的痕迹（不说*one-teen，*two-teen 而说 eleven（十一），twelve（十二））。还有一些不规则的形式：two（二）：twenty（二十）：second（第二）：half（一半），或者 three（三）：thirteen（十三），thirty（三十），third（第三）。此外，某些数字的附带意义不能用数学方法来说明的，如 three（三），seven（七），thirteen（十三），还有一些额外的数字的附带意义也是如此，如 dozen（一打），score（二十），gross（12 打）。丹麦语有一种二十进法或者二十系统的混合法。在法语里，人们从（六十）数到（七十九）都不用什么专门的词表示增加的十位数："七十"是 soixante-dix [swasɑ̃t-dis] "六十（加）十"；"七十一"是 soixante et onze [swasɑ̃t e õz] "六十加十一"，如此等等；"八十"是 quatre-vingt [katrə vɛ̃] "四个二十"，然后再从二十到一百；比方，"九十二"是 quatre-vingt douze [katrə vɛ̃ duːz] "四（乘）二十（加）十二"。凡是很少使用较大数目字的民族可能用很少几个数目字就行了：卡姆布旋曼人据说用简单数目字计数只到"三"，"四"就用"二加二"表示，等等。

在其他隶属科学分析的领域里，语言分类方面也还是提供不出什么标准。例如，颜色是一种被折射的光波的频率。可以看见的光谱是频率的不断的阶程。不同的语言使用不同的颜色名称（如英语的 red，orange，yellow，green，blue，violet（紫罗兰色），§9.1）代表这个阶程的不同部分。如果要决定英语各个颜色名称的领域究竟在实际的阶程上从那一点开始到那一点为止，我们一定会觉得很困难。如果我们想要在差别很细致的许多等级里指出各种颜色,我们会发现在被一致命名的频率之间,譬如说像黄色和绿色之间,会有一个不易肯定的游移的交界区。如果我们走出欧洲的文化圈子,我们还会发现完全不同的颜色的分配。

对于语言中绝大部分的意义,我们甚至还找不到这样一种外部的标准。同社会行为有关的一些名词,比方像 love(爱),friend(朋友),kind(和善),hate(仇恨),要是能够根据人种学、民俗学以及社会学来加以确定,除非这些方面的研究已经达到了今天所梦想不到的完善和精确。有关那些只有本人才感觉得到的人体状态的名词,比方像 queasy(恶心的),qualmish(使人发晕的),sad(悲伤),gay(快活),glad(高兴),happy(快乐),也只有当我们有了关于活的人体内部活动的精密知识才能加以确定。即使所有这一切条件都具备了,也不能满足语言意义的要求,因为有些语言意义跟现实很少有什么关系,比方像名词的性或者动词的体的范畴那样。在德语、法语或者拉丁语里似乎没有可以用来判别名词的性的客观现实标准;如果要确定这样一些语言里"阳性"的语法元素意义,只能是把阳性名词的标记以及武断属于这一类的名词全部都列出来,然后说凡是现实世界中具有这些事物的共同特性的就是阳性范畴的"意义"。英语动词的体也是这样的:wrote(曾写)同 was writing (曾在写着)之间的差别是如此的不容易捉摸,而且在不同的动词和不同的短语里这种差别又是如此之大,以至要确定它们的意义,人们在声明了主要的原则以后,除了举些例证来说明以外,再也没有更好的办法了。

第十七章　文字记载

17.1　任何言语社群的语言在观察者看来总是一个繁复的信号系统，其性质就是我们在本书前些章节里所讨论的。一种语言在任何时刻呈现在我们面前的都是词汇和语法习惯的稳定结构。

然而这是一种错觉。每一种语言时时刻刻都在经历着缓慢而不断的**语言演变**过程。在拥有早期语文记载的某些社群里，我们更能见到这种演变的直接证据。詹姆士王的圣经译本[①]和莎士比亚的戏剧[②]的英语同今天的英语不一样。十四世纪诗人乔叟[③]的英语，我们非得利用对照词汇才看得懂。九世纪阿尔弗雷德大帝[④]的英语，当时手写的记录给我们保留到今天，对我们似乎是一种外国语了；假设我们能遇见那时候说英语的人，我们会听不懂他们的话，他们也听不懂我们的。

语言演变的速度不能用绝对的术语加以描述。一个说话人青

① 詹姆士一世，英国国王(1566—1625)，于1604年倡议圣经的修订和改译，参加工作的有47人，是当时著名学者和牧师，历时三年半，于1611年问世，即所谓审定本(Authorized Version)。——译者

② 莎士比亚(William Shakespeare，1564—1616)，十六世纪著名英国诗人和剧作家。——译者

③ 乔叟(Geoffrey Chaucer，1340？—1400)，叙事诗人。——译者

④ 阿尔弗雷德大帝，见第三章§4.注。——译者

年时期同他的祖父母谈话,或者到了老年时期同他的孙儿女谈话,都没有困难,可是一千年——就说是经过三四十代——就足够使英语变得像我们刚才所提到的那般光景了。在这些世世代代的日子里,每个说伦敦英语的母亲都会觉得她的孩子们所学说的英语,跟她自己幼小时期曾学说的一模一样。语言变化比生物的变化要快得多,但是比人类社会的其他制度的变化也许要慢些。

语言演变使我们特别感兴趣,因为只有凭借这种演变才能解释种种语言现象。说话人从较早的说话人获得言语习惯;要说明他们的习惯,唯一的凭借就是这些较早的说话人的习惯。例如,假使我们问为什么今天说英语的人管动物 canis domesticus(家犬)叫 dog,或者,比方说,为什么他们把词尾 [-iz,-z,-s] 附加于单数名词构成复数,明显的回答是,他们幼小时期从周围较年长的人们获得了这些习惯;假使我们再对这些较年长的人们提出同样的问题,我们就会被引指更年老的人们的习惯,这样向上追溯,以至无穷无尽。假使我们能够实现我们的交际密度的图表(§3.4),其中每一个说话人用一个点来代表,每说一句话用箭头来代表,从这个说话人的代表点指向一个或许多个听话人的代表点,这样我们便会发现这个交际网退向过去的无限的时空里去。

所以,在正常的情况下,解释一种言语习惯只能依据较早时期存在的同样习惯。可是,如果语言演变在起作用,解释应该是,较早时期还存在着另一种习惯,从而指出这一变化的发生。例如,按照英语词汇习惯,meat 这个词当作'可供食用的肉类'讲并不是很古老的;不多几个世纪以前,flesh 这个词就是作这个意义讲的,而 meat 是指一般的'食品'。在这个例子上,今天英语习惯的解释包括(1)早期的习惯和(2)中间介入的变化。由于语言演变从来没有停止过,一种语言里每一个习惯迟早都会受到影响;假使我们对过去的言语有足够的认识,第二类的解释就可以应用于今天的每一个言语形式。

由于文字记载给我们提供了过去的言语习惯的直接知识,我们凡是在拥有文字记载的地方,从事语言演变的研究第一步就是研究这些记载。

我们今天对于阅读和写作已经习以为常,因此常把这些活动同语言自身混为一谈(§2.1)。文字是相对地晚近的发明。这只在很少的言语社团里使用了略长的时间,甚至在这些社团里它的使用直到最近还是限于很少数的人。一段话语,不管有无文字记录,还是同样的话语,而一种语言也还是同样的语言,不管它的话语片段有多少是用文字记录了的。在语言学家看来,除去某些细微的枝节以外,文字仅仅是一种外在的设计,就好像利用录音机一样,借以保存了过去言语的某些特点供给我们观察。

17.2　文字是图画的产物。一切民族的人民大概都会涂颜色,画线条,刻画,或雕琢,借以制成种种图像。这些图像,不谈旁的用途(§2.9),有时候还能用来通讯或备忘——就是说,能够影响看见的人的行动——这样的用途还可以持续久远。北美的印第安人赋有刻画的技巧,从前在实际生活中曾经广泛地利用图像。这样,我们听说一位奥基瓦印第安人,他有一长条的桦树皮,上面刻画着一系列的图画,他借以提醒自己一首圣诗里的连续诗句。例如,第三幅画画了一只狐狸,因为圣诗的第三句里提到一只狐狸;第六幅画画了一只猫头鹰,因为第六句诗是说:“这是个凶兆。”

一位曼丹印第安人给一个皮货商人寄去下面这样的一幅画：当中是两根交叉的线；交叉线的一边画着一支枪的轮廓和一张海狸皮，海狸皮上方画了二十九条平行的线条；交叉线的另一边画着一只黄鼠狼，一只水獭，和一头水牛。大意是说："我愿意用一张黄鼠狼皮，一张水獭皮，和一张野水牛皮革，交换一支枪和三十张海狸毛皮。"

这一类的记载和信件往往被说成是"图画文字"，但是这个名称很容易引起误会。这样的记载和信件，跟文字一样，便利于长期保存和携带传递，但是远不如文字的确切，因为同语言形式没有固定的联系，所以并不能像语言形式安排得那么细致巧妙。

我们没有任何记载说明任何民族从利用图画到利用真实文字的进展情况，对其间的步骤只能加以猜测。在图画的利用上我们常能看出过渡的开始，这样的痕迹还保存在实际的文字系统里。

真正的文字是利用数目有限的传统符号。所以，我们必需假设，在过渡期间图画曾变成了习惯传统。例如，刻画每种兽类的方式变得很固定了，因此就是很不完全的勾画也能代表兽的种类而不至于产生疑惑。在某种程度上，美洲印第安人的图画就是这样的。在实际的文字系统里，我们常常发现一些符号仍然透露这个起源。在古代埃及的所谓象形字(hieroglyphic)，大多数符号是传统的和真实的图画，有好些的确指示所代表的实物的名称；这样，一只鹅的图画(总是按同样的方式描绘的)表示当"鹅"讲的一个词[sʔ]①。汉字有些符号，例如代表[ma³]"马"这个词的符号，仍然

① 我们不知道古埃及语的元音。——原注

有点儿像词义所表示的图画，汉字古体有时候也是如此，虽然现代形式已经看不出这样的相似的形象来了。

一个图画到了已经约定俗成时，我们就不妨称之为字。一个字是一个或一套固定的标记，人们在一定条件下描绘出来，因而人们也按一定方式起着反应。这种习惯一旦建立以后，字跟任何特殊的实物相似之处就是次要的了，于是写字习惯的变迁也就看不出来了。这些变迁常常起于书写所用材料的性质。古美索不达米亚各民族的楔形(cuneiform)文字有些字形仍然透露图画的起源，但是绝大部分已经不是那样的了：字体包括长长短短的楔形的笔画，排列成种种不同的形式，构成这样的形象显然是因为利用一支尖笔在坚韧的泥块上凿刻。古埃及的象形文字，字体很仔细地涂着颜色，但是为了用芦苇笔在水草纸上写得快些，埃及人发展了一种简化的圆体字(一般称为僧侣文字[①] hieratic writing)，这样的字就失掉了所有近似图画的形象。欧洲文字最早导源于古埃及，但是没有谁能在欧洲字母里认得出图画来了；事实上，例如字母 F 仍然保持蜗牛的两个触角，蜗牛是这个字母的始祖象形字所代表的图像。

从利用图画到真实文字的过渡，另外还有更重要的一个方面，就是字跟语言形式的联系。极大多数的情景并没有什么特征可以用图画来表现的；利用图画的人要想出种种设计来激发适当的反应。这样，我们看到印第安人在海狸皮上方画了二十九根线条来

① hieratic 原意是“僧侣的”，古埃及僧侣写经文用的一种“草体”，由此派生出 hieroglyphics 而转义为一般的象形文字。——译者

代表海狸毛皮的总数。他并不利用一串的图画来表示交易手续，而只用两根交叉的线，把需要交易的两批货物放在两边表示他的意图。奥基瓦族人用一只猫头鹰代表“凶兆”，无疑是依据部落的某种信仰。

当图画使用者面对着这一类问题的时候，我们不妨设想他的确是在自己说话，并试用各种词语来表达这个麻烦的音信。语言毕竟是我们画不出来的那些事物的一种互相交流方式。假使我们作这样的设想，我们便能理解图画使用者也许到了某个时候便按照口语用词来安排他的字符，于是他就这样发展一种习用方法，用某个字符来代表口语片段的某一部分——比方说，某一个词。这种过渡的步骤，我们只能加以揣测：真正的文字少不了这个前提。

在真正的文字里，有些个字具有双重价值，既代表一个可以描绘的事物，又代表一个语音的或语言的形式；旁的字失掉了它们的图画价值，只代表一个语音的或语言的形式；单纯的图画字，同言语形式没有联系的，用处就越来越不重要了。语言的价值越来越占主要地位，特别是因为字的形象已经变成了固定的习惯，失掉了它所描绘的事物形象。字变成了符号(symbols)——习惯上代表某些语言形式的标记或一组标记。一个符号“代表”一个语言形式，这意思就是说，人们遇到某种情景，口头要说出某个语言形式，便写下相应的符号，并且对这个符号作出反应，就好像他们听见了相应的语言形式会起着同样的反应。实际上，写字人在动手写以前或正在写的时候，口头念念有词地说着这个语言形式，听的人在阅读时也是这样；只在经过了相当多的实践以后，我们才能够作这些言语动作而不出声音，也不把它显露出来。

17.3　从表面上看，词(words)显然是首先用符号表现在文字里的语言单位。用一个符号代表口语里的每个词，这样的文字体系就是所谓表意文字(ideographic writing)，这是一个很容易引起误会的名称。文字的重要特点恰恰就是，字并不是代表实际世界的特征（"观念"），而是代表写字人的语言的特征；所以不如叫作表词文字或言辞文字(word-writing 或 logographic writing)。

表词文字的主要困难是，给意义不能用图画代表的词配备适当的符号。比如，埃及人用一个代表蝌蚪的字，象征一个当"十万"讲的词，大概是因为沼泽中的蝌蚪多得不可胜数吧。汉语当"好"讲的词，用"女"和"子"两个符号组合成为一个字。

这一类最重要的设计是借用近似描绘意义词的语音来作为字符。这样，古埃及人利用鹅的图形，不但代表［sʔ］"鹅"这个词，并且也代表［sʔ］"儿子"这个词；他们利用习俗代表棋盘形象的字符，既当作［mn］"棋子"讲，也当作［mn］"遗留"讲。汉字利用一棵麦禾的形象作为字符，既代表"麦"这个词，也代表一个同音词"来"，现代北方汉语读音是［laj^2］。按这种方式所产生的含糊其辞，导致了进一步的发展：人们另外加注一个字符表示在几个相似的词里头该读哪一个调；这些另加的字符叫作义符或义旁(classifiers 或 determinants)。汉字发展了完善的表词文字体系，音符（根符的名称）和义符连结成为一个单独的复合字。比如，表示［ma^3］"马"的符号和表示［ny^3］"女"的符号连成一个复合字，当作［ma^1］"妈"这个词的符号。表示［faŋ^1］"方"的符号跟［thu^3］①"土"连成

① 原文［thu^2］"earth"恐系［thu^3］之误。今改为［thu^3］。——译者

[faŋ¹]"坊"这个复合符号;跟[sɪ¹]"糸"(丝)相连便构成一个复合符号代表[faŋ³]"纺"这个词。照这些例子看来,复合符号的音旁并不是永远确切地代表词的读音;可是我们得假设,在这种发展出现的时间和方言里,复合符号(按照创制的地点和时间)读音是确切的。

表词体系,照我们在汉字里所看到的,有一个缺陷,就是人们在这个语言里有一个词就得学一个符号。汉字的复合符号可以分析为 214 个部首(字根),但是,即使如此,学习读和写的劳力也是够艰巨的。另一方面,这种体系却也有很大的优点,就是字符并不受词的语言形象所约束。汉族人民讲好些互相听不懂的方言,但是在书写和印刷方面,他们遵循一定的词汇和词序习惯,这样就能互相看懂彼此所写的东西,并且,经过一番训练,也能阅读他们的古代文学作品了。

我们的数目字(从古印度传来的)是表词文字的例子。像 4 这个符号,许多民族的人民都能理解,虽然英美人读作[fɔə],德国人读作[fiːr],法国人读作[katr],等等。并且,由于我们安排数目字按照固定的习惯,我们能看懂彼此的数词组合:例如 91 是到处都看得懂的,虽然英美人不说['najn'wʌn]而说['najnti'wʌn],德国人却按相反的次序说['ajn unt'nojntsix]"一和九十",法国人说[katrə vɛ̃ õz]"四·二十(和)十一",丹麦人说['eˀn ɔ hal 'fɛmˀs]"一和半五倍"。

17.4 假借语音近似的象形字来代表不能描绘的词,从这个手段我们看到文字中涌现出语音的因素。一个符号一旦跟一个特殊的词发生了联系,这个词的语音特征就能够提醒符号的写法了。

汉语里词具有整齐划一的结构，这样的假借只是一个字转变成另一个，这样逐字进行的，复合字也按照这种结构，当作个别单位书写，使字体大小匀称一致。旁的语言里词形长短不一，我们会遇见文字里用字符代表较长的词的语言近似部分。这样，埃及人把[mn]“棋盘”这个符号写两遍代表[mnmn]“移动”这个词。把两个符号[mç]“尘拂”和[ɒr]“篮子”连在一起，他们就写成[mçɒr]‘耳朵’这个词。按照结构的多样性，他们并不总是利用单个儿的符号代表词的，并且也运用不同的方式安排略字，音符，和义符。同样地，在阿斯特克语文字里，地名 Teocaltitlan（台俄卡提特兰），按字面讲是“神-房屋-人民”，却用以下几个符号来代表：tentli“双唇”，otli“途径”，calli“房屋”，和 tlantli“牙齿”；由于-tli 在这些词儿里是变形的词尾，这就更易于理解了。

照这样，字符就逐渐地具有更经常的标音（phonographic）价值：字符变成了音标（phonograms）——这就是说，字符不是代表语言形式，而是代表语音形式。最通常的结果似乎是一批音节符号，每个这样的符号表示一个成音节的领音，前后可以有（也可以没有）不成音节的辅音。古美索不达米亚人的楔形文字到达了这个阶段；有些字符代表这样的音节[ma，mi，mu，am，im，um，muk，mut，nam，tim]。这个用法从一个民族传到另一个民族，始终带有标音的特征。例如，古苏美利亚语当“神”讲的一个词是[an]；巴比伦人学会了文字的应用，便把苏美利亚符号拿过来当作一个字符代表巴比伦语的[ilu]“神”这个词，并且作为表义偏旁放在其他神道名字的前面。这一类的保留形式往往出现在一种文字系统用来适应另一种新语言的时候；这样，英语保留了拉丁文的简字，

如 &(拉丁语 et)代替 and;etc.(拉丁语 et cetera"以及其他")代替 and so forth(诸如此类,等等);i. e.(拉丁语 id est)代替 that is(那就是,换言之);e. g.(拉丁语 exempli gratia"为了举例")代替 for instance(例如);lb.(拉丁语 libra)代替 pound(磅),等等。

巴比伦文字没有能够充分发展音节原则;这样,一个单独的符号(一个垂直楔形,左边斜着两个小楔形)代表[ud,ut,uT,tam,par,pir,lax,xiʃ]等音节,而作为词的字符代表[uːmu]"日子",[ʃamʃu]"太阳",和[piçu]"白色"等词。到了古波斯形式,楔形文字已经发展为一个地道的音缀表,符号数目比较少了,每个符号代表一个特定音节。一般地说,音节文字体系流行得很广泛,也似乎容易设计。古希腊人在塞浦路斯(Cyprus)岛上使用一个约有六十五个符号的音缀表。日本人大量地使用汉字,但是补充了两个假名表,都是从汉字演变而来的。几内亚(Guinea)的法伊族人(Vai)据说有 226 个音节符号组成的文字体系。熟悉现代文字的人给文盲设计一种文字系统时,有时发现音节文字最易于学会。比如,一个切洛奇人名叫西克瓦亚(Sikwaya)为他的语言设计了一套共有八十五个音节符号;福克斯印第安人有好几种音缀表,都是根据英文的书写形式的;克利族人有一个音缀表包括简单的几何图形。

17.5 在文字发展史中,似乎只有一次曾经越过音节原则向前跨进了一步。埃及圣书字和僧侣字有些符号用来代表只包含一个辅音的音节;应用这些符号时,随伴着的元音有所不同也不加理会,由此产生的混淆就以添注偏旁和简体加以消除。这样表示单个儿辅音的音节符号总共有二十四个。在很早的时期——无疑地在公元前 1500 年以前——操闪语的民族熟悉了埃及文字，便决定利用二十四个最简单的埃及符号来书写他们语言里的词。这倒是切实可行的，因为闪语结构是明确地以一串辅音为每个词根的基础的（§14.8）；不标示元音只在词的派生的某些特点上会引起读者发生疑惑，但是这在大多数情况下可以根据上下文来揣测。

我们能看到的最古的闪文例子是西奈（Sinai）铭文，年代大约是公元前 1800 到前 1500 年。一种较晚的字体是所谓南闪文；它的代表是古铭文和现代的埃塞俄比亚字母。另一种字体是北闪文，使用的民族是腓尼基人、希伯来人和阿拉美人。阿拉美文的变体包括现代“希伯来”类型的字体，叙利亚体，和现代阿拉伯文字。正是北闪文字，按照腓尼基和阿拉美变体，经过许多改变流传于亚洲和欧洲。

印度使用的音缀表似乎是部分导源于阿拉美（Aramaic）文字，而大部分导源于腓尼基文字。对印度诸语言，元音的标示是必要的。印度人利用每个闪字符代表一个辅音加［a］的音节，随后又设计一些附加符号（区别符号“diacritical signs”）添在原来的声符上表示辅音同另一个元音的结合。这样，一个单纯的声符表示［ba］，同样的声符添上不同的附加符号就是［baː，bi，biː，bu，buː］等等。更进一步，印度人还设计了一个符号表示辅音后面并不随伴任何元音，和一套没有任何辅音的元音符号。同时，他们还增加基本符号的数目，直到他们给每个辅音音位都有了一个符号。他们这才发展了一个系统完整的语音精确性来记录他们的言语形式。

17.6　所有直接和间接从闪文孳生出来的文字，我们只需要追溯一种包括英语在内的文字系统。古希腊人接受了腓尼基文系统并作了决定性的改变。有些腓尼基符号所代表的音节包括希腊语所没有的辅音；比如，A 代表喉塞音加元音，O 代表喉壁擦音加元音，I 代表辅音 [j] 加元音。希腊人利用这些多余的符号表示元音价值，把两个符号连在一起代表一个单独的音节，如 TA 或 TO 或 TI。他们这样终于实现了音位的或字母的文字原则——即用一个符号代表一个音位的原则。他们没有到达完全精确的程度，只因为他们没有能够创造足够的符号来表示元音：他们从未区别希腊语里元音 [a,i,u] 有长短不同的音量。他们后来倒是设计了一些附加标号来指示词的重音位置和两种性质，并且设计了一些标点符号表示句子的抑扬顿挫。

字母从希腊人流传到地中海的其他民族。罗马人显然是通过伊特鲁利亚人接受了这套字母的。到了中世纪，又从希腊人传递给保加利亚人、塞尔维亚人和俄罗斯人，又从罗马人直接或间接地传递给欧洲的其他民族。

文字转移到一个新的语言，显然经过这样的情况，就是某个操双重语言的人懂得了一种语言里的文字，便想出主意来把字母用于他的另一种语言。他也许保留字母系统在第一种语言里原有的那些缺点，他也许保留第一种语言所需要而对新语言是多余的一些字母，他也许没有能够给新语言独具的音位设计新字母。另一方面，他或他的继承者也许想出巧妙的办法来弥补这些缺陷，或者发明新字母符号，或者把多余的符号移作妥善的用途，或者制定半语音的设计，把几个字母连结起来代表一个单独的音位。

拉丁语的语音模式是，当罗马人（或许通过伊特鲁利亚人）所接受的希腊字母差不多够用了。一个缺点就是用符号 C 代表两个音位 [k] 和 [g],他们便把符号 G 略加改变来代表 [g],以弥补这个缺陷。较严重的问题是缺少区别长短元音的标志;在字母上面加一横或者把字母写两遍来标示长元音,从来没有能够通行和巩固下来。标示词重音倒没有必要,因为拉丁语里词重音依照主音位便能自动地调整的。

日耳曼语诸民族接受了希腊化拉丁字母,我们不知道是在何时何地,字母的具体形象也多少不同于寻常的希腊体或拉丁体。这种字母形式被称为鲁尼字(runes),用于简短的铭文,主要是魔术的或宗教的性质,如墓志铭之类。鲁尼字应用得并不很精巧,但是的确包括一些字母能以代表日耳曼语所特有的几个音位,[θ, w, j]。这个字母系统的习惯次序也不同于希腊化罗马原型;排列方式是:[f u θ a r k g w h n i j p ɛ z s t b e m l ŋ o d]。因此,鲁尼字母有时就叫作富沙克字母(futhark)[①]。最古的鲁尼铭文可以追溯到公元 300 年左右。后来,日耳曼语诸民族在罗曼和爱尔兰传教士的影响下接受了基督教,他们便放弃了鲁尼字母而采用了拉丁字母。然而哥特主教乌尔菲拉氏(ulfila)在第四世纪为他的圣经翻译设计一套字母时保留了一些鲁尼字母,古英语牧师在第八世纪开始从事于书写英语时也保留了几个鲁尼字母表示 [θ] 和 [w],因为拉丁字母缺少这两字音。只在诺曼征服以后,英语写作者才抛弃了这些字母而采用复合体 th 和 vv(现在的 w 是从这儿

① 富沙克一名是由鲁尼字母的前六个音位的组合而形成的,即 f, u, p(th), a(或 o), r, k(或 c)。——译者

来的)。五个拉丁元音字母在英语里从来都是不够用的;另一方面,多余的字母 c,q 和 x 却被保留下来了。今天的英语文字缺少符号表示音位[ɑː, ɛ, ɔː, θ, ð, ʃ, ʒ, tʃ, ŋ]和重音。这个缺陷利用双字母 th,sh,ch,ng 等只是部分地弥补了。

我们有时候遇见上述字母充分地适应了某种语言的语音系统。第九世纪,圣徒西利尔(Cyril)和梅托德(Method)[①]给希腊字母增加了足够的新字母来概括古保加利亚语的主音位。斯拉夫字母按照它的现代形式配合斯拉夫诸语言都很适用;给塞尔维亚语也增加了几个新字母。好几个现代语言采用了拉丁字母的原本形式;例如波希米亚语和芬兰语,利用附加符号满足了要求,波兰语还利用双字母如 cz [tʃ]和 sz [ʃ]。

17.7　字母文字原则——一个符号代表一个音位——当然是适用于任何语言的。实际的文字系统往往有些欠缺,大都由于一般书写者的保守性。书写者并不分析他的言语的语音系统,而都是按照他在前人著作里所看见的老样子写每个词。一个社团里书写艺术建立和巩固以后,不仅是词的拼法,甚至词汇和语法形式,在文字记载里都变成因循沿袭的了。这样,不管写作者实际上说的是什么方言,一种**文学方言**(literary dialect)也许变为文字记载非遵照和服从不可的了。

随着时间的推移,这种保守性还以另一方式起作用:书写习惯因袭不改,尽管言语形式已经经历了语言演变。例如,拉丁文里字

① 古希腊传教士利尔及梅托堤屋士(Methodius)于公元 863—885 年在摩拉维亚(Moravia)及波希米亚(Bohemia)布道,根据希腊字母创建了斯拉夫即古保加利亚字母。本书人名 Method 应为 Methodius。——译者

母 c 原来代表音位［k］。当爱尔兰人和英吉利人接受拉丁字母时，他们利用这个字母代表他们的［k］音位；古英语里 cu 读作［*k*uː］意思是"乳牛"（现代英语为"cow"），cinn 读作［*k*inn］意思是"下巴"，（现代英语为 chin），scip 读作［s*k*ip］意思是"船"（现代英语为 ship）。后来，音位［k］在不同的拉丁方言里起了些变化。在意大利，［k］在前元音前面变作［tʃ］；例如拉丁语［ˈkentum］"百"变作意大利语［ˈtʃɛnto］。罗马人把这个词写成 centum；意大利人仍然写作 cento。在法国，拉丁［k］在前元音前面变成了［s］，如［sã］"百"，但是法国人仍然把这个词写作 cent。英语从法语借入许多外来雅词含有［s］音，可是保存了传统的 c 拼法，如 cent［sent］（分（百分之一））。拉丁文里字母 A，E，I，O，U 用来代表［a，e，i，o，u］等音位类型，英语便按照这些音值接受过来。这样，中世纪的英语文献里像 name 这个字便是代表［ˈnaːme］"名字"这个形式。十五世纪时，英文拼写习惯逐渐固定下来了，大体接近今天的形象。然而从那时候起，英语元音音位已经起了很大的变化。结果是，拉丁元音字母不仅是用来代表全新的音值——这并没有什么害处——但却互相矛盾，不一致了。英文仍然沿用 A 拼写 name，hat，all，far 这些字，不过这些词里的领音音位现在是完全不相同的。拼写法逐渐形成固定习惯时，原来的音由于语言变化有些已经失掉了，但仍然保存在现在的文字里，只是这些字母不再发音罢了，如 name，know（知道），gnat（蚊子），bought（买了），would（要）。

拼写系统一旦脱离了口语，发音变得古貌盎然之后，博学的书生们可能杜撰一些假古体字。英语 debt（债），doubt（疑惑），subtle(细巧),从古法语借入时并没有[b]音,在法语里和英语里都写作 dette,doute,sutil;今天带[b]的拼法是书生们发明的,因为他们知道法语词的远祖拉丁语前身:debitum,dubito,subtilis。英语 isle"岛"里头的 s 反映了古法语拼法 isle(源于拉丁语 insula);这个词被英语拿过来的同时就不带有[s]了(比较现代法语 île [i:l]),恰当地拼写应为 ile。这般书生不仅特别爱好带 s 的拼法,并且在两个近似的从不含有[s]音的词里给添上个 s,比如说,一个是本土英语 island(岛)(源于古英语 iglond),另一个是法语借词 aisle"侧堂,通廊"(法语 aile,源于拉丁语 āla)。人们曾看见鲁尼字母 þ 出现在古代英语文献里,但是不知道它的音值[θ],误以为它是字母 y 的一种写法,终于得来这样的想法:冠词 the 在古英语里是 ye。

17.8 这一切都说明文字记载只给了我们过去言语的不完全的并且往往是歪曲了的描绘,总要费很大的劳力才能绎读和解释。首先,书写符号的价值,表词的或表音的,也许是不知道了。在这种情况下,阐释问题有时简直无法进行。最好的帮助是双重语言的铭文,其中紧挨着尚未阐释的原文还刻有一种已知语言的译文;多少懂得这个语言和铭文的内容,并可以从旁提供一些帮助。1802 年,G. F. 格罗特范得(Georg Friedrich Grotefend)成功地阐释了古波斯语的楔形铭文,十九世纪中叶有一批工作者兴克士、劳林生、奥波尔(E. Hincks, Rawlinson, Oppert)[①]相继译读了巴比

① 兴克士(1792—1866),劳林生英国历史语文学家(1810—1895);J. Oppert (1825—1905)。以上有关楔形文的阐释可参阅 19 世纪语言学史第六章文字史的研究。——译者

伦-亚述利亚语的那些铭文；这两个事例，都是释读者以极高的才智运用了他们对有关语言的知识而做出来的。其他语言的楔形字文献（苏美利亚语，纹（Van）语[①]，希太特语）也获得了阐释，不得不感谢双重语言的原文，诸如苏美利亚语，亚述利亚语，和希太特语的字典似的词表铭砖。1821 年，向波良（Jean François Champollion）[②]开始绎读古埃及语文献，利用著名的萝塞塔（Rosetta Stone）铭文（1799 年被法国人发现；现在保存在大英博物馆），上面刻有平行的圣书字，就是埃及文的晚期形式和希腊文。1893 年汤姆生（Vilhelm Thomsen[③]1842—1927）绎读了古突厥语的鄂尔浑铭文；汤姆生看出这种文字是字母式的，语言属于突厥语族。希太特人的类似圣书字的铭文和古克里特人的铭文至今没有能阐释；中美洲马亚图画文字只有几个字，表示月份，日子，数目和颜色的，已经解释明白了。

假使只知道文字系统，可是并不知道语言，情况也好不了多少。这类最出名的例子是古意大利的伊特鲁利亚语；我们保有希腊字母形式的大量文献，但是不能解释，至多只看懂了一些人名和另外很少几个词。我们还有一些骰子，面上刻着头六个数目，但是不能判断这些数目的次序。小亚细亚的利底亚语铭文是读懂了的，不得不感谢利底亚语和阿拉美语的双重原文；字母是希腊式

① 纹：是小亚西亚纹湖一带的一个古老民族，约存在于纪元前九—前七世纪，使用楔形文字。——译者

② 向波良（1790—1832），法国埃及考古学家。——译者

③ 萝塞塔铭文是 1799 年在埃及萝塞塔城发现的一块玄武石刻铭文，刻有古希腊与古埃及双重文字，为英军所掠，现存大英博物馆。——译者

的，语言显然跟伊特鲁利亚语有联系。

17.9 如果文字系统和语言都是可以了解的，那么我们的目的当然是要从这些文献里尽可能地探索语音、语法和词汇各个方面。古代文献里字的音值从来不能知道得很确切；比如，古希腊语、拉丁语、哥特语或古英语，这些语言就是用字母式符号所代表的实际语音也有一部分不能确定。当文字已经变成因袭的习惯而不符合实际语音时，书写者偶尔失误或者遇到不常用的语词杜撰一种写法，倒也许能透露些真实的音值。古英语稿本显示出从第九世纪差不多直到第十一世纪形态变化系统是保持一致的，区别轻音节的元音并保存词尾的 m 和 n；可是书写者偶然的失误却透露了一件事实，就是早在第十世纪，这些元音极大部分已经变作［e］，尾音［m］和［n］已经丢掉了；这样的失误例子有如拼法 worde 代替经常的 worda“词的”（复数，属格），fremme 代替正常的 fremman“制作”（动词，不定式），gode 代替 godum“给予那些好的”（复数，与格）。十五世纪一个英语作者要是拼写 behalf（利益，本分）没有 l，我们推想他读这个词大概已经不发［l］音了，虽然文字传统一直坚持这个符号到今天。所谓矫枉过正的拼写法（inverse spellings）也说明同样的过程。古英语有一个［x］音在 light（光明），bought（买了），eight（八）这类词里，仍然反映在今天带有 gh 的拼法里。我们要是遇见 deleite（借自古法语 deleiter），原来没有［x］音的，却拼写成 delight（喜悦），那么我们可以断定像 light 这类词里头的［x］，也已经不再发音了；对那些抄写人来说 gh 在当时已是个不发音的记号，仅仅指示元音音量而已。

文献的语言阐释里有个应该严肃对待的因素，就是文献的传递。铭文,主要是刻在石头或金属上的,或者像楔形文之类刻在黏土上的,一般都是原始的记录;我们只需考虑一位书写者拼写或记录的错误。然而大部分的文献是写在不耐久的材料上的,经过辗转抄录才传到今天。希腊文和拉丁文著作的稿本始于中世纪,往往起自中世纪的晚期和近代的早期;只有些零星片段保存在埃及沙漠里的纸草上。我们如果保存一件古文的同时代的稿本,如阿尔弗雷德大帝所译格列高里教皇的《牧人训导篇》(*Pastoral Care*)现存的哈顿(Hatton)抄本,那是罕有的幸运。[1] 誊录员不仅抄写时免不了错误,特别是他们遇到原文里不理解的地方,甚而至于妄加更动,试图给语言加工或者篡改内容。古代文书的研究,所谓古文字学(paleography),以及根据一件或几件不完整的抄本重建古原文的技术,所谓古诗文评注(textual criticism),已经分别发展为不同的科目了。不幸得很,诗文评注家有时缺少语言学知识;我们现有的古诗文印刷版本也许遗漏了稿本中饶有语言学价值的形式。

我们现有文字记载的诗文,有时经过重新拼写,改用了新的字母或新的正字法。古希腊《荷马史诗》和《阿维斯达经》的现存文本就是如此。遇到这样的情景,我们便设法拟构原来的拼写法并在相沿传习的原文里揭露令人迷惑或错误百出的现象。

---

① 格列高里教皇(Gregory the Great, 550—604,教皇 590—),所著 De Cura Pastorali,论述牧师对教区牧民怎样进行训诫和诱导,由阿尔弗雷德大帝主持译成古英语(西撒克逊方言),在古英语散文发展史上占有重要地位;译文保存有两种稿本:Hatton Zo(牛津鲍德列图书馆藏)和 C. i=MS Cotton Tiberius B. xi(大英博物馆藏)。——译者

17.10 还有一些次要的情节有时可以帮助我们阐释文字记载的语言性质。在韵文体裁的诗词写作里，作者努力遵守特定的语音模式。例如现代英语诗歌，作者用词造句要有节律，使重读音位的出现有一定的间隔，并使尾韵相同，即从重读领音直到尾音相同的词成对地或成批地出现，也有一定的间隔。比如，假使我们知道一个诗人写作时严格遵守押韵习惯，我们便能从他的押韵用词上获得许多消息，这种消息也许是并不显现在拼写形式上的。乔叟押韵用词——下面所引是按照今天的拼写法——如 mean（中介）押 clean（清洁），但不押 keen（敏锐），queen（王后），green（青，绿）：显而易见，他在这两组词里发着不同的元音。另一方面，前后互不一致也有同等的启发意义。十五世纪末，阿尔萨斯诗人 Brant 用否定词"不"（英语 not），既按阿尔撒斯方音［nit］同 Bitt［bit］"请求"相押，又按今天标准德语形式［nixt］同 Geschicht［ge'ʃixt］"故事"相押，我们从而知道他当时 nicht［nixt］的现代标准形式跟方音一起早已广泛流行了。即使有些韵脚只是沿用古老的传统而已经不符合实际的语音，例如现代英语诗歌里 move（移动）：love（爱）或 scant（稀少）：want（需要）相押，这种传统的研究也是很有意思的。

其他诗歌体例也能得出类似的推论。古日耳曼语的诗歌里，读强重音的词有词首辅音相谐的诗句或词组，如 house and home（家室），kith and kin（亲友）。因此，在古冰岛语的神话史诗里，我们遇见［'wega，'vega］"打击"同［rejðr］"愤怒"相谐，便推断人们运用这样的谐声，大概后一个词仍然带有冠首的［wr-］，虽然现存稿本里的拼法依从后期的语言，不再写出［w］

来了[①]。在希腊语和拉丁语的诗歌里,音节长短相间有一定的调整规则;一个音节含有一个长元音或复元音,或者一个元音后面跟着不止一个辅音,便当作长音节看待;这样,诗句里词的位置往往告诉我们有关的元音音量,这在希腊语的正字法只是部分地有所表示,而在拉丁语的正字法简直毫无表示。

另一种偶然有利于阐释文字记载的帮助是言语形式的转写,从一种语言改换另一种。公元初期,我们发现 Caesar'恺撒'在希腊文献里写作 kaisar:因为希腊语没有经历由[k]到[tʃ]或类似的音变,所以希腊语的 k 永远代表[k]类型的音位,这样的转写就很可以说明当时拉丁语还仍然保存着[k-]音。古汉语在佛经翻译里给印度-亚里安专名的转写透露了当时方块汉字的读音。

最后应该指出,文字记载也可能包括语言学性质的叙述,例如梵语语法和词典(§1.6);而且印度人还是优秀的语音学家,用生理学术语解释书写符号。然而我们往往不宜过于相信古书里的报道。拉丁语法学家给我们语音上的帮助真是微乎其微的;近代早期的英语语音学家也同样地混淆了语音和拼字法,关于当时的实际发音所提供的指示是很可怜的。

① 试比较英语同源词:weigh(古冰岛语 vega 也作"衡量,举起"讲,是个多义词),和 wroth'愤怒'(动词 writhe,名词 wrath)。——译者

第十八章 比较法

18.1 我们在第一章里谈到,某些语言彼此相似到某种程度,只有用历史的联系才能加以说明。不错,有些相似点也许是起源于普遍的因素。象音位、词素、词、句子、构造和替代模型等特征,都出现于任何语言;也是人类言语生来固有的。另外有些特征,如名词和动词等形类,数、人称、格和时等范畴,或施事、动词受事以及领主等的语法位置,并不是普遍的,可是仍然十分广泛,要是将来了解得更透彻,无疑地可以同人类的普遍特性互相联系起来的。有许多不很广泛的特征——其中有些是很特殊甚至很细微的特征——发现在距离遥远而毫不相关的一些语言里;可以预料,这些特征将来也未尝不能用来揭示人类的心理。

语言间有些旁的相似点,却并不意味着什么。现代希腊语['mati]是"眼睛",马来语[mata]也这样讲。假使我们对于这些语言的历史毫无所知,我们就得从头到尾检查它们的词汇和语法来寻找旁的相似点,然后估计历史联系的种种可能性,考虑相似点的数量和这些相似点在结构中的地位。实际上,关于希腊语和马来语以往的形式,我们的知识明白地告诉我们这两个当"眼睛"讲的词彼此相似只是偶合。现代希腊语['mati]是较为晚近的发展,是从古希腊语的[om'mation]"小眼睛"变来的,而后者在古希腊语里是个再度的派生词，与作为底子的基础词[ˈomma]“眼睛”有关。另一方面，马来词[mata]较古的语音形貌同今天的大致相同。不管现在所有的表面情形怎样，纵使有一天发现这两个语言有亲属关系，这种亲属关系也远在原始印欧语和原始马来亚-玻利尼西亚语以前，当“眼睛”讲的现代语词同这种亲属关系是毫不相干的。

还有些相似之点是由于言语形式的借用。现代芬兰语里有许多词，如abstraktinen“抽象”，almanakka“日历”，arkkitehti“建筑师”，ballaadi“歌谣”，以及词典里所能遇见的这类词语——欧洲一般通用的文化词语，是在过去几个世纪里从一个欧洲语言借入另一个，并不表明任何亲缘关系。不错，我们不见得处处都能分辨这一类的移借和一个言语社团内部语言习惯的正常传递，可是在大多数情形下，这两种程序是迥然不同的。假使芬乌语可以联系印欧语，那么这种亲缘的联系就要追溯到“抽象”、“日历”等等语词尚未应用以前的时期。

18.2　如果同上述情形相反，我们说某些语言间的相似是由于亲属关系，这就意味着这些语言是一个原先单独的语言的后继形式。比如罗曼诸语言，我们有母语的文字记载，就是拉丁语。拉丁语分布在广大的地域，随后就在这个地区的不同部分经过不同的语言变化，所以今天这些不同的部分在言语上有很大的差别，我们管这些歧异的言语形式叫作“意大利语”、“法兰西语”、“西班牙语”等等。如以意大利的言语为例，我们要是能够追踪过去两千年的历程，就找不出“拉丁语”让位于“意大利语”是在哪一点钟或哪一年或哪一世纪；这些名称全是任意指定的。一般地说，所有现代各地区的拉丁语形式里发现的任何共同特征，早就存在于两千年前的拉丁语里了；另一方面，拉丁语的现代形式在任何特征上要是彼此不一致，那么这些现代形式的全体或其中的一部分，在过去两千年间是经历了某种变化的。相似点特别显现在日常言语中的普通因素——最普通的构造和形类以及日常应用的基本词汇。至于歧异的特点，往往是出现在某些一系列的类别上，各个地区的形式显示出自己的独具一格的特点。

在大多数情况下，我们的处境却不是这样顺利，因为我们没有完整一致的母语的文字记载。比方说，日耳曼诸语言彼此相似就跟罗曼诸语言一样，可是我们没有尚未发生分化以前的记载。然而**比较法**在这两种情况下都作出了同样的推论。在后一种情况下，我们只是缺少文字记载的实证。我们假定过去某个时期曾经存在**原始日耳曼母语**，但是这个语言的言语形式只能通过推测才能知道。我们标写这些形式时，在前面打个星号来表示我们的用意。

18.3 例如拿今天的标准英语、荷兰语、德语、丹麦语和瑞典语作例，把下面的词来比较一下：

	英语	荷兰语	德语	丹麦语	瑞典语	
“man”	mɛn	man	man	manˀ	man	（人，男子）
“hand”	hɛnd	hant	hant	hɔnˀ	hand	（手）
“foot”	fut	vuːt	fuːs	foːˀð	foːt	（脚）
“finger”	ˈfiŋgə	ˈviŋer	ˈfiŋer	ˈfeŋˀər	ˈfiŋer	（手指）
“house”	haws	høɥs	haws	huːˀs	huːs	（房屋）

"winter"	ˈwintə	ˈwinter	ˈvinter	ˈvenˀdər	ˈvinter	（冬）
"summer"	ˈsʌmə	ˈzoːmer	ˈzomer	ˈsɔmər	ˇsɔmar	（夏）
"drink"	driŋk	ˈdriŋke	ˈtriŋken	ˈdregə	ˇdrika	（饮，喝）
"bring"	briŋ	ˈbreŋe	ˈbriŋen	ˈbreŋə	ˇbriŋa	（携带）
"lived"	livd	ˈleːvde	ˈleːpte	ˈleːvəðə	ˇleːvde	（生活过）

这个词表几乎可以无限制地增加数量，相似之点多到基本词汇和语法里到处都是，绝不能用偶合或借用来解释。我们只消把目光转到日耳曼语群以外的语法，就看得出显著的差异，例如英语hand（手）：法语［mɛ̃］，俄语［ruˈka］，芬兰语käsi；或者英语house（房屋）：法语［mezõ］，俄语［dom］，芬兰语talo。另一个突出的特点是，日耳曼语族内部系统地形成了分歧点的群体。凡是瑞典语有复合声调的地方，丹麦语就没有喉塞音；荷兰语用［v］开头的地方，旁的语言就用［f］开头；德语有［t］的地方，旁的语言就有［d］。事实上，成批的形式都显示出日耳曼诸语言相互间的同样歧异。比如英语house这个词的领音音位各语言间彼此歧异，体现在一系列的形式里：

	英语	荷兰语	德语	丹麦语	瑞典语	
'house'	haws	høɥs	haws	huːˀs	huːs	（房屋）
'mouse'	maws	møɥs	maws	muːˀs	muːs	（田鼠）
'louse'	laws	løɥs	laws	luːˀs	luːs	（虱子）
'out'	awt	øɥt	aws	uːˀð	uːt	（出去）
'brown'	brawn	brøɥn	brawn	bruːˀn	bruːn	（棕色）

歧异之点本身井井有条地形成体系——如英语和德语［aw］、荷兰语［øɥ］，互不相同，都出现在整套的形式里——这一事实就

证明了我们的揣测:这些形式有着历史的联系。我们假定这样的歧异是由于诸亲属语言的一部分或全体经历了独特的变化。假使我们扩大我们的观察,包括每一区域内的其他方言,我们会发现许多旁的异体,显示出类似的平行现象。按照上面的例子,特别值得注意的是,我们发现带有元音 [uː] 的形式,如 [huːs, muːs] 等等,也出现在英语、荷兰语和德语区的地方方言——例如苏格兰的英语。

更进一步,我们利用这些语言的文字记载,发现英语区和荷-德语区的最古文献,大约是公元第八和第九世纪留传下来的,在上面所举的例子里都一致地用字母 u 写下了这些形式,如 hus,mus,lus,ut(南部德语 uz),brun。由于这些民族的文字是以拉丁字母为基础的,其中字母 u 代表 [u] 类型的元音,因而我们推断这些形式的领音在第九世纪还没有发生分歧,当时所有的日耳曼诸语言都以 [u] 为领音;旁的证据引导我们相信这个元音是长 [uː]。因此我们断言原始日耳曼母语在这些形式里是以 [uː] 作为领音的。可是应当着重指出,关于这个音位的描写仅仅是个补充项目;纵使我们不去深究原始日耳曼语这个音位的音响性质,可是对应关系的完整,表现为一致的相同和平行的互异,要加以解释,就不能不假定母语里"房屋,田鼠",等等形式的领音位置上曾经出现过同样的一个音位。

18.4 有意思的是,把我们通过文字记载认识了的母语作出的推论,同上述的推论作一比较。罗曼诸语言间的相似也同日耳曼诸语言间的相似差不多。

意大利语　拉旦语　法语　西班牙语　罗马尼亚语

“nose”	ˈnaso	nas	ne	ˈnaso	nas	（鼻子）
“head”	ˈkapo	*k*af	ʃɛf	ˈkabo	kap	（头）
“goat”	ˈkapra	ˈ*k*avra	ʃɛːvr	ˈkabra	ˈkaprə	（山羊）
“bean”	ˈfava	ˈfave	fɛːv	ˈaba	ˈfawə①	（豆角）

这儿我们所采取的手续同处理日耳曼语言的对应条例一样，注意观察每一区域内的地方变体和古文献中的拼写。唯一不同的是，拉丁母语形式的文字记录在大多数情况下是可以查考的。上面所举的罗曼语词是拉丁语词的现代形式，是保存在我们的文献里写作 nasum，caput，capram，fabam 的拉丁语词。

我们已经懂得从现代罗曼语形式作出合理的推断，随后也许发现我们推断的结果和拉丁文记载有不协调的地方。这些不协调特别有意思，因为遇到母语记载无可稽考的场合，这些不协调现象可以透露我们所作推断的价值。试以下列形式的领音为例：

	意大利语	拉旦语	法语	西班牙语	罗马尼亚语	
“flower”	ˈfjore	flur	flœːr		ˈfloarə	（花）
“knot”	ˈnodo	nuf	nø		nod	（纽结）
“vow”	ˈvoto	vud	vø	badas②		（誓约）
“tail”	ˈkoda	ˈkua	kø	ˈkola③	ˈkoadə	（尾巴）

拉丁语的原型出现在前三个词和许多类似的例子里，含有领音 *o*，实际音值大概是［oː］：florem，nodum，uotum。因此，我们推

① 马其顿方言。——原注

② 复数形式，作“婚礼”讲。——原注

③ 古西班牙语 coa（大概读［ˈkoa］）经过了改变。——原注

测第四个词的拉丁原型含有同样的元音，词形应该是 *[ˈkoːdam]。这样的推测叫做重构 reconstruction；我们用星号表示所重构的形式，*[ˈkoːdam] 或 *cōdam。可是在拉丁文献里，当“尾巴”讲的词却显示了不同的形貌：caudam（宾格单数；主格是 cauda）。这就不符合我们的重构了，因为拉丁语 au（假定音值是 [aw]）通常反映在罗曼诸语言里是另一种元音对应。比如拉丁语 aurum“金子”和 causam“事物”的现代形式是：

	意大利语	拉旦语	法语	西班牙语	罗马尼亚语	
“gold”	ˈɔro		ɔːr	ˈoro	aur	（金子）
“thing”	ˈkɔsa	*k*oze	ʃoːz	ˈkosa		（事物）

不错，中世纪写下的拉丁稿本偶尔把当“尾巴”讲的那个词拼成 coda，但是这也许由于誊录员的错误；现存稿本所依据的较古的原本也许还保存通常的拉丁形式 cauda。这个错误在一般誊录员是很自然的，他们在学校里学古拉丁语的发音并不区别拉丁语的 o 和 au，他们所读的拉丁语形式在这个词的发音上就同现代语言一样，含有 florem，nodum，votum 的元音，而不是 aurum，causam 的元音，这就使他们几乎不可避免地会犯这样的错误了。有些人正处在这样的境地，从第九世纪保存下来的稿本中的词汇注释看来，是不难想象的，按照其中的注释把 cauda 这个词当作 coda 讲：显而易见，cauda 似乎是古奥艰深的词，而 coda 却是容易了解的。早期的铭文里遇见通常含有 au 的词偶尔用 o 来拼写，如公元前 184 年留下的一件铭文把人名 Paulla 拼作 POLA，这就给我们的重构提供了无可争辩的支持。此外我们还了解到 au 词形读作 o 是通俗口语的发音。绥徒尼俄氏（Suetonius 约死于公元

160 年[①])告诉我们，维斯巴西安(Vespasian)皇帝(死于公元 79 年)把文雅的 plaustra“马车”(复数)说成 plostra，受到 Florus 的批评指正；第二天，皇帝便回敬他，称呼他为 Flaurus 而不是 Florus。至于我们所讨论的那个词，公元第四世纪的一位语法学家曾谈到 cauda 和 coda 有两种异读。我们还偶然遇见矫枉过正的雅音，如 Vespasian 以 Flaurus 代替 Florus；公元前不久的一件铭文把 ostia [oːstia] “门”(复数)拼作 AVSTIA。总的看来，我们不妨下个结论，我们所重构的 *coda *[koːda] 绝不是子虚乌有的，而是代表古代确凿存在的较不文雅的发音。

这类例子让我们对重构的形式有了信心。拉丁文字并不指示元音的音量；像 secale“裸麦”这个字体可能代表好几种语音类型。这个词没有出现在诗歌里，不能从位置上显示元音的音量(§17.10)，假使我们没有比较法提供证据，我们就不能判断它的形式：意大利语 segola ['segola]，法语 seigle [sɛːgl] 却向我们表明拉丁字所代表的形式是['seːkale]。研究罗曼诸语言的学者们先是重构原始罗曼语(“通俗拉丁语”)的形式，然后查看拉丁文献，他们借助于重构形式来解释书面文字。

18.5　所以，一个重构形式就是一个公式，表示一组亲属语言里出现了哪些音位的同一条理或对应关系；还有一层，由于这些同一体和对应体反映了母语里早已存在的特点，所以重构形式也是祖先形式的一种音位图解。

① 绥徒尼俄氏古罗马帝国的传记家及历史学家，其生死年份各书所注不一，但都注明为纪元初年至二世纪。——译者

在日耳曼诸语言的最古文献里，我们遇见英语 father“父亲”一词有以下的形式：

哥特语，第四世纪的著述，保存在第六世纪的抄本里：fadar，假定音值是［'fadar］；*d* 所代表的音位原来也许是个擦音。

古北欧语，第十三世纪的抄本，其中部分文献写作的时期要早得多：faðer，faðir，假定是［'faðer］。

古英语，第九世纪的写本：fæder，大概是［'fɛder］。[①]

古弗里斯兰语，第十三世纪的抄本，著述的写作年代要早些：feder，大概是［'feder］。

古撒克逊语（荷-德语区的北部），第九世纪的抄本：fader，大概是［'fader］。

古高德语（荷-德语区的南部），第九世纪的抄本：fater，大概是［'fater］。

我们总结以上的事实，把原始日耳曼语的原型写作 *［fader］；我们并且相信这个概括的公式能够同时显示史前形式的音位结构。

我们的公式包括以下的观测。

(1) 所有的日耳曼语言都把重音落在这个词的第一个音节上，跟旁的许许多多词一样。我们便在这个公式里用一个重音符来标示，但因为日耳曼语的重音通常总是落在第一音节上，干脆省略重音符号也好。这就是说，在原始日耳曼母语里，这个词跟旁的许许多多词一样具有一个共同的音位特征（不妨叫作 x），出现在现有的日耳曼诸语言

① 古英语［-der］音节在现代英语变作［-ðə］：所以 father，mother，gather，等等，在古英语都是［-der］。——原注

里，就是：这个词的第一音节带有重音。当然，不容怀疑，这个特征 x 在母语里同在所有实际的日耳曼语言里是一样的，就是重音落在第一音节上，但是这一附加的推测毫不影响主要结论的真实性。

(2) 所有古日耳曼语言的词都以 [f] 开头。假使我们没有较古的记载，我们就会考虑一件事实——今天英语区有些方言和荷-德语区有些方言是用浊擦音 [v] 开头的，但是即使如此，地理的分布告诉我们 [f] 是较古的类型。不管怎样，公式里 [f] 这个符号的结构价值只在于，英语 father 这个词，同英语 foot，five，fee（费用，酬劳），free（自由），fare（运费，乘客）等等一样，在日耳曼诸语言也好，在原始日耳曼语也好，都以同一音位开头，我们用符号来标示这批词的公式都有这个开头的 [f]。

(3) 公式里的 [a] 表示这个词包含相应的音同样出现在下面的词里：

英语 water（水）：哥特语 ['watoː]，古北欧语 [vatn]，古英语 ['wɛter]，古弗里斯兰语 ['weter]，古撒克逊语 ['watar]，古高德语 ['wassar]，原始日耳曼语公式 *['water，'watoː]；

英语 acre（英亩）：哥特语 ['akrs]，古北欧语 [akr]，古英语 ['ɛker]，古弗里斯兰语 ['ekker]，古撒克逊语 ['akkar]，古高德语 ['akxar]，原始日耳曼语公式 *['akraz]；

英语 day（日子）：哥特语 [dags]，古北欧语 [dagr]，古英语 [dɛj]，古弗里斯兰语 [dej]，古撒克逊语 [dag]，古高德语 [tag]，原始日耳曼语公式 *['dagaz]。

这一项里头古英语的 [ɛ] 和古弗里斯兰语的 [e] 独异于其他语言的 [a]，这个分歧并不发生在所有的形式上；例如下面一类的

例子,所有的方言都是[a]:

英语 fare:哥特语,古英语,古撒克逊语,古高德语['faran],古北欧语、古弗里斯兰语['fara],原始日耳曼语公式*['faranan]。

事实上,英语[ε]和弗里斯兰语[e]只出现在一定的语音条件下——就是说,只出现在像英语 day 一类的单音节词,和后面一个音节里有[e]的词,如英语 father,water,acre。据我们推测,这个分歧是由于后起的变化,大概发生在共同的过渡的英-弗母语里。无论如何,给这批词在原始日耳曼母语里拟定一个结构音位[a],我们觉得是妥当的。

(4)哥特语里有个字母我们用 d 来转写,实际音值难以确定;这也许是个塞音[d],也许是个擦音[ð],或者游移于二者之间,[d]和[ð]是同一音位的变体。古斯堪的纳维亚字体表示在这个区域里倾向于[ð]。西日耳曼诸语言无疑地是[d],这和其他例子一样出现在南部德语里是[t]。在原始日耳曼语公式里我们都用符号[d]或[ð]来表示;为了便于印刷,采用[d]要好些。公式里的这个音位也出现在下面这样的例子里:

英语 mother:古北欧语['mo:ðer],古英语['mo:dor],古弗里斯兰语['mo:der],古撒克逊语['mo:dar],古高德语['muotar],原始日耳曼语公式*['mo:der];

英语 mead(蜜酒):古北欧语[mjɔðr],古英语['meodo],古弗里斯兰语['mede],古高德语['metu],原始日耳曼语公式*['meduz];

英语 ride(骑):古北欧语['ri:ða],古英语['ri:dan],古弗里斯兰语['ri:da],古高德语['ri:tan],原始日耳曼语公式*['ri:danan]。

(5) 随后的一个音位在哥特语里出现了分歧，显然是由于后起的变化：哥特语总是以 ar 代替其他语言非重读的 er，例如哥特语[ˈhwaθar]，古英语 [ˈhwɛðer]"两个中间的哪一个"。

(6) 各方言在末了的一个音位 [r] 上是一致的。

18.6　我们虽然没有文字记载来证实原始日耳曼语的重构，可是偶尔从很古的斯堪的纳维亚的鲁尼铭文得到近似的例证（§17.6）。试以下面的重构为例：

英语 guest（宾客）：哥特语 [gasts]，古北欧语 [gestr]，古英语、古弗里斯兰语 [jest]，古撒克逊语、古高德语 [gast]，原始日耳曼语公式 *[gastiz]；

英语 horn（号角）：所有的古方言 [horn]，原始日耳曼语公式 *[ˈhornan]。

我们这儿所重构的原始日耳曼语形式比引证的实际形式要长些。篇幅限制我们详细申说所以要添上这些音位的理由；只消指出，在大多数场合，像 guest 一样，可以援引一些方言里的形式来证明这些添加的音位是完全可靠的，而在另外一些场合，如 horn 一类的词，由于比较了日耳曼诸语言，也必须承认原始日耳曼语里的确存在这些添加的音位，虽然这些音位的性质，只有考虑到我们下面所要谈的情况，才能确定。我选择了 guest 和 horn 作为例子，因为这两个词出现在丹麦加勒胡斯附近所发现的，约公元 400 年左右的一个金号角上的铭文里[①]。这件铭文可以用拉丁字母转

① 1734 年在靠近俫特兰马格通德的勒胡斯村发现了这个金号角。1802 年在哥本哈根皇家博物馆被盗，并被熔毁，幸留下了铭文的拓片。——译者

写如下：

ek hlewagastiz holtingaz horna tawido

“我，荣誉宾客，豪尔特（Holt）族人，作此号角。”同样的语词在原始日耳曼语公式里应该是 *['ek 'hlewa-ˌgastiz 'holtingaz 'hornan 'tawido:n]；这铭文保证了我们所拟构的 guest‘宾客’的末尾音节，至少也保证了我们所拟构的 horn‘号角’的末尾音节的元音。

芬兰语、爱沙尼亚语和拉普兰语属于芬乌语系（§4.7），因此同日耳曼语并无亲缘关系，但是有许多语词必然是远古时候从一个日耳曼语言借去的——所有证据都说明是公元初年借过去的。这些语言此后经历了完全不同于日耳曼诸语言所经历的变化，因而这些借词给我们提供了关于日耳曼语词的古老形式的独立证据。我们给原始日耳曼语所重构的形式，如英语 ring“戒指”，古英语 [hring]，古北欧语 [hringr]，重构为 *['hringaz]，或英语 king“国王”，古英语 ['kyning]，重构为 *[kuningaz]，或英语 gold（金子），古英语 [gold]，重构为 *['golθan]，或英语 yoke“轭”，古英语 [jok]，重构为 *['jokan]，可以用芬兰语里的借词来证实：如 rengas“戒指”，kuningas“国王”，kulta“金子”，jukko“轭”。

18.7 比较法教给我们更加有效地控制和审核我们的原始日耳曼语的重构。由于日耳曼诸语言是印欧语系的一个分支，原始日耳曼语的形式作为一个单位可以参加旁的印欧诸语言的形式进行比较。原始印欧语的重构形式给我们提供了更早期的结构图案，从中产生了原始日耳曼语的结构。

上面所举的例子里有两个很好的范例。我们给原始日耳曼语重构的 *['gastiz]“宾客”可以匹配拉丁语形式 hostis“客人，生人"。比较斯拉夫语形式,古保加利亚语［gostɪ］,俄语［go*st*］,等等,我们重构了原始斯拉夫语形式 *［ˇgostɪ］;然而这个词有着很大的疑窦,似乎曾经是从一个日耳曼方言借来的,所以必须放弃,不能作数。可是同拉丁形式比较,却引导我们给原始印欧语拟定一个公式 *［ghostis］,仿佛是利用速记代号,向我们说明拉丁语词的第二音节保证了原始日耳曼语公式的末尾两个音位。

同样情形,哥特语［gaˈjuk］"双,对",和其他古日耳曼语当"轭"讲的词形,如古北欧语［ok］,古英语［jok］,古高德语［jox］,在这个基础上我们重构原始日耳曼语公式 *［jokan］,从芬兰语的借词形式 jukko 得到保证。要不是这个公式依次参与了同印欧语群其他形式的比较,这个重构形式的第二音节中的音位在某些方面也许就不能确定了。梵语［juˈgam］引导我们提出原始印度-伊朗语的 *［juˈgam］。此外我们还有希腊语［zuˈgon］和拉丁语［ˈjugum］。斯拉夫语形式,例如古保加利亚语［igo］,俄语［ˈigo］,引导我们提出原始斯拉夫语公式 *［ˈigo］。康瓦尔语 iou,威尔斯语 iau,暗示原始克尔特语 *［ˈjugom］。甚至有些语言改变了这个词的形貌,立陶宛语［ˈjungas］和阿美尼亚语 luc,也多少给这个词在原始印欧语里的结构提供了一些证据。我们便把以上所有的实证概括在一个公式里:原始印欧语 *［ɟuˈgom］。

关于英语 father 这个词的推测,性质就更复杂了。梵语［piˈtaː］,希腊语［paˈteːr］,拉丁语［ˈpater］,古爱尔兰语［ˈaðir］,原始日耳曼语 *［ˈfader］,是一些主要的形式,引导我们提出原始印欧语公式为 *［pəˈteːr］。这儿的词首音位是个最简单的例证,表示一种经常的正规的对应:一般印欧语言的开头［p］,在日耳曼语里同［f］相对应，在凯尔特语里同零相对应；拉丁语［'porku］"猪"，立陶宛语［ˇparʃas］，同以下形式相对应：原始日耳曼语*［'farhaz］，古英语［fearh］（现代 farrow（猪豚）），古爱尔兰语［ork］，原始印欧语公式是*［'por*k*os］。

公式中第二个音位的情形显得更复杂些。在原始印欧语的公式里，我们区别三个短元音音位，［a，o，ə］，虽然没有一个印欧语言具备这三重的区别。我们要这样处理，是因为各语言间的对应表现了三种不同的组合。凡是印度伊朗语、希腊语、拉丁语和日耳曼语一致有［a］的地方，我们就用符号［a］，例如

英语 acre：梵语［'aɟrah］，希腊语［a'gros］，拉丁语［'ager］，原始日耳曼语*［'akraz］：原始印欧语公式*［agros］。

有许多例子在印度伊朗语和日耳曼语是［a］而希腊语、拉丁语和凯尔特语是［o］时，我们就用符号［o］来代表，如

英语 eight（八）：梵语［aʃ'ʈaːw］，希腊语［ok'toː］，拉丁语［'oktoː］，原始日耳曼语*［'ahtaw］，哥特语［'ahtaw］，古德语［'ahto］：原始印欧语公式*［o*k*'toːw］。

凡是印度伊朗语有［i］而其他语言仍然有第一组形式里的同一音位时，我们就用符号［ə］来代表：

英语 stead（地位）：梵语［'sthitih］"立场"，希腊语［stasis］，原始日耳曼语*［'stadiz］，哥特语［staθs］，古高德语［stat］：原始印欧语公式*［sthətis］。

"父亲"一词的形式明明显示了最后这一类型的对应；因此我们在公式里采用了［ə］。原始印欧语的词法结构，从所有形式的总体看来，保证了我们的三重区别［a，o，ə］，因为这三个单位参与

了词法替换的三种不同类型。

公式中的第三个符号，是我们所要讨论的最后一个，它体现了一种很有趣的推断。日耳曼语言出现［θ］时，旁的印欧语言一般总是［t］。比如

英语 brother：梵语［'bhraːtaː］，希腊语［'phraːteːr］（"氏族成员"），拉丁语［'fraːter］，古保加利亚语［bratrʊ］，原始日耳曼语 *［broːθer］，哥特语［'broːθar］，古北欧语［'broːðer］，古英语［'brɑːðor］，古高德语［'bruoder］：原始印欧语公式 *［bhraːteːr］；

英语 three"三"：梵语［'trajah］，希腊语［ˇtrejs］，拉丁语［treːs］，古保加利亚语［trɪje］，原始日耳曼语 *［θriːz］，古北欧语［θriːr］，古高德语［driː］：原始印欧语公式 *［'trejes］。

"父亲"和另外一些词，在原始日耳曼语里含有［d］而不是［θ］，是不合常规的。当然，人们不妨假设这儿包括原始印欧语的两个不同音位，几乎在所有的印欧语言里都合流为［t］，独有日耳曼语还能区分为［θ］和［d］。可是 1876 年，丹麦语言学家维纳尔（Karl Verner，1846—1896）指出，日耳曼语遇见这个麻烦的［d］时，这个辅音前面的元音或复合元音在梵语和希腊语里总是非重读的；这层牵连关系出现在相当多的例子里和词法结构里，有条不紊，排除了偶然的因素。"兄弟"和"父亲"二词互相对照就看得出这种牵连关系。意大利语、凯尔特语和日耳曼语的词重音位置是由主音位决定的，所以我们很容易相信这几个语言里重音位置是由于后起的变化。还有一点，梵语和希腊语里重音位置虽然非常不规则，可是两方面往往符合一致，因而我们毫不犹豫地认为这个特征是母语原有的。我们就这样面临着一连串明确的变故发生在

原始印欧语和原始日耳曼语的过渡时期——我们称之为前日耳曼语(pre-Germanic)时期：

原始印欧语：[t] 是个音位单位；词重音在不同的词里落在不同的音节上：

*[ˈbhraːteːr] "兄弟" *[pəˈteːr] "父亲"

前日耳曼语时期：

第一次变化：[t] 变为 [θ]：

*[ˈbraːθeːr] *[faˈθeːr]

第二次变化：[θ] 在非重读音节后面变为 [d]，大概是个浊擦音：

*[ˈbraːθeːr] *[faˈdeːr]

第三次变化：每个词把重音转移到第一个音节上去；因此我们就有

原始日耳曼语 *[ˈbroːθer] *[ˈfader]。

依照类似的方式，语音对应可以揭示印欧语系每个分支的史前时期。比如拉丁语有 cauda 和 cōda"尾巴"，立陶宛语词 [ˇkuodas] "簇，丛"大概也代表母语的同一形式；假使参照旁的对应，立陶宛语 [uo] 总和拉丁语 [oː] 相应地出现，我们就不妨承认拉丁语 cōda 是两个形式中较古老的一个，而 cauda 是矫枉过正的雅音变体(§18.4)。

原始印欧语的重构不能利用更早的被记载或被重构的形式来审核。不错，近几十年来，我们确切地知道了希太特语保存在公元前 1400 年以后的楔形文字里，同印欧语有远亲关系。因此很有可能借以揭发原始印度-希太特语的若干特征——也就是说，追溯原始印欧语若干特征的更早的历史。

18.8　比较法在原则上并不能告诉我们关于拟构形式的音响性质，只是指示出拟构形式中一再出现的单位是哪些音位。印度尼西亚诸语言在这方面给我们提供了一个突出的例证。每个语言只有很少几个诸如［d，g，l，r］之类的音位，但是花样繁多的对应叫我们深信母语里的音位要多得多。这些音位的音响性质只能略加揣测；我们用来代表这些音位的符号只是表示各种对应关系的标签。值得注意的是，这些语言除爪哇语以外没有较古的文字记载；这丝毫也不影响比较法的应用。八种常规的对应条理显得够鲜明的，假使我们只考察三种语言：塔加洛语（在菲律宾群岛中的吕宋岛上）、爪哇语和巴塔克语（在苏门答腊岛上）。这儿所讨论的辅音在下面的例子里出现在词的中间。

	塔加洛语	爪哇语	巴塔克语	原始印度尼西亚语
(1)	l	l	l	l
“选择”	ˈpiːliʔ	pilik	pili	*pilik
(2)	l	r	r	ʟ
“缺少”	ˈkuːlaŋ	kuraŋ	huraŋ	*kuʟaŋ
(3)	l	r	g	g
“鼻子”	iˈluŋ	iruŋ	iguŋ	*iguŋ
(4)	l	ᴅ	d	ᴅ
“愿望”	ˈhiːlam	iᴅam	idam	*hiᴅəm①

① 爪哇语［D］是前腭塞音，不同于齿塞音［d］。塔加洛语的这个词解作“苦痛，疼”。这儿所列的巴塔克语形式不见于特巴（Toba）方言（其他例词则采自这个方言），但出现在达伊利（Dairi）方言。——原注

	塔加洛语	爪哇语	巴塔克语	原始印度尼西亚语
(5)	r	d	d	d
“指出”	ˈtuːruʔ	tuduk	tudu	*tuduk
(6)	r	*d*	*d*	*d*
“马刺”	ˈtaːriʔ	ta*d*i	ta*d*i	*ta*d*i
(7)	g	g	g	g
“西米”(椰子粉)	ˈsaːgu	sagu	sagu	**t*agu[①]
(8)	g	零	r	ɣ
“腐败，混浊”	buˈguk	vuʔ	buruk	*buɣuk

18.9 比较法设想每个分支或语言都对母语的形式带有独立的凭证，亲属语言间相符或相应之点透露了母语的特征。这等于说，第一，设想母体社团在语言方面是完全一致的，第二，设想这个母体社团清清楚楚地突然分裂成为两个或更多的女儿社团，彼此脱离了任何联系。

比较法往往设想一种语言的历史里继续不断地发生这样的分裂。它设想日耳曼语断然地从原始印欧语分裂出去。分裂以后，日耳曼语里任何变化都是独立的，不再牵涉到姊妹语言里的变化，而日耳曼语和旁的姊妹语言之间的相似便暗示共同的继承。原始印欧语和原始日耳曼语之间的差异是由于前日耳曼语时期发生的变化。按照完全同样的方式，比较法解释西日耳曼诸语言间的特别相似点（同斯堪的纳维亚语和哥特语对比），便说是西日耳曼社

① 塔加洛语的形式解作“分泌(物)”；诗歌中也解作“汁液”。——原注

团从统一的原始日耳曼母体社团突然断裂地分了出去。这样分裂以后便来了前西日耳曼语时期，从而产生了原始西日耳曼语歧异的特征。然后，依据英语和弗里斯兰语的共同特点（特别是像[ɛ, e]代替原始西日耳曼语的[a]，§18.5），我们便说是前英-弗语时期，从而发生变化引向原始英-弗语。这以后紧跟着就是前英语时期，导致英语最古文献中出现的形式。这样，比较法便重构出存在于一定时期的母语，推寻每一母语分裂以后曾发生的变化，直到后继的母语或有文字记载的语言。比较法就这样向我们提示诸语言的祖承关系，按照继续分枝的谱系方式：从支系分歧点起叫作原始语；分支点与分支点之间的一段，就加上一个前缀"pre-"叫作前期，以代表语言在发生变化的时期（图一）。

18.10　印欧语的早期学者们没有体会到谱系图表只是表明他们所采用的方法；他们却认为内部统一的母语和母语明晰干脆的突然分裂是历史上的事实。

然而根据实际的观察，没有一个言语社团曾经是完全统一的（§3.3）。我们描写一种语言，可以暂不理会它的内部分歧，专注于任意选定的一种语型，把其他的变异类型留待以后再讨论，但是要研究语言的变化，我们可不能这样办，因为一切变化必然首先表现为变异的特征而出现的。

历史上的确偶然有过突然的分裂，就像比较法所假设的那样。这种分裂会出现在一个社团的部分成员往别处迁徙的时候。当盎格鲁人、撒克逊人和俫特人定居于不列颠以后，同那些留在欧洲大陆上的同胞们差不多完全隔绝了；从此以后，英语独立发展，英语和大陆上的西日耳曼语方言之间任何相似点，按照通例，都不妨认为是英人迁徙以前就已经存在的特征的例证。中世纪吉普赛人从印度西北部出发走上漫无止境的征程起，他们的语言从此所发生的变化必然是独立的，同原先家乡的任何语言变化就毫不相干了。

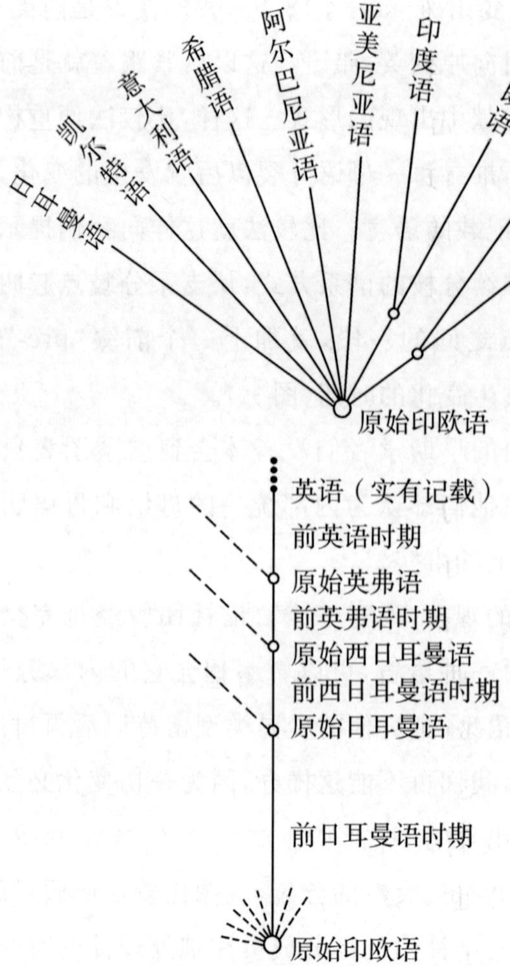

图一（上）印欧语系诸语支的系谱关系图解。（下）图示英语作为一支印欧语系语言的一部分历史分期。

较不常见的情形是，由于外族的入侵，一个言语社团被冲散分裂了。罗马帝国统治时期，拉丁语从意大利到黑海，占领了一大片绵延的领域。中世纪的早期，斯拉夫人从北方来了，定居之后把整个领域切划为二：从这时候起，东欧罗马尼亚语独立发展，同其他罗曼语言的发展毫不相干，所以罗马尼亚语和西欧罗曼诸语言之间的任何共同特征不妨肯定是拉丁语原有的。公元九世纪，广大的斯拉夫语领域也经历了类似的分裂，因为马琪亚尔人（匈牙利民族）从东方来了，定居后把斯拉夫语领域切断，分成南北两部分（参看图二）。因而从这时候起，南部斯拉夫语（斯罗汶语，塞尔维亚语，保加利亚语）发生独立变化，同北部斯拉夫语的变化没有连系，所以南北两区的任何共同特征可以追溯到分裂以前的年代。

然而这样明确的分裂并不是常见的。西罗曼诸语言间的歧异之点，显然不是由于地理上的分隔，也不是由于外族的入侵。除英语和冰岛语以外，日耳曼诸语言的情况也是如此，包括区别鲜明的西日耳曼语和斯堪的纳维亚语，彼此在俫特兰半岛上是毗邻的。显而易见，除突然分裂以外，还有旁的某种或多种历史因素导致一个言语社团分化发展为几个，在这种情况下我们就不能保证所有变化是在某个时候以后独立发生的，所以也很难保证姊妹语言间的共同特征是母语里所固有的。比方说，法语和意语共同的特征，或荷德语和丹麦语共同的某一特征，也许是由于共同的变化，发生在某些相异点早已存在以后。

图二　欧洲东部:图示外族入侵而形成语区的分化。中世纪初期原为统一的一片拉丁语区,由于斯拉夫民族的入侵而被分解。到了第九世纪,这一地区由于匈牙利民族的入侵,再度分化。

18.11　比较法既不考虑母语内部存在分歧,也不考虑亲属语言间发生共同的变化,所以只能带领我们走很有限的一段路程。

假设,比方说,母语内部曾有某种方言差别:这种方言差别会反映在亲属语言里,形成不可调和的歧异。那么名词有些屈折变尾,在日耳曼语和波罗的斯拉夫语里含有 [m],而在其他印欧语言里含有 [bh],找不到任何平行的语音对应。

(a)原始印欧语 *[-mis],工具格复数:哥特语 [ˈwulfam]"给,被群狼",

原始印欧语 *[-miːs],工具格复数:立陶宛语 [naktiˈmis]"夜夜",古保加利亚语 [noʃtɪmi],

原始印欧语 *[-mos],与-夺格复数:立陶宛语 [vilˈkams]"给群狼",古保加利亚语 [vl̩komʊ],

(b)原始印欧语 *[-bhis],工具格复数:梵语 [padˈbhih]"用脚",古爱尔兰语 [ˈferaν]"被人们",

原始印欧语 *[-bhjos],与-夺格复数:梵语 [padˈbhjah]"到、从脚",

原始印欧语 *[-bhos],与-夺格复数:拉丁语 [ˈpedibus]"到、从脚",古凯尔特语 [maːtrebo]"给母亲们"。

在这些例子里,比较法并没有指出母语的言语形式(那是规定为内部一致的语言的),而指出一些毫不调和的歧异形式,它们之间的关系是变异呢,抑或是方言的差别,却叫人看不出来。这类例子是很多的。

另一方面,假如我们跟老派学者一样,坚持这个歧异是由于日耳曼语和波罗的斯拉夫语的历史上共同的变化,那么,按照比较法的设想,我们就得说这两支语言曾有过共同的发展时期:我们就得假定一个原始波罗的-斯拉夫-日耳曼言语的社团,是从原始印欧语分裂出来的，又再度分裂为日耳曼语和波罗的-斯拉夫语。可是我们这样办了，立刻就会陷入矛盾，因为还有旁的互不协调而犬牙交错的相似点。波罗的-斯拉夫语就这样同印度-伊朗语、亚美尼亚语和阿尔巴尼亚语一致，在某些形式里出现咝音，而其他语言却用软腭音，例如"百"这个词：

梵语［ça'tam］，阿维斯达语［satəm］，立陶宛语［ˇʃimtas］，但是希腊语［he-ka'ton］，拉丁语［'kentum］，古爱尔兰语［keːð］，原始印欧语 *［km̩'tom］。我们假定这样的例子说明母语里早已存在了腭化了的软腭塞音。

同样，上述四支语言有软腭塞音的场合，旁的语言在许多形式里会有软腭音附带唇音成分或者看来是这两种音素的连合变化；我们假定母语有唇化的软腭塞音，例如疑问代词的词干：

梵语［kah］"谁？"立陶宛语［kas］，古保加利亚语［ku-to］，但是希腊语［'po-then］"从哪儿？"拉丁语［kwoː］"被谁，被什么？"哥特语［hwas］"谁？"原始印欧语 *［kʷos］"谁？"和派生形式。

只在有限的少数例子里，这两组语言才都有单纯的软腭塞音。因此，许多学者假设原始印欧语统一体可以寻迹的最早划分是西部centum语群和东部satem语群，虽然吐火罗语在中亚细亚[①]，却无疑是属于前一语群的。这个划分，不难看出，同假设波罗的斯拉夫语和日耳曼语有过共同的特殊发展时期，怎么解释也是冲突的。

再说，我们也发现日耳曼语和意大利语之间有特殊的相似点，

① 中亚细亚(Central Asia)原属我国新疆西部，人民多奉回教，为帝俄侵占，1917年俄国革命后，成为苏维埃塔什干加盟共和国。中亚细亚一名现不大通用。——译者

例如动词过去时的构形和应用，或者在某些词汇特点上（英语 goat（羊）：拉丁语 haedus；哥特语 gamains（共同）：拉丁语 commūnis）。这些也同日耳曼语和波罗的斯拉夫语之间的特别相似发生冲突。同样，意大利语一方面同凯尔特语，另一方面又同希腊语有些相似特点（图三）。

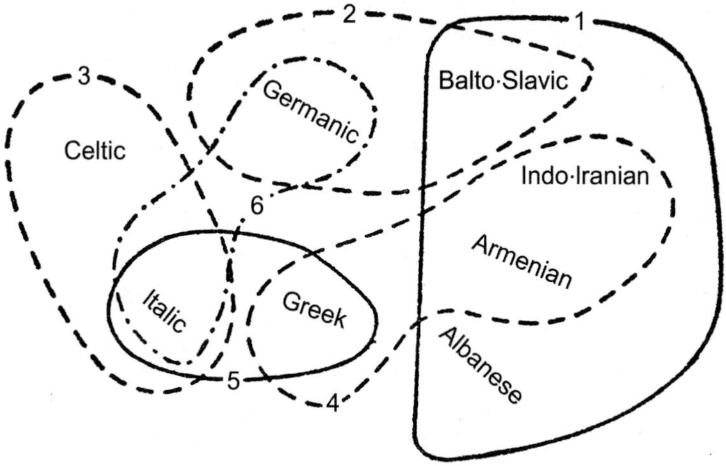

图三　这是印欧语系诸语支之间类似特点相互重叠的示意图——摘自史莱德尔（Schrader）。

1. 某些词形中以咝音代替了软喉音。
2. 以［m］代替了［bh］的格尾形式。
3. 被动语态以［r］为词尾。
4. 过去时式加前缀［'e-］。
5. 阴性名词用了阳性名词的后缀。
6. 完成时式用来表示一般过去时。①

① §18.11 图三，作者原注：关于原始印欧语内部的方言分歧，请参看 J. Schmidt《印欧系诸语言间的亲疏关系》（*Die Verwandtschaftsverhältnisse der indogermanischen Sprachen*, Weimar, 1872）；Meillet《印欧语方言》（*Lesdialectesindoeuropéens*，巴黎，

18.12　这些相似点被揭露得越来越多了，坚持系谱图表的老派学者便面临着一个无法解决的问题。不管你援引哪些特殊的

1922年再版)；H. Pedersen《印欧语的方言群》(*Le groupement des dialectes indo-européens*，哥本哈根，1925)。本章所附图一和图三是参照 O. Schrader《语言比较和原始史》(*Sprachvergleichung und Urgeschichte* L. 59；65；Jena，1906—1907 第三版)仿制的。

译者按，图三利用了六项语言特征显示印欧系诸语言间的错综关系，现在看来，大体上还是站得住的；第五和第六项可以当作原始印欧语的内部方言现象看待，似乎也可以看作是分化以后的共同趋势和相互影响的结果。关于这六项特点，第 1、2 两项本节已有举例，再略加补充说明于下。(主要参考 Meillet《印欧语比较研究导论》，巴黎，1934 第七版，和《印欧语方言》；C. D. Buck《希腊语和拉丁语比较语法》，芝加哥，1937。现已由钱晋华译出)

1. 印欧系西支语言的舌根塞音(或喉音)和东支语言的舌尖或舌面擦音相对应，所以分别称为 centum 语群和 satəm 语群。试以 *k 为例：

希腊语 ἑκατόν，拉丁语 centum，哥特语 hund：梵语 çatam，阿维斯达语 satəm，立陶宛语 šimtas，古(教堂)斯拉夫语 sŭto，"百"。

希 δέκα，拉 decem，哥特 taíhun：梵 daça，阿维斯达 dasa，立陶宛 dešimt，古斯拉夫 desętŭ，"十"。

*g，*gh 对应情况相仿。吐火罗语在这个特点上近似西支语群。

2. 格尾 [bh] 和[m] 的对应。印欧语名词变格系统中，工具格的单、复数和与-夺格的复数有两种并行的形式，多半是 *bh，但日耳曼语和波罗的-斯拉夫语相应的是 *m。

单数工具格：阿美尼亚语-b(在元音后面是-w)，如 harsam-b"被未婚妻"，srti-w"被心"(这个 -b，-w 同希腊语的-φι 相对应)；*-mi，古斯拉夫-mĭ：立陶宛 sūnu-mì，古斯拉夫 synŭ-mĭ"被儿子"。

复数工具格：梵语-bhiḥ，古波斯语-biš，阿维斯达语-biš：梵 sūnú-bhih，"被儿子们"，阿维斯达 bāzu-biš"用手臂"；阿美尼亚语-bkh(在元音后面是-wkh)：harsam-bkh"被未婚妻们"，srti-wkh"被心"，这显然是在单数形式上加-kh 来表示复数的；立陶宛-mis，古斯拉夫-mi，如立陶宛 sūnu-mìs，古斯拉夫 synŭ-mi"被儿子们"；这两种形式假定是从 * -mis 变来的，相当于阿维斯达语-biš(比较拉丁语代名词 ego"我"的与-夺格 nō-bis)。

复数与格：梵sūnú-bhyaḥ"给、为了儿子们"，阿维斯达 bāzu-byō"给手臂"(印度伊朗语这一形式也用作夺格)；古斯拉夫 synŭ-mŭ(＜*-mos)"给儿子们"，古立陶宛 sūnu-mus。

双数与格工具格：梵 sūnú-bhyām，古斯拉夫 synŭ-ma"给(两个)儿子"，阿维斯达 aži-bya"给(两条)蛇"；立陶宛语只有-m：与格 naktì-m"给(两)夜"，工具格 naktì-m̃。

相似点来证明较密切的亲属关系，总会剩下旁的相似点同这些不一致，只能用完全不同的图表来说明。作出明确的判断又是如此

西支语言相应的形式没有明确的变格意义。希腊语-φι(ν)有夺格、方位格、与格和工具格等形式的意义，同时可以代表单数和复数。意大利语、爱尔兰语、日耳曼语里带有 *-bh 或 *-m 的变尾形式只用于复数(双数形式只在爱尔兰语里有些迹象)，但也都有这四种变格的意义，因而引起单数变格的混淆：古奥斯干语 -f-s，拉丁语-bus，代表*-bhos(比较梵语 bhyaḥ)，用作复数的与格、夺格、工具格和方位格；爱尔兰语有个-ⁱb(< *bhis，比较梵语 -bhiḥ)，例如 fathib"给、由诗人们，同诗人们在一起，在诗人们那儿"；日耳曼语有个 *-mz，其中找不出元音的痕迹：古冰岛语 pri-mr，哥特语 pri-m"被、由、用、在三个"。带 *-bh 和 *-m 的变尾多少有点儿副词形式的特点，至少在西支语言是如此，而不大像变格形式。(Meillet《导论》298—299 页。)

3. 拉丁语带有-r 尾的主动被动形式可以代表意大利-凯尔特语的一个特征；近来发现，吐火罗语和希太特语有类似例证，弗里吉亚语和阿美尼亚语里也遇见一些残迹。但拉丁语第二人称单、复数和克尔特语第二人称复数没有出现-r 类型。下面以拉丁语动词 amāre"爱"为例，只举直陈式现在时的主动和被动形式：

主动		被动	
1.	amō "我爱"	1.	amor (<-ōr) "我被爱"
2.	amās "你爱"	2.	amāris (<-re-s<-so-s) "你被爱"
3.	amat "他爱"	3.	amātur (<-to-r) "他被爱"
4.	amāmus "我们爱"	4.	amāmur (<-mor) "我们被爱"
5.	amātis "你们爱"	5.	amāmini "你们被爱"
6.	amant "他们爱"	6.	amantur (<-nto-r) "他们被爱"

拉丁语-r 只加在一些已经有了词尾的形式上，例如单数第三人称的 uehi-tu-r"他被携带"，同吠陀语的中动态(middle voice)单数第三人称第二式的 váha-ta 相对应；同样还有复数的 uehu-ntu-r"他们被携带"以及其他人称的 uehor"我携带"和 uehimur"我们被携带"。这种带-r 的词形变化代替了古老的中动态词尾。拉丁语 sequitur 和古爱尔兰语的 sechitir，同希腊语的经常附带中动态词尾的词干 ἕπεται 和梵语的 sácate"他跟随"相对应。

吐火罗语也有带-r 的词尾，含有中动被动的意义；这儿的-r，也和拉丁语的一样，是加在词尾上的，例如吐火罗语 B 方言(或称龟兹语)kal-tr"他停止"。

4. 表示过去时的前缀 [ˈe-]，即所谓增音(augment)。这个前缀反映了印欧语副词性的小品词 *e，加在过去时直陈式前面，但并不稳固。荷马语和吠陀语里，过去时的这个前缀是可有可无的。到了古典希腊语和古典梵语，这个前缀固定下来了，照例重读。例如古典梵语 a-ricat"他留下了" = 希腊语 ἔ-λιπε = 阿美尼亚语 e-likh，比较古高德语 liwí"你借出了"。又如

重要，无法回避，因为无论采用哪个例证，都会深刻地改变各相似点的价值。比方说，假使日耳曼语和波罗的斯拉夫语曾经经过一个共同发展时期，那么二者间的任何符合一致却不能保证与原始

吠陀语 á-bharat“他携带了”，阿美尼亚语 e-ber(< *e-bhere-t)“他曾携带”，希腊语 ἔ-φερε。

吠陀语 á-dhat“他放下了”，阿美尼亚语 ed“他已经放下了”，希腊语 ἔ-θηκε。

5. 有些阴性名词带有阳性后缀。印欧词 *e/o 词干最常见于阳性或中性名词，可是希腊语和拉丁语也有这种形式的阴性名词，例如有些树木的名称，希腊语 φηγός(多利斯方言 φαγος)“橡树”，拉丁语 fāgus(相应的日耳曼语变成了 * à 词干，如古高德语 buohha)。印欧语里虽然曾经有过 *e/o 词干的阴性名词，但是这些词干几乎全部消失了；例如印欧语 *snusó-“媳妇”，在梵语 snuṣá，古斯拉夫语 snŭxa，古英语 snoru，通俗拉丁语 nurus“儿媳”(受 socrus“翁姑”或“岳父母”的影响)中变成含有 *-u- 的词干。希腊语 ἄρκτος 既指公熊又指母熊，反映了原始印欧语的情况(拉丁语 arctus 阴性‘大熊星星座’，是希腊语借词)；所以拉丁语阴性名词 ursa 的形成，不同于梵语由 ṛkṣaḥ 转来的阴性词形 ṛkṣī。希腊语 ιππος 同时指公马和母马，而那些专指母马的词形如梵语 áçvā，立陶宛语 ašvà(< *ešva)，拉丁语 equa，尽管互相符合，也只是梵语、立陶宛语和拉丁语的各自的创新。

6. 意大利语和日耳曼语完成式用作一般过去式。

日耳曼语过去式大部分是从印欧语完成体变来的，这表现在单数的元音交替和词尾上，如哥特语 munan“想”，man“我想了”；wairpan“变为”，warp“我转变了”，等等；但哥特语一般只在不利用元音 a(< *o)表示过去的场合才有重迭：stauta“我推、打”，*staistaut；halda“我持有、维护、照料”，haihald，等等。少数例外的动词有元音 ē，如 te-ka“我碰、接触”，taitok“我碰了”；但 slepa“我睡”，saislep“我睡了”更符合通例。

拉丁语利用完成式的重迭，多少近似哥特语：完成式的元音交替倘与不定式相同，这才出现重迭，如 caedō“我打、杀”，cecīdī“我打了、杀了”；tangō“我碰、接触”，tetigī“我碰了”，等等。但是完成式如果利用元音交替来表示，就没有重迭，如 linquō“我遗留”，līquī“我遗留了”；uincō“我征服”，uīcī“我征服了”，等等；这些形式是从古完成式来的还是从古不定过去式来的，无法判定。拉丁语和日耳曼语在这方面的类同现象似非偶然。(Meillet《印欧语方言》第 15 章，105—106 页。)

以上所说的牵涉到印欧语动词体系中的所有屈折变化(元音交替，重迭，变尾等)，相当复杂，能不能算作意大利语和日耳曼语的共同特征，依据晚近的研究，认为不易肯定。所以 § 18.11 的末尾，Bloomfield 补充了英语和哥特语跟拉丁语同源的两个词汇例子(‘山羊’和‘共同’)，似乎是有特别用意的。——译者

印欧语有关，但是假使二者并未经过一个共同发展时期，那么这样一个符合一致的特点，按照系谱原理，实际上倒能证明说是原始印欧语的某种特征了。

这些矛盾所以产生的理由，1872 年被史密特(Johannes Schmidt 1843—1901)在一篇讨论印欧语系诸语言的交互关系的著名论文里指出来了。史密特展示了印欧语系任何两支语言都能找出特殊的相似点，而在地理上最挨近的语支，这些特殊相似点也就最多。史密特提出所谓波浪式的设想来解释这个事实。他说不同的语言变化像波浪似的散播在一个言语地域，每个变化可以在这个地域的一部分彻底完成，同先前被另一变化所渗透的部分并不平行一致。一波又一波地回荡的结果形成了同语线网(§3.6)。邻近的地区最为相似；你不论朝着哪个方向旅行，跨过一条又一条同语线，差别就随着距离而不断增加。我们所能观察的各地区的方言的确呈现了这幅图景。让我们设想一连串的邻近方言，只从一度空间的直线考虑，我们把它们命名为 A，B，C，D，E，F，G，…X，其中有一种方言，譬如说是 F，在政治、商业或其他方面占有某种优势，因而它两边的邻居，先是 E 和 G，接着是 D 和 H，然后以至于 C 和 I，J，K，放弃了它们自己的特点，经过一定时间终于都只说这个中心方言 F 了。当这个局面发生之后，F 便邻接着 B 和 L 的边缘，于是后两个方言同 F 就有十分明显的区别，因而产生了清清楚楚的语言界线；可是 F 和 B 的相似会大于 F 和 A 的相似，而按照类似方式，在 L，M，N，…X 中间，最接近 F 的方言比距离较远的方言会显示出同 F 具有更多的相似，虽然彼此间的界限还是很分明的。这些因素的阐明便是一般所说的波浪理论，同较早的语言亲属关系的系谱理论相抗衡。今天据我们看来,波浪过程和分裂过程只是导致语言分化的历史过程的两种类型——也许是主要的类型。

18.13 比较法是我们重构史前语言的唯一方法,只对内部绝对一致的言语社团和明确的突然分裂才能加以准确的运用。由于这些设想的前提永远不会充分实现,所以也不能要求比较法能够逼真地描画历史过程。重构手续进行得顺利的地方,例如在印欧语"父亲"一词,或者限于范围较小的观察(比方说,原始罗曼语或原始日耳曼语的重构),我们对母语中言语形式的结构特征才会有把握。比较法要是利用得太大胆,穷究古今南北的极限,就会揭露难于估量的形式和局部的近似,同系谱图表无法协调。比较法只在设想的母语内部一致的前提之下才起作用,但是无法较量的形式(如原始印欧语复数工具格变尾 *[-mis] 和 *[-bhis])明白告诉我们这个前提是站不很稳的。比较法预想语支连续的明确分裂,但是反复无常的局部近似明明告诉我们后起的变化散布开来,越过了早期变化遗留下的同语线;邻近语言间的相似也许由于中间地带方言的消失(波浪理论);某些方面已经分化的几个语言也会产生相似的变化。

有时候另外附带的事实可以帮助我们作出决定。例如梵语['piːvaː]"肥胖",希腊语[' piːoːn],这个形容词只出现在印度伊朗语和希腊语,但是阴性形式的不规则构形,梵语['piːvariː],希腊语['piːejra],保证了它曾存在于原始印欧语;两个语言都不按这个方式构造新的阴性形式的。另一方面,日耳曼语"苧麻",英语hemp,古英语['hɛnep],中古荷兰语['hannep],等等,与希腊语

['kannabis] 相当；尽管如此，我们根据赫罗多特斯（Herodotus 公元前五世纪）知道希腊人认识苧麻是从色雷斯（Thrace）和西夏（Scythia）移入的外国植物：这个词借入希腊语（转借入拉丁语）和日耳曼语（大概又转借入斯拉夫语），来自另外一个语言——很可能是芬乌语的一个方言——应该早于日耳曼语 [k] 变为 [h] 和 [b] 变为 [p] 的音变时期。要不是凭借这点零星知识，希腊语和日耳曼语的形式也许会引诱我们把这个词当作原始印欧语固有的呢。

18.14 古语形式的拟构多少可以透露一些非语言的早期情况。比方说，假使我们认为最早的印度文献的写作大概不能晚于公元前 1200 年，或者荷马诗篇的写作不能晚于公元前 800 年，那么我们就不得不把我们所拟构的原始印欧语形式推溯到至少要比这些年代早一千年。这样我们往往能在细微的枝节上寻踪语言的历史，比一个民族的任何社会制度的历史要久远得多。不幸得很，我们不能把我们的知识搬到后面这个领域里来，特别是因为言语形式的意义大多是不很确定的。我们并不知道原始印欧语分布的地区或使用这种语言的人民的情况；我们不能把原始印欧的言语形式联系到特定的史前事物上去。

英语 snow‘雪，下雪’作为名词和动词，一般见于印欧诸语言，因而我们觉得原始印欧社团的居住区域不可能是在印度。植物名称，即使语音相符，意义却有分歧；例如拉丁语 ['fa:gus]，古英语 [bo:k]，指的是“山毛榉，槲”，但是希腊语 [phe:-'gos] 却是指一种橡树、栎树之类的。旁的植物名称也有类似的分歧，如英语 tree（树木），birch（桦木，赤杨），withe（荆条）（德语 Weide“柳”），oak

（橡树），corn（谷（粒）），和拉丁语的 salix（柳），quercus（橡），hordeum（大麦）（与德语 Gerste 同源），梵语［ˈjavah］（大麦）。拉丁语的 glans（橡栗，栎子）在希腊语、阿美尼亚语和波罗的斯拉夫语里也有同样意义。

动物名称里头，“乳牛”（英语 cow）由于形式的不规则得到普遍一致的充分保证：梵语［ga:wh］，希腊语［ˋbows］，拉丁语［bo:s］，古爱尔兰语［bo:］。旁的动物名目只出现在部分地区；例如前面提到的“山羊”（18.4，18.11）只限于日耳曼语和意大利语；拉丁语 caper：古北欧语 hafr（山羊）也出现在凯尔特语；梵语［aˈɟah］，立陶宛语［oˇʒi:s］只限于这两个语言；希腊语［ˈajks］也出现在阿美尼亚语，还可能出现在伊朗语。还有其他动物，我们能找到一两个相等形式分布在印欧语领域的部分地区，如英语 horse（马），dog（狗），sheep“绵羊”（wool（羊毛）这个词无疑属于原始印欧语的时代），pig（猪），wolf（狼），bear（熊），stag（鹿），otter（水獭），beaver（海狸），goose（鹅），duck（鸭），thrush（画眉），crane（鹤），eagle（鹰），fly（蝇），bee（蜜蜂），还有 mead（“蜜酒”，原义“蜂蜜”），snake（蛇），worm（虫、蛆），fish（鱼）。英语 milk（牛奶）和拉丁语 lac（牛奶）分布得相当广泛，可以同英语 yoke（轭），wheel（轮子）和德语 Rad（轮子），以及 axle（轴）相匹比。我们断定人们已经懂得牛马牲畜的驯养和载货车辆的使用，但是旁的动物名称并不担保是家畜。

编织、缝纴和其他手工操作的动词应用得很广泛，但是意义含糊或捉摸不定。数目词显然有‘百’但是没有‘千’。亲属名称里头，男女结婚后女子称呼丈夫的兄弟姊妹等等有普遍一致的名称，男子称呼女家亲戚却不然；一般推测妻子变成了夫家的成员，共同生活在族长制的大家庭里。不同的语言提供了好些工具和金、银、青铜（或铜）等金属的相等名称。然而其中有好些是借词，同“苧麻”之类一样；希腊语［'pelekus］（斧子），梵语［para'çuh］同亚叙利亚语［pillaku］有联系是确定无疑的，英语 axe（斧子）和 silver（银）也是古借词。因此，学者们把原始印欧社团推到新石器时代。

第十九章　方言地理学

19.1　比较法既假设母体语言的内部一致和突然的明确的分裂，同时又会揭露一批多余的形式，那是按照这个假设所不能解释的。比如，印欧语领域内许多错综的大规模的同语线，给我们显示了印欧语系的诸分支并不是由内部绝对一致的母体突然分裂而产生的（§18.11.图三）。我们不妨说，母体在分裂以前就有了方言的分化，或者说，分裂以后姊妹语群彼此间仍然保持接触互相往来；两种说法都等于说，在某些方面已经出现了分歧的各区域或各区域的不同部分可以仍然发生共同的变化。因此，继续不断的变化的结果就在整个领域上形成了错综的同语线网。因此，方言地理学研究一个言语区域内的地方分歧，可以辅助比较法的运用。

一个区域以内各地言语有些差异，从来没有逃脱人们的注意，可是这些差异的意义只在晚近才得到重视和理解。十八世纪的语法学家认为文学的和上层阶级的标准语言，比起地方的言语形式来，更古老，更忠实于理性标准，因为方言土语形式起于人民群众的愚昧和粗疏。尽管如此，人们也有时注意到地方方言偶然保存了一两种古老的特点，在标准语言里却不再存在了。十八世纪末开始出现一些方言词典，汇集了非标准的言语的词汇特点。

历史语言学的进步揭示了标准语绝不是最古老的典型，而是在特殊的历史条件下，从地方方言兴起来的。例如，标准英语并不是文学的古英语的现代形式，而是古伦敦地方方言首先变成较大区域的，随后才变成全国性的标准语，同时也从大小地区方言吸收了许许多多形式。现在一般的意见又倾向于另一个极端。一个地方方言，因为保存了某些在标准语里绝了迹的形式，便被看作是某一古代典型原封不动的继承；我们还听说，某个偏僻地区的言语是“纯洁的伊利莎白时代的英语”。由于只在标准语里才觉察到其他方言形式的混合，人们便一跃而得出这样的结论：地方方言完全避免了这种混杂成分，所以从历史意义上说更富于规则性。因而在这个时期出现了**方言语法**，叙述一个方言的语音和屈折变化同该语言某一较古时期互相联系。

调查研究的结果显示了任何语言在许多形式上由于其他方言形式的混合都难免经受结构的替换。例如，古英语的［f］在标准英语里照例也出现为［f］：father，foot，fill，five，等等，但是在vat（水管子）和 vixen（母狐狸）二词，从古英语［fɛt］和［ˈfyksen］来的，这个音却出现为［v］，显然是因为这些形式是从一个把词首［f］变作了［v］的方言引进来的；的确，这个词首的［v］很有规则地出现在某些南部的英语方言威尔特郡（Wiltshire），多塞特郡（Dorset），萨默塞特郡（Somerset），德文郡（Devon），①如上举形式就读作［ˈvaðə，vut，vil，vajv］。因此，有些学者想在地方方言里找到音位的一致规律（就是说，忠实地保持了较古的模式），这种

① 威尔特郡英国南一个郡区，产羊毛；多塞特：亦称多塞特郡在英国西南部；萨默塞特郡英国西南，面临布利斯托尔海峡；德文郡英国西南，面临英吉利海峡。

一致规律是被标准语破坏了的。1876 年,德国学者文克尔(Georg Wenker)怀着这样的愿望,开始在迪塞尔多夫城(Düsseldorf)[①]周围的莱茵(Rhine)地区调查方言;后来他扩大了他的调查区域,1881 年公布了德国北部和中部的方言地图第一批,共六幅。后来他放弃了这个计划,而致力于进行整个德国的全面调查。文克尔得到政府的帮助,拟订了四十个测验语句,大都由学校教师译成四万以上的德语地域方言。这样就能够在一幅地图上给任何一个特征标明不同的地方差异,显示出地理上的分布。从 1926 年起,这些地图由芮德(F. Wrede)担任编辑,按照缩小的比例继续印刷出版。

文克尔调查研究的结果,一开头就很明确,引起了惊讶:地方方言同古老的言语形式的关系,并不比标准语更规则一致。方言地理学(Dialect Geography)只是肯定了比较研究的结论,就是说,不同的语言演变情况分布在一个区域以内的不同部分。然而新的研究途径提供了错综复杂的同语线网的情景,让人们看得更仔细了。

19.2 那么现在我们从事方言研究,就有了三种主要方式。最老的是词汇研究。方言词典最初只搜罗那些不同于标准用法的形式和意义。这样的准则当然是不对头的。我们今天盼望一部地方方言的词典,包罗非标准言语中所有通用的词,记音严格正确,释义审慎仔细。编一本全省或全区的方言词典是一件巨大得多的工作计划。它应该给每个地点的言语类型作出音位系统,所以跟音位学的研究是分不开的。我们盼望有个地理区域

① 迪塞尔多夫城现西德西部一个城市,在莱茵河上。——译者

中每个通行形式的描述，但是这个描述没有比利用一幅地图的形式更好的了。

地方方言的语法大多限于叙述方言音位和屈折变形同早期语言形式的对应。现代的要求倾向于全面的描写，就像给任何语言所能做到的那样：音位学，句法，和词法，还要有大量的成篇材料。叙述语言形式的历史必须联系该地区作为一个整体的历史，因为每个特征到底起了变化没有，只有按照某一变化的波浪是否到达了说这个地方方言的人们才交代得清楚。一部整个地区的语法又是一件规模巨大的工作。头一部这样性质的著作是 1821 年出版的巴伐利亚（Bavarian）语法，是同人民共呼吸的施密勒（Johann Andreas Schmeller，1785—1852）一手完成的；此书至今还没有能跟它匹比的。英语方面，艾立司的《早期英语发音学》（Early English Pronunciation）第五本里有英语方言的音韵学，和芮特（Joseph Wright）的语法，同他的《英语方言词典》一起出版的。这儿我们当然也要求每个特征的地域分布的叙述，这又是不能比一幅地图描画得更清楚的了。

除了为一个单独的地方方言作全面的有系统的描写以外，分布地图就是最清楚最紧凑的叙述形式了。把许多这样的地图汇编成一部方言地图集，让我们比较一幅幅不同的地图，就等于比较不同特征的分布情况；为了帮助进行这样的比较，德语地图集给每幅地图预备了一张透明的散页，把地图上的主要同语线或其他标志复制在上面。地图要求精确和通体贯彻一致，这是不言而喻的。此外，一幅地图的价值主要是依靠所有的地点方言记录得毫无遗漏：线网愈是细密，报道就愈加完整。然而要记录和估计一个地方形式，我们还得按照地方方言的音位系统，了解它的结构模式。更进一步，好些不同的发音或语法、词汇类型在一个地方方言里也许都是通行的，可能有，也可能没有表意的区别，而这些变体也许关系重大，正好借以揭示历史演变是怎样产生的。最后，要复制整套的语法和词汇就得画出这么许多地图，就是一部很大规模的地图集也只能供给一些分布的样品；我们要求地图愈多愈好。这样看来，方言地图集是一件异常繁重的工作，实践上总难免在这方面或那方面有些缺点。德语地图汇编所根据的语句是由学校教师和其他缺乏语言学训练的人们按照通常的德文拼法写下来的；材料没有包括荷-德语领域的许多部分，如荷兰和比利时，瑞士，奥地利，波罗的德语，犹太人的德语（Yiddish），德兰西尔文尼亚（Transylvanian）①语，和旁的言语岛。资料大半是音韵学的，因为合作人除非遇到十分显著的词汇或语法差别，仅只把词形的拼写法来代表当地的发音；可是音韵面貌正因为这样的改写就变得模糊不清了。法语地图集的资料是一位有修养的语音学家艾德蒙（Edmond Edmont）搜集的；一个人所能访问的地方当然是很有限的，并且在每个地点只能停留很短的时间。因此，地图上只登记了法语区域（法国和相邻的比利时、瑞士、意大利的边缘地带）的六百多个点，每处所搜集的形式是利用两千来个词和词组的问题手册，只依靠一个发音合作人。尽管他的耳朵非常敏锐，艾德蒙不可能知道每个地点方言的音韵模式。语音和词汇两方面的收获都比德语地图集更丰富，但是缺点是线网稀疏，缺少完整的句子。地图集是吉叶龙

① 在罗马尼亚中部高原。——译者

(Jules Gilliéron 1854—1926)设计和绘制的，已经全部出版(1896—1908)，还有科西嘉岛(Corsica)[①]的作为附录。意大利语地图，由雅伯尔格(K. Jaberg)和俅德(J. Jud)编制，从1928年起开始出版；特色是力求精确，对意义的辨别很审慎细致。较小型的地图已有施瓦本(Swabia)[②](由费希尔'H. Fischer'编制，28幅，1895年出版，带有一篇很精心的论文)，丹麦(由班尼克(V. Bennick)和克里斯顿生(M. Kristensen)从1898—1912编制)，罗马尼亚(由维根德(G. Veigand)1909年编制)，加塔罗尼亚((Catalonia)[③]由格里拉(A. Griera)1923年开始编制)，不列塔尼((Brittany)[④]由乐路(P. Le Roux)从1924年起编制)。还有些地图集正在编制中，包括由库拉斯(H. Kurath)主持的新英格兰的绘测。一个人单枪匹马只能驰骋在一个狭小的地区以内，如哈格(Karl Haag)那样研究南方施瓦本(South Swabia)的一个县份；或者，也可以挑选一两个方言特点，而在一片较大的面积上专门寻觅这一两个特点的踪迹，如克罗艾克那样(G. G. Kloeke)调查mouse和house二词的元音音位在荷兰和比利时的分布(1927年)。

不消说，地图或地图集可以附带一篇论文，解释有关的事实或说明其起源，如费希尔·哈格和克罗艾克的书刊就是这样的。较大的地图集可以提供许多研究资料，著名的像吉叶龙根据法语地图

① 科西嘉岛在法国南部地中海的岛屿，在撒丁岛(Sardinia)北。——译者

② 施瓦本德语名称是Schwaben；在西德西南；以前是个公国。——译者

③ 加塔罗尼亚西班牙东北地区，沿地中海。——译者

④ 不列塔尼法国西北一个半岛省份，北为英吉利海峡与英国相对，南临比斯凯湾。——译者

集写了好些书和短论，德语地图工作者由芮德(F. Wrede)担任主编出了一整套的研究丛刊。

19.3 直到现在为止，我们的知识只限于居民长期稳定的地区内一般主要的情况。在这样的地区里一片相当大的面积上没有疑问是单纯一致的。每个村庄，或者至多两三个村庄丛集的地区，会有自己的特殊方言土语。一般说来，这儿会出现某种独特的形式组合，而在邻近地点，这些形式也会出现在旁的组合里。因此，在地图上，从每个居民点或许多较小的居民点可以丛集由一条或几条同语线与它的邻村分隔开来。例如图四，复制哈格的一幅地图的一小部分，显示出斯维比亚境内的一个村庄叫布柏村(Bubsheim 在罗特韦尔"Rottweil"东偏东南约十英里)。它最近的一些邻村，相距不到五英里，都由一些同语线跟布柏村隔离开来；其中只有两个邻村在哈格所调查的特征上是完全相同的。附表(图五)第一纵行列出布柏村的 10 个形式，再挨次在每个村名下面列出它不同于布柏村的形式，空白格则表示与布柏村的方言相同。每个形式前面的数字 1—10 同图四上附于每条相应的同语线的数字是一致的。

假使我们追随这些同语线向前延伸，我们就会发现这些线路朝各不相同的方向伸展，把整个地区划分为大小不一的部分。图上标明 1.2.3 的同语线，把德语区域大体横切为二；在这些特征上，布柏山同南部和西南部是一致的。同这些重要的线路相反，其他如我们标明为 9 的，只围绕着小小的一区：[ˈtrūːke] ‘drunk’(醉了)这个形式是列在邓金根(Denkingen)下面的，只有一小块地方的居民才这么说。我们标作 6 的同语线在地图上出现为两条

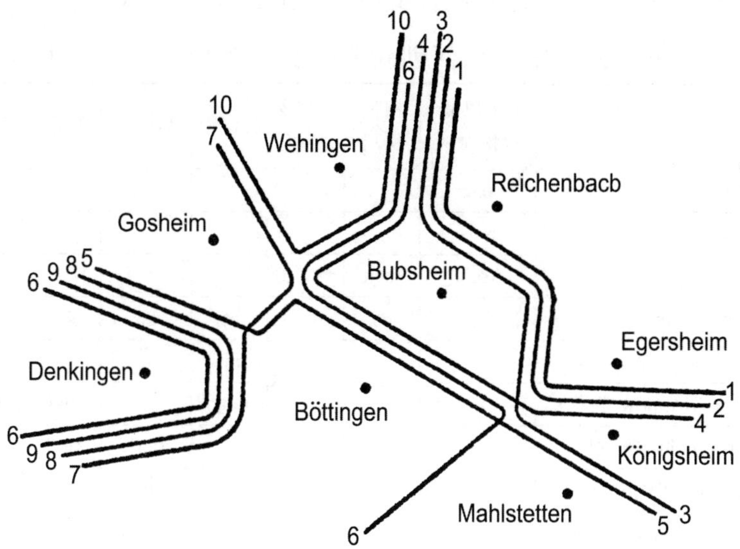

图四　围绕施瓦本区(Swabia)以布柏村为中心的德语方言同语线。——摘自哈格(Haag)另加邓金根村(Denkingen)以示第 6 号同语线的重复出现。

线，实际上只是一条不规则的曲线的不同部分：动词 *mow*(割草)的元音，邓金根同布柏村是一致的，而介于其间的村庄另有不同的说法。我们甚至发现一些同语线把一个镇分成了两部分；比如莱茵河下游，紧靠杜伊思堡(Duisburg)的西南，卡尔登豪生(Kaldenhausen)镇被一丛同语线切开：镇的东部和西部说着不同的方言。

方言土语这样强烈分化的理由显然要到交际密度原理中(§3.4)去寻找。每个说话的人经常调整他的言语习惯来适应那些同他交谈的人；他抛弃了他一向使用的某些形式，另采取一些新形式，而最通常的情形是改变某些言语形式的使用频率，却并不抛弃任何旧形式，或者采取一些对他的确是新颖的形式。然而一个

居民区、村庄或城镇的人们彼此交谈，比起同外地人来往，机会要多得多。说话方式中的任何创新要是在一个地区上传布开来，这

布　柏　村	莱辛巴赫，埃格尔村	柯尼格村	马尔斯特顿	波汀根	邓金根	高斯村	魏兴根
1. ofə（stove 火炉）	o:fə						
2. uffi（up 上）	nuff						
3. tsi:t（time 时间）	tsejt	tsejt					
4. bāw（bean 豆）		bɔ̃:	bɔ̃:	bɔ̃:	bɔ̃:	bɔ̃:	bɔ̃:
5. ɛ̃:t（end 末端）			ãjt	ǎjt	ajt		
6. mɛ:jə（to mow 割草）				majə		majə	majə
7. farb（color 颜色）					fa:rb	fa:rb	
8. alt（old 老的）					a:lt		
9. truŋkə（drunk 醉了的）					trũ:kə		
10. gāw（to go 去）							gɔ̃:

图五　此表说明施瓦本区的布柏村的十个方言形式与其比邻地区方言的分歧。凡是空格都表示该地区所用形式与布柏村的形式相同。图中标志的同语线的数字，与图四一致。——摘自哈格。

种传布的界限必然会出现在口语交际网的薄弱的界线上，这些薄弱的交接线如果就是地理的界线，那么也就是许多城镇、乡村，和居民区之间的界限。

19.4　给不同形式划出的同语线很少在长度上全部吻合一致的。语音、词汇，或语法上几乎每一个特征都有它自己的通行使用的领域——都是被它自己的同语线所限制的。有一句至理名言最能表达这个明白不过的结论：每个词都有它自己的历史。

英语 mouse（老鼠）和 house（房屋）二词在早期日耳曼语里有

同样的元音音位，一个长［uː］。有些现代方言——例如苏格兰的英语方言——显然还保存这个元音没起变化。旁的方言已经改变了它的发音，但是两个词都还保持同样的领音音位，在这层意义上可以说是保存了古老的结构；标准英语和标准德语就是这样，两个词都有［aw］，而标准荷兰语也是，两个词都有［øɥ］。上面谈到克罗艾克在今天比利时和荷兰的方言土语里追踪了这两个词的领音。图六是克罗艾克（G. G. Kloeke）的一幅地图，把比例尺缩小了。

按照地图的标记，东区保存了原始日耳曼语的元音［uː］，两个词读作［muːs，huːs］。

好几块零散的地方，面积或大或小，两个词的元音都读作［yː］：［myːs，hyːs］。

西端一个小区把两个词的元音都读作［øː］：［møːs，høːs］。

中部较大的一片把两个词的元音改读为复元音［øɥ］：［møɥs，høɥs］。由于这是荷兰-法兰德斯语（Dutch-Flemish）的标准发音，其他地区说标准语的人们也习惯于采用这样的复元音，但是地图上没有表示出这一事实。

这么看来，最后三类地区的发音已经不再是原始日耳曼语和中古荷兰语的原样了，但是作为领音音位仍然是一致的，这两个词的结构并没有改变。

可是地图上有三块不算太小的地方在"mouse"一词里读作［uː］，而在"house"一词里读作［yː］；因而互不相同，［muːs，hyːs］。在这些地方，两个词的结构关系已经起了变化：二者在领音音位上不再是一致的了。

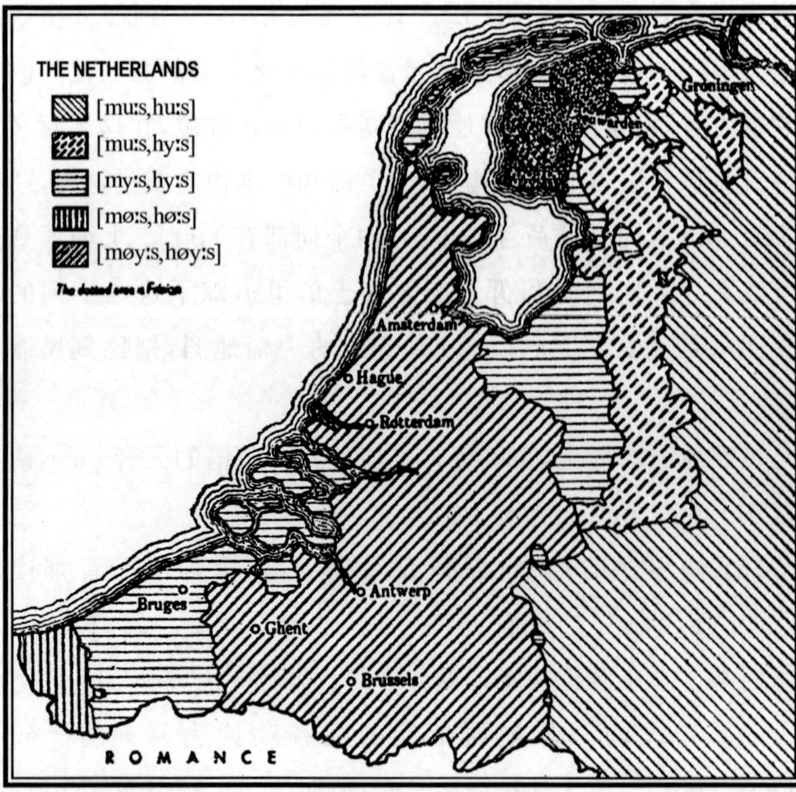

图六　标明荷兰地区的“mouse”与“house”　二词领音(syllabic sounds)的分布情况——摘自克罗克(Kloeke)。

可见,分开［mu:s］和［my:s］的同语线,同分开［hu:s］和［hy:s］的同语线,并不吻合。两个词里头,“mouse”保存了古老的元音比“house”占有较大的领域。如果研究其他含有中古时期［u:］的词,无疑地还会发现其他［u:］的分布和其他的音,这些分布跟“老鼠”和“房屋”二词的元音分布只会部分地吻合。

大约在中世纪的某一时期,把一向读作［u:］的音改为［y:］的习惯必然发生在某个文化中心——也许是在法兰德斯,从那儿扩展到我们在地图上标明的领域的一个相当大的部分，包括今天读复元音的中央地区。弗里斯兰区域以北的沿海地带，有一个说荷兰语的地区叫作亥特毕尔特(het Bilt)，十六世纪初在荷兰人的领导下筑了护堤，迁入了住户，按照地图上的标示是读[yː]的。再者，在现代语的早期，荷兰语里有一批词被借入荷-德语区迤东的(低德语)方言和俄语、爪哇语等外国语，这些借词里出现的正是[yː]，而不是古老的[uː]。带到殖民地去的荷兰语，如维尔京群岛(Virgin Islands)[①]的土著荷兰语(Creole Dutch,)，也是读的[yː]。文件中的拼写法和诗人们的用韵都可以证明这一点：十六、七世纪荷兰沿海大城市享有较高文化的威信，把[yː]音带到海外去了。

这一文化扩展的波浪在这个地区的东部受到了阻挡，德国北方汉撒(Hanseatic)[②]诸城镇形成了另一个类似的文化区，双方便在这儿发生冲突。"老鼠"和"房屋"，无疑还有旁的许多词，构成了一丛同语线，就是这两股文化势力争取平衡而又摇摆不稳的结果。谁要是受荷兰官吏或商贾印象较深的，就学着说[yː]；谁要是常见汉撒上层阶级中地位比他高的人们，就保持了古老的[uː]。居民中有一部分并不想高攀文雅，也必然把[uː]保存了较长的时期，但久而久之，[yː]竟也渗透到这个阶层。这个过程还在继续进行：[uː]仍然通行的某些地区——说[muːs, huːs]的地方和说

① 维尔京群岛在南北美洲之间的大群岛，原为荷属殖民地。——译者

② 汉撒，代表德国北部——今西德——一些城镇，其中有不来梅(Bremen)，吕北克(Lübeck)，及汉堡(Hamburg)。过去在中世纪，这些地区曾以经济利益为前提结为联盟，称为汉撒(Hanse)。——译者

[muːs，hyːs] 的地方一样——农民日常用 [uː] 发音的词，在讲究言谈举止时就说成 [yː]。[yː] 又读的这种意味有时突出地表现为过分的“转文”：说话的人采用了文雅的 [yː]，偶然会在不相干的场合也用 [yː] 来代替，例如把 [vuːt]（‘foot’）读作 [vyːt]，其实早期或现在上层阶级的荷兰人从来没有把这个词读 [yː] 的。

House 这个词在公共场合或者同代表文化中心的人们谈话，比 mouse 出现的机会要多得多；mouse 多半限于家常琐碎的情景。因此，我们发现上层阶级和中心地区读 [yː] 的 house 一词传播到某些地方，那儿 mouse 一词还牢守着老式的 [uː] 不肯放弃。这也表明荷兰的影响，而不是汉撒的影响，所形成的创新和扩展；要是情况相反的话，我们应该会遇见把 house 一词的元音读作 [uː] 而把 mouse 的元音读作 [yː] 的地方。

十六、七世纪期间，尽管 [yː] 音不断扩展，同时似乎在安特卫普地区兴起了一种更新的发音 [øɥ] 代替了一向的雅音 [yː]。这股新的风尚传播到荷兰所有的城市，终于被大家采纳了。标准荷兰语 huis [høɥs]，muis [møɥs] 的 [øɥ] 读音，是今天唯一地道的文雅形式。地图上这个[øɥ] 的领域似乎是掩盖了原来一片都是 [yː] 的领域，只在边缘地带留下了一些不相连续的小块儿没有盖满。外围小块儿互不连接，这幅图景很典型地代表了语言或其他活动的古风，被新的中心风尚替换了。这也很典型地代表了较偏远的地方方言正采取某个特点，如 [yː] 的发音，可是在接近中心的地区或处境更优越的阶层，这个特点早已被更新的风尚接替了。

19.5　我们刚才所谈的一幅地图并不能显示出今天标准荷兰-法兰德斯语的［øɥ］发音会出现在尚未被标准音渗透的方言土语里。如果要显示出这个事实，就得在整幅地图上加添密密麻麻的小点子来代表［øɥ］形式，因为整个区域以内受过教育或社会地位较好的人们都是说标准荷兰-佛兰德斯语的。

古老特征的坚持比起新形式的出现来要容易寻觅些。方言地理学最好的材料供应来源于残余形式（relic forms），作为较古的言语特征的例证。1876年，温特勒（J. Winteler）出版了一个单刊，研究他自己家乡的瑞士德语方言，在格拉鲁斯郡 Glarus 克伦任（Kerenzen）区，可以算是单一的地点方言研究得最完好的第一部著作了。他在这部著作里提到一个陈旧的祈使形式［lax］（"let"让……），是词干［las-］不规则的派生，他说他不能断定单刊出版时候还有没有人使用这个形式了；无论如何，绝大多数的人都已经采用了通行的更规则的形式［las］"让"。后来史特莱夫（C. Streiff）也留意观察，在1915年写道，他没有听到那个古老形式；它已经完全被［las］替代了。

温特勒用同样方式引了一句诗，其中格拉鲁斯用了动词复数现在式［hajd］"（we，ye，they）have"和［wajd］"（we，ye，they）want to"，在四邻人听来带有刺耳的土俗气味，因而受到嘲弄，后者采用的是较通行的瑞士区域方言形式［hand，wand］。四十年后，史特莱夫报道一句类似的诗，郡行政中心地区的人们（包括居民最多、市府所在的格拉路斯镇）嘲笑周围山区居民在诗句里用了同样的形式［hajd，wajd］。图七根据史特莱夫的叙述，显示1915年

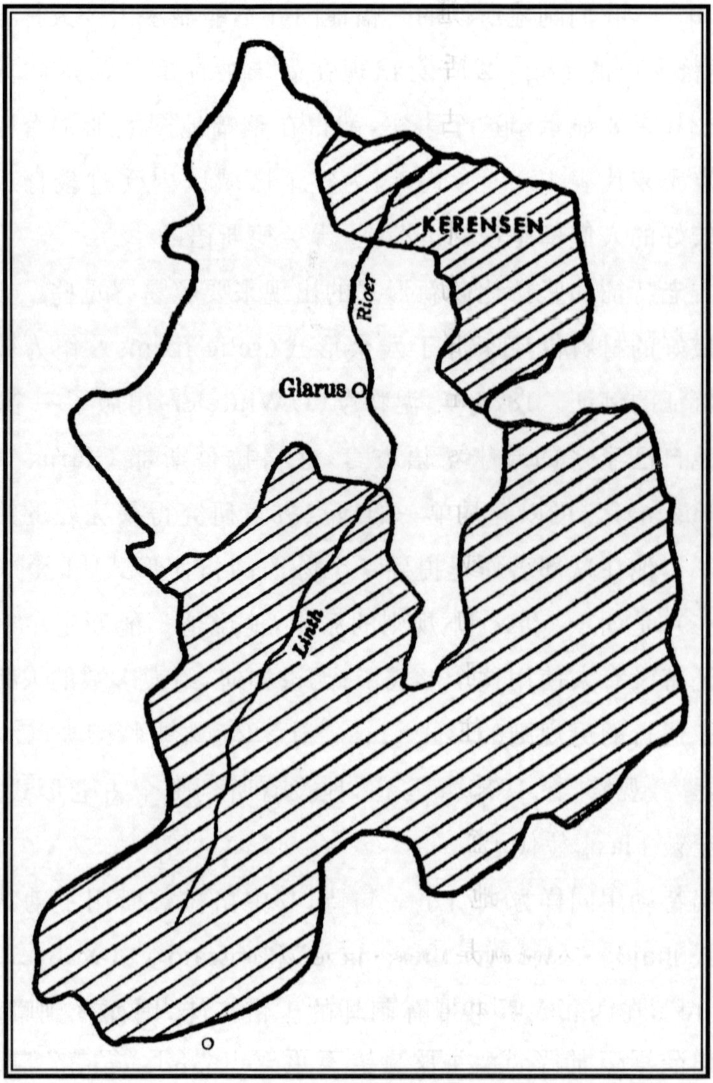

图七　图示1915年的瑞士格拉鲁思省(Canton of Glarus)。凡图中有阴影的地区,仍使用本土的[hajd, wajd]作为"have"(有),"want to"(要去……)的复数形式。图中空白处表示使用普通瑞士德语[hand,wand]的地区。——摘自史特莱夫(Streiff)。

的分布情形:较文雅和普通的[hand,wand]通行于林特(Linth)河沿岸的中心地区,包括郡府格拉路斯镇,同西北方的苏黎世(Zurich)市能自由交际;古老的乡土形式只用在三个较偏僻的山区,包括克伦任居民区。

照这个例子看来,古形式遗迹在偏僻地方才有最好的保存机会,所以往往出现在零星分散的小地方。例如拉丁语形式 multum“很多”,保存在意大利语的 molto [ˈmolto] 和西班牙语的 mucho [ˈmutʃo]“很多”,muy [muj]“很”里,而在法语区域,几乎完全被标准法语形式替代了:très[trɛ]“很”,是拉丁语 trans“通过,超过”的现代形式,和 beaucoup [boku]“很”,代表拉丁语的*bonum colpum“一下好的打击或举措”。图八显示了边缘两小块地方还使用着拉丁语 multum 的现代形式。

拉丁语里有一个词 fallit,原来的意思是“他、她、它欺骗”。这个词后来当“它靠不住”讲,到了中古法语解作“它没有了,缺少(什么)”,从这个意义发展为现代法语 il faut [i fo] 的用法“必须;不得不”。这样的意义发展——高度专门化,不大可能独立地出现在一个以上的地方;法语区大部分通行的现代说法必然是从一个中心,大概就是巴黎,传播开来的。图九表示,空白地区通行标准法语的 il faut,虽然各地发音会有些差异。画黑线的地方却通用旁的形式,主要是拉丁语 Calet“(天)很热”的反映。现代形式沿着一条运输大道罗纳河(Rhône)向南推移,这是看得很清楚的。我们在这里看到一条同语线,沿着交通要道形成直角,并没有按照不变的方向横渡要津,而是拐弯避开,同河道并行了一程,随后或则横渡过河,或则按照我们的实例,重新出现在对岸，于是在恢复它原先的方向以前，向后退转。同语线的凸出的地方使我们看出两种言语形式中，哪一个正在扩展而迫使另一个向后退缩。

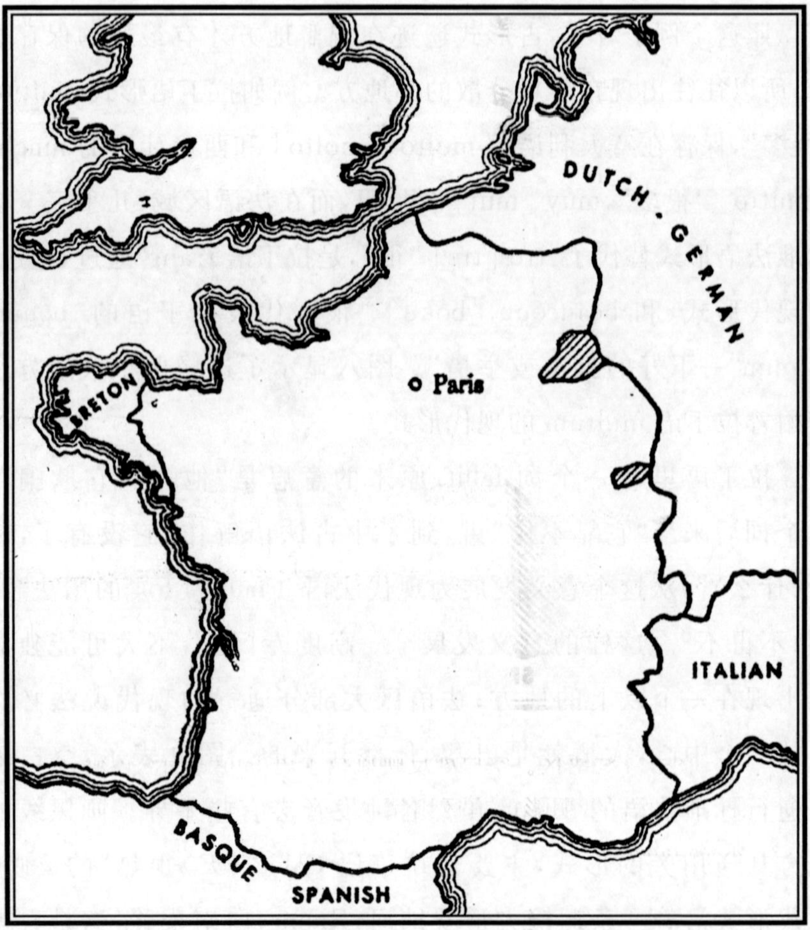

图八　法语区。这里被截断的同语线的边缘上圈入了两处有阴影的地区。这两块地区反映了拉丁语 multum（多，非常）仍在使用。——摘自伽米尔谢格（Gamillscheg）。

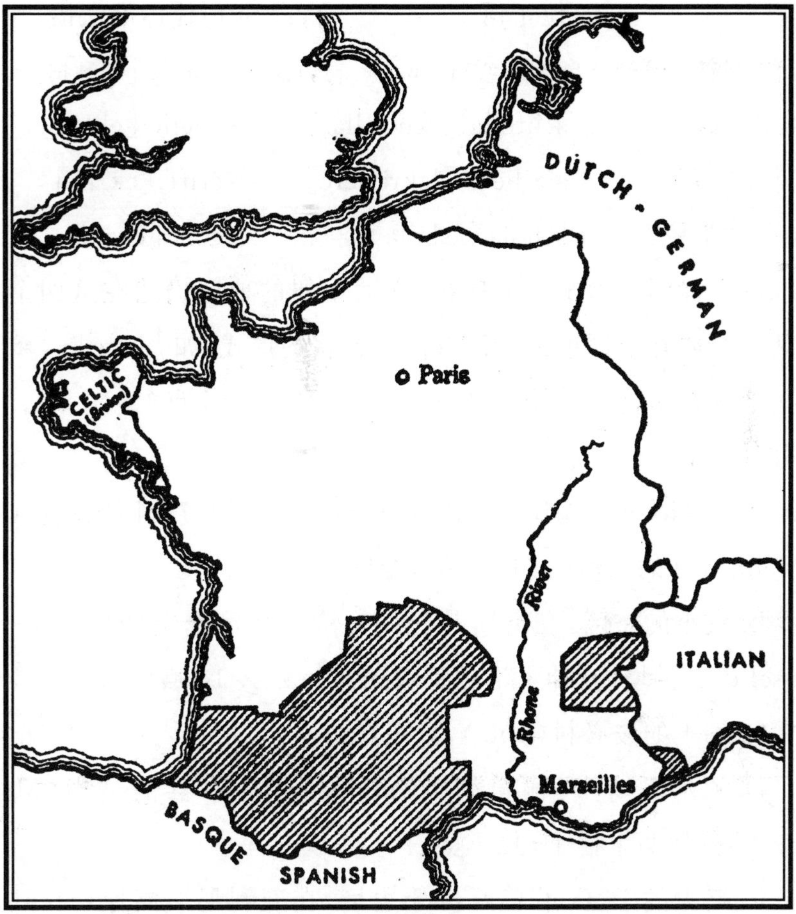

图九　法语区。空白处反映以拉丁语 fallit 表示“必须是”的地区。有阴影的地区则用其他形式。——摘自雅贝尔格(Jaberg)。

19.6　假使我们仔细观察一批能够显示某个古老特征的残余形式，我们对每一个词都有它自己的历史这个原理就会得到惊人的例证。拉丁语的词首辅音丛［sk-］在法语区域增添了一个前缀元音(prothetic vowel)［e-］，例如下列四个词是第十图所标示的：

	拉丁语	现代标准法语
“梯子”	scala [ˈskaːla]	échelle [eʃɛl]
“碗”	scutella [skuˈtella]	écuelle [ekɥɛl]
“写”	scribere [ˈskriːbere]	écrire [ekriːr]
“学校”	schola [ˈskola]	école [ekɔl]

图上标明了六个互不连接、交通不便的地区仍然在这四个词中某一个或几个词里说着没有前缀元音的形式，如 [kweːl] ‘碗’。这些地区在艾德蒙所调查的 638 个点里占有 55 点（§19.2）。地名分列于下：

A. 相当大的一区，在比利时境内，有一点越过法国国境（阿登 Ardennes 县的哈伊倍 Haybes），全图共 23 点。

B. 较小的一区，在窝斯叶（Vosges）和墨汰摩塞（Meurthe-et-Moselle）二县境内，伸入洛林省（Lorraine），共 14 点。

C. 瑞士的波必村（Bobi），只一点。

D. 阿尔卑斯·玛丽笛姆（Alpes-Maritimes）县的蔓当（Mentone）和另外两个村子，共 3 点。

E. 略大的一区，沿着西班牙边境，在庇利尼斯高原（Hautes-Pyrénées）境内，伸入邻县，共 11 点。

F. 一个腹地小区，在渥维尔涅（Auvergne）山乡、陆阿尔高原（Haute-Loive）和多姆山（Puy-de-）Dôme 二县，共 3 点。

令人发生趣味的事实是，这些落后地区的居民点在这四个词儿里头大都只就一个，两个或三个采取了前缀元音。比如说，B 区的窝斯叶县圣玛格丽（Sainte-Marguerite）村说 [tʃoːl] “梯子”和 [kweːl] “碗”，却又按现代风尚说 [ekrir] “写”和 [ekoːl] “学校”。

再者，这些方言土语在哪几个词儿上花样更新，彼此并不一致；比如E区的咖伐腻(Gavarnie)村在庇利尼斯高原，恰恰跟上例相反，一面说［'ska:lo］“梯子”和［'sko:lo］“学校”，一面又说［esku'de:lo］“碗”和［eskri'be］“写”。只有两点，都在A区，在四个

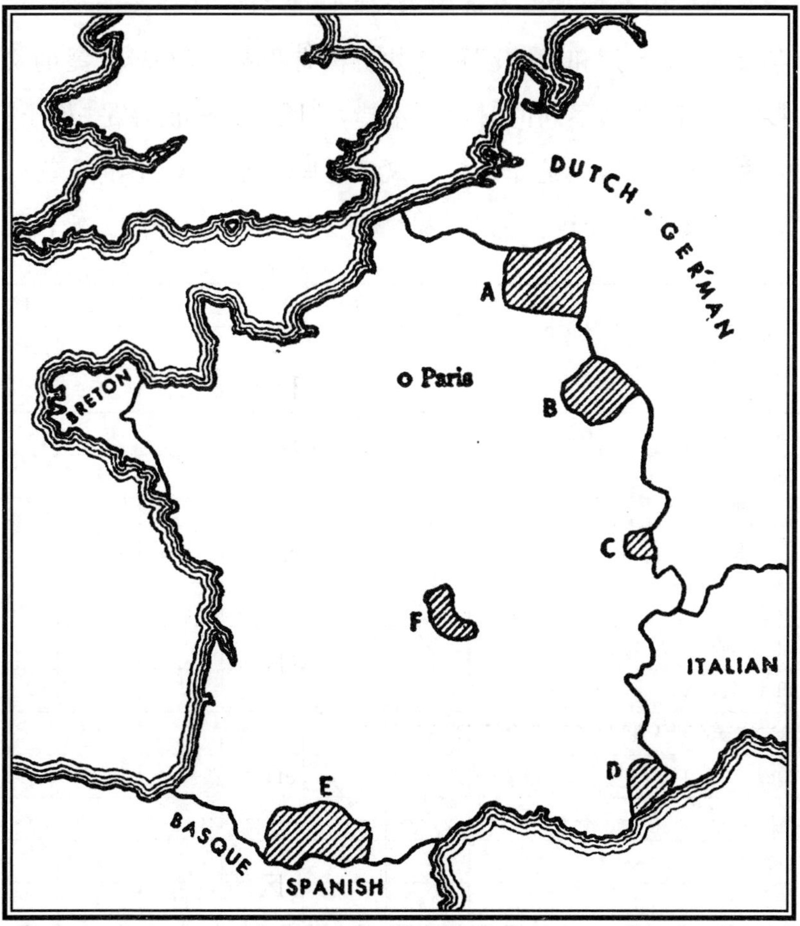

图十　法语区。有阴影的地区保留拉丁语［sk-］形式，不加词头元音。——摘自雅贝尔格

词上都保存了古老的词首音；其他各点表现了新旧形式的各种不同的配合。第十一图左栏列出哪几个词仍然保持着古形式，右栏列出实际配合情况的点数（分区的和合计的）是各别保留的形式。这个图表上出现的花样尽管很纷繁，可是我们另列了第十二图，逐一观察四个词不难发现家常用语“梯子”和“碗”往往按旧形式出现的点较多，而“写”和“学校”跟公共机构有联系，带有较广泛的文教色彩的，则遭遇到不同的时运。不错，C 区波泌村正好是“梯子”一词采用了新形式，但是如果扩大观察范围，比较 A、B 和 E 三区的情况或者按总数计算，“梯子”和“碗”二词多半倾向于出现于保守

不带附加元音的形式仍在讲话中出现的例词	不带附加元音的形式仍在讲话中出现的地区数目						
	地区						合计
	A	B	C	D	E	F	
ladder, bowl, write, school	2						2
ladder, bowl, write	11					1	12
ladder, bowl, school				1	3		4
bowl, write, school			1				1
ladder, bowl	5	6		1			12
ladder, write	1						1
ladder, school					5		5
bowl, write	2*					1	3*
ladder	2	8			3		13
bowl				1			1
write						1	1
合计	23	14	1	3	11	3	55*

* 就 bowl（“碗”）来说，一个点是可疑的。

图十一　法语的前加元音图表。图十上的一些阴影地区中不用前加元音的社会集团的统计数字。

的形式。

19.7　新风尚不断传播，最终导致旧形式完全被淹没了。我们要是发现某种语言变化出现在一片很大的领域能够贯彻一致，我们相信这样的一致性绝大部分是地理上的均衡结果。有时候地名让我们看到这种抗衡的唯一残迹。在一般的德语区，有两个复元音我们用［ew］和［iw］来代表的，仍然分别得很清楚，如标准的新高德语以［iː］代替古［ew］：Fliege（“fly”（蝇）），Knie（“knee”（膝）），Stiefvater（“step-father”（继父）），tief（“deep”（深）），而以［oj］代替古［iw］：scheu（“shy”（羞怯）），teuer（“dear”（亲爱的，珍贵的）），neun（“nine”（九））。格拉路斯及其邻近地带的方言里要是唇辅音或软腭辅音紧跟在复元音的后面的话显然就丢掉了这个区别了：

不带附加元音的形式仍在讲话中出现的例词	无前元音的形式仍在讲话中出现的例词						
	地区						合计
	A（23）	B（14）	C（1）	D（3）	E（11）	F（3）	
“ladder”	21	14		2	11	1	49
“bowl”	20*	6	1	3	3	2	35*
“write”	16		1			3	20
“school”	2		1	1	8		12

* 一个点是可疑的。

图十二　法语前加元音表。此表说明图十中阴影地区无前元音词的使用统计数字。

古［ew］在唇音或软腭音前：

	原始日耳曼语型	格拉鲁斯方言	（英语）
蝇	*［ˈflewgoːn］	［ˈflyːgə］	（fly）

膝	*['knewan]	[xnyː]	(knee)
继-(父)	*['stewpa-]	['ʃtyːf-fatər]	(step-(father))

古 [iw]：

羞怯	*['skiwhjaz]	[ʃyːx]	(shy)
珍贵	*['diwrjaz]	[tyːr]	(dear)
九	*[niwni]	[nyːn]	(nine)

显而易见，这两个古音类型在现代格拉鲁斯方言都用 [yː] 来代表了，跟南方德语的一般发展趋势是相同的。只有一个孤零零的形式暗示由古 [ew] 变来的 [yː] 的确是从外界输入的，就是'深'这个词，原始日耳曼型是 *['dewpaz]，格拉鲁斯方言读作 [tœjf]。我们揣测这一地区在唇音和软腭音前面 [œj] 是古 [ew] 的更老的代表，这个揣测被一个地名证实了：['xnœjgraːt]，按字面讲是"膝山岭"，"Knee-Ridge"。

瑞士德语区的西南角在 drink（喝）一类词里把古日耳曼的 [k] 变为擦音 [x]，同时丢了前面的鼻音，如 ['triːxə]"喝"。这个发音在今天带有强烈的乡土气，因为瑞士极大部分，跟其余的荷德语区一样，都是读 [k] 的。因而格拉鲁斯人按照标准德语的 trinken，说成 ['trɪŋkə]（喝）。然而有些地名告诉我们，那变异的发音曾经一度分布在瑞士大得多的一部分地区。更偏东得多的格拉鲁斯一面使用普通名词 ['wɪŋkəl]"基角，角落"，一面又保持了一个山地牧场的地名 ['wɪxlə]"隅角"；一面说 [xrɑŋk]"害病"（从前解作"弯曲"），一面又有个牧场的地名是 ['xrawx-tɑːl]"弯谷，曲谿"（英语"Crank-Dale"）。

19.8　可见，有些语言特征，现在只保留在残余形式里，从前却分布在广阔的领域：方言地理学提供了这样的证据。特别是，一个特征只出现在零散地方，被一片说着占上风的新形式的连绵区域所分隔，那么，这幅地图通常能够这样解释：这些分散地点曾经是一片完整领域的组成部分。这样，方言地理学可以给我们揭示语言特征的层积；比如第六图，不必补充任何直接有关的历史资料，即能告诉我们［uː］形式是最古老的，后来被［yː］形式代替了，随后又被复元音形式所代替。

我们既然承认同语线标志着交际密度的薄弱环节，我们自然希望方言地图会让我们看出前后不同时期的交际情况。英国、德国，或法国的各地居民常常用分区地名来指称方言的大致划分，比如说“约克郡方言”（Yorkshire），“斯维比亚方言”（Swabia），或“诺曼方言”（Norman）。早期学者接受了这样的分类，没有给它们下确切的定义；后来大家希望方言地理学能帮助作出确切的定义。这个问题被波浪学说（§18.12）赋予了浓厚的兴趣，因为地区的类型正好是现实例证，说明语言区域的分化并不是突然的分裂。并且，这问题还带上了感情色彩，因为地区的划分多半代表了古老部族的结集：假使一个方言的分布，例如德国的“斯维比亚方言”，能够证明跟一个古部落的聚居区相符合，那么，语言又可以帮助揭露过去的历史背景了。

可惜，方言地理学在这方面显然很叫人失望。事实上，差不多每个村落都有它自己的方言土语特征，因而整个区域被同语线网盖满了。假使我们首先列出具有代表性的地区方言特点的一览表，我们发现这些特点通行于密实的核心区，到了边缘地带却逐渐稀疏，也就是说，每个特点出现在不同的词里会构成一系列的同语线围绕在四周——就像“房屋”和“老鼠”二词读［yː］和读［uː］的同语线在荷兰东部并不吻合(图六)。从约克郡或斯维比亚或诺曼底的中心地点出发,可以按照地区名称来很整齐地划分区域方言,但是这样划分的结果,边境上会出现整批的方言地带,而只有一部分跟这个区域特点相同。再说,在这种情况下,没有任何保证叫我们选择哪一批方言特点来作为首要的根据。假使对这些特点进行不同的挑选——比方说,不去理会民间流行的划分法——我们就会得出完全不同的核心区和完全不同的过渡地带。

因此,现在有些学者感到任何分类都是枉费心机,宣称一个方言地域内部并没有真正的边界。就是在西罗曼语群(意大利语,拉丁语,法兰西语,西班牙语,葡萄牙语)这样一片领域里,也强调没有真正的界限,而只有逐渐的过渡:任何两个邻近点之间的差异,比起任何其他两个邻近点之间的差异来,都说不上哪个重要或次要。还有些学者反对这个观点,不肯放弃国别和省区的划分,带着一种神圣的热衷坚持核心和过渡地带这一套说法。

的确,在一个长期稳定的居民区域,同语线是如此繁密,几乎想给方言作任何划分都是可能的,关于过去的交际密度几乎怎么说都有理由。然而,如果不存有任何偏见,也就不难看出,我们得承认某些同语线比另一些同语线更有意义。一条同语线要是横切整个区域,把它分为大小几乎相等的两部分,或者即使一条同语线在整片领域里干干净净地划出一大块去,那比起一条只包围几个村落的土语特点的同语线来,意义就重大得多了。按照前面第四和第五两幅地图,同语线 1,2,3 把西南部的德语从其余的德语区划分开来,比方说跟同语线 9 相比,后者只围绕着很少几个村落,那就显得更有意义。大的同语线标示着一个分布在大片地域上的特征；这种分布仅作为语言史上的一件事实会有重大关系，还可能反映了非语言的某种强大的文化潮流。作为描写的标准，大的区分当然也比琐细的区分更具有意义；事实上，通俗的方言划分显然是以较大区域上某些广泛特征作为根据的。

还有一层，要是好些条同语线紧挨在一起，大致朝着相同的方向伸展，形成所谓方言线丛，这会显示出较大的历史过程，比起一条孤零零的同语线，也许只代表某个不重要的特征来，会提供更合适的分类基础。并且不难看出，风土地理的重要性和方言线的丛集，这两类典型特征往往是携手并行的。法国就是这样给一大丛同语线，从东到西横贯全境，划分为二的。这个区分反映了中古时期法国在文化上和语言上曾分为两个区域——法兰西和普罗房斯(Provençal)。

这类线丛最出名的也许可以举荷德语区横贯东西的线丛，把低德语从高德语划分开来。分歧在于原始日耳曼语清塞音[p,t,k]的处理，在南部变为擦音和塞擦音了。假使我们用标准荷兰语和标准德语代表这两个类型，同语线丛分开了下列形式：

	北	南
make(作，使)	[ˈmaːke]	[ˈmaxen]
I(我)	[ik]	[ix]
sleep(睡眠)	[ˈslaːpe]	[ˈʃlaːfen]
thorp ‘Village’(村庄)	[dorp]	[dorf]
pound(磅)	[punt]	[pfunt]
bite(咬)	[ˈbejte]	[ˈbajsen]

that（那）	[dat]	[das]
to（到，向）	[tuː]	[tsuː]

这些和旁的许多形式都含有原始日耳曼语的[p,t,k]，形成一大丛的同语线，有时吻合，又有时分歧，甚至互相交错。比方说，柏林周围，“作”和另外许多词构成的同语线向北转，因而人们说[ik]“我”带有并未转变的[k]，可是说['maxen]“作”把[k]变成[x]了；另一方面，到了西面“我”的同语线转向西北，因而迪塞尔多夫市周围人们说[ix]“我”改变了辅音，可是说['maːken]“作”保存了原来的[k]。

这么看来，一个方言区域以内语言特征的地理分布不是无关紧要的，而是毫不含糊地表现了分裂痕迹。只是我们必须保留两点：我们不能保证去维持通俗的按大地名分区的一套说法，但是，如果保留这些地区命名，就得另下定义；我们或者只能很不完全地按照地带规定我们的分区，或者任意地挑选一条同语线作为整批线丛的代表。

19.9 我们找到了一个地域的语言分区，不妨拿来同其他的隔离界线来互相比较。这种比较会显示出重要的方言分界线是紧挨着政治界线并行的。显而易见，共同的政府和宗教，特别是同一政治单位区域内部互通婚姻的习惯，导致言语的相对统一。大致估计，在较古老的环境条件之下，政治疆界的改变在五十年以内会引起语言的某种分歧，而政治疆界已经取消之后，那些同悠久的政治界线相平行的同语线，会继续维持二百年光景而绝少变动。这似乎就是最基本的相互依赖关系。假使重要的同语线跟其他的文化分界线相符——例如在德国北部，跟农村房屋结构的差别相应——或者跟河流、山脉等地理障碍相符,那么这种符合仅仅是由于这些特点碰巧和政治分界一致罢了。

这种情景,在莱茵河沿岸重要的德语同语线的分布上看得最清楚。莱茵河以东大约四十公里,划分低德语和高德语的大丛的同语线开始分歧,向西北和西南展开,因而形成了所谓的"莱茵扇"(图十三)。"作"这个词里,北部[k]与南部[x]相对的同语线,一向拿来作为划分方言的关键所在的界线,就在本拉特(Benrath)镇北面横渡莱茵河,因而叫作"本拉斯线"。现在发现,这条线大致相当于从前贝尔格(Berg 在莱茵河以东)和云立希(Jülich 在莱茵河以西)二区领土的北界。"我"这个词里的北部[k]与南部[x]的同语线折向西北,就在禺尔定根(Ürdingen)村的北面横渡莱茵,因而称为"禺尔定根线";有些学者任意地选中了这条线,而不是"作"的线,作为高、低德语的分界线。禺尔定根线紧紧挨着北部疆界,一面是拿破仑以前的云立希与贝尔格二公国,1789 年取消了的,另一面是科仑选区。就在禺尔定根北面,卡尔登毫森镇(kaldenhausen)被禺尔定根线切开了,西区说[ex]而东区说[ek];据考查,我们知道直到 1789 年为止,镇的西部属于科隆(天主教)选区,而东部属于牟尔斯(Mörs)郡(新教)。地图上还有两条岔向西南的同语线。一条线代表"村庄"[dorp—dorf]一词北部读[p]与南部读[f]相对;这条线大致相当于 1789 年的南部疆界,一面是云立希,科隆和贝尔格,另一面是特雷夫选区(Treves)。再往南去,在"那"[dat—das]这个词里,北面读[t]与南面读[s]相对的同语线分岔出去,而这条线又大致符合从前特雷夫的选区和大主教管区的南面分界线。

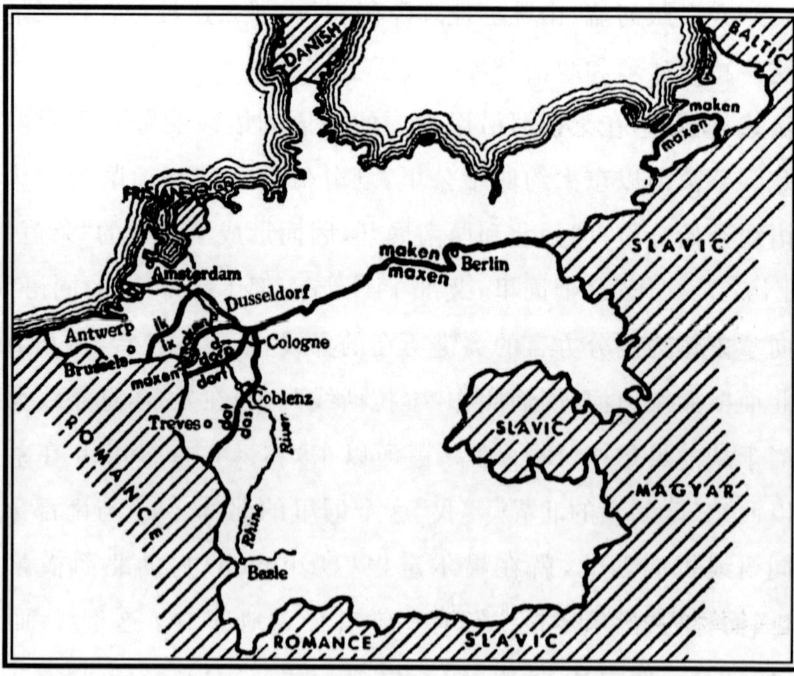

图十三　图示荷兰德语语区对“make”一词区分［k］对［x］的同语线。在这一同语线的西部又划分出三个不同的同语线。这些同语线在东部与“make”同语线相当靠近。——摘自贝哈伽尔（Behaghel）。

这一切都表明语言特征的分布依赖于社会条件。这方面的因素无疑是交际密度和不同社团的相对威信。重要的社会界限在适当时机会吸引同语线。可是，不难看出，各种语言形式本身的特点也起作用，因为每个形式显示了它特有的同语线。我们在荷兰看到“房屋”一词的新形式分布得比家常用词“老鼠”更广更远（§19.4）。我们很难希望有一种科学的有效的分析法能够帮助我们预测每一条同语线的走向：说话人的威信和言语形式的意义（包括所有涉及的含义)，双方的因素切断了我们这样的希望。尽管如此，方言地理学不仅帮助我们了解到对语言形式的推广传播发生影响的超语言因素，并且，由于残余形式和层次累积的实证，会给个别形式的历史提供许多有关的详细资料。

第二十章　语音演变

20.1　早期言语的文字记载，语言间的相似，和地区方言的分歧，这一切都显示出语言在时间的过程中起着变化。我们在古英语记载里遇见一个词 stan（石头），大概读作［sta:n］；假使我们相信今天英语的 stone［stown］是古英语这个词一线不断地继承下来的现代形式，那么我们就得推定古英语的［a:］已经在这儿变成［ow］了。假使我们相信这些相似点并不是由于偶然的巧合，而是由于言语习惯的传授，那么我们就得断定近似形式之间的差异是由于这些言语习惯的改变。早期的学者们认识到这一点；他们搜集了许多近似形式加以分组（词源考），推断每一组形式的差异是由于语言的演变，但是直到十九世纪初还没有人能够给这些变异分别归类。从一组形式到另一组，相似点和相异点是花样繁多，层出不穷。古英语的 bat，依我们的解释应该读作［ba:t］，按一种意义讲同现代英语 boat［bowt］（船）相当，可是按另一种意义讲却同现代英语 bait［bejt］（钓饵）相当。词首辅音在拉丁语 dies 和英语 day（日子，白天）是相同的，可是在拉丁语 duo 和英语 two（二）却不相同。语言演变结果显示出来的相似和互异简直是五花八门，无奇不有。人们尽管怀疑某些相似的形式完全是偶然的巧合（“假词源”），可是无法验证。人们对于语言的亲属关系找不出明白的条理——更糟的是，拉丁文献通过整个中世纪传诵不替，跟罗曼诸语言的文献并驾齐驱，因此歪曲了人们对语言年代的整个概念。

回顾已往这些情况，不是毫无用处的。现在我们有了一套方法，从语言近似的紊乱状态中找出线索来，而且多少揭示了语言亲属关系的性质，我们就会很容易忘掉前人没有找到分类的钥匙时，语言演变的结果该是多么混沌了。十九世纪初叶以来，我们逐渐懂得给那些有亲属关系的言语形式之间的差异分别归类，说明其间演变的种种条例。材料庞杂使早期学者茫无所措的，现在通过这种分类方法，也就不难对付了。有些相似点不能适合我们的分类条例，但毕竟是少数，尽可以看作偶然的现象不予计较；拉丁语 dies 和英语 day 就是这样的一个例子，我们知道其间并无语源关系（假词源）。

语言演变的过程是从来不能直接观察的；我们将会看出，纵使我们现在有了许多便利条件，这种观察还是难以想象的。我们只是假定我们的分类方法运用起来很有效验（虽然远不是完满无缺的），能够反映语言演变的实在因素，而这些因素又给了我们所依据的材料。把所观察的事实作出最简单的分类是真实可靠的分类这种设想，对一切科学都是共同的；按照我们的情景，最好记住我们所观察到的事实（就是词源中显示出来的语言演变结果）一直无从理解，直到我们的方法登场了才得解决。历史语言学中方法进展的第一步就是找出始终一致的**语音对应条例**；我们把这些对应条例当作一种演变因素的结果，我们管这种演变叫做**语音演变**（phonetic change）。

20.2　十九世纪初叶，少数学者系统地整理出一些相似形式的类型，主要是语音上符合或对应的例子。我们知道，拉斯克和格里姆走了第一步（§1.7），在日耳曼语和印欧系其他语言之间观察到一系列的对应。从一大堆混乱的相似形式中间，他们挑出一批语音对应关系显得很整齐的形式。用今天的话来说，这些对应关系约如下所示：

（1）其他语言的清塞音，在日耳曼语里相应的是清擦音：

[p—f] 拉丁语 pēs：英语 foot（脚）；拉丁语 piscis：英语 fish（鱼）；拉丁语 pater：英语 father（父亲）；

[t—θ] 拉丁语 trēs：英语 three（三）；拉丁语 tenuis：英语 thin（薄）；拉丁语 tacēre"安静"（动词）：哥特语 ['θahan]；

[k—h] 拉丁语 centum：英语 hundred（百）；拉丁语 caput：英语 head（头）；拉丁语 cornū：英语 horn（角）。

（2）其他语言的浊塞音，在日耳曼语里相应的是清塞音：

[b—p] 希腊语 ['kannabis]：英语 hemp（麻）；

[d—t] 拉丁语 duo：英语 two（二）；拉丁语 dens：英语 tooth（牙齿）；拉丁语 edere：英语 eat（吃）；

[g—k] 拉丁语 grānum：英语 corn（谷粒）；拉丁语 genus：英语 kin（亲属）；拉丁语 ager：英语 acre（（英）亩）。

（3）其他语言的送气塞音和擦音（现在我们认为是"原始印欧语送气浊塞音的反映"），在日耳曼语里相应的是浊塞音和擦音。

梵语 [bh]，希腊语 [ph]，拉丁语 [f]，日耳曼语 [b，v]：梵语 ['bharaːmi]"我携带"，希腊语 ['pheroː]，拉丁语 ferō：英语 bear（携带，忍受）；梵语 ['bhraːtaː]，希腊语 ['phraːteːr]，拉丁语 frāter：英语 brother（兄弟）；拉丁语 frangere：英语 break（打碎）；

梵语［dh］，希腊语［th］，拉丁语［f］，日耳曼语［d，ð］：梵语［'a dha:t］“他放置了”，希腊语［'the:so:］“我将放置”，拉丁语 fēcī“我做了”：英语 do（作）；梵语［'madhu］“蜜、甜酒”，希腊语［'methu］“酒”：英 mead（蜜酒）；梵［'madhjah］，拉 medius：英 mid（中间）；

梵语［h］，希腊语［kh］，拉丁语［h］，日耳曼语［g，ɣ］：梵语［hã'sah］：英语 goose（鹅）；梵语［'vahati］“他用车载运”，拉丁语 vehit：古英语 wegan（负载，运输）；拉丁语 hostis“陌生人，敌人”：古英语 giest（今 guest）（客人）。

把这些例子罗列在一起的唯一理由是，人们相信这类对应关系是太频繁了，也有些是太特别了，绝不是出于偶然的。

20.3　研究语言的学者接受了这些对应条例（用一种危险的隐喻法称之为格里姆“定律”），因为他们所提出的分类被更进一步的研究加强了验证：新材料显示出同样的对应，而同这些对应不相符的例子可以另行归类。

例如，从那些不符合格里姆的对应条理的例子里，可以挑出一定的数量，表明其他语言的清塞音［p，t，k］也照样出现在日耳曼语里；就像下面的例子，其他语言的［t］在日耳曼语里相应的也是［t］：

梵语［'asti］“他是”，希腊语［'esti］，拉丁语 est：哥特语 ist（现代英语 is）；

拉丁语 captus“被逮，被擒”：哥特［hafts］“被束缚”；

梵语［aʃ'ʈa:w］“八”，希腊语［ok'to:］，拉丁语 octō：哥特语［'ahtaw］。

上面的例子里，日耳曼语的 [p,t,k] 前面都紧跟着清擦音 [s,f,h]；而那些符合格里姆对应条理的例子，要是通盘考察一下，不难看出日耳曼语辅音前面从来不是紧跟着这些清擦音的。格里姆的对应条理就这样遗留下一个剩余部分，让我们找出另一种对应关系：日耳曼语的 [p,t,k] 在 [s,f,h] 后面，同其他印欧系语言的 [p,t,k] 平行。

在剩余形式里头，我们还发现一定的数量的日耳曼语的词首浊塞音 [b,d,g]，并不是依照格里姆的规定同梵语的 [bh,dh,gh] 平行，却与梵语的 [b,d,g] 平行，在希腊语里也不是所预期的 [ph,th,kh]，而是 [p,t,k]。例如，梵语 ['boːdhaːmi] "我观察、遵守，"希腊语 ['pewthomaj] "我经历"：哥特语 [ana-'biwdan] "指挥"，古英语 ['beːodan] "吩咐，宣布，提供"，英语 bid（吩咐，告(别)）。格拉斯曼（Hermann Grassmann，1809—1877）在 1862 年指出这一种对应关系是出现在格里姆的第三类型的辅音前面（中间夹着一个元音或复元音）。这就是说，梵语和希腊语在词首两个音节里绝不连续出现送气塞音；如果亲属语言表现了这个模式，这两个塞音的头一个就会丢掉送气成分：所以，同日耳曼语 *[bew-da-] 相应的，我们发现梵语里不是 *[bhoːdha-] 而是 [boːdha-]，希腊语里不是 *[phewtho-] 而是 [pewtho-]。这样一来，从格里姆对应条例中划出来的这个剩余部分，又显示了一项对应关系。

这项例证还能帮助我们清楚地认识到各语言的结构特点。希腊语里有些形式有一种重迭法（§13.8），以基层词干的第一个辅音后面跟着一个元音作为前缀：['doːsoː]（我将给），['di-doːmi]（我给）。现在我们发现，词干要是以送气塞音打头，重迭时就只用一个单纯的塞音：['theːsoː]（我将放置），['ti-theːmi]（我放置）。同样的习惯还出现在希腊语形态学的其他场合；比方说，一个名词变格表里主格单数 ['thriks]“头发”，而旁的格如宾格却是 ['trikha]：元音后面的辅音如果是送气音，打头的辅音就是 [t] 而不是 [th]。同样，梵语里正常的重迭法是重复头一个辅音：['a-daːt]“他给了”，['da-daːmi]“我给”，但是词首辅音如果是送气的，重迭时却用一个单纯的塞音：['a-dhaːt]（他放置了），['da-dhaːmi]（我放置），梵语词法里旁的场合也出现同样的替换。这些语音替换显然是格拉斯曼所发现的语音演变的结果。

20.4　上述对应如果不是由于偶然，就一定起于某种历史的因缘，而这种历史联系，我们已经看到是以一个共同母语继承下来的设想，用比较法重建或重构起来的。亲属语言相符一致的表现，就是保存母语的特征，比方说，*brother* 一词中的 [r]，*mead* 和 *mid* 二词中的 [m]（§20.2），或动词“他是”形式中的 [s]（§20.3）。如果对应关系中彼此相当的是差别很显著的音位，我们就假定是一个或几个语言起了变化。我们不妨按照这个意思把格里姆的对应条例叙述如下：

(1) 原始印欧语的清塞音 [p，t，k] 变成前日耳曼语的清擦音 [f，θ，h]；

(2) 原始印欧语的浊塞音 [b，d，g] 变成前日耳曼语的清塞音 [p，t，k]；

(3) 原始印欧语的送气浊塞音 [bh，dh，gh] 变成前日耳曼语的浊塞音或擦音 [b，d，g]，前希腊语的送气清塞音 [ph，th，kh]，前意大利语和前拉丁语的 [f，θ，h]。这儿原始印欧语的音位的实际音值是无法确定的，有些学者倾向于采取清擦音［f，θ，x］；同样，我们不知道原始日耳曼语的反映到底是塞音还是擦音，但是这些疑难并不影响我们关于语音模式的结论。

第(1)项需要加以限制，就是日耳曼语里也出现［p，t，k］：紧跟在一个辅音（实际上就是印欧语的［s，p，k］或相当的日耳曼语的［s，f，h］）后面，原始印欧语的清塞音［p，t，k］仍然保持在前日耳曼语里不起变化。

格拉斯曼的对应条例，我们按照历史程序说，是前希腊语的历史中某一阶段，有些形式如果包括两个带有送气塞音的连续音节，就丢了头一个塞音的送气成分。因此，我们重构了下面的公式：

原始印欧语	> 前希腊语	> 希腊语
*［ˈbhewdhomaj］	*［ˈphewthomaj］	［ˈpewthomaj］
*［ˈdhidheːmi］	*［ˈthitheːmi］	［ˈtitheːmi］
*［ˈdhrighm̩］	*［ˈthrikha］	［ˈtrikha］

另一方面，当'头发'讲的那个词的单数主格形式，我们认为元音后面原来就没有送气音：原始印欧语*［dhriks］出现在希腊语里是［thriks］。我们推测前印度伊朗语也经过相似的演变：原始印欧语*［bhewdho-］出现在梵语里是［boːdha-］，原始印欧语*［dhedheː-］变为梵语［dadhaː-］，等等。

送气成分消失的结果在梵语里出现为［b，d，g］而在希腊语里却出现为［p，t，k］，根据这个事实，我们重构历史演变的程序就更进了一步。这里头隐含着这么一回事：在前希腊语里，发生送气成分的消失时候，原始印欧语的［bh，dh，gh］早已清音化，变成［ph，th，kh］了。由于这种清音化没有发生在印度伊朗语里，我们得出结论说，前希腊语的丢掉送气和前印度伊朗语的丢掉送气是各自独立发生的。

可见，要解释相似形式中出现的语音对应，就得假定一个语言的音位是要经受历史演变的。这种演变也许受到一定的语音条件所制约；所以，前日耳曼语的 [p,t,k] 要是前面紧接着另一个清辅音，就不变为 [f,θ,h]，如 *[kəptos]>哥特语 [hafts]；前希腊语的 [ph,th,kh] 只在后面紧跟着的一个音节以送气音开始时才变成 [p,t,k]。这种语言演变的类型叫做语音演变 (phonetic change 或音变 sound change)。按照现代的术语，音变的设想可以这样说：音位发生变化。

20.5　如果我们搜集到一批近似形式显示出清楚的对应关系以后，那么剩余部分就会提供两种可能的解释。我们也许把这项对应条理规定得太窄或者太宽了：一次较仔细的考察或弄到了新资料也许会纠正我们的偏差。著名的范例就是格拉斯曼的发现。剩余形式曾经一再地透露了新的对应关系，这个事实有力地肯定了我们的方法的效验。其次，有些近似形式也许并不是同一的早期形式的发音分歧。例如，格里姆曾经提出拉丁语 dies 和英语 day 有着词源关系但是并不适合他的对应系统，从他以后人们尽管不断地进行探索，依然不能改变那些在旁的方面已经确定了的对应条理来容纳这组例词。同样地，拉丁语 habēre'有'：哥特语。haban，古高德语 habēn，虽然表面上非常相像，可是跟其他可靠的对应类型格格不入。遇到这样的情形，我们不妨认为这只是偶然的巧合，就是说这里头并没有历史上的联系；所以，拉丁语 dies：英语 day，现在大家认为是一项"假词源"。或则其形貌相似也许是由于母语里有些形式在语法上近似；比方说，拉丁语habēre“有”和古高德语 habēn 大概是分别继承了两个词干，*[gha'bheː-] 和 *[ka'bheː-]，在原始印欧语里形态上是并行的。最后，我们面临的相似形式所以彼此相似，不是由于承继了共同的原型的缘故，而是由于另一种历史上的联系而相似。比如，拉丁语dentālis“属于牙齿”和英语 dental“牙齿的”彼此相似，但是并不显示拉丁语和英语所反映的共同原始印欧语前身的对应关系（拉丁语 d：英语 t）。理由是，dental 只是说英语的人学习拉丁语而采用了这个词。

所以，总的说来，语音对应类型一旦明确以后，要是遇有剩余形式不相适合，大概有以下的可能：

（1）共同祖承形式的后裔，只因为我们没有正确地阐释其间的语音对应关系而显得不合常规，例如梵语 ['boːdhaːmi] 和英语 bid，在格拉斯曼的发现以前是不能正确地解释的；

（2）非共同祖承形式的后裔，其间的相似是由于

（a）偶然巧合，例如拉丁语 dies：英语 day；

（b）母语中形态上部分地相似，例如拉丁语 habēre：英语 have；

（c）旁的历史关系，例如拉丁语 dentālis：英语 dental。

假使这个说法是正确的，那么剩余的相似形式的研究可以引导我们去发现新的语音对应类型（1），剔除假词源（2a），揭露母语的形态结构（2b），或辨认音变以外的语言演变类型（2c）。假使剩余形式不能导致这些结果，那么我们的设计就是不正确的。

20.6　十九世纪 75 年代以前，据我们所知，谁也不敢给我们

所说的设计中的各种可能性加以限制。假使有一批相似形式并不适合那些明确了的对应条例，学者们便毫无拘束地假定这些形式反正是互相联系的，跟那些正常形式间的关系完全一样——就是说，从一个共同的祖先形式继承下来的。他们以历史的言辞解释说，一个语音在某些形式里按一种方式变化，可是在旁的形式里却按另一种方式变化（或者根本不发生变化）。原始印欧语的 [d] 在绝大多数的形式里变作前日耳曼语的 [t]，如英语 two（：拉丁语 duo），ten（：拉丁语 decem），tooth（：拉丁语 dens），eat（：拉丁语 edere），但是在另外一些形式里没有变化，像英语 day（：拉丁语 dies）。

大体上说，这种见解也未可厚非——事实上，这里面有一点值得具体地赞许的审慎态度——一直等到后来，广泛地展开了对剩余形式的研究，才体验到上述(1)和(2a，b，c)的各种可能性是出现在如此大量的实例里，终于不得不勾销关于音变零乱的想法。十九世纪七十年代，好些学者，特别著名的是雷斯金（August Leskien，§ 1.9），在 1876 年总结说，实际的确就是这样：挑出一批剩余形式，结果往往是发现了一些并不矛盾的事实（1，2b，2c）或者是剔除了一些假词源（2a），这样就保证了语言学家们敢于认为音位的演变是绝对地规则的。按照我们的方法说，这句话的含义是，凡是不能归入明确了的对应条例的许多形式，其间的相似是由于我们还没有能够找出音变的特点(1)，不然的话，就不能说是一个单独原始型的分歧形式，并不存在词源关系(2a)，或者音变以外的某种因素导致了一些相似形式的存在。按照历史的解释，也可以这样说，音变只是说话人发音习惯的改变，因而任何音位每次发出都会受到影响，不管这个音位出现在哪种性质的个别语言形式里。

这种变化也许牵涉到几个音位共同的发音方法，如像前日耳曼语中浊塞音［b，d，g］的清化。另一方面，这种变化也许牵涉到一连串的音位的发音习惯，所以只在特定的语音条件下才会发生，例如前日耳曼语里［p，t，k］要是前面没有紧连着［s］或同类的另一个音就会变成［f，θ，h］；同样，前希腊语里［ph，th，kh］只在后面紧跟着的音节以送气音开始时才会变成［p，t，k］。这些条件音变(conditioned sound change)的限制，不消说，是纯粹语音的，因为变化只影响发音动作的习惯；语音演变无关于非语音的因素，如任何特殊语言形式的意义，频率，同音，等等。按照今天的术语，整个假设可以简单扼要地这样说：音位发生变化，因为音位是指发出信号所用的无意义的最小单位。

这个新理论被一批语言学家接受了，他们因而得到"新语法学家"的绰号。另一方面，不仅老一代的学者如库尔提乌斯(Georg Curtius，1820—1885)，还有些青年，最著名的是舒哈特(Hugo Schuchardt，1842—1927)，拒绝这个新假设。赞成和反对的争论从来没有停止过；今天在这个问题上，语言学家们意见分歧，同1870年代不相上下。

这样争论不休，大部分还得归咎于术语的粗疏。十九世纪七十年代，专门术语没有今天这样精确，音变一致性的假设用了隐晦的、借喻的措词，"语音法则没有例外"。很明显，"法则"一词在这儿没有确切的意义，因为一项音变绝不能说是一条法则，而只是一桩历史事件。所谓"没有例外"只是很不正确地说：非语音因素，如个别语言形式的使用频率和意义，并不干预音位的变化。

问题的关键在于语音对应条例的范围和剩余部分的重要程

度。新语法学家们主张说，研究的结果得让我们解决对应条例中的矛盾，并且把剩余形式一一加以满意的分析。假如我们说原始印欧语的［d］出现在前日耳曼语里是［t］，那么，按照新语法学家们的意见，拉丁语 dies 和英语 day、或拉丁语 dentālis 和英语 dental 之间的相似点绝不能简单地划归为"例外"——就是说，操前日耳曼语的人们在历史过程中没有按照常规改变他们的发音习惯——而是形成了一个问题。要解决这个问题，那就或者是放弃语源的解释而诿之于偶然的巧合（如拉丁语 dies：英语 day），或者给语音对应订立更正确的界说（如格拉斯曼的发现），或者辨认那些导致相似形式的其他因素（如拉丁语 dentālis 借入英语为 dental）。新语法学家特别坚持地说，他的假设在最后的这一方面是富有收获的：找出语音演变以外的因素所导致的相似点，从而使我们对这些因素有所理解。

可见，实际的争论是在于剔除假词源，修订我们的语音对应条例，和认识音变以外的语言变化。

20.7　反对新语法学家的假设的人们认为，不符合语音对应的明确类型的那些相似点也许只是音变中零散的事例或反常的歪曲或遗漏。可是，干脆说，现代历史语言学就是奠基于语音对应系统的建立：就是依靠这样唯一的方法，拉斯克和格里姆才澄清了已往学者迷惑不解的一切相似形式的混沌状态。因此，主张音变无常规的人们也赞同新语法学家们摈弃拉丁语 dies：英语 day 这类的词源解说，只是保留了少数的特例，其中相似点是显著的，如拉丁语 habēre：古高德语 habēn，或梵语［koːkilah］，希腊语［ˈkokkuks］，拉丁语 cuculus：英语 cuckoo（杜鹃）。他们承认这并不给我们提供抉择的凭借，但是坚持说我们不能划清界线并不证明什么：例外的音变确有其事，纵使我们没有掌握可靠的识别手段。

新语法学家看出这种论调严重地破坏了科学的方法。历史语言学开始所采用的手续就隐约地假定了音变的规律性，以后的进展，如格拉斯曼的发现，是建立在同样的内含的假设上的。当然，旁的假设许会把事实更好地连系起来，但是主张音变无常规的人们丝毫不能提出这类的办法；他们接受了实际方法所获得的结果，可是偏偏说要解释某些事实还得采取相反的方法（或缺少方法），这是拉斯克和格里姆以前通过好些世纪屡经试验而找不出成效的。

从历史上解释，音变无常规的理论面对着一个十分严重的困难。如果我们假设象 cuckoo 这样一个形式抗拒了前日耳曼语 [k] 变为 [h] 的过程而仍然保持了原始印欧语的 [k]，那么我们就必须假定前日耳曼人民一代又一代地逐渐改变了原始印欧语 [k] 在绝大多数词语中的发音方法，经历了连续不断的音值类型，比方说，[kh—kx—x—h]，可是他们在 cuckoo 这个词里却发着原始印欧语的 [k] 不受影响。倘若发生这种情况，那么每个语言都可能星星点点地发生各种不按一般音变规律，或是同一般的音变背道而驰的奇特的分歧的语言形式。实际上，一个语言总是在一套为数有限的音位里面活动的。现代英语 cuckoo 中的 [k] 无异于 cow，calf，kin 等词中的 [k]，照例是从原始印欧语的[g] 发展来的。所以，我们就不得不假设，cuckoo 里头保留的原始印欧语的 [k] 后来又经过一度变化，才能同日耳曼语从原始印欧语 [g]

变来的［k］处于完全同等的地位；并且，因为每种语言总是在限定的语音系统中活动的，我们就非得假定，每遇到一个不合常规的音变或保持未变，那个反常的音素也会适时地迁就一个通常的音位类型，才能逃避观察者的耳朵。不然的话，比方说，在今天的标准英语里，我们就会遇到许多零散的形式，其中保持了历代遗留下来的音素，从十八世纪的英语，早期的现代英语，中古英语，古英语，原始日耳曼语，等等，遗留下来的——至于方向明确而不合常规的变化带来些歧异的音，就不用提了。

实际上，同正常的语音对应表现得不一致的形式，也得服从该语言的语音系统，只是同其他形式的对应关系上有点特殊罢了。例如，古英语［oː］在现代英语的对应上就显示了一些无可否认的不规则情形，但是从来没有脱离整个语音系统。一般的表述似乎是这样的：

［ɔ］在［s，z］加辅音（［t］除外）之前：goshawk（苍鹰），gosling（鹅仔），blossom（花朵）；

［ɔː］在古英语辅音加［t］之前：soft（柔软），sought（古英语 sōhte）（寻找了），brought（带了），thought（想了）；

［u］在［k］之前：book（书籍），brook（溪流），cook（烹调），crook（弯曲），hook（钓钩），look（看），rook（山乌），shook（摇（动）了），took（拿了）；

［ʌ］在［n］加辅音（［t］除外）和辅音加［ṛ］之前：Monday（星期一），month（月份），brother（兄弟），mother（母亲），other（旁的，另一个），rudder（舵）；

［ow］在［nt］和［r］之前，和来自古英语的［oːw］：don't（不

(作));floor(地板),ore(生矿),swore(发了誓),toward(向),whore(妓女);blow(开花),flow(流),glow(发亮),grow(生长),low((牛)鸣),row(划桨,划船),stow(装载,填充);

[uw] 除上述条例以外:do(作),drew(拉了),shoe(鞋子),slew(杀(害)了),too(太),to(向),woo(求爱),brood(孵(小鸡)),food(食物),mood(心情),hoof(蹄子),roof(屋顶),woof(纬,织品),cool(凉),pool(水池),school(学校),stool(小凳子),tool(工具),bloom(开花),broom(扫帚),doom(命运,劫数),gloom(阴暗),loom(朦胧),boon(恩惠),moon(月亮),noon(中午),soon(立刻),spoon(匙子),swoon(晕厥),whoop(叫哨),goose(鹅),loose(松弛),boot(靴子),moot(辩论),root(根),soot(煤烟,烟灰),booth(货摊,棚),sooth(真实),tooth(牙齿),smooth(光滑),soothe(安慰),behoove(应该),prove(证明),ooze(渗漏)。

假使我们认为古英语 [oː] 同以上的音各按其语音条件相互对应是正常的,那么我们发现下面的形式是矛盾的剩余部分:

[ɔ] shod(试了(鞋),装了(马蹄铁)),fodder(饲料,畜粮),foster(哺育,抚养);

[aw] bough(树枝),slough(泥坑,沼泽);

[e] Wednesday(星期三);

[ʌ] blood(血),flood(泛滥),enough(足够),tough(坚韧),gum(树胶),done(做了(的)),must(必定),doth((他)做),glove(手套);

[ow] woke(醒了);

[u] good(好),hood(头巾),stood(站了),bosom(胸脯),foot

（脚），还有的可读为：hoof（蹄子），roof（屋顶），broom（帚），soot（烟灰）；

[uw] moor（原野，泽地），roost（栖枝，埘，窝）。

以上七项不合常规的类型各含有一个寻常的英语音位；例如 [ʌ]（blood …）也出现在 love，tongue，son，sun，come 等词里，是正常的 [ʌ] 音位，代表古英语的 [u]。每一项的歧异形式并不包含奇怪的音素，而是正常的音位，不过分布情况同历史家的期望显得有点儿背道而驰。

20.8　对于剩余例子进行细致的考察，从而订正我们的对应条理，如维纳尔处理日耳曼语的一批形式含有 [b，d，g] 异于正常的 [f，θ，h]（§18.7），立刻给新语法学家们的假设提供了鲜明卓著的实证。维纳尔搜集了一些例子，如拉丁语 pater：哥特语 ['fadar]，古英语 ['fɛder]，其中原始印欧语的 [t] 出现在日耳曼语里是 [d，ð] 而不是 [θ]。元音间擦音的浊化是很寻常的音变方式，曾经在不同的时期发生在好些日耳曼语言的历史里。原始日耳曼语 [θ] 变为浊擦音，同原始日耳曼语 [d] 的映象合流，例如古北欧语 ['broːðer] 含有一个跟 ['faðer] 相同的辅音。古英语也一样，原始日耳曼语的 [θ] 在元音间变成了浊音，如 ['broːðor]，虽然并未同原始日耳曼语的 [d]（如 ['fɛder]）合流。在古北欧语和古英语里，原始日耳曼语 [f] 在元音间都浊化为 [v]，如古英语 ofen ['oven]（今 oven（炉，灶），古高德语 ofan ['ofan]），同代表原始日耳曼语 [b] 的 [v] 合流，后者如古英语 yfel ['yvel]（今 evil（丑恶），古高德语 ubil ['ybil]）。所以，假如我们承认不规则音变的可能性，我们就很自然地非得假定早在前日耳曼语时期就有些词里头元音间的擦音开始零星地发生了，原始日耳曼语 *['fader] 同*['bro:θer] 一起只是代表某种过程的开始，这个过程要在我们具有历史记载的古北欧语，古英语，古撒克逊语才得以完成。可是 1876 年，维尔纳研究了这些歧异形式，指出一项毫厘不爽的对应关系：根据相当数量的例子，依照令人信服的有条不紊的位置，凡是日耳曼语出现歧异的 [b,d,g] 的地方，梵语和希腊语（因而假设，原始印欧语）就有了个不带重音的元音或复元音在 [p,t,k] 的前面，如梵语 [pi'ta:]，希腊语 [pa'te:r]：原始日耳曼语 *['fader]，正相反的是梵语 ['bhra:ta:]，希腊语 ['phra:te:r]：原始日耳曼语 *['bro:θer]。同样地，梵语 ['çvaçurah] "岳父"，大概反映了原始印欧语的 *[swe*k*uros]，在日耳曼语里便出现正常的以 [h] 代 [*k*]的反映，如古高德语 ['swehar]，但是梵语 [çva'çru:h] "岳母"，反映了原始印欧语*[swe'*k*ru:s]，出现在日耳曼语里却是 [g]，如古高德语 ['swigar]，代表原始印欧语非重读元音后面的 [*k*]。

这个结论被另一件事实加强了验证：原始印欧语的清擦音 [s] 在同样的条件之下经受了同样的变化，它在日耳曼语里一般出现为 [s]，但是如果前面的领音在原始印欧语里是非重读的，它在前日耳曼语里就会浊化，在原始日耳曼语里出现为 [z]，后来在北欧语和西日耳曼语里 [z] 又变为 [r]。在一批不规则动词的变位表里，日耳曼诸语言在现在式和过去单数直陈式里词的内部出现 [f,θ,h,s]，但是在过去时的多数和虚拟式以及过去分词里却出现为为 [b,d,g,z]，例如古英语：

['weorθan] "变为" [he: 'wearθ] "他已变为"，但 [we: 'wurdon]“我们已变为”；

['keːosan]“选择”，[heː'keːas]“他已选择”，但[weː'kuron]“我们已选择”（今 to choose，chose）；

['wesan]“是”，[heː 'wɛs]“他已是”，但[weː 'wɛron]“我们已是”。维尔纳指出，这样的清浊音交替同梵语动词变位表里词重音位置的交替是一致相符的，请看跟上述古英语同源的梵语动词形式：

['vartateː]“他转变”，[va-'varta]“他已转变”，但[va-vr̩ti'ma]（我们已转变）；

*['ɟoːʃati]“他享受”，[ɟu-'ɟoːʃa]“他已享受”，但[ɟu-ɟuʃi'ma]（我们已享受）；

['vasati]“他居住”，[u-'vaːsa]“他曾住”，但[uːʃi'ma]“我们曾住”。

音变规律性的假设得到如此触目的证实，数据确凿，使反对这个假设的人们瞠目结舌：剩余形式既然能够显示这样明白的对应关系，那么我们很可以深入追究原因所在，不要急于放弃把所有的形式离析为已经肯定的对应部分和尚未归类的剩余部分，并且按照上述原则仔细审查那些剩余形式以建立新的对应条理。我们不禁要怀疑，一个观察家如果满足于“音变无常规”的判决，还能不能发现这些对应条例。

在较小的规模上，偶然的观察对我们的方法有时也会提供类似的证实。中央阿尔贡金语系诸语言（the Central Algonquian languages）并没有古老的文献记载，我们发现其中有下列正常的对应，不妨用“原始中央阿耳贡金语”的重构形式来代表：

	福克斯	奥积瓦	美诺米尼	平原克利	原始中央阿耳贡金语
(1)	hk	ʃk	tʃk	sk	tʃk
(2)	ʃk	ʃk	sk	sk	ʃk
(3)	hk	hk	hk	sk	xk
(4)	hk	hk	hk	hk	hk
(5)	k	ng	hk	hk	nk

举例：

(1) 福克斯［kehkjɛːwa］"他老了"，美诺米尼［kɛtʃkiːw］，原始中阿*［ketʃkjɛːwa］。

(2) 福克斯［aʃkutɛːwi］"火"，奥积瓦［iʃkudɛː］，美诺米尼［eskoːtɛːw］，克利［iskuteːw］，原始中央阿尔贡金*［iʃkutɛːwi］。

(3) 福克斯［mahkesɛːhi］"鹿皮鞋（moccasin）"，奥积瓦［mahkizin］，美诺米尼［mahkɛːsen］，克利［maskisin］，原始中央阿尔贡金*［maxkesini］。

(4) 福克斯［noːhkumesa］"我的祖母"，奥积瓦［noːhkumis］，美诺米尼［noːhkumɛh］，克利［noːhkum］，原始中央阿尔贡金*［noːhkuma］。

(5) 福克斯［takeʃkawɛːwa］"他踢他"，奥积瓦［tangiʃkawaːd］，美诺米尼［tahkɛːskawɛːw］，克利［tahkiskaweːw］，原始中央阿尔贡金*［tankeʃkawɛːwa］。

现在剩下一个词素，同上述对应任何一条都不符合，就是当"红"讲的那个成分：

(6) 福克斯［meʃkusiwa］"他是红的"，奥积瓦［miʃkuzi］，美诺

米尼［mɛkkoːn］，克利［mihkusiw］，原始中央阿尔贡金*［meçkusiwa］。

按照音变无常规的假设，这一项就无足轻重了。可是第六项条例拟订之后，曾在克利语的一个偏远方言里发现从(1)到(5)都跟平原克利语的系统完全符合，偏偏"红"这个词素含有特殊的音丛［htk］，如［mihtkusiw］"他是红的"。这样一来，这个剩余形式就揭露了母语的一个特殊的语音单位。

规律性的(即，纯音位的)音变假设揭发了这么许多的对应条理，应该是站得住脚的；一方面接受它带来的结果，而另一方面又拒绝它——遇着困难事例采取相反的假设("音变无常规")来"解释"，这是自相矛盾。

20.9　上述剩余形式跟语言史中音变以外的因素，二者的关系是音变规律性的争执的关键所在。新语法学家们当然并不能坚持说语言的相似点总是有条不紊的。我们所处理的实际材料是极其杂乱无章的，——杂乱的程度如此严重，怪不得拉斯克和格里姆以前许多世纪的研究也没有找到有用的对应关系。然而新语法学家们的确认为，我们把音变所导致的对应关系划分开来以后，剩余形式中会发现音变以外的语言演变因素。比方说，古英语重音节里的［aː］出现在现代英语里照例是［ow］，如 boat(船)(来自古英语［baːt］)，sore(痛楚)，whole(全体)，oath(誓言)，snow(雪)，stone(石头)，bone(骨头)，home(家(庭))，dough(面团)，goat(山羊)，以及旁的许多形式。在剩余部分里我们遇见的形式如古英语［baːt］：今英语 bait(钓饵)，古［haːl］：今 hale(健康)，古［swaːn］(牧人)：今 swain(乡村少年)。已经找出古英语［aː］出现于现代标准英语为［ow］，我们便把现代英语带有歧异的［ej］形式划归剩余部分。这个剩余部分里的形式并不是歧出的反常的古英语［aː］转为现代英语［ej］的音变结果；这种分歧现象不是出于音变，而是出于另一种语言演变因素。bait，hale，swain 并不是现代英语继承了古英语带［aː］的形式，而是从斯干的那维亚语借来的东西。古斯堪的纳维亚语有［ej］的形式与古英语［aː］相当；古斯堪的纳维亚语（古北欧语）说［stejnn，bejta，hejll，swejnn］，古英语则说［staːn，baːt，haːl，swaːn］。这样很整齐的对应当然要推到原始日耳曼语的共同传统。北欧人曾一度侵入英格兰，英语便接受了这些斯堪的纳维亚语词，古北欧语的复元音［ej］因而就出现在现代英语带［ej］的歧异形式里。

在这些事例上，或者在拉丁语 dentālis：英语 dental 的事例上，反对新语法家的假设的人们并无异议，承认**语言借用**可以解释这样的相似现象。然而在许多旁的事例上，他们却宁愿说不规则的音变起着作用，而更奇怪的是，偏偏在新语法学家的假设产生重要效果的场合，他们表示了这样的倾向。

方言地理学者特别容易陷于这样的困惑。在任何一种方言里，我们经常发现一个古代的单音位用好几个音位来代表——如古英语［oː］在现代英语 food，good，blood，等等（§20．7）。其中常有一个像古音位，而旁的似乎包含一度或几度的音变。比如，美国中部偏西的英语，gather（集合）发［ɛ］音，rather（尚，毋宁）发［ɛ］或［a］音，而 father 总是发［a］音。在 tune（曲调），dew（露水），stew（燉，煨（菜）），new（新）这些词里，有些人说［juw］；也有些人头三个词用［uw］，但在［n-］后面照常保持［juw］；另一些人全部说[uw]。此外还有，假如我们考察一个区域的邻近方言，我们会发现逐渐过渡的情况：比如我们在第6图里看到的荷兰语方言（§19.3），有些地方显然已经实现了一种音变，用[yː]代替古代的[uː]，如'老鼠'和'房屋'等词；可是在挨近的地方，我们却发现某些方言显然只在一部分形式而不在其余形式里出现这个音变，如图6中某些地方[hyːs]的元音变了，但[muːs]的元音没有变；最后，我们来到一个地方所有形式都未起变化，如图6所示，这儿仍然说着古老的形式[muːs，huːs]。按照音变无常规的假设，就不能得出肯定的结论，但是按照音变规律性的假设，这样的分布情况可以马上得到解释：不规则的分布正是表示新形式在一部或全部区域内，不是由于音变，而是来自借用。音变发生在某个中心；从此以后，已经起了变化的形式由于语言借用从这个中心传布开来。另外的情形是，一个社团也许形成了一种音变，但是变了的形式也许部分地被未变形式所替代，后者是从未起音变的中心区传递过来的。研究方言地理学的人们作出这样的推断，在这个基础上重构语言的和文化的运动，但是他们也有不少人同时表示拒绝音变规律性的假设。假使他们平心静气地考察一下这种态度的含义，他们不难立刻看出他们的工作是建立在音变规律性假设的基础上的，因为，如果我们承认音变不规则性的可能，那么荷兰语的一种方言里[hyːs]跟[muːs]并用，或标准英语里rather [ˈraːðə]跟gather [ˈgɛðə]平行，被推断为语言借用的结果就说不过去了。

20.10　关于音变的规律性，争执的另一方面牵涉到剩余形式的分歧同意义特征有联系。时常遇见，同一般语音对应不相符合的形式属于明白显著的意义群。

古希腊语里，原始印欧语元音间的［s］通过音变给丢掉了。比如，原始印欧语*［'gewso:］（我尝试）（哥特语［'kiwsa］（我选择））出现在希腊语为［'gewo:］（我尝试一下）；原始印欧语*［'genesos］（亲属的）（梵语［'ɟanasah］）出现在希腊语为［'geneos］，后来变作［'genows］；原始印欧语*［'e:sm̩］（我曾是）（梵语［'a:sam］）出现在希腊语为［˜e:a］，后来变作［˜e:］。

同这些例子正相反，剩下了一大批形式，在古希腊语里似乎保留了元音间的古［s］。这个剩余部分的主要类型包括一般过去时的动词形式，后缀［-s-］接在词根或动词词干的末一元音后面。比如，希腊语词根［plew-］（航行）（现在时［'plewo:］（我航行），对称形式如梵语［'plavate:］（他航行）），一般过去形式是［'eple-wsa］"我曾航行"；希腊语一般过去式［'etejsa］"我付了罚款"与梵语［'aca:jʃam］"我收集了"平行；希腊语词根［ste:-］（站立）（现在时［'histe:mi］（我使…站立））有一般过去式［'este:sa］（我曾使……站立），与古保加利亚语［staxu］（我站了起来），原始印欧语型*［'esta:sm̩］；原始印欧语一般过去型*［'ebhu:sm̩］（古保加利亚语［byxu］（我已变成））显然在希腊语里出现为［'ephu:sa］（我曾使……生长）。反对新语法学方法的人们以为，前希腊语时期元音间的［s］弱化以至于消失，可是上述形式抗拒了这个变化，因为它表示一种重要意义，就是一般过去时。他们坚持说，音变在某些形式里会被制止的，如果严重地模糊了某种意义上很重要的特征。

新语法学家假设的含义是说，音变绝不受意义特征的牵制，只跟发音习惯有关。有些剩余形式如果带有某种意义特征，那么歧异的原由绝不在音变，而在语言演变的其他因素——与意义有关的因素。我们上面所举的例子，导致元音间［s］的消失的音变勾销了所有元音间的［s］；希腊语［'este:sa］一类的形式绝不是这个音变以前曾存在的形式的继承。这类形式是这一音变过去以后重新创造的，几个词素重新组合在一个复合形式里，所经历的过程我们称之为**类推的新组合或类推变化**。有许多形式，一般过去的后缀并不出现在元音中间，就安然无恙地避免了这个音变的影响。比如，原始印欧语一般过去式 *［'ele:jk^{w}sm̩］（我已离开，曾遗留）（梵语［'ara:jkʃam］）在希腊语里按照正常的语音发展是［'ele-jpsa］；①原始印欧语 *［eɟe:wksm̩］"我曾参加"（梵语［'aja:wkʃam］）在希腊语里出现为［'ezewksa］；原始印欧语词根 *［gews-］"尝，尝试"（希腊语现在式［'gewo:］，见上），接上一般过去的后缀，就构成词干 *［ge:ws-s-］：重迭的［ss］在前希腊语里并未消失，只是在较后的时期简化为［s］了，所以希腊语一般过去式［'egewsa］（我尝试了一下）是正常的语音类型。由此可见，希腊语具有一般过去后缀［s］；任何时期，这个后缀无疑地可以同任何动词词干结合，我们遇见的元音间带有［s］的一般过去式只是新的组合，影响［-s-］的音变早已停止作用以后重新组成的。仿照了继承下来的现在时［'gewo:］和一般过去式［'egewsa］，人们给现在时［'plewo:］构造一个新的一般过去式［'eplewsa］。总的说来，剩余形式不是由于音变过程的出轨，宁可说是给我们启示了不同的语言演变因素——那就是，类推变化。

① ［'elejpsa］这个形式并没有出现在古典希腊语，也许是古希腊语晚期出现的一个新创，不能认为是原始印欧语的继承。——译者

差不多同样地，有些学者认为意义上不很重要的音素容易通过不规则的音变导向过度的弱化和消失。例如，他们就是这样解释英语 I'll go（我要去啦）中的 will 弱化为［l］。新语法学家却认为这样的弱化宁可说是由于这些语句中的动词形式是读轻音的这个事实：英语里轻读的音位经受了一系列的弱化和消失。

20.11　新语法学家们把音变解说为纯语音的过程；它感染一个音位或同一类型的几个音位，或者是普遍地或者是受某种严格的语音条件所制约，至于包括这个音位的形式的意义特性既不起助长也不起阻碍的作用。所以，音变的影响结果，在比较语法学家看来，将表现出一系列的音位对应关系，如古英语［staːn，baːn，baːt，gaːt，raːd，haːl］：现代英语［stown，bown，bowt，gowt，rowd，howl］即 stone（石头），bone（骨头），boat（船），goat（山羊），road（道路）（rode“曾骑”），whole（完整）。然而这些对应差不多总是伴随着成套的或零星的相反的歧异形式，如古英语［baːt，swaːn，haːl］，相反的是现代英语［bejt，swejn，hejl］bait（钓饵），swain（乡村少年），hale（健全），因为音变只是语言演变的多种因素之一。我们必须设想，我们的观察无论怎么细致和精确，我们总还会发现歧异的形式，因为，从音变刚一开始，通过全部的音变过程，以及音变作用结束以后，语言中的形式不断地受到其他演变因素的支配，特别是借用和新复合形式的类推组合。音变的发生，按照新语法学家们的定义，不是一件直接观察的事实，而是一种假设。新语法学家们相信这个假设是正确的，因为只有依靠这样的假设，才能帮助语言学家们在纷乱的事实材料里找出头绪来，才能引导他们给语言演变的其他因素整理出清清楚楚的条理来。

从理论上说，我们能够理解音位变化的规律性，如果我们假设语言包含两个习惯层次。一个层次是音位的：说话人有声带颤动，舌位转移，诸如此类的一定习惯。这些习惯组成了语言的音系。另一个层次包含形式-意义习惯：说话人经常发出一定的音位组合来反应一定类型的刺激，并且听到同样的这些组合便作出适当的反应。这些习惯组成了语言的语法和词汇。

不难设想，一个人可能获得某种语言的发音习惯而并不使用其具有意义的任何形式；歌唱家就能如此，学唱一支法语歌曲做到发音正确，或者不懂法语的演员也能模仿法国人讲英语。另一方面，一种外语的音位如果不是跟我们自己的完全不相称的，我们虽然没有获得这个语言的发音习惯也能说一些具有意义的词语；有些讲法语和英语的人就是如此，他们能用彼此的语言自由交谈，可是，照我们的说法，发音却是太糟糕了。

从历史上说，我们想象音变是逐渐形成的，逐渐地喜欢某些非区别性的变体而不喜欢旁的变体。要观察这个过程，非得利用异常大量的机械记录，通过好些世代的说话人。按照这个假设，如果我们能够剔除借用和类推变化，这样搜集所得的材料可以显示出一方面是某些变体越来越流行，伴随着相反的极端是另一些变体被废弃了。比方说，古英语和中古英语在 gos（goose）和 ges（geese）这类形式里含有长的中元音。我们设想，在漫长的时间内，较高的变体受欢迎而较低的变体不时兴了，直到十八世纪，存留的变体的音域可以描写为高元音类型［u:，i:］；此后，复元音化倾向的变体越发流行，单元音类型逐渐被废弃了。

一种语言的非区别性的音响特点任何时候总是变化多端的。

一种语言在任何一个时候纵使有极其精确的记录也不能告诉我们哪些音位正在发生变化。并且,无疑的是,这些非区别性的、次音位的变体也可能接受语言借用(模仿)和类推变化(系统化)的影响。事实表明,一个语言学家每次探讨一件音变事例——在某些情况下他的文献或所观察的现象必然出现在这音变发生以后不久的时期——他总会发现音变的结果被另外那些因素所干扰。的确,当我们观察次音位的变体时,我们有时会发现这类变体在某些人里面受到干扰或者在某些形式里进行系统化,跟语言借用和类推变化很相仿佛。在美国中部偏西的英语,元音长短没有区别作用,但是有些人习惯于(虽然也许不是经常如此)采用[a]音位的短音量变体,在辅音丛[rk,rp]前面,如dark(黑暗),sharp(尖锐),以及在辅音丛[rd,rt]跟着原有后缀[-r,-n]的前面,如barter(交易),Carter(人名),garden(花园),marten(貂鼠)(Martin人名)。可是在附加后缀[-r̩,-n̩]的前面,采用的是音量较长的变体,如starter(发动者),carter(赶车者),harden(使坚硬):这儿同时存在着简单词(start(发动),cart(二轮马车),hard(坚硬)),其中元音[a]并没有缩短的倾向,这就隐隐地支持了正常的,音量较长的变体。larder(伙食房)一词可以读短元音变体,但是动作者名词larder(施加脂油者)(lard'脂油'+-er)只能用[a]音位的长音量类型构成。次音位性变体的这种分布很像类推变化的结果;不管它的起源怎样,这种习惯在说话人们中的分布无疑是模仿作用造成的,这种模仿过程我们不妨认为就是语言借用。假使这两种变体的差异变成了区别性的,那么比较语言学家就会说这儿发生了音变,但是他会发现这项音变打一开始就被借用和类推变化的影响所纠缠了。

我们时常观察到一个非区别性的变体完全被废弃了。在十八世纪的英语里，像 geese，eight，goose，goat 这样的形式含有 [iː，eː，uː，oː] 等长元音，后来变成了复元音类型[ij，ej，uw，ow]。这样的变换并不影响语言的结构；给今天的标准英语标音使用 [iː，eː，uː，oː] 等符号是完全适当的。只有语音学家或声学家才会告诉我们这些音位的绝对生理的和音响的配置起了变动。尽管如此，我们不难看出非复元音的变体曾经一度占有极大优势，今天却不再时兴了。今天操标准英语的人学说德语或法语，而这两种语言中长元音并无复化倾向，于是要发这样的音可费大劲了。英美人发单纯的长元音（不多几个世代以前是英语里原有的）感到困难，就同法国人或德国人要发英语复元音一样。说话人要学好他自己母语里没有的语音非得下苦功不可，尽管历史家文不对题的向他担保说他的语言在早一个阶段也具有同样的这些音。

只有当习惯的改变导致了语言结构中发生某种替换，才谈得到音变。美国英语绝大多数的类型在 got（得到了），rod（竿子，棍子），not（不）这些形式里用低元音 [ɑ]，而不列颠英语保持了较古老的中元音类型 [ɔ]。在美国标准英语的某些类型里，这个 [ɑ] 跟 calm（安详），far（远），pa（爸）等形式中的 [a] 是有区别的——所以 bother（麻烦，打搅）不跟 father 押韵，bomb（炸弹）不与 balm（香膏）同音：音位系统中没有发生替换。然而在美国标准英语的另一些类型里，这两个音位合并了：got，rod，bother，bomb，calm，far，pa，father，balm 都含有同样的一个低元音 [a]，因此我们说这儿发生了一种音变。说这一类型（以及旁的类型）的英语的一部分人把 bomb 读作［bom］：这个形式来自某种语言借用，因而不能表示正常的对应关系。

词首辅音丛［kn-，gn-］，如 knee（膝头），gnat（蚊子），在十八世纪早期丢掉了其中的塞音：因此，knot（结子）和 not，knight（武士）和 night（夜），gnash（咬牙）和 Nash（人名）变成同音了。今天操英语的人还得下苦功才学得会这样的词首辅音丛，比如德语的 Knie［kniː］（＝英语 knee［nij］）。

荷德语区里，原始日耳曼语的音位［θ］逐渐变作［ð］，随后又变成［d］；到了中世纪末，在北部地区，这个［d］和原始日耳曼语的［d］合而为一了。所以现代标准荷兰语一律在词首用［d］，在 dag［dax］（英语 day），doen［duːn］（英语 do），droom［droːm］（英语 dream）这些词里跟英语一样用［d-］，而在 dik［dik］（英语 thick（厚）），doorn［doːrn］（英语 thorn（荆棘）），drie［driː］（英语 three）这些词里英语用［θ］。这种区别完全抹煞了，只有向一个保存了这种区别的语言借用，才能重新引进来。不消说，荷兰人或德国北方人要下苦工才学得会发英语的［θ］，仿佛这个音在他自己的语言里从来没有存在过似的。

某种变体的流行导致了音变，这是历史上的事件；一旦过去之后，我们不能担保它会再度发生。早期演变中被剔除了的音响类型，在后起的演变过程中也许得到爱好而被采用。古英语和中古英语的长元音［iː，uː］，如［wiːn，huːs］，在早期的现代英语里由于复元音化的倾向被剔除了，变成今天的 wine［wajn］，house［haws］。可是差不多在同一时期，古英语和中古英语［geːs，goːs］中的长中元音给提高了，以至于十八世纪的英语里在 geese，goose

这些词里又有了[iː,uː]类型。新的[iː,uː]来得太晚了,没有赶得上中古英语高元音转化为[aj,aw]的演变过程。同样地,我们必须假设前希腊语元音间的[s]音位经过好些世代逐渐弱化以至于消失,要在元音间的位置上发出清楚的单纯的[s]就非得下苦工练习,但是,这个音变过去之后,长辅音[ss]的简化又引进来这个语音类型,并且(无疑地是独立进行的),新的组合如['esteːsa](§20.10)又变成很容易发出的音群了。按照这样的方式,我们时常能够推断音变的前后继续(相对年代 relative chronology')。比如,在前日耳曼语时期,只有在原始印欧语[p,t,k]早已转化为原始日耳曼语[f,θ,h]这一类型以后,原始印欧语[b,d,g]才能转变为原始日耳曼语[p,t,k],这个次序是很清楚的——因为日耳曼语的实际形式显示了这两组音位并没有合流(§20.2)。

第二十一章　语音演变的类型

21.1　语音演变，如上章所述，是发音动作的习惯起了变化。严格地说，这类变化如果并不影响语言的音位系统，就是无关紧要的；事实上，纵使我们掌握了完善而无缺陷的记录，我们也还是不可能确切地指出某些变体的流行的起点，认为是名副其实的历史演变的开始。说英语的人们在 gōs(goose)和 gēs(geese)这些词里头倾向于采用舌位较高的元音变体，开始时候发音位置的变动是毫无所谓的。他们所发这些元音的音响性质，同不多几个世代以前，先人们在同样的语言形式里所发元音的音响性质，他们无从比较。他们要是听见一个方言没有发生这种变化，也许会注意到差别，但是他们无法肯定这种差别是怎样产生的。语音演变只在引起了音位模式的变化才会获得意义。例如，在现代英语的初期，中古英语元音［ɛː］，如 sed［sɛːd］(seed(种子))，舌位提高了，以至跟 ges［geːs］中的［eː］合而为一，这样的合并在语言的所有形式中完全改变了音位的分布。再有，中古英语的短［e］在所谓开音节里——就是，后面的单辅音紧跟着另一个元音，如 ete［ˈete］(“eat”吃)——音量延长了，终于跟刚才提到的长元音合流。因此，现代英语的音位结构跟中世纪的英语是不同的。现在的［ij］音位在整个系统中继承了这样三个古老的音位；特别值得注意的是，这样的合并产生了一批同音词。

古和中古英语 [eː] 变成了现代的 [ij]，如 heel（脚跟），steel（钢），geese（鹅，复数），queen（皇后，女王），green（青，绿），meet（遇见），need（需要），keep（保持，持有）。

古和中古英语 [ɛː] 变成了现代的[ij]，如 heal（治疗），meal（餐），cheese（奶酪），leave（离开），clean（清洁），lean（消瘦），street（街道），mead（草原），meet（相遇，合适）。

古和中古英语 [e] 变成了现代的 [ij]，如 steal（偷），meal（面粉），weave（织），lean（倚靠），quean“妇人”，speak（说），meat（肉食），mete（度量，分配），eat（吃），mead（蜜酒）。

另一方面，末一项变化受到一定语音位置的限制，因而原来具有同样音位的形式现在却有不同的音位：古英语 [e] 变长了，如中古英语 were>weave，但中古英语 weft>weft“纬线”却没有变。同样地，另一种音变使某些辅音丛前面的长元音变短了，因而引起了元音的不同，如 meadow“草原”（<古英语 [ˈmɛːdwe]）和 mead 之间，或 kept“保持了”（<古英语 [ˈkeːpte]）和 keep 之间的差异。

几百年前，英语丢了词首 [n] 前面的 [k]：结果是音位系统中起了变化，包括下面的特征，即同音词 knot 和 not，或 knight 和 night 的产生，以及 [n-] 和 [-kn-] 的交替，如 know（知道），knowledge（知识）：acknowledge（承认，认识）。

21.2　大多数音变的一般倾向是任何特定语言形式的发音动作的简化。辅音丛就是往往这样简化了的。古英语的词首辅音丛 [hr，hl，hn，kn，gn，wr] 丢掉了头一个辅音，如古英语 hring>今 ring（（指）环，（铃）响），hlēapan > leap（跳跃），hnecca > neck

(颈子),cnēow > knee(膝头),gnagan > gnaw(咬),wringan > wring"扭,拧"。这些词群里[h]的消失发生在中世纪的晚期,其他辅音的消失发生在现代的早期;我们不知道这些时候闯进来了什么新因素帮助消除这些曾经经过好些世纪活在人民口头的辅音丛。[h]音丛还保存在冰岛语里;词首[kn]不但还留在旁的日耳曼语言里(如荷兰语 knic [kniː],德语 knie [kniː],丹麦语 [knɛːʔ],瑞典语 [kneː]:英语 knee [nij]),并且也见于设得兰和奥克尼群岛[①]以及苏格兰东北部的英语方言。[gn]差不多同样广泛地持续不变——在英语里更加广泛;[wr-]改读[vr-]还留存在斯干的那维亚语,荷德语区的北部(包括标准荷兰语),和好些分散的英语方言。我们既然不知道什么因素在某个时候和地方,而不在另一个时候和地方,导致了这些变化,我们就不敢自信以为知道了变化的原因——就是说,不能预言音变的发生。被爱好的变体较为平易单纯,这是一个永恒的因素;可以匹比的类似的可能性是找不到的。

词尾辅音丛的简化就更普通了。原始印欧语 *[peːts]"脚"(主格单数)出现在梵语里是[paːt],在拉丁语里是[peːs];原始印欧语 *[bheronts]"负担,携带"(主格单数阳性)出现在梵语里是['bharan],在拉丁语里是 ferens ['ferens],后来变作['fereːs]。就是由于这一类型的变化,产生了实际容许的尾音习惯(§8.4)和§13.9所描述的形态变换类型。同样,原始中央阿耳贡金语

① 设得兰(Shetland)英国苏格兰东北一群岛郡,盛产羊毛。奥克尼(Orkney)在苏格兰北的岛郡。——译者

*[axkehkwa]“锅，镬”，复数 *[axkehkwaki]，反映在福克斯语里是[ahkoːhkwa，ahkoːhkoːki]，在克利语[askihk，askihkwak]和美诺米尼语[ahkɛːh，ahkɛːhkuk]丢了末尾的元音和辅音丛的一部分，所以这些语言里的复数形式含有一种辅音丛，从单数形式的审察上是看不清楚的。英语里尾音[ŋg]和[mb]丢掉了最后的塞音；因而出现这样的对照，long：longer [lɔŋ—'lɔŋgə]（长：更长），climb：clamber [klajm—'klɛmbə]（“攀登”：“爬，攀”）。

有时候甚至词尾单辅音也会弱失或消失。前希腊语丢掉了尾音[t，d]，如原始印欧语 *[tod]“那”，梵语[tat]：希腊语[to]；尾音[m]变为[n]，如原始印欧语 *[ɟu'gom]“轭”，梵语[ju'gam]：希腊语[zu'gon]。同样的变化似乎也曾发生在前日耳曼语里。有时候所有的词尾辅音都丢了，结果出现了一种语音模式，其中每一个词都以元音结尾。前斯拉夫语里发生过这种变化，请看古保加利亚语的形式[to]“那”，[igo]“轭”。正是这一类的变化才能说明萨摩亚语的形态现状（§13.9）；萨摩亚语[inu]“喝，饮”这个形式是古 *[inum]的后裔，末尾辅音还保存在塔加洛语[i'num]里。

这类变化既然是出现在词首或者更常见的是出现在词尾，我们就得假定那些发生这种变化的语言当时关于词的单位大概具有某种语音标志。假使有些形式，其中词的开头和结尾并没有起止的发音特点，那么这些形式就不会受到这种变化的感染而按照连读形式继续保存下去。比如，中古英语尾音[n]丢掉了：eten>ete“eat”，但是冠词 an（一个）在元音前面必然是完全发音的，仿佛是后面跟着的那个词的一部分——就是说，没有结尾位置的语音特点——所以在这种情形之下［n］并没有丢掉（如尾音［n］），反而被保存了（如词内部的［n］）：a house“一所房屋”，但是 an arm“一支手臂”。拉丁语 vōs“你们”变为法语 vous［vu］，但是拉丁语短句 vōs amātis“你们爱”反映在法语的连读习惯却说成 vous aimez［vuz eme］。拉丁语 est“他是”变成法语 est［ε］，但是拉丁语短句 est ille？“是那个么？”出现在法语的连读形式里是 est-il？［εt i?］“是他么？”按同样方式，原始印欧语 *［bheronts］不但反映在梵语［'bharan］里（见上引），并且也按照梵语连读的习惯，增加一个连读嵌音［s］，如果后面的那个词以［t］开头，如［'bharās 'tatra］“携带到那儿去”。

21.3 辅音丛的简化是常见的音变结果。比如，前拉丁语 *［'fulgmen］“闪（电）”出现在拉丁语里是 fulmen。这儿［lgm］音群简化了，变为［lm］，但是 fulgur“闪亮”中的音丛［lg］没有变，agmen“军队”中的音丛［gm］也没有变。我们描写这样的音变时，把有关的条件称为**条件因素**（或**导致因素**）；比如说，fulgur 和 agmen 这些例子缺少这样一个因素，所以其中的［g］给保留了。这种说法是不很恰当的，因为这儿所谈的变化实际上只是［lgm］简化为［lm］，跟 fulgur，agmen 等例子并不相干，但是利用这些术语往往也有方便。条件音变的结果时常是形态上的替换。就像拉丁语的后缀 -men 见于 agere“指挥，引导”：agmen“军队”，但是 fulgere“闪耀”：fulmen“闪（电）”。同样，前拉丁语［rkn］变作［rn］；除 pater“父亲”：paternus“父亲的”以外，我们还有 quercus“橡树”：quernus“橡树的”。

辅音丛因**同化作用**而发生变化，是很寻常的：发一个音位的器官位置稍稍改变，使更接近另一个音位的部位。较常见的是逆同化，前面音位受后面音位的影响。

比如，辅音的浊化或清化往往随着后面的辅音性质变为一致；英语 goose 和 house 的［s］在 gosling，husband 的辅音组合里浊化为［z］。这也会引起形态上的替换。在俄语的历史上，两个短元音（下面标写为［ɪ］和［ʊ］）消失的结果产生了一些辅音丛；这些音丛里的塞音或擦音后来被紧跟着的塞音或擦音在清浊上同化了。古保加利亚语没有发生这儿所说的变化，还看得出古老的形式。例如 *［'svatɪba］“婚姻”出现在俄语里是［'sva*d*ba］；比较俄语［svat］“媒人”。古保加利亚语［otʊbeːʒati］“逃走”出现在俄语里是［od*b*e'ʒa*t*］；比较古保加利亚语的简单形式［otʊ］“离开，去”：俄语［ot］。另一方面，古保加利亚语［podʊkopati］“摧毁”出现在俄语里是［potko'pa*t*］；对比古保加利亚语［podʊ igo］“在轭下”：俄语［'pod igo］。

同化作用可以影响软腭、舌头、或嘴唇的动作。假使前后辅音还保持差异，同化只是部分的；如前拉丁语［pn］同化为［mn］，原始印欧语 *［'swepnos］“睡眠”，梵语［'svapnah］：拉丁语 somnus。假使差异完全消失了，同化就是全部的，结果是一个专辅音，如意大利语 sonno［'sɔnno］。同样，拉丁语 octō“八”＞意大利语 otto［'ɔtto］；拉丁语 ruptum“打破了的”＞意大利语 rotto［'rotto］。

顺同化是后一个辅音的改变。比如前拉丁语 *［kolnis］“小山”在拉丁语里是 collis；比较立陶宛语［kaːlnas］“山”。英语 hill（小山）在前日耳曼语里经历了同样的变化［ln］＞［ll］；请看原始印欧语 *［pl̩ː'nos］“满”，梵语［puːr'ɴah］，立陶宛语［'pilnas］：原

始日耳曼语 *['follaz]，哥特语 fulls，古英语 full，或原始印欧语 *['wl̩ːnaː]"羊毛"，梵语 ['uːrɴaː]，立陶宛语 ['vilna]：原始日耳曼语 *['wolloː]，哥特语 wulla，古英语 wull(今 wool)。

21.4 还有许多辅音变化在性质上也可以当作同化看待。比如，好些语言的历史上曾经发生词尾辅音的清化，不妨看作也是一种逆同化：说话停顿一下，声带的位置是张开的，这在发末了的辅音时候便预先给准备了。荷德语区的许多方言，包括其标准语，就是这样让所有的末尾塞音和擦音都清化了；结果是词尾清音和词中浊音的替换(§13.9)：

古高德语 tag"日子，白天">新高德语 Tag [taːk]，但是复数 taga>Tage ['taːge] [g] 没有变；

古高德语 bad 英语"bath"(沐浴)>新高德语 Bad [baːt]，但是属格 bades>Bades ['baːdes]。

古高德语 gab"(他)给了">新高德语 gab [gaːp]，但是复数 gābun'(他们)给了'>gaben ['gaːben]。

浊辅音也许会保留在连读里——就是，在惯用的语句里，它并不是出现在话语的收尾。标准德语里没有发生这种情形；这里每个词单位都贯彻了尾音形式。然而俄语里，我们既看到尾音形式，如古 [podʊ] 丢了最后的元音变成 [pot]，也看到短语类型如 ['pod igo] "在轭下"。荷兰语有一种发音，古 hebbe"(我)有"丢了末尾的元音以后，不但在 ik heb [ek'hep] "我有"出现带 [-p] 的尾音形式，并且还出现连读语句如 heb ek? ['heb ek?] "我有么?" 这就是追忆性连读变音的起源(§12.5)。

一种很普通的变化类型是元音间或其他开音间的辅音的弱

化。这跟同化作用也有密切关系，因为，前面和后面的音既然是开的和浊的，其间塞音或擦音的浊化和减轻关闭程度正表示动作的省力。美国英语［t］在 water(水)，butter(黄油)，at all(全然)里变作舌尖一闪的浊音(§6.7)，肯定是属于这一类的。拉丁语元音间的［p，t，k］到了罗曼诸语言大体上都弱化了：拉丁语 rīpam"滨岸"，sētam"丝"，focum"炉边，炉床"，出现于西班牙语 riba，seda，fuego"火"，其中［b，d，g］大体上是擦音性质的，法语是 rive，soie，feu［riːv，swa，fø］。有些语言，像前希腊语，丢掉了元音间［s，j，w］一类的音。玻里尼西亚诸语言，在某种限度内，中世纪印度亚里安诸语言，都有丢掉中间辅音的古老结构的痕迹，很像刚才所举的法语形式。英语的历史上，［v］的消失是显著的，如古英语［'hɛvde，'havok，'hlaːvord，'hlaːvdije，'heːavod，'navogaːr］>现代 had(有了)，hawk，(鹰)，lord(主人)，lady(主妇)，head(头)，auger(螺丝钻)：这个变化似乎是十三世纪内发生的。

如果条件因素被随后的变化取消了，结果是不规则的替换。例如爱尔兰语里词首辅音的连读替换就是这样产生的(§12.4)。在这种语言的历史上，元音间的塞音弱化为擦音，如原始印欧语 *［'piboːmi］"我喝"，梵语［'pibaːmi］：古爱尔兰语 ebaim［'evim］。爱尔兰语在这个阶段显然并不怎么理会词单位的语音界限，因而在紧凑的语句里也贯彻了这种变化，例如 *［eso bowes］"他的些奶牛"(比较梵语［a'sja 'gaːvah］)变成了现在的［a vaː］，对比独立形式［baː］"一些奶牛"。这一类型的连音变化只保存在有限几个例子里，如刚才所举的代名词［a］"他的"之后。按照同样方式，元音间的［s］弱化为［h］，后来消失了：原始印欧语

['sweso:r]“姐妹”，梵语['svasa:]，大概先是[sweho:r]，后来古爱尔兰语变作siur。尾音[s]同样地丢掉了：高卢语tarbos“公牛”出现在古爱尔兰语里是tarb。我们现在还得假定，元音间[s>h]的变化也发生在紧凑的语句里，所以*[esa:s o:wjo]“她的蛋”（比较梵语[a'sja:h]“她的”，[-h]来自[-s]）终于变为现代的[a huv]“她的蛋”，对比独立的[uv]“蛋”——这个习惯也只保留在某些组合里，如在“她的”这个代名词之后。同样，[m]在词尾先是变成[n]，后来消失了，但是保留在元音间；两种对待法都出现在*[neme:tom]“圣地”，古高卢语[neme:ton]，古爱尔兰语nemed。在[-m]已经变成了[-n]的阶段，古*[sen-to:m o:wjo:m]“这些蛋的”（比较希腊语属格复数[ˋto:n]）终于变成现在的[nanuv]，对比独立形式[uv]“蛋”。还有一个连音变换形式带有词首的[t]，如[an tuv]“这蛋”，经历了相似的但更复杂的发展；最终的来源还得追溯到原始印欧语主-宾格单数中性代名词的形式以[d]收尾，如梵语[tat]“那”，拉丁语id“它”。

维纳尔所发现的前日耳曼语的音变（§§18.7；20.8），我们可以解释为乐音间清塞音[f，θ，h，s]弱化而变作浊音[v，ð，ɣ，z]；这项变化只限于前面的元音或复元音处于轻读地位，也可以进一步采取同样的解释：在重读元音之后，声带后面储存了大量的空气，以便开放声带，发出清擦音，比声带靠拢发浊音要容易些。然而我们不能认为这种解释是相互依赖（“导致”）关系，因为不少语言保持了元音间的清擦音，而另一些语言，不管前面的元音是否重读，却让这些清音溶化了。这儿，条件因素后来由于旁的变化也被抹掉了:早期前日耳曼语 *['werθonon]“变为”和*[wurðu'me]“我们已变为”相对照,[θ:ð] 的替换依赖重音的位置;后来,重音一律移到所有词的头一个音节,原始日耳曼语 *['werθanan—'wurdume],古英语 ['weorðan—'wurdon] 中的清浊替换便显得是任意的不规则现象,就好像现代英语里的 was:were,来自原始日耳曼语 *['wase—'we:zume]。许久以后,近似的音变也发生在英语的历史里:这可以解释这样的差别,如 luxury:luxurious ['lʌkʃəri—lʌg'ʒuəriəs] 按照寻常的一种发音,以及 possesser [pə'zesə] 这样的形式,给法语 [s] 两样的处理。这个变化包括 glasses“眼镜”,misses“姑娘”,Bess's“佩丝的”等形式中,其后缀轻元音后面的古 [s] 溶化了;有几个形式像 dice [dajs](die“骰子”的复数)和 pence(penny“便士”的复数)显示了重读元音后保存了 [s]。这个变化刚过去,重读形式必然是 off [of],with [wiθ],is [is],his [his],轻读形式则是 of [ov] 和 [wið,iz,hiz],但是这样的交替现在已经消灭了:off 和 of 由于类推变化经过了重新分布,[wiθ] 作为 [wið] 的变体被保留着,is 和 his 读 [s] 的形式现已废弃了。

21.5　辅音往往被前面或后面的元音舌位所同化。最普通的例子是受后面跟着的前元音的同化,特别是舌尖音和舌根(软腭)音;这就是一般所说的腭化作用。不久前英语里一定发生过这样的变化,但是没有引起音位的变动,因为许多语音学家肯定地告诉我们,[k,g] 在前元音前面如 kin,keep,kept,give,geese,get,舌面接触部位要前得多,而在后元音前面如 cook,good,舌面接触部位就要后得多。前英语时期发生过类似的变化,导致了音位结构的改变。首先是，腭化了的［g］——大概这个音位属于擦音性质——同另一个音位［j］合而为一。音位分布的变化可以看得很清楚，如果我们对照北方德语（古撒克逊语）的同源形式，后者完整地保存了古老的音位分布：

北方德语	前英语	> 古英语	> 现代英语
gold	*［gold］	gold［gold］	gold（金子）
gōd	*［goːd］	god［goːd］	good（好）
geldan	*［ˈgeldan］	gieldan［ˈjeldan］	yield（产生，退让）
garn	*［gɛrn］	gearn［jarn］	yarn（纱，线）
jok	*［jok］	geoc［jok］	yoke（轭）
jār	*［jɛːr］	gear［jeːar］	year（年）

前英语时期的腭化影响了语言结构的另一种情形是由于条件因素的模糊。后元音［o，u］并不影响前面的舌根音，在一定条件下变为［ø，y］，后来又变为［e，i］，跟曾经导致腭化的前元音合流了。因此到了英语的较晚阶段，腭化了的和未经腭化的舌根音都能出现在前元音前面。

古前元音前面，腭化了的舌根音：

前英语	> 古英语	> 现代英语
*［ˈ*k*ɛːsi］	ciese［ˈ*k*iːese］	cheese（奶酪）
*［*k*inn］	cinn［*k*in］	chin（下巴，下颔）
*［ˈgeldan］	gieldan［ˈjeldan］	yield（产生，退让）
*［gɛrn］	gearn［jarn］	yarn（纱，线）

新起的前元音前面，未腭化的舌根音：

前英语	> 古英语	> 现代英语

*[ˈkɔːni > ˈkøːni]① cene [ˈkeːne] keen（尖锐）

*[ˈkunni > ˈkynni] cynn [kyn] kin（亲属）

*[ˈgoːsi > ˈgøːsi] ges [geːs] geese（鹅，复数）

*[ˈguldjan > ˈgyldjan] gyldan [ˈgyldan] gild（镀金）

同类的第三个因素是由于较晚的音变，丢掉了条件因素的特征——就是曾经导致腭化的前元音[e,i,j]：

腭化了的舌根音，在即将发音的时候跟随着一个前元音：

前英语 >	古英语 >	现代英语
*[ˈdren*k*jan]	drencean [ˈdren*k*an]	drench（浸透）
*[ˈsti*k*i]	stice [ˈsti*k*e]	stitch（缝；针脚）
*[ˈsengjan]	sengan [ˈsengan]	singe（烧灼）
*[ˈbryggju]	brycg [brygg]	bridge（桥梁）

未腭化的舌根音，后面不跟前元音：

前英语 >	古英语 >	现代英语
*[ˈdrinkan]	drincan [ˈdrinkan]	drink（喝）
*[ˈstikka]	sticca [ˈstikka]	stick（杖；刺，插）
*[ˈsingan]	singan [ˈsingan]	sing（唱）
*[ˈfrogga]	frogga [ˈfrogga]	frog（青蛙）

我们称为腭化作用的音变，首先把辅音改变为各式各样的，语音学家所谓的腭化音；上面所举的现代英语形式，含有[tʃ,dʒ,j]，

① 前英语时期，新起的前元音[ø,y]是所谓 i-umlaut 的结果，就是前一音节里的[o,u]受到后随音节中的 i 或 j 的影响，可以说是一种逆同化：[o,u] > [ø,y]，紧跟着-i 或-j。这一现象在现代英语和德语形态里还留有显明的痕迹，如英语 man：men，foot：feet，德语 Mann：männer，Fuss：Füsse。（参看下文 § 21.7。）——译者

给我们显示了这些腭化类型也许还会遭遇进一步的变化。事实上，这些变化是极其平常的，虽然方向不尽相同。舌根音和舌尖音都一样，往往会变成塞擦音类型[tʃ，dʒ]和擦音类型，不正常的[ʃ，ʒ]和正常的[s，z]。现代英语里有这样的发展[tj>tʃ，dj>dʒ，sj>ʃ，zj>ʒ]，如 virtue（品德），Indian（印度人），session（会议（期间）），vision（幻景）['vəːtʃuw，'indʒn，'seʃn，'viʒn]；较正式的变体如['vəːtjuw，'indjn̩]，是由后起的变化兴起的。罗曼诸语言表现了花样繁多的腭化舌根音的发展：

	拉丁语 >	意大利语	法语	西班牙语
"百"	centum	cento	cent	ciento
	['kentum]	['tʃɛnto]	[sã]	['θjento]
"国家"	gentem	gente	gens	gente
	['gentem]	['dʒɛnte]	[ʒã]	[xente]

法语区的一部分把[a]前面的[k]也腭化了；中世纪时期，英语借了法语许多词，正是腭化到达了[tʃ]阶段，如拉丁语 cantare [kan'taːre]"唱">古法语 chanter [tʃan'teːr] 出现于英语 chant；同样，拉丁语 cathedram ['katedram] 出现为英语 chair"椅子"；拉丁语 catenam [ka'teːnam]，英语 chain（链条）；拉丁语 cameram ['kameram]，英语 chamber（内室，房间）。现代标准法语里，这个[tʃ]又进一步变作了[ʃ]：chanter，chaire，chaîne，chambre [ʃãte，ʃɛːr，ʃɛːn，ʃãbr]。

腭化在斯拉夫诸语言里起了很大的作用：在不同的时期带来了不同的结果，影响了每一种辅音类型，甚至包括唇音。

在印欧语研究的发展过程中，有一种腭化现象曾经占有重要地位，这个腭化由于后起的音变给弄模糊了。印度伊朗诸语言单有一个元音 [a] 相当于其他印欧语言的 [a,e,o]。例如，拉丁语 ager“田地”，equos“马”，octō“八”，同语源的梵语是 [ˈaɟrah, ˈaçvah, aʃˈTaːw]。在很长一段时间内，学者们认为印度伊朗诸语言在这儿保存了原始印欧语状态，而欧洲语言产生了歧异的元音，因为共同的前欧洲语时期发生了新的音变。在印度伊朗语的 [a] 前面，原始印欧语的舌根音 [k,g]有时不变，有时却是 [c,ɟ]。十九世纪七十年代，好些学者分别独立地看出后一种反映大概是腭化的结果，事实上同欧洲语言带有 [e] 的地方对应得很齐整。因此，我们发现欧洲语言的后元音和印度伊朗语的舌根塞音有如下的对应：

原始印欧语 *[kʷod]，拉丁语 quod [kwod] ‘什么’：梵语 kat-（复合词中头一个成员）。

原始印欧语 *[gʷoːws]，古英语 cu [kuː]（今 cow‘奶牛’）：梵语 [gaːwh]。

另一方面，欧洲语言有前元音 [e] 的地方，印度伊朗语里就出现塞擦音代替了舌根塞音，我们发现这样的对应：

原始印欧语 *[kʷe]，拉丁语 que [kwe]“和，同”：梵语 [ca]；

原始印欧语 *[gʷeːnis]，哥特语 qens [kweːns]“妻子”：梵语 [-ɟaːnih]（复合词中末一个成员）。

根据这些事例，我们推断印度伊朗语单一的 [a] 是后来发展的结果：前印度伊朗语里一定还有个 [e] 不跟旁的元音相混，这个 [e] 导致了前面舌根塞音的腭化。并且，因为这个 [e] 跟欧洲语言的 [e] 相应，这个区别必然存在于原始印欧语，而不是欧洲诸语言的联合创新。这个发现结束了介于原始印欧语与欧洲诸语言(跟印度伊朗诸语言相对立)之间的共同母语的想法。

21.6　辅音的弱化或消失有时带来前一**元音延长的补偿**。古英语音组[ht],直到今天还保存在北方方言里,但在大部分地区已经丢掉了[h]并延长了前面的元音。比如,古英语 niht [niht, nixt],现代苏格兰方言[nixt, next],先是变成[niːt],从而变成现代的 night [najt]"夜"。浊辅音前面丢掉一个擦音,使元音延长得到补偿,也是很平常的,如前拉丁语 *['dis-legoː]"我挑出,我喜欢">拉丁语 dīligō(比较 dispendō"我衡量、分配"中的 dis-,和 legō(我采集,挑拣));早期拉丁语 cosmis"和蔼">拉丁语 cōmis;前拉丁语 *['kaznos]"头发斑白">拉丁语 cānus(比较一个邻近的意大利语方言,帕里格尼语(Paelignian),casnar"老年人");原始印欧语 *[nisdos]"巢"(比较英语 nest)>拉丁语 nīdus。

假使丢了的辅音是鼻音,前面的元音往往会鼻化,说不定有没有补偿的延长或其他变化。这是许多语言产生鼻化元音的根源,如法语:拉丁语 cantāre>法语 chanter [ʃãte]"唱",拉丁语 centum>法语 cent [sã]"百",等等。古日耳曼语的形态显示了有和没有鼻音的平行形式,如哥特语['bringan—'braːhta](英语 bring, brought"带来,带来了"),['θankjan—'θaːhtal](英语 think, thought"想,想了")。不带[n]的形式都有个[h]紧跟在一个长元音后面。我们猜想这些形式里[n]消失了带来补偿的延长,稍稍比较一下旁的印欧语言便能得到证实,如拉丁语 vincere"征服”：哥特语［'wi:han］“战斗”。并且，我们知道，十二世纪有一位冰岛语法学家说过，他的语言里像［θe:l］“锉（刀），排列”（来自*［'θinhlo:］）这样的形式含有鼻化元音。在这些形式里，旁的日耳曼语的［a:］，在古英语用［o:］来代表，如［'bro:hte］（“brought”），［'θo:hte］（“thought”）。我们有理由相信，这个歧异的元音性质反映了更古的鼻化，因为在旁的场合，古英语也显示出［o:］反映了早期的鼻化音［a］。［h］前面［n］的消失曾发生在前日耳曼语；在旁的清擦音［f，s，θ］前面，［n］保存在大多数日耳曼语方言里，但是在英语，弗里斯兰语和邻近方言里消失了，带有补偿的延长。在这些事例里，我们也发现古英语［o:］反映了延长和鼻化的［a］。比如 five（五），us（我们（宾格）），mouth，soft（软），goose，other（旁的，另一个）。这些词出现在最古的德语文献里是［finf，uns，mund，sanfto，gans，'ander］（［d］是古［θ］的反映），但在古英语是［fi:f，u:s，mu:θ，'so:fte，go:s，'o:ðer］。

元音间的辅音消失以后，结果两个相连的元音往往紧缩为一个单元音或复元音性的组合。最早的英语记载仍然显示元音间的［h］，但是随后不久，这个［h］便从书面上消失了，写下的是单元音。比如，toe（脚趾）先出现为 tahæ，大概读作［'ta:hɛ］，但是不久就写作 tɑ［ta:］了；前英语*［θanho:n］“泥土”最初出现为 thohæ［'θo:hɛ］，随后是［θo:］；哥特语［'ahwa］“江河”（跟拉丁语 aqua“水”同语源），平行的古英语形式是 ea［e:a］，来自前英语*［'ahwa］；哥特语［'sehwan］“看见”，相对当的是古英语 seon［se:on］（今 see）。

21.7　元音往往被前后音节中的元音所同化。中世纪早期，这类变化曾发生在好些个日耳曼语方言里。日耳曼诸语言的这些变化一般叫作元音变移(umlaut);这个术语也应用于结果所造成的语法上的替换,似乎有点混乱。最平常的元音变移是重读后元音受到后面 [i,j] 的部分同化。作为条件的 [i,j] 消失以后,结果所得的替换就变成纯语法性质的了:

前英语	> 古英语	> 现代英语
*[gold]	gold	gold(金子)
*['guldjan][①]	gyldan	gild(镀金)
*[muːs]	mus [muːs]	mouse(老鼠)
*[muːsi]	mys [myːs]	mice(老鼠(复数))
*[foːt]	fot [foːt]	foot(脚)
*[foːti]	fet [feːt]	feet(脚(复数))
*[gans]	gos [goːs]	goose(鹅)
*['gansi]	ges [geːs]	geese(鹅(复数))
*[drank]	dranc [drank]	drank(喝了)
*['drankjan]	drencean ['dren*k*an]	drench(浸,泡)

古北欧语还有另一类型的元音变移,就是 [a] 同化于后面的 [u],变得更接近后元音性质,如 *['saku]“罪状,谴责”(比较古英语 sacu“争论”)>古北欧语 [sɔk]。相似的变化,加以补充,无疑还有一致化的新的构形倾向,应该是土耳其鞑靼语和其他一些语言里占有重要地位的元音和谐的导致因素(§11.7)。

① 这一形式中的 [u] 是由于更早的同化作用,[o] 受后面 [j] 的影响变作高元音的舌位。——原注

简化的效果最清楚地表现在元音的缩短和消失上。在词的末尾音节，特别是处于尾音的位置，任何语言都会发生这种变化。在中央阿尔贡金诸语言中，只有福克斯语保存了末尾的元音：原始阿尔贡金语 *[eleniwa]“人，男子”>福克斯语 [neniwa]，奥基瓦语 [inini]，美诺米尼语 [enɛːniw]，平原克利语 [ijiniw]。某些双音节词避免了这种缩短：*[ehkwa]“虱子”>福克斯语 [ehkwa]，奥基瓦语 [ihkwa]，美诺米尼语 [ehkuah]，克利语 [ihkwa]。

词重音很强的语言时常让非重读的元音弱化或消失。词尾元音的消失，如古英语(ic)singe>(I)sing“(我)唱”，叫作**删削尾音**(apocope)；中间元音的消失，如古英语 stānas>stones [stownz]“石头”(复数)，叫作**缩短腰音**(syncope)。原始日耳曼语的长形式，古英语的较短形式，和现代英语大大缩短了的词形，形成了鲜明的对照，都是由于这种变化继续不断的推进。比如，原始印欧语 *[ˈbheronom]“携带、负担的行为”，梵语 [ˈbharaɴam]，原始日耳曼语 *[ˈberanan]，传递给古英语 beran，中古英语 bere，于是变成现代的(to)bear“携带，负担”。有些词在语句中当作前面或后面的词的一部分处理，这种习惯是从原始印欧语继承下来的；前日耳曼语时期，每个词带有一个单独的高重音，那些轻读形式就不带有重音；后来，轻元音的弱化导致了这些词的连读变体，重读或者轻读。这一类的弱化在英语史上不断地一再发生，但是由此产生的替换形式大都给剔除了，重新进行组织，有的在轻读位置上采用完整形式，也有的在重读位置上采用弱化形式。例如 on 在中古时期是个非弱化形式；这个词的弱化形式是 a，如 away“离去”来自古英语 on weg [on ˈwej]“在路上”；这个弱化形式只保留在为数很有限的组合里，如 away，ashore（靠岸），aground（搁浅），aloft（悬空），未经弱化的 on 现在只用于轻读位置，如 on the table（在桌子上），可是这儿又经受了新的弱化，结果读轻音的［ən］跟重读的［ɔn］并存，后者如 go on［gow 'ɔn］（往前，继续）。与此相反，代名词 I，现在重读和轻读位置上都用这个形式，反映了古老的非重读形式，古英语 ic 的末尾辅音给丢了；古重读形式还留在少数地点方言里，读作［itʃ］'我'。这些变化在许多词的连读轻音变体里留下了痕迹，如 is，但 he's here（他是在这儿）中的［z］；will，但 I'll go（我将去）中的［l］；not，但 isn't 中的［nt］；以及某些复合词轻音成员的弱化形式：man，但 gentleman（先生）中的［-mən］；swain［swejn］，但 boatswain［'bowsn］（水夫头儿）中的［-sn］。同样的因素可以说明法语词形比起拉丁语来要简短得多；如 centum>cent［sã］（百）；可是法语经过了这些缩短以后，已经没有词重音，词形也就不能再缩短了。

一个语言里形态上互相关连的形式把重音落在不同的音节上，这时候要是发生这样的变化，结果也许会导致极不规则的形态。我们在英语的外来文雅词汇里能看出这个苗头来，不同的派生词把重音落在不同的音节上：angel［'eindʒl］（天使），但是 angelic［ɛn'dʒelik］（天使般的）。原始日耳曼语里，动词前缀不带重音，但是其他词的前缀大都带重音；随后发生的弱化打乱了一些形态组织，例如

前英语 *［bi-'haːtan］"威吓"（动词）>古英语 behatan［be'haːtan］，但是前英语 *［'bi-haːt］"威胁，恫吓">古英语 beot［beːot］。

近似的历程使古爱尔兰语的形态和受连读影响的语句结构变得极不规则：

前爱尔兰语*['bereti]“他携带，负担”>古爱尔兰语 berid ['berið]；

前爱尔兰语 *[eks 'beret]“他拿出来，带上去”>古爱尔兰语 asbeir [as'ber]“他说”；

前爱尔兰语 *[ne esti 'eks beret]“不这是他拿出来”（“他并不拿出来”）>古爱尔兰语 nī epir [niː 'epir]“他不说”。

21.8　有些变化表面上看来并不像发音动作的放松或缩减，其实倒也许含有简化作用。我们在好些语言里发现辅音丛中产生一个过渡辅音。原始印欧语 [sr] 出现在日耳曼语和斯拉夫语里是 [str]；例如原始印欧语 *[srow-]（比较梵语 ['sravati]“它流”）反映在原始日耳曼语是*['strawmaz]“溪流”，古北欧语 [strawmr]，古英语 [streːam]，和古保加利亚语 [struja]“溪流”。英语不止一次在 [nr，nl] 音群中嵌进一个 [d]，在 [mr，ml] 音群中嵌进一个 [b]：古英语 ['θunrian] >（to）Thunder“打雷”；古英语['alre]（宾格）>alder“赤杨”；哥特语有 ['timrjan]“构造”（动词），同时还有 ['timbrjan]，但是古英语只有 ['timbrian] 和 [je'timbre]“木工”，从而有了现代的 timber（木材）；古英语 ['θymle] >thimble（顶针，针箍）。这些变化并不包含额外增加的动作，仅仅是用连续动作代替了同时并举的动作。比方说，从 [n] 过渡到 [r]，说话人必需同时抬起软腭并且把舌头从堵塞位置移到颤动位置：

[n]　　　[r]

软腭下降——→软腭抬起

舌齿堵塞——→舌尖颤动

假使动作的配合不是那么恰好，舌位改变以前就抬起软腭来，结果来了非鼻音化的舌头堵塞的瞬息，就等于发［d］这个音位：

［n］		［d］	［r］
软腭下降	——→	软腭抬起	
舌齿堵塞		——→	舌尖颤动

第二种动作显然要比第一种容易些。

在旁的情况下，一个形式似乎拉长了，也可以认为是减轻了发音的困难。一个相对响亮的音位本来是非领音性的，往往会获得领音作用；这种变化按梵语叫作领音化（samprasarana）。比如，次标准英语 elm［elm］（山榆）读作［'elm̩］。这往往会跟来另一种变化，叫作嵌音（anaptyxis），就是一个响音又变得非领音性的了，旁边产生出一个元音来。原始印欧语 *［agros］'田地'递给了前拉丁语 *［agr］；这里面的［r］大概曾经是领音性的，后来又产生了一个中嵌元音，因为有历史记载的拉丁语形式 ager［'ager］，其中 e 代表一个完全形成了的元音。同样地，原始日耳曼语形式如 *［'akraz］"田地"，*［foglaz］"鸟"，*［tajknan］"记号"，*［'majθmaz］"珍贵物品"，在所有的古日耳曼语方言里都丢掉了轻元音。哥特语形式［akrs，fugls，tajkn，majθms］也许是单音节的，或者也许含有领音的响音；古英语形式里却产生了嵌音［'ɛker，'fugol，'ta:ken，'ma:ðom］，虽然 fugl 这样的拼写法在这儿也还是很普通的。

另一种变化也可以当作简化看待，发生在某些利用重音的语言的历史里：重元音的音量按照随后音位的性质加以调整。一般说来，在"开"音节里，就是在一个单辅音跟着另一个元音的前面，长元音仍然是长的，短元音也延长了；倘在旁的位置，长元音缩短，短元音还是短的。比如，中古英语的长元音在有些形式里依然是长的：clene ['klɛːne] > clean（清洁），kepe ['kɛːpe] > keep（持有），mone ['moːne] > moon（月亮），但是在旁的形式里却缩短了，如 clense > cleanse [klenz]（洗净），kepte > kept（保持了），mon(en)dai > Monday（星期一）；短元音在有些形式里延长了，如 weve ['weve] > weave（织），stele ['stele] > steal（偷），nose ['nose] > nose（鼻子），但是在旁的形式里依然不变，如 weft（纬线，织物），stelth > stealth（偷窃行为，秘密），nos(e)thirl > nostril（鼻孔）。在有些语言里，如美诺米尼语，我们发现长短元音的调整非常复杂，要看前后的辅音情况，还要看最后一个长元音后面嵌有多少音节的数目。

音量区别的完全消失使发音更加单纯一致，曾经发生在，举例说，中古希腊语和某些现代斯拉夫语言。这些语言也抛弃了音节声调的区别，可以说收到了同样效果；同样地，词重音位置的移动，如前日耳曼语和波希米亚语一律移到第一个音节，波兰语一律移到倒数第二个音节，可能使发音更加省力。

在同样的意义上，一个语音单位的消失可以看作是一种简化。除英语和冰岛语以外，日耳曼诸语言都丢了 [θ] 音位和与之相应而发展起来的浊化 [ð]；这两个音在弗里斯兰语和斯干的那维亚语里大都同 [t] 合并了，如瑞典语 torn [toːrn]：英语 thorn（荆棘），词首音同 tio [ˇtiːe]：英语 ten（十），而在荷德语区的北部则与

[d] 合流，如荷兰语 doorn [do:rn]：英语 thorn，词首音同 doen [du:n]：英语 do。古英语辅音前的 [h]，如 niht(night)，或词尾的 [h]，如 seah((I)saw)，实际音值无疑是后腭或前腭清擦音；在英语区的绝大部分，这个音已经消失了，或者同旁的音位合并了。

21.9 虽然许多音变缩短了语言形式，简化了语音系统，或者用旁的方式减轻了说话的劳动，可是还没有一个学者能在音变和某种先行的现象之间成功地建立一种相互关系：音变的原因是不知道的。当我们发现大规模的元音缩短和消失时，我们敢于大胆假设这种语言有很强的词重音，但是许多有强重音的语言并没有弱化它的不带重音的元音；意大利语，西班牙语，波希米亚语，波兰语就是例证。英语 [kn-，gn-] 变为 [n-]，发生以后现在看来是很自然的，但是这一音变为什么没有发生在十八世纪以前，又为什么没有发生在旁的日耳曼语言里呢？

任何能以想象的原因都提过了："种族"，气候，地理条件，饮食，职业和一般的生活方式，以及其他。冯特认为音变由于说话速度的增加，而这又由于社会文化和一般智慧的进步。这样说是很安全的，就是，我们说话要求尽量地快，尽量地少费气力，几乎经常达到交谈人请我们非得重复一遍的限度，许多音变跟这个因素都有某种联系。然而找不到一种永恒的因素能以说明特种音变发生在某个时间和地点，而不在另一个时间和地点。依据同样理由，音变起于儿童学习语言存在缺陷的说法是站不住的。另一方面，上面所说居住地区，职业或饮食习惯的变动，这些因素的暂时作用也得勾销，因为事实上音变发生得太经常了，表现的花样也太繁多了。

底层说把音变的原因诿之于语言的转递：一个社团采用一种新的语言，说得不完善，带有自己母语的发音特点。语言的转递我们随后还要讨论；这儿有关重要的是，应该看到底层说只能解释人们学习使用第二种语言时才会出现的那些变化。底层说故弄玄虚，比方说，把现代日耳曼诸语言中的变化归因于“凯尔特”底层——就是说，许多世纪以前，操凯尔特语的成年人学会了日耳曼语：这又说明什么呢。并且，凯尔特语在日耳曼语来到以前就出现在德国南部，荷兰，和英格兰，本身也是一种入侵的语言：底层说叫我们回顾往古，从“种族”到“种族”，企图说明历史上实际发生的音变事例中表现出来的隐约模糊的“倾向”。

这一类的理论除了不能建立相应关系以外，而且还被下面这个事实难倒了，就是当一个音变已经抹掉了某种语音特征时，后来的音变也许正好恢复了这个特征。假使我们认为原始印欧语的清塞音［p，t，k］具有某种特性——为了说明方便，假定这些是不送气的强音——那么使用前日耳曼语的人们已经开始把这些音逐渐改变为擦音［f，θ，h］的时候，无疑地就不能发出原来的音了，就好像今天说英语的人们不能发法语不送气的［p，t，k］似的。然而往后一个时期，原始印欧语的［b，d，g］变成了前日耳曼语里的清塞音［p，t，k］。这些音并没有同第一组的音合流：第一组的音不再保留［p，t，k］的性质，已经变为送气音或塞擦音，甚至可能早已变成擦音了；另一方面，第二组的音没有受第一组音的演变所感染，因为，照我们的说法，［p，t，k］转为［f，θ，h］的音变已经过时了。我们应该更正确地说，［p，t，k］的音变早已上了路了：新的［p，t，k］组成了另一种风尚，并没有参与那个旧风尚的改革。新的[p,t,k]到了一定时期也变成送气音了,好像今天英语里的发音一样;所以,我们又一度不能发非送气的清塞音了。

英语音变称为"元音大转移"的,除了改变每个音位的音值以外没有旁的多大影响;长元音步步向上移动,变成了复元音:

中古英语	现代初期	今天
[ˈnaːme]	[neːm]	[nejm] name(名字)
[dɛːd]	[diːd]	[dijd] deed(事情)
[geːs]	[giːs]	[gijs] geese(鹅(复数))
[wiːn]	[wejn]	[wajn] wine(酒)
[stɔːn]	[stoːn]	[stown] stone(石头)
[goːs]	[guːs]	[guws] goose(鹅)
[huːs]	[hows]	[haws] house(房屋)

另一种理论是要在语言的形式方面寻找某些音变的原因,假定意义微弱的形式在发音时轻轻掠过,因而永远弱化或消失了。这一类主张否认纯音位变化的事例,前面已经谈过(§20.10)。我们没有衡量的标准能以指出一种语言的某些形式特征在意义上是微弱的或多余的。假使我们认为除了那些能够出现在科学论著中的干巴巴的表述以外都算不得重要的意义特征,那么,按照这个理论,我们就自然料想到差不多任何语言会有许许多多的形式要消失了。例如,现代德语形容词的屈折变尾从逻辑上说是多余的;形容词的用法很像英语,一篇德文把这些变尾掩盖起来还是看得懂的。

事实上,音变时常磨灭了意义十分重要的一些特征。在印欧语系的一种语言里,施事(行为者)和受事(动词目的)的区别也许比任何语法区别都重要。可是原始印欧语以 *[-os] 表示的主格，如梵语 ['vr̥kah]，希腊语 ['lukos]，拉丁语 lupus，原始日耳曼语 *['wolfaz]，哥特语 wulfs，和以 *[-om] 表示的宾格，如梵语 ['vr̥kam]，希腊语 ['lukon]，拉丁语 lupum，原始日耳曼语 *['wolfan]，哥特语 wulf，二者的区别在前英语里由于词尾的弱化被磨灭了，所以在最早的英语记载里，两个格合并为一个形式 wulf(今 wolf'狼')。古英语里有少数几个名词类型，如主格 caru:宾格 care(操心，关怀)，仍然保持区别；到了公元 1000 年，大概由于轻元音的弱化，二者合并为 ['kare] 这个形式。按照同样方式，音变导致了各式各样的同音词，如 meet(遇见):meat(肉食)；meed(报酬):mead(草原):mead(蜜酒)；knight"武士":night"夜"。汉语是这方面的古典范例，因为今天的汉语方言，特别是北方话，能够被指出大量的同音现象，都是音变造成的。同音现象和屈折范畴的混合是音变的正常结果。

然而意义微弱的理论作为固定的公式，的确似乎适用于某些在特别地含糊其词的地方(§9.7)。从历史上看，这些公式只能解释为远远超过了正常音变的弱化。比如，英语 good-bye(再见)代表较古的 God be with you(上帝伴随保佑您)，ma'm 代表较古的 madam(夫人)，西班牙语 usted [u'sted] 来自较古的 vuestra merced ['vwestra mer'θed]"先生，您呐"，俄语 [da s]"是的，先生"中的 [s] 来自较古的 ['sudar]"老爷"。可是在这些例子里，正常的言语形式跟简略形式平行并存。这些形式的极端弱化并没有得到解释，无疑地多少牵涉到我们不妨称之为俗套的半语言形式。无论如何，这些形式的过分弱化同平常的音变是大不相同的。

因为音变是一种历史事件，有始有终，限于一段明确的时间和一个具体的人群，所以一个音变的原因要是依靠普遍的考虑或者观察其他时间和地点的说话的人群，是找不到的。一位语音学家企图建立［azna>asna］这个曾经发生在阿维斯达语史前时期的音变类型的原因，在实验室里观察一些人，请他们发［azna］这一串音，连续发好几遍。大多数人——他们是法国人——没有得出结果，但是最后来了一位，终于说出［asna］来了。这位语音学家的高兴并没有受蒙蔽，因为事实是，这最后一位是德国人，德语里［z］只出现在领音前面。

有人曾经暗示说，一个音位出现在一种语言里要是出于一定的相对频率(§8.7)，就会含糊起来，容易发生变化。据说，相当大的频率的较高限度随着音位的不同类型而有所不同；比如，［t］在英语代表话语里的音位数量占百分之七以上，在好些旁的语言里(俄语、匈牙利语、瑞典语、意大利语)舌尖清塞音达到相近的百分比，可是另一方面，［d］类型的相对频率要低些(英语里低于百分之五)，那么，按照这个理论，在它达到近似英语［t］的相对频率以前，在任何语言里会发生音变的。一个音位的相对频率是由包含这个音位的重要形式的出现频率决定的；例如英语里的［ð］由于冠词 the 的高度频率而显然处于优越地位。重要形式的频率，按照实际生活的变迁，会不断地发生波动的，这问题下面我们还要谈到。所以，这个理论有个优点，就是把音变同始终出现而又变动无常的因素互相联系起来。假使我们能够确定各种类型的音位的绝对高限，和一个音位刚要发生变化以前在该语言阶段中的实际频率，那么这个理论是可以进行测验的——不妨举个例，英语［v］

在 havok>hawk（鹰）这一变化刚要发生以前。可是我们还得说明这种变化的特殊性质，因为任何普通类型的音位在不同语言的历史里变化情况各不相同。针对这个理论，我们必须衡量语言间的巨大语音差别和某些语言中我们也许认为不寻常的语音类型的高频率；[ð]在英语里占有如许重要的地位，在一个时期被剔除了（前西日耳曼语变为 [d]），至今在荷德语里还是如此；后来重新引入英语，又由 [θ] 转为 [ð]的变化。

21.10　有些语言变化，常常被描写为音变的，并不属于音变范围，因为所谓音变是语音单位的逐渐改变。例如欧洲有好些地方，古来的舌尖颤音 [r] 近代被小舌颤音替代了。这现象发生在英语诺森伯利方言，丹麦语，南挪威语和瑞典语，法语城市化了的话（特别是巴黎话），以及荷德语。这种新习惯的传布除借用以外，不论最初是在什么时间和地点兴起的，只能产生于一种颤音突然地被另一种所替代。这一类的替代的确不同于逐渐的、不知不觉的语音演变。

有些变化构成音位的重新分布。最普通的一种就是**异化作用**：一个音位或者一个音位类型一再出现在某个形式里，其中的一次出现有时被一个不同的音替代了。比如，拉丁语 peregrīnus‘外人，生人’到了罗曼诸语言给 *pelegrīnus 替代了，如意大利语 pellegrino 和借自罗曼语的英语 pilgrim（朝圣者，香客）；头一个[r]给 [l] 替代了。欧洲语言里，[r，l，n] 这些音最容易接受这样的替代；替代者常常就是其中的一个。发生替代的地方，遵循着很明确的规则，但是我们不能预言它的发生。这种变化要是贯彻实现了的话，就会导致一种情况，就是某些音，如 [r] 和 [l]，不容许再次出现在同一个词里头——这个情况实际上支配了现代英语中象征性的派生词，如一面是 clatter（辟拍作响，喋喋不休），blubber（号哭），而另一面是 rattle（嘎嘎作响，喋喋不休），crackle（爆裂声，破碎声）（§14.9）。这一类型的变化似乎完全不同于平常的语音演变。

也有一种异化现象，相似音位之一给丢掉了，如拉丁语 quinque ['kwiːnkwe]"五"到了罗曼语被 *['kiːnkwe] 代替了，如意大利语 cinque ['tʃinkwe]，法语 cinq [sɛk]。

还有好几种语音替代不能恰当地同平常的音变相提并论。在远距离的同化作用中，同一个词里头一个音位被另一个并不相连的音值近似的音位所替代。比如，原始印欧语 *['penkʷe]"五"，梵语 ['panca]，希腊语 ['pente]，出现在拉丁语里不是 *[pinkwe]，而是 quinque。前日耳曼语里这个词似乎经过了相反的同化，变作 *['pempe]，因为我们遇见的是原始日耳曼语 *[fimfe]，如哥特语和古高德语 fimf，古英语 fīf，等等。梵语有些词里头我们预期 [s—ç]，偏偏出现 [ç—ç]。

换位是一个词内部两个音位交换地位。古英语除所预期的 āscian（"ask"问）以外，还有 ācsian。塔加洛语里有些形态上的替换似乎是这类变化所造成的；如后缀[-an]，见于 [a'sin]"盐"：[as'nan]"放了盐的东西"，有时两个紧连的辅音互相调换：[a'tip]"盖（屋）顶"：[ap'tan]"盖了顶的（房屋）"；[ta'nim]"栽的（植物）"：[tam'nan]"预备栽下植物的（东西）"。欧洲语言里，（r-l）远距离的换位是相当常见的。与古英语 alor"赤杨"相对应，古高德语不仅有 elira，并且还有 erila（>现代 Erle）。哥特语 ['weriloːs]

“唇”(复数),古英语却是 weleras。拉丁语 parabola“词”(借自希腊语)出现在西班牙语里是 palabra。

一个或一组音位重复出现在一个词里头,其中之一连同介于其间的音素可能给丢了:这种变化叫作**节略**(haplology)。比如,从拉丁语 nūtriō“我抚养”派生正规阴性行为名词应该是 *nūtrī-trīx“保姆”,但是实际形式是 nūtrīx。同样,复合词正规形式应该是 *stīpi-pendium“发付工资”,实际出现为 stīpendium。古希腊语 [amphi-pho'rews] “双肩挑者”也出现为 [ampho'rews] (“amphora”双耳盛(酒)器)。这些变化跟音变假设所包括的内容很不相同;这类情况倒也许更接近我们还要讨论的类推变化——类推和借用。

第二十二章　形式频率的波动

22.1　语音演变的假设把语言变化分为两种主要类型。语音演变只影响音位,只是通过语音面貌的改变才改变了语言形式。英语 wolf“狼”这个形式是现代发音,代表原始日耳曼语主格 *['wolfaz],宾格 *[wolfan],以及旁的变格形式,这些形式的合并(混同)仅仅是语音演变的结果。英语 [mijd] meed“报酬”,mead“草原;蜜酒”是现代读音,代表古英语 [mɛːd] “草原,牧场”,[meːd] “报酬”,和 ['medu] “蜜酒”;这个同音现象纯粹是发音习惯起了变化的结果。我们把语音对应关系一一列出以后,依然会剩下许多歧异的例子。比方说,我们发现古英语 [aː] 出现在现代标准英语里是 [ow],如 [baːt] >boat(船),等等,同时遇见一个歧异现象:古英语 [baːt] (钓饵)与现代的 bait 平行。我们一面看到古英语词首音 [ ]保存在 father,five,foot 等词里,一面又在另外两组词里发现分歧:古英语 [fɛt]:现代 vat 和古英语 ['fyksen]:现代 vixen。现代形式 cow 同古英语 [kuː] 有正常的语音对应关系,就像 house,mouse,out 相当于古英语的 [huːs,muːs,uːt],可是复数 cows 绝不能是古英语复数 [kyː] (奶牛(复数))的现代形式,因为考虑到这样的例子:古英语 [hwyː] >现代 why(为什么),[fyːr] >fire(火),[myːs] >mice(小鼠(复数))。如果我们坚持音变规律性的假设，我们就不能把 bait，vat，vixen，cows 当作古英语形式的现代发音，而必须认为是单纯继承以外的因素的产物。所以，我们的问题是要在这些剩余形式里找出某种一致性或相互关系；按照这种努力所能完成的限度，我们便可以肯定音变假设和我们所建立的具体语音对应条例的价值。新语法学家们相信音变假设留下的剩余部分能以显示突出的对应关系并且让我们理解音变以外的语言变化因素。反对新语法学派的假设的人们也认为，关于音变要是作不同的设想，剩余部分就更容易理解些，可惜他们从没有进一步试验，把这些材料重新加以分类。

剩余形式如果不是只因音变而有所改变的古形式的继承，那就必然是语言里出现的创新。我们将看到两种创新方式可以解释这些剩余形式——就是，旁的语言（英语 bait 来自古北欧语）或旁的方言（英语 vat，vixen 来自南方地点方言）形式的采用和新的复杂形式的组合（cow-s 按照“单数名词加复数后缀构成复数名词”这个模式）。这两种创新方式，借用和类推变化，是下面几章所要讨论的；现在我们只谈一般认为语音对应关系无法解释的形式，在不同时候零零星星出现在语言里的。

22.2 假使一个形式被引入一个语言以后在日用习惯上占有优势——例如英语 cows 作为 cow 的惯用复数形式占有优势——我们就得假定这个形式从一开始引入的时候起就得到普遍使用了。相反地，假使一个古形式已经消失——如古英语复数［ky:］按照语音的发展今天应该读作 *［kaj］——，我们也必须假定它经过了一段衰退的时期，经年累月使用的越来越少了。言语形式应用频率的波动是一切非语音演变中的因素。这种波动根据第一手的材料和我们拥有的文字记载，在一定限度以内是能够观察的。自从有了汽车，从法语借入英语的 garage 这个词已经通用了。我们能够确凿指名谁首先使用 chortle[①]（憨笑），kodak（柯达照相机）[②]和 blurb（新书广告）这些词[③]；每个词一开始就通行起来了。一个形式的消失却不能直接观察，因为我们不能保证它不再被使用，但是在较古的文字记载里我们发现许多言语形式已经不再被应用了。古英语 [ˈweorθan]（变成）是一个极平常的词：[heːˈwearθ ˈtorn]（他生了气），[heː jeˈwearθ ˈmɛːre]（他出了名），[heːˈwearθ ofˈslɛjen]（他被杀了），[heo ˈwearθ ˈwiduwe]（她做了寡妇）。在荷德语区，这个动词仍然是这样用的：荷兰语 worden [ˈwurde]，德语 werden [ˈverden]。古英语通常当作"大"讲的一个词 mycel 还存在于苏格兰方言里：mickle，可是已经从标准英语里消失了。在哥特语翻译的圣经片段里，"母亲"（英语 mother）一词完全被 [ˈajθiː] 替代了，"父亲"（英语 father）一词只出现了一回（加拉太书 4，6），在其他章节里被 [ˈatta] 替代了，我们熟悉这个词是由于哥特语给匈奴王起的绰号叫 Attila"小父亲"。这个词原来显然含有小儿语的意味，也许同斯拉夫语当"父亲"讲的一个词有点儿联系，原始斯拉夫语 *[otɪˈtsɪ]，俄语 [oˈtʲets]，必然是在前

① chortle，卡罗尔（Lewis Carroll）在《镜中世界》（Alice: *Through the Looking-glass*）里首创这个词，显然是 chuckle"咯咯地笑"和 snort"打鼾"二词的凑合。卡罗尔也是出名的儿童故事《阿丽斯漫游奇境记》（Alice's *Adventures in Wonder Land*）的作者，英国人（1832—1898）。——译者

② kodak，手提照相机，1888 年 G. Eastman 发明的那种照相机的商标。——译者

③ blurb，出版社介绍和推荐一本新书的广告，这个词大约 1924 年首先出现在美国。——译者

斯拉夫语时期就已经挤掉了原始印欧语的 *[pəˈteːr] 了。

最常见的是两个形式此起彼伏地保持互补关系的；比如，英语 it's I 和 it's me，或 rather 读音用 [ɛ] 或 [a]，在今天的美国英语里明明是匹敌形式。同英语复数 cows 相抗衡的 kine 偶然还用于古体诗词里。伊利莎白时代的著作里，我们仍然遇见 vat 写作 fat，是古英语 [fɛt] 遗留下来的证据，以后才被 vat 挤掉了。两个匹敌形式要是一个说话人都能使用，含义上会有所不同，因为他是从不同的人并在不同的环境下学来的。

形式频率的波动是能够精确地观察的，只要我们对所要研究的任何特定时期以内一个言语社团每句话都毫无遗漏地保持记录。我们不妨利用一张活页，登记每个形式（包括不同的语法形式，例如 he ran away；he fell down 对比 away he ran；down he fell）；每说一句话，我们给这句话里的每个形式在这张纸上记下一点。这样，我们就会得到许多图表或曲线足以表示记录所概括的时期以内每个形式应用频率的高低起伏。这样的登记方式无疑地是超过我们的能力范围的，但是这个假想的办法可以给我们描画出每种言语社团任何时候的真实图景。我们能够用肉眼观察波动的起伏，特别是变化急剧的时候，如通俗俏皮词语的突然兴起和同样突然的废弃。小规模的团体和个别成员也会表现同样的癖好，规模虽小但对社团中总的波动形势会起一定的作用；任何人能够回忆他自己，或许他的伙伴，曾经一度非常爱好的随时随地应用的老词语。大多数的波动没有这么急剧，并躲开了直接的观察，但是它的结果却自会暴露出来——如出现在词汇和语法上的一些差异，当我们比较一种语言的不同历史阶段，或者一个地区的不同方言,或者互有亲属关系的姊妹语言时,就看出来了。

新形式的起源,随后几章还要讨论,不妨暂且撇开,现在让我们来专门谈谈言语形式应用频率中导致盛衰起伏的一些因素。直到最近,这个课题一向是被忽视了的,我们的零星知识还是远远不够满意的。

22.3 我们自然要立刻提出一个疑问:一个形式有没有从语言上可以明确指出的特点导致它的使用受到爱好或嫌弃?风格学家和修词学家对我们说,某些言语形式比起旁的来更悦耳。语音方面的唯一标准似乎是,几个或一连串的音位往往避免重复:英语the observation of the systematization of education(教化的系统化的严密化)这样的短语是遭受嫌弃的。然而日常言语中,音调和谐似乎并不起什么作用;讲语音学的书惯于引用一些七拼八凑的绕口令,如Peter Piper picked a peck of pickled peppers(彼得潘拾了一撮泡青椒)或she sells sea-shells(她卖海滩贝壳)。另一方面,同一音位一再出现的各种配合方式,如双声(hearth and home(围炉团聚),cabbages and kings(洋白菜和国王)),谐音(a stitch in time saves nine(早缝一针可省九针)),押韵,和合于节拍的重复(first come,first served),似乎有利于好些言语形式的流行。

在所有通常的例子上,有利于或不利于一个形式的流行的,宁可说是意义的而不是形式的因素。一个形式要是同旁的意义类似的一些形式有突出的显著差别,便会受到嫌弃,这种想法倒也是很自然的。好些学者以为,有些言语形式比起那些意义相似的通常言语形式来未免太短,因而终于废弃了。吉叶龙相信,拉丁语apis“蜜蜂”几乎在法语区的所有方言里都消失了,因为这个词的现代读音只能包含一个单独的音位［e］。提出法语具有同样模式的语法的和联系的虚词如 et［e］之类，恐怕不能作为反证，但是 eau［o］“水”（<aquam）这样的例子的确削弱了吉叶龙的理论。在印欧系诸语言的较古阶段，有些动词形式被废弃了，似乎是因为比同类的通常形式要短些。美诺米尼语，跟法语和英语一样，似乎对任何长长短短的词都能容忍。美诺米尼语［oːs］“独木舟”比通常的名词短，［uah］“他利用它”也比通常的动词形式短。这些形式是古老遗产的继承，在姊妹语言里大都被替换了：原始中央阿尔贡金语*［oːʃi］“独木舟”给较长的派生名词替换了，如福克斯语［anakɛːweni］，克利语和奥积瓦语［tʃiːmaːn］，——虽然克利语也有［oːsi］——，而原始中央阿尔贡金语*［oːwa］“他利用它”给换了个重迭形式，福克斯语［ajoːwa］，或者换用旁的词，如克利语［aːpatʃihtaːw］。可是这一切都是很可疑的。

有些言语形式跟禁忌词语同音也会被嫌弃，其中的意义因素较为显明。读者不难找到自己就是为了这个理由才避免使用的一些言语形式。美国 knocked up 当“使怀了孕”讲是个忌讳形式；因此，这个词组不像在英国用来表示“疲乏，精疲力竭”的意思。早期的法语和英语有一个词，法语 connil，connin，英语 coney，当“兔儿，兔崽子”讲；这个词跟一个犯忌讳的含有猥亵意味的词相似，在两个语言里都消亡了。由于同样的理由，美国英语 rooster（雄鸡）和 donkey（驴子）逐渐替代了 cock（公鸡，塞子、阴茎）和 ass（驴子、笨蛋）。这样的例子并不带有含糊暧昧的地方，可是有些人听到禁忌的词依然会感到强烈的刺激；说的人招致了逗笑或难为情的反应，也就避免那个无辜的同音词了。值得特别注意的事实是，禁忌词比起那个无邪的同音词来倒具有更强韧得多的生命力。

22.4 这些例子暗示同音现象一般说来会损害一个形式的常用频率。许多同音词因语法作用的差异而互相区别，如英语 lead-er（领导者（名词）），和 lead'er（引导她（不定式动词词组）），或 bear（熊（名词）），bear（负担，忍受（动词）），和 bare（光秃秃的（形容词））；法语 [sɑ̃] 是 sang（血），cent（百），sans（没有（介词）），sent（觉得，闻（气味）），和 s'en"自动地"（如 s'en aller（自己离开了，走了））。甚至语法功能上大致相似，有些同音词如英语的 pear（梨），pair（一对，双），或 piece（块），peace（和平），或 mead（草原；蜜酒），meed（报酬），似乎并没有减低这些形式的频率。

虽然如此，同音现象可能引起交往上的麻烦，结果让一个形式废弃了，这多少有点确凿证据的。吉叶龙提供了一个古典的范例，他解释了拉丁语 gallus"公鸡"在法国西南部消失了的原因（图 14）。法国南部一般还按照现代形式使用这个词：如 [gal] 或 [ʒal]。可是最南端相当大的一片地区，叫"公鸡"用了另外一个拉丁语的词 pullus，现代读音 [pul]，原意是"鸡雏"。法语区西南角偏偏出现了一个音变，拉丁语里词尾的 [ll] 变成了 [t]；比如拉丁语 bellus"漂亮，美好"，现代 [bɛl][①]，在西南角出现为 [bɛt]。这个音变的同语线将 pullus 区切分为东西两部分，东边人说 [pul] 而西边人说 [put]。照例我们在 pullus 区以外应该预期遇见 *[gat]"公鸡"这样的形式，同通常的南方法语[gal]相对应，但是实际上

① 标准法语在元音前用 bel [bɛl]，在辅音前用 beau [bo]。——译者

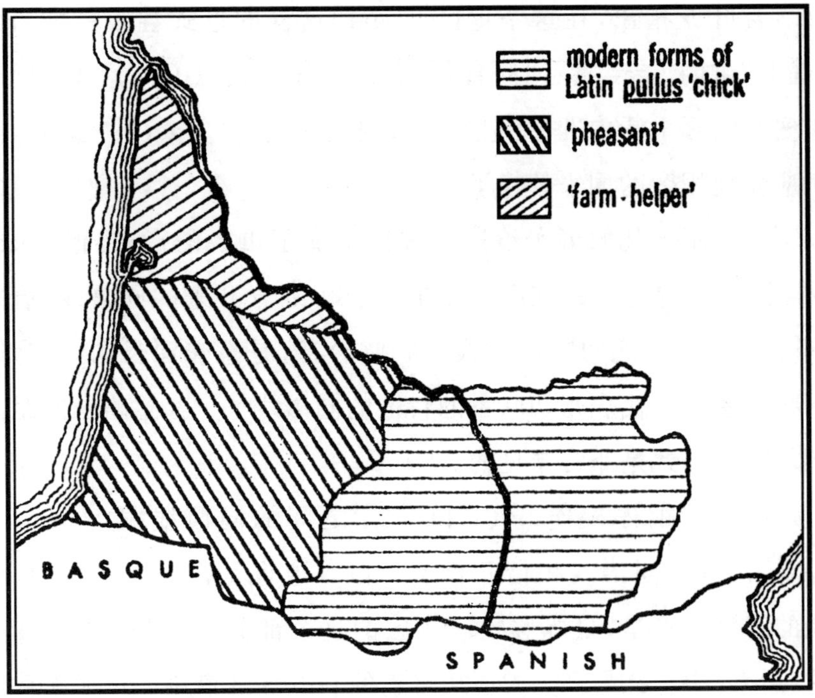

图十四　法语西南方言区。图中粗线的西南方是把拉丁词尾部分的［ll］变为［t］的分界线。

没有阴影的地区，使用现代拉丁语形式“gallus”，指称公鸡“cock”。

有阴影的地区则用其他不同的词来指称“公鸡”——摘自陶查特(Dauzat)。

找不到这个形式的踪影：整个［-t］区要是不说［put］，便给公鸡起了些古怪的，显然是俚俗的名字，或者利用“雉，山鸡，野鸡”，这个词的地方形式，如［azā］来自拉丁语 phāsiānus“雉”，或者利用［begej］一词，原意是“农家助手，多能手”，语源上认为是代表拉丁语的 vicārius“代表，代理，牧师”。

吉叶龙指出，在这个地区 *[gat]这样的形式会跟一个当作“猫儿”讲的 [gat] 一词同音，后者来自拉丁语 gattus。这个同音事实在实际生活中准会引起麻烦；因此避免了 *[gat]“公鸡”，随机应变地用旁的词来替换了。

一件不平凡的事实给这个理论增加了重大的意义：把 [azā] 和 [begej] 等奇怪的词跟寻常的 [gal] 划分开来的同语线，恰好同[-t] 和 [-l] 之间的同语线互相吻合；这是意味深长的，因为同语线——甚至代表密切联系的特征的同语线——经过略长的距离还能吻合一致是非常罕见的。

同这个距程相连，[-t] 和 [-l] 之间的同语线跟 [put] 和 [gal] 之间的同语线相偕并行了一段。这也是很令人注目的，可能的解释似乎是，只好假定[-t] 区的这个部分原先是使用 gallus 的，后来[-ll] 变成了[-t]，便从毗连的 pullus 区借用 [put] 来替换那个怪别扭的 *[gat] 了。

至于其余的旅程，[-t] 和 [-l] 之间的同语线把 pullus 区切分为二，仅仅划开了西半部的 [put] 和东半部的 [pul]；在 pullus 区这个音变没有产生同音现象，让词汇原封未动。

人们也许要问，为什么这个同音现象影响了 *[gat]（公鸡）而不是 [gat]（猫儿）？陶洒（A. Dauzat）指出，*[gat] 这个形位只出现在这一个词里，因为派生形式，拉丁语 gallīna“母鸡”经历了不同的变化，得出 [garina]，同时在另一方面，[gat] “猫儿”却有一些毫不含糊的派生形式给予支持，相当于标准法语的 chatte“母猫”，chaton“小猫儿”，chatière“猫儿洞”。

这样令人信服的例子尽管很稀少，同音现象在言语形式的废弃过程中所起作用也许并不是很偶然的。不多几个世纪以前，英语不但具有今天的动词 let“让”（代表古英语［ˈlɛːtan］），还有一个同音的动词当作“阻止，妨碍”讲的（代表古英语［ˈlettan］）；今天英语还保留这样的短语 without let or hindrance（毫无阻碍）和打网球用的术语 a let ball（擦网球）。[①] 莎士比亚让哈姆雷特说 I'll make a ghost of him that lets me，意思是“谁要是阻拦我，我就叫他见鬼去”。这个词后来变得跟 let（许可，允许）同音了，就特别显得软弱无力。说话人如果希望听话的人们阻止谁——比如说，一个小孩横冲直撞要出危险，或者一个偷盗者想逃走——他高声嚷 Let him！也许会发现那些听话人走开来让路呢。他就得接着说 Stop him！“拦住他！”或者 Hold him！“抓住他！”有过几次这样的经验，他会一开头就采用那有效的形式了。

22.5　我们经常发现规则的或者至少较为规则的组合，跟不规则的复杂形式共存并用，如英语 roofs（屋顶），hoofs（马蹄），dwarfs（矮子）跟 rooves，hooves，dwarves 共存并用，或 dreamed（梦见了），learned（学习了）跟 dreamt，learnt 共存并用，或 you ought to（你应该……）跟 you had better（你最好是）。在某些情况下，不规则形式的确出现频率很小，如规则形式 cows，eyes，shoes，brothers 跟不规则形式 kine，eyne，shoon，brethren 对比。旁的例子如，规则的 forehead［ˈfoə-ˌhed］，gooseberry［ˈguws-ˌberi］，seamstress［ˈsijmstris］（女裁缝）跟不规则的［ˈfɔrid，

① a let ball“擦网球”，球擦网而过，算是好球；倘发球时球擦网而过，可以重发一次。这个网球术语中的 let 似乎包括“阻碍”和“允许”双重的意义，与成语 without let or hindrance 中的 let“阻碍”不尽相同。（比较 a net ball“触网球”，球未过网。）——译者

'guzbri,'semstris] 相对峙。[①] 历史给我们表明，在这样的情况下，不规则形式往往会逐渐消失，或者只在特殊的含义上才能保存，如sodden(煮熟的，浸透的，醉得发呆)原来是 seethe“煮沸”的过去分词，现在只用于转义了。goat,book,cow 的复数形式，假使继续使用古英语的 [gɛ:t, be:*k*, ky:]，今天的发音应该是 *[gijt, bijtʃ, kaj]。我们对于一种语言的历史要是知道一段相当长的时期，便会发现许多这样的例子，但是这个因素的作用还是不清楚的，因为在许多例子上那规则的形式并不是一往直前的。口语里用规则的foots 代替 feet，或者用 bringed 代替 brought，毕竟是罕见的，竟被认为是幼稚的“错误”或者在年龄较大的人们是一种“说溜了口”。不同的语言对于不规则形式的容忍态度似乎并不相同，但是一般地说，一个有规则的匹敌形式要是有了良好的开端，会有更多的胜利机会。很通常的形式，如英语里动词 be 的变形和人称代词I,we,he,she,they，尽管过度分化，极不规则，可是依然继续使用，毫不动摇。

22.6　应用频率的波动绝大部分并不依赖于形式特点，而是依赖于意义，因此不容易接受纯语言学的探讨。一个社团的实际生活中经常不断地发生变化，必然会影响言语形式的相对频率。铁道，电车和汽车的兴起，导致与马，大车和马具有关的许多词语的应用频率逐渐减低，而与机械有关的词语的频率日益增高。甚至在最偏僻最保守的社团，所谈论的事物也经常发生变换；即使其

① 这三个词“不规则的”发音似乎占了优势。gooseberry 读作 ['guws-'beri]，口语里罕见，特别是[-ʒb-] 这样的音丛似不可能。seamstress 在英国读 ['semstris]，口语里还增加了一个赘音 [-mps-]。——译者

他一切并无改变，至少总有出生和死亡的事变。

一件新事新物越来越时兴的时候，相应附带的一个言语形式，老的或新的，也就增高了频率；现代生活中这样的例子是很多的，如开汽车，航空飞行和无线电。假使实际境遇不再存在，那么这种境遇里使用的言语形式也必然越来越稀罕，也许会逐渐消失。比如说，放鹰的术语就经历了这个命运。奥瑟罗（Othello）的词句，虽然我们听来依然优美动人，却不很理解了：

If I do prove her haggard,
Though that her jesses were my dear heart-strings,
I'd whistle her off, and let her down the wind,
To prey at fortune.[①]

haggard（现作懒散不羁讲）一词原是用于一只羽毛丰满、新捕获的尚未驯服的野鹰；jesses 是绑在鹰腿上的皮带，鹰被纵放时并不解除的；假使老鹰顺风远飞，她返回的机会是很渺茫的。

公元初的几个世纪，有些日耳曼部落内部有一个阶级的人民叫作［laːt］"氓"，南方德语［laːtə］，社会地位介乎自由民和农奴之间。这个词的英语形式，［lɛːt］，只在最古的法典里出现过一次，就在同一行这个词的上面注明［θeːow］"农奴"——这个解释显然是不正确的。在不列颠操英语的部落形成了新的社会组织，已经没有这样的人民阶层了，这个词也就跟着这个制度一起废弃了。

22.7　有些词语由于宗教迷信而被禁忌，往往有趋于消失的

① 见《奥瑟罗》第三幕第三场。朱生豪译作"要是我能够证明她是一头没有驯服的野鹰，虽然我用自己的心弦把她系住，我也要放她随风远去，追寻她自己的命运"。（《莎士比亚戏剧集》，五卷，第 75 页，作家出版社，1954。）——译者

可能。印欧系诸语言关于“月亮”使用极不相同的词；值得指出的像俄语借用拉丁语［ˈluːna］读作［luˈna］，虽然其他方面只有十分典雅的专门术语俄语才借用拉丁语。又如原始印欧语当“熊”讲的词，保存在梵语的［ˈr̥kʃah］，希腊语的［ˈarktos］，拉丁语的 ursus，却在日耳曼语和波罗的斯拉夫语里消失了，这可能是宗教仪式或猎人们所禁忌的词。斯拉夫语里这个词被旁的词替代了，如俄语的［*m*edˈ*vet*］，原来显然是个复合词，当“吃蜜的”讲的。类似的情形大概也出现在美诺米尼语系；当“熊”讲的一个词保存在福克斯语的［mahkwa］，克利语的［maskwa］，而在美诺米尼语里被［awɛːhsɛh］替代了，这是个小称形式，原义似乎是“你管他叫什么都可以的小东西”。克利语［ˈmaːtʃiːw］“他打猎去了”原来的意思只是“他出去了”——大概深怕给野兽或代表野兽的精灵偷偷听见的缘故。当“左”边讲的词语似乎在好些不同的语言里被替换了；印欧诸语言使用好几个不同的词，如古希腊语［ew-ˈoːnumos］，照字面讲是‘好名儿的’，显然是一种委婉的修辞。我们往往能够注意到人们避免不愉快的字眼，如 die（死），death（死亡）——这些词在原始日耳曼语里替代了原始印欧语以拉丁语 morī“死”为代表的用语——或严重疾病的名称。英语 undertaker“承揽丧葬者”最初的含义很模糊，不易捉摸，现在经营这个行业的人们正企图用 mortician 来替换。在这些情况下，凡不愉快的感觉蕴藏在实际环境里面的言语形式一旦同痛楚的意义联系得不可分割的时候，就会遭到嫌弃的。

猥亵的忌讳词语似乎并不导致废弃；这类形式在许多或绝大多数的社会环境中被排斥，但在旁的环境里并不回避。用来替换的词语到了一定时期同所指的意义联系得太紧密了，结果也轮番遭到禁忌。英语 whore“娼妓”，同拉丁语 cārus“亲爱的”同一词源，在某个时期一定是个顾全体面的替代用语，被替代的词现在却无影无踪了。大体上说，这一类型的词似乎并不是特别容易被废弃的。

实际环境会起作用，有利于那些能够唤起良好反应的词语。商业上，卖家给他的货物贴上漂亮的标签招引顾客。大概正因为如此，幼小动物的叫名有时替代了同种类的更普通的名称，如英语管 hen（母鸡）叫 chicken（小鸡，笋鸡）。法语 poule［pul］（母鸡）和方言词［pul］（公鸡）承继了拉丁语当（小鸡）讲的词。英语用 home 代替 house，无疑地受到投机的建筑公司的赞许。在德国，Schnellzug［ˈʃnel-ˌtsuːk］原来照字面上的意思是“快车”，现在变得当“慢车”讲了；真正的快车是 Blitzzug［ˈblits-ˌtsuːk］，照字面讲是“闪电车”——就好像在美国，火车上的 first class（头等）是指寻常的白天有软座设备的火车。

人们交谈往往采用对方喜欢的称谓，会收到有益的效果。中世纪全欧洲流行一种习惯，称呼对方应用人称代名词复数“您”代替单数“你”。英语 you（ye 的与-宾格老形式）把 thou（你）挤到陈旧的古体诗文里去了；荷兰语 jij［jej］的应用使 thou 完全被废除了，随后由于原来更尊敬的 u［yː］代表 Uwe Edelheid［ˈyːwe ˈeː-delhejt］“阁下”，逐渐时兴起来，结果 jij 又变成日常的亲密形式了。这一类的尊称往往替代平常的第二人称代词（§15.7）。同样地，人们提到对方的亲属也采用尊称。意大利语里，“我的妻”是 mia moglie［miaˈmoʎe］，可是说到“你的妻”却用 la sua signora [la sua si'ɲora]“您的夫人”。法语和德语里，人们提到对方的亲属加上“先生，夫人，姑娘”等字眼，如法语 madame votre mère [madam vɔtr mɛːr]“您母亲老太太，令堂”；德语就更进一步，人们提到对方的丈夫或妻子，喜欢采用带有特殊风格的古雅词语：meine Frau [majne 'fraw]“我的妻”，但是 Ihre Frau Gemahlin ['iːre fraw ge'maːlin]“您的夫人”，和 mein Mann [majn 'man]“我的男人”，但是 Ihr Herr Gemahl [iːr her ge'maːl]“您的先生”。中央阿尔贡金诸语言忌讳直接说“我的妻”和“你的妻”——只在童话里妖魔们才用这些字眼——人们宁可说“老婆”或“我的老伴”，或者甚至说“我那管厨房的”。

一般地说，对人的尊称流行愈广，便削弱了通俗的称谓；英语 gentleman(先生)和 lady(夫人)比起 man 和 woman 来要文雅些。

22.8 以粗暴或机智形式出现的一般效果，是频率波动中的有利因素，可惜不易为语言学家所控制。比如，粗俗的俚语突然出现，又突然消匿，就导因于此。1896 年左右，英语 rubber(橡皮)一词当作“注视，窥探”讲，在俚语中起了很大作用；十年以后，这种用法就过时了，现在只有 rubberneck-wagon“游览车”还相当流行。[①] 后来，1905 年左右，感叹词 skidoo(滚开，去吧)和同样意义的惊叹语 twenty-three(二十三)时兴了一阵，又突然消亡了。[②] 这类形式的兴起显然是由于有效地引起听者的反应。起初，由于新奇和意

① 美国俚语 rubber=rubber-neck“探望、伸颈探望(的人)”。——译者

② 试比较汉语：颠儿啦(走啦)，二百五(傻瓜)，二五眼(马虎，勉强对付)。这类俚语兴起或盛行时很生动，流行未必广泛，起源往往难以考证。——译者

义转移得轻快而又猛烈，因而收到这样的效果；后来，听者反应得很顺利，因为使用这些字眼的是漂亮人物，言语环境也是称心如意的。这一切有利因素在不断的重复过程中消失了；转义变得比中心意义更寻常，于是新奇的感受越来越淡，强烈的隐喻意味也就降低了；同言语形式发生联系的环境和人物，一般地说变得漠不相关了。这样一来，那隐义的俚语也就消逝了。然而在某些情况之下，老形式同时或者被废弃，或者变得古奥陈腐或有所专指；俏皮话丢掉了原有的锋芒，作为正常形式来使用了。比如，拉丁语 caput（头，脑袋）按照专门化和转移的意思保留在意大利语和法语里，而在中心意义上被拉丁语 testa（盆儿，罐儿）的后身替代了：意语 testa [ˈtɛsta]，法语 tête [tɛːt]。同样，德语里跟英语 head 同源的 Haupt [hawpt] 只保存在转义的用法上，变成诗词中的古字，而当“头”讲的却被 kopf 替代了，后者与英语 cup（杯子）同源。强调的或巧妙的词语，因使用频繁而削弱了，也会被新的劲敌侵占，例如当“头”或“男人”或“女孩”或“杀”讲的无数隐语，或一串过度夸张的字眼像（见着你高兴得）“要命”，“什么似的”，“不得了”：英语 awfully，terribly，frightfully (glad to see you)。

这个因素在极端的例子里是容易认识的，但是无疑地也隐含在许多旁的例子里，我们却没有掌握住，特别是要通过遥远的时间才能观察到的波动状态。

22.9　频率波动中最强大最深刻的动力，运转作用，确是超过了语言学家所能达到的范围：有些人由于享有一定的威信，无形中会影响你的言语习惯，你听见他们使用了某些言语形式，你因而对这些形式也发生好感。这就决定了你（以英语为例）采用 it's me

还是 it's I，在 rather 的读音上用［ɛ］还是用［a］，在 either（二者之一）和 neither（两个都不是）的读音上用［ij］还是用［aj］，说 roofs 还是 rooves（屋顶（复数）），说 you ought to（你应该）还是 you'd better（你最好还是，你不如），诸如此类的异体和近似的同义形式是数不清的，排列成表也是没个完了的。方言地理学和许多标准语的历史给我们显示了重要社团的言语经常被威信较低的人们（个人或团体）所模仿，有时在这一个特点上，有时又在另一个特点上。我们可以设想，词汇和语法的许多特点以及语音的某些特点带有一定的社会含义，对不同的团体，甚至对不同的个人，会有不同的含义。要是描绘一幅理想中的交际密度的图表（§3.4），我们就得区别那些繁密的箭头，从每个说话人指向他的听话人，用层次井然的粗细或浓淡来代表说话人对每个听话人的有关威信。假使我们有一个图表把箭头画得这么匀称，我们无疑地能在很大的限度以内预测语言形式的未来频率。当然，说话人只有在童年时期最易受长辈的权威所支配，但是他从小到老总是继续不断地使他的言语适应着他所努力仿效或迎合的人们的言语的。

第二十三章　类推变化

23.1　有许多言语形式，并不是同一语言的较早阶段就已经存在的形式的继续。这在借用的事例上是显而易见的：比如 toboggan“雪橇”这个词是从一个美洲印第安语借过来的，在美洲殖民以前不可能在英语里使用，当然，在这个时期以前的英语文献里我们也没有发现这个词。可是有许多例子，新形式不是从一种外语借来的。比方说，复数形式 cows 没有出现在古英语和中古英语里。古英语 cu [kuː]（现代 cow 由此而来）的复数是 cy [kyː]，今天读作 [kaj] 还遗留在好些地方的英语方言里。大约 1300 年左右，英语文字记载里出现了 kyn 这样的一个形式，还保存在今天的旧诗体 kine 里。只过了几个世纪，我们便遇见 cows 这个形式；《现代英语词典》引用的头一个例子是 1607 年的，作为较古的交替形式：kine 或 cows。很显明，cows 不是 kine 只因语音起了变化的继续，kine 跟 kye 也不是这样的关系：两个项目里都给英语增添了一个新的言语形式。

cows 这一形式并不是较古形式只因音变而有所改变的继续，事实是不辩自明的。可是严格地说，这只是我们首先根据语音分歧而作出的推断。我们知道古英语 [yː] 体现在现代标准英语里是 [aj]，例如 why（为什么），mice（老鼠（复数）），bride（新娘）来自古英语 [hwyː，myːs，bryːd]，而现代的 [aw]，如出现于 cows 中的，代表古英语的［uː］，例如 cow，how，mouse，out 来自古英语［kuː，huː，muːs，uːt］。并且，我们知道现代的［z］，如出现在 cows 中的，不是按照任何音变条例给加上去的，而是代表古英语的［s］，例如见于 stones（石头（复数））来自古英语［ˈstaːnas］。可是有许多例子，说明一种言语形式的创新不是这样显而易见的，只有通过系统的语音比较才能揭发。days 这个形式表面上看来很像古英语复数形式 dagas，我们认为应读作［ˈdagas］，假定［g］是个浊擦音，但是古英语音组［ag］按照语音的发展倒是显示在这些形式里：［ˈsage］＞saw（锯子），［ˈsagu］＞saw（格言），［ˈhagu-ˈθorn］＞hawthorn（山楂，山里红，五月花），［ˈdragan］＞draw（拉，拖）。这个音变有事实证明：早期中古英语里我们发现 dei（现代 day）的复数拼写为 daues，dawes，而同现代形式 days 相符合的拼写法只是到了 1200 年左右才出现的。假如我们关于语音对应的条理是正确的，那么剩余部分里就会含有新的形式。接受音变规律性假设的最强有力的理由之一就是，剩余的组成部分（除开语言借用，我们在随后几章要讨论的）相当充分地揭示了诸新形式的起源。绝大多数的词形，在时间的过程中不断出现而跟正常的语音对应不相符合，都是属于一种单纯的明确的类型的。这不可能是偶然现象：它既能证明音变的假设，而另一方面又能让我们探讨创词构形的翻新程序。

在历史过程中产生的大量成批的词形就在于复杂形式的新组合。随伴着 kye，kine 而兴起的形式 cows 就在于单数 cow（＜古英语［kuː］）加上复数后缀［-z］（＜古英语［-as］）；同样，伴着较古的 daws 而兴起的 days 包括单数 day（＜古英语［dɛj］）加上同样的后缀。从许多差别极大的语言的历史里找到许许多多这样的例子，引导我们相信类推习惯（§16.6）是容易接受替换的——cow的复数一度曾经是不规则形式 kine，说的人们也许创造了一个规则的形式 cows，于是同那个古老形式互相抗衡。因此，这一类型的创新便叫作**类推变化**（analogic change）。一般地说，语言学家们利用这个术语包括新形式的最初创造和它随后跟古老形式的抗衡。严格地说，我们应该区别这两件事。一个说话的人听见了或者说出了这个新形式（例如 cows），以后他使用这个形式或者那个较为古老的形式（kine）却是频率的波动问题，如像我们在上一章所讨论的；上一章没有讨论而作为本章的主题的，就是某个人从来没有听见过而头一回说出来的一种新的组合，例如用 cows 替换了 kine。

23.2　按照大多数的例子——就是我们最近乎理解的那些例子——说出一个新形式的过程跟寻常的语法上的类推是十分近似的。说的人没有听见过 cows 这个形式，他说出这个形式正像他说出任何其他有规则的复数名词那样，依照如下的程序

sow:sows=cow:x。（sow，牝豚，母猪。）

这个图解里的一对例子（sow:sows）代表一大批的惯例（如 bough:boughs（树枝），heifer:heifers（小母牛），stone:stones（石头），等等），这里实际上包括英语所有规则名词的变化表。再说，等号两边每组的成员并不限于两个。比如单独说出 dreamed“梦见了”这样一个形式代替了 dreamt [dremt]，可以用下面的图解来描画：

scream:screams:screaming:screamer:screamed
=dream:dreams:dreaming:dreamer:x

心理学家们有时反对这个公式，理由是，说的人不可能进行比例模式所含有的推理。假如这样的反对是站得住的，那么语言学家们几乎要作出任何语法的叙述都得受阻挠了，因为一个正常的说话人，并不是一个语言学家，不会去描写他的言语习惯，而且如果我们愚蠢得竟然去追问他，他也绝不可能说出正确的条理来的。受过教育的人们，曾经有过课堂语法的训练之后，总过高地估计他们关于组织和规定言语习惯的能力，而更糟的是，他们忘记了他们的这种能力是因袭了那种吹毛求疵的哲学传统。相反地，他们认为这是一种人人都应具备的才能，而且竟自以为随便可以否定一般人所不能作出的而只有语言学所陈述的任何真理。我们随时都得记住，说话人缺乏高度专门化的训练，是不会描写他的言语习惯的。我们所拟的类推和类推变化的比例公式，跟语言学里所有旁的叙述一样，描画了说话人的动作，可并不意味着说话人自己能够提供同样的描写。

语言学家研究过去言语的记载或者比较相互联系的语言和方言，会发现词形的许多差别，就像和较古的 kine 并列出现了 cows。形态习惯是颇为严格的；词表和词形变化表并不难于制定，并帮助我们去探索各样的创新。短语组合形式却未必如此。我们对于句法的描写技术不够全面外，而且受了习惯的哲学方法的拘束，停滞不前并且一种语言的句法位置可以用那么多的不同形式来填充，实在难于做出一个概括。语言学家疑心某种短语词组脱离了该语言的古老的造句习惯，而要断言这个古老的惯用法的确排除了这样的词组，或者要确定新旧用法的明确界限，尤其觉得困难甚至不可能了。尽管如此，我们有时还能利用相对的模式来发现句法上的创新。十六世纪以来，我们遇见英语里用 like 这个词来引入从句。我们不妨这样描画这种创新：

to do better than Judith∶to do better than Judith did

=to do like Judith　　　∶x，

所得结果是这样的构造方式：to do like Judith did。

一种短语词组创新要是并不打乱句法习惯，也许含有一个新的词语用法。在这种情况下，我们对意义缺乏控制，当然，特别是牵涉到过去的言语，几乎成了难于超越的障碍。构成言语形式的意义的实际境遇是很难严格地规定界限的：不妨说，每次说出一个言语形式都含有细微的语义的创新。在较古老的英语里，也像在现代某些方言里一样，meat 这个词具有跟 food（食物）相近的意义，而 flesh（肉）可以自由运用于与膳食有关的场合，如下面这段引文（自 1693 年）：who flesh of animals refused to eat，nor held all sorts of pulse for lav fu meat（他拒而不吃任何兽肉，不承认一切豆类都是合法食物）。复合词 flesh-meat（肉食，荤菜）一度作为妥协或折中的办法。早先惯于用 meat 的场合，现在通行 food 和 fodder（干饲料），早先 flesh 应该是个正常词而现在通用 flesh-meat 和 meat，这都得归因于词语用法的逐渐转移。要追踪这个过程是有困难的，因而语言学家们认为这是随便诌出来的一种错置的言语形式。假如我们记住一种言语形式的意义对于任何说话人都是他听见了这个形式出现时的境遇和上下文的产物，我们就能看出这儿的转移也仅仅是某种模式的引申：

leave the bones and bring the flesh：leave the bones and bring the meat

=give us bread and flesh　　:x,

结果是 give us bread and meat(给我们面包和肉)。无论是语法上的还是词汇上的转移,毫无疑问我们所要对待的是一种普通的创新类型;我们可以管它叫作类推的-语义变化。我们暂且把词汇的问题,语义变化,留到下一章讨论,现在首先讨论比较容易处理的包括语法习惯的问题。

23.3　我们只能在理论上区别说话人使用一个他从来没有听见过的形式的实际创新和随后的这个新形式同旧形式的互相抗衡。几年以前,观察者听到 radios(无线电(复数))这个形式,也许要疑心说的人从来没有听见过它而是按照寻常的名词复数类推地创造的;可是观察者下不了断语,因为这个形式可能是听见过的人们说出来的,也同样可能是从来没有听见过的人们说出的。这两种人都知道单数 radio,在适当的境遇下都可能说出那个复数形式来的。

也许值得注意的是,这个实例里含有清楚的语法范畴,我们不能给意义下个界说倒也不必担心和踌躇。这样的一个公式:

	单		复
	piano	:	pianos
=	radio	:	x

是站得住的,纵使我们对于这些范畴的意义的界说(例如“一”和“多于一”)也许并不准确。

radios 这个形式并不跟任何旧形式冲突。关于大多数类推变化的例子,困难在于较古老的形式的存在。假设 1600 年左右,一个观察者最初听到说 cows 这个形式,也许跟几年前我们关于 radios 这个形式所能作的观察是一样的：毫无疑问，许多人独立地说出它来，还有许多人曾经听见旁人说过，这两种人是无法辨别的。可是，cows 这个形式的应用必然是比较稀疏的，因为还有个传统的形式 kine 存在。在随后的竞争过程里，新形式受到构形规则的支持。导致一个形式的创始的因素，跟支持一个现成形式的使用频率的有利因素，可以安全地说是相同的。

我们不知道为什么人们有时候用新的组合来替换传统的形式，为什么新的组合有时候使用频率逐渐增高。像 foots 这样的形式，代替了 feet，儿童们偶然说了；我们认为这是“幼稚的错误”，希望孩子很快就能学会传统习惯。成年人在疲乏或者慌张的时候也会说出 foots 来的，但是他并不继续重复这个形式，并且谁也不会跟他学；我们说这是“错别字”。

一种语言似乎在任何一个时期，某些特点会比较稳定，还有些特点不很稳定。我们必须假定，英语在十六世纪由于先前的发展，出现了相当多的互相替换的复数形式（比如，eyen：eyes，shoon：shoes，brethren：brothers），这就使 cows 这样的创新并不显得怎么突出而易于被接受。现在，像 foots 这样的创新尽管不时地出现，却似乎没有保存的机会；我们倒觉得创新和波动起作用的领域是在复数形式的擦音的浊化：hooves：hoofs（（马）蹄子），laths [laːðz∶laːθs]（板条），等等。

像 cow-s 这样一个形式的创造只是规则的复数后缀 [-iz，-z，-s] 使用频率上升中的一个小小插曲。类推的-语义变化，从发生了语法的和词汇的类型的替换来说，仅仅是频率的波动。一种形式扩展成新的组合，带来了一种新的伴随形式，受到人们的爱好，也许是因为它早先曾出现在一些语音上或意义上互相联系的形式里。比如，cow 采用 [-z] 受到欢迎，也许因为存在着旁的 [-aw-z] 的复数形式，诸如 sows(母猪)，brows(眉毛)。意义的类似会起一定的作用：sows，heifers(小母牛)，ewes(母羊)会导致 cows 的转变。上下文里经常的出现也许会增加一个范例的吸引力。拉丁语 senatus [se'na:tus] (英语 senate(元老院))具有不规则变化，包括领属格 senatus [se'na:tu:s]；与此并行，按照规则的范例产生了一个新的属格形式 senati [se'na:ti:]。曾经有人暗示，这个创新的主要范例是规则名词 populus ['populus] (英语 people(人民))，属格 populi ['populi:]，因为这两个词经常一起用在这个词组里：senatus populusque [se'na:tus popu'luskwe] (英语 the Senate and People(元老院和人民))。最有力的因素确实是在数和使用的频率上。一方面，规则的形类排挤那些小量的词群而逐步扩展；另一方面，频率很高的不规则形式又抗拒创新。不规则形式主要出现在一个语言的最常用的词语里。

23.4 类推变化倾向于规则整齐，在词形变化表里显示得很清楚。英语有规则的复数构形史是长期的不断的扩展。后缀 [-iz,-z,-s] 是古英语后缀 [-as] 的现代形式，如 stan [sta:n] (今 stone)，复数 stanas ['sta:nas] (今 stones)。古英语里这个后缀只属于复数的主格和宾格；属格复数 stana ['sta:na] 和与格复数 stanum ['sta:num] 今天都应该用 stone 这个形式来代表。这个形式被主-宾格形式 stones 替换了，stones 用于全部的复数，不管句法上的位置，这是名词变格趋于消失的较大过程的一个组成部分，包括语音变化和类推变化。

古英语主-宾格复数以-as 收尾只出现于阳性名词的一个类型（的确，是个最大的类型）。还有几类阳性名词却以不同的方式构成复数，如 ['sunu]（儿子），复数 ['suna]；这类 n-复数有一大群，诸如 ['steorra]（star“星”），复数 [' steorran]。有些名词摇摆不定：[feld]（field（田）），复数['felda] 或['feldas]。我们不知道这种波动的起源，但是，一旦出现了这种状态，我们能看出其中存在着有利于 [-as] 型复数的扩展条件。一个新形式像 ['sunas] 代替了较古老的 ['suna]（sons（儿子们）），比起今天的 foots 来不见得有更好的成功机会，要不是经常出现像“田”这个词所表现的摇摆或波动。

古英语里中性和阴性名词没有 s 型复数。中性类型的例子是 [word]（word（词，字）），复数同音，['spere]（spear（枪，矛）），复数 ['speru]，['eːaje]（eye），复数 ['eːagan]；阴性类型如 ['karu]（care（顾虑，关心）），复数 ['kara]，['tunge]（tongue（舌头）），复数 ['tungan]，[boːk]（book），复数 [beːk]。

纵使在 s 型复数合于传统习惯的地位，语音演变也会导致形式的分歧。比如，早期元音间擦音的浊化导致了这样的类型：knife：knives“小刀”。旁的类似的不规则还要蒙盖上新的层出不穷的构词变形。前英语时期，[a] 在单音节里和后面跟随一个带 [e] 的音节就变成 [ɛ]；在这个音变以后，[g] 在一个前元音前面和在一个前元音后面而处于末尾，便变成 [j]。结果是成套的替换，如 day 的变形表所示：

	单数	复数
主-宾格	[dɛj]	['dagas]

与格	[ˈdɛje]	[ˈdagum]
属格	[ˈdɛjes]	[ˈdaga]

后来,[g] 又变作 [w],因此中古英语里出现了不规则的 dei,复数 dawes;我们已经看到,后者被规则的新组合——day 加上 [-z] 所替代了。

早期古英语丢了元音间的 [h] 使词形缩短,导致 shoe 这个词的变形表,在古英语里是很有规则的,但是由于随后的音变,应该会导致极不规则的现代形式如:

	古英语	现代的音变结果
单数		
主-宾格	[s*k*oːh]	*[ʃʌf]
与格	[s*k*oː]	[ʃuw]
属格	[s*k*oːs]	*[ʃʌs]
复数		
主-宾格	[s*k*oːs]	*[ʃʌs]
与格	[s*k*oːm]	*[ʃuwm, ʃum]
属格	[s*k*oː]	[ʃuw]

在古英语其他类型的变形表里,foot 这个词给我们提供了很有趣的各形式的重新分布:

	单数	复数
主-宾格	[foːt]	[feːt]
与格	[feːt]	[ˈfoːtum]
属格	[ˈfoːtes]	[ˈfoːta]

这儿带 [oː] 的形式,现代 foot,是单数的一般化,排挤了古老

的与格，而带［eː］的形式，现代 feet，是复数的一般化，排挤了古老的与格和属格形式。

也有少数的例子，两个形式由于词汇上的分化都保存下来了。shade"荫"和 shadow"影"二词反映了古英语一个单词变形表里的不同形式：

	古英语	现代语音等值
单数		
主格	［ˈsk adu］	［ʃejd］shade
其余各格	［sk adwe］	［ˈʃɛdow］shadow
复数		
与格	［ˈsk adwum］	［ˈʃɛdow］shadow
其余各格	［ˈsk adwa］	［ˈʃɛdow］shadow

shade 和 shadow 两个形式都当作整个单数一般化了，作为底形构成新的规则的复数，shades，shadows；由此而来的两组词形互相抗衡，终于造成词汇上的分化。mead（牧场）和 meadow（草原）二词也是以同样的方式产生的，但是在这个例子上，摇摆波动的结局似乎使 mead 这个形式陈腐了。

gate（栅栏门，墙门）这个词在古英语里主-宾格单数是 geat［jat］，复数是 gatu［ˈgatu］。古单数到现代应该是 *yat，可是消亡了；现代形式 gate 代表古复数，新的复数 gates 是按照规则范例构成的。

类推的创造并不限于复杂形式。在复杂形式和简单形式共存并行的场合，依类推作用也可以创造一个简单形式。中古英语 redels（riddle'谜语'），复数同音，按照下列模式起了类推变化

复数　单数

stones ：stone

= redels ：x，

从而产生了现代的单数形式 riddle。较短的或基层的形式的创造叫作后退构形法(back-formation)。另一个例子是古英语［'pise］(pea"豌豆")，复数［'pisan］；词形变化表里所有的形式导致了现代的 pease("豌豆"，单复不分，表量或表集体)，peas［pijz］，而单数 pea 是错拟的还原形式。同样，古法语 cherise"樱桃"借入中古英语是 cheris，从而得到现代的 cherries；单数 cherry 是一个类推的创造。

23.5　构词的形成过程中，最有利于类推形式的基础是具有某种明确含义的派生类型。比如，我们现在依据正常的语法上的类推，用 -er 构造各式各样的行动者名词。这个后缀是前英语时期从拉丁语借来的，替代了许多本土的类型。古英语里［'huntian］(to hunt(打猎))的行动者是［'hunta］，已经让 hunter(猎人)替代了。在稍后的时期，webster 被 weaver(织工)替代了，前者只保存在一个族姓(Webster)里。像 boot-black(擦靴子的(人))，chimney-sweep(扫烟囱的(人))，老形式只作为复合词的成员给保存着。我们不仅构造新的动作者名词，如 camouflager(战地目标掩饰者，烟幕制造者)，debunker(揭穿内幕者)，charlestoner(旋腿舞者)，并且也利用后退构形法创制一些新词，如从 chauffeur［'ʃowfə］(汽车司机)造成动词 chauffe［ʃowf］(驾驶，(给某人)驾驶(汽车))。允许创造新词的类推作用可以说还是"活的"。

webster 一词的古老后缀-ster 倒是个好例子,可以代表一种类型,也许从来不能描拟为“规则的”或“活的”,可是曾经有过它的扩展时期。这个后缀似乎是表示女性的行动者(荷兰语里仍然如此)。女性的含义还保存在 spinster(纺绩女,老处女)里,原来是 spinneress(纺绩女)。显然,女性的含义在所有的词里并不是很明显的:这个后缀变得与性别无关了,如出现在 tapster(酒店里的服务员),huckster(小贩,叫卖者),teamster(赶牲口的),maltster(制麦芽的),webster(纺绩者),dunster(索债人,管账的)。行动本身不一定是有用处的,试看 songster(歌者),rimester(打油诗人),trickster(骗子,耍花样的),gamester(赌棍,游手好闲的),punster(滑稽家,爱说俏皮话的)。非人的行动者见于 lobster(龙虾),可能代表古英语 loppestre,原意是“跳跃者”。roadster(小型汽车)是无生物。youngster(少年,儿童)的底词是形容词,而不是动词或名词。限于女性的规定终于消失以后,把-ster 的词又连上表女性的-ess:huckstress(女贩子),songstress(女歌手),seamstress(女裁缝)。最后一例,辅音丛前面的元音缩短了,变作['semstris];较规则的匹敌形式['sijmstris]是按照词底 seam“接缝,线缝”的元音类推而来的。像-ster 这样的例子,我们看到构形手段从一个形式引申到另一个形式,却从来没有达到“活的”类型的自由扩展。

有些构形方式,并没有抢先占领一定的意义领域,却有广泛的用处。英语后缀-y,-ish,-ly 可以派生形容词,在历史时期一向是生机活泼的,从一个词扩展到另一个词,停留在不同的语义阶段。比如,利用后缀-y(来自古英语-ig),有些词出现在古英语记载里例如 mighty(雄伟的),misty(迷蒙的),moody(抑郁),bloody(血淋淋的),speedy(迅速的),还有些词后来才出现例如 earthy(泥土气,粗糙),wealthy(富足),hasty(匆忙),hearty(坦白,真诚),fiery(烈火般的)。这个后缀要是加在外来语借词上,借用的年代给我们提供了时代的限期("terminus post quem"①),新的组合不能早于这个时限:sugary(含糖的),flowery(华丽,绚烂),creamy(奶油似的,奶白色的)。现在这个后缀正向某些意义地带伸张,诸如"矫饰,滑稽":summery(如夏季的穿戴),sporty(轻佻活泼;好运动的),swanky(虚张声势,浮夸),arty(装作风雅),booky(装书生气)。同样,-ish 在某些组合里只是构成形容词的标记 boyish(男孩子气),girlish(女孩子气),可是在"不讨喜欢、不合时宜地装模作样"的意义上也争取了一个小小地盘,例如 mannish(男人气),womanish(妇人气)(对比 manly(丈夫气),womanly(妇人风度)),childish(幼稚)(对比 childlike(天真))。语义专门化的出发点要在底词含有专指义值的形式上才能找到;-ish 的不愉快的意味是从下面这类词里来的:loutish(粗鲁)(lout(鲁夫)),boorish(鄙陋)(boor(村夫)),swinish(肮脏)(swine(猪猡)),hoggish(卑污)(hog(豕,猪))。

形态成分的面貌可以受类推变化的支配,特别是按照扩大的方式。拉丁语 argentum [ar'gentum] "银子": argentarius [argen'ta:rius] "银匠"这一组词代表一个规则的派生类型。法语的历史上词尾音位一再脱落;现代形式是 argent [arʒɑ̃]:argentier [arʒɑ̃tje]。派生的公式就变成:添加后缀 [-tje]。因此,这个后缀

① 拉丁语"terminus post quem"是正当停止的时候。——译者

出现于一些从来在关键位置上不带有［t］的词上（按照历史学家不相干的说法）：法语 fer-blank［fɛr-blɑ̃］“锡”（拉丁型 *ferrum blankum“白铁”，其中 blank 是日耳曼语的形容词）是 ferblantier［fɛrblɑ̃tje］“锡匠”的底词；bijou［biʒu］“珍珠”（来自不列塔尼语 bizun）是 bijoutier［biʒutje］“珠宝商”的底词，诸如此类。

有时候一个词缀也许只包含一些外加的因素，原来的面貌连一点痕迹也没有留下。古英语里从名词派生出来的动词变形表是按照这样的模式：［wund］（a wound（伤（痕））：［ˈwundian］（to wound（损伤，伤害）），这一类型今天仍然存在着，如 wound（伤痕（名词））：to wound（伤害（动词）），radio（无线电机）：to radio（广播，发送无线电）。然而也有少数的例子，作底子的名词自身是利用后缀［-en］从形容词派生出来的，如这样的一组：［fɛst］“巩固，坚强”：［ˈfɛsten］“堡垒，坚强的阵地”：［ˈfɛstenian］“使巩固，筑堡垒”。幸亏应用频率或意义有些波动——比如说，名词［ˈfɛsten］逐渐少用或有所专指——［fɛst］“巩固”：［ˈfɛstenian］“使巩固”这一对便成为新的构形范例，按照这样的方式

fast：fasten ＝ hard：x，

结果产生了 harden（使坚硬），sharpen（使尖锐），sweeten（使甜），fatten（使肥胖），gladden（使欢乐）这些形式，其中后缀［-en］使形容词派生动词。

不很常见的是，一个相对地独立的形式削减到了词缀的地位。复合词的成员有时由于音变削减为后缀；比如，后缀 -ly（manly）是 like 的弱化形式，后缀-dom（kingdom（王国））是单词 doom“命运”的弱化。特别是独立的词用得极少以至废弃，就会发生这样的

情形,例如 -hood(childhood(童年))便是古英语[haːd]"人,职位"的残余。德语 Messer"小刀"是古高德语['messi-rahs](原意为"餐刀")经过类推的和语音的缩短而变来的现代形式,其中第二个成员[sahs]"小刀"由于维纳尔的音变定律(§20.8)改变得面貌全非,后来[z]又变作[r]。德语 Schuster['ʃuːster]"鞋匠"一词中有独无偶的后缀[-ster]反映了一个古老的复合词成员[su'tɛːre]"修靴匠"。两个词凑合成一个是极其罕见的;最著名的例子是罗曼诸语言动词未来时式的起源,是从不定式动词加"有"这个词组变来的:拉丁语 amare habeo [a'maːre 'habeoː]"我要、将爱">法语 aimerai [ɛmre]"(我)将爱";拉丁语 amare habet [a'maːre'habet]"他要、将爱">法语 aimera [ɛmra]"(他)将爱",等等。这种发展必然是在异乎寻常的条件下产生的;特别是,我们必须记住拉丁和罗曼语言有一套很繁复的动词屈折变形,提供了单词时式的范例。

词的结构里后退构形方式绝不是太稀罕的,虽然往往难于认辨。英语的外来雅语词汇里有许多动词像拉丁语的过去分词;英语是从法语借来这些词儿的,这就显得更为突出,因为法语里拉丁语源的过去分词给语音演变弄模糊了,或者给新的构形方式替换了:拉丁语 agere ['agere]"引导,担当,做",过去分词 actus ['akt-us]"被引导的,做了的":法语 agir [aʒiːr]"做,行动",分词(新的构形)agi [aʒi]"做了的":英语 to act(行动);拉丁语 affligere [af'fliːgere]"打倒,打伤",分词 afflictus [af'fliktus]"受了伤的,受了打击的":法语 affliger [afliʒe],分词 affligé [afliʒe]:英语 to afflict(使苦恼,打击);拉丁语 separate [seːpa'raːre]"分开",分词

separatus [seːpaˈraːtus]：法语 séparer [separe]，分词 séparé [separe]：英语 to separate((使)分开)。英语里这种习惯的起点似乎是以-tion 收尾的名词的后退构形法：英语动词 act(行动)，afflict(困恼)，separate(分开)是以名词 action(行为)，affliction(苦恼)，separation(分离)为基础的，后者来自拉丁语 actionem，afflictionem，separationem [aktiˈoːnem，afflikti'oːnem，séːparaːtiˈoːn em]，通过法语 action，affliction，séparation，按现代读音是 [aksjõ，afliksjõ，separasjõ]。直接范例必然是这样的例子：communion(交际，感应)：to commune(交谈，反省)(古法语 communion：comuner)；一般背景是英语形容词和动词的同音现象，例如 warm(温暖的)：to warm(使温暖)＝separate(分开的)：to separate(使分开)。这个假设得到下列事实的支持：英语记载里以-tion 收尾的名词大体上说要比以 -t 收尾的动词出现得早些。《现代英语词典》里以 A 开头的 108 对词儿，有 74 例名词出现得早于动词，如 action 在 1330，但是 to act 在 1384；affliction 在 1303，但是 to afflict 在 1393。更进一层，我们有时看见晚期的以-t 收尾的动词的兴起：例如 aspiration(仰慕)：to aspire(企图)，英语始终没有背离拉丁-法语的模式，但是 1700 年左右出现了新的构形 to aspirate(舒气，吐气(发音))。这一类的现代构形是 evolute，以 evolution(进化，发展)为基础，与较古老的 evolve(展开)相抗衡，和以 elocution(演说法，雄辩术)为基础的 elocute(演说)。

23.6 探索构词中的类推线索，几乎还没有怎样着手去做。今天英语里构词的习惯使人产生一种幻觉，以为复合词只是单纯词简简单单地拼凑起来的。读者用不着被提醒就会知道，现代英语复合词和它的组合成员的独立形式是相等的，只是词重音有所改变，这个模式是一长串导向一致的类推变化的产物。比如，[ˈfɔəˌhed] forehead“前额”与 [ˈfɔrid] 的对抗，后者的不规则是音变的结果，是起于类推的再造：

fore，arm：fore-arm [ˈfɔər-ɑːm]“前臂”

=fore，head：x。

复合词跟独立单纯词的关系往往遭到转移。原始印欧语并不利用动词词干作为复合词的成员；直到今天，英语还没有一种动词类型如 *to meat-eat（肉食）能以同名词和形容词类型 meat-eater（肉食者）和 meat-eating（吃肉的）相匹配（§14.3）。然而好些印欧语言发展了以动词组成的复合词。英语里只有很少几个不规则的形式如 housekeep（料理家务），dressmake（剪裁缝纫），backbite（背后诽谤）。从 whitewash（刷白粉（如石灰水））这样的一个复合名词，利用零元素派生一个动词 to whitewash（粉刷），又从后者造出一个动作者名词 whitewasher（粉刷者，泥水匠）。to housekeep（管家）这个不规则类型也许是按照下列模式而来的后退构形法：

whitewasher ： to whitewash

=housekeeper ： x。

在一部现在看来是古典的论著里，奥斯托夫（Hermann Osthoff）[①]揭示了这一类形式在好些印欧语言里是怎样产生的。古高德语里，像 [ˈbeta]“祈祷（词）”这样的抽象名词按照正常的继承习惯用作复合词的领先成员：[ˈbeta-ˌhuːs]“祈祷室”。形态上

① 奥斯托夫（1878—）所著 Das Verbum in der Nominalcomposition。——译者

互相联系的动词 ['beto:n]“祈祷”有一个不同的后缀元音，并没有干扰复合词。可是中古时期，轻读元音一律弱化为 [e]，而且部分地消失了；所以中古高德语（1200 年左右）里一组词如 ['beten]“祈祷”：['bete]“祈祷词”：['bete-ˌhu:s]“祈祷室”，复合词成员既同于动词，又同于名词。假使名词使用频率降低或者意义上有所专指，复合词成员就变得跟动词词干等同了。于是['bete]“祈祷（词、文）”就这样失去了使用的频率——现代语采用了一个不同的派生词 Gebet [ge'be:t]“祈祷”——而其余方面，意义上专门化为“捐献，赋税”。其结果，复合词如 Bethaus ['be:t-'haws]“祈祷室”，Bettag ['be:t-ˌta:k]“祈祷日”，Betschwester ['be:t-ˌʃvester]“祈祷姊妹”，即“修女”或“非常虔诚的妇女”，都可以描写为只含有动词 beten [be:ten]“祈祷”的词干 [be:t-]。因此，中世纪以来，这一类的新复合词都是由领先的动词成员构成的，如 Schreibtisch ['ʃrajp-ˌtiʃ]“写字台”来自 schreiben“书写”，或 Lesebuch ['le:ze-ˌbu:x]“读本”来自 lesen“读”。

不规则的复合词，诸如 ['fɔrid] forehead，和类推地形成的规则的变体如['fɔə-ˌhed]，摇摆于二者之间的波动状态提供了新的构形范例，用一个复合词成员来替换那隐晦的形式。比如，inmost（尽里头的），northmost（尽北头的），utmost（顶头的），（其前一个成员规则化为 outmost（最外面的）），以 most 这个词作为第二个成员，都是类推的构形方式，替代了古英语类型['innemest，'norθmest，'u:temest]；这些词里面的[-mest] 是最高级后缀[-est] 的特殊形式（含有外加成分）。这样的规则化的新构形方式，跟早先的词形结构不相符合（历史家所发现的），有时候叫作**通俗词源**

(popular etymologies)。

23.7 短语中的创新要是影响了单词的面貌,倒是最容易看出来的。条件音变使一个词按照它在短语里的语音位置变作几个不同的形式。按照某些类型的英语,处于末尾和辅音前面的[r]给丢了,但是元音前面的[r]却保留着,结果产生了water(水)这类词的连续变体:处于末尾和在辅音前面 water 读作['wɔːtə],可是在一个紧密的词组里出现在元音前面,它却保留了[r]:the water is ['wɔːtər iz],the water of ['wɔːtər əv] water 的末尾元音跟idea(想法,念头)的尾音变得一样了,后者从来没有收[r]尾。这导致了一种新的变形:

water ['wɔːtə]:the water is ['wɔːtər iz]

=idea [aj'diə] :x,

结果产生了连读形式 the idea-r is [aj'diər iz]。

像现代英语这样的语言,一个词的开头和收尾在语音处理上自有特点,处于这些位置上的音位很少能够满足寻常的条件音变的具体要求,倒是宁可说受着自身的条件变化的制约。只有包含轻读词的词组,才能跟一个词内部存在的条件相提并论。所以英语的连读变音大都限于上面那样的例子(... of,... is)或者限于这样的形式:don't ['downt],at you ['ɛtʃuw],did you ['didʒuw]。更进一步,极大多数的词,甚至某些位置上一般读轻音的词,语音的界限是划分得很清楚的,这对符合于绝对形式的变体或则保留,或则创造新形,都是有利的:do not [duw 'nɔt],at you ['ɛt juw],did you ['did juw]。

有些语言对于词的界限划分得并不怎么清楚,出现了大量的连读变体，产生了许多不规则现象，然后再用新的构形法来扯平调整。我们在 § 21.4 看到爱尔兰语里首音连读的起源。法语里名词大体上不受连读变换的影响：像 pot [po]（英语 pot"罐子"）或 pied [pje]"脚"这样的词在词组里是不起变化的。可是我们只消看看类似短语组的复合词（§ 14.2），诸如 pot-au-feu [pɔtofø]"火上的罐子"，意即"清汤"，或 pied-à-terre [pjet a tɛːr]"落脚地"，意即"寓所"，就不难看出表面上的稳定是由于类推的规则化。第三身单数动词在中世纪的早期是单音节的，通过有规则的语音发展，在元音前面带有尾音 [t]：拉丁语 est>法语 est [ɛ]"是"，但是拉丁语 est ille>法语 est-il [ɛt i]"是他么？"另一方面，不止一个音节的动词形式却没有这个 [t]：拉丁语 amat"他爱"变作法语的 aime [ɛm]"（他）爱"，即使是在元音前面。可是这个模式

[ɛ]：[ɛt i] = [ɛm]：x

导致了现代的连读形式 aime-t-il [ɛmt i]"他爱么？"

古英语的晚期，轻元音后面的 [n] 消失了，除非在元音前面连读。比如，eten（to eat（吃））变作 ete，an hand 变作 a hand（一只手），但是 an arm（一只手臂）依然保留。在冠词 a：an，所起的变换继续活用；现代英语的早期，人们仍然说 my friend（我的朋友）：mine enemy（我的仇敌）。我们必须假定，在-n 趋于消失的时候，英语还不像今天这样区别词与词之间的界限。连音 [n] 在少数几个例子里当作词首一般化了。古英语 efeta ['eveta]"蜥蜴"在中古英语里出现为 ewte 和 newte，从而得到现代的 newt"蜥蜴"。像 an ewte 这样的短语必然是读作 [a'newte]，而且受新的构形法所支配（无疑地是在应用频率或意义的某些特

殊条件之下）

[a'naːme]（a name(一个名字)）:['naːme]（name）
= [a'newte]（一只蜥蜴）　:x，

结果人们就说 newte。同样，eke-name（外号）产生了一个带 n-的形式，现代 nickname；for then anes 现在变作 for the nonce“目前，临时”。另一方面，有些形式里首音［n］却当作连音［n］对待了。比如，古英语 nafogar ['navo-ˌgaːr]，照字面讲是“脐矛”，中古英语 nave-gar，现在已经给 auger（螺钻）替换了；古英语 ['nɛːdre]给了中古英语 naddere 和 addere，从而来了现代的 adder（蝮蛇，土虺蛇）；古法语 naperon 借入英语时是 napron，现在给 apron（帷裙）替换了。

尾音［n］消失以后，又有一种音变导致了某些末尾元音的消失，因而一向处于词中间的许多［n］来到词的末尾了，如 oxena＞oxen（“牡牛”（复数））。这些新的尾音［n］来到词尾的地位太晚了，不再经受尾音脱落的影响；所以今天英语里除了连音［n］只出现在元音前以外，也还有一个稳定的尾音［n］。这就引起了一些错综复杂的关系：

	古英语 ＞	早期中古英语	
		元音前	其他情形
单数			
主格	oxa	ox	oxe
其余	oxan	oxen	oxe
复数			
主-宾格	oxan	oxen	oxe

与格	oxum	oxen	oxe
属格	oxena	oxen	oxen

这样错综复杂的习惯重新调整了，今天的分布是单数 ox，复数 oxen。

在大多数情况下，短语的创新结果并不是一个新的词形，而是句法上或词汇上新的用法，如英语 like 用作连词（§23.2）。我们在德语里遇见同位或同格词群 ein Trunk Wasser [ajn 'truŋk 'vaser]（英语 a drink of Water“喝口水”），第二个名词参照其他亲属语言也许应该是属格形式 Wassers (of water“水的”)。阴性和复数名词的属格变尾由于语音变化而弱化为零；Milch [milx]（英语 milk）是阴性名词，属格跟主-宾格同音。较古的说法 ein Trunk Wassers 被现在的格式替换了，经过

Milch trinken“喝奶”：ein Trunk Milch“喝点儿奶”

= Wasser trinken“喝水”　：x.

这无疑地受到有利的支持，因为有些名词的属格已经摇摆于零和 -es之间，并且属格的应用频率正在降低。进一步的研究，尽管存在显而易见的困难，似乎很可能找到许多例证，说明句法上和词汇上短语里的类推创新。我们的哲学成见往往引诱我们要在个别单词里和单词的意义里追寻变化的动机。

23.8　有许多新的构词，我们不能给列出比例模式。我们相信这并不总是因为我们没有能力寻找模式的范例，而是实际存在一种语言变化的类型，近似类推变化，可是并没有范例作为依据。这些适应性的新构形，跟旧形式相似，只是由于靠拢那些语义上互相联系的形式而起了点变动。例如英语里两个俚俗的形式 actorine(女演员)(actress)和 chorine(女合唱队员)(chorus-girl),只有前者才能描写为比例式类推的结果(Paul“保罗”:Pauline = actor(男演员):x)。现在 chorine 多少可以说是以 actorine 为依据的,但是 chorus(合唱(队)):chorine 这一组无论是形式上或者意义上都跟 actor:actorine 并不平行。Josephus:Josephine [jow'sijfəs,'jowzifijn] 这一组词不够普通,意义上距离较远,语音上也不规则。我们只能说许多名词带有后缀 [-ijn],例如 chlorine(氯素,盐素),colleen(女孩子);这个后缀派生了几个女子的名字,特别是名词 actorine;考虑到形容词 choral“合唱(队)的”,chorus 的 -us 显然也是后缀。这样的一般背景一定足够叫某某人说出 chorine 一词来,纵使没有恰当的类推跟这个形式相配。

一种新形式(如 chorine)以一个传统形式(chorus、chorus-girl)为基础,但是脱离了后者而倾向于靠拢一串语义上互相联系的形式(chlorine、colleen、Pauline 等等,特别包括 actorine 在内),便叫作适应——应运而生。所谓适应,似乎受到不止一个有利因素的支持,但是所有的因素合起来也不能让我们预测那个新形式。照我们的例子看,新形式往往含有诙谐的意味;这个含义跟新词的不能预测的,牵强附会的面貌也许有联系。有些假装文雅的词,如 scrumptious (优美惊人的,过求精美的),rambunctious (放荡不羁的,狂妄的),absquatulate(逃亡),的确就是如此。这些形式不见得会有一个以上的人胡诌得那么巧:我们疑心都是个人的创造,由某某人的语言的和实际的癖性所决定的。然而这类癖词在某种限度以内必然是符合社团的普通习惯的,因为这些形式被旁人采用了。

有些适应性构造不太穿凿附会，只是创制一个新形式跟那些语义上相连的形式更显得一致些。英语从法语借来了许多词带有后缀-ure，如 measure（估计，测量），censure（谴责，责罚），fracture（折断，裂痕）。古法语词 plaisir，loisir，tresor，带有旁的后缀，来到英语里却适应了-ure 类型，因为 pleasure（快乐），leisure（余闲），treasure（宝藏）的［-ʒə］反映了古老的［-zjuːr］。在外来雅语词汇里，英语 egoism（唯我主义），（自我中心），依从了法语模式，但 egotism（自命不凡）却是仿照 despotism"专制，独裁"，nepotism"任用私人"的适应性的构形。

在罗曼诸语言里，拉丁语 reddere［ˈreddere］（还给）大都让 *rendere 替换了，如意大利语 rendere［ˈrɛndere］，法语 rendre［rɑ̃dr］，从而来了英语的 render（供给，致使）。这个 *rendere 是适应 reddere 的，仿照这样的一串形式：拉丁语 prehendere［preˈhendere，ˈprendere］"取，拿"＞意大利语 prendere［ˈprɛndere］，法语 prendre［prɑ̃dr］；拉丁语 attendere［atˈtendere］"注意"＞意大利语 attendere［atˈtɛndere］"等候"，法语 attendre［atɑ̃dr］（以及拉丁语 tendere 构成的其他复合词）；拉丁语 vendere［ˈweːndere］"卖"＞意大利语 vendere［ˈvendere］，法语 vendre［vɑ̃dr］；这儿当"取"讲的词，由于意义上有相关的连系，无疑是主要因素。

有时候只是一个单独的形式起着吸引作用。拉丁语里在古词 gravis"沉重"以外，后来还有一个形式 grevis，其中的元音似乎是受了 levis"轻"的影响。这一类的构形叫作错合或感染（blendings 或 contaminations）。我们不能总有把握地断定吸引作用只起于一个单独的形式；刚才的例子里，brevis“短”这个词也许帮助了grevis的形成。

“脚”这个词的变形表，原始印欧语 *[po:ds]，属格 *[po'dos]，梵语 [pa:t]，属格 [pa'dah]，在古希腊语的一种方言里出现了所预期的面貌，[ˋpo:s]，属格 [po'dos]，但是在雅典方言主格却意外地是 ['pows]；一向的解释是受了“牙齿”这个词的感染，[o'dows]，属格 [o'dontos]，后者正常地反映了原始印欧语的 *[o'donts]。

在日耳曼诸语言的早期，人称代词必然曾处于不稳定的状态。当“你们”讲的古形式似乎是原始日耳曼语 *[ju:z，juz]，出现在哥特语里是 [ju:s] 或 [jus]。旁的日耳曼方言反映了原始日耳曼类型 *[jiz]：古北欧语 [e:r]，古英语 [je:]，古高德语 [ir]。所能提供的解释是，*[juz] “你们”受了“我们”这个词的感染：原始印欧语 *[wi:z，wiz]，反映于哥特语 [wi:s]，古北欧语 [ve:r]，古英语 [we:]，古高德语 [wir]。

同样，哥特语里“你”的宾格是 [θuk]，与格是 [θus]。这些形式跟旁的方言不一致，后者反映了原始日耳曼类型宾格 *[θiki]，古北欧语 [θik]，古英语 [θek]，古高德语 [dih]，和与格 *[θiz]，古北欧语 [θe:r]，古英语 [θe:]，古高德语 [dir]。哥特语形式被解释为受了主格 *[θu:] 的感染：哥特语、古北欧语、古英语 [θu:]，古高德语 [du:]。关于这一层，“我”这个词似乎也能提供一个范例，这在所有三个形式里都有同样的元音，哥特语 [ik，mik，mis]，但是并没有完全恰当的类推可以概括两个词的变形表，我们也可以设想 [mik，mis] 同样有利于 *[θik，θis] 的形成。

数词似乎在好些不同的语言的历史上受到感染作用。原始印欧语"四"是 *[kʷe'two:res],"五"是 *['penkʷe];请看梵语[ca'tva:rah,'panca],或立陶宛语[ketu'ri,pen'ki]。日耳曼诸语言里两个词都以[f]开头,这反映了原始印欧语的[p],如英语four,five;并且five还以[f]代替了第二音节的[kʷ],如哥特语[fimf]。另一方面,拉丁语里两个词都以[kw]开头:quattuor,quinque['kwattuor,'kwi:nkwe]。所有这些歧异的形式都可解释为"远距离的同化作用";然而用这个和类似的术语(§21.10)所描写的变化实际上似乎更可能是感染性的或适应性的。古希腊语['hep'ta]"七"和[ok'to:]"八"在一个方言里导致了感染性的[op'to]"八",而在其他方言里导致了[hok'to:]。"九"和"十"两个词,原始印欧语 *['newn̩,'dekm̩],如梵语['nava,'daça],拉丁语novem,decem,在斯拉夫语和波罗的语里都以[d]开头,如古保加利亚语[devētı,desētı]。

心理学家们曾经发现,在实验室的条件下,听见"四"这样一个词的刺激往往会叫人说出"五"这个词来——但是这毕竟还解释不了感染作用。事实上感染性的"读白字"并不是太罕见的,这也许更能说明真相,例如英语I'll just grun (go 加 run) over and get it("我就去跑过去把它弄来")。

句法上的创新有时带有感染的面貌。英语I am friends with him(我跟他是朋友)被解释为I am friendly with him(我跟他很友好)和we are friends(我们是朋友)互相感染。有一些不规则现象,如关系代词的相互吸引(§15.11),似乎也属于这一类性质。

所谓通俗词源(§23.6)多半是适应性的和感染性的。一个不规则的或语义上隐晦的形式,被一个结构更正常和含义较明确的新形式替换了——虽然后者往往有点牵强附会。比如英语里一个老形式 sham-fast(害羞),意谓"谦逊",让位于规则的,但语义上未免古怪的复合词 shame-faced(脸皮嫩)。古英语 sam-blind(半瞎),含有废弃了的陈词 sam"半"作为第一个成员,伊利莎白时期给 sand-blind(沙盲)替换了。古英语 bryd-guma [ˈbryːdˌguma] "新郎"被 bride-groom 替换了,原因是 guma"男子"这个词陈旧了。外来词特别容易接受这样的适应。古法语 crevisse,中古英语 crevise,已经给 cray-fish,craw-fish"小龙虾"替换了;mandragora 让位于 man-drake"曼陀罗华";asparagus"龙须菜"在早先次标准英语里变作 sparrow-grass,照字面讲是"麻雀草"。gooseberry(浆果)似乎替换了较古老的 *grozeberry,从方言形式 grozet,groser 看来;后者反映了一个法语借词形式,跟现代法语 groseille [grɔzɛːj](醋栗,浆果)有语源关系。

象征词,摇篮语,和短名词,大概是根据普通的词形模式创造的,而不见得有什么恰当的类推范例。可是像 Bob,Dick 等形式,原来是作普通名词用,或许带有象征的意味,后来才有所专指,变作 Robert,Richard 的人名爱称形式。要是以为只消指出这些形式的含义就能够说明它们的起源,就未免大错特错了。

在某些例子上,我们知道某某人发明了一种形式。最著名的例子是 gas"瓦斯",是十七世纪荷兰化学家冯·海尔蒙(van Helmont)发明的。在推荐这个词的过程中,冯·海尔蒙指出 gas 跟 chaos(浑沌)一词相似,照荷兰语的发音二者相差不远(虽然音位上是分得很清楚的)。并且,冯·海尔蒙还使用了一个专门术语 blas,在荷兰语里是动词 blazen"吹"的正规派生词。

很明显的是，在这样的例子上我们不能构拟发明者个人私有的认识世界；我们只能揣测大致的语言背景。道格森(Charles Dodgson，笔名 Lewis Carroll)在一首出名的诗“The Jabberwocky”(见《镜中世界》)[①]里使用了一批这样的新创词形，到了书的后半部才解释了这些形式对他所具有涵蓄意义。其中至少有一个，chortle“呵呵大笑”，已经被广泛采用了。更晚近的例子是商标名称 kodak(柯达)，系伊斯门(George Eastman)发明的，和 blurb(内容提要)(新书广告)，是伯格斯(Gelett Burgess)的创造(§22.2)。

① Jabberwock 是《镜中世界》中的一个怪物——龙。——译者

第二十四章　语义变化

24.1　有些创新改变了一个形式的词汇意义而不是它的语法功能，这一类的创新叫作意义变化或语义变化。

在较古的文字记载里，一个形式的上下文和短语的组合往往显示它曾经具有不同的意义。詹姆士王的圣经译文(1611年)里说到草木之类(创世纪1,29)，有这样一句：to you they shall be for meat(它们(草木)要给你提供食物)。同样，古英语这一段的译文也用了mete这个词。我们揣测meat这个词经常是当"食物"讲的，我们要是查看一下英文翻译所根据的外语原文，就觉得是无可怀疑的了。有时候古人直截了当地将意义告诉我们，主要是采用逐字注释的方式；比如，有一本古英语词汇用mete对译拉丁语cibus，后者我们知道是当"食物"讲的。

另外有些例子，比较一下互有联系的语言会揭示某些形式具有不同的意义，我们认为有充分理由把这些形式当作同源词看待。比如，英语chin(下巴)在意义上同德语Kinn和荷兰语kin相同，可是哥特语kinnus和斯干的那维亚语形式，从古北欧语的kinn直到现代，却指的是"面颊"。在旁的印欧语言里，我们发现希腊语['genus](下巴)同西日耳曼语一致，但是拉丁语gena(面颊)却与哥特语和斯干的那维亚语相符，同时梵语['hanuh]"腭，牙床"显示了第三种意义。我们得出结论说，古老的意义不管是什么，在这些语言中的某几种语言或其全部发生了变化。

第三种语义变化，表现得远不是那么确切的，出现在形式的结构分析里。比如，understand（了解）在古英语时期和现在意义相同，但是由于这个词是 stand（站、立）和 under（下面）的复合，我们推测这个复合词最初形成的时候（一个类推式的新构形），必然是当作 stand under 讲的；这个推测的可能性获得事实上的支持，因为 under 也曾经当作“里面，（深入其）中”讲，语源相同的德语 unter 和拉丁语 inter 就有这个意义。因此，I understand these things（我了解这些事情）最初的意思也许是“我站在（深入）这些事情的里面”。在旁的例子上，一个形式的结构按照该语言的现状看来并不暗示任何意义的痕迹，但在较早阶段也许语义上是可以分析的。英语 ready（准备好了的，现成的）带有形容词构形后缀-y附加在一个独立的词根上，但是古英语形式 [je'rɛːde]，姑且不管其后缀的类推式的再度构形，可以看作是 ready 的祖先，意思是“敏捷，合适，能干”，是动词 ['riːdan]（to ride“骑（马）”）的派生词，过去时 [raːd]（rode）“骑了”，又从而派生名词 [raːd]“跑马场，马路”。我们揣测 [je'rɛːde] 最初形成的时候，意思是“适合于跑马，跑马的路了”。

这样的推测有时候是错误的，因为一个形式的构造比它的意义也许会晚起些。比如 crawfish（小龙虾）和 gooseberry（浆果）是 crevise 和 *groze-berry 的适应性的改造（§23.8），并不能给我们透露任何较古老的意义。

24.2　我们今天不难看出，一种言语形式的意义发生变化，只是它和其他语义上互相联系的言语形式在应用上起了变化的结果。然而早期的学者们对这个问题进行探讨，仿佛言语形式是相对地稳定不变的对象，而意义是一种可变的依附在它身上的卫星。他们希望对一个单独的形式的前后相继的意义加以研究，如英语meat“食物”>“肉类食物”，就会找出这种变化的理由。这导致了他们按照前后意义互相串连的逻辑关系，给语义变化加以分类。他们列出了如下的类别：

意义的缩窄：

古英语 mete（食物）>meat（食用的肉类）。

古英语 dēor（野兽）>deer（鹿，一种反刍动物）。

古英语 hund（狗）>hound（一种猎犬）。

意义的扩大：

中古英语 bridde（小鸟，幼雏）>bird（鸟）。

中古英语 dogge（一种（古代的）狗）>dog（狗）。

拉丁语 virtūs（男子的品质，丈夫（vir）气概）>法语 vertu（>英语 virtue）（美德，善良的品质）。

隐喻：

原始日耳曼语 *['bitraz]（咬）（*['biːtoː]（我咬）的派生词）>bitter（涩，苦的味道）。

换喻——空间上或时间上意义互相接近：

古英语 cēace（腭，牙床）>cheek（面颊）。

古法语 joue（面颊）>jaw（腭，牙床）。

提喻——意义上作为部分和整体而相互联系：

原始日耳曼语 *['tuːnaz]（篱，围墙）（德语 Zaun 仍然是这个语义）>英语 town（市镇）。

前英语 *['stoboː]（暖室，生了火的温暖的房间）（比较德语 Stube 从前是‘暖室’，现在是‘起坐间’）>stove（火炉）。

夸喻——意义由强烈而变微弱：

前法语 *ex-tonāre（雷打，雷劈）>法语 étonner（吓人，使吃惊）（英语从古法语借入 astound，astonish（惊诧））

曲意——意义由较弱转为较强：

前英语 *['kwalljan]（虐待，受苦刑），（德语 quälen 仍然这样讲）>古英语 cwellan（杀）。

贬低。

古英语 cnafa（童仆，男孩子）>knave（恶棍，坏蛋）。

抬高提升

古英语 cniht（童仆，男孩子）（比较德语 Knecht（仆人））>knight（骑士，武士）。

这样的例子分门别类会帮助我们看出可能发生了怎样的变化。跟英语 chin 同源的词当作“腭，牙床”，“面颊”和“下巴”讲，这样的意义转移也发现在旁的例子里，如英语 cheek 从古英语的“腭，牙床”意义转为今天的“面颊”；jaw 从古法语 joue（面颊）借入以后却朝着相反的方向改变了。拉丁语 maxilla“腭”在现代方言里大都变成“面颊”了，如意大利语 mascella [ma'ʃella]（面颊）。我们疑心 chin 这个词原来是当“腭”讲的，后来才改变为“面颊”和“下巴”的意思。在这一个例子上，我们从古高德语的几处译注得到证明，古高德语把拉丁语 molae 和 maxillae（“腭”或“上下腭”的复数形式）译为复数的 kinne。古英语 ['weorθan]（变作）和其他日耳曼语言里的同源词（如德语 werden，§22.2）在形式上符合于

梵语 [ˈvartateː] (他转移),拉丁语 vertō(我转移),古保加利亚语 [vr̩teːti] (转移),立陶宛语 [verˈtʃu] (我转移);我们接受这个词源解释,因为梵语词有其边缘意义"变作",而英语 turn(转移,转身)显示了一种平行的发展,如 turn sour(变酸,馊),turn traitor(叛变,变成奸细)。

24.3 从这个平面上着眼,意义的变化也许含有实际事物间的联系,因而透露了较古时期的生活情况。英语 fee(经费)是古英语 feoh 的变形表的现代形式,后者原意是"牲口,牛羊,财产,金钱"。在日耳曼诸语言的同源词里,只有哥特语 faihu [ˈfehu] 当"财产"讲;其余如德语 Vieh [fiː] 或瑞典语 fä [feː] 仍有"牛羊、牲口(若干头)"的意义。其他印欧语言里的同源词也是如此,诸如梵语 [ˈpaçu] 或拉丁语 pecu;但是拉丁语有了派生词 pecūnia"钱"和 pecūlium(储蓄,财产)。这就证实了我们的想法,古时候牲口用作交易的手段。

英语 hose 从形式上看跟荷兰语 hoos [hoːs], 德语 Hose [ˈhoːze] 相对应,但是这些词经常以复数形式出现,意义不是"长筒袜",而是"裤子"。斯堪的纳维亚语的形式,如古北欧语 hosa,意思是"长筒袜",或"腿套"。有一个古形式,认为是西日耳曼语的,在公元初几个世纪来到拉丁语里,无疑是通过罗马士兵的媒介的,因为罗曼诸语言有 *hosa 一词(如意大利语 uosa [ˈwɔsa]),意思是"腿套"。我们的结论是,古日耳曼语里这个词的原意指腿上腿套,或则连脚包在一起或则裹到脚踝为止。男子腰间另外穿一件衣物,叫作 breeches"裤子"(古英语 brōc)。英语和斯堪的纳维亚语的用词没有显示什么变化,但是德语的发展似乎表示在大陆上 hose 的上端后来连接起来了，变成像裤子似的装束了。

就照这样，语义上特殊的词源和文化变迁的痕迹可以互相参证。德语 Wand [vant] 专指室内的壁，并不是厚厚的石墙；后者是 Mauer ['mawer]，系拉丁语借词。德语词从语音上看来好像是动词"缠绕"（英语 to wind）的派生词，德语动词 winden（过去式 wand），但是词源学者对于这些意义的联系曾经感到茫然失措，直到后来，麦林格尔（Meringer）指出派生名词最初必然是指枝条编制的涂泥的墙壁。同样，原始日耳曼语 *['wajjus]（墙壁），哥特语 waddjus，古北欧语 veggr，古英语 wāg，现在认为起源于当"缠绕，编织"讲的动词的派生。我们看到学者们利用语义的和考古的资料的联系，企图揭示史前情况，例如原始印欧时期的家长制度（§18.14）。"语词和事物"（英语 Words and Things，德语 Wörter und Sachen）这个格言曾被用作一个期刊的名称，专门研究词源学的这一方面。

就好像形式特征会起于异常特殊和变幻无常的因素一样（§23.8），一种形式的意义也可能由于某种我们无法重构的背景，而且只在历史条件对我们有利时才会知道。德语 Kaiser ['kajzer] "皇帝"和俄语 [tsar] 是通过借用的孳生词，来源于拉丁语 caesar ['kajsar]，是一个罗马特殊人物恺撒（Gaius Julius Caesar）的名字给一般化了。这个名字据说是动词 caedō'我割'的派生词；最初取这个名字的人出生时施行了外科手术，正由于这个传说人们管这种手术叫作 caesarian operation（剖腹手术）。姑且不管这个传说，如果我们对于恺撒和罗马帝国的历史毫无所知，我们就无从猜测这个当"皇帝"讲的词最初是一个族姓。现在废弃了的动词 burke（压制，抑制）（如 to burke opposition（压制反对意见或行动））是从一个人名 Burke 派生出来的，他曾在爱丁堡使许多受害者窒息而死。pander（诱劝，说合）一词是从人名 Pandarus 来的；在乔叟用古希腊时代特罗伊鲁斯和克莉西达（Troilus 和 Cressida）的故事作为题材写的长诗里，潘达鲁斯（Pandarus）是居中说合的月下老人。Buncombe（欺世盗名的演说）原来是北卡罗来纳州（North Carolina）的一个郡名，这还得感谢一位国会议员的诙谐。tawdry“艳丽，浮华”是从圣奥得莱（St. Audrey）而来的；在圣奥得莱集市上人们购买 tawdry lace（华丽而粗俗的花边）。Landau（四轮马车）和 wiener（腊肠）等名词是从最初的产地得来的[①]。dollar（银元）归根借自德语 Taler，是 Joachimstaler 的简称，源于 Joachimstal（Joachim's Dale“耶钦谷”），波希米亚的一个地方，十六世纪以铸造银币著称。罗马造币厂是在 Jūnō monēta（监护者朱诺女神）的庙宇里；因此罗马人使用：monēta 一词兼有“造币厂”和“钱币”二义。英语 mint“造币厂”是前英语时期的拉丁语借词，英语 money（钱币）是中世纪借自古法语所继承的拉丁词。

语义变化，仅仅从表面上观察，就看得出细致的和抽象的意义大多是从较具体的意义产生出来的。“确切地符合于（事物或言语）”类型的意义再三地从“接近”或“掌握”这样的意义发展出来的。比如，上面我们谈到英语的 understand，原来的意思似乎是“站得靠近”或“站在中间”。德语 verstehen［fer'ʃteːn］相当于英

① Landau 是德国的一个城市名（兰道市）。Wiener 是奥地利首都维也纳的德语名称，该地所产腊肠也叫 wiener 或 wienerwurst。——译者

语的 understand，原来的意思似乎是"站在周围"或"站在前面"；古英语相当的 forstandan 兼具二义，"了解"和"保卫，保护"。古希腊语［e'pistamaj］（我了解）照字面讲是"我站在上面"，梵语［ava'gacchati］既是"他走下去，深入下去"，又是"他了解"。意大利语 capire［ka'pire］（了解）是一个类推的新构形，根据拉丁语 capere"抓住，掌握"。拉丁语 comprehendere（了解）也解作"抓住，掌握"。斯拉夫语当"了解"讲的词，如俄语［po'nat］，是一个古动词的复合，原意是"抓，拿"。"了解"的边缘意义出现在英语的 grasp（抓住），catch on（逮住），get（如 I don't get that（我抓不住，摸不清头脑））。英语抽象词汇的大部分包括拉丁语借词，通过法语或按照法语化的形式；拉丁语原词大都可以追溯到具体的意义。比如拉丁语 dēfinīre（英语 to define（下定义））照字面讲是"定下边界"（finis（终点，界限））。英语 eliminate（剔除）在拉丁语里只有具体意义"拿到房屋外面去"，按照它的派生性质讲，因为拉丁语 ēlīmināre 在结构上是个综合的复词，由 ex（出去，外面）和 līmen（门槛，户槛）构成。

24.4　以上所述，姑且不论它超语言的兴趣，多少给我们一些凭借，让我们比较词源时作出判断，但是这并不告诉我们一个语言形式的意义怎么会在时间的过程中发生变化。我们遇见一种形式在某个时候用于意义 A 而后来在另一个时候用于意义 B，我们看到的显然至少是两度转移的结果，就是说，该形式从 A 类环境的应用扩展到 A-B 类较大环境的应用，随后是该形式不再用于接近老式 A 类的环境以至部分地废弃，终于是只用于 B 类环境。按照通常的情况，头一个过程包括某个匹敌形式在 B 环境里被废除不用或受到限制，第二个过程包括某个匹敌形式侵占了 A 类环境。我们可以用下面的图解来表示这个意思：

意义：	“营养”	“食物”	“兽体可供食用部分”	“兽体肌肉部分”
第一阶段：	food	meat	flesh	flesh
第二阶段：	food	meat ⟶	meat	flesh
第三阶段：	food ⟶	food	meat	flesh

所以，在正常的情况下，我们在这儿所要对付的是应用频率的波动，跟类推变化的频率波动一样；区别只在于这些波动所导致的结果是词汇的而不是语法的替换，所以多半逃避了语言学家的掌握。头一位看出语义变化包括扩展和废弃的学者也许是保罗(Hermann Paul)。保罗看到，根据任何说话人的习惯，一个形式的意义仅仅是他一向听见它怎样被使用的结果。有的时候，的确，我们使用一种形式，所处的环境差不多能够概括它的意义领域，例如下一个定义(a town is a large settlement of people(一个城市是人民的大居住区))或者是很一般的叙述(vertebrate animals have a head(脊椎动物有头))。在这样的情况下，一种形式是按照它的普通意义出现的。然而寻常时候，一种形式在任何一段话语里总是代表一个更专门得多的实际特征。比如我们说 John Smith bumped his head(约翰·史密斯撞了他的头)，head 这个词只用来表示某某人的头。当说话人住在一个城市的附近，要是他说 I'm going to town(我要进城去啦)，town 这个词专指某个城市。在这样的情况下，该形式是按照临时意义出现的。在 eat an apple a day(每天吃一个苹果)，apple 这个词具有它的普通意义；在说 eat this apple 这句话里，apple 这个词就具有临时意义：比方说，这个苹果是个烤过的大苹果。所有的边缘意义都是临时的，因为——按照保罗的论证——边缘意义不同于中心意义，恰恰就是由于某种特殊环境使得中心意义成为不可能的时候（§9.8），我们才对一个边缘意义起了反应。实际环境要是不同于跟一种形式的全部意义领域互相配合的理想环境，中心意义就变成临时的了。

因此，假使一个说话者一向听到某个形式只出现于一种临时意义或一串的临时意义，他就只在相似的境遇才会说这个形式：他的习惯也会不同于其他的说话者。meat 一词原来适用于任何种类的菜肴；可是一定有一段时期，由于旁的字眼（如 food（食物）或 dish（盘菜））的侵入，许多说话者听见 meat 这个词只出现于（或者很突出地出现于）实际境遇中所指的菜肴是肉类荤菜；因此，这些说话者只在遇见肉食的时候才使用 meat 这个词。假使一个说话者听见一个形式一向只用于某种边缘意义，他便会把同样的意义当作中心意义来使用这个形式——就是说，他使用这个形式于某种意义，其他说话者只在很特殊的情况下才用这个意义——好像城市里的孩子认为 pigs（猪猡）的叫名倒是很恰当的，因为猪猡挺不干净。中世纪后期，德语 Kopf 一词，跟英语 cup（杯子）同源，具有中心意义“杯子，碗儿，罐儿”和边缘意义“头”；后来一定有个时期，许多说话者听到这个词只用于它的边缘意义了，所以现代德语 Kopf 只当作“头”讲。

24.5 保罗给语义变化的解释，认为边缘意义和陈废词语的出现是理所当然的，把这些过程看作单个言语形式的遭遇，却没有理会互相抗衡的不同形式，这些形式在一种情况下向所讨论的某个形式逐步退让，而在另一种情况下却是向它的领域侵越占领。尽管如此，这个见解比起单纯地给意义差别加以分类来，却是迈进了一大步。特别是，这样就使得保罗能够详细地指出某些方式，词语的陈旧怎样打破了单一的意义领域——他管这个过程叫作孤立化。

比如，英语 meat（肉类食品）一词除去现有的中心意义以外，我们今天在 meat and drink（饮食）和 sweetmeats（甜品）里还有奇怪的边缘的（表面看来是扩大了的）用法；meat 一词除了在这两个词语里，已经不适用于肉类以外的菜肴了，这两个成语脱离了这个词今天的中心意义：我们不妨说，语义的中间领域现在被 food，dish 侵占了，因而这两个成语已经被孤立起来了。同样，knave 已经从“男孩子，小伙子，仆人”转移为“恶棍，坏蛋”，但是玩纸牌的人用 knave 指称三张带人头画的末一张牌（jack（杰克）），是古义的孤零零的残余。charge 这个词是从古法语 charger 借来的，原来的意思是（给马拉的大车装货）。它现在的多重意义明明是边缘地区给扩充了，接着是中间过渡意义的废弃。比如，动作者名词 charger 不再解作“负荷者，载货的牲口”，而只具有“战马”这个特殊意义；charge（袭击）一义是“charger”（战马）的后退构形。古英语里 board 显然跟今天的中心意义是一样的，“平整的木板”，此外还有几个特殊意义。其中之一，“盾牌”，完全消亡了。另一个意义，“船舷”，导致了几个孤立形式，如 on board（船上），aboard（船上），to board（a ship）（上船），这些词语还引申到与旁的交通运输工具有关的场合，如铁路上的车辆。再有第三种边缘意义，“餐桌”，只保存在雅语修辞里，如 festive board（节日餐桌，宴席）。然而在一般用法废弃以前，board（餐桌）还进一步转移到“日常的用餐”，现在仍然通用，如 bed and board（床铺和餐桌），board and lodging（食宿），to board（at a boarding house）（寄膳，寄寓（于公寓）），等等。board 的这种用法今天跟当“木板”讲的 board 相差得太远了，也许应该当作两个同音词看待吧。

古日耳曼语里形容词 *[ˈhajlaz] 意谓“无恙，健好，顺适”，像德语里 heil 还是这么讲的；这个意义保留在英语动词 to heal（治疗，使痊愈）。现代英语里只在 whole（完整）里有了转义。从 *[ˈhajlaz] 又派生了一个形容词 *[ˈhajlagaz]，原意是“导致幸福，健康，或兴旺”。这个词似乎曾用于宗教的或迷信的意思。它曾见于哥特语的一个用鲁尼字母写的碑铭，但是乌尔菲拉氏主教在他的圣经译文里没有用过这个词，我们可以怀疑它带有异端邪教的意味。在旁的日耳曼语言里，从文字记载的开始，这个词刚出现时只当作拉丁语 sanctus（神圣的）的同义词。比如，英语里 whole（完整）和 holy（神圣）之间意义联系已经完全抹掉了；甚至在德语里，heil（无恙，顺遂）和 heilig（神圣）似乎有远距离的意义联系，又似乎只是词根同音。

古英语形容词 heard（今 hard（艰难，坚硬））是两个副词的底词：hearde 和 heardlice；前者还保存为具有古旧亲缘关系的 hard，但是后者 hardly，由于中间意义（费力、不辞辛苦）的消失，现在给孤立起来了，只用于相差很远的意义（几乎不、差不多没有）。

由于某种构造的废弃，孤立作用会进一步加深。我们觉得把 understand 的意义跟 under（下面）和 stand（站）的意义很难联系起来，不仅因为这个复合词初形成的时候，原来的中心意义是“站得靠近”或“站在中间”，这种意义从史前时期就已经变得陈旧而被废弃了，并且因为这个复合词的构造法，介词加动词，把重音落在动词上，也逐渐消亡了，只剩下一些不规则的传统形式，诸如 undertake（担当），undergo（经受），underlie（处在……下面，以……为基础），overthrow（推翻），overcome（克服），overtake（赶上），forgive（饶恕），forget（遗忘），forbid（禁止）。straw（干草）（古英语 strēaw）和 strew（播撒）（古英语 strewian）这些词在史前时期的形态上是有联系的；原始日耳曼语型是 *['strawwan]（播撒（的动作或东西））和 *['strawjoː]（我播撒）。那时候 strawberry（草莓）（古英语 strēaw-berige）必然是描写为铺在地面上的结莓子的植物，strewn-berry（撒下的浆果）；后来 straw 变得专指“干草，干茎”，同 strew 的形态联系也消失了，strawberry 的领先成员也就被孤立起来，带有歧异的意义，仿佛是 straw 的同音词。

语音演变会促进或助长孤立作用。英语 ready（准备好了）便是个很清楚的例子，跟 ride（骑（马））和 road（路）分道背驰，距离得太远了；旁的例子可以举出 holiday（假日）和 holy（神圣），sorry（抱歉）和 sore（痛楚），dear（珍贵，亲爱）和 dearth（饥荒，缺乏），特别是元音曾经向前向上移动了的元音变移（§21.7），如 whole（完整）和 heal（治愈），dole（赈济）和 deal（分给）。lord（主人）（古英语 hlāford）在形成的时候是 loaf-ward，无疑就是“给予面包的人”的意味；lady（主妇）（古英语 hlāfdige）似乎原来是“揉、做面包的人”。disease 原先是 lack of ease，un-ease（缺少安逸，不安适）；按照现在有所专指的意义“疾病”，同 dis-（不）和 ease（安适）就隔离得更厉害了，因为前缀形式有了改变，在轻元音后面的 [s] 改读为 [z] 了

（§21.4）。

另一个推动因素是新的类推构形的侵扰。这些类推构形往往席卷了全部中心意义，给古老形式只留下某些边缘意义。比如，英语 sloth 原来是 slow（缓慢）的表性质的名词，就像 truth（真理）仍然是 true（真的）的性质名词，但是派生性质名词的 -th 衰退了，现在利用正轨的-ness 的派生法形成了新兴的 slowness，终于把 sloth（懒惰）孤立了。古英语复合词 *hūs-wīf（housewife（家主婆，主妇））经过几层的语音演变，留下的形式今天只用于一种转义：hussy [ˈhʌzi]“粗鲁的、泼辣的妇女”。中心意义按照类推法利用 hūs（house）和 wīf（wife）构造了一个新词给填充了。这个形式由于语音演变又变成了 hussif [ˈhʌzif]，现在虽然陈旧了，还保存于转义“针线包”，但是在中心意义上却被一个更新的复合组织 housewife [ˈhaws-ˌwaif] 挤掉了。中古德语里，有些形容词含有移动了的元音，也有元音未经移动的派生副词：schoene [ˈʃφːne]“美丽”，而 schone [ˈʃoːne] 则是“美丽地”；feste“坚定”，但 faste 则是“坚定地”。到了现代，这些副词被正轨地形成的副词挤掉了，结果跟形容词同音：今天 schön [ʃφːn] 既是“美丽”，又是副词“美丽地”，fest 既是“坚定，遒劲”，又是“坚定地，遒劲地”，但是古老的副词还保存于距离很远的边缘的用法，schon“早已”和“不用担心”；fast“几乎，差不多”。

末了，我们也许在实际世界中的变化里认识到孤立作用的一个因素。比如，德语 Wand（墙）是从 winden“编绕”来的，由于枝条编制的壁不再时兴而改变了意义。拉丁语 penna（羽毛）（>古法语 penne）借入荷兰语和英语表示写字的 pen（笔）。法语 plume

[plym] 和德语 Feder ['fe:der]，口语里当作“羽毛”讲的，也用来代表“笔”。鹅毛管的笔不再时兴了，因而这些意义孤立了。

24.6 保罗给语义变化的解释并没有说明边缘意义是怎样兴起的和言语形式在原有的语义领域的一部分是怎样废弃了的。所谓心理学的解释，如冯特所提供的，也是如此，仅仅是换一种方式叙述了变化的结果。冯特把中心意义叫作意义的主导要素，指出一个形式出现在新的典型的上下文里主导要素可以转移。比如，英语 meat 经常突出地听见用于有关肉类食物的场合，越来越多的说话人便会觉得主导意义不是“食物”而是“肉类食物”。这番叙述使问题寸步不移地停留在原来的地方。

在许多语义变化里起一定作用的所谓废弃，除了寻常的应用频率的低降和消失以外并不需要显示任何旁的特征；这方面我们关于频率波动的点滴理解(第 22 章)，这儿也能适用。可是一个形式向新的意义扩展，却是频率上升的特殊情况，并且是很难捉摸的情况，因为，严格地说，差不多每次说出一个形式都是受了新奇的环境的刺激，而新奇的程度却是无法确切地估计的。早先学者们承认了边缘意义的兴起，并不去寻找特殊的因素。他们曾经在他们所熟悉的语言里遇见一些转移的实例(山脚，瓶颈，等等，§9.8)，大概认为理所当然，不足为奇的。实际上，不同的语言在这方面是各不相同的，而要研究语义变化，我们所关心的恰好就是一个形式向一种新意义的伸展。

向一种新意义转移，要是仅仅反映了现实世界里的一个转移，倒是容易理解的。一个形式如英语 ship(船)或 hat(帽子)或 hose(长袜)，由于现实世界中的变化，表示一连串的事物的转移。如果牲口曾经当作交易的媒介，fee（牲口）一词便自然而然地会用于“钱币”的意义；如果人们用鹅毛管写字，表示“羽毛”的词便自然而然地会用于这种书写工具。可是在这一点上，语言的词汇结构里并没有发生转移。词汇结构有所变动，只发生在外来雅语借词：pen 跟 feather（羽毛）有了区别，或者 fee 一方面不再用于牲口，而另一方面在钱币领域里丧失了据点，以至于只保留专门化的义值“给某种劳役或特权所偿付的钱币总数”。

语义扩展的唯一类型，相对地容易理解的，就是，我们不妨管它叫作偶发类型：形式上起了某种变化——音变，类推的改头换面，或借用——结果产生了一个词语，跟意义相距不太远的某个古形式凑巧符合。比如，原始日耳曼语 *['awzoː] 代表人或动物的耳朵；出现于哥特语 ['awsoː]，古北欧语 eyra，古德语 ōra（>现代荷兰语 oor [oːr]），古英语 ['eːare]，同语源的有拉丁语 auris，古保加利亚语 [uxo]，意义也相同。原始日耳曼语 *['ahuz] 表示植物未脱壳的谷粒；出现于哥特语 ahs，古北欧语 ax，古德语 ah，及偏格形式引起的类推的主格形式古德语 ahir（>现代荷兰语 aar [aːr]），古英语 ['ɛhher] 和 ['eːar]，同语源的有拉丁语 acus（谷壳，糠，稃子）。英语里丢了 [h] 和轻元音，致使两个形式语音上相似；并且因为意义上有些近似，谷物的 ear（穗）变作了动物的 ear（耳朵）的边缘（转义的）意义。古英语 [weːod]（weed（杂草））和 [wɛːd]（衣服，上衣）通过音变合而为一了，后者仅存的用语 widow's weeds（寡妇的丧服）现在算是前者的边缘意义了。当然，意义的近似程度是不能精确地估计的；词典家或历史家知道词语的起源，会坚持把这些形式描写为成对的同音词的。尽管如此，在许多说话者看来，脚上的 corn（老茧，鸡眼）无疑地仅仅是 corn（谷子）的一个边缘意义。后者是一个本土古词的继承；前者借自古法语 corn（<拉丁 cornū，跟英语 horn（角）同源）。法语里 allure 是从 aller（走，去）派生出来的抽象名词，意思是"走路的样子，举止"，专门化了意义是"行动姿态大方文雅。"英语借入了这个 allure；形式上它跟动词 to allure（引诱）（借自古法语 aleurer）相合，便当作"诱惑，蛊惑"的意义用了。let 在 let or hindrance（障碍）和 a let ball（擦网球）①里在某些说话者看来也许是 let（许可）的一个古怪的边缘用法，甚至伊利莎白时代 let（阻挡）还有这个义值（§22.4）；我们没有可依据的标准来解答这样的问题。

在这样的例子里语音的分歧可以用新的构形来消除。比如，斯干的那维亚语借词 būenn"配备好了的，准备好了的"应该给现代英语 *[bawn]。这个形式在语音上和意义上如此接近古英语 bunden 的映象，bindan"捆扎"的过去分词（>现代 bound [bawnd]，即 bind（捆扎）的过去分词），因而被新的构形 bound [bawnd] 替换了；[-d] 的附加大概是受了连音习惯的支持。结果是，在 bound for England（驶向英格兰），bound to see it（注定要看见它的）等语段里的 bound 形成了过去分词 bound 的一个边缘意义。law（法律）和复合词 by-law"附则，地方法规"都是斯干的那维亚语的借词。后者的头一个成员是古北欧语 [by:r]（采地，市镇）——请看较古的英语形式 bir-law，bur-law——但是改变了形貌的 by-law 使它转变为介词和副词 by 的一种边缘用法了。

① '擦网球'，参看 §22.4 脚注。——译者

please 的中心意义是“给予快感或满意”，此外在 if you please（倘蒙你赞同）里却有边缘意义“同意，愿意”。这个短语在中古英语里解作 if it pleases you（假使这件事叫你高兴）。无施事主语的定式动词的用法，和分句里定式动词的推迟，都废弃了。虚拟语气（if it please you）也接近于废弃，变格形式的区别（主格 ye：与格-宾格 you“你们”）因类推作用而消失，这样就使 if you please 变成主谓分句，以 you 为施事者，而 please 表现为变态的边缘的用法。同样的因素，在 if you like（假使你喜欢）这一类型的语句里起着作用，似乎使动词 like 的意义完全颠倒过来了，原来的意思是“适合，使满意或喜欢”，例如古英语［heːmeːˈwelˈliːkaθ］“他使我很满意，我喜欢他”。

一个形式被部分地废弃，也许会留下一种奇怪的边缘意义。上面已经举了些例子（如 meat，board），我们还可以增加几个来说明这个特征导致进一步的转移。拉丁-法语借词 favor 从前在英语里有两种分别得很清楚的意义。较早的原来意义，“表示同情的态度，倾向”，和由此引申的“举止和蔼可亲”，现在仍然是中心意义；另一种，“表情，神色”，一般地说是废弃了的，但是作为边缘意义还遗留在 ill-favored（丑陋）里。谚语 Kissing goes by favor 里 favor 原来具有这个边缘意义（意思是，one prefers to kiss good-looking people（一般人喜欢同长得好看的人亲吻）），但是现在却有了中心的义值（“倾向于，一时高兴”）。同样，prove（证明）（动词），proof（证据）（名词）原来的中心意义“测验，尝试”还保存于谚语 The proof of the pudding is in the eating（糕点好不好，尝尝才知道；空论不如实行）；这个意义也见于 The exception proves the rule(例外可以测验常规),但是现在 prove,proof 已经转移为"(给以)总结性的证实",因而后面这句谚语变成似是而非的了。

古印欧语和日耳曼语的否定副词 *[ne](不)在英语 no,not,never 这些词里头留下了一点痕迹,反映了早先的词语的组合,但在独立用法中已经悄悄地被替换了。在好些日耳曼语言里它的消失部分地是由于音变,因而产生了一些特殊的语义现象。北欧语里它在一个形式里留下了一点痕迹,这个形式由于原先的词语组合并不是否定性的:*[ne 'wajt ek hwerr](not know I who,意思是说,"我不知道谁"),音变的结果产生了古北欧语的['nøkurr,'nekkwer](某人,任何人)。在旁的语音环境里,前北欧语时期,*[ne] 完全消失了。有些形式经常用于否定的,一定就是这样地获得了两种相反的意义:比如说,*['ajnan](曾经有一回)和 *[ne 'ajnan](从来没有,未曾,不),一定会导致同样的语音结果。实际上,古北欧语里,好些这样的词语保留了否定价值:*[ne 'ajnan] 给了古北欧语 *a*(不);*[ne 'ajnato:n]"没一样东西"使古北欧语有了个 *at*(不);*[ne 'ajnaz ge]"连一个也没有"使古北欧语有 einge(没一个);*[ne 'ajwan ge](连一个东西也不)导致了 eige(不);*[ne 'mannz ge](一个人也不)导致了 mannge(没有谁)。德语里,ne 已经被 nicht [nixt] 替换了,原意是"一点也不",它在某些语音环境里消失之后产生了双重意义,仍然还见于文字记载。中世纪的末期,我们遇见表示例外的分句("除非……")用一个虚拟式动词,带一个,有时不带,副词 ne,en,n,显然都表示同样的意义:

带有 ne:ez en mac mih nieman troesten,si en tuo z(没有一

个人能安慰我，除非是她）。

不带 ne：nieman kan hie fröude finden，si zergē“没有一个人能在这儿找到那不会消失的欢乐”。

这儿头一个例句是很合理的；第二个例句包括虚拟式的奇怪用法，必然是由于在类似的上下文里 ne 的语音的消失才会发生这个现象。在上面的例子里，我们在主句里也观察到跟 nieman（没有一个人）一起带有或者没有 ne，en。这也遗留下一种不相称的典型：两个古词语，dehein“任何一个”和 ne dehein（没有哪一个）在一定的语音的上下文里都会导致 dehein（任何一个；没有哪一个）。dehein 的这两个意义都见于较古的文献，另外还有 ne dehein（没有哪一个）；三个可能性里头，只有 dehein（没有哪一个）（>kein）保存在现代标准德语里。

法语里有些词广泛地跟动词和否定副词连用，不带动词时也会有否定意义。比如，pas [pa]（步子）（<拉丁语 passum）有两种用法，je ne vais pas [ʒə n ve pa]（我不去）（原来是“我不走一步”）和 pas mal [pa mal]（不坏，还不错）；personne [pɛrsɔn]“人”（<拉丁语 persōnam）也出现于 je ne vois personne [ʒə n vwa pɛrsɔn]（我没看见任何人）和 personne（没有谁）；rien [rjɛ̃]（<拉丁语 rem（一样东西））已经丢掉了通常的名词价值，出现于 je ne vois rien [ʒe n vwa rjɛ̃]（我没看见什么东西），于是 rien 就成为“没有什么东西”。这种发展叫做**感染**或**凝结**。要理解得更透彻，我们不妨假定，中古时期强重音和元音弱化的过程中法语 ne（<拉丁语 nōn）在某些上下文里发音轻微以至消失了。

这种过程的反转就是内容含义的消失。拉丁语形式如

cantō((我)唱),cantās((您)唱),cantat((他、她、它)唱)(如果要特别提到施事者,就采用复指法,§12.9),出现在法语里是 chantels) [ʃɑ̃t] "唱",只跟施事主语连用,或者偶然独用于补足的回话,同英语的动词形式一样。这样代名词施事的涵义的消失显然是类推变化的结果,用 ille cantat(那位唱)(>法语 il chante [iʃɑ̃t] (他唱))类型替换了 cantat((他)唱)类型。这后一种变化,单就法语说,一向认为是拉丁语的各种屈折变形因语音演变而导致同音的结果;可是在英语和德语里,像 sing, singest, singeth (唱)(单数第一、二、三人称)这些形式却需要施事作主语,虽然并没有同音现象。

24.7 这一类的特殊因素只能说明我们在任何一种语言里遇到的丰富的边缘意义的一小部分。直到现代,才有一位学者斯培尔伯(H. Sperber)指出意义的引申绝不能认为是理所当然的事,如果想要了解,第一步就非得找出新意义首次出现的上下文,假使我们能够找到的话。这总是办不到的,因为这要求学者很仔细地观察一个形式曾经出现过的一切场合的所有意义;特别困难的是,想要抓住那些消极的特征,例如直到某个时期,某种微妙的意义色彩何以还没有出现。并且,在大多数情况下,这种企图是注定要失败的,因为文献记载并不包括那些关键性的话语。尽管如此,斯培尔伯终于成功地找到了那关键性的上下文,足以说明较早德语的 kopf 从"杯子,碗儿,罐儿"引申为"头"的意义:这个新义首次出现在中世纪末的文献里,描写打仗的情景,怎样撞破或粉碎一个人的脑袋——头。同类的英语例子是 bede(祈祷,念经)引申为今天的 bead 的意义(珠子):这个引申据所知跟信徒利用串珠念经默祷有联系，counted one's bedes（用念珠做祈祷）（原意是“祈祷”，后来解作“串在一根线上的珠子”）。

在意义引申的寻常的例子上，我们必须寻找有关形式对于新旧意义都能适用的上下文。其他场合不适用了，就是旁的上下文被废弃了——照我们的例子，德语 kopf 用于陶器和英语 bead 用于“祈祷”——便让新义值变成毫不含糊的中心意义。可是引申的缘由却是另一回事。我们仍然要问为什么中古德国诗人要说一位战士企图粉碎敌人的“碗儿”或“罐儿”，或者虔诚的英国人数的是“祈祷”而不是“珠子”。斯培尔伯假设热烈的情绪（就是说，强烈的刺激）会导致这样的移转。强烈的刺激引导人们爱好新奇的言语形式而放弃在无关紧要的场合一向听说的老调（§22.8），但是这一般的倾向并不能说明特殊的边缘意义的兴起。

方法上的错误，阻碍了我们对这方面的工作的，是我们习惯于用非语言学的方式来提问题——按照意义而不是按照形式。我们说 meat 一词从“食物”意义变成“肉类食物”的意义，我们仅仅是叙述一个语言变化过程的实际结果。在两个词都能适用的场合，meat 一词受到爱好而 flesh 一词给丢开了，依据这样的事例，原先只能用 flesh 的场合也采用了 meat。同样，food 和 dish 等词又向 meat 的领域逐步侵占。这第二度的转移也许是第一度转移的结果，因为 meat 既是“食物”又是“肉类食物”，含义暧昧，在实际庖厨生活中会引起麻烦的。我们也许有一天会找出为什么 flesh“肉”在烹调的情景里受到了嫌弃。

我们要是一旦照这样地提问题，就看得出正常的意义引申跟语法功能的引申是同样的过程。　meat 受到爱好，不管是为了什么理由，而flesh趋于衰落，也不管是为了什么理由，反正一定发生了这样的引申比例的模式（§23.2）：

leave the bones and bring the flesh：leave the bones and bring the meat = give us bread and flesh：x

结果产生了一个新的语句give us bread and meat（给我们面包和肉）。左边的形式包括flesh这个词，一定带有不恰当的涵义，右边形式里改用了meat就不再有这样的涵义了。

所以，语义变化是个复杂过程。它包括爱好和嫌弃的感情，其中紧要关头是被爱好的形式伸展到一向属于受嫌弃的形式的实际应用中去。要观察这个紧要关头的伸展，唯有假定我们能够找到实际说过的话语，找到或者重构两个形式交互使用的话语范例。文献记载只给我们提供了说过的话语的极微小的一部分，而这微小部分所包括的几乎总是很讲究的雅语，避免了带有新奇成分的说法。照斯培尔伯所举的德语例子kopf“罐儿”>“头颅”，我们知道这个创新出现的上下文和环境（打仗时候粉碎脑袋）；问题是还得找出范例来。人们也许要揣测，比方说，德国人给这个老词创造新义，大概由于作战和尚武，很熟悉操罗曼语的人使用拉丁语testam，testum“瓦罐，碎片”>“头，脑袋”，后者在法语和意大利语里挤掉了拉丁语的Caput（头），除非偶尔用于转义。我们在所有的语义变化里都面临着这个复杂问题，除去那些偶发的例子，如英语的let，bound，ear，是语音上机缘凑巧而形成的。

有些现代例子，其中含蓄义值和实际背景是大家知道的，变迁的痕迹我们了解得最清楚。最近几个世代里，城市的兴起导致房屋和住宅的买卖十分活跃，郊区土地“发展”为住宅区，建筑事业带有投机性质。同时，从事这类营业的人们威信增高，以至时式风尚从他们转移到职工，一般职工在语言上富于模仿性，但是人口占有压倒的多数，也转移到“受过教育”的人，他们也算是享有领导特权的人。于是投机的建筑商人学会了钻空子，利用料想中的雇主的每一个弱点，包括多愁善感的情绪；他使用的言语形式，内容可以转移听者的好尚。在许多说话的场合，house(房屋)是毫无色彩的，home(家)却是个富于感情的词：

毫无色彩的	富于感情的，愉快的含义
Smith has a lovely house:	Smith has a lovely home

=a lovely new eight-room house: x。

这样，商贩便利用 home 这个词来代表还没有住过人的空壳子，旁人也就跟着学他的格调。也许还有一层，特别是在买卖人的半标准的范围内，house 这个词有点儿含混，因为带有这样的意义：“商店”(a reliable house(可信赖的店家))，“客栈，旅馆”，“堂子，青楼”，“观众”(a half-empty house(戏院半空，卖座才一半))。

英语 transpire 是个外来雅语，照拉丁-法语的用法是“透或漏(拉丁语 spīrāre)通过(拉丁语 trans)”，于是依法语 transpirer [trɑ̃spire] 解作“呼气，渗透，出汗，滴漏，”又转义为“公开，透露(消息)”。按照老的习惯也许该说 of what really happened, very little transpired(实际所发生的事情，透露出来的却很少)。含混的例子是 it transpired that the president was out of town(消息透露，总统出城了。)按照这个模式：

毫无色彩的		文雅讲究的
it happened that the president was out of town	:	it transpired that the president . . .
=what happened, remains a secret	:	x,

现在我们得出从前不可能的句型 what transpired, remains a secret(透露的消息,仍然是个秘密),其中 transpire 变作 happen, occur(发生)的文雅的同义词了。

这样平行的转义可以说明一个语义范围以内连续发生的侵占现象。像 terribly 这个形式,意思是"足以引起恐惧",一旦加以引申,用作比 very(非常)还要强烈的同义词,于是就仿佛扫清了道路似的,让 awfully, frightfully, horribly 这些词儿也都可以同样地转移了。

边缘意义的产生即使是新近的事,我们也未必总是能够追寻它的起源的。它也许起于某种很特殊的实际境遇而是我们所不知道的,或者是,其实也是一样,它也许是某个说话人的成功的杜撰,其形貌还要归因于他个人的境遇。人们不禁要揣测,二十五年前,把 twenty-three(二十三)当作"滚出去"讲这个古怪的俚语,大概产生于偶然的机缘,与运动比赛,赌博,犯罪,或旁的荒唐环境有关;在这个范围以内,也许触发了某某人的机智。每回的实际境遇认真说来都是没有先例的,因而一个善于说话的人反应得很敏捷,几乎总会接近于创造新义的边界的。才子和诗人都往往跨过这个边界,他们的创新也许会受到群众的欢迎。然而在很大限度以内,这些个人的创新总是以通行的形式为依据的。诗歌的隐喻大都是日常言语转移假借的产物。下面引用华兹华绥(Wordsworth)的诗句[①]，倒是挑选得很好的例子：

The gods approve
The depth and not the turmoil of the soul,
（神仙们赞许
灵魂深厚坚贞，而非汹涌澎湃，）

诗人只是继续使用通常的借喻手法，如用 deep（深沉），ruffled（搅乱），或 stormy（狂风暴雨般）这样的词语描写感情。依照老的范例作一次新的移借，他使画面恢复了生气。“语言是一部褪了色的隐喻的书”这句生动的谚语道破了真理的相反过程，倒不如说诗歌是一本装饰典雅的语言书。

① 见 Wordsworth 用古典题材写的想象诗 Laodamia（a poem of the imagination，1814 年作，1815 发表）。罗达米雅（Laodamia）是希腊女英雄，波思台西鲁士（Prostesilaus）的爱妻，波思台西鲁士在特罗伊（Troy）战争中被特罗伊的勇将海克托（Hector）所杀。她梦见已故丈夫的阴魂，重温旧情，不忍离别，便跟随他到阴间去。引文见原诗 74—75 行，是从波思台西鲁士的一段对话里摘出来的：

The gods approve
The depth, and not the tumult, of the soul. ——译者

第二十五章　文化上的借用

25.1　正在学话的儿童也许从某一个人——比如说，从他的母亲——获得他大部分的习惯，但是他也会听见旁人说话，从他们学得一些习惯。甚至这时期他所得到的基本词汇和语法特点也并不能完全一模一样地再现任何一个较年长者的习惯。说话者一生自始至终从他周围的人们采取种种特点，他所接受的这些特点虽然不是那么基本的，却是十分丰富，来源是四面八方的。其中有些习惯是大规模地平衡的结果，关系到整个社会集体。

因此，从事历史或比较研究的学者，假使能够剔除所有的类推-语义变化，仍然可以预料他会遇见一些语音对应关系，在言语形式从个人到个人或从集体到集体传递的过程中，受到干扰。假使我们能够去追溯，则任何一个说话者的语言中种种特点的实际传统，都是通过完全不同的个人和社团的。这要是只限于形式上的分歧，历史家是能够辨认的。例如，他看出有些形式在早期英语里按照一定的语音环境含有短［a］，出现在美国中西部英语为［ɛ］，如 man，hat，bath，gather，lather，等等。这代表了基本的传统，尽管各个形式也许曾有很不相同的经历。因此，如果说话者在 father 这个词里或者在 rather 这个词的较文雅的又读里用［a］代表同样的古音位，历史家便推测这些形式在一线相承的过程中必然曾经一度是从不同习惯的说话的人们窜进来的。不同于传统主流的特点的采纳，叫做语言借用。

在借用范围以内，我们区别方言间的借用和文化上的借用，前者所借的特点来自同一语区以内（如 father，rather 在［ε］方言里采用了［a］），后者所借的特点来自不同的语言。这个区别并不能永远贯彻到底，因为方言界限和语言界限之间不能作出绝对的区别来（§3.8）。这一章和下一章我们只谈来自外语的借用，27 章将谈同一区域以内方言间的借用。

25.2　每一个言语社团都向它的邻区学习。各种事物，天然的和人工制造的，从一个社团传入另一个社团，行为方式也是如此，诸如技术程序，作战方法，宗教仪礼，或个人行动的风尚。民族学（或人种学）者研究事物和习惯的这种分布，称之为文化的传播。人们能够在一幅地图上设计描画一种文化特征的传播，比如说，北美在哥伦布以前种植玉米。一般地说，不同的文化特征传播区域并不吻合。用来称呼事物或行为的言语形式往往从一个民族传递给另一个民族。例如，一个讲英语的人，能操两种语言或者稍微懂得一点法语，向本国人介绍一件法国事物，就得使用法语名字，如 rouge［ruːʒ］（胭脂），jabot［ʒabo］（花边），chauffeur［ʃofœːr］（汽车司机），garage［garaːʒ］（汽车房），camouflage［kamuflaːʒ］（“伪装保护”）。对大多数例子，我们不能断定其实际上创新的时刻：说话人自己也不敢断定他从前在他的母语里是否听见过或者使用过这个外来形式。有些说话者也许独立地作了同样的介绍，彼此谁也没有听见旁人说过。当然，在理论上我们必须区别这实际的引渡和随后同一个人以及其他人的重复；新形式从此登上了频率波动起伏的征程。然而历史家发现，借入形式有些后来的经历是由于它的外来性质。

假使最初的介绍者或后来的使用者对这门外语的掌握很好，他也许就按照外语语音说这个外来形式，甚至是夹在本土语言的上下文里。然而更经常的是，他会想法避免双重的肌肉调配活动，用本土语言的发音动作来替代某种外语发音动作；例如在一句英语里，他说法语 rouge 时用英语的 [r] 代替法语的小舌颤音，用英语的 [uw] 代替法语的非复合元音性的 [uː]。这种语音替代在不同的人和不同的场合会有程度上的差别；没有学过怎样发法语音位的人们准会这样做的。历史学家把这种现象归入一种适应类型（§23.8），就是外来形式经过改变来适合自己语言的基本发音习惯。

所谓语音替代，就是说话者用自己语言的音位来替代外语语音。在两个语音系统彼此平行的范围以内，这种替代只是忽略了次要的差别。比如，讲英语的人用自己的 [r]（舌尖齿龈后擦音或闪音）和 [l]（舌尖齿龈边音）代替欧洲大陆语言的各种 [r] 和 [l]，用送气塞音代替法语的不送气塞音，用齿龈音代替法语的齿背音（如 tête-à-tête“面对面”中的 [t]），用复元音 [ij，uw，ej，ow] 代替长元音。要是语音系统相差较大，有些替代在贷方人听起来也许要吃惊的。比如，讲美诺米尼语的老一辈，不懂英语，把 automobile“自动车，汽车”说成 [atamoːpen]：美诺米尼语只有一组清塞音，没有边音和颤音。塔加洛语没有 [f] 类型的音，用 [p] 代替西班牙语的 [f]，如 [pi'jesta] 借自西班牙语 fiesta ['fjesta]（庆祝）。

如果是古代言语，语音替代可以告诉我们两个语言的音位之间的音响关系。希腊民族的拉丁名字，Graeci [ˈgrajkiː]，后来读作 [ˈgrɛːkiː]，是公元初期借入日耳曼诸语言的，开头的音出现为 [k]，如哥特语 krēkōs，古英语 crēcas，古高德语 kriahha'希腊人'(复数)。显而易见，拉丁语的浊塞音 [g] 在音响上更接近日耳曼语的清塞音 [k]，而不大像我们标作 [g] 的日耳曼语音位，如古英语 grēne(今 green(青，绿))；大概在借入这个当"希腊人"讲的古词时，日耳曼语的 [g] 或许是个浊擦音。在这很早的时期，拉丁语的 [w] 同日耳曼语的 [w] 相对应，如拉丁语 vinum [ˈwiːnum] >古英语 [wiːn]"酒"，哥特语和德语也一样。中世纪的早期，拉丁语 [w] 变作 [v] 类型的浊擦音；因此，七世纪以后，传教时期的借词里这个拉丁语音位便不再是日耳曼语的 [w]，而用日耳曼语的 [f] 来表示了。比如，拉丁语 versus [ˈvɛrsus]"诗(句)"，来自较古的 [ˈwersus]，出现在古英语和古高德语里是 fers。第三阶段是在现代：德语已经将古老的 [w] 变成擦音类型，英语却以另一种方式获得了一个 [v] 类型的音位，这样就能相当正确地再现拉丁语的 [v]，如法语 vision [vizjõ] (来自拉丁语 visionem [wiːsiˈoː-nem]) >德语 [viˈzjoːn]，英语 [ˈviʒn][①]。波希米亚语里每个词的重音都落在第一个音节上，这个重音规则也施加于外来词上，如 [ˈakvarijum] (英语 aquarium(水族馆))，[ˈkonstelatse] (英语 constellation(星座))，[ˈʃofeːr] (英语 chauffeur (汽车司机))。

① 在这个和类似的例子上出现分歧，是由于各语言借入以后起了变化。——原注

25.3 假使借方人民相当地熟悉贷方语言，或者假使借词数量相当地多，那么音响上跟本土音位相距很远的外语语音也许被保留下来，模仿的忠实程度或高或低，突破了本土的语音系统。这方面会有许多地方性的和社会性的差异。比如，法语鼻化元音很广泛地保留在英语里，甚至是不会说法语的人们，如法语 salon [salõ] >英语 [so'lõ, 'sɛlõ]（客厅），法语 rendez-vous [rãde-vu] >英语 ['rɑ̃:divuw]（约会），法语 restaurant [rɛstɔrɑ̃] >英语 ['restər ɔ̃]（饭店，餐厅）。可是也有些人代以元音加 [ŋ]，如 ['rɔŋdivuw]，还有些人代以元音加 [n]，如 ['rɔndivuw]。德国人也如此；瑞典人总是用元音加[ŋ] 来替换法语鼻化元音。在有些形式里，英国人并不发出鼻化元音，如法语 chiffon[ʃifõ] >英语 ['ʃifɔn]（薄纱（花边）），以及较文雅的又读如 ['envilowp] envelope（封套）。

这样采用的外来语音可以变得相当稳固。英语里辅音丛 [sk] 是由于斯堪的纳维亚语的借词；古英语里 [sk] 到了后期变成 [ʃ]了，如古英语 [sko:h] >现代 shoe（鞋子）。斯堪的纳维亚语的辅音丛不仅出现于借词，如 sky（天），skin（皮肤），skirt（裙子）（比较本土的 shīrt（衬衣）），并且还出现于后来构成的新形式如 scatter（撒，散布），scrawl（涂写，书写潦草），scream（尖声叫喊）；这已经变成英语音系中不可分割的部分了。冠首音 [v-, z-, dʒ-] 是通过法语借词来到英语里的，如 very（很），zest（热爱，嗜好），just（公平，恰好）；这三个音都变得很自然了，后两个还出现在新构成的形式里，诸如 zip（拉链），zoom（急升，陡斜飞升），jab（戳，冲击），jounce（摇动）。这样，英语音系就因借用引起了永久的改变。

语音替代发生以后，对外语的熟悉程度有了增进，也会导致外来形式的较正确的创新。比如，美诺米尼人懂得了一点英语，便不再说［atamoːpen］（<automobile），而改说［atamoːpil］，操现代塔加洛语的人改说［fiˈjesta］“庆祝”。然而借词的老形式也可以保留在特别的用场上，诸如派生形式：比如，操现代塔加洛语的人仍然说［kapijesˈtaːhan］“节日”，其中前缀，后缀，和重音都是本土的。英语里有一个派生动词 envelop［inˈvelɔp］，头一个音节里总是元音加［n］。

过了较长的一段时间，也会发生类似的调整，假使借方语言发展了一个新的音位可以更合适地对译外来形式。比如英语 Greek，德语 Grieche［ˈgriːxe］就有了修改，是两个语言发展了浊塞音［g］以后的事。同样，英语 verse 是老 fers 的修改；德语却坚持不放老形式 Vers［feːrs］。在这一类的修改里，特别是关于书面文学词语，有学问的人也许能施加一些影响：比如英语带［kr-］的老形式给后来的 Greek 替换了，无疑是受过教育的人们的作为。

可是在大多数情况下，知书识字者的影响也会违反忠实的音译。首先，知书识字者要是不懂得这个外语而只是看见外语形式的文字拼写，便会按照本土的书写传统来理解后者。比如，法语形式如 puce“棕紫色”，ruche“花边皱纹”，menu“菜单子”，Victor Hugo［pys，rys，məny，viktor ygo］，来到英语里无疑地一定会用［ij］来代替法语的［y］，可是为了拼写上用的是字母 u，导致讲英语的文人学士读作［（j）uw］，如［pjuws，ruwʃ，ˈmenjuw，ˈviktə ˈhjuwgow］。西班牙语 Mexico（墨西哥），古读［ˈmeʃiko］，今读［ˈmexiko］，在英语里却有［ks］，不得不归因于读书人对符号 x 的解释;同样,Don Quixote(西班牙语[don ki'xote])在较早的英语里译作[dɔn 'kwiksət]。后者给修改为[dɔn ki'howti],必然是学术界的影响,但是较古的读音还保存在英语的派生词 quixotic [kwik'sɔtik]里。英语保留了 tsar(沙皇)或 tse-tse-fly(非洲牛蝇)中的冠首音[ts],但是没有保存于德语形式如 Zeitgeist ['tsajtˌgajst]>英语['zajtgajst]“时代精神,思潮”,或 Zwieback ['tsvibaːk]>英语['zwijbɛk]“焦黄面包片”,其中 Z 只暗示[z]的读音。甚至语音上并无困难的场合,如德语 Dachshund ['daksˌhunt]“一种身长腿短的狗”,Wagner ['vaːgner],Wiener ['viːner]“腊肠”,拼写法却导致了这样的发音['dɛʃˌhawnd, 'wɛgnə, 'wijnə, 'wijni]。

这种关系给那些懂得一些外语发音和拼写习惯的读书人弄得更加复杂了。一个说话者知道 jabot 的拼写法和英语形式['ʒɛbow](代替法语[ʒabo]),也许会把 tête-à-tête ['tejtəˌtejt]“二人谈心”(来自法语[tɛːt a tɛːt])改为过于外国味的['tejtətej],丢掉了尾音[t]。一个读书人会说 parlez-vous français? ['parlej'vuw'frãːsej?]“你讲法语吗?”(代替法语[parle vu frɑ̃sɛ?]),也许要联系 Alliance Française [ali'jɑ̃ːs'frɑ̃ːsej],而法国人在这儿有尾音[z]:[aljɑ̃s frɑ̃sɛːz]“法兰西式的联姻、联盟”。

25.4 除外语音素以外,借词时常会破坏语音模式。比如德语冠首音[ts],纵使不管拼写习惯,对许多说英语的人也许是怪别扭的。语音模式的适应一般总是跟形态结构的适应一起出现的。比如 garage 的尾音[ʒ]违反英语模式,给[dʒ]替代了,在

['gɛridʒ] 这个形式里重音也移前了，这就符合了 cabbage（卷心菜），baggage（行李，箱笼），carriage（车辆）的后缀式的类型。同样，英语 chauffeur [ʃow'fəː] 除了正常的语音替代以外，还有适应得更充分的 ['ʃowfə]。

一种语言的描写照这样就得承认一批外来形式的层次，如 salon [sə'lõ]，rouge [ruwʒ]，garage [gə'rɑːʒ]，不符合正常英语的语音系统。在有些语言里，描写分析还得进一步承认一批半外来形式的层次，适应到一定的惯常限度，但也保留一些因袭的外来特点。英语的外来雅语词汇就属于这种类型。比如法语 précio-sité [presiɔsite] 英语化之后，就只变成 preciosity [presi'ɔsiti，pre ʃi'ɔsiti]（矫饰，雕琢）为止；轻读的前缀，后缀-ity 紧跟在重音后头，形式上和意义上同 precious [' preʃəs]（珍贵的）还有着特殊的联系，却没有导致进一步的适应。讲英语的人（少数的人）要是用到这个词时，总把它放在自成一体的习惯用法上，跟我们最通常的词语的结构相悖。言语习惯的这个次要层次是由于历史上从古以来波浪般地前后相继的借用形成的，这个问题我们下文还要讨论。

经过适应，如英语 chair（椅子）（古时候从古法语借来的）或 ['ʃowfə] chauffeur，完成以后，该形式的外语来源痕迹泯灭了，无论说话者或后来有关的描写都不能把它同本土形式区别开来。然而历史家研究语源，把它归入借用形式。比如 chair 和 ['ʃowfə] chauffeur，按英语现状说，是平常的英语词，但是历史家回顾过去，便把它们归入借词。

在所有的历史阶段，外来词的吸收呈现了许多问题。语音上的异化现象（§21.10），如法语 marbre>英语 marble（大理石），是屡见不鲜的。我们或许在这儿还得估计到变异无常的因素，包括以个人习惯为基础的适应。在一个借词的地位逐步稳定的过程中，以及到达这个地位以后，结构形式也许是认不出来了。不同的语言，和一种语言内不同的说话集体，尽管对外来的和半外来的形式是熟悉的，会容忍这样的事态；在其他情况下，照通俗词源学的说法，进一步的适应会使该形式在结构上或词汇系统上较易于理解，例如英语 *groze＞*groze-berry＞gooseberry（一种浆果，醋栗）；asparagus＞sparrow-grass（龙须菜）（照字面讲是"麻雀草"）；crevise＞crayfish＞crawfish（小龙虾）（§23.8）。一个古典例子见于中古德语，古法语 arbaleste（弩）用适应性的新构形法换作 Armbrust [ˈarm-ˌbrust]，照字面讲是"臂胸"。

借入形式也要经受借入以后发生的语音演变的支配。这个因素同语音替换和其他适应变化要加以区别。比如，我们必须假定古法语形式 vision [viˈzjoːn]（反映了拉丁语的 [wiːsiˈoːnem]）借入了中古英语，稍微带点儿语音替换，现在已经看不出痕迹来了，并且它导致了一个成功的适应的变体，将重音移到头一个音节上去。然而进一步的变化导致了现代英语 [ˈviʒn] 的，却是从这个词借入的时候起，曾经过了英语发生的语音变化。可是这两种因素并不是总能分别得很清楚的。在积累了一定数量的借词之后，于是发生了法语原形适应英语形式的相当有规律的对应关系；从法语新借入一个形式便能按照老借词的模式加以适应。比如法语 préciosité [presiɔsite] 和英语 preciosity [presiˈɔsiti, preʃiˈɔsiti] 之间的歧异不是由于借入以后英语里发生的语音演变，而仅仅是反映了法语和英语类型之间一种寻常的关系——这种关系在懂得法语的讲英语的人们中间建立了一种习惯，按照一定的线路使借入形式得到适应。

25.5　我们恰当地估计了这个适应因素，借入形式的语音发展往往还给我们显示了借入时期的语音形式，因而也透露了各种音变的大概时期。恺撒(Caesar)的名字出现在希腊文里的拼写法(用字母 k，a，i)，我们不妨解释为较早时期是 [ˇkajsar]，后来是 [ˈkɛːsar]，而出现在哥特语里拼写法也相似，不过符号 ai 的音值不易确定，因而这个形式也许是 [ˈkajsar] 或 [ˈkɛːsar]。这些形式让我们相信，正当进行借用的时候，拉丁语仍然发词首音 [k]，还没有向现代发音如意大利语 cesare [ˈtʃezare] 推移多远(§21.5)。西日耳曼语里这个外来词出现于古高德语 keisur，古撒克逊语 kēsur，古英语 casere，最后这个形式大概代表 [ˈkaːseːre] 这样的音值。这些形式加强证明了拉丁语的 [k] 音；并且保证了拉丁语第一音节包含 [aj] 类型的复合元音，因为南方德语的 ei，北方德语的 [eː]，和英语的 [aː]，正常地反映了原始日耳曼语的复合元音，例如 *[stajnaz]（石头）＞古高德语 stein，古撒克逊语 [steːn]，古英语 [staːn]。这样，在日耳曼诸部族同罗马发生接触的初期，拉丁语 caesar 第一音节的音值是 [kaj-] 就叫我们毋庸怀疑了。另一方面，西日耳曼诸语言的形式给我们显示了同罗马人的早期接触以后这个复合元音的各种变化，如古撒克逊语变为 [eː]，古英语变为 [aː]。古英语里第二音节的元音，和第三音节的增加，必然是由于某种适应；特别是，英语形式暗示这个罗马词被接纳的时候仿佛是 *[kajˈsoːrius] ＞前英语 *[ˈkajsoːrjaz]。这个词又从一个日耳曼语言，无疑是从哥特语，转借给斯拉夫人；它出现于古保加利亚语为［tseːsarɪ］。在前斯拉夫语时期，根据本土语词的对应，我们知道［aj］单元音化为［eː］，于是这个［eː］前面的［k］变作［ts］。比如，原始印欧语 *［kʷoj'naː］“惩罚，罚款”，阿维斯达语［kaenaː］，希腊语［poj'neː］，出现于古保加利亚语为［tseːna］“价格”。这样看来，斯拉夫语借词尽管表现了分歧，却帮助证明了我们给古日耳曼形式的重构，并且还帮助我们推测前斯拉夫语在早期借入日耳曼语词以后［kaj］变成［tseː］的时期，据历史记载后者大约发生在公元后 250 年左右到 450 年左右。并且，斯拉夫语形式的第二和第三音节显示了跟古英语相同的适应，即日耳曼语类型 *［'kajsoːrjaz］；我们可以断定这个适应了的形式也存在于哥特人中间，虽然我们今天见到的哥特语圣经翻译，表现的是较文雅的言语层次，却提供了正确的拉丁语的 kaisar。

拉丁语 strāta（*via*）（铺砌的道路，通道）出现于古撒克逊语［'straːta］，古高德语［'straː*ss*a］，古英语［streːt］。我们推测这个术语跟 caesar 一样是英语部族迁离大陆以前借入的。德语［aː］和英语［ɛː］的对应关系反映了本土语词的原始日耳曼语［eː］，例如 *［de：diz］（今英语 deed（事实）），哥特语［ga-'deːθs］，古撒克逊语［daːd］，古高德语［taːt］，古英语［dɛːd］；因此，我们推断拉丁语 strāta 被借入的时候，西日耳曼诸部族已经完成了［eː］到［aː］的音变，因为他们就是用这个元音音位来代表拉丁语［aː］的。另一方面，盎格鲁-佛里西兰语把这个［aː］变作前元音，古英语［ɛː］，一定较晚于 street“道路”一词的借入；这从古佛里西兰语形式（文献记载的确要晚得多）以 strete 得到证明。日耳曼诸语言的词中间的［t］告诉我们，借用的时候拉丁语仍然说［'straːta］，还没有变成［ˈstrada］（意大利语 strada）。这跟后来的借词形成对照，诸如古高德语［ˈsiːda］“丝”，［ˈkriːda］“铅粉，白垩”，其中［d］符合后来的拉丁语发音［ˈseːda，ˈkreːda］，早期是［ˈseːta，ˈkreːta］（§21.4）。最后，高德语形式的［ss］给我们显示南方德语里日耳曼语的中间［t］变作塞擦音和咝音类型（§19.8）是发生在拉丁语 strāta 借入以后。同样，拉丁语［ˈteːgula］“瓦”出现于古英语［ˈtiːgol］（从而得到现代英语 tile），但是古高德语是［ˈtsiagal］（从而得到现代德语 Ziegel［ˈtsiːgel］）：这次借用是发生在南方德语辅音转移以前，这就说明跟它一起的还有一系列的借词属于实用的和技术的范围。与此对照，文学和科学领域以内的拉丁语词，大概是七世纪以后传教时期借入的，来得太晚了，没有能赶上南方德语的辅音转移：拉丁语 templum“庙宇”出现于古高德语［ˈtempal］，拉丁语 tincta“颜料，墨水”出现为［ˈtinkta］，和拉丁语 tēgula 再一次借入古高德语为［ˈtegal］“罐儿，曲颈壶”（>现代德语 Tiegel［ˈtiːgel］）。最后这个词儿也同样再度借入古英语为［ˈtijele］；但是这儿我们并没遇见突出的音变来区别借用的两个年代的层次。

南方德语的［t］变为塞擦音和咝音类型，事实上给我们提供了一个显著的例子，利用借用形式来推算年代。原始日耳曼语 *［ˈmoːtoː］可以作为代表的如哥特语词［ˈmoːta］，对译希腊语的“税”和“税站，关卡”（例如《罗马人》13，7 和《马太》9，9—10）；还有一个派生词［ˈmoːtaːriːs］“税吏，收税人”。古英语同源词［moːt］只出现一次，意思是“贡税，税款”（《马太》22，19）；中古德语［ˈmuosse］“磨坊主收费”显示了高德语［t］照例变成咝音，［oː］

也照例变成［uo］。可是在德语区的东南部，我们也遇见古高德语的［'mu:ta］“税”（>现代德语 Maut）和地名［'mu:ta:run］（照字面讲“在抽税者处”），多瑙河上的一个镇（>现代 Mautern）。这些形式不仅缺少［t］的转变，并且毫无先例地用［u:］代替了日耳曼语的［o:］。我们有理由相信哥特语［o:］接近［u:］，后来也许跟它合流了。历史告诉我们，第六世纪的上半期，意大利的哥特族狄奥多立大帝（Theodoric the Great 454？—526）把他的统治一直扩展到多瑙河。我们推断德语词是从哥特语借来的，所以在借入的时候，原始日耳曼语的［t］在巴伐里亚德语（Bavarian German）里早已变得接近咝音了：哥特语词里的［t］便用原始日耳曼语的［d］反映在德语里，有如古高德语［hlu:t］“响亮”（>现代 laut）来自原始日耳曼语*［'hlu:daz］一样；请比较古英语［hlu:d］（今 loud）。哥特语［'mo:ta］或者宁可说*［'mu:ta］传布到原始斯拉夫语得到佐证，借入原始斯拉夫语为*［'myto，'mytarı］，例如古保加利亚语［myto］“偿付，礼品”，［mytarı］“税吏”。

25.6　在语法上，借入形式要受到借方语言系统的支配，句法也好（some rouge，this rouge），必不可少的屈折变形也好（garages），以及充分流行的，“活的”组合构造（rouge-pot“胭脂罐儿”）和构词法（to rouge“点、搽胭脂”；she is rouging her face（她正在脸上搽胭脂））。不那么常见的是，同时借入好几个外语形式则免除了这番适应；比如，英语从俄语不仅借了 bolshevik“布尔什维克”，并且也借入了俄语复数 bolsheviki，跟英语自己派生的复数 bolsheviks 同存并用。另一方面，本土的语法构造，要是借时只出现于很少几个传统形式上，就极少机会引申应用到这个外来词上。

借词完全适应以后，就像一个类似的本族词一样，也会接受同样的类推。比如，英语根据完全本土化了的［ˈʃowfə］chauffeur，产生了后退的构形 to chauffe［ʃowf］（驾驶汽车），如说 I had to chauffe my mother around all day（我得整天给我母亲开着汽车到处跑）。

如果许多形式从同一种外语借来，这些外来形式也许会表现出它们自己的语法关系。比如英语里拉丁-法语来源的半文词汇具有自己的词法系统（§9.9）。这个系统的类推也许导致新的构形。英语里 mutinous（叛乱的），mutiny（叛乱），mutineer（叛徒）就是按照拉丁-法语词法系统，从一个老借词 mutine（法语 mutin）派生出来的；法语并没有这些派生形式。同样，英语 due（应支付的）是个法语借词，但是 duty（义务），duteous（尽职的），dutiable（应纳税的），（和 dutiful（尽本分的）带有英语本土的后缀）大概没有法语的语源，而是利用借自法语的后缀，在英语里形成的。以-ate 收尾的貌似法语动词的后退构形法便是一个典型例子。

一个词缀如果出现在数量够多的外来词里，也会扩大范围，用于本土原料的新构形。比如 agreeable（合意的），excusable（可原谅的），variable（可变的）中的法语后缀 -ible，-able 伸展到 bearable（可忍受的），eatable（可吃的），drinkable（可喝的）这类形式，其中作为基础的动词是本土的。此外的法语后缀结合英语本土基干的例子有 breakage（损耗），hindrance（阻碍），murderous（谋杀的），bakery（面包房）。拉丁语里，名词表示“专门从事某项工作的人”的名词是利用后缀 -āriu-从旁的名词派生的，如 monētārius（造币者，钱币兑换者）由 monēta（造币厂）派生；gemmārius（珠宝商)由 gemma(珠宝)派生;telōnārius(收税者,税吏)由 telōnium(税局,征税所)派生。这些词有许多借入了古日耳曼语言;如古英语中有 myntere,tolnere,古高德语中有 gimmāri。然而就在最早的文献记载里已经遇见这个拉丁语后缀延用于日耳曼语本土的名词基干了。拉丁语 lāna(羊毛):lānārius(梳刷羊毛的人或工具)可以比照哥特语 wulla(羊毛):wullāreis [ˈwullaːriːs](梳刷羊毛的人或工具);同样,bōka(书籍):bōkāreis(书记,誊写者),mōta(税):mōtāreis(收税者),或如古英语 [wɛjn](大车):[ˈwɛjnere](赶大车的人)。有些例子如古英语 [reːaf](赃物):[ˈreːavere](强盗),其中有形态上互相联系的动词 [ˈreːavian](抢劫),便按这个模式 [ˈreːavian:ˈreːavere] 发展了新的构形,纵使在并没有名词基干的场合,诸如 [ˈrɛːdan]"读":[ˈrɛːdere]"读者",或 [ˈwriːtan]"写":[ˈwritere]"写作者"。这样就产生了后缀-er"行动者,经理者",出现于所有的日耳曼语言。情形很相仿佛,时间过了很久以后,同样的后缀也见于西班牙语成对的词如 banco [ˈbanko]"银行":banquero [banˈkerɔ]"银行家",并用来附加于塔加洛语本土的词,如[ˈsiːpaʔ]"足球":[siˈpeːro]"足球运动员",另外还有本土的派生词[maːniˈniːpaʔ]"足球运动员"。

假使从同一种外语吸收了许多借词,外语的结构竟也会按照适应方式吸引本土的词。在某些德语方言里,包括标准德语,我们遇见本土词被拉丁-法语的重音习惯所同化了:古高德语 [ˈforhana](溪河鳟鱼,鲑鱼),[ˈholuntar](紫丁香,白花接骨木),[ˈwexxolter](杜松),在现代标准德语里相应出现的是 Forelle [foˈrele],Holunder [hoˈlunder],Wacholder [vaˈxolder]。

25.7　说话者介绍外来事物时也会利用某个有关对象的本土名字来称呼这些事物的。日耳曼诸部族接受基督教时保持了一些异教名目：God,（上帝，神），heaven（天堂），hell（地狱）仅仅是搬移到新宗教上来罢了。不消说，这些名称在不同的日耳曼语言里选择得很一致，这种平衡作用只是另一种的借用。异教术语 Easter“复活节”是英语和德语都使用的；荷兰语和斯堪的纳维亚语却采用了希伯来-希腊-拉丁名词 pascha（丹麦语 paaske，等等）。

假使没有密切接近外来对象的本土术语，人们还可以用本族词语来描写它。比如希腊-拉丁术语 baptize（洗礼）没有被借用，而是在较古的日耳曼语言里加以解释：哥特语 daupjan 和德语（也许受了哥特语影响）taufen，意思是“浸，没，入水”；古英语说 [ˈfulljan]，显然来自 *[ˈfull-wiːhjan]（使彻底神圣化）；古北欧语说 [ˈskiːrja]“使纯洁光亮”。这包含本土术语的意义的引申。美洲印第安诸语言惯于利用描写形式，而不大借用外语。比如他们把 whisky（威士忌）译作“火水”，或将 railroad（铁路）译作“火车”。美诺米亚语既用 [riːtewɛw]“他读”，来自英语 read，但更经常地用本土词语来描写：[waːpahtam]，照字面讲是“他看，阅览”。美诺米尼人用“他的目光，瞥视”（“他”指雷公）来代表 elect-ricity（电（光）），而 telephoning（打电话）译作“细线话”而不大说 [tɛlɛfoːnewɛw]“他打电话”；复合词“橡皮大车”比借词 [atamoː-pen]“汽车，摩托车”更通用。工具和厨房器皿是用本族的描写词语来表示的。

假使外语名词自身是描写性的，借方也许会仿效这种描写；特别是在抽象领域会发生这种情况。我们有许多抽象术语都仅仅是拉丁语和希腊语描写性词语的翻译。比如，希腊语［sun'ejde:sis］（联合的知识，意识，良心）是个派生词，来自动词［ej'denaj］（知道）和介词［sun］（同，和）。罗马人翻译这个哲学名词用 conscientia，是 scientia（知识）和 con-（同）的复合。日耳曼诸语言也照样仿造。哥特语［'miθ-wissi:］（良知，良心），第一部分是（同）的意思，第二部分是个抽象名词，是动词"知道"的派生，依希腊语的范例构成。古英语［je-'wit］和古高德语［gi-'wissida］，前缀原来是"同"的意思；在北方德语和斯堪的纳维亚语的形式，如古北欧语［'sam-vit］，前缀按常规替代了古老的［ga-］。末了，斯拉夫诸语言翻译这个术语也用"同"和"知识"，如俄语［'so-vest］（良知，良心）。这个手续叫作**借译**（loan translation），包括一层语义变化：本土词语或新创术语中的互相连结的组合成分，明显地经过了意义的伸展。在欧洲的所有语言里，较文雅和讲究的风格便充满着这一类的意义扩展，主要依据古希腊语的范例，以拉丁语，也往往以法语或德语，为中间媒介。禁欲主义（stoic）哲学家认为一切深沉的情感都是病态，称之为［'pathos］（忍受，苦难，疾病），是动词［'paskho:］（我忍受）派生的抽象名词（不定过去时［'epathon］（我曾忍受））。罗马人翻译为 passiō（苦难），patior（我忍受）的抽象，英语所借的 passion（热情，激情）通常就是这个意义。十七世纪，德国作家模仿拉丁用法或法语 passion 的用法，创造了 Leidenschaft（热情），是 leiden（忍受）的抽象；斯拉夫诸语言仿效了同样的模式，例如俄语［stra*st*］（热情），［stra'da*t*］（忍受）的抽象。古希腊语［pro'ballo:］（我扔（某样东西）在（某人）面前）也含有转义，借用了中动态如［pro-'ballomaj］（我谴责（某人）关于（某件事))。拉丁语相似的复合词的习惯用法也许是借译:人们不仅说 canibus cibum ob-jicere(扔给狗吃的东西),并且说 alicuī probra objicere"谴责某人行为不好"。德语照这样模仿:er wirft den Hunden Futter vor(他扔吃的东西在狗面前),和 er wirft mir meine Missetaten vor(他谴责我犯了错误。)英语 call,calling 当作(职业,专业)讲的用法是从基督教神学的一个通常观念孳生出来的。英语模仿晚期拉丁语所用 vocātiō 的意义,vocāre(to call(称呼))的抽象名词;同样,德语 Beruf(职业,专业)由 rufen(称呼)派生,俄语 ['zva*n*ije](职业)是 [zva*t*](称呼)的抽象。我们的语法术语一大部分都曾通过这个程序。古希腊的语法学家经过很特殊的引申利用 [ˇptoːsís](下降,落下)(名词)先是表示(屈折的变形),后来专门表示(变格形式)。拉丁语里照样模仿,casus 字义是(降落)用于同样的方式(从而借为英语的 case(格,变格));德语里仿造为 Fall(降落;(变)格),斯拉夫语也照抄,俄语 [pa'*d*eʃ]((变)格)是外来雅语(古保加利亚语)[pa'*d*oʃ](降落)的变体。英语里这些例子的借译多半已经被拉丁-法语半文言的借词替换了;比如拉丁语 Commūnis 含义范围复杂,现在用借词 Common(共同)来概括,在古英语却用本族语结构平行的 [je'mɛːne] 一词加以引申来模仿的,就好像现在德语仍用的本族语形式 gemein(共同,普通)和 gemeinsam(共同,相互)。俄语里的借译往往是古保加利亚语形式,因为这个语言起了神学著作的媒介作用。

在比较不讲究风格的范围内,英语模仿法语习惯,如 a marriage of convenience(因策略或利害而结合的婚姻),或 it goes without saying(不消说,不用提),或 I've told him I don't know how many times(我已经对他说过不知多少遍了)。superman(超人)是翻译德语尼采杜撰的词。表示"因袭,模仿古典风格",法语和德语都用名词 style(风格)派生了一种形式,如法语 stylisé [stilize];我们也偶尔听见英语里模仿的形式 stylized。

这些转移搬弄,有时十分拙笨,几乎可以说包含对被模仿形式的误解。古希腊语法学家把受事(动词目的)格叫作 [ajtiaːtiˈkeː ˈproːsis](属于受影响的事物的格),利用 [ajtiaːˈtos](受影响的)所派生的形容词,其中最终的基干是名词 [ajˈtiaː](原因)。选择这个术语,显然是考虑到这样的构造:"他造了一所房屋",其中"房屋"按照印欧语的句法处于受事(动词目的)的位置。可是 [ajˈtiaː] 这个词还有转义"过失,罪过",派生动词 [ajtiˈaomaj] 意义转为"我谴责,控告"。因此,罗马语法学家把希腊语法术语误译为 accūsātīvus,从 accūsō(我控告)派生出来的。这个难以理解的术语,accusative,转译为俄语,把直接目的格叫作 [*v*iˈni*t*elnoj],由 [*v*iˈ*n*it](控告)所派生。美诺米尼人只有一组清(无声的)塞声,将英语 Swede(瑞典人)理解为 sweet(甜蜜的),因而通过错误的借译,管瑞典木材工人叫作 [sajeːwenet],照字面讲是"甜蜜的人"。他们没有 [l,r] 类型的音,也没有浊音 [z],于是把 phlox 这个镇名(在 Wisconsin)理解为 frogs(青蛙),便把它译为 [umaː-hkahkow-mɛniːkaːn] 蛙镇。

25.8　文化上的借词告诉我们一个民族从另一个民族学习了什么。英语晚近从法语借入的多半是妇女的服饰,化妆品和奢侈品。英语从德语借入了较粗的食物品种(frankfurter(佛朗克府香肠),wiener(维也纳腊肠),hamburger(汉堡包),sauerkraut(酸淹菜),pretzel(绞环形撒盐饼干),lager-beer(贮藏的啤酒))和一些哲学、科学术语(zeitgeist(思潮,时代精神),wanderlust(游历热),umlaut(元音变移));从意大利语借入了音乐术语(piano(钢琴),sonata(奏鸣曲),scherzo(诙谐地),virtuoso(技巧地))。英语从印度借来了 pundit(印度博学家),thug(暗杀者,刺客),curry(咖喱),calico(印花棉布);从美洲印第安语言借来了 tomahawk(战斧),wampum(白串珠),toboggan(雪橇),moccasin(鹿皮鞋)。英语给旁的语言提供了 roast beef(烤牛肉)和 beefsteak(牛排)(如法语 bifteck [biftɛk],俄语 [*b*if'ʃ*t*eks]);还有些文娱生活用语,如 club(俱乐部),high life (上流生活),five-o'clock(tea)(下午五点(茶叙)),smoking(吸烟服)(代替 dinner-jacket(赴宴礼服)),fashionable(时髦,流行),尤其是运动名目,如 match(比赛),golf(高尔夫球),football(足球),base-ball(垒球,棒球),rugby(橄榄球)。这一类的文化借词可以传布到一片辽远的领域,随同商品一起,从一个语言到另一个语言。像 sugar(糖),pepper(胡椒),camphor(樟脑),coffee(咖啡),tea(茶),tobacco(淡巴菰,烟叶)这样的词已经传遍了整个世界。sugar 的最初来源大概是梵语 ['çarkaraː]“沙状物;红糖”;这个词的各种形状,如法语 sucre [sykr],意大利语 zucchero ['tsukkero](德语 Zucker ['tsuker] 由此而来),希腊语['sakkharon](俄语 ['saxar] 由此而来),是借方和贷方语言在极不相同的情况下经过替换和适应的结果;西班牙语 azucar [a'θukar] 便是一例,借自阿拉伯语带有定冠词的形式 [as sokkar](相当于英语 the sugar)——就好像 algebra(代数学),alcohol(酒精),alchemy(炼丹术)都含有阿拉伯语冠词 [al]

（相当于英语 the）。就是同样的这个因素，广泛的文化借用，干扰着我们对原始印欧语词汇的重构，如 hemp（苧麻）这样的例子（§18.14）。axe（斧子），sack（袋），silver（银子）这些词出现在不同的印欧语言里，但是带有语音上的分歧，标志着借词的古稀年龄，据推测是从东方来的。saddle（（马）鞍）清一色地出现在所有日耳曼语言里，原始日耳曼语 *['sadulaz]，但是由于它含有词根"坐"（英语 sit）还保持了原始印欧语的［d］（如拉丁语 sedeō"我坐"），我们就得设想从另一个印欧语——假定为东南方某个善于驭马的民族，把 saddle 借入原始日耳曼语的时候已经太晚了，没有赶得上［d>t］的转变。斯拉夫语当"百"讲的词，古保加利亚语［sʊto］，语音上带有借词的标志，从相同的语源，也许是伊朗语借来的，属于同一地理范围。日耳曼语诸部族同罗马人的早期接触，出现在一批文化借词的积层里，这批借词早于英语部族的迁离大陆：拉丁语 vīnum>古英语［wiːn］>wine（酒）；拉丁语 strāta（vīa）>古英语［strɛːt］>street（街道）；拉丁语 caupō（卖酒者）反映于古英语［'*k*eːapian］（买）（德语 kaufen）和现代 cheap（便宜，贱（价）），chapman（商贩）；拉丁语 mangō（奴隶贩卖者，贩子）>古英语['mangere]（商贩）（仍见于 fishmonger（鱼贩子））；拉丁语 monēta（造币厂，钱币）>古英语 mynet（货币）。属于这一积层的词还有 pound（磅），inch（英寸），mile（英里）；古英语［*k*irs］（樱桃），['persok]（桃儿），['pise]"豌豆"。另一方面，罗马士兵和商贩从日耳曼部族学到的也并不少。这不仅从罗马作家偶尔用些日耳曼语词得到证明，并且更叫人无可怀疑的是，罗曼诸语言里出现了很古老的日耳曼语借词。比如，古日耳曼语 *['werroː]（纷扰，混乱)(古高德语 ['werra])出现时照常以 [gw-] 代替日耳曼语的 [w-],如拉丁语 *['gwerra](战争),保存于意大利语 guerra ['gwɛrra],法语 guerre [gɛ:r](war 又从法语借回英语,这是常有的事);古日耳曼语*['wi:so:]“方式,式样”(古英语 [wi:s])出现为拉丁语 *['gwi:sa],意大利语和西班牙语 guisa,法语 guise [gi:z];英语 guise(风姿,外貌)是法语借词,同本土的 wise 并存。日耳曼语 *['wantuz](手套)(荷兰语 want,瑞典语 vante)出现为拉丁语 *['gwantus],如意大利语 guanto((铠甲)护手,(拳师)手套),法语 gant [gɑ̃];英语 guantlet((甲胄)手笼,铁手套)是个法语借词。此外还有些日耳曼语词在公元初几个世纪里进入拉丁语的,如 hose(长筒袜)(>意大利语 uosa“腿套”;参见,§24.3),soap(肥皂)(>拉丁语 sāpō),*['θwahljo:]“毛巾”(>法语 touaille,又从而转为英语 towel),roast(烤,炙)(>法语 rôtir,又转借入英语 roast),helmet(盔胄)(>法语 heaume),crib(秣槽)(>法语 crèche),flask(长颈酒瓶,筒)(>意大利语 fiasca),harp(竖琴)(>法语 harpe)。借译的例子如拉丁语 compāniō(同伴),是 con-(同,跟)和 pānis(面包)的复式综合,依照日耳曼语 *[ga-'hlajbo:],哥特语 [ga'hlajba](同伴),典型地体现了日耳曼语的构形,包括前缀 *[ga-](跟,同)和 *['hlajbaz](面包)(>英语 loaf)。

第二十六章　亲密的借用

26.1　文化上的言语形式的借用通常总是相互的；单方面的借用只限于一个民族能提供的多于另一个民族。比如从七世纪起基督教传教时期，古英语借入有关基督教的拉丁语词如 church（教堂），minister（宣教师，牧师），angel（天使），devil（恶魔），apostle（使徒，圣徒），bishop（主教），priest（教士，牧师），monk（僧侣），nun（尼姑，修女），shrine（神龛），cowl（（修道士的）头巾），mass（弥撒（曲），奠祭（曲）），并且通过借译方式模仿拉丁语的词义，但是这时候古英语却没有什么可以还答的。斯干的那维亚诸语言拥有一批商业上和航海上的术语，是中世纪晚期汉撒诸镇对外贸易昌盛时期从北方德语借来的；同样，俄语也拥有许多航海术语是从低德语和荷兰语借来的。

像上面这些例子虽然性质比较单纯，我们寻常总能区别普通的文化上的借用和亲密的借用，后者发生于两个语言使用在地形上和政治上同一的生活共同体里。这种情况大多是征服的结果，较少见的则起于和平迁徙的方式。密切的借用是单方面的：我们区别占优势的或主导的语言，是征服者或其他方面处于有利地位的人群所使用的，和占劣势的语言，是被征服的人民所说的，或者像在美国一样，是地位低微的外来移民所说的。借用形势特别显著地从优势语言给予劣势语言，往往扩展到跟新的文化事物并无联系的言语形式。

我们看到亲密借用的一个极端例子，就是美国外来移民语言和英语的接触。英语是优势语言，只从移民语言吸取极明显的文化借词，如从意大利语借入 spaghetti（通心粉），从德语借入 delicatessen（美味，珍馐），hamburger，等等（或者按照借译方式，liver-sausage（肝制香肠））。外来移民首先尽量多地使用文化借词。在说他自己的母语时，他谈到他来美国以后学到的任何事物，总得应用英语名称：baseball（垒球），alderman（市府参事），boss（上司，老板），ticket（票，券），等等。至少他要作些借译，诸如德语 erste Papiere（＝first papers，（入美国籍最初填发的证件））。有些例子的文化因由不是这么明确的，如 policeman（警察），conductor（列车员），street-car（电车），depot（车站，仓库），road（道路），fence（栅栏，围墙），saloon（大客厅），但是我们至少可以说美国型的这些东西多少跟欧洲的有点儿不同。然而在很多场合，甚至这样的解释也是站不住的。德国人一到美国，我们就发现他在德语里用上大量的英语形式，如 coat（上衣），bottle（瓶子），kick（踢），change（变化，兑换）。比方，他会说，ich hoffe, Sie werden's enjoyen [ix 'hofe, ziː 'verden s en'tʃojen]（＝I hope you'll enjoy it（我希望你喜欢它）），或者 ich hab' einen kalt gecatched [ix haːp ajnen 'kalt ge'ketʃt]（＝I've caught a cold（我着了凉））。他也设法借译，如 ich gleich' das nicht [ix 'glajx das 'nixt]（我不喜欢那个），其中当“喜欢”讲的动词是仿照英语 like 从形容词 gleich（等同，近似）派生出来的。有些用语，如最后一例，已经在美国移民德语里习以为常了。这些借用形式的语音、语法和词汇等方面值得深入研究，一向却注意得很不够。在德语或斯干的那维亚语里给英语的词加上性别，经过观察，证明是一个很有收获的课题。

这个程序的实际背景是很明显的。占优势的语言是一群享有特权的处于支配地位的人们说的；多种压力驱使那操劣势语言的人充分利用优势语言。他要是说不好，会招致嘲笑和严重的吃亏。向他的伙伴们说劣势语言时，他甚至会从优势语言借用一些成分作为装饰点缀而感到骄傲。

亲密接触的例子大多是，劣势语言是土著而优势语言是一群征服者带来的。后者人口往往占少数；一往直前的借用速度很少有赶得上美国境内的实况的。借用速度似乎依赖于好些不同的因素。假使说劣势语言的人们跟那些未被征服的地区的伙伴们始终保持接触，那么他们的语言就会变得慢些。侵入者人数愈少，借用的步伐也就愈慢。另一个进程迟缓的因素是，被统治的人民文化水平优越，实际上或者传统上认为如此。甚至在美国的移民中间，有文化教育的家族会保持他们的语言经过好几代而很少掺杂英语成分。

显然，同样的因素尽管具有一些不同的分量，也许最终会导致这一个或那一个语言的废除（消灭）。人口数目在这儿比在借用方面所起的作用要大得多。在美洲移民中间，语言的消灭跟借用一样，高速度地进行着。假使外来移民在语言上被孤立了，假使他的文化水平很低，而尤其是，假使他跟一个言语不同的人结婚，那么他也许完全停止使用他的母语，甚而至于逐渐失掉灵活运用它的能力。英语变成他唯一的语言了，虽然他还说得很不完全；到了他的孩子们一代，英语却变成他们的母语了。孩子们最初讲英语也许带些外来特点，但是跟外界接触以后很快就会得到完全的或者近乎完全的纠正。另外的情形是，外来移民在家庭里继续说他的母语；这也是他的孩子们的母语，但是到了上学的年龄，或者甚至更早些，孩子们就不再使用它，英语变成他们唯一的成年的语言了。纵使他们的英语带点儿外来色彩，他们却不大能够或者完全不能够掌握父母的语言了；双重语言习惯是不常见的。在征服的情况下，消灭的过程可以延迟很久。其间也许有一两代使用双重语言；于是到了某个时候，会有一代在成年生活中不再使用劣势语言，只把优势语言传递给再下一代的孩子们。

劣势语言可以继续存在而优势语言趋于消亡。假使征服者为数不多，或者，特别是，假使他们没有携带他们的妇女，那么这样的结局是很可能的。在比较缓和的情况下，征服者一代又一代地继续说他们自己的语言，但是越来越觉得也有使用被征服者的语言的需要。他们一旦变成了仅仅是双重语言的上层阶级，用处较少的优势语言的消失就容易发生了；这就是诺曼法语在英国的终局。

26.2　所以，语言间的冲突可以采取许多不同的途径。整个领土也许终归只说优势语言：拉丁语在公元初由罗马征服者带到高卢来，不多几个世纪以内便排挤掉高卢人的凯尔特语。整个领土也许终归只说劣势语言：诺曼法语，是在征服时(1066 年)带到英格兰来的，三百年间被英语排挤掉了。领土的分布也许有所改变：公元五世纪英语从大陆带到不列颠来时，把土著的凯尔特语挤到岛的偏远地区。在这样的情况下，交界地带会发生地理上的争夺。在英格兰，康沃尔语到 1800 年左右消亡了，威尔士语直到最近才一步步丢失地盘。

然而在任何情况下，总是劣势语言特别显著地向优势语言借用。因此，假使优势语言继续存在，它会保持原样，除了很少的文化借词，就像它从任何邻居也会借入的一样。罗曼诸语言从罗马征服以前的土地上说着的语言只吸收了很少几个文化借词；英语只有很少几个文化借词是从不列颠的凯尔特诸语言来的，美国英语也只有很少几个词借自美洲印第安诸语言和十九世纪不同来路的移民语言。在征服的情况下，保留在继存的优势语言里的文化借词主要是些地名；例如，美国的印第安语地名如 Massachusetts, Wisconsin, Michigan, Illinois, Chicago, Milwankee, Oshkosh, Sheboygan, Waukegan, Muskegon。饶有兴趣的是，北美洲的英语替代了荷兰语，法语，或西班牙语作为殖民语言，后者留下的痕迹跟任何其他的劣势语言相差无几。比如，美国英语从荷兰语吸收的文化借词有 Cold-slaw(＝coleslaw)(醋盐胡椒拌的切细生菜), cookie(小饼干), cruller(油煎饼), spree(闹酒), scow(平底渡船), boss(上司，老板)，特别是地名如 Schuylkill, Catskill, Harlem, the Bowery(巴华利街)[①]。地名给已消亡了的语言提供了宝贵的证据。比如，凯尔特语地名形成很宽的一条带子从波希米亚横过欧洲直到英格兰；Vienna(维也纳), Paris(巴黎), London(伦敦)都是凯尔特语地名。斯拉夫语地名布满了德国东部：Berlin(柏林), Leipzig(莱比锡), Dresden(德累斯顿), Breslau(布雷斯劳)。

另一方面，假使劣势语言继续存在，它会带有斗争的形迹，体现在纷繁的借词上。英语从诺曼法语吸收了大量借词，还有一批

① 纽约的一条街名。——译者

庞大的半文(拉丁-法语)词汇,便是这方面的古典例证。1066 年黑斯丁之役标志着全程的起点。英语文献记载里第一批法语词特别明显地出现在 1250 年到 1400 年这个时期;这意味着每一次实际借用的时间大概要早几十年。1300 年左右,上层阶级的英国人,不管他的世裔如何,或者使用双重语言,或者至少将法语当作外语掌握得很好。广大人民群众只说英语。1362 年法院里规定使用英语;同年,国会用英语开幕了。两个语言之间的竞争,假定为从 1100 年持续到 1350 年,似乎并没有影响英语的语音或语法结构,除了很少几项音位特征如词首音 [v-,z-,dʒ-],和借词里保存了法语的好些形态系统上的特点。可是词汇影响却是巨大的。英语借来了关于政府的(state(邦,国),crown(冠冕,皇位),reign(朝代,王权),power(权力),country(国家),people(人民),prince(太子,王子),duke(公爵),duchess(公爵夫人),peer(爵位,贵族),court(宫廷,法庭)),关于法律的(judge(法官),jury(陪审官),just(公正),sue(起诉),plea(辩护),cause(诉讼案件,动机),accuse(控告,谴责),crime(犯罪行为),marry(结婚),prove(证实),false(虚伪),heir(承继人)),关于战争的(war(战争),battle(战役),arms(武器,武装),soldier(兵,军人),officer(士官),navy(海军),siege(包围,围攻),danger(危险),enemy(敌人),march(进军),force(武力),guard(卫兵,哨兵)),关于宗教和道德的(religion(宗教),virgin(处女),angel(天使),saint(圣徒),preach(宣教,说道),pray(祈祷),rule(治理),save(拯救),tempt(诱惑),blame(谴责,归咎),order(命令,秩序),nature(自然,天性),virtue(美德),vice(恶行),science(科学),grace(温雅,恩惠),cruel(残酷),pity(怜悯),mercy(慈悲)),关于狩猎和游艺的(leash(系猎犬的皮带),falcon(老鹰),quarry(猎获物),scent(闻嗅追踪),track(踪迹),sport(体育),cards(纸牌),dice(骰子),ace(么),suit(一副纸牌),trump(王牌),partner(伙伴)),涉及一般文化意味的许多用语(honor(荣誉),glory(光荣),fine(罚款),noble(高贵),art(艺术),beauty(美),color(颜色),figure(形象),paint(绘画),arch(拱门),tower(塔),column(柱子),palace(宫殿),castle(城堡)),还有家庭生活用语,例如仆人能向主人和主妇学习的(chair(椅子),table(桌子),furniture(家具),serve(侍候),soup(汤),fruit(水果),jelly(果酱,肉冻),boil(煮沸),fry(煎),roast(烤,炙),toast(烘烤的面包片));最后这一项里,我们遇见常被征引的成对的例子,一方面是英语原有的指称四蹄动物的名字(ox(牛),calf(犊),swine(猪),sheep(绵羊)),另一方面是专指食用肉类的法语借词(beef(牛肉),veal(犊肉),pork(猪肉),mutton(羊肉))。值得注意的还有英语人名多半是法语词,如John(约翰),James(詹姆士),Frances(法郎西士),Helen(海伦),甚至包括那些最初从日耳曼语源来的人名,如Richard“理查德”,Roger“罗杰”,Henry“亨利”。

26.3　比文化上的新奇事物更宽广的语义范围内出现借词,使我们能够认识一个继续存在的劣势语言,这个认识不仅揭示了历史上的情景,并且,依赖借词本身的凭证还能揭示远古时候的语言特点。我们关于日耳曼言语较古阶段的知识一大部分就依靠那些一度曾受日耳曼语部落控制的诸语言中的借词。

芬兰语,拉普兰语和爱沙尼亚语含有好几百个词显然是日耳曼的语源，例如芬兰语 kuningas（国王），lammas（绵羊），rengas（指环），niekla（针），napakaira（螺钻），pelto（田野）（§18.6）。这些借词出现的语义范围不仅有政治制度，武器，工具和服饰等，并且还有动物，植物，身体各部分，矿物，抽象关系和形容性质。因为芬兰语里的语音演变不同于日耳曼诸语言里的语音演变，这些借词便补充了比较方法研究所得的结果，特别是由于这些借用最古老的部分必然是发生在公元初期的前后，比日耳曼语最早的文字记载还要早几个世纪呢。

在所有的斯拉夫语言里我们发现一批日耳曼语借词，因而必然是前斯拉夫语时期被吸收进去的。其中较古老的一层很像芬兰语里的日耳曼语借词，如古保加利亚语［kʊnēdzi］（王子，太子）＜*［'kuninga-］，古保加利亚语［xleːbʊ］（麦粒，面包）＜*［'hlajba-］（哥特语 hlaifs（面包），英语 loaf），古波希米亚语［nebozeːz］（螺钻）＜ *［'nabagajza-］。一个较晚的底层包括希腊罗马来源的文化术语，显示了哥特语特有的一些形迹；属于这一层的有古保加利亚语［kotılʊ］，（锅子，镬子）＜*［'katila-］，古保加利亚语［myto］（关税）＜ *［'moːta］，古保加利亚语［tseːsarı］“皇帝”＜ *［'kajsoːrja-］（§25.5），古保加利亚语［userēdzı］“耳环”＜ *［'awsa-hringa-］。据我们推测，较早的底层是前哥特语的，借入于基督纪元的开始时期，而较晚的底层是从哥特语的历史时期来的，后者以四世纪的文献记载为代表。

在所谓大迁徙时期，日耳曼部落征服了罗马帝国的好些部分。这时候拉丁语早已有了许多从日耳曼语来的文化借词（§25.8）；迁徙时期的新借词是能部分地加以区别的，或者利用借词的地理分布，或者利用可以指示征服者的方言的形式特征。比如意大利语 elmo ['elmo]“盔，胄”的元音反映了古老的[i]，日耳曼语 *['helmaz]（古英语 helm）这个词里的[e]只在哥特语里才出现为[i]；哥特人统治意大利是在六世纪。另一方面，还有一层日耳曼语词带有南方德语的辅音转移，代表伦巴第的入侵和统治。比如，意大利语 tattera ['tattera]（头络，皮带）大概是哥特语借词，但是 zazzera ['tsattsera]（长发）代表同一个日耳曼语词的伦巴第形式。意大利语 ricco（富足），elso（刀剑的柄），tuffare（浸水）同样地带有从伦巴第来的借词标记。

罗曼语向日耳曼语最广泛的借用出现在法语里。法语从法兰克统治者借用，从国家名称 France（法兰西）数起，渗透了法语的词汇。例子是法兰克语 *[helm]（盔）>古法语 helme（现代 heaume [o:m]）；法兰克语 *['falda-ˌsto:li]（摺凳）>古法语 faldestoel（现代 fauteuil [fotœ:j]）；法兰克语 *[bru:n]“棕色”>法语 brun；法兰克语 *[bla:w]“蓝色”>法语 bleu；法兰克语 *['hatjan]“憎恨”>法语 haïr；法兰克语 *[wajdano:n]“获得”>古法语 gaagnier（现代 gagner；英语 gain 来自法语）。末了的这个例子可以说明这件事实：即英语里许多法语借词最初还是日耳曼语的语源。比如，英语 ward（守卫）是本土形式，代表古英语 ['weardjan]；同语源的法兰克语 *['wardo:n] 出现于法语为 garder [garde]，从而借为英语 guard。

罗曼诸语言里的人名大多是日耳曼的语源这也就不足为奇了，如法语 Louis（路易），Charles（查理），Henri（亨利），Robert（罗伯特），Roger（罗杰），Richard（理查），或西班牙语 Alfonso（阿尔丰索)(被设想是<哥特语 *['haθu-funs(好斗,好战)),Adolfo(阿道夫)(设想是<哥特语 *['aθal-ulfs](本地狼))。甚至上层优势语言在其他方面已经消灭了,上层阶级的命名习惯还继续存在。

再三被外族统治,可以使一种语言充斥了借词。阿尔巴尼亚语据说基层只包括几百个本族词;其余全是统治语言的借词,从拉丁语,罗曼语,希腊语,斯拉夫语,直到土耳其语。欧洲吉普赛人说一种印度亚里安语:他们流浪寄寓在不同的地区似乎过着充分隔离的生活,所以保持了他们的语言,但是这个语言总是处于劣势地位,只接受借词。特别是,所有的吉普赛方言都含有希腊语借词。芬克(F. N. Finck)给德国吉普赛语下定义,认为仅仅是吉普赛语的这样一种方言,"词汇里缺少任何词语"就用德语来补充,如['flikerwa:wa](我缝补)来自德语 flicken(补缀),或['ʃtu:lo](椅子)来自德语 Stuhl。然而屈折变化系统原封未动,语音面貌也显然不同于德语。

优势语言的范例也能影响劣势语言的语法形式。比方说,美国移民德语里的英语风格在被支配民族的不同语言里可以找到许多平行的例子;同样,据说拉旦语(Ladin)句法大体上是邻近德语的,虽然词素是拉丁语的。英语不但有拉丁-法语的词缀,例如见于 eatable,murderous 中的(§25.6),并且还有几个外来的语音特征,例如见于 zoom(陡开,急开(飞行)),jounce(震荡,摇动)等。非区别性的音位特点似乎是不被借用的。我们看到德国父母的美国公民(他的英语可以同时显示某些德语特点)在他的德语里使用美国英语的[l]或[r],这种现象可以解释为德语在他是一种外语了。

政治上或文化上的情况起了变化，说劣势语言的人们可能停止，甚至消除借用习惯。比如，德国人长期以来从事反对拉丁-法语借词的斗争，大体上是成功的；斯拉夫诸民族也有反对德语借词的运动。波希米亚语甚至避免借译；比如，[zanaːʃka]（登记，入账），当"拿进来"讲的动词的抽象，是德语 Eintragung（登记，入账）一词的借译，给地道的本土的[zaːpis]（记录，注明）替换了。

26.4　正常的竞争结果，如果优势语言继续存在，便保持原样不受外来影响，如果劣势语言继续存在，却带有大量的借词和借译，甚至带有外来句法习惯，但除此以外，我们还遇见许多实例，其中一定有旁的情况。从理论上说，脱离常轨的结局似乎有许多可能。底层理论的神秘说法姑且不谈（§21.9），似乎有一种可能，就是人口众多的居民不完善地学会了一种优势语言，便把学走了样的这一套形式传递下去，甚至挤掉了上层阶级所说的较原本的类型。另一方面，我们不知道一种劣势语言究竟会改变到什么程度而仍然可以继续存在。最后，可以想象，竞争的结果留存下来的是一种混合物，内部如此平衡均匀，以至历史学家不能断言哪一方面应该认为是习惯的主干和哪一方面是借来的外加部分。无论如何我们不知道这两种情况或者还有旁的想象得到的复杂性，曾经真的发生过，显然，这样混合的具体例子，似乎谁也没有能够解释清楚。

从八世纪末以后，丹麦和挪威的维金（Vikings）海寇侵略和定居于英格兰；从 1013 年到 1042 年，统治英格兰的国王大都是丹麦人。然而英语里的斯堪的纳维亚语成分，并不符合优势语言遗留下来的类型。这些成分只限于词汇的日常亲密部分：egg（蛋），sky

（天），oar（桨），skin（皮肤），bull（公牛），bait（钓饵），skirt（裙子），fellow（伙伴），husband（丈夫），sister（姊妹），law（法律），wrong（错误），loose（松弛），low（低下），meek（柔顺），weak（弱），give（给），take（拿，取），call（呼唤），cast（扔），hit（碰，打中）。副词和连词 though（虽然）是斯堪的纳维亚语，人称代词 they，their，them 也是；本土形式［m̩］，出现于 I saw 'em（＜古英语 him，与格复数），现在当作借词形式 them 的轻读变体处理。英格兰北部到处遇见斯堪的纳维亚语的地名。我们并不知道什么样的情景导致了这个特殊的结果。发生接触的时候，双方语言极可能是互相了解的。使用这些语言的人数和统治关系大概依不同的地区而有所不同，随着时间的推移又发生种种变化。

从反常的借用大多数例子看来，仿佛优势语言也曾受了劣势语言的影响。最清楚的例证是智利的西班牙语。智利土著人民勇猛善战，西班牙士兵不得不异乎寻常地大量增援，随后定居下来，同土著女子结婚。跟拉丁美洲的其余部分相反，智利丢了它的印第安语言，只说西班牙语了，这儿的西班牙语在语音上不同于拉丁美洲其余地方（统治的上层阶级）所说的西班牙语。不同的特点大概来自被西班牙语替代了的土著语言；据推测，第一代异族通婚的子女从母亲学得了不完善的发音。

罗曼诸语言的正常类型有一些特征曾解释为反映了被拉丁语替代了的那些语言的特征。这就需要指出，所说的那些特征实际上要追溯到早期语言的使用者不完善地学会了拉了语，便按照拉丁语这样改变了的面貌传递给他们的子女们。假使承认这是事实，我们就不得不揣测，原来说拉丁语的殖民的统治阶级人数不够多，不能到处经常提供范例，使这些缺点逐渐得到纠正。实际上，罗曼诸语言的这些特点出现的时期太晚了，上面的解释似乎是不可能的，除非我们求助于底层理论的神秘的说法（祖传说§21.9）。

印度亚利安语被侵略者带到印度来，其人数必然相当少，而是由统治阶级在建立统治的长期进程中强加于人民群众的。被替代了的诸语言至少有一些跟今天印度境内非亚利安语种有亲属关系。其中主要的一种，达罗毗荼语，除舌尖音[t,d,n]以外还有一组顶音[T,D,N]；在印欧诸语言中只有印度亚利安语具有这两组音，历史上随着时间的进展这些顶音变得越来越多。印度亚利安诸语言也显示了古老的[l]和[r]的混淆，一向的解释归因于若干底层并不具有这两个音或者只具有一个。后期印度亚利安语的名词变格显示了一度改组，因而同样的格尾附加于单数和复数的不同词干上，同达罗毗荼语一样；这样就替代了印欧语的特殊习惯，名词格尾分成若干组，附加在同样的一个词干上作为区别单数和复数的唯一标记。

在斯拉夫语，特别是俄语和波兰语，非人称结构和部分（以别于全体）结构紧密地跟芬兰语互相平行。巴尔干半岛上的语言显示着各种的相似特点，虽然这些语言代替了印欧语的四个分支：希腊语，阿尔巴尼亚语，斯拉夫语（保加利亚语，塞尔维亚语），和拉丁语（罗马尼亚语）。比如，阿尔巴尼亚语，保加利亚语，和罗马尼亚语，都有殿词——就是把定冠词放在名词的后面；巴尔干诸语言一般没有动词不定式。在世界的其他部分，我们也遇见互不相关的语言里出现某种语音的或语法的同样特征。高加索地区的某些语音特点就是如此，既见于好些非印欧语种，也同样见于亚美尼亚语和伊朗语支的奥塞提语。北美西北滨海地带，同样广泛地出现了语音的和形态的特点。比如，基卢特（Quilleute）语，克瓦基屋特尔语和其姆西安语（Tsimshian）都有不同的冠词加于普通名词和专有名称，把指示代词区分为看得见的和看不见的；后一特点也出现在邻近的其努克（Chinook）和沙利施（Salish）诸方言，但不见于内陆语言或方言。曾经有人这样揣测，不同的部落互相掳掠对方的妇女，她们把自己的言语传递给后代，便带有她们原有的成语的痕迹。

凡是历史过程能让我们观察的场合，我们偶尔遇见语音的和语法的习惯传递于语言之间而并没有实际的征服和统治。现代的西欧；小舌颤音［r］分布在许多大片地区，替代了舌尖音［r］；今天在法国和荷-德语区，前者是城市化了，后者是乡村的或老式的。中世纪末，英语、荷兰语、和德语区的大部分，包括受社会爱好的方言，把高长元音复杂化了。冠词的兴起，和动词组合形式包括have（有），be（是），或 become（变为）加过去分词，表示完成和被动的义值，都是中世纪早期逐步出现在拉丁语区和日耳曼语区的。

26.5　此外还有一种反常的借用，其中我们至少敢于断言受影响而改变的是优势语言，虽然这个过程的细节还不十分清楚。

讲英语的吉普赛人（现在大多是在美国）已经丢了他们原来的语言，而说一种语音上和语法上相当正常的次标准英语；然而在他们自己伙伴里，他们任何地方都还使用老吉普赛语的小量词汇，从几十到几百。这些词说起来都用英语的音位，英语的屈折和句法。这些词都是表示最日常的事物，包括语法上的词，如人称代词。它们可以跟相对应的英语词替换使用。较古老的记录显示这些词数目很庞大;显然可以长篇大论的说一番话,用的几乎全是吉普赛语的词,而语音和语法是英语的。现代例子是:[ˈmɛndi]“我”,[ˈlɛdi]“你”,[sɔː]“大家,全体”,[kejk]“不”,[pʌn]“说”,[ˈgrajə]“马”,[ajˈdow nt ˈkɑːm tuˈdik əˈmuʃ ə-ˈtʃumərən ə ˈgruvn]“我不喜欢看见人跟奶牛接吻”。人们偶尔听到吉普赛语的屈折变形,如[ˈrukjə],[ruk]“树”的复数。吉普赛词的语音和语法无疑地标志着是以英语为母语的人们向一种外语进行借用。这些词大概是从原来讲吉普赛语的人们或者从使用双重语言的人们,传入他们的子女或旁人的英语,对后者说来吉普赛语已经不再是母语了。然而值得惊异的是,后一类的说话者竟从老朽的劣势语言借来许多词夹杂在他们的英语里。在一般的隔离情况下,这些借词或许带有诙谐的意味;它们的确起了特殊的作用,就是自家人说话让局外人听不懂。非英语世裔的美国人,他们已经不说父母的语言了,有时故意开玩笑,用这种语言的词,说时按照英语的发音和屈折变形。比如,德国种的美国人偶然会用这样的形式:[ʃwits](出汗,流汗)(来自德语 schwitzen),或[klatʃ](聊闲天)(来自德语 klatschen)。这个手法似乎在犹太人里面最为普通,他们过着多少有点隔离的生活,并且所借的词多半就是德语里犹太人特别爱用的词,也就是希伯来文言来源的半雅语的词,如[ˈganef](贼),[gɔj](异教徒(的)),[meˈʃuga](疯癫),[meˈzuma](钱币),或犹太德语的方言形式,如[ˈnebix]“可怜的人”,(<中古高德语[ˈn eb ix](但愿我不如此))。英语里的吉普赛语词形式似乎很可能就是在特别有用的场合和条件之下这种习惯的扩展。

说劣势语言的人们学习主导语言也许极少进步，以至主人们同他们谈话时得借助于“孩儿语”。这种“孩儿语”是主人们模仿下属的不正确的言语。有理由相信，这种模仿绝不是很准确的，其中有些特点并不是导源于下属的错误，而是导源于优势语言内部存在的语法关系。下属人民这样就被剥夺了正确的摸范，只好就学着说优势语言被简化了的这种“孩儿语”型了。结果也许就是一种习以为常的特殊行话(jargon)。近几个世纪的殖民时期，欧洲人屡次把他们的语言化为特殊行话，传递给被奴役和受剥削的部落人民。葡萄牙语的特殊行话可以在非洲，印度和远东的许多地方遇到；法语的特殊行话曾出现在毛里求斯(Mauritius)和越南；菲律宾群岛上从前说过一种西班牙语的特殊行话；英语特殊行话一度散布于南洋西部群岛（这儿叫做 Beach-la-Mar“海滩话”），中国通商港口（“洋泾浜”），以及塞拉利昂(Sierra Leone)和利比利亚(Liberia)。可惜得很，这些特殊行话没有很好地记录下来。下面是“海滩话”的例子：

What for you put diss belonga master in fire? Him cost plenty money and that fellow kai-kai him.“你干么把主人的盘子放在火里？这一笔损失可不小呐，全毁啦。”——对一个厨子说，他把银器皿放在炉灶里头了。

What for you wipe hands belonga you on clothes belonga esseppoon?‘你干么用餐巾擦手？’

Kai-kai he finish?“饭菜准备好了么？”

You not like soup? He plenty good kai-kai.“你难道不喜欢这个汤么？好吃得很呐。”

What man you give him stick? “你把手杖给了谁啦?”

Me savey go.“我能到那儿去。”

尽管记录得很差,我们或许能够重构这些言语形式的创造过程。最基本的条件是外族人异常迫切地想学英语。于是说英语的人以傲慢鄙夷的态度模仿这个支离破碎的话,希望这样才可以让对方听得懂。这个阶段可以比拟美国人访问贫民窟或者在国外旅行,说一种特殊方言替代英语,使外族人能够了解。从上面所举的例子里,我们特别注意到说英语的人勉强对付学来了一些外族语词(kai-kai“吃”是从某个波利尼西亚语来的),并且他对不同的外语并不仔细区别(savey“知道”来自西班牙语,见于所有的英语行话)。第三积层的改变要归因于外族人模仿说英语者简化了的话,学走了样,按照该外语的语音和语法习惯而有所不同。上面的例子虽然标写得很差,可是仍然让我们看得出来 dish(盘子,碟子)中以[s]代[ʃ],belonga 的尾音[ŋ]发不出来,和 spoon(匙子、勺儿)的冠首音[sp]改换为 esseppoon。

一种特殊行话可以变成普通商业用语,通行于不同国籍的人们中间;我们管它叫作法兰加话(lingua franca),这个名称似乎原来是指现代较早时期地中海东部的一种意大利语的行话。例如洋泾浜英语曾经在中国人和非英语的欧洲人之间用于商业上的来往。在华盛顿和俄勒冈(Oregon),许多不同部落的印第安人,还有说法语和英语的商人,从前用过一种法兰加话叫作“其努克行话”,这种话很奇怪,以其努克语的行话化的形式为基础,掺杂了英语和旁的印第安诸语言的成分。

有一件事实应该加以重视而往往被忽视了,就是一种行话或法兰加话并不是谁的民族语言，而仅是某种语言被外族人学走了样，本族人再向外族人模仿，辗转因袭，每经过一道手就距离原样越来越远。在多数情况下，行话或法兰加话终于消失了，就像其努克行话那样，从来没有变成任何人群的民族语言。

然而在有些情况下，被统治和奴役的人群抛弃了自己的母语而采用一种行话。这种情形特别会发生在一些属于被压迫的，说不同言语的社团人群里，他们只能利用这种行话才能互相交谈。美洲许多地方的黑人大概就是这样的。一种行话如果变成了被压迫人群的唯一语言，就叫作**混合语**(Creolized language)。混合语是从属于主人言语的一种低级方言。它可以经常不断地得到纠正和改进，逐渐接近主人的言语。"黑人方言"的各种类型，据我们在美国观察到的，显示了这样日趋平衡的最后阶段的迹象。社会条件有所改进，这种平衡过程便加速了；结果是一种阶级方言(Caste dialect)；单就语言因素而论，说这种阶级方言的人，比起其他说次标准语的人来，学习标准语并没有更多的困难。

在这个过程中间，逐步恢复常态的方言会不会影响整个社团的言语——例如美国南部黑人的土英语会不会影响当地的次标准的或甚至标准的英语，这倒是个问题。南非洲的荷兰语，通常叫作阿非利干语(Afrikaans)的，带有某些特征叫人想到一般的混合语——例如屈折形态的极端简化。因为它是整个社团所说的话，人们也许不得不揣测荷兰殖民者发展了一种荷兰语的行话形式以便于同非洲土人交际，这种行话通过当地佣仆(特别是保姆)的媒介又反转来影响主人的语言。

有一种很少见的情况，被压迫人群丢了自己的母语(一种或几种)而只说一种混合语,可是脱离了模范语言的支配,这样混合语就避免了受同化的影响而走上了独立发展的征程。我们曾遇见几件这样的实例。比如,西非沿海的圣多美(San Thome)岛上住着逃亡黑奴的子孙,说一种葡萄牙土语。维尔京群岛上长期说一种荷兰土语。英语的两种土形式出现于苏里南(Suriname)(荷属几内亚)。其中之一,叫作宁格尔东果(Ningre Tongo)或达基-达基(taki-taki),是沿海黑人的子孙说的。另一种距离正常的英语就更远了,叫作犹太土语(Jew-Tongo);十八世纪黑奴起义,逃亡到沙拉马卡(Saramakka)河畔,他们的子孙叫作丛林黑人(Bush Negroes),就是说这种话的。这种土语的得名是由于一部分黑奴属于葡萄牙犹太人。丛林黑人英语的突出特征是极端地适应了西非洲诸语言的语音和结构,保留了许多西非词汇:假使黑奴们仍说一种非洲语言,令人不解的是他们为什么要抛弃母语而采用英语。

下面是宁格尔-东果话的例子,从赫斯科维茨(M. J. Herskovits)所记录的材料里摘出来的。

['kom na 'ini:-sej. mi: sɛ 'gi: ju wan 'sani: fo: ju: de 'njam.](进里面来呀。我给你点儿东西吃)。

[a 'taki:,'gran 'taŋgi: fo: 'ju:](他说,谢谢您呐)。

[mi: 'njam mi: 'bɛre 'furu.](我吃得很饱,肚子装不下啦)。

下面是承赫斯科维茨(Herskovits)教授提供的丛林黑人英语的格言,头一句用数字注明了声调:1 升调,2 平调,3 降调,数字连写表示屈折调,如 13 是升而后降,23 是平而后降,依此类推。

[fu^{13} kri^{21} ki^{23} a^{n1} taŋ^{13} hɔŋ^{2} wi^{21}](水满的河不便于拔除杂草)。就是说,"河水满,杂草拔不完"——指一个人夸说他要去完

成什么任务。

［ɛft: juː seiː juː hɛdɛ，tɛ juː baj hatiː，pɛ ju pɔtiː ɛŋ］（假使你卖掉你的头，你再买顶帽子，你往哪儿戴它呢？）意思是，“你要是卖掉头买一顶帽子，你把它戴在哪儿呢？”

［piːkiː matʃaw faa gã paw］（小斧子砍倒大棍子），就是说，“一把小斧子能砍倒一棵大树。”

第二十七章　方言间的借用

27.1　婴儿开始学话，学到的是照料他的人们的言语习惯。他获得的习惯绝大部分是从某一个人，寻常是从他的母亲得来的，但是他并不是毫不走样的复制这个人的言语，因为他还从旁人那儿采取一些形式。在正常的情况下，任何年长日久的习惯是否总是起源于不精确的模仿，却是个可资讨论的问题。往后，孩子从更多的人获得言语形式；孩子们突破最亲近的家庭圈子，开始同外界发生接触时，特别善于模仿。随着时间的推移，被模仿的人们的范围越来越广；说话人一生继续不断地从他的伙伴采取言语习惯。无论在什么时刻，他的语言总是个独具一格的复合体，那是从各式各样的人们获得的习惯所组成的。

往往成群成批的人步调一致，采纳或爱好或嫌弃一种言语形式。在同年龄，同职业，或邻近聚居的一伙人里面，一种言语风尚辗转传递，互相学习。在一个社团里面，言语习惯的借用大半是单方面的；说话人从某些人而不从另外一些人们采取新的形式和癖好。在任何社团里，某些人总比另外一些人受到较多人的模仿；他们是享有权势和威信的领袖。不同的社团，尽管界限很模糊，模仿的倾向差不多总是单方面的。每一个人属于不止一个小型的言语社团；一个社群受某些人所影响，这些人按照另一种划分标准，属于支配阶级(或阶层)。比如,一个说话人在同职业的伙伴里,会模仿那些他认为享有最高"社会"地位的人。举一个极端的例子,当一个说话人同享有更大威信的人们发生接触时,他热切地模仿的不仅是他们一般的举止行动,并且还包括他们的言语。这儿模仿的方向是极其显明清楚的。低微的人是不被模仿的;首脑或领袖在他的听众的绝大部分的心目中却是个模范。普通人同他谈话,避免触犯或惹他嘲笑;他抑制他那些似乎怪癖的习惯,竭力使他的谈吐跟他所听到的一样,争取对方的好感。同大人物谈了话,他在自己的小社团里对那些没有享受这种特权的人也许就会变成一个模范。每一个说话人在不同的社团之间都是一个中介人。

调整措施大都是很细微的,往往在于对言语形式的爱好而未必是全新形式的采用。很大一部分的调整或许只牵涉到语音的非区别性的变异。另一方面,匹敌形式要是不相上下,何去何从也许要加以实际的讨论:一个说话人斟酌考虑,他该说 it's I(用主格"我")呢还是 it's me(用宾格"我"),说 either(或此或彼),neither(二者俱非)时该用[ij]呢,还是用[aj]? 在英语社会里,按照言语形式的"正确"的传统观念,说话人要问"哪个形式更好些?"而不是问"我说话该同哪些人取得一致?"然而大体上这种过程不必提出来加以讨论。

每一个说话人,或较大规模的任何一个地区或社会群体,其活动的方式既是模仿者又是示范者——都是平衡过程中的中介。没有一个人,也没有一个群体,永远只采取这一种或那一种方式行动的,但是享有特权的阶级或阶层和处于中心和支配地位的社团往往起示范的作用,最低微的阶级和最边远的地点更往往是模仿者。

27.2　这种平衡作用的重要历史过程就是中心的言语形式的

生长,向周围地区传布,越来越广。比方说,假设在一片辽阔的区域上各地起了分化,某一个城镇由于居住其中的重要人物或者由于优越的地理环境,变成了经常的宗教仪式或政治聚会或贸易来往的场合。周围村寨的居民不时地来到这个中心市镇。在这些访问期间,他们注意避免家乡言语的特别咯的形式,用旁的不致引起误会或惹人笑话的形式来代替。这些受爱好的形式应该是各地完全通行的或通行最广的;假使没有这样突出的一个形式,选择常常落在中心市镇所用的形式上。村人回家以后,他继续使用某些这样的新词语,他的乡邻亲友便加以模仿,一则因为他们知道该新词语的来源,再则因为这位曾经访问中心市镇的说话人在家乡提高了声望。通过第二手,第三手,以至其余,这些词语会传到更遥远的人们和地方去。这个中心市镇变成了一个言语中心,这儿的言语形式要是没有受到多大的压力,便变成周围邻近的整个区域内"较好的"形式了。

商业和社会组织日益进步,这种过程也就周而复始,规模越来越大。每个中心都在一定的地区内受到模仿。政治势力的新的集中使某些这样的中心提升到更高的地位;较小的一些中心转而模仿这个主要中心,继续把它的和它们自己的形式传布到它们的小小范围里去。这种发展出现在欧洲中世纪。中古时期末叶,像英、法、德这样的国家都有好些个省区性的言语中心,虽然就在同时,英国和法国的首都也开始形成为全国范围内的最高言语中心了。这些平衡变迁,要是曾在很大的规模上发生的,便会反映于大批的同语线丛,标志着不同文化系统的冲突,诸如划分低德语和高德语或北方法语和南方法语的线丛。次要的省区间和教区间的平衡出现为较小的同语线；比如，我们看到莱茵河下游的诸郡邑，于 1789 年为法国侵略所倾覆的，彼此的疆界今天反映在次要的同语线丛里。这一切也许会更明白清楚些，假如不是由于政治界限和诸中心的相对影响经常发生移动的缘故。可是最变化无常的因素还是言语形式自身之间的差异，因为有些形式会比旁的形式传布得更生气蓬勃，大多由于语义上的原因，或者较少见的是由于形式结构上的原因。

一个或大或小的地区以内，言语相似，也许可以追溯到这个言语社团最初分布在这个地区的时候。例如 house 这个词，在撒克逊侵入时，英语被带到英格兰，便在那里传布开了。当时的形式是［huːs］，现在北部方言土语里还是这么说的，这个现代形式也许就是古形式的直接继承。

然而在很多例子上，我们知道共同一致的现象并不是从殖民定居的时候开始的。比如，我们知道 house，mouse 等等的复合元音［aw］，是在英格兰殖民以后许久，才从较古的［uː］变来的。在这些事例上，早期学者们认为大片地域上发生了一致相同的语言变化，例如他们认为英语地区大部分都进行了［uː］读成［aw］的语音变化。现在，我们倒是相信实际的变化先是在较小的人群里发生的，后来由于语言的借用才让新形式传布在大片的领域上了。我们倾向于这样的意见，为的是事实上平行形式的诸同语线并不互相吻合。荷兰当“老鼠”和“房屋”讲的两个词的元音的同语线的分歧（§19.4），正切合我们关于语言借用的分类，但不切合我们关于语音演变的分类。有些学者因此认为有理由抛弃我们这样的分类法，而主张“语音演变”是以不规则的方式传布的。然而这种说法，跟"音变"这个术语最初应用于同源词形间音位平行的原意不相协调（§20.4）。这样一来，我们就不得不设计一种新的分类，或者把包括在"音变"术语的新用法里的两类现象设法加以调解，——可惜不管哪一项，连企图一试的人都还没有。语音演变贯彻始终，而新产生的变异形式通过借用广泛地传布，二者分别对待的方法，是迄今为止所能设计的借以解释诸多事实的唯一公式。

纵使一个合于规则的特征能够代表最初移民带来的类型，我们经过更仔细的考察，也许会发现这个特征只是掩盖了更古的分歧。要揭发这样的事实，可以利用孤立的残余形式（§19.5），或者利用文言雅语形式的独特现象。关于这些，伽米尔西格（E. Gamillscheg）举了一个巧妙的例证。多罗米地（Dolomites）[①]丛山间的拉旦语，把拉丁语的［wi-］变成了［u-］：例如拉丁语［wi-'ki:num］（乡邻，街坊）读作［uʒin］[②]。在这个地区的一角拉乌山（Rau）谷里，这个变化显然没有发生：拉丁语［wi-］用［vi-］来代表，读如［viʒin］（邻居）。可是偏偏有个奇怪的歧异。拉丁语类型的［aw'kɛllum］（鸟），出现在意大利语里是［ut'tʃɛllo］，而在多罗米地山区是［utʃel］，词首并没有［wi-］，在拉乌山谷的形式却是［vitʃel］（鸟）。假如拉乌山谷的确把拉丁语的［wi-］保存为［vi-］，那么［vitʃel］这个形式就无法解释了。可能的正确理解只有假设拉乌山谷方言也同其余的多罗米地山区方言一样，把［wi-］变成了［u-］，可是后来采取借换手段，借用更文雅的意大利

① 多罗米地丛山（Dolomites）是阿尔卑斯山脉的东部，位于意大利北部，最高峰达 10965 英尺。——译者

② 意大利语形式是 vicino［vi'tʃino］，比较法语 voisin［vwa'zɛ̃］。——译者

语的［vi-］来替换本地的[u-]。拉乌山谷的人们采取这个行动却走得太远了些，甚至在*［utʃel］（鸟）这个词上也用［vi-］来代［u-］，其实意大利语的形式是［u-］而不是［vi-］。

一条同语线只告诉我们某地和某时曾经发生一项语音变化，一项类推语义变化，或一项文化借词，但是这条同语线并不告诉我们这项变化的确切地点或时间。从这个变化所产生的形式传布出去，或许又推回来，同语线代表了方言借用的结果，至于借用过程中经历了怎样的屈折变迁，我们并不知道。一个形式现在通行的区域甚至并不包括这个形式最初发生的地点。把同语线当作简单的语言变化的界限，是很幼稚的错误想法。方言地理学的结果告诉我们的是语言借用。

27.3　假使一个语言形式的地理领域是由于借用而形成的，我们面临着的问题是判别最初的变化是谁引起的。一项文化借词或一项类推语义创新也许是一个说话人单独的创举；而更常见的，却无疑是由于不止一个人所采取的不约而同的独立行动。非区别性的歧异终于导致了一项音变，也许经过同样的历程，可是这就更加隐晦了，因为语言上能以观察的实际变化在这儿是无数细微变异的累积的结果。爱好或夸大某一音值变体的说话人，跟采纳这个变体的说话人一样，仅仅改变了一种非区别性的特点。这样的爱好连续不断，终于导致音位结构上发生变化，这时候借用过程无疑地早已进行了许久。比方说，必然曾经有个时期，美国英语社团的某些部分读 hot(热)，cod(鳕鱼)，bother(打搅，麻烦)这些词的元音，偏爱不很圆唇的较低的变体。要追问哪一个人或哪些个人首先爱好这些变体，是徒劳无益的；我们只能假想他或他们在某个言语社团里享有威望，而这个社团又能影响旁的社团，这样下去，范围越来越广：新的变体经过一定时间屡屡出现，而这个变体却幸运地属于权威较高的说话的个人和集体的。这种爱好形成了风尚，以至在这个领域的很大部分，当然绝不是同时在所有的地方，hot，cod，bother 的元音终于同 far（远），palm（手掌），father 的元音合而为一了。只有在这个时刻，观察家才能说一项音变已经发生了；可是这时候，在不同的个人，社团，和地点，新变体的分布是借用的结果。原先两个音位合而为一的时刻是无从断定的；甚至个别说话人无疑地在一个时候会有区别，而在另一个时候把两个音说成一样了。一项音变能以观察的时候，它的效果已经在每个言语社团里面通过平衡的过程，逐渐传播开来了。

语言学家把这些变化分为三大类型，语音演变，类推语义变化和借用，只是把细微的和错综复杂的过程所导致的事实加以分别归类罢了。过程本身大都逃避了我们的观察；我们只是相信，简单地叙述这些过程的结果可以透露那些造成这些结果的因素。

每一个说话人都在他所从属的社团之间起着中介人的作用，所以一个方言区内部的言语分歧只是由于缺少了中介的说话人。一个言语中心的影响可以使一个言语形式向任何方向散布，直到交际密度发生了薄弱的线路，不再遇见谁来采用它了。不同的言语形式，带有不同的语义价值和不同的形态变化，还要跟不同的匹敌形式进行抗争，所以扩散传布会有不同的速度和到达不同的距离。并且，一个新形式的进展，也许被一个邻近的言语中心来的匹敌形式，给拦住了，或者，也许仅仅由于邻近的言语中心还使用着一个未起变化的形式。

还有一个导致分歧的原因必须加以估计：一块被外族占领了的区域，居民说他们的新语言便带有歧异的特点。我们曾经谈到（§26.4）这完全是个疑问，因为还没有找到确切的例证。所以，一个方言区内部的分歧绝大部分只是不完全的平衡作用的结果。

27.4　统一的面积扩大和程度加强，有许多因素在起作用，我们给概括地说就是经济政治单位越变越大以及交通来往的工具不断改进。关于这种集中过程的详细情形我们知道得很少，因为我们所凭借的证据差不多全是书面文献，而这方面的书面文献特别容易引起误解；首先就是，欧洲的文献大都是用拉丁语，而不是用当地的语言写下的。在英语和荷德语区的非拉丁语（通行的口语）记载里，一开头——就是说，从第八世纪以后——我们遇见的是地域性的方言。内部证据表明，甚至这些方言也是经过了一定程度的统一才兴起的，但是我们不知道这种统一究竟在多大限度上存在于实际言语里。到了中世纪的晚期，我们看到更大的集中的开始。特别是在荷德语区，我们遇见三种语言相当一致的类型：弗兰德语（"中古荷兰语"），汉萨区确切无疑地很一致的北部德语（"中古低德语"），和南方诸邦贵族文学中的南部德语（"中古高德语"）。这些文献的语言在广阔的地理面积上是相当一致的。在某些方面，我们能看出地方特点是怎样被排除的。北部德语是特别显著地以吕倍克（Lübeek）市的言语为基础。南部语型仿佛在诸地域方言间采取了折中的处理，排除了今天方言里出现的某些地方特点。在古日耳曼语里，人称代词用不同的形式表示双数和复数；一般趋势是，这种区别被抹煞了，在只包括两个人的场合也用复数形式来顶替，但是在有些地方，古老的双数形式却扩展到复数的用场上去。在德语区的绝大部分,古复数形式,中古高德语 ir“你们”(与格 iu;宾格 iuch),继续活用,但是有些地方,尤其显著的是巴伐利亚和奥地利,却采取了另一种措施:现代地方话用古双数形式 ess(你们)(与格和宾格 enk)。可是后一地区留下的中古高德语文献绝少给我们透露这些地方形式,只写下了一般德语的 ir(你们)。另一方面,一件书面文献要是仔细加以研究,往往可以揭露这种用法是在德国南方哪一部分兴起的,因为许多细节还没有标准化呢。特别是,诗人的用韵,一方面遵循某种因袭的习惯,而另一方面,却暴露了每个诗人的地方语音。值得特别注意的是,到了现代的开始时期,即十五世纪以及十六世纪初叶,这个南部德语传统趋于废弛,我们所遇见的文献又带上鲜明的地方色彩,直到现代民族标准语的建立。

现代的标准语,通行在全国范围以内,替代了受地区局限的类型。这些标准语随着时间的推移愈来愈单纯一致。标准语大多植根于中心城市上层阶级通行的地区性的语言,而这个中心城市变成了统一国家的首都;现代标准英语就是建立在伦敦话的基础上,现代标准法语也是建立在巴黎话的基础上的。还有些情况不很清楚,甚至不能明确指出起源的中心。现代标准德语并不是建立在哪一个地区方言上的,而似乎是从东部边境发展起来,并从公务上和商业上通用的言语中提炼出来的。路德[①](M. Luther)用这种言语翻译圣经,并不是创造了一种语言,而只是帮助提高了它的卓越的地位。这样的起源反映在十八世纪的标准德语的文献里,比

① 路德(Martin Luther, 1483—1546)是德国宗教改革家。——译者

起英语或法语的文献来远不是那么单纯一致的，而显示了许多地方特点；对今天通用的标准语也还可以说成这样。

所以，现代国家都有一种标准语，用于一切公务场所，教堂和学校，和所有的书写文件。一个言语社团一旦获得或寻求政治的独立，或者甚至有意识地要维护自己独特的文化，就会设法建立一种标准语。比如，塞尔维亚-克罗西亚人，摆脱了土耳其的统治，并没有自己的标准语；有一位学者，柯拉迪启（Vuk Stefanovich Karadjich，1787—1864），根据他的家乡方言建立了一种标准语，还编写了一部语法和词典。波希米亚尽管受着使用德语的中心地点的统治，可是在宗教改革时期发展了一种近似的标准语。特别是伟大的改革家胡斯（Jan Hus，1369—1415），设计了一个卓越的拼音方案。十七和十八世纪，这个运动消沉下去了，但是到了这个时代末期，随着民族的复兴，一种新的标准语，以旧的为基础，多半由一位语文学家杜勃柔乌斯基（Josef Dobrowsky，1753—1829）的努力，又建立起来了。在现在活着的人们的记忆里，立陶宛标准语今天在全国范围以内完全通行并规定为公务用语，是从许多方言土语里熔炼出来的。没有获得政治独立的社团，如斯洛伐克人，加答兰人（Catalans），和佛里斯兰人（Frisians），也都发展了自己的标准语。挪威的情形特别有趣。在几个世纪里挪威政治上从属于丹麦，使用丹麦标准语作为自己的国语。后者同挪威的言语形式十分近似，因而受过学校训练的人接受起来并不怎么困难。挪威人按照挪威的言语形式把丹麦标准语稍稍改变一下就行了。这种丹-挪国语（Riksmaal）变成了受教育的上层阶级的民族语言；至于没有受过教育的广大群众，依然说着方言土语，觉得这种国语几乎就像外国语，甚至即使1813年政治上脱离了丹麦以后，它越来越靠拢挪威通常的方言类型了。1840年以来，一位语言学者亚森（Ivar Aasen，1813—1896）根据挪威方言制订了一种标准语，建议采用它来替代丹-挪语。这个新的标准语，被称作国语的（Landsmaal），经过许多变化和改动，已经获得广泛的接受，所以今天挪威有了两种被官方承认的标准语。双方的维护者时常发生激烈的冲突；两种标准语不断地彼此让步，终于越来越接近了。

27.5 大型的标准语，诸如标准英语，兴起的详细情形是知道得不清楚的，因为书面资料不能给我们提供足够确切的图景。在它早期的各个阶段，先是地点方言，随后是省区类型，终于变成了标准语，这种言语也许进行过广泛的借用。甚至在这以后，在它的优越地位尚未确定以前，它就免不了接受外来形式的渗透。古英语［y］在伦敦话里大概发展为［i］，如fill（装满），kiss（接吻），sin（罪过，犯罪），hill（小山，丘陵），bridge（桥梁）；出现在bundle（束），thrush（鸫）里的［o］似乎代表英格兰西部的一种类型[①]，而knell（丧葬钟声），merry（轻松愉快）里的［e］则代表东部方言。bury［'beri］（埋葬）的拼写法暗示西部方言的继承，但是实际读音却是东部的［e］；busy［'bizi］‘忙’的拼写法是西部的，但是实际口头形式是伦敦本地的。外来的［o］和［e］一定在很早的时候就进入官方的伦敦话里来了。按照英国读音，heart（心脏），parson（牧师），far（远），dark（黑暗），'varsity（大学）或clerk（书

① 现代英语bundle，thrush的元音一般标作［ʌ］，Bloomfield标作［o］不知何所根据，也许指早期读音？——译者

记)的元音由古［er］变为［ɑː］(试对比 earth(地球),learn(学习),person(人),university(大学),或 clerk(书记)的美国读音)似乎是地区性的;［ɑː］-形式从十四世纪起就渗入上层阶级的伦敦话里来了。乔叟用 -th 作为动词的第三身单数现在时的变尾(hath(有),giveth(给予),等等);今天的［-iz,-z,-s］直深入到十六世纪还是地区性的(北方音)。伦敦英语在取得支配的优越地位的较早几个世纪里,所受影响特别深的是英格兰中部偏东的话。在较后的时期,标准语从旁的方言只借用一些专门用语,例如 vat 桶,水槽),vixen(母狐狸)(§19.1),laird(地主),cairn(圆锥形石柱)(借自苏格兰方言),或者带有诙谐的意味,如 hoss,cuss 作为 horse(马),curse(诅咒)的笑谑形式;bass(硬鳍鱼,鲈鱼)代替了 *berse(古英语 bears),可以代表早期的更认真的借用。

标准语的威信不断提高,对周围方言的影响也就愈加扩大范围,愈加深入透彻。它特别能感染郡区的中心,通过后者达于四周的卫星方言群。这个行动是相当缓慢的。我们曾遇见标准语的一个特点也许传达到遥远的周围方言,而在发祥地点却早已被替代了(§19.4)。在首都的邻近地带,标准语引起的作用是很强烈的;邻近方言被标准形式渗透得如此深刻,以至消失了所有的独特性。据说,伦敦周围三十英里以内,没有一个言语形式可以称为地方方言的。

标准语引导人们摆脱区域性的和地点性的方言。最贫苦的人并无学说标准语的奢望,但是随着经济的繁荣和教育的普及,它所接近的群众阶层也就越来越广泛了。今天在西欧各国,绝大多数的人至少都能对付着使用标准语。社会地位提高了的人把它当作自己的成年语言,并且只把这种语言传递给子女们:它变作越来越多的上层居民的家乡话了。

无论是次要方言被标准话逐渐吸收渗透，或者是个人和家庭改变习惯而说标准话，结果往往都是不完全的，可以说只是次标准的，或者在有利的条件下，是带有地方色彩的标准(§3.5)。这些类型的评价在不同的国家也有所不同；在英国，这类言语被认为是低级的，使用者被迫向更严格的标准化努力，但是在美国或德国，标准语并不属于某一地区的社团，所谓标准就不这么严格，在不很明确的范围以内或多或少的差异享有同等的威信。最初来到美国的移民带来的英语显然包括标准语的地方类型和次标准语而不是地方方言。次标准的美国英语的主要特点似乎就是带有方言色彩的和次标准的不列颠英语的一般特点，而不是从任何不列颠的各别地方输入的方言特点。

27.6 文字记载的研究并不能给我们说明言语的集中和标准语的兴起，一则因为书写习惯在很大的程度上是脱离实际言语而独立发展的，再则因为这些习惯的标准化的速度来得更快，从而给言语的标准化以实际影响。我们曾遇见一种语言甚至在很早的时期就用统一的符号来拼写，这样的符号很快就变成大家遵循的习惯了(§17.7)。中世纪稿本的拼写法在现代学者看来似乎很分歧，可是更仔细地考察一下，就会发现这类拼写法大多是因袭的。到了中世纪的末尾，文字的应用增加了，拼写习惯的地区类型也变得愈来愈固定。印刷术发明以后，随着读书识字的推广，这个传统便变得愈加统一并且愈加严格；终于出现了语法和词典，使这方面的教学有所依据，可以做到人手一册。学校教育愈加普通，对传统风格的遵守也就更加严格要求。

这样的发展使我们看不清楚口语的实际集中过程。历史学家不得不经常地跟两种相反的可能现象打交道。文字传统，归根到底反映了实际言语中享有威信的形式；而另一方面，这种传统变为通行的固定习惯则要快得多，也可以转过来影响与之抗衡的口语的威信。决定性的事件是发生在口语里的，可是书写风格一旦抓住了一种形式，就会把它保留下来而帮助排斥其他不同的形式，于是彼此互相较量起来对它就更为有利。我们从偶然的反常的拼写或诗歌的押韵可以窥见口头语言中这样的事态。比如，标准英语在 oil（油），boil（煮沸），join（连接）这些词的发音上有［aj］和［ɔj］的抗衡，我们是从偶然的拼写和诗歌的押韵上发现的；近两个世纪以来，后一种读音获得了决定性的胜利，无疑地是由于它跟拼写法符合一致；我们不妨对比一下类似情况中尚未稳定的摇摆状态，其中拼写法并不起作用，如美国 rather（宁可）读［a］或读［ɛ］，英国 lather"泡沫"读［ɑː］或读［ɛ］。

在句法和词汇上，文字记载的使命是确凿无疑的，对标准语会产生十分重大的作用。在古英语里，甚至直到今天次标准的英语里，有些否定形式需要一个否定副词同定式动词用在一起：I don't want none（我什么也不需要）；标准语的习惯大概起于书写时模仿拉丁语的句法。每个人都有过这样的经验，就是想说一个词，随即发现不知道怎么说才好，因为它只在书面上曾经见到过。有些词在实际言语里已经废弃了，根据书面文献又给复活过来：例如英语中 sooth（真实，真理），guise（伪装），prowess（英勇），paramour（私通的情人），behest（训令），caitiff（懦夫，坏蛋），meed（报酬），affray（骚扰），是十八世纪的诗人们给复活了的。

书写符号或方式，有些场合确实在语言里引起了一些变化，让我们能更清楚地看出它的影响来。采用古老形式的人有时候误解了他面对的原文，因而造出一个还魂的僻字。比如，英语 anigh（近）（= near）和 idlesse（懒散）（= idleness）是十九世纪的诗人们创制的假古董。在哈姆雷特的著名演说里，bourne 的原意是“界限”，可是现代读者没有看懂这段文字，把 bourne 当作“领域”讲了。乔叟的名句 in derring do that longeth to a knight（敢于做骑士所能担当的事）（= in daring to do what is proper for a knight），被斯宾塞（E. Spenser）[①]误解了，他把 derring-do 当作一个复合词，意思是“勇敢的行为”，竟把这个还魂字引进了高雅的英语。一个古字母的误解导致了古怪的形式 ye 用来代替冠词 the（§17.7）。

然而，不仅是古文能在实际言语里引起变化。假使言语形式里发生彼此抗衡的现象，胜败的机会总是有利于书写传统所代表的形式；因此，假使书写传统同口头形式有分歧时，人们很容易假想还存在一个更好的变体可以同书面形式相匹配。特别是最近几个世纪，大概由于读书识字的推广，说方言和次标准语的人大量涌入说标准语的行列，文字的影响似乎更加强了——因为这批人没有把握去辨别什么才算是外来方言，只好向书面传统请教。学校教师往往出身寒微，并不熟悉实际的上层阶级的风格，被逼假装也懂得这一套，于是对后起的一代的标准语便有了一种权威。大多数按拼写法读音在英语和法语里是很普通的，根源大多就在这里。

---

① 斯宾塞（Edmund Spenser，1552—1599），英国古典诗人，著有《神仙皇后》（*Faerie Queene*）。——译者

像德语这样的标准语，原来并不属于一个阶级或地区，这个因素就更加根深蒂固了：口头标准多半以书面形式为依据。

标准英语里古音［sjuː］发展为［ʃuw］，见于 sure［ʃuə］（深信不疑）和 sugar［ˈʃugə］（糖）等词里。这个变化反映在大概 1600 年以后的偶尔的拼写法上，如 shuite（= suit（适合）），shewtid（= suited，suit 的过去式和过去分词）。约翰琼士的《实用拼音法》（*Practical Phonography*，1701）规定下列的词都读［ʃ］：assume（假定），assure（保证，使……确信），censure（谴责），consume（消耗），ensue（跟随），insure（保险），sue（控告），suet（板油），和 sugar。这些词里头有些个现在读［s］或［sj］，无疑是按拼法读音的结果。同样的情形也许还出现在 tune（曲调），due（届时）这类词里头用［t，d］或［tj，dj］替换了地道的［tʃ，dʒ］；请看 virtue［ˈvəːtʃuw］（品德），soldier［ˈsowldʒə］（士兵）可以作证。英国的标准发音［ˈindʒə］India（印度）也许比现在通行的［ˈindjə］要古老些。古老的尾音［mb，ŋg］见于 lamb（绵羊），long（长的）早已丢了闭塞成分，像 hand（手）里头的［nd］却被保存了下来，大概是按拼法发音的结果；在十五、十六和十七世纪，我们偶然遇见这样的拼法：blyne（blind）（盲），thousan（千），poun（磅）。often（时常），soften（使柔软），fasten（系紧）这类形式里原有的［t］，在次于发标准语音的较低阶层中还经常把它读出来。

最确凿的例证出现在纯图案性的设计能以导致新奇的言语形式。英语缩写字如 prof.，lab.，ec. 导致了口语形式［prɔf，lɛb，ek］，在学生们的行话里代替了 professor（教授），laboratory（实验室），economics（经济学）。仿照这样的例子，就继续创造更多的新形式，如［kwɔd］代替了 quadrangle（四合院），［dɔəm］代替了

dormitory(宿舍)。[ejem,pijem]等形式来自铁路时刻表的A.M.(上午)和P.M.(下午)。此外还有[juw es ej]代替United States of America(美国),[aj sij]代替Illinois Central (Rajlroad)(伊利诺中央铁路,伊中路),[ej bij, ej em, em dij, pij ejtʃ dij]等学位的简称,其全称是Bachelor of Arts(文学士),Master of Arts(文学硕士),Doctor of Medicine(医学博士),Doctor of Philosophy(哲学博士),等等,流行程度却较差;这些简称还保存了拉丁文术语原来的词序。怯语形式有[te ɛs ɛf]代替了télégraphe sans fil(无线电);苏联有许多新的共和国机构都是按照简写字读音的,如[komso'mol]代替了[kommu*n*i'*st*itʃeskoj so'jus molo'*d*oʒi](共青团),或[ftsik]代替了[f*s*eros'*s*ijskoj tsen'tra*l*noj ispol'*n*i*t*e*l*noj ko*m*i'*t*et](全俄中央执行委员会)。

书写符号的影响通过标准语发生作用,但是这样引进的特点经过一定时间也会渗透到旁的言语层次里去的。不消说,这种影响只能肤浅地描写为富有保守性或促使一般化:从书写体来的借词不同于寻常的发展的结果。

27.7 书写方式有时用来代表某个言语形式,跟实际语言却有很大的距离,从这种情形可以充分看出来自书面文献的借用所能产生的影响。

在罗马人里头,公元前一世纪的上层阶级方言——就是我们在恺撒和西赛罗[①](Cicero)的著作里所遇见的拉丁语——已经成

① 西赛罗(Marcus Tullins Cicero, 106—143 B. C.),古罗马政治家、哲学家。——译者

为通用文字和公开论说的范例。几个世纪过去了，这个传统脱离实际语言越来越远，但是由于当时读书识字的人毕竟很少，维持这个传统倒也并不困难：谁想学习写作，就要学习运用古典拉丁语的形式作为基本训练的一部分。到了公元五世纪，一个普通的说话人非得经过一番严格的训练才能利用传统形式从事写作。至于朗诵和演说，一般习惯似乎也是服从书面形式，按照当时通行的语言形式给每个字母发出音来。比如，像 centum（百）这个字形，在古典时期代表 ['kentum]，现在一代又一代地读作 ['*k*entum，'tʃɛntum，'tsɛntum]，等等，跟实际语言的语音发展亦步亦趋，说成 ['*k*entu，'tʃɛntu，tsɛntu]。直到今天，不同的国家仍然沿袭这样的习惯：意大利人遇见拉丁文 centum 便读作 ['tʃɛntum]，因为他在自己的语言里写的是 cento 而说的是 ['tʃɛnto]；法国人读作 [sɛntɔm]，因为他在自己的语言里写的是 cent 而说的是 [sɑ̃]；德国人读拉丁文的习惯是从罗曼语以 [ts] 代表 c 的传统学来的，因此把拉丁 centum 读作 ['tsentum]；在英国，人们还能听到拉丁 centum ['sentʌm] 的英语发音，因为这是从法国传统来的。现在人们企图重构古典时期的语音系统，用来代替这些相沿的拉丁语读音习惯。

古典拉丁语作为文雅的书面语，这样沿袭应用，随着基督教流传到非拉丁语的国家。实际采用罗曼诸语言或凯尔特语或日耳曼语的文献记载，大约始于 700 年左右；这类记载最初是很稀罕的，到了十二和十三世纪才大量出现；直到印刷术发明以后经过一段时间，拉丁文书籍的数量还是占最大比重。现在罗马天主教堂仍然把拉丁文作为正式语言，我们可以说，拉丁语作为书面语或雅言直到今天还在沿用。

古典拉丁语陈旧废弛以后，人们如果没有经过充分的训练，写作时准会犯下许多错误。当然，在非拉丁语的国家，利用拉丁语写作一开始，情况就是这样。至于训练的彻底程度，也因时间和地点而有所不同。法朗克王朝时期[①]写下的拉丁文，从六世纪到八世纪，绝不能说是古典的，暴露了许多特点是属于作者口语的，就是后来我们称之为法语的形式。到了九世纪，在查尔斯大帝(Charles the Great)统治下，来了一个古典训练的复活运动：这一时期的文献的拉丁语就跟传统更接近得多了。不消说，在罗曼语的国家，甚至在某种限度内也许还在旁的国家，拉丁文写作中的错误给我们透露了作者们所说的实际语言。我们曾经遇见早期的学者们误解了这种情景，错把拉丁文写作中的变更当作语言的演变，因而教条式地下结论说，语言的变化是由于无知和疏忽，是衰退的表现(§1.4)。还有一种错误就显得更加顽强，认为古籍文献中的"中世纪的拉丁语"就是寻常所谓的一种语言。我们要是在这些古籍里发现一个新的形式，只有很渺茫的可能性说这个形式代表了古典拉丁形式的真实传统；在绝大多数的情况下，它或者是以古典拉丁语为依据的新的杜撰，或者是某种口语形式的拉丁化。比如，quiditas(什么，本质特征)这个形式出现于中世纪的拉丁文著作里，是仿照古典拉丁语的粗疏的杜撰，既不反映古典时期的也不反映中古时期的口语形式。mansionaticum(封建领主过夜的寓所，

① 直译应为梅卢文王朝(Merovingian)，系克罗维斯(Clovis)所建立，统治高卢(古法国)和日耳曼，约当公元500—750年。——译者

行辕，公馆）这一形式并不证明古典拉丁语用过这个形式：它仅仅是古法语实际使用的 masnage（或相当的前法语时期的前身）的拉丁化，后来出现在法语里变成 mesnage，现代的 ménage [menaːʒ]（家室，住宅）；英语 manage（管理，照料）是从法语的派生动词 ménager借来的。的确，这个拉丁化例子是正确的，意味着 masnage 的构词元素，要是我们恢复它的古典拉丁形式，应该组合成为 *mansiōnāticum：中世纪的书生碰对了，从历史上看应该说是正确的拉丁语形式，虽然实际上古典拉丁语并没有形成这样的组合。如果我们在梅卢文（Merovingin）[①]时期的文献里读到动词完成式 presit（他拿了），我们一定会错认为它是意大利语 prese ['prese]（他拿了）或法语 prit [pri] 这类形式的前身；其实这只是拉丁文写作中的一个错误，由于一位誊录员不很熟悉古典拉丁语形式 prehendit（他拿了），便根据他的口头习惯改换成一个假拉丁形式。这个错误告诉我们当时誊录员的语言已经利用类似拉丁语 *prensit 的新词形，这个形式是罗曼语形式的前身，也许可以追溯到很早的时期，但是如果说罗曼语诸形式是从“中古拉丁形式”演变而来，就会造成方法原则上的严重混乱了。又如，我们在拉丁文献里遇见一个来源于德语的词 muta（关税），要是在这个“中古拉丁语”词里认出古高德语 muta（关税）（§25.5）的渊源，就会是很幼稚的错误了；作者只是在写拉丁文的时候用了一个德语专门术语，因为他不知道确切的相当的词；有一个作者甚至说 nullum te-

① 梅卢文：由 Merowig 一名而来，Merowig 是法兰克，克罗维斯王朝的始祖，统治古法国高卢（Gaul）。——译者

loneum neque quod lingua theodisca muta vocatur(没有关税或德语里所说的 muta)。并且,我们还遇见派生形式 mutarius,mutnarius(收税吏),后者带有类推的 -n- 符合德语词法的特点(现代 Mautner)。所以,总的看来,中世纪拉丁作者违背古典拉丁语习惯的歧异特点也许暴露了他实际的言语,可不要同这个实际言语的前身相混淆,纵使在某些场合这位誊录员碰巧猜对了一个拉丁化形式。

27.8　我们看到,任何时候,特别是现代教育日渐普及以来,罗曼语诸民族在他们的正式言语里,随后又在日常生活里,从古拉丁文,遵照传统的读音形式引用一些词语。这些来自文言的借词就是所谓古字或雅词(英语叫作 learned words,法语叫作 mots savants [mo savɑ̃])。一个拉丁文言词通用于口语以后,当然就会受这个语言里此后发生的正常变化所支配;可是有时候也会朝着书面形式的方向改换形象。许多拉丁词出现在一个罗曼语言里可以有两种形式,一种是经过正常发展的现代形式,就是所谓通俗词,另一种是半现代化的拉丁(假拉丁)形式,即雅词。

拉丁语 redemptionem [redempti'oːnem](赎买),按照正规的发展,出现在现代法语里是 rançon [rɑ̃sɑ̃](赎款)(英语 ransom 是古法语借词),但是,现代法语 rédemption [redɑ̃psjɔ̃](赎买)却是借的文字形式。在借用书卷文字的时候,法国人读拉丁文所用的发音(照我们所看见的,是以实际语言对应为根据的)便把 redemptionem 这个文字形式改作 [redemp'(t)sjoːnɛm]:这个读音同今天法语 [redɑ̃psjɔ̃] 的差别是由于法语里后起的变化。雅词里只有一部分——也许只有极少数——确实经过了这个发展,但是以那些经过了这个过程的语词为范例，人们便把新从书本上拿来的任何语词重新改变模样；这样，假使一个受过教育的法国人想要采用拉丁语 procrastinationem“优柔寡断，迁延不决”，他就仿照这些范例，把它变作 procrastination [prɔkrastinɑsjõ]。

双重发展的例子还可以举一些：拉丁语 fabricam ['fabrikam]（工厂）>法语 forge [fɔrʒ]（熔铁炉，锻铁场），雅词 fabrique [fabrik]（工厂）；拉丁语 fragile ['fragile]（脆弱）>法语 frêle [frɛːl]（纤细，不坚贞），雅语 fragile [fraʒil]；拉丁语 securum [seː'kuːrum]（安稳，牢靠）>法语 sûr [syːr]（确凿，有把握），拉丁语 securitatem [seːkuːri'taːtem] >法语 sûreté [syrte]（信心，保证），雅语 sécurité [sekyrite]（安全）。

有时候，一个书本上的字来到语言里日期很早，赶上了某项语音演变，因而表面上看起来倒像很正常的样子。比如拉丁语 capitulum [ka'pitulum]（标题）早就被法语采用，从而参加了 [ka>tʃa>ʃa] 的发展，出现在现代法语里就是 chapitre [ʃapitr]（篇章）。拉丁语的 [l] 给换了个 [r]，显然是通常划归为非正规音变类型（§21.10）的一种适应；无疑地有少数个别的这样的变化，确实是由于书本上来的字，面貌异乎寻常而经过重新调整的。另外还有些例子是，一个书本上的字是在某项音变以后借来的，仍然会由于要求适应，部分地或完整地仿照这项音变的效果换作相应的形式。比如，拉丁语 discipulum [dis'kipulum]（门徒，门生）按照正常的发展应该得到现代意大利语的 *[de'ʃeppjo]；事实上没有这个形式，但是意大利语里典雅的借词部分地仿效了这些元音变化；结果不是 *[di'ʃipulo]，而是 discepolo [di'ʃepolo]。西部罗曼诸语言里这类典雅的和半典雅的形式有着很大的数量，特别是由于各标准语充分施展了这个类推手段，几乎任何一个拉丁语词或希腊-拉丁语词都能现代化。

诺曼人征服英格兰以后的时期借入英语的法语形式里，有许多是从书本拉丁文借来的法语雅词。对于法语和拉丁语都相当熟悉的英国文人，采用拉丁语词时逐渐习惯于遵照它们所具有的法语雅言(mots savants)的形式。我们看到英国人怎样自己来进行修改适应(§25.4)。到了后期，英国作者继续采用拉丁语词。在吸收这些借词时，他们改变拉丁文的拼写法，读音也依照一套相当固定了的习惯；这套习惯包括(1)采纳并修改1200年左右法语采用书本拉丁文的通行的读音，(2)采纳形式是已经经过英语修改过的拉丁-法语形式和(3)由于诺曼征服以后英语里发生的音变而引起的读音改变。比如，拉丁语 procrastinationem，在法语里并不通行，从拉丁文籍里借入英语便按照上述一套类推手续变为 procrastination [prəˌkrɛstiˈnejʃn]。按照(1)项手续，事实上法语借用拉丁语词并不依照主格单数形式(拉丁语 procrastinatio)，而是依照宾格或夺格形式，丢了词尾：如果这个词当作古籍借词用于1200年到1300年的古法语，它就会出现为 *procrastination *[prokrastinaˈsjoːn]，其中的语音变化就像变格形式的选择似的，归根到底是以非典雅的法语词作为仿效的范例的。实际的英语形式所有其余的歧异特点，如第二音节中以[ɛ]代 *a*，第三音节中以[ej]代 ɑ，元音前面以[ʃ]代 ti，和词的尾部弱化为[-n̩]，这些都是仿照诺曼时期确实借入的结构类似的一批语词曾经经过的语音变化，如拉丁语 nationem＞古法语[naˈsjoːn]＞英语 nation [ˈnejʃn]。末了，重音移到词尾前面的音节上，是照抄英语中实有的法语借词的适应方式。同样，英语从拉丁文籍借用动词 procrastinare，写作 procrastinate，按照英语惯用的适应手段加上词尾-ate（§23.5）。

罗曼诸语言和英语都能按照这个方式，不仅借用拉丁语实有的词儿，并且还借用中世纪文人杜撰的形式，例如英语 quiddity（实质，遁词）借自经院的 quiditas。说英语的人甚至仿照拉丁语词法的范例创造新词：如 eventual（可能发生的，终于实现的），immoral（不道德的），fragmentary（片段的），便是些雅词例子，在拉丁语里却是找不到范例的。因为罗马人曾从希腊语借词，说英语的人也能照办，按罗马人惯用的拉丁化手续把希腊语词加以改装，加上法国人的习惯给拉丁文籍上的语词装扮得近似法语模样，再加上英国人的习惯把法语雅词改成英语模样。这样，古希腊语 [philoso'phiaː] 给了一个英语词 [fi'lɔsəfi] philosophy（哲学）。同拉丁语的情况差不多，英语民族也能任意杜撰希腊语词：telegraphy（电报）经过同样的改变，代表一个并不存在的古希腊词 *[teːlegra'phiaː] "远程书写"。①

不消说，人们有时候混淆了这些类推手续。人们在英语里用 [θ] 译读古希腊语的 [th]，违反了罗曼诸语言的习惯，例如 [muːtholo'giaː] >mythology（神话）。古希腊语 [th] 变作现代希腊语 [θ]，这是实情，但是英语习惯大概跟这件事并不相干，而只是拼写

① 希腊语 tele-"在一定距离内用工具刻划或记录"，-graph"符号，记号"；英语-y 相当于拉丁语-iă，希腊语 -iā，英语用以构造抽象名词（victory，glory，remedy）或形容词（primary，peremptory）。——译者

法导致的结果。并且，中世纪文人知道 th 是个奥妙的希腊符号，干脆读作 [t]，偶尔也把它塞进非希腊语源的词里头。比如，哥特人(Goths)的名称，按古日耳曼语应该是 *['goto:z]，在中世纪拉丁文献里不仅出现为 goti，并且也写作 gothi，就是从后一个字形才引导人们用 [θ] 读 Goth，Gothic；至于 Lithuanian(立陶宛人)发音用 [θ]，是同样的假古典的博雅的现代例子。同样的情形也发生在英语里一个很寻常的拉丁语词，auctorem＞法语 autor(现代 auteur [otœ:r])＞中古英语 autor；这个词在英语里拼写为 author (作者)，终于按拼法读作 [θ] 了。

从古典语言借用雅词的习惯传播到欧洲的其他语言里；在每种语言里，这种雅语借词总随伴着一些适应和调整的手续，可以反映同罗曼语使用拉丁文言的习惯发生直接或间接接触的情况。比如，德国人说 Nation [na'tsjo:n]（国家，民族），station [ʃta'tsjo:n]（车站），不难想象也能借用 *Prokrastination *[prokrastina'tsjo:n]，——欧洲旁的语言里也存在着同样的习惯。

以上所述的整个历史，甚至包括口语形式的书面拟古体(如中世纪文人的 mansionaticum，presit)，也能在印度使用梵语的习惯上找到平行的现象。在印度的各个语言里，从梵语来的书面借词叫作 tatsama(“模拟，形似”)，跟欧洲的 mots savants 一样，这些词形构造给我们显示了书写符号对语言所施加的影响。

第二十八章　应用和瞻望

28.1　正常的说话人，每当他知道只在涵义上有所区别的变异形式的时候，面临着一个语言学上的问题——例如，英语的 it's I 和 it's me。他用提问的方式提出这个问题，“我该怎么说呢?”在大多数情况下，他并不感到困难，因为社会性的涵义是很明显的，有些异体(例如英语 I done it(我已经做了)[①])带有不受欢迎的涵义，会引起人们对使用者产生不好的感觉。我们按照一向的传统表示这个意见，说是这种令人不爱听的异体是“不正确的”或“不好的英语”或者甚至于简直“不像英语”。当然，这些说法是不真实的：所谓不爱听的或不受欢迎的异体并不是外国人犯下的错误，而是地地道道的好英语；只是这些形式并不是社会上特权阶层的人所用的言语，因而没有能够归入到标准言语形式的宝库里去。甚至在较小的、社会层次分化较少的言语社团，还没有形成标准的言语形式，说话人也往往知道哪些变异形式对他更能满足需要。

要是变异形式之间没有明显的区别，那就不会发生什么问题，因为不管说话人采用哪个形式，显然都不会造成什么分歧。说英

① 按照标准英语语法习惯，应该说 I did it，用 do 的过去式 did，而不用过去分词 done，后者显然带有俚俗意味，语法书认为不合语法规则。——译者

语的人表示犹豫，不知道该说 it's I 还是 it's me，一向听见差不多同类的伙伴任意使用这两个变异形式，因为不然的话，这两个形式就会带有令人满意不满意的区别明晰的涵义。既然他的伙伴们任意使用这两个形式，那么他采用哪一个都不至于影响他的地位。尽管如此，人们还是对这样的问题不惜耗费时间和精力，为这类问题操心担忧。

我们通常对于语言所持有的观念，其背景离不开十八世纪"语法学家们"虚妄的臆说。这种教条式的臆说在我们学校里仍然很流行，对任何形式不顾事实给扣上"不正确"的帽子。说话人经常听见"不正确"的评语加于并不带有含义欠妥的异体，因而变得越来越缺乏信心，几乎对任何言语形式都会疑虑它的"不正确性"。

"语法学家们"也许吓唬不了我们言语社团的大部分成员，他们可能执行不了这样的企图，因为老百姓并没有打算上当受骗。差不多所有的人，甚至于包括绝大部分使用标准语的人，都知道某某旁人的语言类型享有更高的威信。当然，高高在上的是享有最大特权的一群人，他们的成员在言语方面也同在其他所有的清规戒律上一样，都抱有自负的信心；在说英语的社团里，那就是英国上层阶级，所说的是南方英语的"公学"体。可是我们不免也要怀疑，甚至就在这个小圈子里，书本上的范例和时髦集团的小小的花腔也会使得许多说话人听了产生怀疑。摆臭架子，装模作样，是享有特权的人群的特性，所以往往形成不自然的言语方式：说话人说出一些在伙伴们中间并不通行的形式，因为他以为（往往是错认为）这些形式是"较好较高"阶层的人们所爱好的。就这样他轻易地作了权威的俘虏。

“语法学家们”的兴起，来得不早不晚，绝不是一件偶然的事。在十八和十九世纪期间，我们的社会经历了巨大的变化：许多个人和家族提高了社会地位，享有较高的特权，不得不放弃非标准语而改说标准语。作出这种改变的说话人所面临的问题，我们随后再谈；这儿不难看出，权威性的教条利用那些原来说非标准语的人们缺乏自信心而得以巩固——这般说话人不敢信任他们从父母和祖父母那儿听来的言语形式。在美国，这情形就变得更复杂，因为事实是，甚至许多原来说标准英语的人都有着外国背景，很容易惊惶失措地想到在他们认为很自然的一个言语形式实际上却是“非英语的”。

的确，一个人对于自己的言语缺乏信心几乎成了个普遍征象。观察者着手了解一种陌生语言或地方方言，从他的被咨询人搜集资料，结果往往发现这些被咨询人同自己的伙伴谈话时所用的却是完全不同的言语形式。他们觉得自己伙伴里通用的是低劣的形式，告诉给观察者有伤体面。这样，观察者就会记录一种跟他所追求的简直是风马牛不相及的语言。

一个人对自己的言语加以修饰改正是普遍存在的倾向，但是在正常的情况下，这种修改只限于采用他从伙伴们那儿听来的形式。语法学家们的学说并不能在排除或建立特殊的言语形式方面产生多少作用，但是在知书识字的人们中间却树立了这样的一个观念，就是有些形式，并未听见人家说过，倒也许比实际上听到的和说着的形式要“高明些”。威胁着原来说标准语的人的唯一危险就是违反自然——伪造：假使他有装腔、矜持或胆怯的习惯，他也许会给他的言语（至少是当他特别谨慎地注意自己的举止的时候）塞满拼法读音和古怪的“正确”形式。天生使用标准语的人很难找到理由要替换他觉得很自然的一个形式。英语里像 it's I:it's me 这样的异体已经在较高阶层里使用了好些世纪;任何人没有理由要在这上面感到不自在。

一个说话人在标准语内部遇见地道的和相对明确的异体不得不加以选择,并不是常有的事。在美国,说中-西部标准英语的人,在 man,mad (疯狂),mat(席)和 laugh(笑),bath(浴),can't(不能)这两组词里使用同样的元音 [ε] 而不加区别,可是会碰到一种较高类型的标准英语,在后一组词里使用另一个不同的元音 [a]。他是不是想要学会这个更漂亮的特点,那就看他怎样评价说这种话的人,该不该跟他们取得一致了。假使他跟他们完全共处在一起,比方说居住在新英格兰或大不列颠,他会自然而然地获得这种新习惯的。值得记取的是,这种改变并不是很容易做到的,一个新手难免把这个新特点放错了地方,发出一些带有外乡意味的古怪形式,例如把 [mεn] (man)说成 [maːn]。说话人除非经常不断地从他的友伴们那儿能听到这个受爱好的类型,最好还是避免纠缠。不自然的言语不能给人美感。在英国,标准语带有乡土色彩便被认为低于"公学"类型,关于这个问题也许会有不同的看法。

谈到言语的非区别性特点,情况就有所不同了。这些特点,虽然已经习以为常,但并不属于信号系统的组成部分,可以容许分歧和接受改进。在旁的举止行动上一个人可以讲究礼仪和投合风尚,在说话方面也同样可以采取愉悦的"腔调"——那就是,调节非区别性的音响特点。这种说法也适用于非区别性特点和语义特点的结合,那就是我们所谓的风格;这方面一个人也可以采用灵活的和愉悦的形式而并不带有装腔作势的意味。不幸的是,我们的修辞学手册把这件事跟所谓“正误是非”混为一谈了。

对于说次标准或乡土英语的人，掌握标准英语的确是个实际问题，类似学着说一种外国语。告诉某某人说他的习惯是由于“愚昧无知”或“疏忽苟且”和“不合英语”，是完全无济于事的。我们的学校在这方面犯了很大的罪过。说非标准语的人需要把某些形式（例如 I seen it）换成享有较高特权的人们中间通行的形式（I saw it）[①]。一个不现实的态度——比方说，加以耻笑——必然妨碍他的进步。特权的不平等的分布使他在童年时期受到伤害，这是他生活在其中的社会的过错。他应该毫无顾虑地学习他实际上听到的标准形式，来替换他知道是不合标准的形式。在开始时候，他也许要冒矫枉过正的危险；比如说 I have saw it（起于这样的类推公式 I seen it：I saw it ＝ I have seen it：x）。往后到了某一阶段，他也可能攀上另一种境地，用词喜欢堆砌，造句过于累赘，努力避开简陋质朴的方言；其实他倒宁可珍视言语的单纯朴素，认为这是他从非标准语背景所获得的有利因素。

28.2　社会通过学校制度来处理语言事项。凡是习惯于区别语言的和非语言的行为的人，都会同意这样的批评，就是，我们的学校对于前者干预得太多了，训练孩子多方面地运用言语反应的方式来学习算术、地理或历史，而不大注意教导他在行为中怎样对待他的实际环境。不多几个世代以前，社团活动比较简单，文艺和科学事项是疏远的，机械的和社会的活动程序在一定规模上把这

① 按照英语标准形式，see（看见）的过去式是 saw，过去分词是 seen，所以正确的说法应该是 I saw it（我看见了它），或 I have seen it（我（现在）已经看见了它）。参看本章第 608 页注①。——译者

类事项放在(或似乎是放在)直接的日常遵循的观察范围以内:儿童学习实际事项无需乎学校的帮助,学校的任务只在教他掌握三R。[①] 学校制度至今还紧紧地抱住这个模式,尽管现代生活是这样丰富复杂。努力改进的尝试并不令人鼓舞:实际的(即非语言的)措施是采取了,可是往往标新立异,缺少根据。我们的学校不遗余力地注重语文训练,可是令人吃惊的是,对语言事项还是暗中摸索。怎样才是最好的训练方式,这必须由教育家来决定,但显而易见的是,教育技术并不能帮助一个教师,假使他不懂得所要教授的科目。

我们对待标准的和非标准的言语(如所谓"正确的英语")所抱的不幸的态度大都是依靠学校制度来维护的。学校的态度是权威性的;关于所谓"好英语"的离奇教条是权威的教育家和各别的教师们传递下来的,他们对于其中牵涉的内容毫无了解——这些教条牵涉到诸如 shall 和 will 的许多规则,或者把习以为常的语句(I've got it(我抓住了))或结构(the house he lived in(他住过的房子))认为"不正确"。同时,标准形式和通用的非标准形式之间的歧异(例如 I saw it:I seen it),不拿来作为合理的练习课题,而借题发挥,谴责"愚昧","苟且"和"不良的联想"。更进一步,把这一切都配合在伪语法教义的背景里,给英语范畴下定义,仿佛是哲学的真理,还利用哲学术语(例如"名词是人、地或事物的名称","主语是所谈论的东西,"等等)。

当然,主要目的是能文(读和写)。虽然我们的文字是字母拼

① 三个 R 是:读(reading),写(writing),算(arithmetic)。——译者

音的，可是其中包括许许多多不符合拼音原理的分歧，因而构成了一个严重问题，而由于我们的教育家不懂得文字同言语的关系，这个问题就无期限地悬而不决。拜读“教育学家们”谈论如何教孩子们阅读的方法的长篇大论，是最令人沮丧的。本书限于篇幅，不允许详细讨论有关这个题目的纷争怪论。许多初级或入门的读本体现了这些教义，把书写形式乱七八糟地随意安排，没有合理的渐进程序。一个极端是形而上的玄理，企图把书写符号直接联系“思想”或“概念”——仿佛这些符号同客观事物，而不是同语音，有着相互依存的关系。另一个极端是所谓“音学”方法，把学习读和写跟学习讲话混为一谈，企图训练孩子怎样发音——由于缺乏最起码的语音学常识，这个措施就变得更加麻烦。

学校教师必须明确怎样进行阅读和写作的教学。他们研究视觉的移动就是朝这个方向前进的一个例子。另一方面，他们除非懂得了文字书写的性质，才能希望有所成就。学习阅读的人，看见字母的形象就能发出相应的音位，终于养成了习惯。这并不意味他是学习音位的个别发音；他只有在彻底掌握音位习惯之后，才能学习阅读。当然，他不能把一个个音位孤立地发出音来；比方说，叫他面对字母 b 发出相应的音位［b］来，这就制造了一种困难，因为按照英语的语音模式，［b］是不能单独说出来的。所以，要建立字母和音位的相互配合关系，就得通过类推的程序，采用符号具有统一音值的书写形式加以练习，例如 bat（蝙蝠），cat（猫儿），fat（脂肪），hat（帽子），mat（席），pat（轻拍），rat（老鼠），sat（坐了）——can（能够），Dan（先生），fan（扇子），man（男子），pan（浅锅），ran（跑了），tan（晒黑），van（前驱），——bib（围涎巾），fib（谎话),rib(肋骨)——依此类推。实际的困难因素是,还剩下大堆的不规则拼写法,无论怎样规定哪些音值算是合于规则的。显然有两种措施值得加以试验。一种是教儿童学读语音标写,只在养成了基本的阅读习惯以后才开始认读传统的拼写。另一种措施是开始时利用一个字母只代表一个音位的书写形式——如像上面所举的几组例子——在初步习惯尚未固定以前暂时不要去拉扯旁的书写形式,或者在早些阶段按照合理安排的方式引进这些书写形式。不规则的拼写应该系统地提示(例如不发音的 gh:fight(战斗),light(光明),might(力量),night(夜),right(权利),sight(景象),tight(紧);a 在 l 前面代表[ɔː]:all(所有的),ball(球),call(叫喊),fall(落下),gall(胆汁),hall(厅堂),tall(高),wall(墙壁),halt(停止),malt(麦芽),salt(盐),bald(光秃),false(虚伪))。采用一些区别标志(例如不同的彩色)来表示不发音的字母和不合音位价值的字母,也许会有补益。循序渐进的方法,提供资料的层次,和各种小小的设计,只有经过试验才能决定;然而从一开始,谁都应该了解他所从事的企图是什么。

28.3 英语拼写法的困难大大地拖延了初等教育,甚至浪费了成年人的许多时间。谁要是看见了西班牙语、波希米亚语,或芬兰语条理井然的拼字法,都会自然而然地希望英语也能采取近似的制度。有种说法是不正确地,认为改变英语的拼字法就会"改变了英语":英语仍然是同样的英语,不管我们怎么拼写它。的确,久而久之,拼写法要引起一些语言的变动(§27.6);从美学的观点看来——这是这儿唯一需要考虑的——消灭了难看难听的拼法读音的因素是只会对我们有好处。以为英语仿佛是"不合语音原理的语言”，不能用字母拼音文字贯彻始终地来表现，这也是一种错误的设想；英语同一切语言一样，是在可以确切规定的音位系统里运转自如的。只是在标准英语发音的不同区域类型之间求得协调，这也许是需要的；比如，美国中-西部发音类型的 [r] 应该保留，因为这样对于不列颠形式 red [red]，far [fɑː]；bird [bəːd]，bitter [ˈbitə] 就能给予最简单的音位分析。另一方面，不列颠南部发音区别 bad（坏）中的[ε] 和 bath（浴）中的 [ɑː]，显然也应该保持。以为同音词（例如 pear（梨），pair（对，双），pare（修削）或 piece（碎片），peace（和平））要是拼法相同，文字就会不可理解，这也是错误的设想；文字用符号代表言语的音位，跟言语一样是可以理解的。并且，现行的不规则英语文字正是在这方面犯下了错误，利用相同的符号代表音位上不相同的形式，如 read [rijd，red]（‘读’，不定式和过去式），lead [lijd，led]（引导，铅），或 tear [tiə，tεə]（‘泪’，‘撕’）。读书能文的人们有一种幻想，觉得书写的奇形怪状，如 ghost（鬼）或 rhyme（押韵），多少有助于暗示词的涵义；在少数自矜博学的书生，这类字形无疑地会引起某种书本气味，这正是好作家所要努力避免的。给标准英语的一切类型设计一种简单有效的正字法，不会遇到严重的困难；这种拼字法的用度可以节省大量的时间和精力，不仅绝不会损害英语，并且会提高标准英语的一般水平，既能帮助非标准语区人民增加信心，还能剔除拼法读音的倾向。

实在的困难是经济的和政治的。新的正字法大概不出五十年左右，会使现行的全部印刷品变得困难和陈旧了；到了孙子辈，今天的印刷形式就会像诗人乔叟的形式对今天的英语读者那样带有相同的奇怪意味。并且，这种变革要牵连到每个印刷者和每个学校教师（姑且不谈一般的广大群众），这就需要通力合作来改变那些根深蒂固的习惯，这一层远远超过了现在的政治和管理力量。几年以前，为了变换一连串细微的拼法，掀起了一个拼字法"改革"运动。小小的改变在西班牙语、德语、荷兰语、瑞典语，或俄语的正字法倒是进行得很顺利，因为其中的不规则特点毕竟很少，只消稍稍安排几下，就能剔除或者显著地减轻。然而就英语看来，零星的变动只会增加麻烦；例如，按照英语现行的拼字法，没有一个词是用字母 v 结尾的；在某些词里 v 后面省去不发音的收尾 e（例如把 have 改写为 hav），但在另一些词里却不省略，这样的权宜措施是值得怀疑的。英语拼法的主要习惯要是保持不变，细微的更动只会难上加难。我们不妨料想，将来迟早会有一天，社会机构达到高度的配合和灵活性，统筹协作的改变就有可能，再不然，就设计一些机械方法来复制言语，代替现行的书写和印刷习惯。

28.4　学校教育到了较晚的阶段，我们便面临着多方面的外语教学问题。为了保持所谓的文化传统或继承，人民群众的一部分应当熟悉古代语言，特别是拉丁语和希腊语。为了和旁的民族发生接触，特别是赶上科学技术的进展，相当多的一部分人必需懂得一些现代外国语。中学和高等院校的工作有很大一部分专用于外语学习，这里面浪费的精力是十分惊人的：一百个学生里不见得有一个学得能说能懂，甚或仅仅能阅读一种外语。只依靠强记死背或把一种外语的义位生搬硬套，其价值可以毫不过分地评价为几乎是等于零。体会到这一切，已经引起许多争论，特别是关于外语教学的方法。精心制订的种种"方法"，仅仅在抽象的阐述方面大相径庭，但是在实际的课堂实践中所差无几。效果很少凭借讲解方式的理论基础，主要是依靠教学条件和教师的才能；而唯一需要的是避免传统习惯易犯的某些错误。

人民群众里头只有少数继续上学到外语教学开始的阶段。从前，这少数人不幸的命运是"杭不郎"都得学习拉丁语和希腊语。就是因为学生们并没有学会阅读两种语言的任何一种，所以主张废弃这个传统制度，却似乎是毫无根据地遭到激烈反对。中等学校里还相当普遍地保存四年拉丁语课程；旁的因素姑且不谈，这个课程的毫无效果是不难理解的，因为事实上几乎没有一个教师具有阅读拉丁文的能力。现代外国语的教学情形要好些，因为有些教师懂得这个课题；可是这方面的教学效果也并不怎么好，因而难以对付那主张废除外语教学的运动。照目前情况看来，很少人，甚至中等阶级的，能够掌握和利用任何一种外国语。这种人的数目要不要增加，如果要，又该怎样作出选择，倒是个规模广泛的教育问题。认为这取决于学生的好恶倾向，而不是取决于父母的经济能力和机缘的巧合，这种想法简直是文不对题。特别是，认为如果具有外国背景的孩子们学习他们从小在家里听惯了的语言，可能是特别有利。

另一个具有普遍意义的问题是学生的年龄。美国八年制的小学课程简直是浪费，几乎糟踏了每个儿童的四年光阴。欧洲人上了四五年小学，便进入八九年的中等学校课程，借以获得他的普通教育；这以后，他就准备从事专业学习了。差不多在同样的年龄，美国人只有四年的中学学习，为了得到普通教育，还得通过四年的大学课程。除掉形式教育以外，在一切方面他都太成熟了，绝不会满足于一般的和初级的学习；因此，他就把兴趣转向种种浮华和庸俗的枝节，就是使美国大学成为笑柄的那些内容。在继续从事专业学习的学生们一生的历史里，四年的耽误，对那些大多数不再继续学习的人们说来虽然不那么明显，却是十分严重的，最不利的是影响外语学习的效果。八年制的小学课程仿佛已经变成行政人员和教育专家的既得利益；学校教育要在第五或第六年开始中级学校的学习，特别是外国语，似乎很少希望。可是大概正是由于开始得较早，欧洲的外语教育才取得了这样难与比拟的巨大成绩。这种学习的性质注重形式和不断的重复，阅读材料的内容要求简单，模拟装扮等手段也是不可少的，这一切的作用都有利于少年儿童。如果到了上中学或更晚的时期才开始学习第一种外国语，学生就倾向于利用分析来代替单纯的重复，这样正迎合了不胜任的教师，教师则专门谈论而不会运用这个外国语。他们你吹我唱，推波助澜，终于维系了十八世纪伪语法学说和猜谜翻译法的整套设计。

学习古代语言的目的，同样对许多学生来说，学习一种现代语言的目的，是为了求得阅读能力。这种情况往往被作为散漫潦草的教学方法的借口。一个学生要是不懂一种语言的发音，想学会阅读就会遇到很大的困难。他记不住外语的形式，因为这些形式对他只是一堆乱七八糟的字母。姑且撇开美学的因素不谈，一套明晰的语音习惯，正确程度尽管有所差别，却是流利精确的阅读所必需具备的基本条件。至于想学说这种外语的学生们——他们的数目应该比现有的多得多——这个问题是毋庸争论的。

所要提供的材料，成千上万的外语词素和法素，只有通过经常的重复才能掌握。词汇面的范围更广，呈现的困难也就更大。每一个形式首次介绍之后，应该重复许多遍。现行的教科书有许多在介绍新词时恣肆放纵，无所顾惜，而在随后的课文里却不让它们再度出现。近来的经验表明，词汇材料要是控制得好，会产生极大的有益效果：教科书的编写者和教师应该明确地知道什么时候介绍一个新的词汇单位（在极大多数情况下就是一个新词），紧紧跟随着它再现的踪迹，而它的再现必需是经常性的。构词法是传统的学校语法的同父异母或同母异父的继嗣子女，在某些语言如拉丁语和德语的教学过程中应该占有重要的地位。外语形式的意义是很难传达的。翻译为母语准会把学生引入歧途，因为不同的语言的意义单位并不能相互匹配，而学生在实际生活中接受母语形式的刺激，几乎肯定会把外语形式忘掉的。一个外语的核心部分提供时应该联系实际事物和环境——比方说，联系教室和图画。从阅读的上下文也能得到很多帮助，假使把母语形式尽可能远远地保留在不显著的陪衬背景里。

语法学说只在经过实际有用的试验的场合才能接受，甚至在这样的场合也应该重新加以组织来适合实际的需要。拉丁语或德语的变格形式，和拉丁语或法语的动词形式，对理解是必不可少的，但是传统的提供方式既不经济而又混乱。特别是，词形变化表的背诵，把实际言语中极少联系的形式罗列在一起，是毫不足取的。

在语言教育的一切方面，最主要的是不要忘掉实践的意义。外语的阅读内容应该介绍这个国家或民族的生活和历史。首先应该考虑的是，所读的或所说的是在学生的智力范围以内的；猜谜语绝不是语言学习。

28.5 语言学应用于言语的记录和传递,如速记术和各种号码,大体上依赖于音位原理,用不着专门讨论。然而有一项任务似乎要求我们运用一切才智技巧而还嫌不够,那就是建立一个普遍通用的语言。国际间相互交际的共同媒介,会带来种种利益,这是显而易见的。一种国际语言并不意味任何人要放弃他的母语;这只是说,在每一个国家里会有许多说国际语的外国人。我们只要共同一致地决定采用某种语言,在每一个国家里都认真地加以学习。纷争的焦点似乎是,现存的语言都很艰难,无论采用哪一种都会引起忌妒;因此设计了种种人为的语言。多少获得成功的唯一类型就是简化的拉丁语或罗曼语,特别体现在世界语(Esperanto)里。这一类的语言都是半人为的。它们保留了西欧语言的主要语法范畴。它们在词法上比实际的语言要简单些;句法和语义模式十分纯朴地采用西欧语型,没有经过充分的分析来保证内部的一致。特别是在语义领域内,我们很难希望建立一个合理的或稳定的规模;没有任何操自然语言的人能为我们作出决断。要全世界有足够众多的人来学习,假定就是世界语,政治上也许会遇到很大的困难,以至敌不过某种自然语言。英语是最有可能被挑选的对象;它不规则的拼写文字却形成了主要的障碍。

28.6 建立一个国际普遍通行的语言的运动是企图增加语言应用的广度。人们或许期望语言学家也能制订一套实际生活中足以导致有价值的反应的言语形式,借以增加语言应用的深度。然而似乎一切语言都太有伸缩性了,不能提供这样的言语形式而无需乎不自然的人工造作。我们能够随心所欲创制和诠释科学术语;数学的推理可以译成任何语言。问题不在于语言的结构,而在于实际的应用。古代和中世纪的逻辑和辩证法代表一种错误的倾向,企图作出一套涵蕴丰富的有效的论述公式。同时,这一种真正的体系却以数理的方式成长起来了。假使我们能够用数学术语叙述一个情景,数学也能使我们用各种不同的简化形式复述这个情景,而这些形式终会导致有用的实际反应。然而这些程序却依赖于我们对实际世界的理解。用数学(寻常就是数目)术语叙述一个情景,和判断什么样的再述类型是贯彻一致的(就是说,导致正确的反应),这类任务是不受语言特征的制约的。如果我们已经规定了二是"一加一",三是"二加一",四是"三加一",语言学家却不能告诉我们说假使我们按照二加二等于三这句话行事就会陷入麻烦。语言学所能做到的只是揭示数学的字面性质,使我们在这上面避免内在的差误。

如果这对于数学论述中包含着的相对单纯的言语形式是真实的,那么对于较含混较繁复的言语形式就更加适用了。词汇的和语法的分析并不能揭示一种学说的真伪;语言学仅仅能够使我们判别字句的反应习惯。对于社团里出生的孩子们有十分之一,由于他们的父母没有通过习俗的结婚仪式,以致他们的一生受苦受难,语言学不能告诉我们这件事是否对社会带来好处。语言学家仅仅注意到这件事极少被讨论,直到最近连提说都还是禁忌的。假定某些行为是有危害的,语言学家会注意到,言语对这些行为没有作出反应(避讳)倒是具有特别意义的征象。在较高的阶层,这样的行为要是引起讨论,我们往往注意到一种言语反应,就是激发某种显然很有价值的但是并不相干的判断,比如克利印第安人

(Cree Indian)说他不提他姊妹的名字是因为他对她太尊敬了。像这样呈诉于较高的判断,到最后阶段,终于融会于合理化里,这就是用显然合理的("常识的"或"逻辑的")术语来讨论这类行为的一种习惯。

有些事物更像是语言学实践上应用的事物,可以用来分析世俗的(以及哲学院校的)信仰,而这些呈现出的现象实际上还是来源于语言。值得特别注意的是,全世界普遍流行着的世俗的信仰,以种种迷信的方式夸大了语言的效验(魔术的单方、护符、诅咒、人名的忌讳等等),然而对语言明显的和正常的效果却不理会。当一个人用言语刺激另一个人时,世俗的信念以为单独依靠言语是不够的,认为还另外有某种非物质的实体存在,那就是一种观念或思想,在起着变移。当一个人用言语叙述一次尚未执行的动作时,通俗的信念并不满足于二者间明显的联系,却认为言语更直接地表现一种形而上学的意志或目的,那才是决定随后的动作的因素。这样的类推一下子便伪装成终极目的论的解释,套在非生物的行动上:树木追求光明;水要寻找水平面;自然界嫌恶真空。

28.7 虽然语言学家不能走得很远去解释实际事物,他却有责任去分别处理语言形式,这些形式的意义已经由旁的科学确定了的。这样,我们保证在所有已经研究过的语言里都存在一套基数词,我们可以探讨这些形式的语法结构,例如按十分组的十位制的确是广泛存在的。人类学家毫不迟疑地告诉我们说这是起源于人用手指计数的习惯。我们对超语言的知识既受局限,并且对于我们更有切身关系的是,我们对世界上的语言还知道得很不精确和很不完全,这就妨碍了建立普通语法学和词汇学的企图。在我们还不能从事这种探讨并利用所得的成果以前，我们就不能对人类行为的地域性社团的形式自以为具有了任何健全的知识。

关于不同语言要有适当的描写性的报道，这是了解历史的先决条件。就是现在，我们显然能在语言的变化里极其亲切地看出人类事务的历史变化，但是也很明确，我们还应该更多地知道实际的（即超语言的）事变和确已发生的语言变化，然后我们才能达到科学分类和预见的水平。就是现在也看得清楚，语言中的变化倾向于词的构造更规则和更短小：语音变化把词儿缩短了，类推变化用规则的代替了不规则的孳乳派生。这个进程的速度和方向贯彻一致的程度在不同的时间和地点有所不同。从共同的母语出发，我们发现现代英语词法简单，词形大大地缩短了，可是立陶宛语词法却很繁复，词形还是相当地长。这样简单化的结果似乎是，更多的词跟类似的实际情景相适应；修饰和关系特征以及替代形式，一度是利用附加成分或旁的形态特征来表示的，后来却分别出现为不同的词。最终的结局也许就是我们在汉语里所看见的情况，其中每个词就是一个词素，需要表示的每一个特征都体现为一个词或词组而获得表示。

语言学的方法和成果，虽然活动范围还很有限，跟自然科学也相仿佛，后者是科学最富有成效的领域。语言研究也许能帮助我们去了解和控制人类的事态，这只是个远景，但并不是无限地遥远。

图书在版编目(CIP)数据

语言论/(美)布龙菲尔德著;袁家骅,赵世开,甘世福译.—北京:商务印书馆,2017
(汉译世界学术名著丛书:120年纪念版:珍藏本)
ISBN 978-7-100-14908-2

Ⅰ.①语… Ⅱ.①布… ②袁… ③赵… ④甘… Ⅲ.①语言学—研究 Ⅳ.①H0

中国版本图书馆CIP数据核字(2017)第159058号

权利保留,侵权必究。

汉译世界学术名著丛书
(120年纪念版·珍藏本)
语 言 论
〔美〕布龙菲尔德 著
袁家骅 赵世开 甘世福 译
钱晋华 校

商 务 印 书 馆 出 版
(北京王府井大街36号 邮政编码100710)
商 务 印 书 馆 发 行
北 京 冠 中 印 刷 厂 印 刷
ISBN 978-7-100-14908-2

2017年12月第1版 开本 710×1000 1/16
2017年12月北京第1次印刷 印张 44¼
定价:217.00元